Ullrich Glatthaar

Die Bestimmung des Menschen

Autor: Ullrich Glatthaar, Dr. theol., geboren 1979, verheiratet, Studium der Kath. Theologie in Freiburg, Berufsausbildung zum Patoralreferenten, seit 2017 bis heute in der kirchlichen Erwachsenenbildung (Bildungswerk der Erzdiözese Freiburg) in Pforzheim tätig. Als Jugendlicher selbst viele Jahre in der schönstättischen Jugendarbeit aktiv, später diözesaner Jugendreferent (2008-2016) für die Schönstatt-Mannesjugend in der Erzdiözese Freiburg.

Ullrich Glatthaar

Die Bestimmung des Menschen

Ganzheitliche Selbstwerdung bei Joseph Kentenich und Hermann Hesse im Vergleich

PATRIS VERLAG

Bibliografische Information der Deutschen Bibliothek

Die Deutsche Bibliothek verzeichnet diese Publikation in der Deutschen Nationalbibliografie; detaillierte bibliografische Daten sind im Internet über http://dnb.ddb.de abrufbar.

Umschlag: Sabine Schanz, Pforzheim
Satz: Judith Bihlmaier, Vallendar
Druck: WIRmachenDRUCK GmbH, Backnang

ISBN 978-3-946982-29-6

Inhaltsverzeichnis

Teil V

Erzbischof Hermann Stiftung

Vorwort

Die vorliegende Untersuchung wurde im Wintersemester 2022/2023 an der Theologischen Fakultät der Albert-Ludwigs-Universität Freiburg unter dem Titel „Die Bestimmung des Menschen. Ganzheitliche Selbstverwirklichung bei Joseph Kentenich und Hermann Hesse im Vergleich" als Dissertation angenommen. Sie ist das Ergebnis einer mehr als zehnjährigen inhaltlichen Auseinandersetzung mit diesen beiden Autoren. Persönlich waren sie mir schon seit meinen Jugend- und Studentenjahren vertraut und wichtige Wegweiser für mein Leben. Sie waren und sind ‚Väter im Geiste' für mich und sie werden mir ein Leben lang Inspiration und Kraftquelle zur Lebensbewältigung und Lebensgestaltung bleiben.

Mein großer Dank gilt an dieser Stelle zuallererst meinem Doktorvater Herrn Prof. Dr. Dr. Markus Enders, der mir den Raum für dieses Dissertationsprojekt ermöglichte. Nur durch seine treue, aber auch kritische Begleitung konnte dieses Vorhaben von der ersten Idee bis hin zur Veröffentlichung dieser vorliegenden Buchausgabe Wirklichkeit werden. Danken möchte ich ebenfalls Herrn Prof. Dr. Karlheinz Ruhstorfer für das Zweitgutachten, sowie Prof. Dr. Jan-Heiner Tück für die Anfertigung eines Drittgutachtens. Ebenso standen mir mit hoher fachlicher Kompetenz Herr Dr. Peter Wolf für Joseph Kentenich, sowie Herr Dr. Christoph Gellner für Hermann Hesse zur Klärung inhaltlicher Fragen zur Seite. Ich danke beiden „Fachmännern" für die anregende Unterstützung. Des Weiteren möchte ich mich auch bei meinen Doktoranden-Kollegen Dipl.-Theol. Frank Schlesinger und Dr. Karsten Koreck dafür bedanken, dass sie immer ein offenes Ohr für mich hatten und mich unterstützten.

Im besonderen Maße möchte ich mich auch bei der Erzbischof-Hermann-Stiftung der Erzdiözese Freiburg für die Förderung meines Promotionsprojektes und die damit einhergehende finanzielle Unterstützung herzlich bedanken. Dadurch konnte ich mich für die Dauer eines Jahres ausschließlich auf die Studien meiner Dissertation konzentrieren und so diese wesentlich voranbringen, da ich in diesem Zeitraum keiner anderen Arbeit nachgehen musste. Für die Ermöglichung dieses Freiraumes zur Fertigstellung meiner Dissertation bin ich sehr dankbar!

Des Weiteren danke ich Frau Sabine Schanz für die ansprechende Umschlagsgestaltung. Frau Judith Bihlmaier danke ich für die Erstellung des Gesamtdokuments, sowie für das ansprechende Layout des Buches insgesamt. Ebenso danke ich Frau Jutta Lindner und Herrn Pater Michael Hagan für die Realisierung der hier vorliegenden Buchveröffentlichung meiner Arbeit im Patris Verlag in Schönstatt.

Abschließend danke ich vor allem und von Herzen meinen Eltern Helmut und Irma Langner, dass sie immer an mich geglaubt haben und mir dadurch diesen Weg geebnet haben. Meiner Mutter Irma danke ich dafür, dass sie immer für mich da war. Meinem Vater Helmut danke ich für seine Kreativität und die Gabe, dass er meine Ideen im Geiste immer in ein Bild umzusetzen wusste. So ist auch ein Bild von ihm auf dem Buchmantel zu sehen. Meiner Schwester Julia danke ich für ihr Interesse an der Arbeit, für die konstruktiven Korrekturen und die Gespräche darüber. Last but not least möchte ich mich in ganz besonderer Weise bei meiner Frau Lydia bedanken, die dieses Promotionsprojekt in all den Jahren unermüdlich mitgetragen hat und die mich dabei immer wieder auf vielfältige Weise unterstützt hat.

Pforzheim im Dezember 2023 Ullrich Glatthaar

Geleitwort

Diese vorliegende Dissertation hat mit der ganzheitlichen Selbstverwirklichung eine zentrale Thematik oder besser Programmatik der modernen Lebensführung bzw. Existenzbewältigung gewählt. Dabei deutet der attributive Zusatz „ganzheitlich" die besondere Weise des von dieser Untersuchung vorgestellten Selbstverwirklichungskonzepts an: Es soll um eine ganzheitliche, den unterschiedlichen existentiellen Vermögen und Vollzügen des individuellen Menschseins angemessene Weise der Selbstverwirklichung gehen. Diese wird aber nicht abstrakt und theoretisch, sondern an zwei konkreten Entwürfen einer ganzheitlichen Selbstverwirklichung untersucht, deren Zusammenstellung und Vergleich in der Forschungsliteratur bislang noch nicht vorgenommen worden ist, weil sie prima facie zu disparat erscheinen, und zwar an den diesbezüglichen anthropologischen Entwürfen des Gründers der internationalen Schönstatt-Bewegung, des Pallottinerpaters Joseph Kentenich (1885-1968), und des deutsch-schweizerischen Schriftstellers, Dichters und Malers sowie Literaturnobelpreisträgers Hermann Hesse (1877-1962).

Das vorliegende Buch besteht aus insgesamt sechs Teilen: Der erste Teil führt in die allgemeine Thematik der Selbstverwirklichung und in die spezielle Thematik sowie in den Forschungsstand, die Quellenlage, die Autormotivation und die methodische Vorgehensweise sowie in den inhaltlichen Aufbau und die Zielsetzung dieses Buches ein. Sein mit „Zeitenanalyse (1910-1920) – Die Suche nach dem neuen Menschen" betitelter zweiter Teil führt in den historisch-gesellschaftlichen, den künstlerischen, den philosophie- und theologiegeschichtlichen und in den psychologiegeschichtlichen Zeithorizont zwischen 1910 und 1920 ein, der für die Entstehung der literarischen Entwürfe einer ganzheitlichen Selbstverwirklichung bei Kentenich und Hesse berücksichtigt werden muss. Seine beiden mittleren Teile drei und vier rekonstruieren „Die Bestimmung des Menschen bei Joseph Kentenich" und „Die Bestimmung des Menschen bei Hermann Hesse". Sie stellen zweifelsohne das Herzstück der thematischen Durchführung der vorliegenden Dissertation dar. Ihr fünfter Teil fasst die Ergebnisse der beiden ihm vorausgehenden Analysen zur Bestimmung des Menschen bei Kentenich und Hesse in einem Vergleich beider Konzeptionen miteinander und einer Verhältnisbestimmung zwischen ihnen im Hinblick auf die Bestimmung des Menschen zusammen. Der sechste und letzte Teil dieser Dissertation hat Appendix-Charakter und umfasst vor allem das Literaturverzeichnis, die Register sowie einen Epilog zu diesem Buch.

Der Verfasser (im Folgenden abgekürzt mit „Vf.") führt zunächst in die allgemeine Thematik der Selbstverwirklichung ein, indem er zu Recht feststellt, dass sich im heutigen postmodernen Zeitalter des Pluralismus und Konstruktivismus keine allgemeingültigen inhaltlichen Paradigmen für das menschliche Streben nach Selbstverwirklichung finden lassen, dass diese vielmehr von einem prinzipiellen Individualismus geprägt sei. Im Anschluss an eine Untersuchung von Magnus Schlette über *Die Idee der Selbstverwirklichung. Zur Grammatik des modernen Individualismus* (Frankfurt a.M. 2013) und unter besonderer Berücksichtigung von Charles Taylors Definition der Selbstverwirklichung als Selbstdefinition bzw. als Treue zur eigenen Originalität und damit als Authentizität hebt der Vf. unter Bezug auf Hans Joas (*Die Entstehung der Werte*, Frankfurt a.M. 1997) hervor, dass zu einer individualistisch verstandenen Selbstverwirklichung und personalen Identitätsbildung subjektive Wertorientierungen gehören. Der Vf. verweist völlig zu Recht darauf, dass das postmoderne Verständnis von Selbstverwirklichung ohne jeden Transzendenzbezug auskomme. Darin unterscheide es sich aber fundamental von dem Selbstverwirklichungskonzept der beiden Protagonisten seiner Untersuchung, d. h. von Kentenich und von Hesse. Ob nun, wie vom Vf. im Anschluss an Heidegger und Bernhard Casper behauptet, das Streben nach Selbstverwirklichung „der umfassende und stärkste Trieb unseres Lebens ist", dürfte sich empirisch zwar nicht erweisen lassen, dass es sich dabei aber um ein natürliches und damit grundlegendes Bedürfnis und Streben der menschlichen Geistseele handelt, dürfte außer Frage stehen.

Das Alleinstellungsmerkmal der vorliegenden Untersuchung liegt zweifelsohne darin, dass sie den bisher ersten wissenschaftlichen Vergleich zwischen zwei prima facie unterschiedlichen geistigen und disziplinären Welten angehörenden Autoren in Bezug auf eine für sie jeweils zentrale Thematik – ihr Konzept der Selbstverwirklichung des Menschen – vornimmt und dabei erstaunlich große Gemeinsamkeiten zwischen diesen beiden Konzepten feststellt und nachweist. Die komplexe Quellenlage und den differenzierten Forschungsstand in Bezug auf beide Autorenkonzepte souverän überblickend geht sie von einer dreifachen Motivation aus: Sie will erstens die religiöse bzw. spirituelle Bedeutungsdimension in einigen Schriften Hermann Hesses für die christliche Theologie erschließen; sie will zweitens die „Diskrepanz aufbrechen, die zwischen der Gedankenwelt Kentenichs, dem tatsächlichen heutigen Leben und Wirken der Schönstattbewegung und deren Wahrnehmung in der Öffentlichkeit besteht"; und sie will drittens einen Beitrag zu einer angemesseneren Sichtweise beider Autoren zumindest in der Öffentlichkeit leisten, um sie von „clichéhaften Stigmatisierungen" zu befreien. Das Forschungsziel seiner Dissertation formuliert der Vf. wie folgt: Er will eine inhaltliche Nähe zwischen den Selbstverwirklichungskonzepten seiner beiden Protagonisten aufzeigen, ohne ihre inhaltlichen Unterschiede und Unvereinbarkeiten zu übergehen.

Im zweiten Teil seiner Untersuchung skizziert der Vf. den geschichtlichen Zeithintergrund der kaiserzeitlich-wilhelminischen Gesellschaft mit ihrer Autoritätshörigkeit bzw. ihrem Obrigkeitsdenken, ihrem strammen Nationalismus, ihrer rigiden Gehorsamsdisziplin und ihren prüden bürgerlichen Moralvorstellungen trefflich. Von der Schulpädagogik dieser Zeit sollten nur gehorsame Untertanen und Soldaten erzogen werden, die dem Kaiser und dem Vaterland dienten. Für diese wilhelminische Epoche deutscher Geschichte liefert Heinrich Mann mit seinem Roman *Der Untertan* eine bekannte Persiflage. Auf diesem Hintergrund versteht der Vf. den Kunststil des Expressionismus in Literatur und Malerei mit seiner Vision vom neuen Menschen und seiner Integration des Unbewussten, des Imaginären und in den Jahren vor Kriegsausbruch auch des Apokalyptischen plausiblerweise auch als eine Gegen- und Protestbewegung gegen das Ideal des gehorsamen Untertanen und damit Einheitsmenschen dieser Epoche. Als eine Form des Protests gegen den wilhelminischen Obrigkeitsstaat könne auch die erstaunlich breite und begeisterte Nietzsche-Rezeption im zweiten Jahrzehnt des vergangenen Jahrhunderts gedeutet werden. Denn Nietzsche sei mit seinem Ruf nach individueller Selbsterkenntnis, Selbstverwirklichung und Selbststeigerung ein „Wegbereiter" der modernen Tiefenpsychologie insbesondere Sigmund Freuds geworden, der in einer traditionellen Moral und in der Masse eine Bedrohung des Individuums gesehen habe. Ferner sei in Freuds Psychoanalyse das Unbewusste mit dessen Triebleben neu entdeckt und dadurch ein neues Verständnis der menschlichen Seele gewonnen worden, die von Carl Gustav Jungs „analytischer Psychologie“ sowohl modifiziert als auch um die Dimension des kollektiven Unbewussten erweitert worden sei. Diese Entstehung der Tiefenpsychologie habe auf die Kulturschaffenden dieser Zeit einen starken Einfluss ausgeübt. Schließlich müsse man den sog. „Antimodernismus“ in der katholischen Kirche mit seiner Verurteilung eines erkenntnistheoretischen Agnostizismus und des Prinzips der religiösen Immanenz berücksichtigen, der gegen die Werte der Aufklärung und die moderne Subjektivität gerichtet sei. Denn gegen diese antimodernistische Zwangsjacke mit ihrer Unterdrückung der menschlichen Seele einschließlich ihrer unbewussten Affekte, Bestrebungen und Antriebe sowie ihrer freiheitlichen Selbstbestimmung habe der junge Kentenich revoltiert – so wie sich der junge Hesse gegen diese Unterdrückung durch den pietistischen Geist seines Elternhauses und seiner Schule aufgelehnt habe.

In den beiden ersten Kapiteln des dritten Teils der vorliegenden Untersuchung gibt der Vf. eine sehr instruktive und im Urteil ausgewogene Einführung in die Person und die wichtigsten Lebensstationen von Pater Joseph Kentenich: Dabei zeigt er, dass der junge Kentenich im Noviziat der Pallottiner eine Krisenzeit erlebte, indem er sich einer harten Buß- und Askesepraxis unterwerfen musste, die von einer Überbetonung des rein Geistigen und einer Abtötung des Natur- und Triebhaften in den Novizen bestimmt und darauf ausgerichtet war, ihr je eigene Individualität auszulöschen. Hinzu kamen massive Glaubenszweifel des jungen Novizen sowie des Theologiestudenten Kentenich, die er nur durch seine besondere spirituelle Beziehung zur Gottesmutter Maria überwinden konnte. Nach seiner Priesterweihe im Jahre 1910 wurde Kentenich mit der Aufgabe betraut, im Studienheim der Pallottiner Deutsch und Latein zu unterrichten. Zwei Jahre später wurde er zum Spiritual im neuen Studienheim der Pallottiner Vallendar-Schönstatt berufen. Obwohl ihm eine lehrberufliche Vorbildung fehlte, zeigte er im pädagogischen Umgang mit den Gymnasiasten und den jungen Theologiestudenten seines Ordens ein hohes Maß an pädagogischem Geschick und Einfühlungsvermögen. Seine erzieherische Devise sei die Erziehung zur freiheitlichen Selbstbestimmung gewesen, entgegen der seitherigen Fremdbestimmung. Bei seinen Zöglingen habe er auf eine innere „Harmonie zwischen den geistigen, seelischen und körperlichen Kräften“ geachtet, welche einen ausgewogenen, d. h. weder unterdrückenden noch überhöhenden, Umgang mit den Trieben einschließe. Zudem habe er vor einem subjektivistischen Freiheitsverständnis gewarnt und eine Anbindung an objektive Werte und Normen empfohlen. Dabei habe er darauf geachtet, dass die Erziehung zur Selbsterziehung führe, in der er einen Imperativ sowohl der Religion als auch der Jugend und seiner Zeit gesehen habe. Wichtig für Kentenichs Pädagogik und Spiritualität ist das sog. „Liebesbündnis“ mit der Gottesmutter Maria, das Kentenich und seine Schüler am 18.10.1914 schlossen. Dieser Bundesschluss ist zugleich der Gründungsakt der Schönstatt-Bewegung als einer „Marianischen Kongregation“. In das Zentrum seiner Rede zu diesem Bundesschluss habe Kentenich wie schon in der sog. Vorgründungsurkunde im Jahre 1912 „das sittlich-religiöse Streben jedes Einzelnen zur Entfaltung der gottgewollten Persönlichkeit“ gestellt. Zwischen den beiden Weltkriegen habe sich die Schönstattbewegung, die heute auf allen Kontinenten anzutreffen sei, rasant ausgebreitet. Mit der nationalsozialistischen Propaganda sei Kentenichs christliches Menschenbild sehr bald in einen Konflikt geraten: „Seine offene Konfrontation mit dem Regime führt zur Festnahme durch die Gestapo und einer vierwöchigen Dunkelhaft, danach folgt die Deportation ins Konzentrationslager Dachau, drei Jahre (1942-1945) wird er dort festgehalten.“. In die Zeit des Nationalsozialismus falle sowohl die zweite Gründungsurkunde vom 18.10.1939 als auch die dritte Gründungsurkunde vom 18.10.1944 in Dachau, die eine Weiterentwicklung des ersten Liebesbündnisses darstellten. Eine zweite schwere Prüfung habe Kentenich durch das kirchliche Lehramt bald nach dem Ende des Zweiten Weltkriegs erfahren, die die Rechtgläubigkeit der Schönstatt-Bewegung anzweifelte und zur zwangsweisen Trennung Kentenichs nicht nur von dem Ort Schönstatt, sondern sogar zu seiner Ausweisung aus Europa durch ein päpstliches Dekret vom 01.12.1951 führte. Die Motivation für diese lehramtliche Disziplinierung Kentenichs dürfte die Sorge gewesen sein, dass sich das Schönstattwerk zu einer Sekte mit einem übertriebenen Personenkult um seinen Gründer entwickeln und dem gefürchteten Subjektivismus Vorschub leisten könnte. An diese Ausweisung schließt sich für Kentenich ein vierzehnjähriges Exil in Milwaukee in den USA an, wo er als Priester für eine deutsche Gemeinde tätig gewesen ist. 1964 erfolgte die Anerkennung des

Schönstattwerks als eine eigenständige, vom Pallottinerorden unabhängige Glaubensgemeinschaft durch die Deutsche Bischofskonferenz, der sich im Dezember 1965 die offizielle Anerkennung des Schönstattwerks durch Papst Paul VI. anschloss. So konnte Kentenich nach 14 Jahren Verbannung am Heiligen Abend des Jahres 1965 nach Schönstatt zurückkehren. Kentenich starb am 15. September 1968 nach seiner ersten Eucharistiefeier auf Berg Schönstatt und wollte auf seinem Grabstein „die Worte verewigt wissen: ‚Dilexit Ecclesiam – Er liebte die Kirche'". Der Vf. übergeht auch nicht die von der Historikerin Alexandra von Teuffenbach erarbeitete Archivdokumentation, aus der ihre Autorin den Vorwurf wiederholten geistlichen und in einem Fall sogar sexuellen Missbrauch gegen Kentenich erhoben hat und der zu einer breit angelegten, unabhängigen Untersuchung dieser Vorwürfe geführt hat. Da diese Untersuchung noch im Gange ist und deshalb bislang zu keinem Ergebnis geführt hat, hält sich der Vf. mit einer Beurteilung der persönlichen Integrität Kentenichs völlig zu Recht zurück. Darüber kann man erst im Lichte einer sorgfältigen und weitgehend objektiven Auswertung aller für diese Fragestellung relevanten Dokumente urteilen.

Besonders charakteristisch für die Spiritualität Kentenichs und seines Schönstattwerkes ist das Liebesbündnis mit der Gottesmutter Maria, das der Vf. als marianischen Ausdruck einer Bundesspiritualität deutet, die den Menschen durch die Mittler- und Vorbildfunktion Marias näher zu Christus und damit zu Gott führen soll. Besonders interessant ist dabei die besondere Verwurzelung dieses „Liebesbündnisses" mit Maria in der Biographie Kentenichs. Denn Kentenich war ein uneheliches und vaterlos aufgewachsenes Kind, das mit achteinhalb Jahren von seiner Mutter in ein Waisenhaus geschickt worden war. Am 12. April 1894 vertraut die Mutter Kentenichs ihren Sohn einer Marienstatue in der Hauskapelle des Waisenhauses an. Sie kann nicht mehr für ihn sorgen und so weiht die Mutter den jungen Joseph zum Abschied der Gottesmutter Maria. Diese Marienweihe wird für Kentenich zu einem Schlüsselereignis, das eine tiefe Prägung in der Seele des Jungen hinterließ und welches ihn ein Leben lang begleitete. Für ihn war diese Weihe an Maria ein Akt der „Ganzhingabe." Die Gottesmutter sei zu seiner wahren Mutter geworden, seine Erziehung sei ein Werk der Gottesmutter gewesen. Maria aber sei für Kentenich zu einem spirituellen Einheitsprinzip der Gegensätze geworden, das Sinnenhaftes und Himmlisches, Menschliches und Göttliches nach Art einer Waage in einem Gleichgewicht miteinander halte. Das „Liebesbündnis" mit Maria deutet der Vf. als eine Antwort auf das menschliche Urbedürfnis nach einer seelischen Bindung und spricht deshalb von dem „Bindungsorganismus des Liebesbündnisses".

Im Folgenden entwickelt der Vf. die Grundzüge der Spiritualität Kentenichs in drei Kapiteln: Erstens seinen „praktischen Vorsehungsglauben", zweitens seine tiefenpsychologischen Einsichten und schließlich drittens das für seine Spiritualität besonders charakteristische und zentral bedeutsame Konzept des „Persönlichen Ideals".

Im ersten dieser drei Kapitel entwickelt der Vf. Kentenichs Konzeption der göttlichen Vorsehung bzw. dessen Theologie des „praktischen Vorsehungsglaubens", dessen ideengeschichtlichen Ursprung er sachlich zu Recht in Thomas von Aquins zweiteiliger Konzeption des Vorsehungsgedankens verortet: Nach Thomas stellt die *providentia Dei generalis*, d. h. die allgemeine Vorsehung Gottes, den im Geist Gottes präexistierenden Plan der Hinordnung der Dinge auf ihr Ziel dar (vgl. Summa theol. I, q. 22). Die konkrete Ausführung dieser Hinordnung aller Dinge auf ihr letztes Ziel bezeichnet Thomas als die „Weltlenkung Gottes" (*gubernatio Dei, executio ordinis*). Davon unterscheidet Thomas die besondere Vorsehung Gottes für einen jeden Menschen (*providentia specialis*), d. h. dessen Hinordnung auf sein ewiges Heil, auf ein ewiges Leben bei Gott (*concursus divinus*). Dabei verwirklicht Gott seinen Heilsplan für jeden Menschen auch mithilfe der geschöpflichen Zweitursachen, d. h. in Kooperation mit dem Menschen selbst. Kentenich übernimmt nun, wie der Vf. überzeugend darlegt, diese thomanische Zweiteilung der Vorsehung in seine eigene Vorsehungskonzeption mit den Begriffen des Plans und des Bundes, wobei er den Bund als die Verwirklichung des göttlichen Plans in der Zeit deutet. Dabei verortet er den göttlichen Heilsplan für die allgemeine Menschheitsgeschichte und die besondere Lebensgeschichte der Menschen durch dessen Dreiteilung in einen Allmachts-, einen Weisheits- und einen Liebesplan in den drei Personen der göttlichen Trinität: Der dem göttlichen Vater trinitätstheologisch appropriierte „Allmachtsplan" soll die Überzeugung zum Ausdruck bringen, dass Gott die Ziele seiner Weltregierung „mit absoluter Souveränität und Sicherheit" erreicht, und zwar trotz seiner scheinbaren Ohnmacht in der menschlichen Freiheitsgeschichte. Der dem göttlichen Sohn appropriierte „Weisheitsplan" Gottes, für den Kentenich auch das Bild eines Teppichs oder Gewebes benutze, beinhalte die Mittel und Wege und damit die konkreten Fügungen und Führungen, die Gott vorgesehen habe, um das „Dass" seiner Weltlenkung durchzuführen. Schließlich stehe der „Liebesplan" Gottes im Zentrum der Geschichtsauffassung Kentenichs; ihm zufolge handle Gott nach dem von ihm so genannten „Weltgrundgesetz der Liebe", welches Kentenich in die Formel kleide: „Gott tut alles aus Liebe, durch Liebe und für die Liebe". Dabei verfolge der personale Gott – denn nur ein solcher ist liebesfähig – sowohl das allgemeine als auch das einzelne Wohl seiner Geschöpfe. Zu diesem „Weltregierungsgesetz" Gottes gehöre aber auch der Umstand, dass Gott durch freie Zweitursachen wirke; daher sei es gleichsam zu einer Maxime der Schönstattbewegung geworden, zu sagen: „Nichts ohne Gott – nichts ohne uns". Damit ist gemeint, dass der Mensch gleichsam zum Werkzeug des göttlichen Plans auch für sein eigenes Leben werden kann, indem er diesen in Freiheit realisiert. Wie aber können wir Menschen um die konkreten Ziele und Absichten und damit den Plan Gottes in Bezug auf unser Leben wissen? Darauf antwortet Kentenich mit einem Dreiklang der Erkenntnisquellen des Willens Gottes für uns Menschen, und zwar mit den „Zeitenstimmen", den „Seelenstimmen" und den „Seinsstimmen": In Bezug auf die „Zeitstimmen" nimmt Kentenich an, dass Gott als der Zeitlenker durch den objektiven Geist der (jeweiligen) Zeit zu uns Menschen spreche, während der sog. Zeitgeist ein Sprachrohr des verkehrten und verführerischen Geistes sei. Doch es gibt bekanntermaßen sehr viele „Zeitstimmen". Woran können wir dann erkennen, durch welche Zeitstimmen Gott zu uns spricht? Dafür fordere Kentenich sowohl eine nüchterne Zeitnähe, d. h. „eine ständige Fühlungnahme mit der Zeit" bzw. eine „Weltgebundenheit" (anstelle einer Weltflucht) bei gleichzeitiger kritischer Distanz zur eigenen Gegenwart; er fordere zweitens eine sog. „Zeitüberwindung", d. h. eine Überwindung des Zeitgeistes zugunsten einer Offenheit für die Stimme Gottes; und er fordere drittens eine „Zeitgestaltung", d. h. eine Weltgestaltung aus dem Geist des Evangeliums. Kentenichs Deutung des von ihm erlebten 20. Jahrhunderts als eine Epoche der Gottesfinsternis macht angesichts der besorgniserregenden Krisenerscheinungen unseres bisherigen 21. Jahrhunderts beinahe ratlos. Oder ist es nicht schon von Nietzsche prognostiziert, dass auf die Gottesfinsternis des Menschen seine schrittweise Selbstaufhebung und -zerstörung folgt?

Das Wahrnehmungsorgan der Zeit im Menschen aber ist dessen Geistseele. Diese aber nimmt sehr viele und vieldeutige Stimmen wahr. Eine göttliche Stimme in ihr aber müsste ein erhebliches Maß an Tiefe, Stabilität und Kontinuität besitzen. Um diese wahrnehmen zu können, bedürfe es sowohl einer Reinigung des eigenen Affektlebens als auch einer „Unterscheidung der Geister" nach Regeln, wie sie etwa Ignatius von Loyola formuliert hat.

Sehr viel einfacher dürfte die Erkenntnis der „Seinsstimmen" sein. Denn die Schöpfungsstrukturen sind zweifelsohne eine genuine Erkenntnisquelle für den Willen des Schöpfers. Hier folge Kentenich dem scholastichen Axiom, dass die unverfügbar vorgegebene Seinsordnung den Charakter einer Handlungsmaxime besitze (*ordo essendi est ordo agendi*). Dies betreffe etwa die Vollendung der Naturordnung durch die Gnadenordnung, die Berufung des Menschen zur sukzessiven Verwirklichung seiner gottgewollten Bestimmung sowie die überzeitliche Wesensart der beiden menschlichen Geschlechter und ihres komplementären Verhältnisses zueinander. Es ist interessant, dass nach Kentenich der Ausgangspunkt für die Erkundung des göttlichen Willens die Zeit- und Seelenstimmen und erst danach die Seinsstimmen sein sollen, wobei ein widerspruchsfreies Verhältnis zwischen diesen drei Stimmen bestehen müsse. Schließlich empfehle Kentenich vier methodische Schritte für die Erkenntnis und Verwirklichung des göttlichen Plans: Man müsse erstens die Phänomene genau beobachten und auf sich wirken lassen; zweitens müsse man diese mit anderen Phänomenen aus der eigenen Lebenserfahrung sowie der Geschichte und der Literatur einschließlich der Heiligen Schrift vergleichen; drittens müsse man das Phänomenmaterial nach den Gesichtspunkten des Wesentlichen und Unwesentlichen unterscheiden und straffen und viertens müsse man das Erkannte anwenden, d. h. in die Praxis des eigenen Handelns umsetzen, wobei diese Umsetzung zum Ausgangspunkt einer neuen Beobachtung werden müsse. Diese methodische Anleitung der Verwirklichung des göttlichen Plans werde von den beiden „Gesetzen der geöffneten Tür und der schöpferischen Resultante" bestimmt: Ersteres bezeichne die reale Möglichkeit einer partiellen Verwirklichung des göttlichen Plans im Hier und Jetzt und in dem konkret möglichen Wie; letzteres bezeichne die Möglichkeit einer Korrektur bzw. Infragestellung des Unternommenen.

Im zweiten der drei genannten Kapitel geht der Vf. auf die tiefenpsychologischen Grundzüge im Denken Kentenichs ein, dessen diesbezügliches Anliegen es sei, die Verbindung der Tiefenseele mit Gott aufzuzeigen. Kentenich habe die Psychologie als eine „Organismuslehre" verstanden, insofern der Mensch ein vielschichtiger Organismus sei, der auf Ganzheit hin ausgerichtet sei. Ein zentrales pädagogisches Anliegen seiner Tiefenpsychologie bündele Kentenich im Begriff des „Bindungsorganismus", weil er erkannt habe, dass für eine gelungene Entfaltung der menschlichen Persönlichkeit gesunde und tragfähige zwischenmenschliche Bindungen und eine lebendige Gottesbeziehung von elementarer Bedeutung sind. Unter „Bindungen" verstehe Kentenich gleichsam „Lebensbänder", die wie seelische Fäden den Menschen mit Personen, Orten und Dingen verknüpfen und ihm Halt und Geborgenheit schenken. Die moderne empirische Bindungsforschung hat diese Einsichten Kentenichs auf breiter Front bestätigt. Damit habe Kentenich die Notwendigkeit erkannt, der Bindungslosigkeit des modernen Menschen entgegenzuwirken. Zu seiner Lehre vom „Bindungsorganismus" gehören auch die „Gesetze der organischen Übertragung und Weiterleitung". Unter der „Übertragung" von Bindungen verstehe Kentenich nicht wie in der Psychoanalyse die Projektion von Erlebnissen und Verhaltensmustern vom Patienten auf den Therapeuten, sondern entweder die Übertragung von Eigenschaften Gottes als der Erstursache wie etwa seine Macht und Vollkommenheit auf menschliche Personen wie etwa die Eltern und die Erzieher als Zweitursachen, oder die Übertragung affektiver oder triebhafter Komponenten einer Bindung von einer menschlichen Person wie etwa der Mutter auf eine andere Person wie etwa den Vater oder auf den göttlichen Vater. Unter dem Gesetz der „organischen Weiterleitung" einer Bindung könne etwa die Weiterleitung der Bindung von Kindern an ihre Eltern an die Schullehrer der Kinder oder auch an Gott verstanden werden.

Mit seiner Lehre vom „Bindungsorganismus" gehöre Kentenichs Ansatz eines organischen Denkens bzw. einer organischen Verbindung von Psychologie und Religion, von Natur und Übernatur im Menschen prinzipiell zur sog. Ganzheitspsychologie. Innerhalb dieses Ansatzes erkenne Kentenich dem Unbewussten, welches er das „unterbewusste Seelenleben" nennt, eine erhebliche Bedeutung zu. Ihm spreche er nicht nur affektive und emotionale Regungen, Wünsche und Bestrebungen, sondern auch eine Art Gedächtnisfunktion zu, und zwar auch für die seelischen Urbilder oder Archetypen, obwohl er es als selbständig und vom „Oberbewusstsein" der Ratio und des Wollens getrennt annehme. Schließlich ist für Kentenich das unterbewusste Seelenleben die Mitte und der Kern der menschlichen Person und damit auch der seelische Ort des von ihm so genannten „Persönlichen Ideals" als der Bestimmung des Menschen, das der Vf. im nächstfolgenden Kapitel erläutert. Konzept und Terminus des „Persönlichen Ideals" seien eine Neuschöpfung Kentenichs, der drei verschiedene Definitionsebenen des „Persönlichen Ideals" entwickle: Eine psychologische, eine philosophische und eine theologische. In psychologischer Hinsicht handele es sich bei dem „Persönlichen Ideal" um die individuelle Veranlagung oder „ureigene Werteempfänglichkeit" bzw. den „Grundzug" und die „Grundstimmung" einer Person, aus der sich ihr Aufgabenideal mit daraus ableitbaren konkreten Inhalten ergeben. Und da dieser ideale Kern der menschlichen Persönlichkeit keimhaft im „unterbewussten Seelenleben" verankert sei, sei das „Persönliche Ideal" auch mit den beiden Hauptleidenschaften der menschlichen Seele, nämlich dem Anerkennungsbedürfnis bzw. dem Stolz und dem Hingabebedürfnis verbunden. Das „Persönliche Ideal" bestehe demnach in dem „Grundzug" als der vorherrschenden individuellen Antriebsrichtung und Gefühlslage einer Person bzw. in ihrer „Grundstimmung" als ihrer originellen seelischen Mentalität oder Geistesgestimmtheit. Man könnte diesbezüglich auch von dem charakteristischen seelischen Habitus einer Person sprechen, der aus einem „Grundzug" hervorgehe und wieder in einen neuen Grundzug münde etc. Aus diesem spiralförmigen, „sukzessive anlageentfaltenden Entwicklungsmodell" resultiere das „Persönliche Ideal" als der zentrale Wertkomplex eines Menschen, der nicht nur als „Organismus in der Persönlichkeitsbildung", sondern zugleich auch als motivierendes, entelechetisch wirkendes Formprinzip seiner Handlungen fungiere. Ein Novum der Kentenichschen Lehre vom „Persönlichen Ideal" gegenüber Eduard Sprangers „Lebensformen" bestehe in dessen sowohl tiefenpsychologischer als auch theologischer Fundierung. Die philosophische Bedeutungsdimension des „Persönlichen Ideals" bei Kentenich bestehe in dessen exemplarursächlichem Ursprung in Gott, sofern jeder Mensch die Inkarnation eines präexistenten, originellen bzw. individuellen

Schöpfungsgedankens Gottes sei. Demgemäß sei das „Persönliche Ideal" „das im göttlichen Geist von Ewigkeit her bestehende Urbild jedes Menschen, das dieser aus der gottgewollten seelischen Grundhaltung erschließen und verwirklichen soll". Unter dieser Voraussetzung bestehe die theologische Definition des „Persönlichen Ideals" darin, „eine originelle Darstellung und Nachahmung der gottmenschlichen Vollkommenheiten" zu sein. Mit anderen Worten: Das „Persönliche Ideal" eines Menschen bestehe in seiner persönlichen Berufung und Bestimmung durch Gott, die seiner individuellen Wesensart entspreche. Daran schließt sich organisch die Frage nach den Erkenntnisquellen des „Persönlichen Ideals" eines Menschen an, handelt es sich dabei doch um ein objektives Ideal und nicht um eine willkürliche subjektive Konstruktion für das Sein und Leben eines Menschen. Diese objektiven Erkenntniskriterien für das „Persönliche Ideal" eines Menschen entsprechen nach Kentenich einem dreifachen Bedürfnis jedes Menschen, und zwar dem Bedürfnis nach Geschlossenheit und Harmonie der je eigenen Persönlichkeit; dem Bedürfnis nach einer gesunden organischen Entwicklung derselben und dem Bedürfnis nach der Ausprägung einer individuellen, unverwechselbaren Persönlichkeit. Aus diesen Bedürfnissen lassen sich Kriterien ableiten, wann eine bestimmende Gefühlslage als ein gottgewollter Grundzug interpretiert werden kann, und zwar:

1. Das Kriterium der Identität bzw. Integrität: Die vorherrschende Gefühlslage und Antriebsrichtung müsse das Potential haben, die verschiedenen Seinsebenen einer Person, und zwar ihren Leib, ihre Seele und ihren Geist, zu integrieren.

2. Das Kriterium der Kontinuität: Wenn die vorherrschende individuelle Antriebsrichtung sich über einen längeren Zeitraum hinweg erhält, dürfte es sich bei ihr um einen gottgewollten Grundzug handeln.

3. Das Kriterium der Originalität: Wenn es sich bei der vorherrschenden Antriebsrichtung um eine originelle, persönliche, von Äußerem unabhängige handelt, dann dürfte es sich um einen gottgewollten Grundzug handeln.

4. Das Kriterium der Potentialität: Die vorherrschende individuelle Antriebsrichtung einer Person muss ein prinzipiell unbegrenztes

Wachstums- und Entwicklungspotential besitzen, das Kentenich häufig mit dem Bild eines wachsenden Baumes veranschaulicht.

Mittel und Wege der konkreten alltagsrelevanten Umsetzung eines „Persönliches Ideals“ sind nach Kentenich das sog. „Partikularexamen“, das als Langzeitprogramm der Selbsterziehung eine etappenweise Veredelung der Hauptleidenschaften im Menschen intendiere und die sog. „geistliche Tagesordnung“, welche die schrittweise Annäherung an das „Persönliche Ideal“ im Tagesablauf eines Menschen verankere. Hilfreich für die annäherungsweise Verwirklichung des „Persönlichen Ideals“ seien auch die geistliche Begleitung durch geistliche Vorbilder sowie die Einbindung in eine geistliche Gruppe oder Gemeinschaft. Denn der Formungs- und Einflusscharakter der sozialen Umwelt dürfe bei der Ausformung und Entwicklung des „Persönlichen Ideals“ nicht unterschätzt werden. Außerdem müssten für den Formungs- und Auszeugungsprozess des „Persönlichen Ideals“ die verschiedenen Lebensphasen eines Menschen berücksichtigt werden. So sei etwa in der Kindheit der Prozess der Identitätsbildung durch die Befolgung von Vorbildern bedeutsam, im Jugendalter eines Menschen finde dann eine kritische Auswahl solcher Vorbilder statt. Der Vf. bezeichnet Kentenichs Konzeption des „Persönlichen Ideals“ als das „principium individuationis“ einer Person auch treffend als eine „motivationale Leitbildtheorie“ für den Selbstgestaltungs- bzw. Individuationsprozess der menschlichen Person. Im Ganzen gesehen handelt es sich bei Kentenichs Konzept des „Persönlichen Ideals“ aber um „eine theonome Persönlichkeitstheorie“, weil sie die Idealgestalt einer Person in Gottes präexistentem, schöpferischem, einmalig-individuellem Vorentwurf von ihr grundlegt.

Der vierte Teil der vorliegenden Untersuchung ist der Bestimmung des Menschen bei Hermann Hesse gewidmet. Dass mit der Selbstsuche, Selbstfindung, Selbstwerdung und Selbstverwirklichung ein zentrales literarisches Thema Hesses getroffen ist, darauf weist der Vf. im Eingang seines Hesse-Teils zu Recht hin. Im zweiten Kapitel dieses Teils lässt der Vf. die verschiedenen Lebensstationen Hesses deshalb Revue passieren, weil dessen literarische Werke Bruchstücke bzw. Fragmente seiner eigenen Lebenserfahrung bzw. Konfession und damit gleichsam Seelenbekenntnisse seien. Aufgewachsen in einem dezidiert protestantisch-pietistischen Elternhaus habe Hesse eine äußerst strenge Erziehung zum sittlichen Pflichtbewusstsein und zum religiösen Schuldbewusstsein erfahren. Dagegen habe er als Internatsschüler in der Klosterschule Maulbronn seit 1891 rebelliert und er habe diese Klosterschule fluchtartig am 7. März 1892 verlassen.

In seinem Roman *Unterm Rad* habe Hesse das auf Drill und Gehorsam abzielende Schulsystem des wilhelminischen Kaiserreichs und sein Maulbronn-Erlebnis literarisch verarbeitet. In der Tübinger Buchhandlung Heckenhauer sei Hesse geistig sehr stark von Dostojewski und Tolstoi, von Schopenhauer, Jacob Burckhardt und Goethe geprägt worden, besonders stark aber von Nietzsche und der literarischen Epoche der Romantik (insbesondere vom Traumbild der sog. „blauen Blume" bei Novalis), die ihn das Horchen auf die inneren Stimmen und verborgenen Quellen der eigenen Seele gelehrt habe. Dass es Hesses größtes Anliegen als Schriftsteller gewesen sei, das geistige Erbe der Romantik weiterzuführen, zeige sich bereits in seinen allerersten Publikationen. Mit seinem Roman *Peter Camenzind* gelang Hesse bereits im Alter von 27 Jahren schließlich der Durchbruch in eine ökonomisch gesicherte bürgerliche Existenz in Gaienhofen am Bodensee als Schriftsteller und Familienvater. Weil Hesse das bürgerliche Leben und die Existenz als Künstler aber letztlich nicht vereinbaren konnte, habe er im Jahre 1912 Gaienhofen und Deutschland endgültig verlassen und sei mit seiner Familie in das Haus des verstorbenen Malerfreundes Albert Welti in Bern umgezogen. Doch einige Jahre später (1919) folgt Hesse seinem inneren Ruf als Künstler, trennt sich von seiner ersten Frau Mia, bringt seine drei Söhne bei Freunden unter, und siedelt ins Schweizer Tessin nach Montagnola über. Dort führt er ein zurückgezogenes Eremitenleben, das ganz seiner literarischen Kunst gewidmet ist. Hesse habe sich gegen den Nationalismus und dessen Kriegsbegeisterung im ersten Weltkrieg und gegen das gleichgeschaltete Massenmenschentum des Nationalsozialismus literarisch zur Wehr gesetzt, so etwa mit seiner Schrift von 1919 *Zarathustras Widerkehr. Ein Wort an die deutsche Jugend,* in der er der aus dem Krieg heimkehrenden Jugend einen Gott der mystischen Immanenz empfohlen habe. In seinem Spätwerk *Das Glasperlenspiel*, das von den nationalsozialistischen Machthabern mit einem Publikationsverbot belegt worden war, habe er dem freien menschlichen Geist ein Denkmal gesetzt gegen die Barbarei.

Besonders aufschlussreich für Hesses geistige Physiognomie sei sein „transreligiöser Eklektizismus als eine Suche nach Einheit“ gewesen, auf den der Vf. im dritten Kapitel seines Hesse-Teils eingeht. Habe Hesse in seiner ersten literarischen Schaffensperiode während seiner Tübinger, Basler und Gaienhofener Zeit (ca. 1895–1912) mit seiner Annahme einer Immanenz Gottes in allen natürlichen Erscheinungen einen „poetischen Pantheismus“ oder besser „Panentheismus“ sowie eine romantische Naturfrömmigkeit vertreten, so habe eine Reise nach Indien und Ceylon im September 1911 in ihm eine Begeisterung für den strengen Einheitsgedanken der Advaita-Vedanta-Philosophie entfacht, die ihn zur Überzeugung von der Identität des Atman bzw. des Selbst (im Unterschied zum Ich) mit dem göttlichen Urgrund aller Wirklichkeit und damit zur Überzeugung geführt habe, dass die Erlösung des Menschen in der inneren Erkenntnis bzw. Erfahrung seines wesenhaften Einsseins mit dem Absoluten und damit auch mit allen Menschen geführt habe. An diese gleichsam „hinduistische“, asketische und weltverneinende Phase in der religiösen Entwicklung Hesses habe sich dessen Hinwendung zum Daoismus in China und damit zu einem gleichsam bürgerlich-lebensbejahenden, praktischen und einfachen Denken und Handeln angeschlossen, das von der Anerkennung der Bipolarität des Lebens und der Einsicht ausgehe, dass hinter diesen Polen eine absolute All-Einheit stehe, der sich der Mensch durch ein Nicht-Handeln und durch Gelassenheit überantworten könne. Hesse habe, so der Vf., in religiöser Hinsicht einen „ökumenischen Denkstil“ und einen „interreligiösen Weitblick“ bewiesen, indem er letztlich eine universale, synkretistische und überkonfessionelle Religiosität vertreten habe, die auch in seinem Aufsatz *Ein Stückchen Theologie* aus dem Jahre 1932 zum Ausdruck komme. Darin habe der undogmatische „Lebensglaube“ Hesses ein „religionssynthetisches Stufenmodell“ der Menschwerdung entwickelt, beginnend mit dem Stadium einer paradiesischen Unschuld über das zweite Stadium der Verantwortung, des Wissens um Gut und Böse, des Schuldigwerdens und der Verzweiflung über das eigene Ungenügen bis hin zur dritten Stufe der Menschwerdung zu einem durch Gnade erlösten Selbst, einem „Lebenkönnen kraft eines Glaubens“. Dabei rücke Hesse nicht Erkenntnis und Dogma, sondern Liebe und das Erlebnis bzw. die Erfahrung in das Zentrum seiner Religiosität. Die Selbstliebe aber müsse der Gottesliebe vorangehen, denn nur, wer sich selbst liebe, könne auch den Gott in uns und den Nächsten lieben. Unter Frömmigkeit verstehe Hesse hier vor allem die Achtung des Einzelnen vor dem Ganzen von Welt und Natur und vor dem Mitmenschen und nicht zuletzt vor Gott. In der Spätphase seines Schaffens, d. h. in seinen Werken *Die Morgenlandfahrt* (1932) und *Das Glasperlenspiel* (1943) sowie in seinem Gedicht *Besinnung* (1933), habe Hesse mit seinem Glauben an den prinzipiellen Unterschied zwischen Schöpfer und Geschöpf, an die Heilsbedeutsamkeit Jesu Christi und an die Geist-Bestimmung des Menschen wieder zu seinen christlichen Wurzeln – allerdings ohne eine kirchliche Verankerung – und damit zu der großen philosophisch-theologischen Tradition des Abendlandes zurückgefunden. Die Charakterisierung von Hesses eigener Religiosität durch den Vf. mit dem Terminus eines „transreligiösen Eklektizismus", der alle religiösen Heilswege zur Seligkeit in ihrem religiösen Wert anerkennt, dürfte zutreffend sein. Denn Hesse habe sich entschieden gegen alle absoluten und universalen Wahrheitsansprüche von Religionen gewandt und menschliche Religiosität als Selbstverwirklichung des Menschen durch dessen „Hören auf den Ruf Gottes" und als „Vermittlung des Göttlichen durch beseelte Kunst" und als Glaube an die Immanenz Gottes in allem und schließlich auch als Transformation vom Ich zum Selbst durch die persönliche Erfahrung der göttlichen Einheit verstanden, die Hesse eher im Sinne der All-Einheit dieser Welt deutet. In dieser „Privatreligion" habe Hesse spirituelle Zufriedenheit und Geborgenheit gefunden. Wenn diese allerdings nur um den Preis eines „Erlöschens der Person" bzw. ihres Aufgehens in Gott möglich ist, dann kann es sich dabei nicht um einen objektiven Heilszustand der menschlichen Person handeln. Es ist dem Vf. zuzustimmen, wenn er Hesses „transreligiösen Eklektizismus" wie folgt beschreibt: „In der Synthese von indisch-mystischem Einheitsdenken, von chinesisch-weisheitlicher Komplementarität, Jungscher Ganzheitspsychologie und christlicher Lebensspiritualität zeichnet Hesse immer wieder Wege in seinen Schriften, die eine individuumsüberschreitende Bewusstseinsöffnung beschreiben und in eine Erfahrung des Absoluten, der Transzendenz und des All-Einen münden."

Dass die Tiefenpsychologie Carl Gustav Jungs einen eminenten Einfluss auf Hesses Leben und Werk besitzt, zeigt der Vf. überzeugend im vierten Kapitel des Hesse-Teils seiner Arbeit: Es sei eine tiefgreifende Lebenskrise Hesses gewesen, die ihn im Jahre 1916 zu einer heilsamen Begegnung mit der Psychoanalyse Jungs bei dem Jung-Schüler Joseph Bernhard Lang in insgesamt 70 Sitzungen geführt und auf seine Romane einen nachhaltigen Einfluss ausgeübt habe. Dazu habe auch eine persönliche Begegnung Hesses mit Jung im September 1917 beigetragen. Denn Hesses Überzeugung vom Gott in uns, in der Tiefe der menschlichen Seele, verdanke sich seiner Jung-Rezeption. In seiner Einführung in die „Analytische Psychologie" von C.G. Jung beschreibt der Vf. eindringlich deren zentrales Anliegen der sog. Individuation, d. h. der Entwicklung zu einer vollständigen, ganzheitlichen Persönlichkeit durch die Integration des Unbewussten in die eigene Lebenspraxis. Die Erkenntnis und Entschlüsselunng sowohl des „individuellen" als auch des „kollektiven Unbewussten" geschehe über Symbole, welche sich sowohl durch das „individuelle Unbewusste" (d. h. die Gesamtheit der sog. Erwerbungen einer persönlichen Existenz, ihre Verdrängung negativer Erfahrungen und Traumata als auch ihre vergessenen und unterschwelligen Gefühle) einschließlich ihres sog. „Schattens" (d. h. des mit der Persona bzw. dem Über-Ich unvereinbaren, inferioren Teils der menschlichen Persönlichkeit) als auch durch das sog. „kollektive Unbewusste" (d. h. die universellen Urbilder bzw. „Archetypen") in der menschlichen Seele manifestieren und durch die Traumdeutung decodiert werden können. So seien etwa der feuerraubende Prometheus, der Sündenfall, die jungfräuliche Geburt, das göttliche Kind, der Weise und der Magier gleichsam versinnbildlichte „Archetypen" menschlicher Vorstellungsmuster und damit Symbole dieser kollektiven Urbilder im Unbewussten der menschlichen Seele, zu denen Liebe, Partnerschaft, Geburt, Mutterschaft, aber auch Verlust, Tod und Gott gehören. Bekannt geworden ist dabei Jungs Theorie der sog. „Anima" als der Personifikation der affektiv-emotionalen, prädikativ „weiblichen" Natur im Unbewussten des Mannes sowie des „Animus" als der geistig-schöpferischen und damit prädikativ „männlichen" Natur im Unbewussten der Frau. Daher führe nur ein genaues Erfassen dieser Symbole zu einem angemessenen Verständnis des Unbewussten, etwa in der symbolischen Traumdeutung. Schließlich lokalisiere Jungs Tiefenpsychologie den zentralen „Archetyp des Selbst" als das zugleich göttliche Individuationsprinzip jeder menschlichen Person in ihrem Unbewussten. Das „Selbst" sei der zentrale „Archetyp" in der Hierarchie des „kollektiven Unbewussten" und damit das Zentrum der menschlichen Seele, das deren Einheit und Ganzheit garantiere, und darüber hinaus auch das Urbild des

Göttlichen im Menschen, welches in Symbolen, wie etwa dem Kreis, dem Quadrat oder auch dem Kreuz zum Vorschein komme. Der zentrale „Archetyp des Selbst“ sei daher gleichsam die „Imago Dei“ bzw. das Ideal-Ich im Unbewussten der menschlichen Seele.

Im fünften Kapitel dieses vierten Teils der vorliegenden Dissertation untersucht der Vf. die Thematik der Selbstverwirklichung als Bestimmung des Menschen in vier ausgewählten Romanen Hermann Hesses, und zwar zunächst und am ausführlichsten im *Demian*, dann in *Siddhartha*, im *Steppenwolf* und schließlich in *Narziß und Goldmund*. Im 1919 erschienenen *Demian* als der Geschichte von Emil Sinclairs Jugend steht die Selbstverwirklichung des Protagonisten als Antwort auf die Stimme Gottes in uns Menschen im Zentrum. *Demian* fungiere dabei literarisch als der personifizierte „Archetyp des Selbst“, als der Gott in uns. Der Vf. arbeitet überzeugend heraus, dass dieser „Roman, der das Erwachsenwerden seiner Hauptfigur beschreibt, als Adoleszenz- bzw. Initiationsgeschichte bezeichnet“ zu werden verdient. In ihm werde die ganzheitliche Selbstwerdung des Menschen zum Motto und Programm, das von der Annahme ausgehe, dass alles äußerlich Wirkliche zugleich in uns sei. Dass es sich dabei sachlich um ein neuplatonisches Theorem handelt (Plotin: Alles ist innerlich), sei hier nur am Rande angemerkt. Ganzheitliche Selbstwerdung bzw. Persönlichkeitsfindung aber könne nach Hesse im Gefolge Jungs nur dann gelingen, wenn der Mensch die polaren Gegensätze von „Persona“ und „Schatten“, von Bewusstem und Unbewusstem, und zwar auch und gerade des unbewussten Bösen, in sich zu integrieren vermag. Diese Gegensätze vereinige die von dem spätantiken Gnostiker Basilides erfundene gnostische Gottheit Abraxas in sich, die bereits Jung in seiner Schrift *Septem Sermones ad Mortuos* literarisch stilisiert hatte und die Hesse im *Demian* als Realsymbol für die Integration der unbewussten und dunklen Seite der eigenen Seele in die Persönlichkeit des Menschen literarisch verarbeitet habe: Nur durch die Anerkennung und Berücksichtigung sowohl des Guten als auch des Unbewussten und Dunklen in der eigenen Seele könne der Mensch zu einer ganzheitlichen, harmonischen Persönlichkeit werden. Die Romanfigur des Pistorius zeige dem Protagonisten Emil Sinclair das gleichsam vererbte „kollektive Unbewusste“ in dessen Seele und ermögliche ihm den Zugang zu dessen Urbildern, den sog. „Archetypen“ nach Jung. Dass man nur sein eigenes Schicksal wollen und sich selbst suchen und finden und erst dadurch gleichsam zu einem Erwachten werden soll, der sein Selbst als den göttlichen Kern seiner Persönlichkeit entfaltet, diese Botschaft suche Hesse mit dem *Demian* zu vermitteln. Der *Demian* besitze daher, wie der Vf. überzeugend herausarbeitet, den Charakter einer Individuationsgeschichte, die genau genommen eine Seelengeschichte darstellt. Das exakt gleiche Motiv der Selbstverwirklichung als Bestimmung des Menschen habe Hesse im *Siddhartha* literarisch verarbeitet, einem Roman, in dem Hesse zugleich seine große Affinität zu fernöstlichen Weisheitslehren indischer und daoistisch-chinesischer Provenienz zum Ausdruck bringe. Denn die Erlösung von Hesses Romanfigur *Siddhartha Gautama*, d. h. des jungen Buddha, werde in diesem Roman als Überschreitung vom Ich zum Selbst und zugleich als Erfahrung der Einheit aller Gegensätze gedeutet. Auch hier spiele die Notwendigkeit der Vereinigung der Welt des Geistes mit der Welt der Sinne und Leidenschaften für eine ganzheitliche Persönlichkeitsentwicklung des Menschen eine wichtige Rolle. Dabei müsse die Romanfigur Siddhartha lernen, dass die Erleuchtung bzw. Erlösung nicht durch ein Wissen, d.h. durch eine intellektuelle Einsicht, sondern nur durch Liebe erreicht werden könne, weil die Liebe die Kraft zur Vereinigung der Gegensätze sei. Dies erkannt zu haben, spiegele das Lächeln des vollendeten Siddhartha wider.

Den Roman *Steppenwolf* aus dem Jahre 1927 stellt der Vf. unter den Titel der „Selbstverwirklichung durch seelische Konfession". Darin schildere Hesse die innere Zerrissenheit seines Protagonisten Harry Haller, der zu seiner Individuation durch die Vereinigung seiner inneren Gegensätze zwischen dem tierischen Triebwesen des Steppenwolfs und seiner „Persona", d.h. seinen bewussten und zivilisierten persönlichen Absichten, finden müsse. Diese Selbstfindung werde aber durch das Gegebensein nicht nur von den beiden Polen Natur und Geist, sondern von sehr vielen Polpaaren im Menschen erheblich erschwert. Als eine therapeutische Vermittlungsinstanz für die verschiedenen Aspekte der Persönlichkeit Hallers fungiere im Roman das sog. *Magische Theater*, weil dieses Hallers unbewussten Wünsche, Ängste und Sehnsüchte lebendig werden lasse. Zudem lehre das *Magische Theater* Haller das Therapeuticum des Humors, der die eigene Person nicht mehr so ernst nimmt und zudem die polaren Gegensätze miteinander zu versöhnen wisse. Dieses Motiv der Integration der seelischen Gegensätze komme auch in Hesses Roman *Narziß und Goldmund* aus dem Jahre 1930 zum Tragen. Dabei verkörperten die beiden Protagonisten Narziss und Goldmund die beiden Seelenpole jedes Menschen, den Geist bzw. das Vaterprinzip des „Animus" und den Gefühlsmenschen bzw. den Mutterarchetyp der „Anima". Der anfängliche Kampf zwischen beiden Prinzipien führe nicht zu einem Sieg des einen über das andere in dem Sinne, dass eines von beiden ausgelöscht und aufgehoben werde, sondern zu einer komplementären Vereinigung beider Prinzipien, zur Versöhnung von „Animus" und „Anima", die im Bild der Urmutter beschrieben werde. Zusammenfassend resümiert der Vf., dass Hesses literarische „Theoanthropologie" das Motiv der Selbsterfahrung als Gotteserfahrung inszeniere bzw. eine nicht ohne göttliche Gnade mögliche Vereinigung der seelischen Gegensätze in einer ganzheitlichen Selbstverwirklichung propagiere, welche die je eigene Bestimmung des Menschen in dessen Lebensgeschichte bestmöglich Gestalt werden lasse.

Im fünften Teil dieser ungemein perspektivenreichen und deshalb äußerst anregenden Untersuchung nimmt der Vf. eine vergleichende Gegenüberstellung zwischen seinen beiden Primärautoren Kentenich und Hesse in Bezug auf Ihre Bestimmung des Menschen durch dessen ganzheitliche Selbstverwirklichung in insgesamt sieben Punkten vor: Erstens verweist er auf ihre biographische Gemeinsamkeit, dass eine sehr ähnliche Krisenerfahrung in ihrer Jugendzeit in ihrer Reaktion darauf zu einer Vorprägung für die späteren Inhalte in ihrem jeweiligen literarischen Werk geführt haben: Gemeinsam sei Ihnen die Erfahrung einer göttlichen Stimme in der Tiefe ihrer Seele gewesen, die sie zu einer ganzheitlichen Selbstverwirklichung in Gestalt einer „theozentrischen Selbsttranszendenz" motiviert habe, auch wenn ihr Gottesverständnis nicht kongruent sei. Beide Autoren hätten sich von ihrer Fremdbestimmung, sei es durch die rigiden Erziehungsmethoden des wilhelminischen Kaiserreichs, sei es der Pietismus mit seinem Erziehungsziel des Zerbrechens der Individualität des Menschen, zur Selbstbestimmung und -erziehung befreien wollen und müssen, um nach ihrer je eigenen Bestimmung leben zu können. Beide hätten zweitens eine Vision vom neuen Menschen bzw. von der Notwendigkeit der Entfaltung der je eigenen, einmaligen Persönlichkeit. Dabei verstünden beide

Autoren Gott als Quelle und Ursprung für diese Selbstverwirklichung jedes Menschen, insofern sie an dessen göttliche Berufung glauben. Beide teilten drittens das tiefenpsychologische Anliegen eines Strebens nach seelischer Ganzheit durch eine Integration des Unbewussten. Gemeinsam sei ihnen auch das „final-prospektivische" und grundsätzlich affirmativ-positive Verständnis des Unbewussten als eines prinzipiell unbegrenzt schöpferischen Potentials nach Jung im Unterschied zu dessen mechanistischer, trieborientierter Betrachtungsweise nach Freud. Daher teilten beide Autoren auch die Überzeugung, dass es, um mit Kentenich zu sprechen, ein „Persönliches Ideal" bzw. einen „gottgewollten Grundzug" und eine „gottgewollte Grundstimmung" in der Tiefe der eigenen Seele gebe, die Hesse im Anschluss an Jung als das archetypische und zugleich transzendente Selbst des Menschen versteht. Folglich verstünden beide Autoren den lebenslangen Individuationsprozess jedes Menschen als eine sukzessive Annäherung an dieses Idealbild der eigenen Persönlichkeit, das in der Tiefe der eigenen Seele gleichsam schlummere. Die Verwirklichungsform dieses Idealbildes sähen beide Autoren viertens im Vollzug personaler Bindung und Selbsthingabe in der Liebe sowohl zu sich selbst (Selbstliebe) als auch zu anderen menschlichen Personen (Nächstenliebe) als auch zur Person Gottes (Gottesliebe). Denn der Mensch ist nach einem Wort Kentenichs so konstruiert, „daß er seine Vollendung nur in der Hingabe an eine Person findet." Daher liege der Sinn des menschlichen Lebens nach beiden Autoren nicht in dem Erwerb von Macht, Besitz oder Erkenntnis, sondern im Vollzug personaler Liebe. Folglich sei insbesondere für Kentenich die Einbindung des Menschen in eine konkrete menschliche Gemeinschaft eine notwendige Bedingung für die Selbstwerdung des Menschen. Die von beiden, Hesse und Kentenich, propagierte ganzheitliche Selbstverwirklichung des Menschen sei daher nur in der und durch die Bindung an andere Personen möglich. Eine Konsequenz dieser Überzeugung aber liege fünftens in der großen existenziellen Bedeutung des weiblichen Prinzips für den Zugang des Menschen zur Transzendenz. Diese These belegt der Vf. für Kentenich mit dessen „Liebesbündnis" mit der Gottesmutter Maria, die für Kentenich der Schnittpunkt zwischen Diesseits und Jenseits, zwischen Natur und Übernatur sei. Denn das „Ewig-Weibliche" vermittle und versöhne den Gegensatz zwischen dem Unbewussten und dem Bewussten und öffne damit den Zugang zur Transzendenz. Ganzheitliche Selbstverwirklichung im Sinne

Kentenichs und Hesses könne nur durch die organische Integration des gegengeschlechtlichen Seelenanteils gelingen. Für den Mann bedeute dies das Erfordernis einer Integration des „Archetyps der Anima" als der weiblichen Seite in der männlichen Psyche und für die Frau das Erfordernis einer Integration des „Archetpys des Animus" als der männlichen Seite in der weiblichen Psyche. Beide Autoren teilen sechstens auch die Überzeugung von der Gegenwart und Wirksamkeit des Göttlichen in dieser Welt und der prinzipiellen Fähigkeit des Menschen, die Wirkungen und Botschaften Gottes wahrnehmen und verstehen zu können. Dies komme in Kentenichs praktischem Vorsehungsglauben und in Hesses Alleinheitsdenken zum Ausdruck. Für beide besitze daher die Gottesfrage eine eminente lebenspraktische Relevanz. Schließlich stimmten beide Autoren auch darin überein, dass das geschöpfliche Sein, insbesondere die Seelenstimmen des Menschen, eine Erkenntnisquelle für den Willen Gottes sei. Siebtens und letztens vergleicht der Vf. Kentenichs Lehre vom „Persönlichen Ideal" mit Hesses Überzeugung vom „Archetyp des Selbst": Beide Größen stellten jeweils das gottgewollte Idealbild bzw. urtümliche Leitbild der menschlichen Person dar, das beide Autoren im Unbewussten der menschlichen Seele verorten. Zu ihm gehöre bei Kentenich eine originelle Werteempfänglichkeit der menschlichen Person bzw. ihre persönliche Ergriffenheit von der göttlichen Wahrheit. Nach der Überzeugung beider Autoren sei eine möglichst ganzheitliche Verwirklichung dieses Idealbildes nur durch eine Kooperation zwischen der Aktivität der menschlichen Person und der Mitwirkung Gottes möglich.

Seinen anschließenden Versuch einer Verhältnisbestimmung zwischen Kentenich und Hesse im Hinblick auf die Bestimmung des Menschen unterteilt der Vf. in insgesamt vier Punkte: In einem ersten Punkt plädiert er für einen Mittelweg zwischen Hesses „rastloser Wanderschaft" in der Suche nach Halt und Geborgenheit und Kentenichs „unermüdlicher Beharrlichkeit" im Ruhen in dieser Geborgenheit, die ihm der „Gott des Lebens" geschenkt habe. Von beiden Wegen könne man unbeschadet ihrer Unterschiedlichkeit lernen, denn innerzeitlich und -geschichtlich sei der Mensch nie an das endgültige Ziel seines Weges gekommen. Zweitens könne man in Bezug auf die Religiosität beider Autoren von Hesses transreligiösem, antiinstitutionellen und tendenziell mystischem Glauben eine

Offenheit und Aufgeschlossenheit gegenüber der Heilsrelevanz anderer Religionen und Weisheitslehren lernen, während Kentenichs entschiedenes Christsein überzeugend wirke. Drittens könne der Leser von Hesses einsamer Individualität lernen, dass das Leben zumindest auch Einsamsein bedeutet und von Kentenich könnte er lernen, dass der neue Mensch nur in einer neuen Gemeinschaft seine einmalige Persönlichkeit umfassend entfalten kann. Schließlich könne man viertens am Vergleich zwischen Hesse und Kentenich auch lernen, dass die eigene göttliche Bestimmung sowohl als subjektive Seelenerfahrung nach Hesse als auch als Botschaft eines personalen Gottes nach Kentenich erfahrbar sei, die jedoch einer Unterscheidung der Geister und einer täglichen Prüfung (Stichwort: „Partikularexamen" und „Geistliche Tagesordnung") sowie zur Unterstützung auch einer geistlichen Begleitung bedürfe. In seiner Schlussbemerkung hält der Vf. für seine beiden Protagonisten die Einsicht fest, dass dem Menschen eine vollkommene Selbstverwirklichung in seiner irdischen Existenz nicht gelingen könne. Während Kentenich diese Vollendung des menschlichen Strebens in der Vereinigung mit Gott in einem jenseitigen seligen Leben annehme, müsse für Hesse die Form eines postmortalen menschlichen Lebens offenbleiben.

Schließlich besteht der sechste und letzte Teil der vorliegenden Arbeit aus einem Anhang mit einem ausführlichen Literaturverzeichnis, einem Personen- und Sachregister, sowie einem kleinen Epilog, der dem Film „Die fetten Jahren sind vorbei" von Hans Weingartner entnommen ist.

Zusammenfassend betrachtet stellt die vorliegende Untersuchung eine ausgezeichnete wissenschaftliche Leistung dar. Denn sie bewegt sich nicht nur auf einem sehr hohen Reflexions- und meist auch Sprachniveau; sondern sie besitzt auch einen vollständigen Überblick über die relevante Primär- und Sekundärliteratur zu ihrer Thematik, mit der sie zielgenau und souverän umgeht. Was jedoch ihren besonderen inhaltlichen Reiz bzw. ihre charakteristische inhaltliche Attraktivität ausmacht, das ist ihr spezifischer interdisziplinärer Charakter. Denn sie verbindet durch ihren ausführlichen Vergleich zwischen der Bestimmung des Menschen beide Autoren, die in sehr unterschiedlichen literarischen Genera – theologisch-philosophische, pädagogische und spirituelle Schriften bei Kentenich, psychologische Schriften bei Jung sowie schöngeistige Romanliteratur bei Hesse

– publiziert haben, Theologie, Philosophie, Psychologie und schöngeistige Weltliteratur in einer sachlich höchst gelungenen und instruktiven Weise miteinander und zeigt damit eindrücklich, dass ein Querschnittsthema wie die Frage nach einer Bestimmung des Menschen angemessen und hinreichend nur aus der Perspektive verschiedener humanwissenschaftlicher Disziplinen beantwortet werden und zugleich zum Gegenstand einer belletristischen Verarbeitung auf einem hohen literarischen Niveau gemacht werden kann. Eine solche Synthese stellt hohe intellektuelle und interdisziplinäre Ansprüche, denen der Vf. mit seiner vorliegenden Arbeit vorbildlich gerecht geworden ist. Deshalb bin ich davon überzeugt, dass diese wissenschaftliche Forschungsarbeit nicht nur die Kentenich- und die Hesse-Forschung jeweils für sich, sondern auch und gerade die interdisziplinäre Forschungsliteratur in dem Grenzbereich zwischen Theologie, Philosophie, Psychologie und schöngeistiger bzw. belletristischer Literatur innovativ, originell und substantiell zu bereichern vermag. Aus den genannten Gründen kann man dieser bemerkenswerten Untersuchung nur eine zahlreiche, interessierte und aufgeschlossene Leserschaft wünschen.

Freiburg im Breisgau, 30.10.2023 Markus Enders

Prolog

„Lebe das,
was dich in deiner Seele trägt.“

Die Textzeile ist ein Auszug aus dem Lied „Herzhaft glauben“ von Gertraud Wackerbauer aus dem Album: „Im Augenblick“, Würzburg 2001. Der Text ist von Heinrich Walter. Das Lied kann als eine musikalische Verarbeitung der Lehre Joseph Kentenichs vom „Persönlichen Ideal“ verstanden werden. Diese Liedzeile könnte aber ebenso gut als eine summarische Überschrift über Hermann Hesses Werk gelesen werden.

Γνῶθι σεαυτόν

Inschrift am Apollotempel von Delphi,
5. Jahrhundert v. Chr.,

als Verfasser gilt Chilon von Sparta.

zu deutsch: „Erkenne Dich selbst!"

Dieses Werk
versteht sich als ein Tribut
an die Seele des Menschen
und als ein Beitrag
zu deren tieferem Verständnis und
letztlich als ein Fingerzeig
auf die Einsicht,
dass nur durch die Entsprechung
mit der eigenen Seele
ganzheitliche Selbstverwirklichung
im Leben eines Menschen
möglich wird.

Der Verfasser dieser Untersuchung

für Lydia

Teil I
Einführung und inhaltliche Horizonte

„Die Angst bleibt dem Menschen zeitlebens als Warnsignal und Frage, ob er sich im Einklang mit seinem Wesen und seinen ureigenen schöpferischen Möglichkeiten befindet. Je bewusstloser die Angst den Einzelnen zurücklässt, je erschreckender und bedrohlicher sie ihm erscheint, desto klarer zeigt sie den Grad der Entfremdung von einem selbstbestimmten Leben an.“[1]

1 Otto TEISCHEL, Artikel *Angst und Ideologie – Überlegungen zum Wesen des Menschen*, in: agora 42, Das philosophische Wirtschaftsmagazin (2017), Ausgabe 4: Wa(h)re Angst, 10.

1. Vom Wesen der Selbstverwirklichung

Das einleitende Zitat von Teischel trifft das Anliegen der vorliegenden Untersuchung auf den Punkt, in dessen Zentrum die Frage nach der Selbstverwirklichung des Menschen steht, die wie folgt artikuliert werden könnte: „Wie kann ich meinem inneren Selbst entsprechen?" Auf diese existentielle Grundfrage möchte diese Dissertation eine Antwort geben durch die Vorstellung der beiden Werke von Joseph Kentenich und Hermann Hesse im Hinblick auf den Selbstverwirklichungsprozess des Menschen. Die darin enthaltene Bestimmung des Menschen kann der Grundangst des Menschen *„sich selbst verfehlt zu haben, sich innerlich nicht entsprochen zu haben, sein Leben nicht gelebt zu haben"*[2] etwas entgegensetzen. Letztlich will diese Arbeit einen Beitrag leisten zur Beantwortung der alten philosophischen Frage „Was ist der Mensch?" oder noch genauer: „Was bedeutet es, ein Mensch zu sein?"

Bringt man die Selbstverwirklichung nun mit Gott, Religion und Glaube in Verbindung, dann ist mit der Selbstverwirklichung des Menschen seine göttliche Berufung angesprochen. Die beiden ausgewählten Autoren dieser Untersuchung, Joseph Kentenich und Hermann Hesse, verstehen ihr jeweiliges Werk in letzter Konsequenz als eine Einladung an den einzelnen Menschen, diesen Pfad der Selbstverwirklichung zu gehen und dadurch seine göttliche Bestimmung zu erfüllen. Dies aufzuzeigen, ist das zentrale Anliegen dieser vorliegenden Untersuchung.

Schicksal und Bestimmung eines jeden Menschen, aber auch die Geschichte der Menschheit, der gesamte Weltenlauf stehen und fallen in der Beantwortung und Deutung dieser einen Frage: Existiert Gott oder ist alles nur ein Kreislauf um das Nichts? Alles bekommt einen ganz bestimmten Grund und Sinn, eine Bedeutung, wenn Gott als Urheber und Schöpfer der Welt und der Menschen gedacht wird. Gott wirkt in diese Welt hinein durch seinen ewigen Ratschluss mit Liebe und Weisheit. Die Idee der göttlichen Vorsehung klingt an. Doch eine universale Vorgabe und Deutung für das menschliche Leben, wie es das Abendland mit dem christlichen Gott

2 TEISCHEL, *Angst und Ideologie*, 10.

entworfen hat, gibt es spätestens seit dem Anbruch der Moderne[3] nicht mehr. Fast schon prophetisch kündigt Friedrich Nietzsche ein heranbrechendes Zeitalter der Gottesfinsternis an. Die Negation der Gottesfrage, der Zertrümmerung eines metaphysischen Ursprungsprinzips formuliert er bereits 1882 als atmosphärische Zeitendiagnose mit dem „Tod Gottes."[4]

Die folgenden Ausführungen stellen einen aktuellen Bezug zur Themenstellung der Arbeit her und machen darauf aufmerksam, dass das Phänomen der individuellen Selbstverwirklichung einen zentralen Wert, vielleicht sogar den zentralen Wert, in der heutigen Gesellschaft darstellt, dass er aber in unseren Tagen tendenziell areligiös gedacht, verwendet und vollzogen wird. In der heutigen postmodernen Gesellschaft herrscht ein zahlloses Angebot pluraler Weltbilder und Denksysteme und damit einhergehend bestehen die unterschiedlichsten Sinnangebote. Ein Produkt dieses Marktes an Sinnangeboten ist die Erlebnisgesellschaft. Die Folge dieser Multioptionalität ist eine subjektive Sinnkonstruktion in eigener Verantwortung.[5]

---

3 Moderne als Epochenbegriff benennt eine Geistesepoche, die um 1900 beginnt und die einschneidenden gesellschaftlichen, kulturellen und politischen Veränderungen in der Gründerzeit im Deutschen Kaiserreich und in Europa insgesamt bezeichnet. Die Erschütterung traditioneller Werte kann als das ausschlaggebende Wesensmerkmal der Moderne benannt werden. In der Philosophiegeschichte beginnt die Moderne bereits mit den Vordenkern der Aufklärung (etwa René Descartes) im 17. Jahrhundert. Vgl. zum Begriff der Moderne: Hans Michael BAUMGARTNER, Artikel *Moderne*, in: Walter KASPER (hrsg.), LThK, Band 7, Freiburg 2009, 362-363.

4 *„Wer gab uns den Schwamm, um den ganzen Horizont wegzuwischen? Was taten wir, als wir diese Erde von ihrer Sonne losketteten? [...] Gott ist tot! Gott bleibt tot! Und wir haben ihn getötet!"* Friedrich NIETZSCHE, *Die fröhliche Wissenschaft III* (1882), in: ders., Gesammelte Werke, Wolfgang DENINGER (hrsg.), Bindlach 2005, 514.

5 Vgl. Peter GROSS, Die Multioptionsgesellschaft, Frankfurt am Main 1994, 69-70. Gross zitiert den portugiesischen Schriftsteller Fernando Pessoa mit seinem Werk *Das Buch der Unruhe*, das tagebuchähnliche Reflexionen und Beobachtungen der Jahre 1913-1934 in sich vereinigt. Hier werden die charakteristischen Vorgänge der Moderne Enttraditionalisierung, Destruktion und Dekonstruktion beschrieben: *„Als die Generation geboren wurde, der ich angehöre, fand sie die Welt ohne Stützen für Leute mit Herz und Hirn vor. Die zerstörerische Arbeit der vorangegangenen Generation hatte bewirkt, daß die Welt, in die wir hineingeboren*

„Der Blick auf uns selbst ist uns nicht einfach gegeben. Welche der zahllosen Möglichkeiten, uns selbst zu sehen, sollen wir wählen?“ [6] In der heutigen Gesellschaft haben sich die Grenzen der Möglichkeiten massiv erweitert. Man ist oft mit der Auswahl zwischen den gegebenen Möglichkeiten konfrontiert. Das Betroffensein durch die Situation ist nicht mehr unabhängig von den Subjekten selbst. Davor gab es eine Rationalität des Handelns, die typischerweise außenorientiert war. Nun entwickelt sich in der Erlebnisgesellschaft eine innenorientierte Rationalität, bei der das Subjekt die Situation als Mittel betrachtet, um bei sich selbst bestimmte Prozesse zu provozieren. Es entsteht das Projekt des schönen Lebens, die Erlebnisgesellschaft vollzieht sich in der Ästhetisierung des Alltagslebens. [7]

Im heutigen postmodernen Zeitalter des Pluralismus und (De-) Konstruktivismus scheint es also schier unmöglich geworden zu sein, für die Selbstverwirklichung allgemeine Paradigmen finden zu können. Was also das Streben nach Selbstverwirklichung inhaltlich ausmacht, darüber ist eigentlich eine allgemeine Verständigung und Artikulation nicht mehr möglich. Im 21. Jahrhundert besteht in unserer postmodernen, säkularisierten Welt keine Eindeutigkeit mehr darüber, was als existentielle Orientierungshilfe dienlich ist, was die Sinnfrage des Menschen allumfassend beantwortet. Das Streben nach Selbstverwirklichung kann noch dahingehend artikuliert werden, dass jeder nach seiner eigenen Façon leben und glücklich werden möge. [8]

---

wurden, uns keinerlei Sicherheit in religiöser Hinsicht, keinerlei Halt in moralischer Hinsicht und keinerlei Ruhe in politischer Hinsicht bieten konnte. Wir wurden in metaphysische Angst, in moralische Angst, in politische Unruhe hineingeboren." Fernando PESSOA, Das Buch der Unruhe, Frankfurt am Main 1987, 13.

6 Gerhard SCHULZE, Die Erlebnisgesellschaft. Kultursoziologie der Gegenwart, Frankfurt am Main [2]2005, 53.

7 Vgl. SCHULZE, Die Erlebnisgesellschaft, 50-54.

8 Vgl. Magnus SCHLETTE, Die Idee der Selbstverwirklichung. Zur Grammatik des modernen Individualismus, Frankfurt am Main 2013, 10-11.

Der Begriff der Selbstverwirklichung ist eng verknüpft mit der Individualisierung. Damit ist ein mit der Industrialisierung und Modernisierung der westlichen Gesellschaften fortschreitender Prozess des Individuums von der Fremd- zur Selbstbestimmung benannt. Der zentrale Wert dieses Individualismus als Weltanschauung ist die Idee der Selbstverwirklichung. Er stellt eine fundamentale Legitimationsbasis dafür da, dass das Individuum selbst zum anerkannten Maßstab seiner relevanten Lebensentscheidungen und seiner Anstrengungen um seine eigenen Wünsche geworden ist. Schlettes These ist es also, dass die Idee der Selbstverwirklichung eine zentrale Position im Wertesystem der westlichen Moderne einnimmt. In der gegenwärtigen Kultur des Individualismus ist die Idee von der Selbstverwirklichung zum alles beherrschenden Handlungsprinzip geworden. So ist das 21. Jahrhundert das Zeitalter des Individualismus.[9]

Magnus Schlette setzt sich in seiner hier vorgestellten Monographie intensiv mit dem zeitgenössischen kanadischen Philosoph Charles Taylor[10] auseinander. Schlette sieht Taylors Leistung vor allem darin, dass ihm eine gute Vermittlung zwischen ideengeschichtlicher Vergangenheitserforschung und sozialphilosophischer Zeitdiagnostik gelungen ist. Zentral soll

9 Vgl. SCHLETTE, Die Idee der Selbstverwirklichung, 11,19-20. Schlette führt Beispiele der deutschen Gegenwartsliteratur an, die zeigen sollen, dass sich jüngere Generationen dem Ideal der Selbstverwirklichung durchaus verpflichtet fühlen. Die Texte der deutschen Schriftstellerinnen Tanja Dückers und Judith Hermann sollen dies belegen.

10 In seinem Hauptwerk *Quellen des Selbst* versucht er die für das Selbst- und Weltverständnis konstitutiven moralischen Quellen der Neuzeit zu rekonstruieren, deren Leugnung er für die Fehlentwicklungen der Moderne verantwortlich macht. Nach Taylor wird ein handelndes menschliches Wesen durch die im Abendland beheimateten Empfindungen der Innerlichkeit, der Freiheit, der Individualität und des Eingebettetseins in die Natur konstituiert. Taylor tritt mit seinem Werk den Versuch an, Einsicht in die ganze Komplexität und Fülle der neuzeitlichen Identität zu gewinnen. Im Zentrum steht also die Beschreibung der Genese der neuzeitlichen Identität und deren Bestimmung. Schlette bezieht sich neben vielen anderen Werken des kanadischen Politikwissenschaftlers und Philosophen meist auf folgendes Werk. Vgl. Charles TAYLOR, Quellen des Selbst. Die Entstehung der neuzeitlichen Identität, Frankfurt am Main ^{8}2012.

nun die Frage sein, wie Schlette mit der Gedankenwelt Taylors den Begriff der Selbstverwirklichung inhaltlich füllt.[11]

Nach Charles Taylor ist der Individualismus der Selbstverwirklichung das wesentliche Kennzeichen der modernen Identität.[12] Für Taylor wird das Streben nach Selbstverwirklichung von dem moralischen Ideal der Treue zu sich selbst motiviert. Mit dieser Deutung widerspricht er damit den Ansätzen, die in der Selbstverwirklichung nur moderne Spielarten des Hedonismus, des Konsumismus und des Narzissmus sehen. Selbstverwirklichung ist dagegen für ihn eine Abwehrreaktion gegen die Selbstentfremdung und meint eine Treue zu bestimmten Eigenschaften, Vermögen, Zuständen (etwa Gefühlszuständen), die auf einmalige Weise dem Individuum erschließen, was wichtig ist im Leben und die wesentlich zur Bildung der Selbstidentität beitragen.[13]

So formuliert Taylor eine Art Definition von Selbstverwirklichung: *„Sich selbst treu sein heißt nichts anderes, als der eigenen Originalität treu sein. Indem ich sie artikuliere, definiere ich zugleich mich selbst. Damit verwirkliche ich eine Möglichkeit, die ganz eigentlich mir selbst gehört.“*[14]

Schlette führt weiter den Selbstverwirklichungsprozess im Sinne Taylors aus: Die Originalität des Menschen leitet sich aus der Art und Weise ab, wie er mit seiner Einzigartigkeit umgeht und sich zu ihr verhält. Selbstverwirklichung ist dann die gelungene Synthese aus biologisch-sozialisatorischen Prägungen des Lebens und der selbstbestimmten Gestaltung unserer Lebensführung, die die individuellen Prägungen akzentuiert, bearbeitet, verwandelt und so das Selbst, das wir ja schon sind, zugleich anteilig mit hervorbringt, erschafft bzw. verwirklicht. Schlette führt Goethe an und in

11 Vgl. SCHLETTE, Die Idee der Selbstverwirklichung, 57.

12 Taylor betont, dass sein Versuch, die Genese der neuzeitlichen Identität inhaltlich zu fassen, hauptsächlich darin bestehe, die Zusammenhänge zwischen Selbst- und Moralvorstellungen nachzuzeichnen. Wenn es also um die Auseinandersetzung dessen geht, wie die neuzeitliche Identität zu bestimmen ist, dann geht es wesentlich um die Beziehung zwischen dem Selbst und der Moral. Vgl. TAYLOR, Quellen des Selbst, 7-9.

13 Vgl. SCHLETTE, Die Idee der Selbstverwirklichung, 60-61.

14 Charles TAYLOR, Das Unbehagen an der Moderne, Frankfurt am Main 1995, 39.

Anlehnung an den Dichter könnte man sagen, dass die Originalität des Menschen in geprägter Form bestehe, die der Mensch gestaltend entwickeln muss. Und immer dort, wo es dem Menschen gelingt, im Einklang zu sein mit seinem Wesen, ist dies eine beachtliche Leistung.[15]

Das Ideal der Treue zu sich selbst hätte aber Taylor zufolge nicht in einer anderen als der modernen Epoche auftreten können. Für Taylor zählt das Ideal der Treue zu sich selbst deshalb zu den konstitutiven Bestandteilen moderner Identität. Schlette übersetzt Taylors Begriff der modernen Identität als Selbstbewusstsein der Moderne, wenngleich die Inhalte des Selbstverständnisses von Angehörigen der Moderne heterogen sind. Dennoch ist nach Taylor die westliche moderne Kultur wesentlich dadurch bestimmt, dass ihre Angehörigen sich mit diesem Ideal auseinandersetzen. Für Schlette ist es demnach plausibel, dass das moralische Ideal einer Treue zu sich selbst zu den möglichen moralischen Glaubensinhalten der westlichen Kultur zählt. Letztlich bekundet dieses Ideal den Glauben an die eigene Originalität. Die kulturelle Identität der Moderne ist ganz wesentlich durch diese Attraktivität bestimmt, die das moralische Ideal einer Treue zu sich selbst auf die Angehörigen dieser Kultur ausübt.[16]

Verwirklichung bezeichnet eine Tätigkeit, und zwar perspektivisch immer von ihrem Ende her, der Wirklichkeit bzw. des Wirklichseins unserer Vorstellungen oder Ideen von etwas. Bei der Orientierung an handlungsleitenden Ideen oder Konzepten kann man nur dann von einer Verwirklichung dieser Ideen oder diesem Konzept sprechen, wenn der Handelnde sie sich

---

15 Vgl. SCHLETTE, Die Idee der Selbstverwirklichung, 61.

16 Vgl. Ebd., 66-70. Schlette führt hier noch weitere Fragen auf, die Taylor in seinem Lebenswerk zu beantworten versucht, sie lauten: *„1. Warum und wie das Ideal, sich selbst treu zu sein, irgendwann die Bedeutsamkeit eines konstitutiven Bestandteils moderner Selbstverständigung gewonnen hat?" 2. Warum so viele Menschen die Verwirklichung dieses moralischen Ideals zu verfehlen bzw. es über alle Maßen zu trivialisieren scheinen? 3. Wie sollen wir uns eigentlich zu dem besagten Ideal verhalten?"* Plausible Antworten auf diese Fragen finden sich in Taylors gesamtem Werk. Es wird deutlich, dass Schlette Charles Taylor als die wissenschaftliche Quelle in seinem Werk ausweist, die hinsichtlich der Genese der modernen Identität und dem Streben nach Selbstverwirklichung im aktuellen Diskurs primär zu befragen ist. Der Gedankenhorizont Taylors kann hier in dieser Einleitung freilich nur angedeutet werden.

aneignet, sich zu eigen macht. Dabei interpretieren wir die vorgefundenen Ideen und passen sie dadurch unserem Verstehenshorizont an. Die Aneignung von Ideen hat also auch immer eine kreative Komponente. Kreativität erfordert die Verwirklichung von Vorstellungen aber auch in ihrem Vollzug, die zu einer Revision der ursprünglichen Vorstellungen führen können. Wenn sich nun der Mensch selbst verwirklichen will, dann heißt das, dass er Vorstellungen von einem möglichen Selbst wirklich zu machen beabsichtigt. So formuliert Schlette eine Definition von Selbstverwirklichung:[17]

> „... *erschließt sich der Doppelsinn von Selbstverwirklichung, dass es dabei nämlich einerseits um die Verwirklichung unserer Vorstellungen geht, die wir uns davon machen, wer, was und wie wir sein wollen, und andererseits um unsere Vorstellungen, das heißt um Vorstellungen, die im nachdrücklichen Sinne zu unseren werden, indem wir sie mit Leidenschaft und Kreativität verwirklichen. Mit anderen Worten: Nicht erst im Ergebnis, sondern bereits in unserer kreativen Tätigkeit des Verwirklichens (unserer Vorstellung von uns selbst) ist uns das Ziel, unser verwirklichtes oder authentisches Selbst gegenwärtig. Die Orientierung an Selbstverwirklichung ist eine Orientierung an bestimmten subjektiv wichtigen Zielen im Medium eines erfahrungs- und kontingenzoffenen Vollzugs der Lebenspraxis, in dem ich mir als Urheber dieses Vollzugs bewusst bin.*“[18]

Der im Zitat dargestellte Doppelsinn von Selbstverwirklichung führt nun Schlette zu der Frage nach der Bedeutung des Selbst. Es sind damit Vorstellungen von Eigenschaften und Gütern gemeint, die wir uns aktiv und in befürwortender Haltung zu eigen machen wollen. Der Akt der Selbstverwirklichung entscheidet sich wesentlich in der Kreativität und Entschlossenheit, mit der der Mensch als tätiger Akteur seine Verwirklichung voranbringt und erfährt.[19]

---

17 Vgl. Ebd., 190-192.

18 Ebd., 193.

19 Vgl. Ebd., 193-194. Vgl. insgesamt das 6. Kapitel *Was heißt Selbstverwirklichung?*, in: Ebd., 190-211.

Darüber hinaus formuliert Schlette im 12. Kapitel mit der Überschrift *Furcht vor dem Tod und Wille zur Vollendung* die These, dass in der Selbstverwirklichung als regulative Idee des menschlichen Tuns sich der Wille zur Vollendung des Lebens äußert. Es gehe nun darum, diesen Vorgriff auf Vollendung als wesentliches Bestimmungsmerkmal eines recht verstandenen Begriffs von Selbstverwirklichung zu etablieren. Dabei wird angemerkt, dass das Streben nach Selbstverwirklichung und das Bemühen um Authentizität, um ein authentisches Leben, als sehr ähnlich zu deuten sind. Eigentlichkeit, Authentizität und Selbstverwirklichung, bei diesen drei Begriffen geht es um eine bestimmte praktische, durch gesteigerte Selbstbewusstheit[20] qualifizierte Vollzugsweise. Selbstverwirklichung ist der entschlossene Wille zur Vollendung einer Lebensganzheit, die durch das gelungene Verhältnis von Wille und Vermögen qualifiziert wird.[21]

Abschließend soll hier der Gedanke von Schlette angeführt werden, dass die Selbstverwirklichung des Menschen wesentlich mit subjektiven Wertorientierungen zusammenhängt. Schlette führt Hans Joas ins Feld, der in den subjektiven Wertorientierungen einen wesentlichen Beitrag zu Prozessen der personalen Identitätsbildung erkennt. Joas spricht von der Entstehung der Werte, diesen modernen Gedanken nennt er *„die Wende zur Subjektivität“*[22], weil es das Subjekt sei, das einen Wert bewertet. Darüber hinaus behauptet er die *„historische Kontingenz der Werte selbst.“*[23] Diese philosophische Annahme geht auf Nietzsche zurück. Dessen Leistung liege in der genealogischen Rekonstruktion praktischer Geltungsansprüche, der zufolge die Genese eines Wertes sich nur in der spezifischen Lebenssituation der wertenden Subjekte bilde und die Geltung eines Wertes nur aus der

20 Schlette verweist hier auf Heidegger, der die *„gesteigerte Selbstbewusstheit des ‚eigentlichen‘ Lebensvollzugs auf die Gewahrung des Todes als äußerste Möglichkeit des Nicht-mehr-dasein-könnens gründet.“* Ebd., 313. Vgl. Martin HEIDEGGER, Sein und Zeit §53 (1927), Tübingen [12]1972, 260-267.

21 Vgl. SCHLETTE, Die Idee der Selbstverwirklichung, 308-315. Charles Taylor teilt die Auffassung, dass der Selbstverwirklichungsanspruch und der Authentizitätsanspruch weitestgehend gleichbedeutend verstanden werden dürfen. Vgl. Ebd., 314.

22 Hans JOAS, Die Entstehung der Werte, Frankfurt am Main 1997, 39.

23 JOAS, Die Entstehung der Werte, 40.

Art und Weise entstehe, wie er ihnen ihre Lebenssituation handlungspraktisch erschließe.[24]

Mit diesem schlaglichtartigen Streifzug durch Schlettes Monographie, sollten wesentliche Implikationen und Inhalte zur Idee der Selbstverwirklichung der Postmoderne dargestellt werden. Gleichzeitig hinterlässt die beschriebene subjektive Sinnkonstruktion in der heutigen säkularen und postmodernen Gesellschaft einen Begriff von Selbstverwirklichung, der völlig ohne jeden Transzendenzbezug auskommt. Man könnte sagen, die Idee der Selbstverwirklichung, wie sie hier von Schlette vorgestellt wurde, wird rein immanent gedacht. Dagegen kommen aber die beiden ausgewählten Autoren dieser Untersuchung, Joseph Kentenich und Hermann Hesse, in ihren jeweiligen Konzeptionen der Selbstverwirklichung, die schon vor über hundert Jahren entwickelt wurden, gerade nicht ohne einen Transzendenzbezug aus. Bei Kentenich und Hesse hat die Selbstverwirklichung des Menschen, wie diese Arbeit zeigen wird, immer auch einen objektiven Charakter, weil der zunächst immanente Prozess der Selbstverwirklichung aufgebrochen wird hin zu einer Transzendenz. Dass der Theologe Kentenich den Selbstverwirklichungsprozess des Menschen mit Gott in Verbindung bringt, ist wohl nicht weiter verwunderlich.[25] Dass aber eben auch der

24 Vgl. SCHLETTE, Die Idee der Selbstverwirklichung, 341-343. Ebenso vgl. JOAS, Die Entstehung der Werte, 39-40. Nach Joas entstehen Werte in Erfahrungen der Selbstbildung und Selbsttranszendenz. Es ist also nur der Erfahrungsbegriff, der dem Sachverhalt der Werteentstehung gerecht wird. Joas bringt in diesem Kontext das alte deutsche Wort des *„Ergriffenseins"* ins Spiel, als Ausdruck der inneren Genese von subjektiven Werten. Das Ergriffensein ist ein Erlebnis der Selbsttranszendenz. Vgl. JOAS, Werte, 72-85. Vgl. dazu auch: Friedrich NIETZSCHE, *Zur Genealogie der Moral* (1887), in: ders., Gesammelte Werke, 957-1049. Diese subjektivistische Werteentstehungstheorie, wie sie hier von Joas konzipiert und von Schlette rezipiert wird, muss aber in Frage gestellt werden, da die subjektive Wertorientierung durchaus auch unter Anerkennung objektiv gültiger Werte erfolgen kann und sich keineswegs völlig isoliert von der Außenwelt vollzieht.

25 Für Kentenich kann eine ganzheitliche Selbstverwirklichung des Menschen nur unter Bezugnahme der Realität Gottes gelingen, so führt er aus: *„Zur echten Persönlichkeit gehört im Sinne der Schöpfungs- und Erlösungsordnung ja nicht nur das Selbstsein, sondern auch das Mitsein: das Mitsein mit Gott und den Menschen. Wer nur das Selbstsein kennt und pflegt – wie Nietzsche das getan, und wie es viele*

Schriftsteller Hesse ein zutiefst religiöses Verständnis von Selbstverwirklichung hat, ist ein Faktum, das zunächst einmal vielleicht eher überrascht, so schreibt Hesse: *„Gott hat mit jedem von uns etwas gemeint, etwas versucht und wir sind seine Gegner, wenn wir das nicht annehmen und ihm helfen, es zu verwirklichen.“*[26]

Dieses erste einführende Kapitel will den Leser für die Fragestellung und inhaltliche Mitte dieser Arbeit sensibel machen, beschlossen werden soll es mit der Stimme des Freiburger Religionsphilosophen Bernhard Casper. Dieser bringt die allgemeine Sinnfrage mit der je individuellen Bestimmung eines Menschen in Verbindung. Zentral bei dieser Überlegung ist für ihn das Wort Selbstverwirklichung. *„Selbstverwirklichung erscheint uns als ein Indikator für das, was wir eigentlich sein sollen. Was wir auch tun, es sollte jedenfalls dazu führen, dass wir uns selbst verwirklichen. Darin scheinen alle Menschen heute übereinzustimmen.“*[27]

Mit Martin Heidegger konstatiert Casper, dass der Grundtrieb zur Identität, zur Selbstverwirklichung, der umfassende und stärkste Trieb unseres Lebens ist. Der Mensch ist das Wesen, dem es *„in seinem Sein um dieses Sein selbst geht.“*[28] Der Mensch strebt danach, sich selbst zu verwirklichen. Dies führt zur Suche nach sich selbst. Die Gestalt, nach der der Mensch strebt, steht ihm noch gar nicht vor Augen und doch ist er getrieben, sich selbst zu finden. Der Mensch steht immer in der Spannung zwischen dem, der er jetzt ist, und dem, der er sein möchte. Diese Lebensbewegung, sich selbst zu suchen und zu finden, nennt Casper Selbstverwirklichung und spricht dabei von einer *„responsorischen Struktur“*.[29] Der Mensch muss auf

---

moderne Menschen auch heute noch tun –, kommt einfach nicht zu ganzheitlicher Selbstverwirklichung." Joseph KENTENICH, *Chronik-Notizen* (1955), in: ders., Ein Durchblick in Texten, Band 2, Herbert KING (hrsg.), Vallendar-Schönstatt 2000, 172.

26 Hermann HESSE, *Brief* (1941), in: ders., Die Antwort bist Du selbst. Briefe an junge Menschen, Volker MICHELS (hrsg.), Frankfurt am Main 2000, 23-24.

27 Bernhard CASPER, *Was gibt unserem Leben Sinn? Anspruch und Antwort*, in: Gisbert GRESHAKE (hrsg.), Ruf Gottes – Antwort des Menschen. Zur Berufung des Christen in Kirche und Welt, Würzburg 1991, 12.

28 HEIDEGGER, Sein und Zeit, §1-4, 2-15.

29 CASPER, *Was gibt unserem Leben Sinn?*, 17.

etwas antworten, was nur in ihm selbst liegt, was nur ihm selbst gegeben ist, seine individuelle Bestimmung, theologisch gesprochen seine Berufung von Gott her.[30]

2. An den Rändern der Theologie

Diese Dissertation nimmt eine Perspektive des interdisziplinären Dialogs[31] ein. Durch die beiden ausgewählten Autoren, die im Zentrum dieser Arbeit stehen, ist eine übergreifende Sichtweise zwischen verschiedenen Human- und Geisteswissenschaften automatisch gegeben. So soll in diesem zweiten einführenden Kapitel deutlich werden, dass die beiden Autoren in ihren Gedankenwelten Brücken bauen zwischen Theologie und Literatur (Hesse) und auch zwischen der Theologie und der Psychologie (Hesse und Kentenich). Ein fruchtbarer Dialog zwischen den verschiedenen Disziplinen ermöglicht eine erweiterte und damit ganzheitlichere Sicht auf den Menschen. Letztes Ziel dieser Zusammenschau, wie sie Kentenich und Hesse betreiben, ist ein gelingender Selbstverwirklichungsprozess ganzheitlicher Menschwerdung. So versteht sich diese gesamte Arbeit als einen konstruktiven Beitrag zum interdisziplinären Diskurs.

30 Vgl. Ebd., 11-26.

31 Andreas Tapken merkt in diesem Kontext an, dass es im interdisziplinären Diskurs vor allem um die Wirklichkeit des Menschen geht, die möglichst umfassend verstanden werden will. Vgl. Andreas TAPKEN, Der notwendige Andere. Eine interdisziplinäre Studie im Dialog mit Heinz Kohut und Edith Stein, Mainz 2003, 29. Genau in diesem Anliegen, das von Tapken formuliert wird, vereinen sich auch die Ansätze von Hesse und von Kentenich. Beide verfolgen in ihrem Denken eine Anthropozentrik, d.h. bei allen Überlegungen steht der Mensch mit seiner Sehnsucht nach Vollendung im Mittelpunkt. Diese Vollendung wird erreicht durch die Verwirklichung des inneren Persönlichkeitskerns, durch den der Mensch mit einer göttlichen Wirklichkeit verbunden ist.

2.1. Zwischen Theologie und Literatur

> *„Vielleicht hält Gott sich einige Dichter,*
> *(Ich sage mit Bedacht: Dichter!),*
> *damit das Reden von ihm jene*
> *heilige Unberechenbarkeit bewahre,*
> *die den Priestern und Theologen*
> *abhanden gekommen ist."*[32]

Theologie und Literatur sind zwei Bereiche, die in ihrer Wurzel nicht zu trennen sind, sondern sehr stark miteinander verwoben sind. Sowohl die Theologie als auch die Literatur dienen dem Menschen als Interpretations- und Deutungshilfe, als eine Form der Bewältigung des Lebens hinsichtlich existentieller Fragestellungen. Hier tritt eine Wechselwirkung von Theologie und Literatur in Erscheinung, dieses Phänomen wird allgemein mit dem Begriff der Korrelation wiedergegeben. *„Der Dialog von Theologie und Literatur, der sich seit den 1980er-Jahren im deutschen Sprachraum fest etabliert hat, versucht diese wechselseitige Spannung immer wieder neu auszuloten und als gegenseitige Herausforderung zu bestimmen."*[33] Diese

32 Kurt MARTI, *Zärtlichkeit und Schmerz, Notizen* (1979), in: Karl-Josef KUSCHEL, „Vielleicht hält Gott sich einige Dichter ...", Literarische Skizzen, Band 1, Mainz 2005, 9.

33 Vgl. Georg LANGENHORST, Artikel *Literatur und Dichtung*, in: Gottfried BITTER, Rudolf ENGLERT, Gabriele MILLER, Karl Ernst NIPKOW (hrsg.), Neues Handbuch religionspädagogischer Grundbegriffe, München 2002, 68. Für diesen fruchtbaren Dialog zwischen Theologie und Literatur sollen hier stellvertretend die beiden folgenden Namen genannt werden: Das ist zum einen Erich Garhammer, der den Brückenschlag zwischen Theologie und Literatur stark vorangetrieben hat in unzähligen Veröffentlichungen; vgl. stellvertretend dazu die Monographie: Erich GARHAMMER, Zweifel im Dienst der Hoffnung. Poesie und Theologie, Würzburg 2011. Zum anderen ist das Karl-Josef Kuschel, der zahlreiche Veröffentlichungen zum Dialog Theologie und Literatur beigetragen hat, so z.B.: Karl-Josef KUSCHEL, *„Der Gang zu den Dichtern." Über die gegenseitige Herausforderung von Religion und Literatur*, in: ders. „Weil wir uns auf dieser Erde nicht ganz zu Hause fühlen". 12 Schriftsteller über Religion und Literatur, München [2]1985, 155-185. Aktuell ist Kuschel auch der Präsident der Internationalen Hermann-Hesse-Gesellschaft. Kuschel selbst hat es sich als Theologe zur Aufgabe gemacht, die religiöse Essenz im Werke Hesses sichtbar zu machen. Kuschel untermauert eindrücklich die These, dass Hermann Hesses Werk ein

Wechselbeziehungen von Theologie und Literatur lassen immer wieder neu einen fruchtbaren Diskurs entstehen: Die christliche Theologie kann sich selbst immer wieder überprüfen und weiterentwickeln durch die aus heutiger Erfahrung entstandenen literarischen Texte. Umgekehrt können religiös gefärbte, existentielle Fragestellungen in der Literatur ein allgemeines Interesse an Religion, Theologie und Philosophie wecken. Literatur kann so zur Erschließungsmöglichkeit einer ungeahnten Wirklichkeit werden. Religiöse und literarische Sprache weisen beide über sich selbst hinaus, sie spiegeln und transzendieren Wirklichkeit.[34]

Der interdisziplinäre Austausch zwischen Theologie und Literaturwissenschaft wird aber von vielen Vertretern der einen oder der anderen Seite immer noch als ein Wagnis, wenn nicht sogar als ein Risiko gesehen, bei dem mindestens einer von beiden Disziplinen nicht wirklich entsprochen werden kann. Dabei wird nicht erkannt, dass der fruchtbare Dialog zwischen Theologie und Literatur Einblicke und Erkenntnisse zu Tage treten lässt, die keine der beiden Wissenschaften isoliert hervorbringen könnte. Jede Literatur kann theologisch gelesen werden, weil sie Ausdruck ist für menschliche Grunderfahrungen, weil sie die Fähigkeit besitzt, dem Unaussprechlichen doch einen Ausdruck zu verleihen. Literatur besitzt die schöne Eigenheit, das Leben auf Transzendenz hin durchsichtig zu machen. Das Potential von Literatur kann Brücken bauen vom Alltag und Leben der Menschen hin zu einem Mehrwert, zu einem tieferen Sinn bis hin zu einem

---

Sammelbecken für theologisch-philosophische Gedanken ist. Seine aktuellste Monographie zu dieser Thematik, vgl. Karl-Josef KUSCHEL, Im Fluss der Dinge. Hermann Hesse und Bertold Brecht im Dialog mit Buddha, Laotse und Zen, Ostfildern 2018. Abschließend sollen noch stellvertretend weitere namhafte Personen genannt werden, die den akademischen Dialog zwischen Theologie und Literatur voranbringen wollen: Andreas Bieringer, Alfred Bodenheimer, Wolfgang Braungart, Erik Flügge, Christoph Gellner, Mirja Kutzer, Georg Langenhorst, Jörg Lauster, Dorothee Sölle, Arnold Stadler, Jan-Heiner Tück, u.v.a.m.

34 Vgl. LANGENHORST, *Literatur und Dichtung*, 68-71. Langenhorst weißt darauf hin, dass literarische Texte zunächst immer einen ästhetischen Eigenwert haben. Er benennt aber fünf Gewinndimensionen hermeneutischer Möglichkeiten für die Theologie im Umgang mit Literatur: Textspiegelung, Sprachsensibilisierung, Erfahrungserweiterung, Wirklichkeitserschließung und Möglichkeitsandeutung.

nicht geahnten Glauben oder Vertrauen an einen Gott, der hinter allem steht.[35]

So soll nun Hesses Verhältnis als Literat zur Theologie und Religion in den Blick genommen werden. Kentenich ist in diesem Kontext weniger von Belang.[36] Inhalte, die in der Theologie und Philosophie in einer wissenschaftlichen und systematischen Sprache ausgedrückt werden, bringt der Schriftsteller Hermann Hesse in Form von Literatur zum Ausdruck. Er verarbeitet permanent philosophische und religiös-theologische Gedanken in seiner Literatur. Seine Schreibkunst ist eine Fundgrube mit Inhalten und Themenstellungen aus Theologie und Philosophie. Dass aber diese religiös-theologischen Fragestellungen einen so hohen Stellenwert in Hesses Literatur einnehmen, hängt vor allem mit Hesses pietistischem Elternhaus zusammen.

> *„Diese ungewöhnliche Gleichzeitigkeit von Enge und Weite, von Geschlossenheit und Offenheit, von kleiner und großer Kultur, von exklusivem Glauben an Jesus Christus und zugleich vom Wissen um Buddha und Shiva. Da ist in der Großfamilie von Anfang an immer beides zugleich: Pietistische Frömmigkeit und die Präsenz indischer Religionen, christliche Glaubenssicherheit und die weltreligiöse Weite Asiens […]. Impulse jedenfalls, die Hesse schon als Kind aufgenommen hat. Die Welt besteht aus mehr als der einen, wahren seligmachenden Religion.“*[37]

Die Auseinandersetzung mit den verschiedenen Religionen und sein lebenslanges Bemühen um einen Dialog der Kulturen und Religionen können mitunter als die wichtigsten Anliegen in Hesses Werk markiert werden. Hesse war in der Ausprägung des schwäbischen Pietismus von Kindesbeinen an mit der christlichen Religion aufgewachsen, gleichzeitig

35 Vgl. Jan-Heiner TÜCK, Hintergrundgeräusche. Liebe, Tod und Trauer in der Gegenwartsliteratur, Ostfildern 2010, 10-29.

36 Dennoch sei erwähnt, dass Kentenich in vielen seiner Predigten immer wieder Bezüge zur Literatur herstellt, dies belegt die Predigtreihe: Joseph KENTENICH, Aus dem Glauben leben. Predigten in Milwaukee, Band 1-10, Vallendar-Schönstatt 1969–1977. Um einen Sachverhalt zu verdeutlichen, bezieht er sich auf bekannte Literaturwerke, so z.B. von Hebbel, Heine, Goethe, Picard, Schiller, u.v.a.m.

37 KUSCHEL, Im Fluss der Dinge. 45-46.

war er aber auch vertraut mit den Religionen Asiens durch die Missionarstätigkeit seines Vaters Johannes Hesse und seines Großvaters Hermann Gundert in Indien.[38]

Des Weiteren hat Hesse schon in jungen Jahren damit begonnen, sich mit philosophischen und religiösen Fragestellungen auseinanderzusetzen. Die Problematik von Glaubensfragen und damit der Religion war für ihn ein wichtiges Thema. Hier ist zum einen sein autodidaktisches Studium der Weltliteratur in der Bibliothek des Großvaters Hermann Gundert zu nennen, zum anderen aber auch die Phase der Tübinger Lehrjahre in der Buchhandlung Heckenhauer (Hesse war gerade mal 18 Jahre alt), in der er beginnt, sich mit Philosophie und Religion auseinanderzusetzen. Er entwickelt im Laufe seines Lebens immer wieder seine eigenen Vorstellungen zum Religiösen. Die Konturen davon finden sich in vielen seiner literarischen Werke wieder,[39] so zum Beispiel in dem Roman *Siddhartha*, der die Verkettung von Hesses Literatur mit religiösen Inhalten exemplarisch nachweist und demonstriert. Hesse formuliert am Ende des Romans die religiöse Einsicht gleichsam als Essenz des ganzen Romans, es ist das Erkennen der Einheit allen Seins:

> „*Langsam blühte, langsam reifte in Siddhartha die Erkenntnis, das Wissen darum, was eigentlich Weisheit sei, was seines langen Suchens Ziel sei. Es war nichts als eine Bereitschaft der Seele, eine Fähigkeit, eine geheime Kunst, jeden Augenblick, mitten im Leben, den Gedanken der Einheit zu denken, die Einheit zu fühlen und einatmen zu können. Langsam blühte dies in ihm auf, strahlte ihm aus Vasudevas altem Kindergesicht wieder: Harmonie, Wissen um die ewige Vollkommenheit der Welt, Lächeln, Einheit.*“[40]

---

38 Vgl. Ebd., 44-49.

39 Vgl. Jürgen BELOW, Hermann Hesse-Handbuch. Quellentexte zu Leben, Werk und Wirkung, Frankfurt am Main 2012. 400-402. Vgl. ebenso die beiden Kapitel, die sich mit dem Themenbereich *Hesse und Philosophie* (400-402), sowie *Hesse und die Religion* (402-405) auseinandersetzen. Below führt hier zahlreiche Veröffentlichungen und Dissertationen zu diesen Themenbereichen an, die untermauern, dass Philosophie, Theologie und Religion eine zentrale Bedeutung in Hesses Werk einnehmen.

40 Hermann HESSE, Siddhartha. Eine indische Dichtung (1922), Frankfurt am Main

2.2. Zwischen Theologie und Psychologie

Die interdisziplinäre Perspektive wird weitergeführt durch die inhaltliche Verknüpfung von Theologie und Psychologie, die von beiden Autoren in ihrem jeweiligen Werk permanent vollzogen wird. Die Integration tiefenpsychologischer Inhalte in das jeweilige Gesamtwerk ist bei beiden Autoren unverkennbar und bezweckt einen ganzheitlicheren Blick auf die *conditio humana*. Sowohl Kentenich als auch Hesse nehmen jeweils eine psychologische Betrachtungsweise der menschlichen Wirklichkeit ein.

So soll zunächst auf Joseph Kentenich geschaut und sein religionspsychologischer Ansatz[41] schlaglichtartig vorgestellt werden. Als Theologe sieht Kentenich vor allem auch die Bedeutung des Unbewussten für den Gottesbezug. Kentenich war interessiert an einer Verstehensweise der Dynamik der menschlichen Tiefenseele und deren innewohnenden Eigengesetzlichkeiten. Was Kentenich von Anfang an gesehen hat, war, dass religiöse Praktiken und Vorgänge, immer auch psychologische Wirkungen haben. Kentenich spricht in diesem Kontext vom „Gottestrieb der Seele", d. h. der Mensch besitzt einen urtümlichen Trieb nach einer Beziehung zu Gott. Aus dieser anthropologischen Verfasstheit resultiert aber, dass eine dem Menschen in seiner Ganzheit entsprechenden Psychologie immer auch eine

---

2002, 106. In der Betrachtung *Mein Glaube* aus dem Jahre 1931 klassifiziert Hesse den *Siddhartha*-Roman als den gelungensten Versuch, seine religiösen Überzeugungen in einem Buch literarisch niedergelegt zu haben. Vgl. dazu: Hermann HESSE, *Mein Glaube* (1931), in: ders., Mein Glaube. Eine Dokumentation, Siegfried UNSELD (hrsg.), Frankfurt am Main 1971, 59-62.

41 Stellvertretend für Kentenichs religionspsychologische Ausrichtung seien hier die Vorträge der Pädagogischen Tagung aus dem Jahre 1951 genannt. Kentenich zielt bei diesen Vorträgen auf die atmosphärischen und psychologischen Bedingungen ab, von denen die religiöse Existenz in ihrem Zustandekommen, ihrem Bestand und in ihrer Entfaltung entscheidend abhängig ist. So lautet z.B. das Thema des 2. Vortrages der Reihe: *Strukturanalyse der psychologischen Grundlagen für die religiöse Sehnsucht – die religiöse Erlebnisfähigkeit*. Der Inhalt dieses Vortrages soll deutlich machen, wie intensiv Kentenich das christlich religiöse Leben psychologisch analysiert hat. Vgl. Joseph KENTENICH, Dass neue Menschen werden. Eine pädagogische Religionspsychologie, Schönstätter Marienschwestern (hrsg.), Vallendar-Schönstatt 1971. Dieser Veröffentlichung dienen die Vorträge der *Pädagogischen Tagung* (1951) als Textgrundlage.

religiös-theologische Dimension haben muss.[42] Kentenich war ein Meister darin, Theologie und Psychologie in eine lebensbejahende Synthese zu bringen. *„Wer Führer sein will in der Welt der Erlösung muss auch Psychologe sein. Wenn er bloß Theologe ist, kommt er nicht durch. Er müsste, wenn ich mich so ausdrücken darf – Verbindungsoffizier sein zwischen Theologie und Leben.“*[43] Dieses Verständnis des Psychologen als Vermittlungsinstanz kommt dem Grundanliegen Kentenichs sehr nahe. Nach Kentenich muss alles religiöse Leben auch psychologisch orientiert sein.[44]

Auch bei Hermann Hesse kommt es zu einer Synthese aus Religion und Psychologie in seinem literarischen Werk. In diesem Zusammenhang ist vor allem der Einfluss der „Analytischen Psychologie“ von Carl Gustav Jung zu nennen. Hesse beginnt ab dem Roman *Demian* (1917), der eine inhaltliche Zäsur in seinem Werk darstellt, die Lehre Jungs als neues konstitutives Element in seine Literatur zu verarbeiten. Die Selbstbeobachtung wurde zum unverkennbaren Sujet seiner Prosa, die Auseinandersetzung mit dem Unbewussten wird zu einem wesentlichen Anliegen in seiner Literatur. So konzentrierte sich Jungs und Hesses geistige Nähe vor allem in der Zusammenschau von Psychologie und Religion.[45]

42 Diese religiöse Dimension von Psychologie, wie sie Kentenich im Blick hatte, also dass die Tiefenseele des Menschen ihren Ursprung in Gott findet, Gott sich in der Tiefenseele des Menschen mitteilt und dass so etwas wie seelisches Gleichgewicht nur in einem Urvertrauen in Gott erreicht werden kann, übersteigt aber den Horizont der meisten tiefenpsychologischen Schulen. So verurteilte Sigmund Freud die Religion als universelle Zwangsneurose (Vgl. dazu die Schrift von Freud aus dem Jahre 1907 *Zwangshandlungen und Religionsübungen*). Dagegen versucht sein Schüler C. G. Jung stets Tiefenpsychologie und Transzendenz zusammenzudenken. Zu diesem Sachverhalt bei Jung, vgl. Carl Gustav JUNG. Schriften zu Spiritualität und Transzendenz, Brigitte DORST (hrsg.), Ostfildern 2013. Nicht zuletzt haben Jungs Theorien selbst eine transzendente Dimension. Jungs Lehre wurde oft auch mit einer mystischen Religion verglichen.

43 Joseph KENTENICH, Der erlöste Mensch. Priesterexerzitien (1935), Joachim SCHMIEDL (hrsg.), Vallendar-Schönstatt 2009, 62.

44 Vgl. Hans CZARKOWSKI, Psychologie als Organismuslehre. Joseph Kentenich und die moderne Psychologie unter besonderer Berücksichtigung der Tiefenpsychologie, Vallendar-Schönstatt ²1978, 48-57.

45 Vgl. Joseph MILECK, Hermann Hesse. Dichter, Sucher, Bekenner, Frankfurt am Main 1987, 106-107. Günter Baumann kommentiert hierzu: *„Jeder Kenner des*

3. Über diese Dissertation

3.1. Zum Forschungsstand der Themenstellung

Bis jetzt ist keine wissenschaftliche Arbeit (in der Theologie oder in einer anderen Wissenschaft) verfasst worden, die die beiden ausgewählten Autoren Joseph Kentenich und Hermann Hesse in den Blick nimmt und inhaltliche Verbindungslinien zwischen ihnen zeichnet. Ebenso konnte die Literatur-Recherche zu dieser Untersuchung bei beiden Autoren kein Werk mit einem Titel, weder in der Primär- noch auch in der Sekundärliteratur, ausweisen, das die inhaltliche Themenstellung (Die Bestimmung des Menschen) wiedergibt. Eine Monographie eines Autors, die explizit die Bestimmung des Menschen thematisiert und bearbeitet, kann weder bei Hesse noch bei Kentenich ausgemacht werden, wenngleich in vielen Werken der Sekundärliteratur bei beiden Autoren der Begriff der Bestimmung im Zusammenhang mit der menschlichen Existenz häufig anzutreffen ist. Schon aus dieser Tatsache kann geschlossen werden, dass die inhaltliche Ausrichtung der beiden Werke mit dieser Thematik verflochten ist.

So ist die vorliegende Dissertation der erstmalige Versuch, den Theologen Joseph Kentenich und den Schriftsteller Hermann Hesse miteinander in Beziehung zu setzen und eine Verhältnisbestimmung ihrer Gedankenwelten hinsichtlich einer Bestimmung des Menschen zu leisten. Dabei liegt der Schwerpunkt des Vergleichs vor allem darauf, inhaltliche Gemeinsamkeiten zwischen den beiden Autoren zu heben und aufzuzeigen.

Werkes von Hermann Hesse weiß, dass dieser in praktisch allen seinen Erzählungen seit dem ‚Demian' die hier von Jung postulierte Identität von Gotteserfahrung und Selbst-Erfahrung in immer neuen dichterischen Gleichnissen beschrieben und beschworen hat." Günter BAUMANN, Individuation – Wege zum Selbst. Hermann Hesses Erzählungen im Lichte der Psychologie C. G. Jungs, Stuttgart [3]2020, 11-12. Bei Jung kommt es also zu einer Gleichsetzung von Selbsterfahrung und Gotteserfahrung. Ebenso führt Below zahlreiche Veröffentlichungen und Dissertationen zum Themenbereich *Hesse und Psychologie* an, vgl. BELOW, Hesse-Handbuch, 405-409.

3.1.1. Quellenlage und Grundintention bei Kentenich

Einen Überblick über alle bisherigen Veröffentlichungen zu Kentenich gibt das Werk des Kentenich-Forschers und Theologen Herbert King „*Das Schrifttum Pater Kentenichs – Versuch eines selektiven Überblicks, in: Im Dienst eines Charismas, Vallendar-Schönstatt 1995.*"[46] Alle existierenden Bibliographien kategorisieren die Primärtexte Kentenichs. Eine aktuelle Bibliographie zur Sekundärliteratur über Kentenich liegt derzeit nicht vor. Ebenso konnte bei der Recherche der Sekundärliteratur zu Joseph Kentenich kein Werk ausgemacht werden, das explizit die Bestimmung des Menschen thematisiert, wenngleich implizit die allermeisten Werke der Sekundärliteratur um diese Thematik kreisen, da für Kentenich der Sinn des Lebens in der göttlichen Berufung eines jeden Menschen verankert ist.[47]

46 Neben dem Standard-Werk von Herbert King, gibt es noch drei weitere Bibliographien zu Kentenich-Texten, diese sind: 1. Paul VAUTIÉR, Kurze Einleitung in die Texte Pater Kentenichs, Vallendar-Schönstatt 1991. 2. Joachim SCHMIEDL, vorläufige Bibliographie der Schriften, Vorträge und Predigten von Pater Joseph Kentenich, Vallendar-Schönstatt 1991. 3. Herta SCHLOSSER, Die veröffentlichten Werke Kentenichs, Bibliographie der Veröffentlichungen aus dem Nachlass Pater Kentenichs, Vallendar-Schönstatt 1995.

47 Von großer Bedeutung ist für Kentenich der Glaube an eine persönliche Berufung des Menschen. Er wehrt sich gegen ein zu enggeführtes Berufungsverständnis in der Festlegung auf verschiedene Stände und kritisiert hier entschieden eine entsprechende Praxis der Vergangenheit, welche die persönliche Berufung des Einzelnen weitgehend negierte. So fordert Kentenich mit Franz von Sales als Grundprinzip der Persönlichkeitsbildung: *„Seien wir ganz, was wir sind. Das heißt, das, was Gott durch natürliche Anlagen und übernatürliche Gnadenanregungen oder durch außerordentliche Verhältnisse in uns grundgelegt hat. [...] So wünscht er* [gemeint ist Franz von Sales] *z.B., ähnlich wie Augustinus, daß wir das Vorbild der Heiligen nachahmen, aber er fügt bei: Das darf nur geschehen entsprechend unserer originellen Art."* Joseph KENTENICH, *Studie* (1949), in: ders., Ein Durchblick in Texten, Band 6, Herbert KING (hrsg.), Vallendar-Schönstatt 2006, 56-57.

Von seinem Selbstverständnis her würde sich Kentenich nicht zu den Wissenschaftlern zählen, sondern eher als eine Art Vermittler zwischen Wissenschaft (Theorie) und Praxis. Die Quellenlage, die Kentenich mit sich bringt, bedarf einer hermeneutischen Annäherung.[48] Die Texte,[49] die auf Kentenich zurückgehen, sind von ihm zu keinem Zeitpunkt seines Lebens in einer wissenschaftlich-systematischen Gesamtdarstellung zusammengefasst worden. Seine Reden, meist in Predigten und Vorträgen zu den unterschiedlichsten Anlässen dienen meist dem Zweck, Antworten auf konkrete Fragstellungen zu geben, auch wenn sich oft die Struktur dieser Abhandlungen schwer erschließt. Inhaltlich fällt auf, dass Kentenich darum bemüht ist, zeitgenössische Herausforderungen und Anliegen aufzugreifen. Es ist ein typisches Merkmal seiner Texte, einzelne Phänomene auf tiefere, dahinter sich verbergende Gesetzmäßigkeiten und Vorgänge transparent zu machen und gleichzeitig seinen Hörern Impulse und Kriterien mit auf den Weg zu geben, mit deren Hilfe sie die Herausforderungen des Lebens meistern können.[50]

48 So äußert sich der Kentenich-Forscher Herbert King bezüglich des Umgangs mit Kentenichs Werk wie folgt: *„Eine oft nur implizite (‚funktionelle') Philosophie, Theologie, Psychologie, Soziologie und Pädagogik muß erst noch mehr ins reflexe Bewußtsein gehoben werden, um dann entsprechend wissenschaftlich verarbeitet zu werden."* Vgl. Herbert KING, *Wissenschaftliche Erarbeitung der geistigen Welt Pater Kentenichs*, in: Regnum 28 (1994), 77.

49 Die vorhandenen Texte Kentenichs lassen sich in folgende Gattungen einteilen: Vorträge, Predigten bzw. Predigtreihen, Tagungen, Exerzitien(kurse), mehrwöchige Kurse, Briefe, Abhandlungen und Gebete bzw. Gebetssammlungen. Vgl. Lothar PENNERS, Eine Pädagogik des Katholischen. Studien zur Denkform P. Joseph Kentenichs, Vallendar-Schönstatt 1983, 207-222.

50 Vgl. PENNERS, Eine Pädagogik des Katholischen, 213-214, 218-220.

Kentenichs Reden und Vorträge zeigen seine große Fähigkeit, sich in Menschen einzufühlen und deren Befindlichkeiten wahrzunehmen, er besitzt eine hohe Sensibilität für die innere Verfasstheit seiner Hörerschaft. Davon ausgehend vermittelt er seinen Hörern wesentliche Elemente des Glaubens und ist dabei von der Überzeugung getragen, dass das Glaubensleben, das sich bewähren soll, auf ein fundiertes Glaubenswissen angewiesen ist.[51] Er steht dabei immer auf dem Boden der philosophischen und theologischen Tradition[52] und versucht diese mit dem, was er im Menschen vorfindet, zu vermitteln. Hier scheint Kentenichs anthropologischer und praktisch-erzieherischer Ansatz durch.[53]

51 Vgl. Ebd., 213.

52 Die beiden scholastischen Grundprinzipien *ordo essendi est ordo agendi* und *gratia praesupponit naturam* sind beispielsweise prägend für seine anthropologische Reflexion. Gerade die Theologie von Matthias Joseph Scheeben (Dogmatiker des 19. Jahrhunderts), die Kentenich schon in seinem Theologiestudium kennengelernt hat, soll für ihn zeitlebens von Bedeutung gewesen sein. Gerade auch das pädagogische Anliegen Kentenichs führt dazu, dass die theologischen Inhalte aus ihrer theoretischen Abstraktheit gelöst und so mit der Lebenspraxis des Glaubens verschmolzen werden. Vgl. Michael GERBER, Zur Liebe berufen. Pastoraltheologische Kriterien für die Formung geistlicher Berufe in Auseinandersetzung mit Luigi M. Rulla und Josef Kentenich, Würzburg 2008, 147-148.

53 Vgl. GERBER, Zur Liebe berufen, 152-156.

3.1.2. Quellenlage und Grundintention bei Hesse

Als Hesse im Alter von 85 Jahren starb, hinterließ er ein umfangreiches Werk mit unzähligen Prosadichtungen in Form von Romanen und Erzählungen, ebenso verfasste er als Lyriker viele Gedichte. Außerordentlich bekannt geworden ist sein Gedicht *Stufen* aus dem Jahre 1941. Zudem schrieb Hesse an die 35000 Briefe[54], verfasste unzählige Rezensionen zu vielen namhaften Literaturwerken, die Sekundärliteratur zu Hermann Hesses Leben und Werk ist uferlos und nahezu nicht zu überblicken. Die derzeit renomierteste Bibliographie über Hermann Hesse, die sowohl alle Primärliteratur als auch alle Sekundärliteratur in sich vereinigt, ist das Werk von „*Jürgen Below, Hermann Hesse-Handbuch. Quellentexte zu Leben, Werk und Wirkung, Frankfurt am Main 2012.*" Hier ist die gesamte Werkgeschichte Hesses chronologisch aufgeführt, sowie alle posthume Publikationen, ebenso die Briefwechsel als Sammelausgaben und geschlossene Korrespondenzen. Den zweiten großen Teil des Werkes bildet die gesamte zu Hesse publizierte deutschsprachige und internationale Sekundärliteratur mit ca. 25.000 Titel, die systematisch nach Inhalten klassifiziert ist. Diese Bibliographie ist das derzeit umfassendste Referenzwerk zu mehr als 100 Jahren Forschungs- und Rezeptionsgeschichte zu Hermann Hesse und seinem Werk.[55]

---

54 Hesse übte durch diese Antwortbriefe an seine oft junge Leserschaft durchaus eine seelsorgerliche und psychotherapeutische Tätigkeit und Funktion aus. Hesse äußert sich selbst 1948 darüber, warum gerade junge Menschen sich von seiner Literatur angezogen fühlen: *„Die jungen Leute finden in meinen Schriften eine Stärkung des Individuellen, während die Lehrer gerade das Gegenteil anstreben, möglichste Normalität und Uniformierung der jungen Seelen, [...]."* Hermann HESSE, *Schreiben im April* (1948), in: ders., Die Antwort bist du selbst, 20.

55 In seiner Einleitung verweist Jürgen Below noch auf einige weitere wichtige Werke der wissenschaftlichen Hesse-Forschung, die um die Zusammenhänge von Werk und Wirkung des Dichters bemüht sind. Das sind unter anderem: Siegfried UNSELD, Hermann Hesse. Werk- und Wirkungsgeschichte, Frankfurt am Main 1986; Ebenso hat der Hesse-Forscher Martin Pfeifer mit seiner internationalen Rezeptionsgeschichte erstmals die weltweite Wirkung Hesses untersucht und dargestellt: Martin PFEIFER (hrsg.), Hermann Hesses weltweite Wirkung. Internationale Rezeptionsgeschichte, Band 1-3, Frankfurt am Main 1977/1979/1991. Vgl. dazu: BELOW, Hesse-Handbuch, 11-12.

Bei der Recherche der Sekundärliteratur zu Hermann Hesse konnte kein Werk ausgemacht werden, das explizit die Bestimmung des Menschen thematisiert, wenngleich unzählige Werke um diese Thematik kreisen. Gerade die Werke, die in der Bibliographie von *Below* unter den Kategorien Pädagogik, Philosophie, Religion, und Psychologie aufgeführt sind, weisen eine inhaltliche Schnittmenge zu der Themenstellung dieser Arbeit auf. Die Fülle der Titel erlaubt es nicht, auf die Werke hier explizit einzugehen. Die relevanten Werke, die inhaltlich für diese Dissertation von Belang sind, werden bei den relevanten Abschnitten im Hesse-Teil (Teil IV) aufgeführt. Ebenso führt das Werk von Below unter der Kategorie *Komparatistik* viele Werke auf, die Hesse mit anderen Schriftstellern vergleichen und in Beziehung bringen (so z.B. Goethe, Bertolt Brecht, Thomas Mann und Fjodor M. Dostojewski). Ebenso gibt es einige vergleichende Werke, die Bezüge herstellen zwischen Hesse und deutschen Philosophen (so z.B. Kant, Hegel, Schopenhauer, Heidegger und vor allem Friedrich Nietzsche). Der Vergleich zwischen Hesse und einem Theologen, wie es die vorliegende Arbeit anstrebt, kann keinem aufgeführten Titel entnommen werden. Etliche Werke und Dissertationen setzen sich aber mit Hesses Beziehungen zur Religion auseinander, hier werden vor allem seine Affinität zur indischen Religion (Buddhismus und Hinduismus) und zu östlichen Philosophien (Daoismus und Konfuzianismus) mannigfach thematisiert.[56]

Was ist die Grundintention in Hesses Literatur? Seine Romane haben meist wenig Handlung, es geht Hesse darum, seelische Prozesse ungefiltert und authentisch darzustellen, es sind meist reine Seelenbekenntnisse. Sein Weltruhm, den Hesses Werk bis auf den heutigen Tag genießt, leitet sich aber nicht nur von seinem eindrücklichen Schreibstil ab, sondern basiert vor

56 Vgl. Kapitel 4.4 *Thematische Sachverhalte* und Kapitel 4.5 *Komparatistik,* in: BELOW, Hesse-Handbuch, 389-420; 421-433. Ferner soll an dieser Stelle auf das folgende Werk verwiesen werden, vgl. Martin PFEIFER, Hesse-Kommentar zu sämtlichen Werken, München 1990. Diese Arbeit stellt in komprimierter Form alle wichtigen Informationen zusammen, die für die inhaltliche Erschließung des Werkes von Hermann Hesse förderlich und relevant sind. Die ausführlichen Textkommentare zu nahezu aller Prosa (Romane und Erzählungen), zur Lyrik (Gedichte), zu den Buchbesprechungen (Rezensionen) und dem hinterlassenen Briefwerk zeigen die Fülle des inhaltlichen Reichtums im Werk von Hermann Hesse an.

allem auf den Themen und Inhalten, die Hesse in seinen Romanen verarbeitet. Die These, in der Prosa und Lyrik des Dichters werden die wesentlichen Grundfragen menschlicher Existenz behandelt, ist nicht von der Hand zu weisen, es geht um die großen Menschheitsfragen. Hesse berührt in seiner Literatur andauernd das Wesentliche des Menschseins. Der Schriftsteller möchte mit seiner Kunst keineswegs nur unterhalten, sondern mit seinem Schreiben konkrete Hilfestellungen und Sinnangebote zur Bewältigung des Lebens anbieten. Darin zeigt Hesse, dass die Frage nach einer Bestimmung des Menschen unmittelbar mit dem Selbstverwirklichungsprozess des Menschen zusammenhängt.[57] Die Entfaltung und Verteidigung des Individuellen, der für ihn heilige Wert der originellen Persönlichkeit, das ist wohl die Grundintention, die Hesse mit seinem Werk insgesamt beabsichtigt. Konvention und Fremdbestimmung von außen und die daraus resultierende Verleumdung des inneren Seelenlebens, des inneren Rufs, lehnt er kategorisch ab. Er verstand seine Schreibkunst immer als ein Bollwerk gegen das Massenmenschentum und als eine Ermutigung und Mahnung, nur den ganz eigenen Weg zu gehen.[58] So schreibt Hesse am Ende seines Lebens zusammenfassend über sein Werk:

---

57 Im Laufe seines Lebens erhielt Hesse viele tausend Zuschriften von Lesern, die nach der Lektüre seiner Bücher ein solches Vertrauen zu ihm gefasst hatten, dass sie ihm schrieben und um Rat bei ihren eignen Lebensproblemen fragten. Meist waren es junge Menschen, denen die Anpassung an das Vorgegebene, die Erwartungen der Eltern, Erzieher und Schulen und Universitäten unter den verschiedenen politischen Systemen seit der Jahrhundertwende zu schaffen machten. Aber auch Generationskonflikte, Pubertäts- und Partnerprobleme, religiöse Zweifel, Fragen der Berufswahl, der Fremdbestimmung, der weltanschaulichen Bevormundung und Probleme der Gruppendynamik sind durchgängige Themen dieser Briefe. Obwohl man all diese Themen in Hesses Büchern auf überpersönliche Weise dargestellt findet, hat er die Mühe nicht gescheut, sich auch den konkreten Einzelfällen zu stellen und viele dieser Briefe zu beantworten, was einmal mehr Hesses Hochachtung vor dem Individuum demonstriert. Viele Briefe sind davon veröffentlicht. Vgl. Hermann HESSE, Die Antwort bist Du selbst. Briefe an junge Menschen, Volker MICHELS (hrsg.), Frankfurt am Main 2000.

58 Vgl. insgesamt zur Thematik Wahrhaftigkeit und Individualität bei Hermann Hesse: Eugen DREWERMANN, Das Individuelle gegen das Normierte verteidigen, Zwei Aufsätze zu Hermann Hesse, Frankfurt am Main 1995.

> *„Meine Dichtungen sind alle ohne Absichten, ohne Tendenzen entstanden. Wenn ich aber nachträglich nach einem gemeinsamen Sinn in ihnen suche, so finde ich allerdings einen solchen: vom ‚Camenzind' bis zum ‚Steppenwolf' und ‚Josef Knecht' können sie alle als eine Verteidigung (zuweilen auch als Notschrei) der Persönlichkeit, des Individuums gedeutet werden. Der einzelne einmalige Mensch mit seinen Erbschaften und Möglichkeiten, seinen Gaben und Neigungen ist ein zartes, gebrechliches Ding, er kann wohl einen Anwalt brauchen. […] Es wurde mir tausendmal bestätigt, wie gefährdet, schutzlos und angefeindet der Einzelne, der nicht Gleichgeschaltete in der Welt steht, wie sehr er des Schutzes, der Ermutigung, der Liebe bedarf."*[59]

Daneben verfolgt der Dichter das Anliegen, innere Nöte und Widerstände durch seine Schreibkunst zu überwinden. Schreiben war für ihn ein Befreiungsakt mit einer nahezu therapeutischen Funktion. So ist Hesses Werk durch und durch autobiographisch, es ist zutiefst persönlich und zugleich überpersönlich.[60]

3.2. Motivationen

Wer sich längere Zeit eingehend mit dem Literaten Hermann Hesse inhaltlich auseinandersetzt, wird zweifelsohne erkennen müssen, dass sein Werk angefüllt ist mit religiös-theologischen und philosophischen Themen. Neben seinen Romanen existiert auch eine ganze Reihe von (eher unbekannten) Schriften, in denen er direkt in essayistischer Form seine

59 Hermann HESSE, *Brief* (1954), in: ders., Ausgewählte Briefe, Frankfurt am Main [8]2013, 418.

60 Hesse konstatiert bezüglich seines literarischen Schaffens in einem Artikel im Jahre 1921 zusammenfassend: *„Und alle diese Erzählungen handelten von mir selbst, spiegelten meinen eigenen Weg, meine heimlichen Träume und Wünsche, meine eigenen bitteren Nöte!"* Hermann HESSE, *Vorrede eines Dichters zu seinen ausgewählten Werken* (1921), in: ders., Sämtliche Werke, Band 12, Volker MICHELS (hrsg.), Frankfurt am Main [2]2018, 190. Des Weiteren definiert Theodore Ziolkowski Hesses Protagonisten in seinen Romanen als *„Transformationen des Autors"*. Vgl. Theodore ZIOLKOWSKI, Der Schriftsteller Hermann Hesse. Wertung und Neubewertung, Frankfurt am Main 1978, 105.

religiösen und philosophischen Überzeugungen[61] Ausdruck verleiht. So ist es eine erste Motivation dieser vorliegenden Dissertation, den großen Literaten Hermann Hesse auch als religiös-theologischen und philosophischen Menschen, Denker und Autor herauszustellen. Natürlich kann es nicht darum gehen, den Literaten Hermann Hesse für die Theologie vereinnahmen zu wollen. Dennoch geht es mir darum, eine bestimmte Seite von ihm, seine religiöse Seite, in ein größeres Licht zu rücken. Hesse war ein sehr religiöser Mensch. Hermann Hesse war ein großer Gottsucher, der in seinen fast schon mystischen Bestrebungen immer an die Einheit der Welt geglaubt hat, waren die Widrigkeiten im Großen (z.B. Erster und Zweiter Weltkrieg), wie im Kleinen (die unendlichen vielen Krisenzeiten seines persönlichen Lebens) noch so übermächtig. Hesse hat stets versucht, die Bindung an eine Transzendenz, die Beziehung an Gott in seinem Leben aufrechtzuerhalten. *„Mein Leben, so etwa nahm ich mir vor, sollte ein Transzendieren sein […].“*[62] Gerade eben diese religiöse Seite gehört elementar zu Hesses Leben dazu. Daher ist es umso erstaunlicher, warum seine starke Identifikation mit der Religion meist in der öffentlichen Wahrnehmung vernachlässigt wird. Dieser verkürzten Sicht auf den Dichter will diese Dissertation entgegenwirken.[63]

Eine zweite Motivation dieser Arbeit ist es, die Diskrepanz aufzubrechen, die zwischen der Gedankenwelt Kentenichs, dem tatsächlichen heutigen Leben und Wirken der Schönstattbewegung und deren Wahrnehmung in

---

61 Stellvertretend sollen hier die beiden Aufsätze *Mein Glaube* (1931) und *Ein Stückchen Theologie* (1932) genannt werden.

62 Hermann HESSE, Das Glasperlenspiel (1943), Frankfurt am Main 1972, 439.

63 Hans Küng merkt in diesem Kontext an, dass obwohl das literarische Werk Hesses so reich angefüllt ist mit religiösen und theologischen Inhalten, wird er gleichsam als religiöser Denker von der Theologie nicht berücksichtigt. Auch die meisten Literaturwissenschaftler wollen sich nicht mit Hesses Religiosität befassen, ist diese Thematik ohnehin für sie nicht von großer Bedeutung. Vgl. Hans KÜNG, *Nahezu ein Christ? Hermann Hesse und die Herausforderung der Weltreligionen*, in: Walter JENS, Hans KÜNG (hrsg.), Anwälte der Humanität. Thomas Mann – Hermann Hesse – Heinrich Böll, München 1989, 162. Den Titel seines Aufsatzes entlehnt Küng folgendem Hesse-Zitat: *„Irgend einer Gemeinschaft, Kirche oder Sekte gehörte ich nie an, halte mich aber heute nahezu für einen Christen.“* Hermann HESSE, *Brief im Februar* (1935), in: ders., Mein Glaube, 78.

der Öffentlichkeit besteht. Vieles von dem, was Kentenich wollte, ist mit Sicherheit durch seine von ihm ins Leben gerufene Schönstattbewegung bis auf den heutigen Tag in Welt und Kirche realisiert worden. Wer sich aber verstärkt mit der Person Kentenich inhaltlich auseinandersetzt und gleichzeitig die Schönstattbewegung aus eigener Erfahrung kennt, der stellt fest, dass es auch Ideen und Ideale des Gründers gibt, die an der Basis und in der Pastoral der Bewegung noch gar nicht oder zumindest sehr vernachlässigt angekommen sind. Viele Potentiale seiner Gedankenwelt müssen noch erschlossen und umgesetzt werden. So müsste gerade die psychologische Dimension im Werke Kentenichs eine stärkere Berücksichtigung in der Pastoral der Schönstattbewegung finden, so z.B. die Integration des Unbewussten bei der Suche nach der eigenen Berufung. Eine ständige Auseinandersetzung und Aufarbeitung seines Werkes sind vonnöten, um die anthropologischen und pastoralen Ideale Kentenichs adäquat ins Leben der Menschen übersetzen zu können. Diesem hermeneutischen Auftrag fühlt sich diese vorliegende Untersuchung verpflichtet und möchte dazu beitragen, dass sich die Vision Kentenichs und deren tatsächliche Umsetzung in Kirche und Welt immer mehr entsprechen.[64]

Eine dritte und letzte Motivation liegt in der Möglichkeit, eine erneuerte Sichtweise für beide Autoren zu schaffen. Wie auch schon die beiden zuvor genannten Motivationspunkte deutlich gemacht haben, führen Vorurteile, Fehlinformationen und zu wenig fachliche Auseinandersetzung teilweise zu völlig falschen Bildern beider Autoren in der Öffentlichkeit. Aus dieser Warte heraus erzeugt vielleicht auch die Themenstellung dieser Arbeit zunächst große Skepsis, die wie folgt artikuliert werden könnte: „Wie kann man denn nur auf die Idee kommen Joseph Kentenich, den Theologen und Gründer der Schönstattbewegung[65], mit dem freizügigen und freidenke-

64 Gerade die Tragweite seines psychologischen Denkens sieht der Kentenich-Experte Herbert King in der Kentenich-Rezeption allgemein und insbesondere in der Pastoral und Glaubenspraxis der Schönstattbewegung zu wenig berücksichtigt.

65 Kentenich und seine internationale Schönstattbewegung werden oft eher dem konservativen Flügel der katholischen Kirche zugeordnet und deshalb meist als lebensfremd und zu wenig weltoffen und modern in der öffentlichen Meinung wahrgenommen. Die Ideale Kentenichs seien nicht mehr zeitgemäß, was schon an der alt klingenden Sprache und Begrifflichkeit deutlich werde. So formuliert

rischen Schriftsteller Hermann Hesse zu vergleichen, der Vorbildfunktion für die Hippie-Bewegung hatte? Sind denn beide Autoren nicht zu gegensätzlich, als dass man sie miteinander vergleichen könnte?"

So ist es das Anliegen dieser Dissertation, die beiden Autoren von ihren clichéhaften Stigmatisierungen zu befreien, indem wesentliche Inhalte dieser beiden Autoren in den beiden Hauptteilen dieser Arbeit (Teil III + Teil IV) dargestellt werden, um sie dann in einem Schlussteil (Teil V) in einer Gegenüberstellung zu vergleichen. Einerseits soll dabei zu einem tieferen Verständnis von Kentenich und Hesse und ihren jeweiligen Werken beigetragen werden, andererseits sollen gleichzeitig dadurch oberflächliche Fehleinschätzungen über beide Autoren revidiert und ausgeräumt werden.

3.3. Methodische Vorgehensweise, Aufbau und Zielsetzung

In diesem Kapitel soll die methodische Vorgehensweise und der sich daraus ergebende inhaltliche Aufbau dieser Arbeit skizziert und begründet werden. Des Weiteren sollen die Forschungsthesen als Zielsetzung dieser Arbeit vorgestellt werden. Sie setzt sich zusammen aus fünf großen inhaltlichen Teilen:

Teil I – Einführung und inhaltliche Horizonte: Dieser erste Themenblock versteht sich als eine Einführung, die die unterschiedlichsten Facetten und Themenbereiche dieser Arbeit aufzeigt und den inhaltlichen Rahmen absteckt.

Christian Feldmann in der Einleitung seiner Kentenich-Biographie etwas provokant: *„Ein liebenswürdiger alter Mann mit einem mächtigen weißen Bart, einer schrecklich altmodischen Sprache und merkwürdigen Vorstellungen: Maria als ‚amtliche Schlangenzertreterin', der man ein ‚Gnadenkapital' aus Gebeten und frommen Werken zur Verfügung stellen soll, damit sie in einem Kapellchen am Rhein ‚ihren Thron aufschlägt' und von hier aus die aus der Bahn geratene Welt wieder in die Balance bringt. Was soll man heute damit anfangen?"* Christian FELDMANN, Gottes sanfter Rebell. Joseph Kentenich und seine Vision von einer neuen Welt, Vallendar-Schönstatt 2005, 9. Hesse dagegen wird, meines Erachtens, in der öffentlichen Wahrnehmung zu wenig religiös und zu links-alternativ bewertet.

Teil II – Zeitenanalyse: Dieser zweite Block versteht sich ebenfalls als eine inhaltliche Hinführung und ist bewusst an diese Stelle gesetzt. Aus fünf verschiedenen Perspektiven wird die Zeitspanne von 1910 bis 1920 in den Blick genommen; diese umreißt die Zeit vor, während und nach dem Ersten Weltkrieg. Im Ganzen will diese Zeitenanalyse zu einem erweiterten und tiefgründigeren Verständnis verhelfen, in welchem zeitgeschichtlichen Kontext die beiden Protagonisten Joseph Kentenich und Hermann Hesse wesentliche Inhalte ihrer Werke konzipierten und welche zeitgeschichtlichen Persönlichkeiten, Entwicklungen und Strömungen direkt oder indirekt Einfluss genommen haben auf die Inhalte ihrer jeweiligen Werke. Gleichzeitig bilden diese Jahre einen gewissen Schwerpunkt dieser Arbeit im Hinblick auf die ausgewählte Primärliteratur beider Autoren.[66]

Teil III – Die Bestimmung des Menschen bei Joseph Kentenich: Als Vorbemerkung soll hier zur Sprache kommen, dass es aus inhaltlich-systematischen Gründen für das Gesamtverständnis dieser Arbeit wichtig ist, dass zuerst das Werk von Kentenich hinsichtlich einer Bestimmung des Menschen vorgestellt wird, da hier ausführlich im 3. Kapitel die Konzeption der göttlichen Vorsehung mit ihren inhaltlichen Wurzeln bei Thomas von Aquin dargestellt wird. Die Vorsehungsthematik im Kentenich-Teil bildet sozusagen ein inhaltliches Fundament, das dazu verhelfen soll auch im anschließenden Hesse-Teil besser die Führung durch eine absolute und göttliche Macht herauslesen zu können. Bei Hesse und seinem Werk wird die Vorsehungsthematik zwar nicht explizit benannt, ist sie aber

66 Bei Kentenich liegt ein gewisser Schwerpunkt auf der *Vorgründungsurkunde* von 1912, die an mehreren Stellen dieser Arbeit zitiert wird. Durch den Imperativ der Selbsterziehung sollen die Schüler, für die Kentenich Lehrer und Spiritual war, zur Selbstverwirklichung ihrer originellen Eigenart gelangen. Bei Hesse liegt der Schwerpunkt auf dem Roman *Demian*, den er 1917 verfasst. Der erfolgreiche Roman war wie eine Art geistige Medizin für die aus dem Krieg heimkehrende junge Generation. Nicht länger sind es die Erwartungen von Staat, Kirche und Eltern, die das Leben bestimmen sollten, sondern Hesse proklamiert in seinem Roman die Verwirklichung des Selbst, der eigenen inneren Bestimmung zum neuen Lebensziel. Es wird bereits deutlich: beide Autoren wagen neue Wege und sehen die Entfaltung des Persönlichkeitskerns als den höchsten Wert an. Ein neuer Horizont tut sich auf, neue Möglichkeiten einer ganzheitlichen Menschwerdung nehmen Konturen an.

unterschwellig und atmosphärisch in seiner Literatur meist vorhanden. Die Führung durch eine göttliche Macht, ein unbedingter Ruf aus dem Innern, eine absolute Stimme des Schicksals, ... usw., all das ist ganz zentral bei Hesse und ein wiederkehrendes Moment in seiner gesamten Literatur. So soll also die Anordnung der beiden großen Hauptteile letztlich dazu beitragen, die Grundthese dieser Arbeit besser verstehen zu können: Nämlich dass eben auch Hesse, wie Kentenich, von einer göttlichen Führung, von einer Art göttlichen Vorsehung und damit von einer individuellen Bestimmung eines jeden Menschen überzeugt ist.

Das 1. und 2. Kapitel im Kentenich-Teil sind Einführungskapitel und wollen den Leser mit relevanten Inhalten zu Kentenich vertraut machen. Das 3. Kapitel mit der Darstellung des Vorsehungsgedankens bildet das metaphysische Fundament im Gedankensystem Kentenichs. Das 4. Kapitel stellt die tiefenpsychologischen Grundzüge im Denken Kentenichs vor und ist gleichzeitig als Einführung für das folgende 5. Kapitel zu verstehen. Dieses ist das Herzstück des Kentenich-Teils, hier wird ausführlich die Lehre des „Persönlichen Ideals" erklärt und dargestellt.

Teil IV – Die Bestimmung des Menschen bei Hermann Hesse: Auch hier verstehen sich das 1. und 2. Kapitel als Einführung und wollen dem Leser wichtige Inhalte von Leben und Werk des Dichters näherbringen. Das 3. Kapitel fokussiert sich auf seine religiöse Suche und möchte seine vielfältigen Zugänge zur Religion thematisieren. Im 4. Kapitel werden die Einflüsse der Tiefenpsychologie C. G. Jungs auf Hesses Leben und Werk vorgestellt. Hier werden Hesses eigene befreiende Erfahrungen mit der Psychoanalyse skizziert, sowie Hesses und Jungs gemeinsame religionspsychologische Perspektive dargestellt. Ein drittes Unterkapitel erklärt wesentliche Inhalte der „Analytischen Psychologie" Jungs, diese sind für das tiefere Verständnis der Hesse-Romane unerlässlich. So ist das 4. Kapitel gleichzeitig auch als eine Hinführung auf das 5. Kapitel zu lesen, da hier die Romane vorgestellt werden, in denen Hesse am eindrücklichsten die tiefenpsychologischen Inhalte von Jung verarbeitet hat. Unter der Überschrift *Die Selbstverwirklichung als Bestimmung des Menschen in vier ausgewählten Romanen* wird zunächst der Roman *Demian* unter die Lupe genommen. Dabei werden die wesentlichen Inhaltslinien der einzelnen Kapitel dargestellt und mit den tiefenpsychologischen Ideen Jungs gedeutet. In einem folgenden Unterkapitel werden noch drei weitere Romane vorgestellt und mit Jung'scher Hermeneutik analysiert.

V. Ertrag – Vergleich und Verhältnisbestimmung: In diesem Schlussteil werden nun das Werk von Kentenich und das Werk von Hesse in einer vergleichenden Zusammenschau übereinandergelegt. Dabei liegt der Schwerpunkt des Vergleichs vor allem darauf, die inhaltlichen Gemeinsamkeiten zwischen beiden Autoren herauszuarbeiten. Nach dem Vergleich wird der Versuch unternommen eine Verhältnisbestimmung zwischen den beiden Autoren zu formulieren, eine kurze Schlussbemerkung beschließt die Arbeit.

Die Zielsetzung: Es sollen in dieser Dissertation zwei auf den ersten Blick sehr unterschiedliche Denker des 20. Jahrhunderts und ihr jeweiliges geistiges Werk im Hinblick auf die Bestimmung des Menschen untersucht werden. Dabei ist der inhaltliche Vergleich, der zwischen dem deutschen Theologen und Gründer der Schönstattbewegung Joseph Kentenich (1885-1968) und dem deutschen Dichter und Schriftsteller Hermann Hesse (1877-1962) angestellt wird, der eigentliche wissenschaftliche Ertrag dieser Studie. So lauten die Forschungsfragen:

- Haben beide Autoren, Joseph Kentenich und Hermann Hesse, mit ihrem Werk und ihrer jeweiligen Gedankenwelt die Vision einer individuellen Bestimmung des Menschen vor Augen? Gleichzeitig soll dabei aufgezeigt werden, dass diese individuelle Bestimmung sich nur über einen ganzheitlichen Selbstverwirklichungsprozess vollziehen kann.
- Besteht eine inhaltliche Nähe zwischen den beiden Selbstverwirklichungskonzepten, also der Lehre vom „Persönlichen Ideal" bei Kentenich und der Lehre des Jung'schen Individuationsweges mit dem „Archetyp des Selbst", die Hesse immer wieder in seinen Romanen zur Darstellung bringt?
- Der Schwerpunkt des Vergleichs liegt darauf, inhaltliche Gemeinsamkeiten zwischen beiden Ansätzen herauszuarbeiten und so eine geistige Nähe zwischen den beiden Autoren hinsichtlich einer Bestimmung des Menschen nachzuweisen. Ferner sollen aber auch die inhaltlichen Unterschiede und Unvereinbarkeiten zwischen beiden Werken

aufgezeigt werden. Gerade das zweite Schlusskapitel, dass den Versuch unternimmt, eine Verhältnisbestimmung zwischen beiden Autoren zu formulieren, legt den Akzent auf die Divergenzen bzw. auf die gegenseitige Ergänzung beider Werke (Komplementaritätsthese).

Dass also beide Autoren, Kentenich und Hesse mit ihrem jeweiligen Werk eine individuelle Bestimmung des Menschen als Zielmaxime fokussieren und diese sich über den lebenslangen Weg einer ganzheitlichen Selbstverwirklichung erfüllt, dies ist die Forschungsthese, die diese Dissertation zu beweisen sucht.

1 Erich Maria REMARQUE, Im Westen nichts Neues (1929), Köln [12]2018, 25-26. Als eine Art Prolog, der dem Roman vorangestellt ist, schreibt Remarque: *„Dieses Buch soll weder eine Anklage noch ein Bekenntnis sein. Es soll nur den Versuch machen, über eine Generation zu berichten, die vom Krieg zerstört wurde, auch wenn sie seinen Granaten entkam."* REMARQUE, Im Westen nichts Neues, 5. Genau diese Generation, die enttäuscht aus dem Ersten Weltkrieg zurückgekehrt war, wird dann nach einer neuen Sinngebung für ihr Leben suchen. Diese Generation von Kriegsheimkehrern, die ihrer Jugend und ihrer Ideale durch die Kriegserfahrung beraubt worden war, suchte nun etwas gegen den Schmerz und die Trauer, gegen das starke Gefühl der Niederlage und der Orientierungslosigkeit. Die Werte des Kaiserreichs hatten sich für die junge Generation spätestens mit Ende des verlorenen Krieges als Lüge entlarvt, wurde ohnehin das gesellschaftliche System und dessen Geist schon vor dem Krieg als veraltet, verkrustet und erstarrt empfunden. Vor allem dann nach Kriegsende war der Ruf in Deutschland nach einer geistigen Erneuerung laut. So beginnt auf allen Gebieten der Kultur und Gesellschaft eine Suche nach dem, was künftig Menschsein bedeuten könnte als Antwort auf das geistige Vakuum, das das fast fünfzigjährige Kaiserreich (1871-1918) und der Erste Weltkrieg (1914-1918) hinterlassen hatte. Vgl. Maria-Felicitas HERFORTH, Erläuterungen zu Hermann Hesse. Demian, Hollfeld 2011, 15-26.

Teil II
Zeitenanalyse (1910–1920) – Die Suche nach dem neuen Menschen

„Wir wurden zehn Wochen militärisch ausgebildet und in dieser Zeit entscheidender umgestaltet als in zehn Jahren Schulzeit. Wir lernten, daß ein geputzter Knopf wichtiger ist als vier Bände Schopenhauer. Zuerst erstaunt, dann erbittert und schließlich gleichgültig erkannten wir, daß nicht der Geist ausschlaggebend zu sein schien, sondern die Wichsbürste, nicht der Gedanke, sondern das System, nicht die Freiheit, sondern der Drill. […] Mit unseren jungen, wachen Augen sahen wir, daß der klassische Vaterlandsbegriff unserer Lehrer sich hier vorläufig realisierte zu einem Aufgeben der Persönlichkeit, wie man es dem geringsten Dienstboten nie zugemutet haben würde. Grüßen, Strammstehen, Parademarsch, Gewehrpräsentieren, Rechtsum, Linksum, Hackenzusammenschlagen, Schimpfereien und tausend Schikanen: Wir hatten unsere Aufgabe anders gedacht und fanden, daß wir auf das Heldentum wie Zirkuspferde vorbereitet wurden. Aber wir gewöhnten uns bald daran.“[1]

Diese Dekade von 1910 bis 1920, also die Zeitspanne vor, während und nach dem Ersten Weltkrieg, die hier im Fokus steht und analysiert wird, ist in Deutschland neben politischen und wirtschaftlichen Umwälzungen vor allem auch von großen geistigen Umbrüchen gekennzeichnet. Diese Jahre stehen für einen Paradigmenwechsel in der Geistesgeschichte Europas, vor allem auch in Deutschland. Eine Kulturrevolution findet statt, die moderne Gesellschaft bricht sich Bahn. Die Avantgarde dieser Zeit wird immer stärker und damit auch ganz neue Auffassungen, dem Leben zu begegnen. Gerade auch die Entdeckung des Unbewussten trägt massiv dazu bei, dass die Frage, was Menschsein eigentlich bedeutet, eine völlig neue Bewertung erfährt. Die zunächst sehr kritisch beäugte Methode der Psychoanalyse bringt eine Bewegung in Gang, die nicht mehr aufzuhalten ist. Allerorten ist die Rede über das Unbewusste in der Tiefe der Seele. Alte Gesellschaftsordnungen, Werte und Kulturen sind am Zerbrechen und etwas Neues ist am Entstehen, die Suche nach einem neuen Menschen hat begonnen. Es sind Jahre wie Geburtswehen, die die alte Zeit des Kaiserreichs mit ihrem alten und restaurativen Geist endgültig überwinden wollen und der neuen Zeit, der Moderne, entgegengehen wollen.[2]

Kentenich und Hesse haben diese turbulente Umbruchszeit miterlebt. Diese kulturell-geistige Transformation vom Kaiserreich hin zur Moderne ist es, die sich wie ein Prägestempel in den spezifischen Inhalten des jeweiligen Werkes dieser beiden Autoren widerspiegelt. Nicht zuletzt ist es der gemeinsame Erfahrungsraum ihrer Kinder- und Jugenderziehung des ausgehenden 19. Jahrhunderts, der die Inhalte ihrer Werke so kompatibel und vergleichbar macht. So können beide Werke als innere Emanzipation von den Werten des Kaiserreichs verstanden werden. Durch die folgende schlaglichtartige Schau auf bestimmte Personen, Bewegungen und die historisch-gesellschaftlichen Umbrüche soll dem Leser in den folgenden fünf Unterkapiteln wesentliche Einblicke über diese Dekade nähergebracht werden.

---

2 Vgl. das Kapitel *Zeitgeschichtlicher Hintergrund*, in: HERFORTH, Erläuterungen Demian, 15-21.

„Alle sind sie aus ihren Arbeitsstuben aufgescheucht worden, alle zweifeln sie an den Werten von gestern und heute. Nur die Jungen wollen Klarheit. Reif zur Vernichtung scheint ihnen diese Welt, sie suchen den Weg aus den schrecklichen Wirren der Zeit, die Tat des Herzens, das Chaos zu bannen, sie glauben an den unbedingten, unbestechlichen Geist, der seiner Verpflichtung lebt und der Wahrheit. [...] Der besondere, neue, der deutsche Geist möge sich offenbaren, in religiöser Erde sich verwurzeln und alle retten, hoffen die einen, die Stunde sei gekommen.“[3]

1. Historisch-gesellschaftliche Perspektive: Zwischen Kaiserreich, Krieg und Moderne

Im Bürgertum der wilhelminischen Gesellschaft zählten Werte wie Vernunft, Ordnung, Fortschritt, Pflichtgefühl, Disziplin und Gehorsam gegenüber der Religion und vor allem gegenüber der Autorität des Staates. Das bürgerliche Bildungs- und Erziehungswesen vermittelte den Jugendlichen vor allem Autoritätshörigkeit, Gehorsam und Nationalismus. Der Vater war der alleinherrschende Patriarch,[4] dem alle Familienmitglieder

3 Ernst TOLLER, Eine Jugend in Deutschland (1933), Stuttgart 2013, 81. In seiner Biographie beschreibt Toller die Jahre 1893–1924 und zeichnet damit ein stellvertretendes Bild für eine ganze Generation, die im Kaiserreich aufgewachsen ist und dann ihre besten Jahre im Krieg verbringen musste. Toller beschreibt die Euphorie nach Kriegsende und die Hoffnung auf eine neue Zeit, allerdings kann er die schrecklichen Erfahrungen des Krieges nicht vergessen. Das Buch endet mit einer Klage, dass die Deutschen in der Weimarer Republik von 1918 bis 1933 nichts dazu gelernt hätten, denn mit der Machtübernahme Hitlers und der Nationalsozialisten war ein neuer Krieg in Europa vorprogrammiert und nur eine Frage der Zeit.

4 Gerade die expressionistische Generation brachte ihre Verachtung gegenüber der Väterwelt zum Ausdruck, dieser Vater-Sohn-Konflikt zeigte die massive Gesellschaftskritik der jungen Generation an. Vatermord und Generationenkonflikt erweisen sich als bevorzugtes Motiv zum Protest gegen die Wilhelminischen Autoritäten, so in Hanns Johsts Stück *Der neue Mensch* (1916), in Fritz von Unruhs *Ein Geschlecht* (1917), sowie Ernst Tollers Antikriegs-Drama *Die Wandlung*

zu gehorchen hatten, die Ehefrau war mehr oder weniger das Eigentum des Mannes. Die Betonung der Vernunft ging einher mit einer Abwertung der Emotionalität. Alles Leidenschaftliche oder Irrationale sollte vermieden werden, ganze Bereiche des Lebens wurden tabuisiert, allem voran die Sexualität. Und gerade junge Menschen hatten unter den prüden Moralvorstellungen zu leiden. Diese bürgerliche Sexualmoral war aber nur eine oberflächliche Fassade einer angeblichen Wohlanständigkeit. Die Jugend rebellierte, da Bereiche ihrer natürlichen Triebwelt abgeschnitten und nicht ausgelebt werden durften. Die prüde bürgerliche Moral der Jahrhundertwende und der Folgejahre bis zum Kriegsausbruch wurde von der jungen Generation massiv verurteilt.[5]

Damit aber gesichert war, dass der Mensch sich optimal an die wilhelminische Gesellschaft anpasste und darin funktionierte, war die Schulbildung schon auf Drill und Gehorsam ausgerichtet. Bildung im Kaiserreich verstand sich in keiner Weise als ein Emporbilden der Persönlichkeit, sondern als ein Heranziehen eines Bürgers, der als ein *„Rädchen im Getriebe“*[6] funktionieren musste. Dementsprechend war die übliche Pädagogik im Schul- und Erziehungswesen stark orientiert an preußischen Tugenden

---

(1919). Vgl. Walter FÄHNDERS, Avantgarde und Moderne 1890-1933, Stuttgart 2010, 127-129. Sehr eindrücklich auch eine Tagebuchnotiz von Georg Heym aus dem Jahre 1911: *„Ich wäre einer der größten Dichter geworden, wenn ich nicht einen solchen schweinernen Vater gehabt hätte."* hier zitiert nach: FÄHNDERS, Avantgarde und Moderne, 128.

5 Vgl. HERFORTH, Erläuterungen Demian, 15-16. Hugo Ball beschreibt die Gesellschaft vor dem Kriege, die er wie ein Korsett empfindet, wie folgt: *„Die wilhelminische Ära und der moderne Mechanismus haben dem Leben eine Zwangsjacke und einen Panzer angelegt. Den Brunnen der schönen Lau verschließt ein solider Deckel aus Zement. Bevor jener Panzer zerstört und dieser Deckel gehoben wird, bevor die verschnürte Gestalt des Menschen sich wieder zu regen vermag, was sollte einer von sich selber zu Gesicht bekommen, da er sich nicht vergleichen kann?"* Hugo BALL, Hermann Hesse, Sein Leben und sein Werk (1927), Frankfurt am Main 1977, 105.

6 Der Schriftsteller Erich Kästner, der die autoritären Institutionen des Kaiserreichs schon in jungen Jahren als Bedrohung erlebt, betitelt die Bürger im wilhelminischen System in seiner ironisch-zynischen Art als *„Gehorsamsautomaten"* und will damit dem Willen zur musterhaften Anpassung Ausdruck verleihen, die absolute Erfüllung der staatlichen und elterlichen Erwartungen. Vgl. Sven HANUSCHECK, Erich Kästner, Hamburg [3]2015, 25.

wie Kadergehorsam, Disziplin, Pflicht und Ordnung. Eigenständiges Denken, Selbständigkeit, sowie ein Verständnis für den Eigenwert eines Menschen waren Dinge, die kaum vorkamen und wenn, dann wurden sie bekämpft. Die Berücksichtigung individueller Bedürfnisse wurde abgetan und von den Erziehern dieser Zeit nicht ernst genommen. Kontrolle, Bewachung, Bestrafung bis hin zur damals weit verbreiteten Praxis der Prügelstrafe spiegelten eine Auffassung von Erziehung und Bildung, die zu sehr großen Teilen darauf ausgerichtet war, gehorsame Untertanen und Soldaten zu erziehen, die Kaiser und Vaterland dienten.[7] Eigenständiges Denken und Handeln junger Menschen wurde also in keiner Weise gefördert, die Individualität des Einzelnen blieb dabei auf der Strecke, alles war auf die Masse, auf das Kollektiv ausgerichtet.[8]

7 An dieser Stelle sei auf den Roman *Der Untertan* von Heinrich Mann verwiesen, der einer Persiflage auf die wilhelminische Epoche gleichkommt. Darin analysiert Mann die Situation der damaligen Zeit und diagnostiziert die nationalistische Politik unter der Regierung Wilhelms II. Die Hauptfigur Diederich Heßling steht für einen bestimmten Typ Mensch in der Gesellschaft des deutschen Kaiserreichs, dieser ist obrigkeitshörig, ein Mitläufer und Konformist, Beherrscher der Familie und glühender Verehrer des deutschen Kaisers. Heßling identifiziert sich mit den Weltmachtambitionen der radikalen Nationalisten, die den kommenden Weltkrieg herbeiwünschen. Mann beschreibt in seinem Roman sehr deutlich, aus welchen Einstellungen heraus Deutschland in den Nationalismus und letztendlich in den verhängnisvollen Ersten Weltkrieg getrieben wurde. Der übertriebene Nationalismus, die verbreitete Vorstellung einer gewissen Vormachtstellung in der Welt, sowie Gefühle der Überlegenheit gegenüber anderen Völkern in der Welt kulminierten in dem zur Kaiserzeit oft verwendeten Ausspruch: *„Am deutschen Wesen soll die Welt genesen."* Vgl. Heinrich MANN, Der Untertan (1914), Berlin 2013. Ebenso dazu vgl. Jörg SCHLEWITT, Textanalyse und Interpretation zu Heinrich Mann – Der Untertan, Hollfeld [2]2013.

8 Vgl. Dorothea M. SCHLICKMANN, Herbststürme 1912 – Eine Revolution im Innern beginnt, Vallendar-Schönstatt 2012, 15-16. Schlickmann beschreibt hier die allgemeinen Konturen des Bildungs- und Erziehungswesen der Kaiserzeit, die keinen Freiraum ließen für die Entfaltung der individuellen Persönlichkeit. Wenngleich Joseph Kentenich dies zur zentralen Forderung seines Erziehungsstils machte, musste er selbst als Kind und Jugendlicher das Bildungssystem des Kaiserreichs über sich ergehen lassen. Auch zu Beginn seiner eigenen pädagogischen Tätigkeit ab 1912 sah er sich zunächst mit den Erziehungsmethoden des Kaiserreichs konfrontiert, dennoch etabliert er ein neues Erziehungsprogramm, das Schlickmann so wiedergibt: *„Dieses Programm wollte er*

Die ersten reformpädagogischen Ansätze ab ca. 1900 waren eine Reaktion auf den häufig rigiden und rigorosen Erziehungsstil dieser Epoche. Der Ruf nach einer alternativen Pädagogik gegenüber dem althergebrachten Erziehungsstil, der von Drill und Unterwerfung des Zöglings geprägt war, wurde unter engagierten Lehrern und Erziehern zunehmend lauter.[9] Auch die Literatur verurteilte immer mehr die bürgerliche Gesellschaft und ihre althergebrachte Erziehung.[10]

Gerade auch Hermann Hesses Werk *Unterm Rad* war eine der nachhaltigsten Anklagen gegen das Erziehungsritual jener Jahre. Arthur Eloesser kommentiert die Erstausgabe 1906 mit den folgenden Worten: „*Der Roman enthält ungefähr eine Anleitung für Eltern, Vormünder und Lehrer, wie man einen begabten jungen Menschen am zweckmäßigsten zugrunde richtet.*“[11]

Am 1. August 1914 begann der Erste Weltkrieg, indem das Deutsche Reich Russland den Krieg erklärte, was gleichzeitig auch die kriegerische Auseinandersetzung mit dem Erzfeind Frankreich nach sich zog. Der Großteil der deutschen Bevölkerung feierte den Ausbruch des Krieges frenetisch. Die

---

[…] nicht allein durchziehen, sondern nur gemeinsam. In jeden Vorgang, auch in den pädagogischen Weg, den er mit den Schülern ging, bezog Pater Kentenich sie mit ein. Er behandelte sie als vollgültige Mitarbeiter, nicht wie Objekte seiner Erziehung. Sie sollten sich selbst als Subjekt ihrer eigenen Erziehung erfahren. Um sie zu mündigen Menschen zu erziehen, behandelte er sie wie mündige Menschen." Dorothea M. SCHLICKMANN, Entscheidende Jahre – Pater Josef Kentenich von der Priesterweihe bis zur Gründung Schönstatts, Vallendar-Schönstatt 2014, 172.

9 Zur Kritik der Reformpädagogen an dem alten Erziehungsstil des Kaiserreiches, vgl. Adolf RUDE, *Alte und neue Schule*, in: Wilhelm FLITNER, Gerhard KUDRITZKI (hrsg.), Die deutsche Reformpädagogik, Band 2: Ausbau und Selbstkritik, Stuttgart ^{2}1982, 223-232.

10 Vgl. SCHLICKMANN, Herbststürme, 15-16. Hier eine Auswahl literarischer Werke, die sich äußerst kritisch mit den Werten der Gesellschaft des Kaiserreichs auseinandersetzen, sowie das Schulwesen und dessen Erziehungsstil der damaligen Zeit kritisieren: z.B. Frank Wedekind, *Frühlings Erwachen* (1891), Thomas Mann, *Buddenbrocks* (1901), Emil Strauss, *Freund Hein* (1902), Heinrich Mann, *Professor Unrat* (1905), Hermann Hesse, *Untern Rad* (1906), Robert Musil, *Die Verwirrungen des Zöglings Törleß* (1906). Die Titel sind zitiert nach: Ebd., 16.

11 Zitat nach dem Klappentext der Ausgabe: Hermann HESSE, Unterm Rad (1906), Frankfurt am Main 1972, 2.

Regierung um Kaiser Wilhelm II. förderte bewusst die kollektive Kriegsbegeisterung der Deutschen. Einerseits verfolgte sie damit die Legitimierung des eigenen Handelns, andererseits wusste sie, dass ohne die ungeteilte Unterstützung der Bevölkerung der Krieg nicht zu gewinnen war. Doch die anfängliche Euphorie verblasste schnell. Es folgte ein zäher und über Jahre hinweg andauernder Stellungskrieg. Am 10. November 1918 kam es zur Abdankung von Kaiser Wilhelm II., der ins niederländische Exil fliehen musste. Der Tag des Waffenstillstands, der 11. November 1918, wurde gerade von der jungen Generation als ein Neuanfang empfunden. Das alte Europa lag in Trümmern. Der Krieg, der für alle beteiligten Nationen ein Massensterben bedeutete, war ebenso zum Symbol für den Untergang der alten Ordnung geworden.[12]

> *„Gleichzeitig fiel in diesem Moment des Umbruchs ein Sternschnuppenregen von Zukunftsentwürfen. Selten erschien die Geschichte so offen, so kontingent, so in Menschenhand gelegt. Selten schien es so nötig, die Schlüsse aus den Fehlern der Vergangenheit rasch in Konzepte für die Zukunft umzumünzen. Selten schien es, angesichts einer Welt im Umbruch, so unvermeidlich, sich einzubringen und für seine Visionen zu kämpfen. Neue politische Ideen, eine neue Gesellschaft, eine neue Kunst und Kultur, neues Denken wurde entworfen. Ein*

12 Ernst PIPER, Nacht über Europa. Kulturgeschichte des Ersten Weltkrieges, Berlin 2013, 48-63. Ebenso empfehlenswert für die gelungene Darstellung dieser „Umbruchs-Atmosphäre" jener Jahre hin zur Moderne, vgl. Florian ILLIES, 1913 – Sommer des Jahrhunderts, Frankfurt am Main [11]2013. *„Wien strotze vor Kraft, war eine Weltstadt geworden, was man in der ganzen Welt sah und spürte, nur in Wien selbst nicht, dort hatte man vor lauter Lust an der eigenen Selbstvernichtung übersehen, dass man unversehens an die Spitze der Bewegung gerückt war, die sich Moderne nannte. Weil eben Selbstbefragung und Selbstzerstörung zu einem zentralen Bestandteil des neuen Denkens geworden waren und das ‚nervöse Zeitalter', wie Kafka es nannte, ausgebrochen war. Und in Wien lagen die Nerven – praktisch, metaphorisch, künstlerisch, psychologisch – so herrlich blank wie nirgends sonst. […] Auf nach Wien also, der Zentrale der Moderne anno 1913. Ihre Hauptdarsteller heißen: Sigmund Freud, Arthur Schnitzler, Egon Schiele, Gustav Klimt, Adolf Loos, Karl Kraus, Otto Wagner, Hugo von Hofmannsthal, Ludwig Wittgenstein, Georg Trakl, Arnold Schönberg, Oskar Kokoschka, um nur ein paar Namen zu nennen. Hier tobten die Kämpfe um das Unbewusste, die Träume, die neue Musik, das neue Sehen, das neue Bauen, die neue Logik, die neue Moral."* ILLIES, 1913, 41-42.

neuer Mensch, der Mensch des 20. Jahrhunderts, geboren in den Feuern des Krieges und befreit von den Fesseln der alten Welt, wurde proklamiert. Wie Phönix sollte sich Europa, ja die ganze Welt aus der Asche erheben. [13]

2. Künstlerische Perspektive: Die Bewegung des Expressionismus – Visionen vom neuen Menschen

Die Epoche des Expressionismus, [14] wird meist auf die Zeitspanne zwischen 1910 und 1920 [15] datiert, man spricht auch vom expressionistischen Jahrzehnt. Der Expressionismus ist weit mehr als nur ein Kunststil in Literatur und Malerei, er ist vor allem auch eine geistige Bewegung, eine Weltanschauung der Utopie, eine ganz bestimmte Gesinnung. Expressionismus

13 Daniel SCHÖNPFLUG, Kometenjahre. 1918 – Die Welt im Aufbruch, Frankfurt am Main 2017, 16-17.

14 Eine gute zusammenfassende Einführung über die wesentlichen Merkmale des Expressionismus liefert Otto F. Best in seiner Einleitung des Sammelbands: Otto F. BEST (hrsg.), Theorie des Expressionismus, Stuttgart 2007, 5-25. Die bekannteste Lyrik-Anthologie, die viele namhafte Vertreter des Expressionismus in sich vereinigt und als das Standardwerk des literarischen Expressionismus gilt, lautet: Kurt PINTHUS (hrsg.), Menschheitsdämmerung. Symphonie jüngster Dichtung (1919), Hamburg 2019.

15 Oft wird auch die Zeit zwischen 1910 und 1925 als Epoche des Expressionismus in der Literaturgeschichte aufgeführt. Allerdings ist eine exakte zeitliche Einordnung dieser künstlerischen Bewegung schwierig, die Grenzen und Übergänge sind fließend. Das Bestreben, die äußere Wirklichkeit mit Worten zu überwinden und dadurch eine neue absolute Sprachwirklichkeit zu schaffen, lässt sich schon vor 1910 nachweisen, seit Nietzsche war sie als stilbildende Möglichkeit vorhanden. Das Verhältnis zur Wirklichkeit wird im Expressionismus von der Einbildungskraft bestimmt, die neue Wirklichkeit ist eine Sprachwirklichkeit als ein hermetischer Bereich. Oft werden meist die Jahre ab der Jahrhundertwende (fin de sieclé) schon als Gärungs- und Vorbereitungszeit auf die expressionistische Gesinnung gewertet. Vgl. BEST, Expressionismus, 12-13.

besitzt zugleich die Dimension des Ästhetisch-Künstlerischen, Religiösen, Psychologischen und Politischen.[16]

Die gemeinsame Bewusstseinslage und das verbindende Lebensgefühl der expressionistischen Generation war Stagnation, Langeweile und Opposition. Der Expressionismus war ein atmosphärischer Ausdruck dieser Epoche, er bedeutete vor allem Befreiung und Destruktion des Alten, Aufbruch ins Neue und zugleich Provokation und Übertreibung ins Extreme. So können die Begriffe „Vision-Protest-Wandlung" und das Postulat vom neuen Menschen als die Grundcharakteristika des Expressionismus benannt werden. Der Mensch im Kaiserreich definierte sich von außen, orientierte sich an äußerlichen Normen und Konventionen, durch den Expressionismus wurde eine künstlerische Bühne gebaut für den Ausdruck des Inneren. Es geht wesentlich um Entäußerlichung und Sichtbarmachung der Innenwelt. Dabei ist der Wille zur Wandlung, die Veränderung der Welt das entscheidende Merkmal. Die Vertreter des Expressionismus forderten mittels Literatur und Malerei neue absolute Werte, eine neue Form und einen neuen Menschen. Es ist ein Gang nach innen zu den Schöpfungsgeschichten, zu den Urbildern, zu den Mythen und dabei bricht sich das Unbewusste zum ersten Mal Bahn und nimmt in allen Bereichen der Kultur Gestalt an. Es kommt zum Realitätszerfall und zur Werteverkehrung. Die Vision ist künstlerisches Prinzip und utopiebezogene Forderung. Wirklichkeit und wissenschaftliche Begrifflichkeit werden abgelöst von der dichterischen Sprache, sie wird absolut gesetzt und zum Medium der individuellen

16 Wenn man von der expressionistischen Generation spricht, dann sind das in der Regel die bürgerlich-intellektuellen Söhne der Gründergeneration, die im etablierten Wilhelminismus der Jahrhundertwende heranwuchsen. Der Expressionismus hatte vor allem eine künstlerische und literarische Ausprägung. Als namhafte Vertreter expressionistischer Malerei können genannt werden: Franz Marc, Karl Schmidt-Rottluff, Emil Nolde, August Macke, George Grosz, Wassily Kandinsky, Egon Schiele, Otto Dix und viele anderen mehr. Als namhafte Literaten des Expressionismus gelten: Ernst Bloch, Kurt Hiller, Gottfried Benn, Hugo Ball, Georg Trakl, Hans Arp, Franz Werfel, Walter Hasenclever, Ernst Toller, Alfred Döblin, Kurt Pinthus, Georg Heym, Kasimir Edschmid, Ernst Wilhelm Lotz und viele andere mehr, aber auch Frauen wie Claire Goll, Emmy Hennings, Hilde Stieler, Nell Walden oder auch Else Lasker-Schüler prägten diese Epoche. Vgl. FÄHNDERS, Avantgarde und Moderne, 125-131.

inneren Sicht. „*Die Realität muß von uns geschaffen werden*"[17], verkündete einer der bekanntesten Theoretiker des Expressionismus, Kasimir Edschmid.[18]

> „*Es war der Aufbruch einer Jugend, deren Krisenbewußtsein, Leiden an der Zeit durch den Ersten Weltkrieg handgreifliche Bestätigung erfuhr. Sie suchte die elementare Frage nach Sinn und Erfüllung menschlicher Existenz durch Postulierung eines neuen Menschenideals zu beantworten, das wieder von religiösen und kosmischen Ideen getragen sei. In einer ästhetisch progressiven Kunst sollten diese progressiven Ideen artikuliert werden, Ausdruck des inneren Menschen. Solche Kopplung von Kunst und Leben richtete das Kunstwerk nach außerästhetischen Zielen aus, stellte es in den Dienst der Aktion, des Programms. Kunst wird zum ‚Werkzeug der Ethik und der Mittel der Religion' (Paul Kornfeld). Ihr Thema: der Mensch, ihr Ziel: dessen Wandlung.*"[19]

17 Kasimir EDSCHMID, *Über den dichterischen Expressionismus* (1918). hier zitiert nach: BEST, Expressionismus, 12. Ebenso schreibt Nietzsche (Nachlaß der achtziger Jahre) schon lange vor der Entstehung des Expressionismus *„Wir haben die Kunst, damit wir nicht an der Wirklichkeit zugrunde gehen."* und verweist damit auf das Widerstandserlebnis, das eine entscheidende Rolle bei der Entstehung von Dichtung spielt. Es ist das Zurückgeworfenwerden des Künstlers auf sich selbst durch die Spannung zur Gesellschaft, zu den Tatsachen der äußeren Wirklichkeit. So ist es zu erklären, dass die Welt der großen Expressionisten wie z.B. Heym, Trakl und Benn vom Zweifel an der Sprache, vom Zweifel an Ich und Wirklichkeit bestimmt ist. Sie zogen sich auf sich selbst zurück und stellten der Gesellschaft, die sie als bedrohend, nicht mehr fassbar empfanden, ihre eigene verrätselte Welt entgegen. Das eigene Innere wird zur wahrheitsbegründeten Tatsache. Vgl. Ebd., 19. Diese Betonung der eigenen Innenwelt findet sich sowohl bei Kentenich als auch bei Hesse wieder.

18 Vgl. Ebd., 8-13. Die konstruktivistischen Tendenzen des Expressionismus kann in Zusammenhang mit Schopenhauer gelesen werden und der Einsicht *„die Welt ist unsere Vorstellung"*. Es wurde eine aktive Transzendierung der Wirklichkeit durch den *Geist der Utopie* (Bloch) angestrebt. Vgl. Thomas ANZ, Literatur des Expressionismus, Stuttgart [2]2010, 8.

19 BEST, Expressionismus, 6-7.

Die neue Sicht der Expressionisten entlarvte das wilhelminische System als tot und geistfeindlich. Mittels Kunst und Literatur wollten die Expressionisten der Gesellschaft wieder neues Leben, Vitalität und Emotion einhauchen. Gerade auch ein Krieg wurde dafür als legitimes Mittel herbeigesehnt, um Veränderung, Neugeburt und gesellschaftlichen Neuanfang zu ermöglichen. Gerade die Jahre vor Kriegsausbruch waren von einer nahezu apokalyptischen Aura begleitet. Auch in der expressionistischen Kunst sind die Themen Endzeitvision, Untergang und Apokalypse bestimmend.[20]

Der Dichter Hermann Hesse steht ganz in der geistigen Strömung des Expressionismus und vieler Intellektueller der damaligen Zeit, die den Krieg begrüßten, weil sie darin eine Veräußerlichung der längst überfälligen Zerstörung einer überholten Gesellschaft erkannten. Der Untergang des Alten wird nötig für die Geburt eines neuen Menschen. So formuliert Hesse den Kriegsausbruch als ein unvermeidbares Ereignis in seinem *Demian*-Roman.[21]

---

20 Vgl. HERFORTH, Erläuterungen Demian, 17-18. So entwirft beispielsweise der expressionistische Maler Ludwig Meidner einen ganzen Zyklus mit Endzeitvisionen von Stadtlandschaften, er wird damit zum Visionär der nahenden Katastrophe. Vgl. dazu: Ludwig MEIDNER, Apokalyptische Landschaft (1913). Vgl. insgesamt zur expressionistischen Malerei den Bildband: Peter-Matthias GAEDE (hrsg.), GEO Epoche Edition. Die Geschichte der Kunst, Nr. 4, Expressionismus. Rebellion mit der Farbe 1905-1925, Hamburg 2011. Ebenso bezeichnend für die Stimmung des Untergangs war die Veröffentlichung des Werks *Der Untergang des Abendlandes* (1918) von Oswald Spengler. Dieses kulturphilosophische Werk prognostiziert den Untergang der abendländischen Kultur. Damit überholt Spengler die noch vor dem Ersten Weltkrieg gängige Vorstellung eines kontinuierlichen und geschichtsnotwendigen Fortschritts der Menschheitsgeschichte. Vgl. Oswald SPENGLER, Der Untergang des Abendlandes. Umrisse einer Morphologie der Weltgeschichte, Berlin 2014.

21 Vgl. HERFORTH, Erläuterungen Demian, 18-20. Hermann Hesse verleiht der Faszination für den Krieg Ausdruck, indem er Demian gegen Ende des Romans folgende Worte in den Mund legt: *„Es wird also kein Weltuntergang, kein Erdbeben, keine Revolution. Es wird Krieg. Du wirst sehen, wie das einschlägt! Es wird den Leuten eine Wonne sein, schon jetzt freut sich jeder aufs Losschlagen. So fad ist ihnen das Leben geworden."* Hermann HESSE, Demian – Die Geschichte von Emil Sinclairs Jugend (1919), Berlin ^{2}2012, 220.

> *„[...] ebenso wie die Frage nach den äußeren und politischen Zielen des Krieges nur Oberfläche blieb. In der Tiefe war etwas im Werden. Etwas wie eine neue Menschlichkeit. Denn viele konnte ich sehen, und mancher von ihnen starb an meiner Seite – denen war gefühlhaft die Einsicht geworden, daß Haß und Wut, Totschlagen und Vernichten nicht an die Objekte geknüpft waren. Nein, die Objekte, ebenso wie die Ziele, waren ganz zufällig. Die Urgefühle, auch die wildesten, galten nicht dem Feinde, ihr blutiges Werk war nur Ausstrahlung des Innern, der in sich zerspaltenen Seele, welche rasen und töten, vernichten und sterben wollte, um neu geboren werden zu können. Es kämpfte sich ein Riesenvogel aus dem Ei, und das Ei war die Welt, und die Welt mußte in Trümmer gehen.“*[22]

Die alte Welt, die alte Ordnung wurde von den Expressionisten als ein Schein-Dasein[23] entlarvt und musste sterben. Der Zwiespalt dieser Generation rührte nicht zuletzt aus dem mentalitätsgeschichtlichen Einbruch der Epoche her. Um die Jahrhundertwende wurde von Hofmannsthal die Sprachkrise postuliert, die von der Erkenntnis gekennzeichnet war, dass jedes Zeichen bereits Bezeichnetes und Wertung sei, die jede Annäherung an die Wahrheit verhinderte. Darüber hinaus beschrieb Nietzsche[24] in *Also sprach Zarathustra* exemplarisch die Sinn- und Autoritätskrise (Nihilismus und Relativismus), die von Freuds Analysen gestützt wurde.[25]

---

22 HESSE, Demian, 225.

23 Der expressionistische Befreiungsakt gleiche *„einem Sprung vom uneigentlichen Dasein in eine eigentliche Existenz“*, wie Martin Heidegger, dem Alter nach der expressionistischen Generation zugehörig, es 1927 in *Sein und Zeit* ausdrückte. Vgl. ANZ, Literatur des Expressionismus. 47.

24 Viele Elemente des neuen Menschen im Expressionismus entstammen Nietzsches Lehre vom „Dionysischen“ und der Schrift *Also sprach Zarathustra (1885).* Seine Konzeption des Übermenschen, die selbiger in drei Phasen der Selbstüberwindung (des Rationalen, des Willens und des Nihilismus) als ewige Wiederkehr und -geburt seines Ichs erfährt, bildete die philosophische Grundlage für die Idee des neuen Menschen im Expressionismus. Vgl. Verena WIRTZ, Zukunftsvorstellung im Expressionismus – oder die Lyrik des ‚neuen Menschen‘, Norderstedt 2011, 6.

25 Vgl. Helmuth KIESEL, Geschichte der literarischen Moderne. Sprache, Ästhetik, Dichtung im zwanzigsten Jahrhundert, München 2004, 184-186. Zur

In dieser Sehnsucht nach wahrem und echtem Leben stellte die expressionistische Dichtung die Idee vom neuen Menschen ins Zentrum ihrer Schöpfung. Das Konzept des neuen Menschen war das zentrale Leitmotiv dieser Epoche, der Schlüsselbegriff dieser Bewegung, in dem alle wichtigen Inhalte kulminierten. Oft wurde der literarische Expressionismus auch die „Lyrik des neuen Menschen" genannt. Die Erneuerungsvision vom neuen Menschen war in der Regel zunächst eine Rückbesinnung auf den Menschen und das Menschliche an sich.[26]

> *„Man versuchte, das Menschliche im Menschen zu erfassen, zu retten und zu erwecken. [...] Immer deutlicher wußte man: der Mensch kann nur gerettet werden durch den Menschen, nicht durch die Umwelt. Nicht Einrichtungen, Erfindungen, abgeleitete Gesetze sind das Wesentliche und Bestimmende, sondern der Mensch!"*[27]

Nietzsche-Rezeption im Expressionismus insgesamt, vgl. Gunter MARTENS, *Nietzsches Wirkung im Expressionismus*, in: Bruno HILLEBRAND (hrsg.), Nietzsche und die deutsche Literatur, Band 2, Tübingen 1978, 35-82.

26 Sehr empfehlenswert zur Darstellung des neuen Menschen im Expressionismus, vgl. Verena WIRTZ, Zukunftsvorstellung im Expressionismus – oder die Lyrik des ‚neuen Menschen', Norderstedt 2011. Ebenso das Kapitel *Der neue Mensch: Weltende, Wandlung und Utopie*, in: ANZ, Literatur des Expressionismus, 45-50.

27 PINTHUS, Menschheitsdämmerung, 14-15. Fast schon im Duktus eines Schöpfungsmythos beschreibt ebenfalls Friedrich Markus Huebner den neuen Menschen des Expressionismus: *„Der Expressionismus glaubt an das All-mögliche. Er ist die Weltanschauung der Utopie. Er setzt den Menschen wieder in die Mitte der Schöpfung, damit er nach seinem Wunsch und Willen die Leere mit Linie, Farbe, Geräusch, mit Pflanze, Tier und Gott, mit dem Raume, mit der Zeit und mit dem eigenen Ich bevölkere. Der Mensch beginnt wieder, wo er vor Jahrmillionen begann. Er darf so frei und so unbefangen sein, wie das Kind, welches eben geboren wird und das sich sein Glück, zu leben, nicht trüben läßt durch Fragen nach den Bedingungen seiner Vererbung und seines irdischen Hierseins. Das Problem der individuellen Freiheit, dieses Kernproblem des Denkens und Wollens, sucht er nicht zu durchgrübeln, nicht zu beantworten, nicht zu systematisieren, sondern er sucht es kurzweg aufzuheben durch ein schöpferisches Handeln."* Friedrich Markus HUEBNER, *Der Expressionismus in Deutschland* (1920), in: BEST, Expressionismus, 38.

Die Idee vom neuen Menschen im Expressionismus war wie alles in der Moderne nicht ganz neu, sondern bildete sich aus verschiedensten philosophischen, psychoanalytischen und geistesgeschichtlichen Anschauungen um die Jahrhundertwende heraus, die wiederum selbst auf vergangenen Theorien beruhten. Die Idee vom neuen Menschen bestand aus einem Konglomerat vergangener Teilideologien und zeitgenössischer theoretischer Fragmente, das zum verbindenden Element in der expressionistischen Verständigung wurde.[28]

Ein weiteres wichtiges Merkmal des neuen Menschen ist die Beschäftigung und Auseinandersetzung mit dem Unbewussten. Im Expressionismus spielte der Zusammenhang des Bewussten und Unbewussten des Menschen eine entscheidende Rolle und erfuhr eine große Rezeption. Die seelischen Gegensätze und inneren Abgründe des Menschen rücken in den Fokus und werden in Gedichten, Texten und Bildern unzensiert thematisiert. Ebenso hatte der Wiener Nervenarzt Sigmund Freud mit seiner Psychoanalyse die *„kulturelle Sexualmoral und moderne Nervosität"*[29] herausgearbeitet, die im Expressionismus ebenfalls thematisch verarbeitet wurde. Medium dieser Befreiung war das Verfassen und Lesen erotischer Lyrik. In der Vielfalt und Vielzahl der Gedichte liegt der Stellenwert der erotischen Revolution für die Widerlegung der bürgerlichen Sexualmoral des 19. Jahrhunderts, die nach Freud zu Neurosen und nervösem Verhalten führte, indem sie das Triebverlangen des Menschen unterdrückte.[30]

Das entscheidende Merkmal des Expressionismus mit seiner Vision vom neuen Menschen war die Rückbesinnung auf das Menschliche an sich. Der Mensch soll wieder im Zentrum der Welt stehen. Aber nicht nur der

28 Vgl. WIRTZ, Lyrik des ‚neuen Menschen', 6.

29 *„Wer in die Bedingtheit nervöser Erkrankung einzudringen versteht, verschafft sich bald die Überzeugung, daß die Zunahme der nervösen Erkrankungen in unserer Gesellschaft von der Steigerung der sexuellen Einschränkung herrührt."* Sigmund FREUD, *Die ‚kulturelle' Sexualmoral und die moderne Nervosität* (1908), in: ders., Das Unbehagen in der Kultur und andere Schriften, Frankfurt am Main 2010, 331-349.

30 Vgl. WIRTZ, Lyrik des ‚neuen Menschen', 8-9. Ebenso das Malen von nackten Frauen wurde von vielen Künstlern der Epoche praktiziert wie z.B. von Egon Schiele oder Ernst Ludwig Kirchner.

neue Mensch, sondern auch die neue Gemeinschaft[31] wurde gefordert und damit die Brüderlichkeit, die Menschenliebe. So geht es bei vielen Expressionisten, vor allem um die Solidarität des Miteinanders, dargestellt in pathetischen Verbrüderungsszenarien. So findet sich in expressionistischer Lyrik und Programmatik das Ideal der Humanität wieder. Auch das Verlangen des Menschen nach Weltflucht schlägt sich in neoromantischer Tendenz bei so manchem Expressionisten nieder, so zum Beispiel bei Else Laskers-Schülers fiktivem Ausflug ins Morgenland auf einem *„alten Tibetteppich"*.[32]

3. Philosophische Perspektive: Nietzsche als Wegbereiter der Tiefenpsychologie

> *„Niemand kann dir die Brücke bauen, auf der gerade du über den Fluß des Lebens schreiten mußt, niemand außer dir allein. Zwar gibt es zahllose Pfade und Brücken und Halbgötter, die dich durch den Fluß tragen wollen; aber nur um den Preis deiner selbst; du würdest dich verpfänden und verlieren. Es gibt in der Welt einen einzigen Weg, auf welchem niemand gehen kann, außer dir: wohin er führt? Frage nicht, gehe ihn!"*[33]

---

31 Es soll hier angemerkt werden, dass die Vision, die Joseph Kentenich über sein Werk stellte, genau dieses Anliegen teilt, sie lautet: *„Der neue Mensch in neuer Gemeinschaft"* und auch Hesse konzipiert in seinen Romanen oft Gruppen von Gleichgesinnten, von „erwachten" Menschen, so zum Beispiel die Gruppe um Frau Eva im *Demian*, die Unsterblichen im *Der Steppenwolf* oder auch der Roman *Die Morgenlandfahrt* (1932) thematisiert dies durch die Gemeinschaft des „Bundes vom Hohen Stuhl".

32 Vgl. WIRTZ, Lyrik des neuen Menschen, 10. Ebenso: Else LASKER-SCHÜLER, *Ein alter Tibetteppich*, in: PINTHUS, Menschheitsdämmerung, 122.

33 Friedrich NIETZSCHE, Schopenhauer als Erzieher. Unzeitgemäße Betrachtungen III (1873), Nikolaus REHLINGER (hrsg.), Norderstedt 2021, 11. Und zur genaueren Erkenntnis der eigenen Seele fährt Nietzsche fort: *„Die junge Seele sehe auf das Leben zurück mit der Frage: was hast du bis jetzt wahrhaft geliebt, was hat deine Seele hinangezogen, was hat sie beherrscht und zugleich beglückt? Stelle dir*

Friedrich Nietzsches (1844-1900)[34] zentrale Forderung *„Du sollst der werden, der du bist.“*[35] könnte als inhaltliche Zusammenfassung über seinem Werk stehen, welches letztlich eine Art Seelen-Tagebuch, eine Art Konfession über sein eigenes Wesen und eine tiefe Schau auf das Wesen des Menschen war. Die großen Themen seines Werkes waren letztlich die Selbsterkenntnis und die Selbstverwirklichung, die Individualität. Menschsein bedeutet für Nietzsche auf dem Weg zur Selbstvollendung zu sein, lebenslang. Dieser Weg der Selbstwerdung kann aber nur gelingen durch den Blick in die Tiefe der Seele. Nietzsche war mit einem genialen psychologischen Scharfsinn ausgestattet, viele Erkenntnisse der modernen Tiefenpsychologie hat er antizipierend zu Tage gefördert. Die psychologische

---

die Reihe dieser verehrten Gegenstände vor dir auf, und vielleicht ergeben sie dir, durch ihr Wesen und ihre Folge, ein Gesetz, das Grundgesetz deines eigentlichen Selbst. Vergleiche diese Gegenstände, sieh, wie einer den andern ergänzt, erweitert, überbietet, verklärt, wie sie eine Stufenleiter bilden, auf welcher du bis jetzt zu dir selbst hingeklettert bist; dein wahres Wesen liegt nicht tief verborgen in dir, sondern unermeßlich hoch über dir, oder wenigstens über dem, was du gewöhnlich dein Ich nimmst." NIETZSCHE, Unzeitgemäße Betrachtungen III, 12. Die Metapher der Höhe dient dazu, das Verhältnis des eigentlichen Selbst, als ein Ideal-Ich, dem gewöhnlichen Ich gegenüber festzulegen. Und danach ist das Selbst dem Ich übergeordnet. Als Randbemerkung sei hier erwähnt, dass dieses Zitat sehr stark an einen Fragekatalog zur Erfassung der „Persönlichen Ideals" bei Kentenich erinnert. Auch in der Lehre Jungs bezeichnet das „Selbst" eine Art Ideal-Ich, das aus der Tiefenpsyche zum Bewusstsein spricht. Gleichzeitig hat die Erfahrung des „Selbst" eine transzendente Wirkung und Dimension.

34 Empfehlenswerte Einführungsliteratur zu Nietzsche über Leben und Werk: Georg RÖMPP, Nietzsche leicht gemacht. Eine Einführung in sein Denken, Köln 2013. Günter FIGAL, Nietzsche. Eine philosophische Einführung, Stuttgart 2014. Andreas Urs SOMMER, Nietzsche und die Folgen, Stuttgart 2017. Ebenso als Nachschlage-Werk zu vielen spezifischen Themen zu Nietzsche: Henning OTTMANN (hrsg.), Nietzsche-Handbuch. Leben-Werk-Wirkung, Stuttgart 2011. Im Kontext Nietzsche und Psychologie sehr aufschlussreich: Vgl. Gerhard WEHR, Friedrich Nietzsche, Der ‚Seelen-Errater' als Wegbereiter der Tiefenpsychologie, Freiburg 1982.

35 Nietzsche formuliert diese Forderung hier mit den Worten: *„Sei ein Mann und folge mir nicht nach, – sondern dir! Sondern dir! Auch unser Leben soll vor uns selber recht behalten! Auch wir sollen frei und furchtlos, in unschuldiger Selbstigkeit aus uns selber wachsen und blühen!"* NIETZSCHE, *Die fröhliche Wissenschaft II*, 504.

Betrachtungsweise des Menschen ist das signifikante Kennzeichen seines Denkens, es gehört zu seinem methodischen Rüstzeug.[36] *„Philosophie, wie ich sie bisher verstanden und gelebt habe, ist das freiwillige Leben in Eis und Hochgebirge – das Aufsuchen alles Fremden und Fragwürdigen im Dasein, alles dessen, was durch die Moral bisher in Bann getan war.“*[37]

Nietzsche ist unbestritten die denkerische Schlüsselfigur für das geistesgeschichtliche Selbstverständnis der Moderne. Zweifelsohne kann man behaupten, dass Nietzsche einer der wichtigsten Denker des 20. Jahrhunderts ist. Er hatte ein prophetisches Gespür für seine Zeit, für deren Untergang und ebenso für den Anbruch einer neuen Zeit. Philosophie wird bei ihm zur Prophetie, es ist ein Beschwören einer neuen Zeit und damit einhergehend die Vision eines neuen Menschen, des Übermenschen. Gottfried Benn hat die Bedeutung Nietzsches für die Moderne fünfzig Jahre nach dessen Tod so zusammengefasst:[38]

> *„Eigentlich hat alles, was meine Generation diskutierte, innerlich sich auseinanderdachte, man kann sagen: erlitt, man kann auch sagen: breittrat – alles das hatte sich bereits bei Nietzsche ausgesprochen und erschöpft, definitive Formulierung gefunden, alles weitere war Exegese. Seine gefährliche stürmische blitzende Art, seine ruhelose*

---

36 Vgl. WEHR, Der ‚Seelen-Errater', 5-6. *„Nietzsche als Psychologe. Er war vor allem ein Psychologe der Hintergründe, des Verdeckten, des Unbewußten; er hat die Kunst des Entlarvens zur höchsten Meisterschaft entfaltet: die Kunst, hinter den Idealen und Idolen des Menschen, hinter ewigen Wahrheiten der Philosophie, der Metaphysik, der Religion, der Moral, die verdeckten und verdächtigen Motive zu erkennen, menschlichen Selbstbetrug, Triebe und Süchte, Irrtum und Leidenschaft – kurz das ‚Menschliche, Allzumenschliche'.“* Hans Joachim STÖRIG, Kleine Weltgeschichte der Philosophie, Frankfurt am Main 2004, 610.

37 Friedrich NIETZSCHE, *Ecce homo. Wie man wird, was man ist* (1889), in: ders., Gesammelte Werke, 1156. Und Helmut Reuter schreibt hierzu: *„Der größte Psychologe der postromantischen Zeit ist dann der Pfarrerssohn Nietzsche, der dem christlichen Glauben ganz verloren ging, nicht aber dem Glauben an gottgleiche Vollkommenheit, mit der er sich gelegentlich selbst identifiziert.“* Helmut REUTER, *Die Geschichte der Seele. Religion und Psychologie*, in: Patrick BECKER, Christiane HEINRICH (hrsg.), Theonome Anthropologie? Christliche Bilder von Menschen und Menschlichkeit, Freiburg 2016, 196.

38 Vgl. FIGAL, Nietzsche, 9-11.

Diktion, sein Sichversagen jeden Idylls und jeden allgemeinen Grundes, seine Aufstellung der Triebpsychologie, des Konstitutionellen als Motiv, der Physiologie als Dialektik – ‚Erkenntnis als Affekt', die ganze Psychoanalyse, der ganze Existentialismus, alles dies ist seine Tat. Er ist, wie sich immer deutlicher zeigt, der weitreichende Gigant der nachgoetheschen Epoche."[39]

Von seinen ersten philosophischen Schriften bis hin zu seinem Spätwerk betätigt er sich der psychologischen Beobachtung. Nietzsche betont selbst, dass er in erster Linie als Psychologe angesprochen werden müsse, als „*Seelenzergliederer*" und „*Seelen-Errater*"[40]. Der Kritiker der Kultur und der Moral, insbesondere des abendländischen Christentums, findet immer neuen Anstoß, sich über die Verdrängung und Tabuisierung der psychologischen Beobachtung zu beklagen. Ununterbrochen kommt Nietzsche zu psychologischen Erkenntnissen: Einsichten in die schamhaft verleugneten Verstecktheiten der Einzelpsyche, aber auch Einblicke in die Zusammenhänge von Kultur und Religion, von Gesellschaft und von allgemeiner Moral. Dabei hat Nietzsche keine kausale, rückwärtsgewandte Betrachtungsweise, wie in der klassischen Psychoanalyse, sondern er richtet seinen Blick nach vorne, er hat eine finale Perspektive für den Menschen. Für Nietzsche ist grundsätzlich eine Vollendung des Menschen möglich, Elemente einer transpersonalen Psychologie sind also schon bei Nietzsche

39 Gottfried BENN, *Nietzsche – nach fünfzig Jahren* (1950), in: FIGAL, Nietzsche, 11. Thomas Mann gibt der Einsicht der psychologischen Potenz in Nietzsches Werk folgenden Ausdruck: „*Zum Psychologen ist er geboren, die Psychologie ist seine Urleidenschaft: Erkenntnis und Psychologie, das ist ihm im Grunde ein und dieselbe Passion, und es ist ein Wahrzeichen der ganzen inneren Widersprüchlichkeit dieses großen und leidenden Geistes, daß er, dem das Leben weit höher als das Erkennen gilt, so vollkommen und unrettbar der Psychologie verfallen ist. Psycholog ist er allein schon kraft des schopenhauerischen Befundes, daß nicht der Intellekt den Willen hervorbringt, sondern umgekehrt, daß nicht der Intellekt das Primäre und Herrschende ist, sondern der Wille, zu dem der Intellekt in einem rein bedientenhaften Verhältnis steht. Der Intellekt als dienendes Werkzeug des Willens: das ist der Quellpunkt aller Psychologie, einer Verdächtigungs- und Entlarvungspsychologie.*" hier zitiert nach: WEHR, Der ‚Seelen-Errater', 22.

40 Beide Begriffe entstammen aus dem ersten Teil der Schrift *Menschliches, Allzumenschliches. Ein Buch für freie Geister* aus dem Jahre 1886.

erkennbar, wie sie später dann im Werk von C. G. Jung eine zentrale Rolle spielen werden.[41]

Nietzsche versteht sich als Psychologe und Zeichendeuter, er ist unterwegs als „*Abenteurer und Weltumsegler jener inneren Welt, die ‚Mensch' heißt.*"[42] Nietzsche war ein intuitiv arbeitender Forscher, der stets eine im Begrifflichen steckenbleibende Psychologie zu überwinden suchte. Alle seine Werke sind angefüllt mit psychologischem Gehalt. Exemplarisch soll nun im Folgenden die Schrift *Jenseits von Gut und Böse* in den Blick genommen werden. Hier formuliert Nietzsche seine bekannte Forderung, die Umwertung aller Werte. Er suchte eine Moral jenseits bestehender Normen und Werte, die nicht an die historische, von der Religion beeinflusste Tradition gebunden ist. Sein Gegenentwurf ist eine neuartige Philosophie der Immoralität, die an die jeweiligen Perspektiven des Menschen gebunden ist. Für diese Transformation der Werte jenseits von gut und böse konzipiert Nietzsche seine Lehre vom „Willen zu Macht."[43] Psychologie müsse demnach

---

41 Vgl. WEHR, Der ‚Seelen-Errater', 24-28. Ebenso vgl. Erwin SCHLIMGEN, Artikel *Das Unbewußte*, in: OTTMANN, Nietzsche-Handbuch, 347-348.

42 Friedrich NIETZSCHE, Menschliches, Allzumenschliches (1886), Frankfurt am Main 2000,16.

43 Die Lehre vom „Willen zur Macht" weist auch Parallelen zu Freud auf: *„Hatte Freud schon in der mittleren Schaffensperiode punktuell Übereinstimmungen mit Schopenhauer und Nietzsche eingeräumt, so tritt seine Affinität zur Macht des ‚Willens' und zur Ohnmacht des ‚Intellekts', wie er in der Lebensphilosophie Nietzsches vorgeprägt ist, im Spätwerk Freuds deutlich zutage. Anstelle der Dialektik von Bewußtem und Unbewußtem rückt diejenige von Selbst- und Fremdbestimmung in den Vordergrund. Schopenhauer und Nietzsche können als Repräsentanten einer Traditionslinie des Unbewußten gelten, die aus einer Gegenposition zum Transzendentalen Idealismus und zur romantischen Naturphilosophie erwachsen ist. An Schellings Neubestimmung des ‚Willens' als Drang, Trieb und Begierde anknüpfend, haben beide der Vorstellung von der gefährlichen Triebnatur des Menschen zum Durchbruch verholfen. Als Freud 1923 das ‚Es' einführt, bringt er es ausdrücklich mit Nietzsche in Zusammenhang. Freud betont, dass das Ich in der Regel versucht, den Willen des Es in Handlung umzusetzen. So deutet diese Formulierung explizit auf jene antiidealistische Tradition vom späten Schelling über Schopenhauer zu Nietzsche hin, in der der Wille als steuernde Macht hinter den seelischen Erscheinungen betrachtet wird."* Günter GÖDDE, *Die philosophische Tradition Schopenhauers und*

als „*Morphologie und Entwicklungslehre des Willens zur Macht*“[44] gefasst werden. Wenn Nietzsche vom Leben und vom „Willen zur Macht“ spricht, dann meint er eigentlich die Seele. Wenn man diesen Bezug zur Seele nicht herstellt, bleibt die Rede von der Lebensphilosophie Nietzsches ein nichtssagendes Etikett und eine Formel für Missverständnisse. Mit aller Deutlichkeit spricht hier Nietzsche aus, in welche Dimensionen der Tiefe sich die Psychologie wagen muss. Dies sei bis jetzt versäumt worden. Und so ist es nun Nietzsches Forderung, dass die Philosophie wieder zur Psychologie werden soll und in dieser Konzeption wieder den Weg zu den Grundproblemen darstellt. Nietzsches Verdienst ist es, wesentliche Einsichten in die Psychodynamik unbewusster Vorgänge vorweggenommen zu haben, seine Ahnungen und Einsichten decken sich oft in erstaunlicher Weise mit den später folgenden Ergebnissen der Psychoanalyse.[45]

Eine weitere bedeutende Schrift Nietzsches im Kontext seiner tiefenpsychologischen Botschaft sind die *Unzeitgemäßen Betrachtungen*. Hier geht es um die Auseinandersetzung mit dem Kern der Persönlichkeit, psychologisch gesprochen mit dem Selbst. Die Frage nach psychischer Identität wird hier gestellt. Nietzsche kreist gedanklich um eine authentische Ausgestaltung seiner Maxime „*Sei Du selbst.*“[46] Zweifellos hat Nietzsche wichtige Aspekte der Täuschung, der maskenhaften Persona entlarvt. Er will die junge Seele vor dem Schicksal gestaltloser Vermassung der Rollen-

---

Nietzsches, in: Hans-Martin LOHMANN, Joachim PFEIFFER (hrsg.), Freud-Handbuch. Leben-Werk-Wirkung, Stuttgart 2013, 19-20.

44 Friedrich NIETZSCHE, *Jenseits von Gut und Böse I* (1886), in: ders., Gesammelte Werke, 871.

45 Vgl. FIGAL, Nietzsche, 236-237.

46 NIETZSCHE, Unzeitgemäße Betrachtungen III, 8. Auf geniale Weise ermuntert hier Nietzsche, die Suche nach dem eigenen Selbst anzutreten: *„Der Mensch, welcher nicht zur Masse gehören will, braucht nur aufzuhören, gegen sich bequem zu sein; er folge seinem Gewissen, welches ihm zuruft: ‚sei du selbst! Das bist du alles nicht, was Du jetzt tust, meinst, begehrst.‘ Jede junge Seele hört diesen Zuruf bei Tag und bei Nacht und erzittert dabei; denn sie ahnt ihr seit Ewigkeiten bestimmtes Maß von Glück, wenn sie an ihre wirkliche Befreiung denkt: zu welchem Glücke ihr, so lange sie in Ketten der Meinungen und der Furcht gelegt ist, auf keine Weise verholfen werden kann. Und wie trost- und sinnlos kann ohne diese Befreiung das Leben werden!“* Ebd., 8-9.

und Funktionsträger bewahren. In den *Unzeitgemäßen Betrachtungen* wird das große existentielle Thema der Individualität angeschnitten als Kampfansage gegen den Massenmenschen der Gegenwartszivilisationen. Die Masse ist die Bedrohung des heutigen Menschen, so formuliert Nietzsche den folgenden Appell: Zur Lösung der Identitätskrise ruft Nietzsche zur Selbstbegegnung mit sich selbst auf, es geht Nietzsche darum, dass der Wesenskern des Menschen gefunden wird.[47] Dabei ist sich Nietzsche bewusst, dass dieses in seiner Personenganzheit umgreifende Selbst, welches das Alltags-Ich überragt, nicht erzogen werden kann, denn es ragt in den Raum des Unverfügbaren hinein. *„Ein jeder trägt eine produktive Einzigkeit in sich, als den Kern seines Wesens; und wenn er sich dieser Einzigkeit bewußt wird, erscheint um ihn ein fremdartiger Glanz, der des Ungewöhnlichen.*“[48] Der eigenen Individualität bewusst werden, heißt bei Nietzsche aber immer auch einsam sein. Denn was der Mensch auf dem Weg der Reifung und der Selbsterkenntnis erfahren hat, das lässt sich nicht für andere in mitteilbares Wissen ummünzen.[49]

Für Nietzsche ist der größte Feind der Individualität[50] die Moral, sie stellt den eigentlichen Gegensatz zur Individualität dar. Die Moral vertritt die Ansprüche der Herde und fordert den Einzeln auf, seine Individualität zu verbergen. Moral heißt für Nietzsche immer „Herden-Instinkt“ und ist unabhängig von ihrer konkreten Ausgestaltung immer ein großes „Gleichmachen.“ *„Mit der Moral wird der Einzelne angeleitet, Funktion der Herde*

47 Mit der Verteidigung und Emporbildung des individuellen Persönlichkeitskern liegt Nietzsche inhaltlich mit Hesse und auch Kentenich auf einer Linie, dieses tiefe Anliegen der „Selbst-Verwirklichung“ verbindet die drei Autoren und ihr jeweiliges Werk miteinander. Nur in dieser Abkehr vom Massenmenschen sehen sie mit Nietzsche einen Weg für den Menschen, ein sinnerfülltes Leben zu führen.

48 NIETZSCHE, Unzeitgemäße Betrachtungen III, 39.

49 Vgl. Gerhard WEHR, Friedrich Nietzsche. „Du sollst der werden, der du bist!“, Stuttgart 2012, 62-63.

50 Vgl. zur Thematik Individualität als Kernanliegen in Nietzsches Werk die beiden Kapitel: *Das souveräne Individuum bei Friedrich Nietzsche* und *Der Individualismus bei Nietzsche* , in: Maurice SCHUHMANN, Radikale Individualität. Zur Aktualität der Konzepte von Marquis de Sade, Max Stirner und Friedrich Nietzsche, Bielefeld 2011, 111-147; 174-184.

zu sein und nur als Funktion sich Wert zuzuschreiben.“[51] Nach Nietzsche befindet sich der Mensch demnach in einer Situation einer inneren Gespaltenheit. Er sieht dabei einerseits die Wirklichkeit der Individualität und andererseits die Verabsolutierung der Moral, die Verpflichtung des Menschen auf den „Herden-Maßstab“, der dem einzelnen seinen Wert zuschreibt. Nietzsche fordert eine Neugründung des Denkens, er möchte das platonische Denken, das sich nur der reinen Vernunft bedient, überwinden. Eine daraus resultierende christliche Moral bezeichnet er als eine „Mitleids-Ethik“. Die eigentliche Kritik an einer „Mitleids-Ethik“, wie Nietzsche sie vor allem in der christlichen Nächstenliebe verwirklicht sieht, liegt für den Philosophen in der Problematik des Mitleidens, also dass ein Mitleiden eigentlich unmöglich ist.[52] *„Das, woran wir am tiefsten und persönlichsten leiden, ist fast allen anderen unverständlich und unzugänglich: darin sind wir dem Nächsten verborgen [...].*“[53]

Die Frage der Selbstverwirklichung entscheidet sich aber nicht nur in der Spannung zwischen dem Individuum und dem Kollektiv (Nietzsche spricht meist von der Herde), sondern auch in der Überwindung des Tieres (Natur), aber auch in der Überwindung des Menschen hin zum „Übermenschen“, so formuliert Nietzsche in seinem *Zarathustra*:

> *„Ich lehre euch den Übermenschen. Der Mensch ist etwas, das überwunden werden soll. Was habt ihr getan, ihn zu überwinden? Alle Wesen bisher schufen etwas über sich hinaus: und ihr wollt die Ebbe dieser großen Flut sein und lieber noch zum Tiere zurückgehen, als den Menschen überwinden? Was ist der Affe für den Menschen? Ein Gelächter oder eine schmerzliche Scham. Und ebendas soll der Mensch für den Übermenschen sein: Ein Gelächter oder eine schmerzliche Scham. [...] Einst wart ihr Affen, und auch jetzt noch ist der Mensch mehr Affe, als irgendein Affe. [...] Seht ich lehre euch den Übermenschen! Der Übermensch ist der Sinn der Erde. Euer*

51 NIETZSCHE, *Die fröhliche Wissenschaft III*, 513.

52 Vgl. RÖMPP, Nietzsche leicht gemacht, 102-104, 109-112.

53 NIETZSCHE, *Die fröhliche Wissenschaft IV*, 545. Es wird durch das Zitat deutlich, dass bei Nietzsche Individualität aber auch immer Einsamkeit bedeutet, ein „Auf-sich-allein-gestellt-sein“, ein „Insel-Dasein“, man ist auch an Hesses Gedicht *Im Nebel* erinnert.

Wille sage: der Übermensch sei der Sinn der Erde! Ich beschwöre euch, meine Brüder, bleibt der Erde treu und glaubt denen nicht, welche euch von überirdischen Hoffnungen reden! Giftmischer sind es, ob sie es wissen oder nicht. Verächter des Lebens sind es, Absterbende und selber Vergiftete, deren die Erde müde ist: so mögen sie dahinfahren! [...] Wahrlich, ein schmutziger Strom ist der Mensch. Man muss schon ein Meer sein, um einen schmutzigen Strom aufnehmen zu können, ohne unrein zu werden. Seht ich lehre euch den Übermenschen: der ist dies Meer, in ihm kann eure große Verachtung untergehen. [...] Der Mensch ist ein Seil, geknüpft zwischen Tier und Übermensch, – ein Seil über einem Abgrunde. Ein gefährliches Hinüber, ein gefährliches Auf-dem-Wege [...] Was groß ist am Menschen, das ist, dass er eine Brücke und kein Zweck ist."[54]

Zarathustra postuliert den Tod Gottes und daraus folgt die radikale Bejahung der Erde. Das Leben so anzunehmen und so zu bejahen, das bedeutet die von Zarathustra beschworene Treue zur Erde, denn dann braucht es auch keine überirdische, metaphysische Vertröstung mehr. Ziel bei Nietzsche ist die Haltung des dionysischen Jasagens zur Welt. Mit dem „Übermenschen" wird die große Verachtung gestoppt, die Abwertung des Irdischen und Leiblichen gegenüber dem Überirdischen und Geistigen. Für solcherart Wertungen, die die Welt entzweit und gespalten haben,[55] macht

54 Friedrich NIETZSCHE, *Also sprach Zarathustra I* (1883–1885), in: ders., Gesammelte Werke, 595-597. Vgl. insgesamt zur Interpretation der *Zarathustra*-Schrift: Annemarie PIEPER, „Ein Seil, geknüpft zwischen Thier und Übermensch". Philosophische Erläuterungen zu Nietzsches *Also sprach Zarathustra* von 1883, Basel 2010. Bereits 1911 findet Salomo Friedlaender eindrückliche Worte für die Erklärung der radikalen Bejahung der Welt im Sinne Nietzsches und sein Postulat vom Tod Gottes: *„Der Wert aller Werte, die Idee aller Ideen, Gott, wenn man will, ist von Nietzsche nicht entwertet, entgottet, desidealisiert; sondern verweltlicht worden – es ist das Gegenstück zum Pantheismus. Ja, diese Idee dringt nun endlich – als amor nicht mehr dei, sondern fati – in das Leben, in die Physis ein, und nun kommt hierdurch erst unsere Natur zum echten Vorschein, da diese Sonne, keinen weltfremden Thron mehr einnehmend, ihr selbst innewohnt."* Salomo FRIEDLAENDER, *Friedrich Nietzsche* (1911), in: Bruno HILLEBRAND (hrsg.), Nietzsche und die deutsche Literatur, Band 1: Texte zur Nietzsche-Rezeption 1873–1963, Tübingen 1978, 167.

55 Auch Hesse ist an der Einteilung der Welt in nicht zu vereinende Polaritäten nichts gelegen. So resümiert Hesse 1909 in seinem Aufsatz *Faust und Zarathustra*

Nietzsche die platonisch-christliche Tradition verantwortlich. Nietzsche verweist gerade durch seine Religionskritik immer wieder darauf, dass der Begriff Mensch mit Bestimmungen und Festlegungen definiert ist, die sich in einer geschichtlichen Entwicklung herausgebildet haben. Der „Übermensch" ist der Versuch Nietzsches, den Mut und die Kraft aufzubringen, neue Bestimmungen zu entwerfen, was Menschsein bedeuten könnte, er steht vor allem für den selbstverwirklichten Menschen.[56]

Abschließend kann also festgehalten werden, dass Nietzsche mit Fug und Recht als ein einflussreicher Vordenker und Wegbereiter der Tiefenpsychologie genannt werden kann. Die früheste Rezeption des Psychologen Nietzsches fand in Wien statt. In den Anfängen der psychoanalytischen Bewegung spielte Nietzsche eine zentrale Rolle. Besonders im Kreis um Freud war sein Name allgegenwärtig. Zwei weitere namhafte Vertreter der

---

mit Bewunderung über die Gedankenwelt Nietzsches: *Aber wir sehen, daß Zarathustra [...] uns frei macht von dem Zwiespalt, den die Gewöhnung an das alte, dualistische, faustische Weltbild immer wieder in unserer Seele entfacht. [...] Hier aber schaust du den neuen Tempel: Zarathustra. [...] An umgestürzten Altären schreitest du vorbei und an zerbrochenen Tafeln; aber neue Altäre und neue Tafeln siehst du errichtet, und du selber bist berufen, dir deinen eigenen Altar zu suchen und auf leere Tafeln deine eigenen Werte zu schreiben. Einheit des Seins – Monismus – und Entwicklung, das sind die mächtigen Säulen, die das Gewölbe dieses Tempels tragen. Edeltum und Überwindung des Niederen zum Höheren, des Menschen zum Übermenschen ist das Gesetz, das er dir auferlegt. Er war der Verkanntesten, Einsamsten einer, dessen Herz überfloß von Liebe zum Menschengeschlechte und der von sich das Bekenntnis ablegte: ‚Meine Seele ist das Lied eines Liebenden'. – Er selber hat sein Werk, seinen ‚Zarathustra' wohl mit ‚Faust' verglichen. Beide sind sie Evangelien, in beiden rauscht das Lied der Menschheit, rauschen Klänge und Ströme der Ewigkeit."* Hermann HESSE, *Faust und Zarathustra* (1909), in: HILLEBRAND (hrsg.), Nietzsche und die deutsche Literatur, Band 1, 154-155.

56 Vgl. RÖMPP, Nietzsche leicht gemacht, 227-229. Zur Bestimmung des Menschen bei Nietzsche, vgl. ebenso: Karlheinz RUHSTORFER, Konversionen. Eine Archäologie der Bestimmung des Menschen bei Foucault, Nietzsche, Augustinus und Paulus, Paderborn 2004. 141-217. So formuliert Ruhstorfer zur Bestimmung des Menschen im *Zarathustra*, 142: *„Durch eine radikale und neue Selbstfindung, die eine Selbstunterscheidung beinhaltet, wird ein neuer Typus Mensch geschaffen. [...] Die Sache Nietzsches, die in dieser Phase hervorgetrieben wird, ist somit der Mensch, der sich gerade durch die radikale Selbstbejahung von sich unterscheidet und Übermensch wird."*

Tiefenpsychologie Alfred Adler und Carl Gustav Jung[57] haben sich explizit immer wieder auf Nietzsche berufen und sich intensiv mit seinem Denken auseinandergesetzt. Freud selbst hingegen hat stets betont, mit Nietzsches Werk nicht vertraut zu sein.[58]

4. Psychologische Perspektive: Freud und die Psychoanalyse – Die Entdeckung des Unbewussten

> *„Vor allem der Wiener Nervenarzt Sigmund Freud (1856-1939) war es, der mit seiner damals skandalös erscheinenden, jedoch rasch populär werdenden Theorie das Menschenbild revolutionierte. Damals grassierende psychische Erkrankungen wie Nervosität, Neurose, Neurasthenie oder Hysterie führte Freud auf verdrängte, unbewältigte Erlebnisse und Konflikte zurück, die meist in Zusammenhang mit der unterdrückten Sexualität standen. Dem bürgerlichen Ideal vom souveränen, jederzeit vernunftfähigen Subjekt stand Freud skeptisch gegenüber und behauptete die Existenz eines unbewussten Bereichs der Psyche, voller anarchischer Triebe, Wünsche und Bedürfnisse.“*[59]

---

57 Jung besaß von allen Tiefenpsychologen die umfangreichsten Nietzsche-Kenntnisse. Zahlreiche Gedanken Jungs, etwa über den Traum, die „Archetypen“, den „Schatten“, die „Persona“, den alten Weisen lassen sich in mehr oder weniger abgewandelter Form auf Nietzsche zurückführen. Tief beeindruckt von der archetypischen Tiefe der *Zarathustra*-Schrift, nannte Jung dieses Werk in einem Atemzug mit der Bibel. Zwischen 1934 und 1939 hielt er eigens *Zarathustra*-Seminare ab, weil er davon überzeugt war, dass dieses Werk Inhalte des „kollektiven Unbewussten“ ans Licht bringe. Vgl. Renate MÜLLER-BUCK, Artikel *Psychologie*, in: OTTMANN (hrsg.), Nietzsche-Handbuch, 511.

58 Vgl. MÜLLER-BUCK, *Psychologie*, 509-514.

59 HERFORTH, Erläuterungen Demian, 16-17.

Sigmund Freud[60] hat als Nervenarzt den Anspruch psychische Störungen zu beheben, er gilt als Begründer einer neuen Wissenschaft: der Psychoanalyse. Mit dem Jahr 1900 wird die Psychoanalyse immer populärer und ist in aller Munde, so wird die Jahrhundertwende als die Geburtsstunde der Psychoanalyse betrachtet. Der Hauptgegenstand seines Werkes ist das so genannte Unbewusste.[61] Sein Lebenswerk besteht darin, das Unbewusste systematisch erforscht zu haben und so eine neue Bewertung des Menschen eingeleitet zu haben. Kein anderer Denker hat das Selbstbild vom Menschen im 20. Jahrhundert und darüber hinaus so nachhaltig geprägt wie er.[62]

Doch gerade zu Anfang war die noch junge und kaum etablierte Psychoanalyse heftiger Kritik ausgesetzt. Der Hauptvorwurf lag darin, überhaupt die Existenz des Unbewussten anzuerkennen, denn damit ging das Eingeständnis einher, dass der Mensch abhängig und manipulierbar sei durch Einflüsse, die sich seiner bewussten Kontrolle entziehen. Freuds Entdeckungen bedeuteten vor allem eine große Kränkung, eine Entwürdigung für den Menschen. War bis Freud doch die gängige Meinung verbreitet, dass der Mensch ausschließlich und immer von der Vernunft[63] geleitet

---

60 Für einen ersten kurzen Überblick zu Leben und Werk empfiehlt sich: Helmut E. LÜCK, *Sigmund Freud – Der Weg zum Unbewussten, um das Ich zu erkennen*, in: ders., Die psychologische Hintertreppe. Die bedeutenden Psychologinnen und Psychologen in Leben und Werk, Freiburg 2016, 53-69. Weitere Standardwerke zu Freud als Einführung: Micha BRUMLIK, Sigmund Freud. Der Denker des 20. Jahrhunderts, Weinheim 2006. Hans-Martin LOHMANN, Sigmund Freud zur Einführung, Hamburg [6]2006. Als Nachschlage-Werk zu vielen spezifischen Themen und Fragestellungen zu Freud, vgl. Hans-Martin LOHMANN, Joachim PFEIFFER (hrsg.), Freud Handbuch. Leben – Werk – Wirkung, Stuttgart 2013.

61 Freud wählte eine neue Praxis im Umgang mit seinen Patienten, indem er sich seine lebenden Studienobjekte in Wien auf die Couch legte, um ihre Gehirne zu erforschen. Angeregt durch den französischen Psychiater und Hypnoseforscher Hippolyte Bernham, der mit der Methode der so genannten posthypnotischen Suggestion arbeitete, schloss Freud daraus, dass es ein Unbewusstes geben müsse, welches verantwortlich sei für einen Großteil menschlicher Handlungen. Vgl. Richard David PRECHT, Wer bin ich – und wenn ja, wie viele? Eine philosophische Reise, München [39]2007, 87.

62 PRECHT, Wer bin ich – und wenn ja, wie viele?, 85-87.

63 Der Begriff des Unbewussten bildete quasi einen Gegenpol zur Vernunft, die spätestens seit der Aufklärung und mit der Philosophie von Immanuel Kant

sei. So kann die Psychoanalyse als eine kopernikanische Wende in der Selbstauffassung des Menschen angesehen werden: Die Existenz eines unbewussten psychischen Bereiches anzuerkennen, der sich der bewussten Kontrolle entzieht, sein Eigenleben führt und zudem noch hauptsächlich auf sexuelle Inhalte zurückzuführen sei, war nahezu schockierend für den herrschenden Zeitgeist.[64]

> *„1917 stellt er seine Entschlüsselung des Unbewussten in eine Reihe mit den Theorien von Kopernikus und Darwin. Alle drei hätten sie die Menschheit gekränkt. Kopernikus hatte die Erde vom Mittelpunkt der Welt an den Rand gerückt. Darwin hatte die göttliche Natur des Menschen gegen eine Affennatur ersetzt. Und Freud habe dem Menschen gezeigt, dass er kein Herr im eigenen Haus sei, weil das Unbewusste viel dominanter sei als das Bewusste. Er legt sich darauf fest, dass etwa 90 Prozent der menschlichen Entscheidungen unbewusst motiviert seien.“*[65]

Ab dem Jahre 1896 spricht Freud von der Psychoanalyse. Er übernimmt diesen Begriff von Josef Breuer und seinem subtilen Ausforschungsverfahren. Auch Freud beginnt in der Folgezeit sexuelle Gewalterfahrungen seiner Patienten zu erforschen. Bei Männern diagnostiziert er ein frühkindliches sexuelles Verhalten gegenüber der Mutter, den von ihm so genannten „Ödipus-Komplex.“ Seine Trieblehre, sowie die Macht des Unbewussten beschreibt er in vier Büchern zwischen 1899 und 1905, die seinen Weltruhm begründen: über den Traum, über Fehlleistungen im Alltag, über den Witz und über die Sexualität.[66]

---

entscheidend war für das Selbstverständnis des Menschen. Nun sollte eine neue Größe den Menschen bestimmen. Schon 1869 hatte der Philosoph Eduard von Hartmann ein Werk mit dem Titel *Philosophie des Unbewussten* geschrieben, das stark von Schopenhauer inspiriert war („Kann ich wollen, was ich will?"). Das Werk verstand sich als ein Plädoyer für die materialistische Philosophie und übte scharfe Kritik an der Vernunftphilosophie des deutschen Idealismus bei Kant, Fichte und Hegel. Vgl. Ebd., 87.

64 Vgl. Ebd., 87-88.

65 Ebd., 88-89.

66 Vgl. Ebd., 88. Die vier Werke mit genauem Titel lauten: *Die Traumdeutung* (1899), *Zur Psychopathologie des Alltagslebens* (1901), *Der Witz und seine Beziehung zum*

In seiner Schrift *Das Ich und das Es*, die 1923 veröffentlicht wurde, entwickelt Freud ein Modell der Psyche und ihrer Funktionsweise. Im Kern möchte Freud darin erklären, wie das Unbewusste das Bewusstsein kontrolliert. Die drei Instanzen des „Es", des „Ich" und des „Über-Ich" bestimmen das menschliche Seelenleben. Freud beansprucht für sich, dass diese Dreiteilung der Psyche seine eigene Leistung ist, obwohl bereits Nietzsche alle drei Begriffe in ähnlicher Funktion verwendet hatte.[67]

> *„Das ‚Es' entspricht dabei dem Unbewussten, dem triebhaften Element der menschlichen Psyche. Hunger, Sexualtrieb, Neid, Hass, Vertrauen, Liebe usw. bestimmen dieses ‚Es'. Sein Gegenspieler ist das ‚Über-Ich'. Es verkörpert die Normen, Ideale, Rollen, die Leit- und Weltbilder, die der Mensch durch seine Erziehung beigebracht bekommt. Dazwischen liegt das ‚Ich', das eigentlich eine ziemlich arme Sau ist, zerrieben von übermächtigen Gegnern. Als Diener dreier Herren, des ‚Es', des ‚Über-Ich' und der sozialen Umwelt, versucht es, die Konflikte, die aus diesen entgegengesetzten Ansprüchen entspringen, beizulegen und zu harmonisieren. Aber es ist ziemlich schwach. Im Regelfall obsiegt das ‚Es', das sich vom ‚Ich' nicht kontrollieren lässt, weil es sich dem Bewusstsein entzieht. Unbewusste Triebe und Prägungen aus der frühen Kindheit lassen sich nicht einsehen und damit auch nicht mit leichter Hand ausräumen."*[68]

Freud hat dieses Modell der Psyche relativ spät entwickelt und er hat es auch nicht allen seinen späteren Schriften zugrunde gelegt. Woran er aber definitiv immer festhielt, war die Erkenntnis, dass die Hauptmotivation

---

Unbewussten (1905), sowie *Drei Abhandlungen zur Sexualtheorie* (1905). Die Traumdeutung ist aber bis heute Freuds berühmteste Schrift geblieben. War das Werk 1899 inhaltlich abgeschlossen, setzte aber Freuds Verleger im Impressum die Jahreszahl 1900, vielleicht ahnte dieser, dass mit Freuds Werk eine ganz neue Epoche eingeläutet werde. Und in der Tat hat kaum ein anderes Buch das 20. Jahrhundert so nachhaltig geprägt, sowie das Denken des modernen Individuums. Ein Verständnis dessen, was Psychoanalyse bedeutet, ist nur mit der Kenntnis dieses Werkes gegeben. Vgl. LOHMANN, Freud zur Einführung, 15.

67 Vgl. PRECHT, Wer bin ich – und wenn ja, wie viele?, 89.

68 Ebd., 89. Zum Modell der Psyche bei Freud, vgl. auch: Christa ROHDE-DACHSER, Artikel *Das Ich und das Es* (1923)", in: LOHMANN, Freud-Handbuch, 121-123.

des menschlichen Verhaltens aus dem unbewussten Konflikt zwischen den triebhaften Impulsen und dem damit weitestgehend überforderten Verstand entspringt. Diese Beobachtung ist es, die er nicht nur auf den einzelnen Menschen, sondern auch auf die Triebdynamik der menschlichen Gesellschaft im Allgemeinen anwendet. Seine nachfolgenden kulturkritischen Schriften verfasst er unter dieser Perspektive.[69]

Die weitere inhaltliche Annäherung an Freud und seine Theorien soll im Folgenden in Abgrenzung zu seinem Kollegen C. G. Jung geschehen: Der damals 32jährige Jung ist zunächst von Freuds Ideen begeistert. Freud sieht in Jung eine Art geistigen Kronprinzen für seine Theorien, was aber Jung missfällt. Jung kann zunächst Freuds Hypothesen von einem dynamischen, psychischen System zwischen dem Unbewussten und dem Bewussten nachvollziehen und bestätigen. Die Streitfrage ist von Anfang an die Bewertung der Libido. Freud reduziert die Botschaften des Unbewussten ausschließlich auf die Libido, das heißt alle Inhalte des Unbewussten sind direkt oder indirekt sexuell gefärbt. Das Unbewusste ist nach Freud nur ein Katalysator sexueller Verdrängungen und Wünsche. Jung dagegen fasst den Begriff der Libido viel weiter als Freud. Jung sieht darin, neben der sexuellen Energie, vor allem eine ganz allgemeine Lebensenergie, die den Menschen bei seiner seelischen Entwicklung vorantreibt. Dieser massive Unterschied in der Bewertung des Unbewussten manifestiert sich in Jungs Schrift *Wandlungen und Symbole der Libido* (1911/1912). 1913 kommt es dann zum endgültigen Zerwürfnis mit Freud und Jung begründet seine „Analytische Psychologie" in bewusster Abgrenzung zur Psychoanalyse Freuds.[70]

Freud versteht sich als Arzt, der sich weitestgehend einem medizinisch-naturwissenschaftlichen Erklärungsansatz des Unbewussten verpflichtet fühlt. Aus der Perspektive von Jung bleibt Freud bei einer kausal-analytischen Betrachtungsweise der Psyche stehen. Jung dagegen verfolgt eine final-prospektivische Betrachtungsweise, das heißt der Schwerpunkt liegt

69 Vgl. Ebd., 89-90. Zu Freuds kulturtheoretischen Schriften zählen: *Totem und Tabu* (1912/13), *Massenpsychologie und Ich-Analyse* (1921), *Die Zukunft einer Illusion* (1927), *Das Unbehagen in der Kultur* (1930), *Der Mann Moses und die monotheistische Religion* (1939).

70 Vgl. Gerhard WEHR, C. G. Jung. Leben – Werk – Wirkung, Stuttgart 2014, 83-88.

auf der zukünftigen Entwicklung der Psyche. Auf die Analyse der Psyche folgt demnach immer die Psychosynthese: Das unbewusste Material wird integriert und gewinnt so einen verständlichen Ausdruck für das Bewusstsein. Jung hat das große Ganze der menschlichen Psyche im Blick, die seelische Ganzheit wird das Schlagwort seiner Schule. Jungs Theorie wird also mehr von einem geisteswissenschaftlichen Ansatz getragen, der dem naturwissenschaftlichen Ansatz Freuds diametral gegenübersteht.[71]

Als ein weiterer Aspekt zu Freud soll hier der Einfluss der Psychoanalyse auf Kunst und Kultur in den Blick genommen werden. Die meisten Autoren der literarischen Moderne um 1900, darunter auch Hermann Hesse, teilten nicht nur die durch die Psychoanalyse hervorgerufene Kritik an der bürgerlichen Moral des Kaiserreichs, sondern setzen sich auch intensiv mit den neuen tiefenpsychologischen Ideen auseinander. Der Einfluss der Psychoanalyse auf die Literatur wurde schnell spürbar: Die Figuren wurden vielschichtiger und spiegelten die Komplexität der menschlichen Psyche, wie es die neue Wissenschaft der Tiefenpsyche vorausgesagt hatte. Gerade von der von Freud und Jung entdeckten Symbolsprache des Traumes ließen sich viele Autoren anregen, Hesse war einer von ihnen. Hesse war aber keineswegs der einzige Schriftsteller, der sich einer Analyse unterzog und ihren fördernden Einfluss auf die künstlerische Kreativität betonte.[72]

---

71 WEHR, Jung, 95-104. Jung könnte man dennoch als den engsten Weggefährten und Schüler von Freud bezeichnen, er erweiterte die Theorien seines Lehrers, indem er das Bestreben des Menschen, persönliche und psychische Ganzheit zu erlangen, als grundlegend betrachtete. Vgl. HERFORTH, Erläuterungen Demian, 17.

72 Vgl. Ebd., 17. Im deutschsprachigen Raum hatte Hermann Bahr 1904 in seinem *Dialog vom Tragischen* die aristotelische Katharsislehre im expliziten Rückgriff auf Josef Breuer und Sigmund Freuds *Studien über Hysterie* (1895) in ein psychoanalytisches Verhältnis überführt. Die 1906 uraufgeführte Tragödie *Ödipus und die Sphinx* von Hofmannsthal verarbeitet Elemente der zu diesem Zeitpunkt noch kaum verbreiteten Traumdeutung. Wie Freud interpretierte Hofmannsthal die äußeren Schicksalsmächte, von denen die tragischen Figuren antiker Literatur abhängig sind, in Triebschicksale um und begriff die mythische Welt als Projektionen psychischen Geschehens. Ihre breiteste und stärkste Akzeptanz unter den Autoren der Moderne erreichte die Psychoanalyse in Deutschland im Verlauf der 1920er Jahre. Die Literaturgeschichte des 20. Jahrhunderts ist ohne die Rezeptionsgeschichte der Psychoanalyse nicht zu begreifen. Ob Schnitzler,

Abschließend soll Freud als der Begründer der Tiefenpsychologie herausgestellt werden. Der Begriff der Tiefe rührt von der Vorstellung her, die Psyche des Menschen in verschiedene Ebenen und Schichten einzuteilen. Die Tiefenpsyche gilt als verborgen, dunkel und schwer zugänglich, wenn nicht sogar unzugänglich. Die bewussten Bereiche der Psyche sind grundsätzlich erkennbar. Auf dieser Einsicht basiert Freuds Persönlichkeitsmodell, das die Bereiche „Es, Ich und Über-Ich" als Schichten enthielt. Sowohl die Verdrängung der Triebe als auch deren Ausleben werden von Angst und Schuldgefühlen begleitet, so Freud. Unter Tiefenpsychologie werden also demnach die Psychoanalyse und alle psychologischen Richtungen verstanden, die als Abkömmlinge der Freud'schen Psychoanalyse gelten können, vor allem die „Individualpsychologie" von Alfred Adler und die „Analytische Psychologie" von Carl Gustav Jung, aber auch zum Beispiel die Ansätze von Erik H. Erikson und Viktor Frankl.[73]

5. Theologisch-kirchliche Perspektive: Der „Antimodernismus" in der katholischen Kirche

Der „Antimodernismus"[74] beginnt in der zweiten Hälfte des 19. Jahrhunderts. Eines der wichtigsten Dokumente des „Antimodernismus" in der

---

Kraus, Franziska zu Reventlow oder Lou Andreas-Salome, Thomas Mann, Gerhart Hauptmann, Hesse, Kafka oder Musil, Döblin, Tucholsky oder Brecht, sie alle haben sich von der Psychoanalyse prägen lassen. Für die meisten Autoren hatte sie eine geradezu existentielle Bedeutung. Psychoanalyse und literarische Moderne reagierten gleichzeitig auf die gravierenden Identitätsprobleme des modernen Subjekts. Vgl. Thomas ANZ, Artikel *Psychoanalyse in der deutschen Literatur*, in: LOHMANN, Freud-Handbuch, 319-321.

73 Vgl. LÜCK, *Sigmund Freud*, 54-55,62.

74 Hilfreich zur Klärung der Begriffe Modernismus und Antimodernismus: Otto WEISS, *Der Katholische Modernismus. Begriff-Selbstverständnis-Ausprägungen-Weiterwirken*, in: Hubert WOLF (hrsg.), Antimodernismus und Modernismus in der katholischen Kirche. Beiträge zum theologiegeschichtlichen Vorfeld des II. Vatikanums, Paderborn 1998, 107-139. Dieser Sammelband mit vielen Aufsätzen kann als eine Art Standardwerk zur Thematik betrachtet werden.

katholischen Kirche bildet der *Syllabus errorum*[75] (Verzeichnis der Irrtümer). Dieses päpstliche Dokument ist eine Liste von 80 Thesen, die von Papst Pius IX. als falsch verurteilt wurden, diese wurde am 8. Dezember 1864 veröffentlicht. Allgemein bezeichnet der „Antimodernismus" eine Strömung innerhalb der katholischen Kirche, die eine „ultramontane"[76] Linie der Kirche verfolgten und konservative und restaurative Kräfte in sich vereinigte. Die Antimodernisten verteidigten die Werte des Ersten Vatikanischen Konzils (1869-1870) gegen die gesellschaftlichen Neuerungen und Reformen des Modernismus.[77]

---

75 Der *Syllabus errorum* ist ein Exzerpt aus vorangegangenen Enzykliken, Ansprachen, Briefen und apostolischen Schreiben von Pius IX. Er muss in Zusammenhang mit innerkirchlichen Streitigkeiten um den sogenannten „Liberalen Katholizismus", aber auch mit den Auseinandersetzungen zwischen der katholischen Kirche und den liberalen Verfassungsstaaten (*Kulturkampf*) gesehen werden, die sich bereits Mitte des 19. Jahrhunderts abzeichneten. Verurteilt wurde darin unter anderem der Pantheismus, der Naturalismus, sowie ein absoluter Rationalismus, ebenso der Indifferentismus, der Latitudinarismus, der Sozialismus, der Kommunismus und der Liberalismus. Auch die für das heutige Verständnis selbstverständliche Idee und Praxis der Religionsfreiheit wurde im *Syllabus errorum* als Irrtum verurteilt. Vgl. Hubert WOLF, *Der ‚Syllabus errorum' (1864) oder: Sind katholische Kirche und Moderne vereinbar?*, in: Manfred WEITLAUFF (hrsg.), Kirche im 19. Jahrhundert, Regenburg 1998, 115-139.

76 Der Antimodernismus ging Hand in Hand mit dem „Ultramontanismus". Dieser bezeichnet den romtreuen politischen Katholizismus des 19. und frühen 20. Jahrhunderts, der sich ausschließlich auf Weisungen von der päpstlichen Kurie stützte, also aus dem von dort aus gesehen *„jenseits der Berge"* (lateinisch *ultra montes* – gemeint sind die Alpen) – liegenden Vatikan. Auch in vielen anderen Ländern hatte der jeweilige Klerus (also z. B. Bischöfe, Erzbischöfe und aus ihnen bestehende Gremien) enge Bindungen zum Vatikan. Vgl. Gisela FLECKENSTEIN, Joachim SCHMIEDL (hrsg.), Ultramontanismus. Tendenzen der Forschung, Paderborn 2005.

77 WEISS, *Der Katholische Modernismus*, 112-117. Das Erste Vatikanische Konzil verkündete im Sommer 1870 ein Lehrdokument über den katholischen Glauben, den päpstlichen Jurisdiktionsprimat und der Lehre von der Unfehlbarkeit des Papstes. Dadurch wurde die Macht und Position des Papstes exorbitant gestärkt und jedwede Kritik an der kirchlichen Lehrmeinung quasi als gegenstandslos erklärt. Vgl. Bernward SCHMIDT, Kleine Geschichte des Ersten Vatikanischen Konzils, Freiburg 2019. Insbesondere das 12. Kapitel *Aspekte einer Bewertung des Ersten Vatikanischen Konzils*, 341-353. Schmidt schreibt hier, 349: *„Angesichts*

Gerade das Pontifikat von Papst Pius X. (1903-1914) stellte den Höhepunkt antimodernistischer Tendenzen in der katholischen Kirche dar, vor allem durch die Verpflichtung aller Priester auf das Ablegen des „Antimodernisteneids"[78] vom 1. September 1910, der sie ausdrücklich verpflichtete, die im *Syllabus errorum* beanstandeten Irrtümer abzulehnen. Zuvor kam es durch die Enzyklika *Pascendi dominici gregis* vom 8. September 1907 zu einer Bestimmung dessen, was den Modernismus inhaltlich ausmacht.[79]

> *„Die Enzyklika beschreibt die verkehrte Philosophie der ‚Modernisten'. Zwei Grundpfeiler derselben werden genannt: der Agnostizismus und ‚das Prinzip der religiösen Immanenz'. Führe der Agnostizismus zur Leugnung der Erkennbarkeit des Göttlichen mit der Hilfe der Vernunft, so setze das Immanenzprinzip an die Stelle der Vernunfterkenntnis und des Hörens auf Offenbarung und Lehramt die religiöse Erfahrung, das mystische Erleben Gottes, der sich selbst in der Seele des Menschen offenbart. Das Herz, das religiöse Gefühl, sei diesen*

---

einer seit 1789 grundlegend gewandelten Welt und der Herausforderungen durch Aufklärung und Revolutionen war das Erste Vatikanische Konzil der Versuch einer Standortbestimmung der Kirche. Von größter Bedeutung ist dabei einerseits das Motiv der Sicherheit, das sich durch die beiden Konstitutionen des Konzils zieht: die Sicherheit des Glaubens und der kirchlichen Struktur, die durch Gott und seinen Stellvertreter auf Erden verbürgt werden. Andererseits ist das Verhältnis zur Welt ein weiteres Leitmotiv des Konzils, auch wenn es in seinen Beschlüssen nicht explizit thematisiert wird. Dass überhaupt zwischen Kirche und Welt unterschieden werden konnte, war eine wesentliche Neuheit gegenüber vorangegangenen Konzilien. Denn diese hatten im Kontext von Gesellschaften getagt, die sich als christlich und als Teil der Kirche verstanden. Im 19. Jahrhundert waren Kirche und Gesellschaften auseinandergetreten, letztere definierten sich in erster Linie säkular."

78 Vgl. Norbert TRIPPEN, Artikel *Antimodernisteneid*, in: Walter KASPER (hrsg.), LThK, Band 1, Freiburg 2009, 761. Der Antimodernismus der katholischen Kirche wirkte auch im 20. Jahrhundert weiter, so mussten Priester bis 1967 den Antimodernisteneid ablegen, ehe er von Papst Paul VI. dann endgültig abgeschafft wurde. Prinzipielle Probleme des Modernistenstreits konnten auch mit dem 2. Vatikanum nicht ganz gelöst werden und wirken bis heute weiter. War es doch eine wesentliche Botschaft des 2. Vatikanums, dass die Kirche sich als *ecclesia semper reformanda* begreifen solle.

79 Vgl. WEISS, *Der Katholische Modernismus*, 108-121. Vgl. ebenfalls dazu: Otto WEISS, Artikel *Modernismus*, in: Walter KASPER (hrsg.), LThK, Band 7, 367-370.

Menschen wichtiger als ‚Formeln' und ‚Symbole', entscheidend sei für sie nicht die wissenschaftliche Glaubensbegründung aus Schrift und Tradition, auch nicht das Dogma, sondern ein Glaube, zu dem ‚keine Wissenschaft dringt'. Dazu kommt die Auffassung, daß die Kirche einer ‚vitalen Entwicklung' unterworfen sei. Dogma, religiöser Kult, auch der Glaube selbst würden sich entwickeln. Jede Zeit habe neue ‚Bedürfnisse' und brauche daher neue Antworten."[80]

Als weitere Merkmale des Modernismus werden unter anderem genannt: der Zweifel an der Alleingültigkeit der neuscholastischen Philosophie (tatsächlich war im konkreten Kampf der Antimodernisten auf Jahrzehnte hinaus das entscheidende Kriterium, ob ein Theologe Modernist sei, dessen Kritik an der Neuscholastik), die Anwendung der historisch-kritischen Methode, das Eintreten für eine Dogmenentwicklung, die Forderung nach der Reform des Index und des Heiligen Offiziums wie der kirchlichen Rechtsstrukturen, das Verlangen nach dem Mitspracherecht der Laien, sowie der Wunsch nach Abschaffung des Zölibats. Nach römischer Ansicht wurde jeder zu einem Vertreter des Modernismus, der auch nur eine dieser Reformen forderte. Der Modernismus sei insgesamt ein Sammelbecken aller Häresien, so Papst Pius X. in seinem Rundschreiben.[81]

Bei der Frage nach dem modernistischen Selbstverständnis kommt dem Iren George Tyrrell (1861-1909, gilt als eine der Schlüsselfiguren des Modernismus)[82] eine fundamentale Bedeutung zu. Besonders hervorstechend

80 Vgl. WEISS, *Der Katholische Modernismus*, 108-109. Hier sei darauf verwiesen, dass sowohl Kentenich als auch Hesse die Auffassung der Modernisten teilen und die Seele des Menschen als genuinen Ort der religiösen Erfahrung, der Offenbarung Gottes bzw. des Göttlichen betrachten. Bei Kentenich sind hier die „Seelenstimmen" als Erkenntnisquelle zu nennen, ebenso steht Hesse für einen Gott der Innerlichkeit ein: *„Der Gott, an den wir glauben müssen, ist in uns innen."* oder *„Der Weg der Erlösung führt nicht nach links und nicht nach rechts, er führt ins eigene Herz, und dort allein ist Gott, und dort allein ist Friede."* Hermann HESSE, *Wanderung* (1920), in: ders., Sämtliche Werke, Band 11, Volker MICHELS (hrsg.), Frankfurt am Main [3]2019, 8.

81 Vgl. WEISS, *Der Katholische Modernismus*, 109.

82 Weitere namhafte katholische Priester, die wegen ihrer modernistischen Auffassungen exkommuniziert wurden: Joseph Turmel (Frankreich 1859–1943; er gab seine Schriften unter dem Pseudonym Henri Delafosse heraus), Alfred

war seine Betonung einer mystischen Theologie. Es ging den Modernisten mit Tyrrell einerseits darum, völlig offen zu sein gegenüber den Neuerungen der Moderne, andererseits wollte man auch gegen eine veraltete und rückständige Gläubigkeit revoltieren, die Vorstellungen des 13. Jahrhunderts vertrat. Der Modernismus im Sinne Tyrrells trat ein für die Verbindung von Glaubenstreue und kirchlicher Loyalität gepaart mit Modernität. Seine Bestrebungen zielten auf die Versöhnung zwischen dem modernen Denken und der überlieferten Tradition.[83]

Weitere wichtige Anliegen des Modernismus waren die Anerkennung der Werte der Aufklärung und damit einhergehend die Betonung der Subjektivität. Gemeint war damit vor allem der Mitvollzug der neuzeitlichen Wende zum Menschen, also die Betonung von Verantwortung und Gewissen, von Kritikbereitschaft und Mündigkeit. Damit verbunden war auch die Subjektivität bei der Glaubensbegründung, also die subjektivistische Gotteserfahrung als vollgültiger Zugang zum Glauben, ebenso wurde die Gemeinde mit ihrem sakramentalen Leben ebenso als genuiner Ort der Gotteserfahrung verstanden. Damit einher ging die Vision von einer Kirche mit demokratischen Strukturen und einer ökumenischen Ausrichtung, die den Antiprotestantismus überwinden sollte. Ebenso sollte das dogmatische Bewusstsein unüberbietbaren Wahrheitsbesitzes aufgehoben werden und eine Offenheit für eine moderne und plurale Gesellschaft signalisiert werden.[84]

Firmin Loisy (Frankreich 1857-1940), Henri Bremond (Frankreich 1865-1933), Maurice Blondel (Frankreich 1861-1949), Joseph Schnitzer (Deutschland 1859-1939), Hugo Koch (1869-1940), Thaddäus H. Engert (Deutschland 1875-1945), Hermann Schell (Deutschland 1850-1906), Romolo Murri (Italien 1860-1944), Ernesto Bounaiuti (Italien 1881-1946). Ebenso fanden die modernistischen Theologen in Eugen Diederich einen gewinnbringenden Förderer. Mit seinem Verlag versuchte er die modernistische Erneuerung des Katholizismus zu popularisieren. Vgl. Friedrich Wilhelm GRAF, *Das Laboratorium der religiösen Moderne. Zur „Verlagsreligion" des Eugen Diederichs Verlags*, in: Gangolf HÜBINGER (hrsg.), Versammlungsort moderner Geister. Der Eugen Diederichs Verlag – Aufbruch ins Jahrhundert der Extreme, München 1996, 243-298.

83 Vgl. WEISS, *Der Katholische Modernismus*, 117-118.

84 Vgl. Ebd., 118-121.

Abschließend kann festgehalten werden, dass es das Anliegen des reformkatholischen Denkens war, eine neue Vermittlung von Offenbarung und Erfahrung herzustellen, einen katholischen Glauben zu entwickeln, der den ganzen Menschen erfasst. Die endgültige Befreiung aus der *„antimodernistischen Zwangsjacke“*[85] gelang aber erst im Vorfeld und dann durch das Zweite Vatikanische Konzil. Es war vor allem die Überwindung des *„Zwei-Stockwerk-Denkens“*[86] von Natur und Übernatur, das auch auf das Verhältnis von Welt und Kirche, Kultur und Religion angewandt wurde. Henri de Lubac und Karl Rahner haben diese Überwindung vor allem vorangetrieben. Die katholische Theologie des ausgehenden Kaiserreiches dagegen war aber noch lange nicht so weit und kannte keine Lösung für das Erbproblem der Neuscholastik, nämlich das Denken in unvereinbaren Gegensätzen: Trieb und Geist, Mensch und Gott, Natur und Übernatur konnten zu dieser Zeit nicht zusammengedacht und versöhnt werden. Dies war die Herausforderung der katholischen Kirche, die Versöhnung mit der modernen Welt und Kultur. Der Theologe Albert Ehrhard sprach damals in diesem Kontext von der Überlebensfrage der Kirche im 20. Jahrhundert. Das Zweite Vatikanum hat vieles davon bewältigt und gelöst, aber auch einige Leerstellen hinterlassen.[87]

Viele der hier aufgeführten Anliegen der katholischen Modernisten, die auf eine Erneuerung der Kirche und auf eine Annäherung zwischen Leben und Lehramt abzielten, weisen eine hohe inhaltliche Schnittmenge zu den Ideen von Joseph Kentenich und Hermann Hesse auf. Gerade diese ganzheitliche Sicht auf den Menschen, die ja gerade im Raum der Kirche zur Zeit des Kaiserreichs nicht sehr verbreitet war, führt bei den beiden Autoren dieser Untersuchung zu einer verstärkten Auseinandersetzung mit der Tiefenpsyche[88] des Menschen mit dem Ziel, den Trieb (vor allem auch

---

85 Thomas RUSTER, *Theologische Wahrnehmung von Kultur im ausgehenden Kaiserreich*, in: Hubert WOLF (hrsg.), Antimodernismus und Modernismus in der katholischen Kirche. Beiträge zum theologiegeschichtlichen Vorfeld des II. Vatikanums, Paderborn 1998, 267.

86 RUSTER, *Theologische Wahrnehmung von Kultur im ausgehenden Kaiserreich*, 267.

87 Vgl. Ebd., 267-269.

88 Vgl. dazu in dieser Arbeit Teil III, 4. Kapitel *Die tiefenpsychologischen Grundzüge im Denken Kentenichs*, sowie in Teil IV, 4. Kapitel *Die Tiefenpsychologie C. G. Jungs*

die Sexualität), unbewusste Affekte und Impulse, die Leidenschaften des Menschen nicht länger als „Teufelszeug“ zu isolieren, sondern gerade diese unbewusste Seite des Menschen mit der Wirklichkeit Gottes zu verbinden. Stehen doch beide Autoren in ihrem jeweiligen Werk für die freiheitliche Selbstbestimmung des Menschen ein. Mit dieser subjektiven Sicht auf den Menschen geht ebenso die modernistische Sicht einher, dass die Religion primär als eine Sache der subjektiven Erfahrung angesehen werden muss. So werden Religion, Tiefenpsyche und Persönlichkeitsentfaltung sowohl bei Kentenich als auch bei Hesse auf originelle Weise miteinander verbunden und kombiniert. Gerade Kentenichs neues Erziehungsprogramm (ab 1912) war ein absolutes Novum für die damalige Zeit und zeigt seinen Mut, sich für ein natürlicheres Menschsein und Christsein gleichermaßen einzusetzen. Gerade eben auch die damals gängige Erziehungs- und Schulpraxis, nämlich das Ignorieren und Bekämpfen des Seelischen, führte bei Kentenich gerade zur gegenteiligen Ausrichtung pädagogischer Ziele.[89]

Die restaurativen Kräfte der Kirche verurteilten massiv diese neue psychologische Sichtweise auf den Menschen, der „Antimoderisteneid“ war zu großen Teilen eine Kampfansage gegen die Bewegung der Psychoanalyse. Auch die subjektive Gotteserfahrung durch die Seele wurde hier stark verurteilt, Kentenich und Hesse werden die Seele zum genuinen Ort der persönlichen Gotteserfahrung erklären. Offenbarung bedeutet dann auch Gotteserfahrung in der je eigenen Seele. Die Seele ist gleichsam ein

– Einflüsse auf Hesses Leben und Werk

89 Vgl. dazu vor allem das erste Kapitel: 1. Kapitel *Historisches Umfeld einer alternativen Pädagogik*, in: SCHLICKMANN, Herbststürme, 15-44. Ferner deutete Kentenich insgesamt den epochalen Umbruch zu Beginn des 20. Jahrhunderts hin zur Moderne als Anruf Gottes. Dabei war ihm deutlich, dass es in diesem Umbruch nicht ausreichen würde, geistliches und theologisches Wissen weiterzugeben, wenn die Kirche und der christliche Glaube überleben wolle. Kentenich war klar, dass es darum gehen müsse, Leben weiterzugeben, er wollte „Lebenszellen“ (Glaubensgruppen) schaffen, in denen Glaubenserfahrungen gemacht werden und in denen Lebensaustausch geschieht. Kentenich vertrat die Meinung, dass der christliche Glaube zur Erfahrung werden müsse, damit er überleben könne. Vgl. Herbert KING, Überlegungen zu einer Theologie der Erfahrung des Wirkens Gottes, in: Lebendiges Zeugnis. Dem Gott des Lebens auf der Spur. Beiträge zu einer Gott-des-Lebens-Theologie, Günter RISSE (hrsg.), Heft 1, Paderborn 2006, 40-42.

Seismograph, der die Wirkungen Gottes anzeigt und verarbeitet. Gott oder vielmehr die göttliche Wirkung ist primär eine Realität im Innern des Menschen. Diese neue Betonung des persönlichen Zugangs zu Gott über die je eigene innere Seelenstimme stand der lehramtlichen Definition von Offenbarung entgegen.

---

1 Joseph KENTENICH, *Vorgründungsurkunde* (1912), in: ders., Schönstatt – Die Gründungsurkunden, Vallendar-Schönstatt [5]1987, 13-14. In dieser Rede vom 27. Oktober 1912 postuliert Kentenich die Selbsterziehung als einen Imperativ der Zeit, als eine Vorbedingung für die Selbstbestimmung und Selbstverwirklichung des Menschen. Kentenich hatte dabei die Vision vom „Neuen Menschen" vor sich, der sich freiwillig und ohne äußere Willenseinwirkung von innen heraus an das „Persönliche Ideal" bindet. Kentenich verfolgte damit eine Auseinandersetzung mit der eigenen Tiefenseele, eine Durchleuchtung des „Mikrokosmos" und damit eine Entsprechung und Verwirklichung des gottgewollten seelischen „Grundzuges". Kentenich betreibt Seelenarbeit mit dem Ziele der Förderung und Entfaltung der originellen und einmaligen Persönlichkeit, in der sich jeweils der „Gott des Lebens" offenbart und Gestalt annimmt. In seiner Lehre vom „Persönlichen Ideal" beschreibt er mit Hilfe von religionspsychologischen Ansätzen eine Theologie der Berufung. Genau in diesem Schnittpunkt von Theologie und Psychologie entfaltet Kentenich eine neue Bestimmung des Menschen.

Teil III
Die Bestimmung des Menschen bei Joseph Kentenich

„Selbsterziehung ist ein Imperativ der Zeit. Man braucht nicht sonderlich viel Welt- und Menschenkenntnis zu haben, um sich klar darüber zu werden, daß unsere Zeit mit all ihrem Fortschritt, mit allen ihren Entdeckungen den Menschen die innere Leere nicht nehmen kann. Alle Aufmerksamkeit, alle Tätigkeit hat ja ausschließlich den Makrokosmos zum Gegenstande, die Welt im großen, die Welt außer uns. […] Aber eine Welt, die ewig alt ist und ewig neu bleibt, eine Welt – der Mikrokosmos, die Welt im kleinen, unsere eigene Innenwelt, die bleibt unbekannt und undurchforscht. Da gibt es keine, oder doch wenigstens keine neuen Methoden zur Durchleuchtung der menschlichen Seele. ‚Alle Gebiete des Geistes sind kultiviert, alle Vermögen erstarkt, nur das tiefste, das innerlichste, das wesentlichste der unsterblichen Seele ist nur zu oft ein unbebautes Land', so klagen selbst die Tagesblätter. Darum ist unsere Zeit so erschrecklich innerlich arm und leer."[1]

1. Eine erste Annäherung

Joseph Kentenich (1885-1968) ist ein deutscher, katholischer Priester und der Gründer der internationalen Schönstattbewegung, die er im Jahre 1914 ins Leben gerufen hat. Sein Leben als charismatische Gründerpersönlichkeit hat weltweit Spuren hinterlassen, sein Seligsprechungsprozess läuft seit 1975. Pater Kentenich war im Denken seiner Zeit voraus, er zeigte Perspektiven auf, die erst viele Jahre später durch das Zweite Vatikanische Konzil (1962-1965) bestätigt wurden. Die Schönstattbewegung ist die erste und bis heute einzige der Neuen Geistlichen Bewegungen, die in Deutschland ihren Ursprung hat. Im Laufe der Geschichte der Schönstattbewegung sind 26 vielgestaltige Einzelgemeinschaften entstanden. Unter dem Leitmotiv „Neuer Mensch in neuer Gemeinschaft“[2] soll sich jeder Mensch gemäß seiner Berufung in Freiheit entfalten und einbringen. Vorbild dafür ist Maria, sie war offen für den konkreten Anruf Gottes. Die Anhänger der Bewegung wollen demnach im Bündnis mit Maria Menschen für ein intensives Leben aus dem Bund mit Gott begeistern.[3]

Joseph Kentenich fühlte sich von Gott berufen durch sein „Schönstattwerk“ die Kirche und die Gesellschaft zu erneuern. Die Realisierung dieser Erneuerung beginnt mit dem ureigenen und für ihn typischen Gottvertrauen, alle Zeitereignisse in Welt und Kirche als Plan Gottes zu begreifen und zu deuten. Für den Erzieher und einfühlsamen Menschenführer Kentenich ist der Bezug zur Welt konstitutiv und entscheidend: Begegnungen mit Menschen, Dingen und Ereignissen sind für ihn letztlich Begegnungen mit Gott. Kentenich möchte immer wieder dazu ermutigen, Gott in allem zu suchen und zu finden, das ist die ignatianische[4] Maxime, die

2 Vgl. Herta SCHLOSSER, Artikel *Neuer Mensch in neuer Gemeinschaft*, in: Hubertus BRANTZEN, Herbert KING, Lothar PENNERS, Gertrud POLLAK, Herta SCHLOSSER, Joachim SCHMIEDL, Peter WOLF (hrsg.), Schönstatt-Lexikon. Fakten-Ideen-Leben, Vallendar-Schönstatt ^{2}2002, 284-285.

3 Vgl. Karl-Heinz MENGEDODT, Gertrud POLLAK, Joachim SCHMIEDL, In seinem Herzen ein Feuer. Joseph Kentenich 1885-1968, Vallendar-Schönstatt 1999,117-119.

4 Kentenichs Denken und Wirken zeigt in vielem Analogien zur Denkstruktur des Ignatius von Loyola (1491-1556) auf. Gerade seine „Geistlichen Übungen zur Unterscheidung der Geister" spielen auch in der Spiritualität Schönstatts eine

Kentenich ausgibt, um das Leben und die Welt auf Gott hin transparent zu machen.[5]

> *„Von Anfang an gehört es bei allem apostolischem und gesellschaftlichem Engagement der Schönstätter und der ganzen Bewegung mit zur Grundcharakteristik der Gründung P. Kentenichs, daß dem Bemühen um Innerlichkeit, um eine lebendige Gottesbeziehung, um eine tiefe Marienfrömmigkeit und einen andauernden Dialog mit dem ‚Gott des Lebens' erste Priorität eingeräumt wird. Die übernatürliche Ausrichtung im Sinne einer ‚Gnadenbewegung' von Gott auf den Menschen zu und vom Menschen zu Gott zurück zieht sich wie ein roter Faden durch die Geschichte der Schönstatt-Bewegung.“*[6]

Der wohl entscheidende inhaltliche religiöse Grundzug im Denken und Wirken Kentenichs ist die Fokussierung auf den Menschen einerseits und seine existentielle Verwobenheit mit dem „Gott des Lebens“[7] andererseits. Dies soll auch im folgenden 2. Kapitel *Lebensstationen* deutlich gemacht

---

große Rolle. Die ignatianischen Exerzitien haben Kentenich maßgeblich inspiriert, darin erkannte er eine gangbare Methode zur Verifizierung dessen, was der Wille Gottes sein könnte. King führt in diesem Zusammenhang aus: *„Seit den Zeiten der paulinischen Gemeinden (vgl. 1 Kor 12,10) gibt es das Bemühen, die ‚Geister zu unterscheiden', um urteilen zu können, ob eine Anregung vom Teufel, vom eigenen ‚Fleisch' oder von Gott komme. Im Laufe der Jahrhunderte versuchte man, Kriterien der Unterscheidung zu beschreiben. Hier ist besonders Ignatius von Loyola wichtig geworden. Pater Kentenich hat sich in diese Tradition gestellt und in seiner Lehre vom praktischen Vorsehungsglauben Erfahrungen und Regeln der Vergangenheit aufgegriffen, gelehrt und weiterentwickelt.“* Herbert KING, Artikel *Unterscheidung der Geister*, in: Schönstatt-Lexikon, 402.

5 Vgl. MENGEDODT, In seinem Herzen ein Feuer, 25-43.

6 Joachim SCHMIEDL, Artikel *Schönstatt-Geschichte*, in: Schönstatt-Lexikon, 346-347.

7 Der Begriff „Gott des Lebens“ ist ein spezifischer Ausdruck Kentenichs. Darin spiegelt sich die Kentenich'sche Schule seiner Spiritualität, nämlich eine aus der Seele herauswachsende Spiritualität. In den Lebensäußerungen der Seele entzifferte Kentenich wichtige Botschaften für das Leben, für die eigene Lebensgestaltung. Der „Gott des Lebens“ spricht durch die „Seelenstimmen“. Vgl. insgesamt zum Terminus „Gott des Lebens“: Herbert KING, Gott des Lebens. Religiöse Spuren in seelischen Prozessen, Vallendar-Schönstatt 2001.

werden, dass Kentenich in allen Lebenssituationen und Herausforderungen immer auf den „Gott des Lebens" vertraute. Kentenichs genuine Religiosität war es, alle Bereiche des menschlichen Lebens auf Gott hin durchsichtig machen zu wollen: *„Der Gott des Lebens, der durch das Leben zu uns spricht und eine Antwort haben will […].*"[8]

Ferner ist Kentenich, wie schon deutlich wurde, ein Denker, der Verbindungslinien zeichnet zwischen den verschiedenen Lebensbereichen und Phänomenen des Lebens. Seine Motivation ist es, auf die Einheit und Ganzheit und damit auch auf die Transzendenz hinter allem aufmerksam zu machen. Dabei geht es Kentenich sowohl um eine ganzheitliche Religiosität und Spiritualität als auch um ein authentisches Mensch- und Christsein gleichermaßen. So kämpft er unaufhörlich in seinen Vorträgen und Predigten um die Verschränkung von Theorie und Praxis, von Idee und Leben, um die Synthese von Theologie, Pädagogik und Psychologie. Kentenich möchte die objektive Glaubenswahrheit mit dem subjektiven seelischen Lebensvorgang zusammenbringen. Gerade diese ganzheitliche Sicht[9] auf den Menschen nimmt deutlich Gestalt an in Kentenichs Konzeption des „praktischen Vorsehungsglaubens", der eine vielfältige Antwort auf das Wirken Gottes in der Welt geben möchte. Der „praktische Vorsehungsglauben", der im 3. Kapitel vorgestellt wird, ist ein Zentralbegriff Kentenichs, der den Menschen einlädt, sich auf eine Spurensuche nach Gottes Wirken im eigenen Leben zu begeben.[10]

---

8 Joseph KENTENICH, Desiderio Desideravi. Vorträge Milwaukee-Terziat (1962/1963), Band 5, Schönstattpatres (hrsg.), Vallendar- Berg Sion 1963, 45.

9 Wenn Kentenich seine ganzheitliche Sicht auf die Welt skizziert, spricht er in diesem Kontext oft auch vom „organischen Denken", das einen Gegenpol zum mechanistischen Denken darstellt. Letztlich glaubte Kentenich an die Einheit aller Dinge, der letzte Einheitspunkt in der Vielheit ist Gott selbst.

10 Sehr dienlich, um sich einen ersten Überblick über die Vorsehungskonzeption bei Kentenich zu verschaffen, ist: Vgl. Hans-Werner UNKEL, Artikel *Praktischer Vorsehungsglaube*, in: Schönstatt-Lexikon, 313–318. Schon hier soll deutlich werden, dass der Gedanke der göttlichen Vorsehung eine Art inhaltliches Fundament bildet, auf dem sich die Lehre Schönstatts entfaltet. Die Vorsehungskonzeption im Sinne Kentenichs prägt wesentlich das Verhältnis des Menschen zu Gott, darin wird bereits auch die Berufung bzw. Bestimmung eines jeden Menschen von Gott zum Ausdruck gebracht.

Die Verknüpfung der Theologie der göttlichen Vorsehung mit dem „praktischen Vorsehungsglauben" im konkreten Leben führt in den Kern der Themenstellung dieser vorliegenden Dissertation: die Bestimmung des Menschen bei Joseph Kentenich. Innerhalb der Komplexität des Vorsehungsgedankens betont Kentenich unaufhörlich die individuelle Vorsehung *(providentia specialis)* gegenüber der allgemeinen Vorsehung *(providentia generalis)*. Kentenich beklagt aber, dass der Gedanke einer individuellen Bestimmung des Menschen durch Gott oft ins Hintertreffen gerät.[11] Der Selbstverwirklichungsprozess des Menschen wird dann zu einem Entfalten dessen, was Gott keimhaft in den Menschen hineingelegt hat. Diese Wirklichkeit findet ihren Niederschlag in dem Terminus des „Persönlichen Ideals", dieses bildet das inhaltliche Herzstück in diesem Kentenich-Teil.[12]

Die Innenseite des Menschen, die Seele[13], bildet für Kentenich einen besonderen Resonanzkörper für die Botschaften Gottes. Aber nicht nur die

---

11 *„Mit anderen Worten: Der Glaube an die providentia divina specalis wird gar nicht oder doch nicht genug lebendig, er bleibt blasse, religiös verbrämte Idee. Praktisch weiß und fühlt man sich von Gott – gewiß aus allgemeinem Wohlwollen – für bestimmte Zwecke der Weltregierung gebraucht, wenn nicht gar mißbraucht, nicht aber so ganz persönlich und individuell aufgenommen und umsorgt, umhegt und gepflegt. Dadurch erlebt sich die Persönlichkeit als solche nicht tief genug in Gott verankert und nicht von ihm geschätzt und gestützt, sondern – wenn auch für göttliche Ziele – entpersönlicht, verzwecklicht, vermasst. So kommt es, daß der Vorsehungsglaube keine Großmacht im Leben der einzelnen Menschen und ganzer Völker wird und daß außergewöhnliche Zeitkatastrophen ihn heillos in Verwirrung bringen und gottfeindlichen Strömungen und Bewegungen in die Arme treiben."* Joseph KENTENICH, *Studie in Milwaukee/USA* (1952/1953). in: ders., Texte zum Vorsehungsglauben, August ZIEGLER (hrsg.), Vallendar-Schönstatt ³1988, 108. Vgl. ebenso das Kapitel *Bedeutung des Glaubens an die providentia specialis*, in: Hans-Werner UNKEL, Theologische Horizonte des praktischen Vorsehungsglaubens, Vallendar-Schönstatt 1980, 112-115.

12 Vgl. in dieser Arbeit, Teil III, 5. Kapitel *Das „Persönliche Ideal" als Bestimmung des Menschen*

13 Vgl. in dieser Arbeit, Teil III, 4. Kapitel *Die tiefenpsychologischen Grundzüge im Denken Kentenichs*

menschliche Seele ist ein Offenbarungsort Gottes, auch in der gesamten objektiven Seinsordnung [14] offenbart sich Gott. [15]

Vieles ist durch Kentenich und sein Werk angeregt und umgesetzt worden. Kentenichs Lebensanliegen war es, Theologie und Leben zu verbinden. Er wollte sein Werk nicht als einen neuen theologischen Entwurf verstanden wissen, es ging ihm um einen erneuerten Glauben und um eine erneuerte Kirche, die tiefer das Leben der Menschen und Kulturen berühren. Die Kirche verstand er insgesamt als Seele einer künftigen Weltkultur, einer Kultur der Liebe. [16]

2. Lebensstationen – Die Vision vom „Neuen Menschen" reift heran

Joseph Kentenich betont immer wieder, dass alle seine persönlichen Lebenserfahrungen in der Geisteswelt Schönstatts ihren Niederschlag

14 Kentenich formuliert hierzu: *„Von jeher spielte die Seinsstruktur der Dinge eine besondere Rolle bei uns, die wir dauernd über Gottes Wunsch und Willen zu befragen bemüht waren und auch heute noch sind. Auf diese Erkenntnisquelle weist das große Gesetz hin, das unsere ‚Werktagsheiligkeit', unsere Gebräuche, unsere Pädagogik wie ein leicht erkennbarer roter Faden durchzieht: Ordo essendi est ordo agendi. Die objektive Seinsordnung ist bis in alle Einzelheiten hinein Norm für unsere gesamte Lebensordnung. Dabei gehen wir von dem Gedanken aus, daß die geschaffenen Dinge nicht nur inkarnierte Gottesgedanken, sondern auch Gottes Wünsche sind. Fassen wir jedes geschaffene Ding auf als ein Wort von und über Gott, so dürfen alle geschaffenen Dinge, sowohl die natürlichen wie die übernatürlichen, als ein großes Bilderbuch Gottes, als ein Lesebuch über ihn, als eine lebendige Gotteslehre angesprochen werden, die uns bei der Ermittlung der göttlichen Wünsche selten im Stich läßt."* Joseph KENTENICH, Marianische Werkzeugsfrömmigkeit (1944), Schönstätter Marienschwestern (hrsg.), Vallendar-Schönstatt 1974, 42. Die objektive Seinsordnung, die für Kentenich im Sinne des scholastischen Axioms *Ordo essendi est ordo agendi* einen Aufrufcharakter besitzt, entschleiert sich dem Menschen als ein Zusammenspiel von Natur (Seinsordnung) und Übernatur (Gnadenordnung). Vgl. UNKEL, Theologische Horizonte, 119.

15 Vgl. KING, Gott des Lebens, 7-8.

16 Vgl. MENGEDODT, In seinem Herzen ein Feuer, 4-5.

gefunden haben. Die Ideen Schönstatts sind also immer auch als ein Zeugnis der Lebensbiographie Joseph Kentenichs und seiner eigenen Reifungsprozesse zu verstehen. In den folgenden Unterkapiteln soll schlaglichtartig eine Auswahl wichtiger Stationen im Leben von Joseph Kentenich beleuchtet werden. Dabei soll aufgezeigt werden, wie Kentenichs persönliche Lebenserfahrungen ihn geprägt haben und Einfluss genommen haben auf seine Gedankenwelt, die er in seine von ihm ins Leben gerufene Schönstattbewegung implantiert hat. Die Lebensstationen Kentenichs und seine damit verbundenen Erfahrungen haben letztlich das hervorgebracht, was er als inhaltliche Spitze seines neuen Programms begreift, seine Vision vom „Neuen Menschen“. [17]

2.1. Die Krisenjahre – Gärungszeit für ein neues Ideal

Ab dem Jahre 1899 besucht Kentenich das Gymnasium der Pallottiner in Ehrenbreitstein bei Koblenz. Schon in seiner Jugend hatte sich Kentenich entschieden, Priester zu werden und so tritt er 1904 in das Noviziat der Pallottiner in Limburg ein. Die Noviziats- und Studienjahre, sowie auch die ersten Jahre als Priester sind für Kentenich schwere innere Krisenjahre, in einem Brief spricht Kentenich von zehn harten Jahren. [18] Das ist die Zeit, die unmittelbar seiner Gründungstätigkeit vorausgeht. Diese Jahre sind geprägt von tiefen inneren Seelenkämpfen und existentiellen Nöten, er leidet. Die Gottesfrage und die damit verbundenen Fragen nach einer letzten

---

17 Vgl. Herbert KING, Der Mensch Joseph Kentenich, Vallendar-Schönstatt 1996, 62-63. So wird die biographisch-psychologische Reflexion des persönlichen Werdegangs Kentenichs zum ideenmäßig-sendungsmäßigen Paradigma seines Werkes, Kentenich dazu: *„Das ist in einer Weise der Fall, daß man mit Recht sagen kann, die Bewegung sei mit ihrer inneren und äußeren Struktur mein erweitertes Ich. Nur so läßt sich die unerschöpfliche Arbeitskraft erklären, die hinter dem ganzen Werk steckt und es schöpferisch gestaltet hat. Würde das Wirken nicht so eindeutig aus dem persönlichen Sein herausgeflossen sein, so hätte Arbeitskraft und Arbeitsweise sich nicht so außergewöhnlich reich entfalten können."* Joseph KENTENICH, Brief aus Milwaukee an Pater Alexander Menningen vom 25. Januar (1955), 1.

18 Vgl. Joseph KENTENICH, *Brief an Josef Fischer vom 11. Dezember* (1916), in: ders., „Mein lieber Präfekt!" Briefe an Josef Fischer aus der Gründungszeit Schönstatts, Peter WOLF (hrsg.), Vallendar-Schönstatt 2018, 78-81.

Wahrheit der Dinge treiben ihn schier in den Wahnsinn. Gerade auch die Frage nach einer persönlichen Bestimmung, deren Ursprung in Gott gründet, bewegt den jungen Kentenich immens. Kentenich analysiert später die Krise jener Jahre als zusammenfassende Selbstaussage folgendermaßen:[19]

> *„Aus dieser Linienführung heraus dürfte verständlich werden, dass meine Jugendjahre durch außergewöhnliche Diesseits- und Erdfremdheit gekennzeichnet sind, dass auf der anderen Seite das ganze Wesen in eine andere, in die jenseitige Welt hineindrängte, um dort mit allen Fasern beheimatet zu werden. Deswegen ist es nicht verwunderlich, dass die Jugendkämpfe, die mathematisch genau mit meinem Eintritt ins Noviziat begannen – vorher gab es solche nicht –, durchaus geistiger Art sein mussten. Wenn ich sie auf einen Nenner zurückführen soll, so müsste ich wohl sagen: Gerade wegen der Lösung meines Geistes und meiner Seele vom Erdhaften, vom echt Menschlichen, vom Diesseitigen, wurde der ganze Mensch von einem totalen Skeptizismus, von einem überspitzten Idealismus, von einem zersetzenden Individualismus und von einem einseitigen Supranaturalismus innerlich zerquält und hin und her geworfen."*[20]

Der junge Kentenich war ein ausgesprochen begabter Schüler und Student mit einer ausgeprägten metaphysischen Anlage, d.h. dass seine innere Ausrichtung auf geistige Ideen besonders stark ausgeprägt ist. Kentenich litt gleichsam unter einer Art Wahrheitsfanatismus, unter einem einseitigen, lebensfremden Ideenkult und einem rationalistischen Skeptizismus. Dies hängt auch damit zusammen, dass die Theologie, die Kentenich studierte,

19 Vgl. KING, Der Mensch Joseph Kentenich, 12-13. Vor allem der erste Teil dieser Monographie *Die Krise während der Noviziats- und Studienjahre* enthält tiefe Einblicke in das Seelenleben des jungen Kentenichs, 11-33.

20 Joseph KENTENICH, *Chronik-Notizen* (1955). in: ders., Kentenich-Reader. Ein Lesebuch, Band 1, Peter LOCHER, Jonathan NIEHAUS, Hans-Werner UNKEL, Paul VAUTIÉR (hrsg.), Vallendar-Schönstatt 2008, 20. King sieht die innere Krise, die Kentenich durchleben musste, vor allem in der welt-, menschen- und selbstverneinenden Praxis der neuzeitlichen Spiritualität. Vor allem sei hier namentlich der Jansenismus zu nennen, so King, der zu dieser Zeit immer noch eine große Bedeutung und Wirksamkeit in der kirchlichen Erziehung und Ausbildung junger Priesteramtskandidaten hatte. Vgl. KING, Der Mensch Joseph Kentenich, 13-14.

starke rationalistische Züge hatte. Es kam also in Kentenichs Denken und auch in seiner Innenwelt zu einer einseitigen Vorherrschaft der Idee, des Geistes, der Ratio. Hinzu kam noch eine starke Beheimatung in der jenseitigen Welt, die Kentenich von frühester Kindheit an von allem Irdischen und Sinnenhaften getrennt hat. Diese einseitige Betonung des Geistlichen und Bindung an das Übernatürliche wurde dann im Noviziat noch gesteigert. Die negativen, die welt- und selbstverneinenden Aspekte des Christentums trafen dort Kentenich besonders hart und waren extrem stark ausgeprägt, wie z. B. harte Bußübungen, Nachtwachen und nächtliches Gebet. Hierbei gab es wenig Sinn und Raum für die Entfaltung des Menschlichen an sich. Die Entfaltung individueller Bedürfnisse wurde von Seiten der Erzieher als Egoismus, als Sünde entlarvt. Eigensinn war verboten. Es geht um die Abtötung der eigenen Individualität, um dadurch immer mehr dem Willen Gottes entsprechen zu können. Dies ist das Programm der Erzieher und Lehrer Kentenichs. Die erzieherischen Autoritäten, die der junge Kentenich erlebt, sagen den individuellen menschlichen Bedürfnissen den Kampf an.[21]

Der junge Kentenich ist zunächst ganz ergeben, er möchte mit seiner ganzen Person die Anforderungen des Noviziates bejahen und erfüllen. Auf der einen Seite bejaht und internalisiert Kentenich die Formen und Werte seiner Ausbildung, gleichzeitig spürt er aber im Innern, dass etwas nicht stimmt, dass diese einseitige Überbetonung des Geistigen und diese Abtötung des Triebhaften und Naturhaften ihn seiner Menschlichkeit beraubt.[22]

---

21 Vgl. FELDMANN, Gottes sanfter Rebell, 30. Feldmann kommentiert weiter die Erziehungsmethoden, denen Kentenich unterlag, folgendermaßen: *„Dahinter steht die Zwangsvorstellung aller lebensfeindlichen religiösen Fundamentalisten: Man muss das eigene Ich auslöschen, um Gott zu finden. Man muss aus dem Menschen mit seinen Prägungen, Leidenschaften und Sehnsüchten einen frommen Roboter machen."* Ebd., 30.

22 Eine von Kentenich in dieser Zeit entworfene Lebensordnung spiegelt sehr deutlich den Geist der im Noviziat herrschenden Spiritualität wieder: *„Das Universalmittel ist also: Selbstvernichtung, und zwar in dreifacher Form: (I.) als Abtötung, (II.) als Kreuz und (III.) als Nachfolge Christi."* Von diesen drei Gesichtspunkten leitet der Novize Kentenich dann 103 Einzelgrundsätze ab. Sein Streben hat die Vereinigung mit Gott, d. h. die Gleichförmigkeit mit dem göttlichen Willen zum

Die Krisenjahre als Theologiestudent waren in doppelter Hinsicht wegweisend: Zum einen war er durch die heftigen Glaubenszweifel und seine Suche nach einer letzten Wahrheit in eine Art geistige Ohnmacht geraten. Letztlich trug ihn das frühe Kindheitserlebnis der Marienweihe über den Abgrund dieser wahnsinnigen inneren Kämpfe hinweg. Die Beziehung zur Gottesmutter Maria prägte ihn positiv. Bei allem Skeptizismus, intellektuellen Unsicherheiten und philosophischen Zweifeln an der Gottesfrage[23] wurde diese grundlegende Beziehung mit Maria zu einer Quelle für seinen Glauben und damit zur unerschütterlichen Gewissheit seines Lebens.[24]

Diese Krisenjahre führen dazu, dass er in den Folgejahren eine neue Spiritualität und Pädagogik konzipiert, die den ganzen Menschen in den Blick nimmt. Kentenichs Leistung ist es, dass er die Lehren für sich und sein Werk aus seinen eigenen Krisenerfahrungen abgeleitet hat.[25] Ein schwäbischer Dichter aus Calw tut es ihm gleich, fast zur selben Zeit. Alles, worunter Kentenich und Hesse in ihrer Jugend- und Reifezeit leiden, verkehren sie später in ihren jeweiligen Werken in ein gegenteiliges Programm. Diese neuen menschenfreundlicheren Ideen tragen dann zu einem neuen authentischeren Menschsein bei.

Ziele. Vgl. Engelbert MONNERJAHN, Pater Joseph Kentenich. Ein Leben für die Kirche, Vallendar-Schönstatt ²1979, 41-42.

23 Bei seiner Suche nach einer letztgültigen Wahrheit und die damit einhergehende Klärung der Gottesfrage mit der Vernunft konnte sich Kentenich *„in den hineindenken, der als der große ‚Gotteshasser' galt und zugleich Protagonist eines neuen Zeitalters wurde: Friedrich Wilhelm Nietzsche. Oft kam Josef Kentenich auf ihn zu sprechen; er verteufelte ihn nie, weil er selbst ähnliche Geistesnöte erfahren hatte. Doch anders als Nietzsche stieß Kentenich bereits in relativ jungen Jahren auf eine persönliche Lösung der quälenden Gottesfrage, die Nietzsche ein Leben lang umtrieb."* Dorothea M. SCHLICKMANN, Josef Kentenich. Ein Leben am Rande des Vulkans, Freiburg ³2019, 53.

24 Vgl. SCHLICKMANN, Ein Leben am Rande des Vulkans, 52-57.

25 Vgl. zu den Krisenjahren des jungen Kentenichs insbesondere das Kapitel *„Selbstvernichtung" als Programm und die große Krise*, in: FELDMANN, Gottes sanfter Rebell, 28-31.

2.2. Die *Vorgründungsurkunde* 1912 – Zeitzeugnis eines neuen Erziehungsstils

Im Juli 1910 wird Kentenich in Limburg zum Priester geweiht. Der junge Priester beginnt im Studienheim der Pallottiner Deutsch und Latein zu unterrichten. Schon hier zeigt sein erstes pädagogisches Wirken ohne lehrberufliche Vorbildung eine große Erzieherbegabung. 1912 eröffnen die Pallottiner ihr neues Studienheim in Vallendar-Schönstatt, Kentenich wird zum Spiritual berufen. Der neue Spiritual ist mit einer äußerst schweren pädagogischen Situation unter den Gymnasiasten konfrontiert, denn sie sind des autoritären Erziehungsstils überdrüssig. Kentenich, der selbst ein Opfer des alten Erziehungsstils war, kann sich also in besonderer Weise in die Schüler einfühlen.[26] *„Die Zeichen, die er als Wegweiser zu einer neuen Pädagogik wahrnahm, kamen für ihn aus seiner eigenen Persönlichkeitsstruktur und Biographie, sodann aus der Seelengestimmtheit der revoltierenden Jugend wie auch aus den Stimmen der Zeit."*[27]

Am 27. Oktober 1912 hielt Kentenich als neuer Spiritual seinen Amtsantrittsvortrag, der unter dem Titel *Vorgründungsurkunde* in die Geschichte Schönstatts einging. Kentenich stellt sich dabei seinen Schülern, die später einmal Theologie studieren und katholischer Priester werden sollten, bedingungslos zur Verfügung.[28] Entgegen der üblichen Pflichtpädagogik, die hauptsächlich auf äußeres korrektes Befolgen der Vorschriften abhebt, erkennen die Gymnasiasten schnell, dass sie von Kentenich als selbständige, eigenwertige Persönlichkeiten angesprochen und zu freiwilliger Mitarbeit aufgefordert sind. Er begeisterte die Jungen für seinen neuen Weg, der von der äußeren Fassade wegführte und gleichzeitig dazu aufforderte, den eigenen „Mikrokosmos" zu entdecken, das heißt das eigene seelische Innenleben zu durchdringen und zu integrieren. Was die jungen Schüler

---

26 Vgl. SCHLICKMANN, Herbststürme, 37-44.

27 Ebd., 187.

28 *„Ich stelle mich euch hiermit vollständig zur Verfügung mit allem, was ich bin und habe: mein Wissen und Nichtwissen, mein Können und Nichtkönnen, vor allem aber mein Herz."* KENTENICH, *Vorgründungsurkunde*, 11-12. Mit dem hier zitierten Satz möchte Kentenich seinen neuen Führungsstil artikulieren, gleichzeitig möchte er aber auch zum Ausdruck bringen, was für ihn Hingabe bedeutet.

dort zu Gehör bekommen, entfacht eine *„Revolution im Innern"*.[29] Durch diese neue Freiheitserziehung erklärte Kentenich die Selbstentfaltung der individuellen und gottgewollten Persönlichkeit zur pädagogischen Zielvorgabe. [30]

2.2.1. Freiheitserziehung – Von der Fremdbestimmung zur Selbstbestimmung

„Wir müssen feste Charaktere sein. Wir müssen freie Charaktere sein. Gott will keine Galeerensklaven, er will freie Ruderer haben."[31] Der junge Spiritual Joseph Kentenich kann in die Seelen, in die Innenwelt, seiner Schüler blicken, er hatte eine große Gabe der Einfühlung gegenüber anderen Menschen. In ihrem Überdruss gegen das bestehende System, in ihrem Protest gegen die autoritäre Disziplin- und Strafpädagogik erkennt Kentenich ihre Sehnsucht nach Selbstbestimmung und Freiheit. Kentenich wertet das revolutionäre Potential der Schüler als einen Fingerzeig Gottes,

29 So der Untertitel des Werkes von Schlickmann, das sowohl zeitgeschichtlich, als auch inhaltlich, das Jahr 1912 und die Vorgründungsurkunde ausführlich thematisiert. Schlickmann beschreibt die damalige Situation im Studienheim folgendermaßen: *„Herbststürme durchbrausten die Studienanstalt. Die unter den Schülern ausgebrochene Opposition gegen die strenge Internatsordnung, die sich zu einer Revolution zuzuspitzen droht, wandelt sich unter der pädagogischen Führung des Spirituals (Kentenich) in eine Revolution im Innern der Schüler, in einen Formungs- und Veränderungswillen in der eigenen Persönlichkeit. Das Dynamit zur Weltveränderung und Weltverbesserung, so die Überzeugung Pater Kentenichs, liegt nicht primär im ‚Makrokosmos', in der Welt außer uns, sondern im ‚Mikrokosmos', in der Welt des eigenen Selbst."* SCHLICKMANN, Herbststürme, 13. Auch der Dichter Hermann Hesse artikuliert dies an vielen Stellen seines Werkes, dass die Veränderung der Welt im eigenen Innern beginnt.

30 Vgl. Ebd., 188-192. *„Für ihn waren es immer originelle Seelen mit einer gottgeschenkten Sendung, originelle Ideen Gottes, keine Schablonen. Deswegen gelang es ihm, jede Art zu bejahen."* Dorothea SCHLICKMANN, *Pater Kentenich – einer der zur Liebe befähigt*, in: Impulse fürs Leben (2018), Ausgabe 2, 1-2.

31 KENTENICH, *Vorgründungsurkunde*, 17-18. Als Standardwerk zum Themenkreis Freiheit und Freiheitserziehung bei Kentenich, vgl. die Monographie: Dorothea M. SCHLICKMANN, Die Idee von der wahren Freiheit. Eine Studie zur Pädagogik Pater Josef Kentenichs, Vallendar-Schönstatt [3]2007.

nämlich dass Gott selbst durch die „Seelenstimmen" der Schüler zu ihm spricht. Mit seiner neuen pädagogischen Freiheitserziehung will Kentenich genau auf diese Seelengestimmtheit seiner Schüler eingehen und mit den entsprechenden Inhalten und Impulsen in seiner Amtsantrittsrede darauf reagieren. Der starken Kontrolle und Steuerung von außen, der Fremdbestimmung, setzt der neue Spiritual ein neues Freiheitsstreben entgegen. Kentenich zielt darauf ab, die Jungen zu echter Mündigkeit zu erziehen. Er misstraut jeder Handlung und Entscheidung, die nur von außen gelenkt oder durch andere beeinflusst ist. Die Idee vom „Neuen Menschen", der nur aus innerer Freiheit heraus handelt, wurde zum Inbegriff für den Erziehungsstil Kentenichs als neues Ideal.[32]

Der Freiheits-Begriff der *Vorgründungsurkunde* von 1912, den Kentenich hier verwendet und etablieren möchte, kann noch genauer gefasst werden im Begriff der inneren Freiheit. Die innere Freiheit der Person betrachtet Kentenich zunächst als das Zentrum der Freiheit. Nach Kentenich ist die innere Freiheit Voraussetzung der Selbstverwirklichung, dabei ist die innere Freiheit etwas, dass der Mensch nicht per se besitzt, sondern sich erarbeiten muss. Folgende Kriterien für die innere Freiheit des Menschen sind dabei von Bedeutung:

1. Als ersten Gesichtspunkt führt Kentenich an, dass sich der Mensch erst da als innerlich frei erlebt, wo der Wille wirklich frei ist und nicht von den Trieben dominiert ist. Innere Freiheit ist nur gegeben, wenn also eine gewisse Harmonie zwischen den geistigen, seelischen und körperlichen Kräften herrscht.

2. Als zweiten Aspekt führt Kentenich an, dass diese innere Harmonie der Kräfte sich aber nur einstellen kann, wenn der Wille sich auf ein konstantes, dauerhaftes Ziel (Ideal) ausrichten kann, das aktuelle Bedürfnisse übersteigt und ein selbstgewähltes Lebenskonzept sichert. Kentenich betont ausdrücklich, dass die innere Freiheit nur zustande kommen kann durch die richtige Behandlung der Triebe, weder Unterdrückung noch Überhöhung der Triebe schafft psychische Befreiung.

3. Des Weiteren warnt Kentenich vor einem subjektivistischen Freiheitsverständnis, bei dem die Priorität der eigenen Person alle

32 Vgl. SCHLICKMANN, Herbststürme, 193-196.

Entscheidungen und Handlungen bestimmt. Eine Lösung von übertriebenen Ich-Ansprüchen und Egoismen sah Kentenich in der Anbindung an objektive Normen und ein objektives Wertesystem, das sich der Mensch selbst zu Eigen machen muss, um zur inneren Freiheit gelangen zu können.

4. Ferner hängt die innere Freiheit eng zusammen mit der Suche nach einem Ideal für das sittliche Wollen. Darin eröffnet sich dem Menschen die Wirklichkeit, auf die hin er sich ausrichtet, sein Ziel bestimmt und sich selbst verwirklicht. Kentenich verbindet mit der inneren Freiheit die relative Unabhängigkeit von inneren und äußeren Zwängen und bringt gleichzeitig die ethischen Normen des christlichen Welt- und Menschenbildes ins Spiel.[33]

Abschließend kann festgehalten werden, dass die Freiheitsthematik sich wie ein roter Faden durch Kentenichs Pädagogik zieht. Unter Erziehung versteht Kentenich nicht ein Vorsetzen objektiver Werte und Ideale, sondern er meint damit in erster Linie ein Eingehen auf die momentanen Impulse und individuellen Bedürfnisse des Edukanten. *„Erziehung versteht sich in diesem Sinne stets als eine Unterstützung des Zöglings, die seine Freiheit als oberstes Gebot respektiert."*[34] Bei Kentenich geht es in seiner freiheitlichen Pädagogik im Kern um ein inneres Wachstum, genauer gesagt um die Entelechie eines individuellen und originellen „Persönlichen Ideals" durch freie Selbstbestimmung. Zentral ist für Kentenich die Entwicklung und Entfaltung der „gottgewollten" Persönlichkeit.[35]

---

33 Vgl. zu den vier Unterpunkten das Kapitel *Freiheit als innere Freiheit*, in: SCHLICKMANN, Die Idee von der wahren Freiheit, 261-265. Zur Freiheitserziehung Kentenichs formuliert Schlickmann abschließend, 425: *„Die Rückbindung des Erziehers an Gott und die Einbindung des Erziehungsgeschehens in ein Spannungsfeld zwischen göttlichen Wünschen und menschlicher Autonomie eröffnen für J. Kentenich den Weg, die Idee von der wahren Freiheit in ihrer Sinnspitze pädagogisch zu realisieren."*

34 Damian LÄGE, Joseph Kentenichs Konzept des „Persönlichen Ideals" in religionspsychologischer Sicht, München 1985, 22.

35 Vgl. LÄGE, Konzept des „Persönlichen Ideals", 22.

2.2.2. Selbsterziehung – Arbeit am eigenen „Mikrokosmos"

„Wir wollen lernen. Nicht bloß ihr, sondern auch ich. Wir wollen voneinander lernen. Denn niemals lernen wir aus, zumal nicht in der Kunst der Selbsterziehung, die ja das Werk, die Tat, die Arbeit unseres ganzen Lebens darstellt."[36] Im Kontext der damaligen Zeit, so auch im Studienheim, in dem Kentenich als Spiritual fungierte, wurde der Begriff der Selbsterziehung als äußerst suspekt eingestuft. In der damaligen Pädagogik wurde Erziehung stets als Fremderziehung und Zucht verstanden. Die Selbsterziehung ist somit eine Antwort auf den Erziehungsstil dieser Zeitepoche, der von Regeln, Disziplinierung und Kontrolle gekennzeichnet war. Kentenich macht die Selbsterziehung als Teil der personalen Selbstverwirklichung zum Primat aller Erziehung und stellt sich damit der gängigen Fremdbestimmung von außen entgegen. Der neue Spiritual traut seinen Schülern zu, dass sie für ihre Entwicklung selbst verantwortlich sind.[37] Kentenich stand damit den reformpädagogischen Bewegungen[38] seiner Zeit sehr nahe. Dagegen wurde die Selbsterziehung in katholischen Erzieherkreisen, so auch im Umfeld des Studienheimes, sehr kritisch beäugt. Kentenich will mit seiner Selbsterziehung einen inneren Gesinnungswandel bei den Schülern erreichen, weniger eine Veränderung der äußeren Bedingungen, ihm geht es um ein Freiwerden von Fremdbestimmung

---

36 KENTENICH, *Vorgründungsurkunde*, 12.

37 Schlickmann führt zur neuen erzieherischen Praxis der Selbsterziehung aus: *„Einer der faszinierendsten Vorgänge ist dabei, dass Pater Kentenich ein weit verbreitetes pädagogisches Verständnis umkehrt: Er macht aus dem Erziehungsobjekt ein Erziehungssubjekt. Er übergibt dem Zu-Erziehenden selbst die Verantwortung für seine Erziehung in einem Stadium, in dem dieser noch als unmündig und zu solcher Selbst-Erziehung als unfähig erachtet wurde."* SCHLICKMANN, Herbststürme, 13.

38 Der Begriff der Selbsterziehung war zur Zeit des pädagogischen Wirkens Kentenichs kein Novum mehr, dennoch war der verbreitete Erziehungsstil die Fremderziehung. Selbsterziehung als zunehmender Imperativ der Zeit wird deutlich an der Vielzahl der zu dieser Zeit veröffentlichten Literatur, die als pädagogisches Grundthema die Selbsterziehung wählte. Vor allem in reformpädagogischen Kreisen forderte man mehr Selbsttätigkeit für den Schüler und förderte den Gedanken der Selbsterziehung des Individuums. Vgl. SCHLICKMANN, Die Idee von der wahren Freiheit, 116.

und Konformität und ein Freiwerden für ein individuelles ethisches Ideal („Persönliches Ideal").[39]

Kentenich legte großen Wert darauf, dass die Jungen sich nicht zu sehr auf ihre Schwächen und Fehler konzentrierten, sprich zu sehr den Mangel und das Ungenügen in ihrer Persönlichkeitsstruktur bekämpften, sondern mit Freude ihrer eigenen Art und Originalität begegneten.[40] Das „Persönliche Ideal", das der Spiritual Kentenich immer wieder als Zielvorgabe des religiösen Strebens ausgibt, sollte mittels Selbsterziehung entdeckt und immer mehr verwirklicht werden. Die Arbeit an sich selbst wurde auf ganz individuelle Weise gestaltet, auch in der Wahl der gefassten Vorsätze. Zentral in der Antrittsrede von 1912 ist der Begriff des Charakters als sittliches Ideal, er verweist auf die unverwechselbare, urpersönliche und individuelle Prägung einer Person.[41]

Des Weiteren heißt es in der Rede Kentenichs: „*Wir wollen lernen, uns selbst zu erziehen. Das ist eine edle, eine königliche Tätigkeit. [...] Selbsterziehung ist ein Imperativ der Religion, ein Imperativ der Jugend, ein Imperativ der Zeit.*"[42] Kentenich versteht seine neue Pädagogik nicht nur als Reaktion auf den damaligen autoritären Erziehungsstil, sondern ebenso als eine Abwehr gegen den Herdentrieb, gegen das Massenmenschentum und der zunehmenden Außensteuerung des Individuums. Kentenich verteidigt den subjektiven, individuellen Wert jedes einzelnen Menschen und dessen Entfaltung, er spricht an dieser Stelle vom „Mikrokosmos", von den eigenen Regungen und Wirkungen der Innenwelt. Kentenich will durch sein Konzept von der Selbsterziehung zur Ausbildung eines authentisch christlichen Persönlichkeitsprofils anregen. Ebenso ist die Selbsterziehung nach

---

39 Vgl. Ebd., 115-149.

40 Grundsätzlich vertrat Kentenich die Auffassung, dass im Menschen mehr Positives steckt, als er selbst oft weiß oder für möglich hält. Die Entfaltung dieser Potentiale sah Kentenich in der Selbsterziehung gegeben durch Vorsätze. Diese individuell gefassten Vorsätze sollten sich ganz nach dem „Persönlichen Ideal" ausrichten und wurden „Partikularexamen" genannt, die aus der aszetischen Tradition der Jesuiten aufgegriffen wurden. Vgl. dazu auch in dieser Arbeit: Teil III, Kapitel 5.4.2.1. *„Partikularexamen" und „Geistliche Tagesordnung"*

41 Vgl. SCHLICKMANN, Entscheidende Jahre, 177-178.

42 KENTENICH, *Vorgründungsurkunde*, 13.

Kentenich als ein Imperativ der Religion anzusehen. Aus der gesellschaftlichen und kulturellen Gesamtentwicklung der damaligen Zeit schloss Kentenich, dass der Mensch der Moderne, im Unterschied zu früherer Zeit, sich seinen personalen Gottesbezug nicht durch die Prägung einer allgemeinen christlichen Atmosphäre und Sozialisation aneignen muss, sondern eben durch Eigeninitiative, durch Selbsterziehung.[43]

Einen besonderen Schwerpunkt legt Kentenich in seiner Rede auf die Analyse der Zeit, indem er die Selbsterziehung als einen Imperativ der Zeit tituliert. Er führt aus, welche wirtschaftlichen Errungenschaften der Mensch in den letzten Jahrzehnten vollbracht hat, aber der gewaltige Fortschritt in der Eroberung und Entdeckung der äußeren Welt hat nach Meinung von Kentenich einen entscheidenden Makel:

> *„Alle Aufmerksamkeit, alle Tätigkeit hat ja ausschließlich den Makrokosmos zum Gegenstande, die Welt im großen, die Welt außer uns. […] Immer weiter drängt unser Forschungstrieb. Wir entdecken den Nordpol und erschließen dunkle Kontinente, wir durchleuchten mit neuen Strahlen unser ganzes Knochengerüst, Fernrohr und Mikroskop enthüllen täglich neue Welten. Aber eine Welt, die ewig alt ist und ewig neu bleibt, eine Welt – der Mikrokosmos, die Welt im kleinen, unsere eigene Innenwelt, die bleibt unbekannt und undurchforscht. Da gibt es keine, oder doch wenigstens keine neuen Methoden zur Durchleuchtung der menschlichen Seele. ‚Alle Gebiete des Geistes sind kultiviert, alle Vermögen erstarkt, nur das tiefste, das innerlichste, das wesentlichste der unsterblichen Seele ist nur zu oft ein unbebautes Land', so klagen die Tagesblätter. Darum ist unsere Zeit so erschrecklich innerlich arm und leer."*[44]

Kentenich liefert hiermit eine Zeitenanalyse, in der er der Menschheit einen gewaltigen Forschergeist und Eroberungsdrang der sichtbaren Welt bescheinigt. Doch dies verliert alles an Bedeutung, wenn der Mensch nicht imstande ist, seine eigene innere Welt zu verstehen und zu deuten. Diese seelische Armut der Zeit bewirkt keinen verantwortlichen Umgang mit dem technischen Fortschritt der Zeit. So ist die Selbsterziehung für

43 Vgl. SCHLICKMANN, Herbststürme, 135-166.

44 KENTENICH, *Vorgründungsurkunde*, 13-14.

Kentenich in besonderer Weise die Auseinandersetzung mit dem eigenen „Mikrokosmos". Damit will er die eigene Seelenwelt mit ihren inneren Prozessen und Dynamiken angesprochen wissen. Kentenich implantiert hier ein neues Paradigma zu Beginn des 20. Jahrhunderts in seine pädagogische Tätigkeit: Es ist die Zuwendung zur Psychologie, d. h. Bewusstwerdung der tiefenpsychologischen Prozesse und deren Integration in die ganzheitliche Persönlichkeit. Mit diesem Erziehungsstil ist Kentenich ausgesprochen modern in einer Zeit, in der der „Antimodernismus"[45] auch weitestgehend große Teile der damaligen Amtskirche bestimmt. Die antimodernistische Gesinnung dieser Tage bedeutete vor allem auch eine strikte Ablehnung von allem Subjektiven, gerade was die Persönlichkeitsentwicklung und auch das Glaubensleben anbelangte. So ist die Integration des Psychologischen in seinen Erziehungsstil als ein Antwortreflex auf die damalige Zeit zu bewerten. Das Lesen in aktuellen Ereignissen der Zeit, um den Willen Gottes zu erspüren und dann darauf aktiv zu antworten, das macht eben gerade Kentenichs Charisma aus.[46] Der weit verbreitete Habitus der damaligen Erziehung, das Ignorieren der seelischen Innenwelt, führte bei Kentenich und seinem pädagogischen Wirken gerade zur gegenteiligen Akzentuierung: Beachtung und Integration der seelischen Innenwelt im Prozess einer ganzheitlichen Selbstverwirklichung. Die Beachtung des Seelischen im Hinblick auf die Berufung eines Menschen war für die damalige Zeit ein absolutes Novum.[47]

2.3. Historischer Abriss – zwischen Vertrauen und Herausforderung

Am 18. Oktober 1914 schließen Kentenich und seine Schüler das „Liebesbündnis", in welchem sie sich der Gottesmutter weihen. Dieser Vorgang gilt als Gründungsereignis der Schönstatt-Bewegung, die Gründung einer

45 Vgl. Teil II, 5. Kapitel *Theologisch-kirchliche Perspektive: Der „Antimodernismus" in der katholischen Kirche*

46 Vgl. Teil III, Kapitel 3.2.1.1. *„Zeitenstimmen"*

47 Vgl. Andreas STEFAN, „Die Schatzkammer meiner Seele" – Eine Gegenüberstellung des „Persönlichen Ideals" bei Josef Kentenich und des Züricher Ressourcen Modells, Mainz 2016, 10-11.

„Marianischen Kongregation". Die Rede, die Kentenich an diesem Tag vor seinen Schülern vorträgt, geht als die *Erste Gründungsurkunde* in die Geschichte ein. Auch hier stellt er das sittlich-religiöse Streben jedes Einzelnen zur Entfaltung der gottgewollten Persönlichkeit (Genese des „Persönlichen Ideals"), wie auch 1912 in der *Vorgründungsurkunde*, als sein zentrales Anliegen vor. Die Gründung Schönstatts geschieht zu Beginn des 1. Weltkrieges und so nehmen Kentenichs Schüler dessen Ideen mit an die Front und beginnen das Erlebte in Schönstatt als ihre geistig-geistliche Heimat zu betrachten. Durch den Kontakt mit anderen Soldaten an der Front kommt es erstmals zu einer Außenwirkung der schönstättischen Ideen. Nach dem Weltkrieg konzentriert sich Kentenich auf den Ausbau der Schönstattbewegung, sie sollte nun für alle Bevölkerungsschichten zugänglich gemacht werden, so kommt es zur Gründung verschiedener Gliederungen. Kentenichs Talent, auf seine Hörer und auf deren Lebensfragen einzugehen, führt zu einer großen Verbreitung der Botschaften Kentenichs. Gerade auch seine Exerzitien für Priester erlangen hohes Ansehen in den 20er und 30er Jahren, in dieser Zeit zählt Kentenich zu einem der gefragtesten Exerzitienmeister in Deutschland. Auch die Verbreitung und Mission im Ausland haben eine starke Gewichtung bei Kentenich, insbesondere in Afrika und Lateinamerika verbreitet sich die Bewegung zwischen den beiden Weltkriegen rasant. Heute ist Schönstatt eine internationale Bewegung und auf allen Kontinenten der Erde anzutreffen.[48]

Nach 27 Jahren Aufbau kommt es durch die Hitler-Diktatur zu einer Gefährdung des Schönstattwerkes. Kentenich setzt sich schon vor der Machtergreifung Hitlers mit den Ideen des sich anbahnenden Nationalsozialismus auseinander. Er kritisiert massiv das verzerrte Menschenbild der Nationalsozialisten, das die menschliche Individualität bewusst ignoriert und in der Masse untergehen lässt. Der anthropologische Ansatz der Nationalsozialisten bildet einen diametralen Gegensatz zum Menschenbild Kentenichs.[49] Seine offene Konfrontation mit dem Regime führt zur

48 Vgl. für die Anfangsjahre der Schönstatt-Bewegung seit dem Ersten Weltkrieg bis zur Nazi-Diktatur die ersten beiden Kapitel *Die Anfänge* und *Erste Ausweitung*, in: MONNERJAHN, Ein Leben für die Kirche, 57-140.

49 *„So kritisiert er die Negierung des Transzendenzbezuges, d. h. die Verwiesenheit des Menschen auf Gottes gnadenhaftes Handeln. Weiterhin stellt er fest, dass die*

Festnahme durch die Gestapo und einer vierwöchigen Dunkelhaft, danach folgt die Deportation ins Konzentrationslager Dachau. Drei Jahre (1942-1945) wird er dort festgehalten. Kentenich überlebt das Dritte Reich und kehrt nach Schönstatt zurück, hier will er sein Werk weiter zur Verwirklichung bringen.[50]

Doch es dauert nicht lange, bis Kentenich eine weitere schwere Prüfung hinnehmen muss. Kentenich war mit seinen vielen Ideen ins Visier des kirchlichen Lehramts geraten: Die schönstättische Spiritualität mit der starken Marienverehrung, die Aufnahme psychologischer Erkenntnisse in Seelsorgekonzepte, sowie die starke Betonung der Freiheit und die Herausstellung der Bedeutung personaler Beziehungen provozierten die Auseinandersetzung mit der kirchlichen Autorität. So zweifelte die päpstliche Glaubenskongregation an der Rechtgläubigkeit Schönstatts. Damit verbunden war auch eine Vergewisserung der eigenen Identität als Schönstatt-Gemeinschaft in Abgrenzung von dem Pallottiner-Orden vonnöten, denn Kentenichs Bewegung hatte sich aus dem Pallottiner-Orden herausgebildet. Im Februar 1949 führte der Trierer Weihbischof Bernhard Stein eine Visitation in Schönstatt durch, die er sehr positiv bewertete mit dem Ergebnis, die theologische Gedankenwelt Schönstatts sei orthodox. Kentenich antwortete auf den Visitationsbericht mit einem mehr als dreihundert Seiten umfassenden Schreiben,[51] in welchem er wesentliche Elemente seiner

---

Bedeutung der Ratio im Menschenbild des Nationalsozialismus unterbewertet wird. Ebenso wird der Mensch nicht in seiner Originalität und Einmaligkeit, sondern einseitig als Teil einer größeren Masse gesehen. Bindungen, die für die Reifung der Persönlichkeit wichtig wären, werden zerstört." GERBER, Zur Liebe berufen, 146-147.

50 In die Zeit des Nationalsozialismus fällt auch die *Zweite Gründungsurkunde* vom 18. Oktober 1939, sowie die *Dritte Gründungsurkunde* vom 18. Oktober 1944 in Dachau. Das erste Liebesbündnis vom 18. Oktober 1914 erfährt darin eine gewisse Entwicklung und Ausreifung. Vgl. insgesamt zur Epoche des Nationalsozialismus, insbesondere zum Aufenthalt im KZ Dachau, das Kapitel *Gefangenschaft*, in: MONNERJAHN, Ein Leben für die Kirche, 187-225.

51 Die Briefe, die Kentenich als Reaktion auf die erste Visition im Jahre 1949 geschrieben hat, werden mit dem Titel „Epistola perlonga" zusammengefasst und sind veröffentlicht in den beiden Bänden: Joseph KENTENICH, ‚Epistola perslonga', I. Teil, Simmern-Berg Moriah 1994 und: Joseph KENTENICH, ‚Epistola perlonga", II. Teil, Simmern-Berg Moriah 1996.

Überzeugungen (Menschenbild, Weltbild, usw.) darstellt. Den Konflikt zwischen Schönstatt und der Kirchenführung deutete Kentenich hier als einen Machtkampf zwischen seiner neuen organischen Denkungsart und der traditionell kirchlichen mechanistischen Denkweise.[52] Daraufhin befasst sich das Heilige Offizium in Rom noch ausführlicher mit der Causa Kentenich und in der Folge setzte die Glaubensbehörde eine Apostolische Visitation an, die im Frühjahr 1951 von dem holländischen Jesuitenpater Sebastian Tromp durchgeführt wurde. Tromp geht gleich auf Konfrontation und stellt Kentenich vor vollendete Tatsachen: Kentenich muss sich von seinem Werk trennen, aber er muss sich nicht nur von dem Ort Schönstatt fernhalten, die Kirchenleitung in Rom will ihn auch nicht mehr in Europa haben. Somit muss Kentenich den europäischen Kontinent verlassen.[53]

> *„Der Grund, warum die Kirchenführung so einen massiven Schnitt vornehmen wollte, war wohl die Sorge, das Schönstatt-Werk könne sich noch mehr als bisher an seinen vergötterten Gründer binden und den Charakter einer Sekte annehmen, abgeschottet von den normalen Christengemeinden und in einem ungesunden Personenkult völlig auf Pater Kentenich fixiert. […] Und dann, obwohl es keiner offen und direkt aussprach, gab es die Sorge, der viel von der Einzelseele und ihren Sehnsüchten und Beschädigungen redende, Psychologie und Psychotherapie aufgeschlossen gegenüberstehende Gründer leiste dem gefürchteten Subjektivismus Vorschub. Zu viel Individualseelsorge, zu wenig Bindung an klare Normen.“*[54]

---

52 *„Man müsse endlich zu einem harmonischen Zusammenspiel von Religion und Leben, Natur und Gnade, Glaube und Liebe, kirchlichem Amt und freiem Charisma finden, […]. Stattdessen herrsche in weiten Kreisen von Kirche und Theologie immer noch ein Denken, das zusammengehörende Lebensvorgänge auseinanderreiße, den Gottesbezug des Menschen von seiner Sehnsucht nach dem Vater löse und die Mutter Jesu von ihrem Sohn trenne. Wieder warf er der Kirche im Nachkriegsdeutschland in ziemlich drastischen Worten vor, sich auf die Rückeroberung alter Positionen zu beschränken, zu wenig Zukunftsperspektiven zu entwickeln und die Bedeutung neu aufgetretener Fragen und Bedürfnisse für die Seelsorge zu vernachlässigen.“* FELDMANN, Gottes sanfter Rebell, 237-238.

53 Vgl. Ebd., 223-268.

54 Ebd., 241. *„Im Jahre 1962 – nach schon zehnjähriger Verbannung – kamen Informationen zu Pater Kentenich, dass die Hauptanklage bei der Glaubenskongregation*

Am 1. Dezember 1951 wird Kentenich durch ein päpstliches Dekret aus Europa verwiesen. Vierzehn Jahre Exil in Milwaukee in den USA beginnen, wo er als Priester für eine deutsche Gemeinde tätig ist. Unzählige Visitationen in Schönstatt sollen in der Abwesenheit Kentenichs das Urteil herbeiführen, ob das „Schönstattwerk" offiziell von der katholischen Kirche anerkannt wird oder verboten werden muss. Durch die Neugestaltungen der Kirche, die das Zweite Vatikanische Konzil verabschiedet, wird offensichtlich, dass Kentenich mit seinen Ideen ein Modell von Kirche entworfen hat, das visionär und richtungsweisend ist.[55]

Ein erster Schritt, der die Anerkennung Schönstatts vorantrieb, war die Entscheidung der Deutschen Bischofskonferenz im Oktober 1964, dass das „Schönstattwerk" eine eigenständige Glaubensgemeinschaft sei. Damit war die offizielle Trennung vom Pallottiner-Orden vollzogen, war doch Kentenich selbst in seinen Anfängen Pallottiner-Pater gewesen. Im Dezember 1965 wird Kentenich von den USA nach Rom zu einer Audienz bei Papst Paul VI. gerufen, bei der Kentenich nun erleben darf, dass sein Schönstattwerk offiziell vom Vatikan anerkannt wird. Der Papst versichert Kentenich, dass Schönstatt eine große Hilfe sei, um die postkonziliaren Aufgaben der Kirche zu bewältigen. So kehrt Kentenich nach 14 Jahren Verbannung

---

– Hauptgrund der Verbannung also – darin bestehe, die schönstättische Spiritualität sei von der Psychoanalyse Sigmund Freuds abgeleitet/abhängig." Einführung in das Kapitel *Schönstatt und die Tiefenpsychologie*, in: Joseph KENTENICH, Kentenich-Reader. Ein Lesebuch, Band 3, Peter LOCHER, Jonathan NIEHAUS, Hans-Werner UNKEL, Paul VAUTIÉR (hrsg.), Vallendar-Schönstatt 2010, 179. Neben dem Orthodoxiezweifel an der Schönstattbewegung und deren Inhalte soll auch ein gewisser „Personenkult" um die Gründerfigur Kentenich dazu geführt haben, dass dieser Europa verlassen musste und so eine zu starke Bindung von Anhängerinnen und Anhänger der Bewegung an den Gründer unterbunden werden konnte.

55 Vgl. FELDMANN, Gottes sanfter Rebell, 242-246. *„Es ist sonnenklar: Was den alten Propheten drüben in Milwaukee bewegt und umtreibt, was seinem Werk die ungeheure Anziehungskraft und Vitalität verleiht, ist dieselbe Sehnsucht, dieselbe Vision, die das Konzil durchpulst. Es ist dieselbe Zielvorstellung einer dienenden, hörenden, arm und machtlos nur von der Kraft des Evangeliums gehaltenen, aber eine unerhörte Botschaft zur Rettung der Welt verkündenden Kirche. ‚Ohne das Konzil wären Sie nie verstanden worden!', wird Kardinal Bea später zu Kentenich sagen."* Ebd., 254-255.

am Heiligen Abend des Jahres 1965 nach Schönstatt zurück. Am 15. September 1968 stirbt Kentenich nach seiner ersten Eucharistiefeier auf Berg Schönstatt mit 82 Jahren. Auf seinem Grabstein wollte er die Worte verewigt wissen: *„Dilexit Eccelesiam – Er liebte die Kirche“*. Damit soll die tiefe Sehnsucht Kentenichs zum Ausdruck gebracht werden, die er mit seinem „Schönstattwerk“ beginnen und vollenden wollte: die Erneuerung von Welt und Kirche.[56]

Als letzter Inhaltspunkt dieses historischen Abrisses von Kentenichs Leben und Werk gebietet es die Transparenz, nun auch schlaglichtartig die aktuellen Ereignisse aufzuführen, die die sog. „Causa Kentenich“ betreffen: Ein Artikel in der „Tagespost“ vom 2. Juli 2020 der Historikerin Alexandra von Teuffenbach, sowie deren Publikation mit dem Titel *„Vater darf das!“ Eine Archivdokumentation,*[57] die im Oktober 2020 erschienen ist, erhoben massive Missbrauchsvorwürfe gegenüber der Person Joseph Kentenich. Hintergrund war die jahrelange wissenschaftliche Auseinandersetzung von Teuffenbachs mit dem Jesuitenpater Sebastian Tromp, der zwischen 1951 und 1953 die Apostolische Visitation im Säkularinstitut der Schönstätter Marienschwestern und der Schönstatt-Bewegung insgesamt durchgeführt hatte. Die Schlüsse, die Tromp aus seinen Erfahrungen mit Kentenich und der Schönstattbewegung zog, führte zur Trennung des Gründers von seinem Werk und zu seiner Verbannung aus Europa nach Milwaukee (USA).

---

56 Vgl. MENGEDODT, In seinem Herzen ein Feuer, 99-123. Sowohl zur Biographie Kentenichs als auch zur historischen Entwicklung Schönstatts sind die folgenden Monographien empfehlenswert: Vgl. Engelbert MONNERJAHN, Pater Joseph Kentenich. Ein Leben für die Kirche, Vallendar-Schönstatt [2]1979. Vgl. Christian FELDMANN, Gottes sanfter Rebell. Joseph Kentenich und seine Vision von einer neuen Welt, Vallendar-Schönstatt 2005. Und die zuletzt erschienene, aktuellste Biographie über Kentenich, vgl. Dorothea M. SCHLICKMANN, Josef Kentenich. Ein Leben am Rande des Vulkans, Freiburg [3]2019.

57 Vgl. Alexandra von TEUFFENBACH, „Vater darf das!“ Eine Archivdokumentation. Sr. M. Georgina Wagner und andere missbrauchte Schönstätter Marienschwestern, Nordhausen 2020. Hier werden unter anderem in einem Kapitel rund zehn Fälle von Schönstätter Marienschwestern dargestellt, die alle gegen Joseph Kentenich ausgesagt haben und die die Anklage erheben von ihm emotional, geistlich oder gar körperlich-sexuell missbraucht worden zu sein.

Dabei ist wohl davon auszugehen, dass es weniger Orthodoxieprobleme[58] waren, die als Gründe für das Exil Kentenichs benannt werden konnten, sondern die Missbrauchsvorwürfe im Zusammenhang mit dem so genannten „Kindesexamen“[59], die von Teuffenbach als geistlichen und in einem Fall sogar als sexuellen Missbrauch wertet. Ebenso soll hier erwähnt sein, dass die Anklagepunkte schon vor der Publikation von Teuffensbachs bekannt waren und dies schon seit den 1950er Jahren. Die Dokumente allerdings, auf die sich von Teuffenbach aktuell bezieht, waren tatsächlich noch nicht bekannt wegen der geltenden Sperrfrist für vatikanische Dokumente. Mit der Öffnung der Archive für das Pontifikat Pius' XII. am 6. März 2020 konnten sie nun endlich eingesehen werden.[60]

Ein Motiv dieser Untersuchung liegt darin, die bestehende Diskrepanz zwischen der internen Wahrnehmung Kentenichs durch die Schönstattbewegung und der öffentlichen, eher skeptischen Einschätzung der Gründerfigur

58 So versteht sich dieser Abschnitt zur „Causa Kentenich“ gleichsam als eine Ergänzung und Aktualisierung der Gründe, die noch im Zitat und in der Fußnote 54 dargestellt werden, dafür, wie es zum vierzehnjährigen Exil Kentenichs in den USA gekommen ist. Die Prüfung der sittlichen Integrität Kentenichs kann wohl als das eigentliche Motiv der Visitation und der daraus resultierenden Verbannung Kentenichs ausgemacht werden, so die These von Teuffenbach.

59 Ab Ende der 1930er Jahre entwickelte sich bei den Schönstätter Marienschwestern das sog. „Kindesexamen“. Hierbei stellten die Generaloberin und der Gründer Kentenich die „geistlichen Eltern“ der Familie dar; dieses Elternprinzip wurde aber schon sehr früh von einigen Marienschwestern in Frage gestellt und abgelehnt. Wegen der Praxis des „Kindesexamens“ wandten sich letztlich diese Marienschwestern an Weihbischof Stein und äußerten ihre Kritikpunkte: ein „Vaterkult“, der einen blinden Gehorsam gegenüber dem „Vater“, Joseph Kentenich, einforderte und zu einer totalen Abhängigkeit bis hin zu seelischer Vergewaltigung führte. Der damalige Trierer Bischof Franz Rudolf Bornewasser ging mit diesen Anklagepunkten im Jahre 1949 ans Heilige Offizium nach Rom. Damit ist es offenkundig, dass es sich bei der Visitation des Jesuitenpaters Tromp letztlich um Aufklärung der Anklagepunkte der Marienschwestern handelte, die unter der Praxis des „Kindesexamen“ gelitten hatten.

60 Vgl. Joachim SCHMIEDL, *Das „Kindesexamen“. Zu den Vorwürfen gegen Pater Joseph Kentenich*, in: Herder Korrespondenz, 74 (2020), Heft 9, 13-15. Der Essay von Schmiedl bietet einen sehr guten und neutralen Überblick zu den Missbrauchsvorwürfen und der „Causa Kentenich“ insgesamt mit vielen Hintergrundinformationen.

aufgrund von Vorurteilen und fehlender fachlicher Auseinandersetzung aufzubrechen. Kentenich genießt innerhalb der Schönstattbewegung höchste Wertschätzung durch die Ideen und Inhalte seines Werkes, in der öffentlichen Wahrnehmung dagegen wird Kentenich und seine Bewegung eher als sehr konservativ und weltfremd eingestuft. Dieses Phänomen ist wohl in erster Linie der Akzentuierung der Marienverehrung geschuldet. Der hermeneutischen Entschlüsselung des Werkes Kentenichs fühlt sich diese Untersuchung verpflichtet und möchte durch die Darlegung der Konzeption einer ganzheitlichen Selbstverwirklichung dafür sensibilisieren, dass Kentenich mit seiner Gedankenwelt de facto seiner Zeit eher voraus, nahezu prophetisch und revolutionär war. Nach Auskunft seiner Schriften und vieler anderer Zeugnisse über ihn war sein letztes Ziel die Erneuerung des Menschen als Voraussetzung der Möglichkeit einer erneuerten Kirche und erneuerten Gesellschaft gleichermaßen. Dieses Bild von der Persönlichkeit Kentenichs ist durch die jüngst erhobenen Missbrauchsvorwürfe erheblich erschüttert worden. Die Integrität der Person und Gründergestalt Joseph Kentenich ist durch die Missbrauchsvorwürfe massiv in Frage gestellt worden, die sich einreihen in den gegenwärtigen Prozess der Aufdeckung und Aufarbeitung von Missbrauchsfällen in der katholischen Kirche insgesamt.[61]

Aktuell ist die „Causa Kentenich" allerdings noch nicht entschieden, sind also die genannten Vorwürfe von Teuffenbachs von offizieller Seite noch nicht bestätigt. So ist zum jetzigen Zeitpunkt weder eine Vorverurteilung Kentenichs noch eine reflexhafte Apologie von Seiten der Schönstattbewegung angebracht. Das Bistum Trier hat mit Bischof Ackermann eine neutrale Historikerkommission eingesetzt, die den Fall in ihrer Ganzheit prüfen soll und vor allem auch noch die Dokumente mitbeziehen soll, die die weitere Entwicklung der „Causa Kentenich" im Vatikan dokumentieren bis zum Ende des Konzils und der damit einhergehenden Rückkehr[62] Kentenichs

61 Vgl. dazu in dieser Arbeit in Teil I, Kapitel 3.2. *Motivationen*

62 Die Beendigung des Exils und die Rückkehr Kentenichs nach Schönstatt im Jahre 1965 wurden allgemeinhin so aufgefasst, dass alle erhobenen Vorwürfe im Kontext der Visitation zwischen 1951–1953 für den Vatikan gegenstandslos geworden waren und Kentenich vollständig rehabilitiert war. Ebenso seien alle Vorwürfe gegen Kentenich im Zuge des Seligsprechungsverfahrens seit 1975

nach Europa. Diese Dokumente unterlagen bislang der Sperrfrist und sind erst ab September 2020 öffentlich zugänglich. Eine schnelle Entscheidung steht also nicht in Aussicht, da die Kommission eine Fülle von Dokumenten, sowie das gesammelte Material für den ab 1975 begonnenen Seligsprechungsprozess und die bislang nicht einsehbaren Dokumente im Vatikan, sichten und prüfen muss. Die eingesetzte Kommission wird versuchen, sich ein Gesamtbild der „Causa Kentenich“ zu machen und dann ein Urteil zu fällen. Dieses Urteil über die Person Kentenich, mit dem seine persönliche Integrität steht und fällt, wird noch einige Zeit auf sich warten lassen. Die Ideen, Ideale und Inhalte des Kentenich'schen Werkes stehen allerdings für sich und bilden einen geistigen Reichtum, der eine große Strahlkraft besitzt, ungeachtet der menschlichen Seite Kentenichs und ihrer persönlichen Begrenztheit. Und dennoch sind die Inhalte des Schönstattwerkes unmittelbar mit der Person Kentenichs verknüpft. Sollten die Vorwürfe von Teuffenbachs sich erhärten, würde dies einen großen und irreparablen Schatten auf Kentenich und sein Lebenswerk werfen. Im Mai 2022 teilte Bischof Ackermann mit, den Seligsprechungsprozess Kentenichs, den die Diözese Trier eingeleitet hat, bis auf Weiteres auszusetzen. Dabei betonte der Bischof, dass die Aussetzung des Verfahrens in keiner Weise ein finales Urteil über Leben und Wirken Pater Kentenichs bedeute.[63]

---

nochmals geprüft und eingeschätzt worden. Laut dem langjährigen Postulator Pater Angel Strada kann aufgrund dieser Aktenlage ein sexueller Missbrauch durch Kentenich ausgeschlossen werden.

63 Zahlreiche Informationen und Hintergründe zum aktuellen Stand der Arbeit zu den Anschuldigungen gegen Pater Joseph Kentenich finden sich auf der allgemeinen Webseite der Schönstattbewegung: www.schoenstatt.de/de/causa-kentenich. Im Zuge der Missbrauchsvorwürfe von Teuffenbachs setzte auch eine inhaltlich-akademische Aufarbeitung ein, die im besonderen Maße die Jahre der Visitationen und des Exils in den Blick nehmen. Folgende Publikationen sind in diesem Kontext zu nennen: Eduardo AGUIRRE (hrsg.), Berichte der Bischöflichen und Apostolischen Visitationen 1949 bis 1953, Vallendar-Schönstatt 2021; ebenso: Eduardo AGUIRRE (hrsg.), Korrespondenz und Ansprachen zur Bischöflichen Visitation 1949. Briefverkehr zwischen Pater Kentenich und Weihbischof Dr. Bernhard Stein, Vallendar-Schönstatt 2022; sowie die drei Teilbände: Eduardo AGUIRRE (hrsg.), Auseinandersetzung mit dem Heiligen Offizium. Der Briefverkehr zwischen Pater Kentenich und Generalrektor Turowski

2.4. Das „Liebesbündnis" mit Maria – Eine Spiritualität der Bindungen

Das „Liebesbündnis" entfaltet sich in einer Bundesspiritualität. Das wesentliche Gestaltungsprinzip des geistlichen Lebens in Schönstatt ist der biblische Bundesgedanke zwischen Gott und Mensch. Dabei ist das hervorstechendste Spezifikum der schönstättischen Spiritualität das „Liebesbündnis" mit Maria. Es soll aber keineswegs eine Konkurrenz zum Bund mit Gott darstellen, sondern der Mensch soll durch die Bindung an Maria letztlich zu Gott gelangen.[64] Das letzte Ziel des „Liebesbündnisses" mit Maria ist immer die Einheit mit Gott, die Zusammenführung des Menschen mit Gott. Heilsgeschichte ist für das theologische Denken Kentenichs wesentlich Bundesgeschichte. Diese Bundeswirklichkeit hat im Denken und Leben Kentenichs eine hervorstechend marianische Prägung. Es ist ein Zugang zum Göttlichen, zum Absoluten, vermittelt über das weibliche Prinzip Maria. Das „Liebesbündnis" ist das Zentrum der schönstättischen Bundesspiritualität.[65]

SAC, Bände 1-3, Vallendar-Schönstatt 2022. Pater Eduardo Aguirre ist aktueller Postulator im Seligsprechungsprozess Josef Kentenichs.

64 Die starke Marienverehrung wird oft von außen, von Menschen, die die Schönstattbewegung nicht kennen, als sehr kritisch betrachtet und als seltsam bewertet: Die Gottesmutter Maria werde in der Schönstattbewegung wie ein Gott verehrt und angebetet. Das „Liebesbündnis" mit Maria will aber die Beziehung zu Gott nicht substituieren, im Gegenteil, das „Liebesbündnis" ist ein Weg, immer mehr in die Wirklichkeit Gottes hineinzufinden. Der Zielpunkt ist immer Gott, Maria begleitet den Menschen auf seinem Lebensweg hin zu Gott.

65 Für einen ersten Überblick zum Themenkreis Liebesbündnis, vgl. Lothar PENNERS, Artikel *Liebesbündnis*, in: Schönstatt-Lexikon, 229–233. Penners führt zum Grundverständnis aus, 229: *„Unter Liebesbündnis versteht die Spiritualität Schönstatts in einem engeren Sinne das Ereignis vom 18. Oktober 1914 (Gründungsdatum Schönstatts) und den Nachvollzug dieses Ereignisses in einer ausdrücklichen Weihe an die ‚Dreimal Wunderbare Mutter, Königin und Siegerin von Schönstatt'."* Des Weiteren erfährt das „Liebesbündnis" eine Erweiterung durch ein horizontales Bündnis der Menschen untereinander (Gruppen und Kreise, Ehepartner), bis hin zu einem „Liebesbündnis" mit der Schöpfung. So geht es im „Liebesbündnis" nicht nur um eine inhaltliche Ausweitung des Bündnisses mit Maria, sondern auch um eine Vertiefung der religiös-aszetischen Hingabe insgesamt. Vgl. insgesamt zu Inhalt und Praxis des „Liebesbündnisses" auch die

Der Grund, warum Kentenich eine so markante Akzentuierung des Marianischen in die Spiritualität Schönstatts hineinwebt, liegt in der mütterlichen Funktion des Aufschließens, die Maria besitzt. Kentenich spricht oft davon, dass es darum gehe, ein marianischer Mensch zu werden, d. h. offen zu werden für die Pläne Gottes. Kentenich war es also wichtig, eine Wachsamkeit und Offenheit für den Willen Gottes zu entwickeln, so wie es Maria mit ihrem *Fiat* gesprochen hat, sie hat Christus zur Welt gebracht, sie ist daher die Mutter Gottes. Kentenich bezeichnet Maria auch als die Repräsentantin der Zweitursachen. In ihr kommt die gottgewollte Bestimmung des Menschen voll und ganz zur Verwirklichung. Weil also Maria selbst ganz Mensch war, hat sie für den Menschen die schlechthinnige Mittler- und Vorbildfunktion. Maria gewinnt so eine zentrale Stellung in Gottes Heilsplan. Wer sich mit ihr verbindet, den führt sie zu ihrem Sohn. Maria führt den Menschen im hl. Geist zu Christus und zum Vater. Kentenich spricht in diesem Kontext auch vom Heimgang zum Vater, von der Erlösung des Menschen nach marianischer Modalität.[66]

Die Wurzeln aber für den Vorgang „Liebesbündnis" mit der Gottesmutter Maria liegen in der Biographie Kentenichs selbst begründet. Der uneheliche und vaterlose Joseph wird mit achteinhalb Jahren von seiner Mutter in ein Waisenhaus geschickt. Am 12. April 1894 vertraut die Mutter Kentenichs ihren Sohn einer Marienstatue in der Hauskapelle des Waisenhauses an. Sie kann nicht mehr für ihn sorgen und so weiht die Mutter den jungen Joseph zum Abschied der Gottesmutter Maria. Diese Marienweihe wird für Kentenich zu einem Schlüsselereignis, das eine tiefe Prägung in der Seele des Jungen hinterließ und welche ihn ein Leben lang begleitete. Für ihn war diese Weihe an Maria ein Akt der Ganzhingabe.[67]

Gerade in seinen Krisenjahren als Jugendlicher erfährt der junge Kentenich diesen Vorgang als das Urerlebnis eines seelischen Einheitspunktes, der eine seelische Balance zwischen Natur und Übernatur schafft. Kentenich

---

gelungene Monographie zur Thematik: Herbert KING, Liebesbündnis. Impulse zum Umgang mit der Spiritualität Schönstatts, Vallendar-Schönstatt ²1991.

66 Vgl. Peter WOLF, Maria – ihre Sendung nach Joseph Kentenich, Vallendar-Schönstatt 1999, 33-39.

67 Vgl. SCHLICKMANN, Die verborgenen Jahre, 104-111.

benutzt für Maria das Bild der Waage, die Sinnenhaftes und Himmlisches, Menschliches und Göttliches im Gleichgewicht hält. Maria ist für Kentenich eine integrative Kraft, die innere Gegensätze auflöst und vereint. Die Bindung an Maria zeitigt eine integrierende Wirkung für die verschiedenen Seinsschichten und ermöglicht die ganzheitliche Entwicklung des Menschen. Das Marianische verhilft zu einer neuen organisch-ganzheitlichen Denkweise.[68]

Was Kentenich von diesem Tag an als Grundvertrauen in sich trug, war die Überzeugung: Die Gottesmutter ist seine Mutter. Diese für ihn wichtige Realität möchte er auch bereits als junger Spiritual an die Schüler des Studienheimes weitergeben. Dieses Bündnis mit Maria wird zur entscheidenden Lebensquelle für Kentenich und der entscheidende pädagogische Impuls seiner erzieherischen Tätigkeit. So bestätigt er bei seinem 25-jährigen Priesterjubiläum Marias zentrale erzieherische Bedeutung für sein Leben:[69]

> *„Sie* [Maria] *hat mich persönlich geformt und gestaltet von meinem neunten Lebensjahre an. […] Wenn ich zurückschaue, darf ich sagen: ich kenne keinen Menschen, der einen tiefergehenden Einfluss auf meine Entwicklung ausgeübt hat. Millionen Menschen zerbrechen daran, wenn sie so auf sich selbst gestellt sind, wie ich das gewesen bin. Ich musste vollständig innerseelisch allein aufwachsen, weil eine Welt in mir geboren werden musste, die später weitergetragen und weitergeleitet werden sollte. Hätte meine Seele Fühlung gehabt mit der damaligen Kultur, wäre ich irgendwann einmal persönlich gebunden gewesen, dann könnte ich heute nicht so ganz bestimmt sagen, dass meine Erziehung lediglich ein Werk der Gottesmutter*

68 Vgl. Joseph KENTENICH, Marianische Bundesspiritualität. Ein Kentenich-Lesebuch, Herbert KING (hrsg.), Vallendar-Schönstatt 1994, 20-21. *„Sie ist die Inkarnation von Natur und Übernatur, das heißt die vollendete Verkörperung der ungebrochenen natürlichen und übernatürlichen Seins- und Lebensordnung und ihrer gottgewollten Wechselbeziehung zueinander."* Joseph KENTENICH, *Das Lebensgeheimnis Schönstatts, Josephsbrief 3. Mai* (1952), in: ders., Marianische Bundesspiritualität, 26.

69 Vgl. SCHLICKMANN, Die verborgenen Jahre. 105-106.

war, ohne jeden tiefergehenden menschlichen Einfluss. Ich weiß, dass ich damit viel sage.“[70]

Dieser Urvorgang der Bindung und Ganzhingabe an Maria, wie Kentenich ihn seit den Jahren seiner Kindheit praktiziert, findet den historischen Nachvollzug in der Gründung Schönstatts am 18. Oktober 1914. Hier schließen junge Sodalen (junge Männer, die auf das Abitur vorbereitet wurden und danach Priester werden sollten) erstmalig die Weihe mit der Gottesmutter Maria. Der Vortrag, den Kentenich im Rahmen dieser ersten Marienweihe hält, wird als die *Erste Gründungsurkunde*[71] bezeichnet. Kentenich lässt Maria durch das „Liebesbündnis“ eine zentrale Stellung im Heilsgeschehen zukommen. Das weibliche Prinzip erhält hier, wie in kaum einem anderen theologischen und spirituellen Ansatz, großen Einfluss in der Glaubenspraxis. Die Bindung und Beziehung, die ein Mensch im „Liebesbündnis“ mit Maria eingeht, zielt auf die persönliche Ganzhingabe ab, eine Bündelung und Konzentration der persönlichen Liebesfähigkeit gegenüber Gott und damit aber auch gegenüber den Mitmenschen und dem Leben insgesamt.[72]

---

70 Joseph KENTENICH, *Vortrag zum silbernen Priesterjubiläum vom 11. August* (1935), in: ders., Kentenich-Reader, Band 1, 55.

71 Joseph KENTENICH, *Erste Gründungsurkunde* (1914), in: ders., Die Gründungsurkunden, 21-27. Kentenich führt hier aus, 24: *„Alle, die hierherkommen, um zu beten, sollen die Herrlichkeit Mariens erfahren und bekennen: Hier ist wohl sein. Hier wollen wir Hütten bauen, hier soll unser Lieblingsplätzchen sein! Ein kühner Gedanke, fast zu kühn für die Öffentlichkeit, aber nicht zu kühn für Sie. Wie oft war in der Weltgeschichte das Kleine und Unansehnliche die Quelle des Großen und Größten. Warum sollte das bei uns nicht auch der Fall sein können? Wer die Vergangenheit unserer Kongregation kennt, dem wird es nicht schwer fallen zu glauben, daß die göttliche Vorsehung mit ihr noch etwas Besonderes vorhat.“*

72 Vgl. KING, Liebesbündnis, 49-54. Der Schlüssel zu diesem neuen Menschsein heißt Bindung. Es geht im „Liebesbündnis“ um die Steigerung der Bindungsfähigkeit des Menschen: Bindung an Gott und Maria, Bindung an die eigene innere Identität im Sinne der „gottgewollten“ Persönlichkeit, Bindung an die Mitmenschen, aber auch Bindung an Orte, Dinge und Ideen. Kentenich prägt in diesem Zusammenhang die Wortschöpfung vom „Bindungsorganismus“. Vgl. auch in dieser Arbeit: Teil III Kapitel 4.2. *„Bindungsorganismus“ – ein Schlüssel für gelingendes Leben*

So kann das „Liebesbündnis“ in seinem Kern als Antwort auf das menschliche Bedürfnis der seelischen Bindung verstanden werden. In der Auseinandersetzung mit der menschlichen Psyche erkennt Kentenich die Bindungsnotwendigkeit, Bindungsfähigkeit und Bindungsbereitschaft der Seele. Die angestrebte Ganzheit des Menschen kann nur erreicht werden durch die Einbindung in einen „Bindungsorganismus“. So begründet er auch die starke Betonung und Bedeutung der Marienverehrung, weil darin das Bedürfnis der menschlichen Seele nach Bindung vollkommen erfüllt wird. So kommt im „Bindungsorganismus des Liebesbündnisses“ einer der inhaltlich wichtigsten Paradigmen im Werke Kentenichs zum Vorschein.[73]

3. Die Konzeption der göttlichen Vorsehung

Die Vorstellung einer göttlichen Vorsehung[74] bildet das inhaltliche Fundament, auf dem Kentenichs gesamtes Denken und Wirken gründet. Auf dem Vorsehungsgedanken baut die Konzeption des „Persönlichen Ideals“ auf: Gott hat den individuellen Seelenkern eines jeden Menschen vorgesehen, d. h. das originelle innere Wesen eines jeden Menschen präexistiert, gründet

73 Vgl. Kommentar von Herbert KING, in: Joseph KENTENICH, Ein Durchblick in Texten, Band 3, Herbert KING (hrsg.), Vallendar-Schönstatt 2002, 222.

74 Zur Vorsehungsthematik insgesamt sehr empfehlenswert die beiden Dissertationen: Richard KOCHER, Herausgeforderter Vorsehungsglaube. Die Lehre von der Vorsehung im Horizont der gegenwärtigen Theologie, St. Ottilien ²1999; und ebenso: Martin OSTERKORN, „Deinem Wink, Herr, gehorchen die Elemente“. Andeutungen zur Frage nach dem Verhältnis des christlichen Vorsehungsglaubens zum naturwissenschaftlich gebildeten Bewußtsein, Passau 2000. Einführend führt Kocher aus: *„Vorsehung im eigentlich christlichen Sinn meint Vor- bzw. Fürsorge, selbst wenn das deutsche und lateinische (pro-videre) Wort eher einen auf die Zukunft ausgerichteten Erkenntnisvorgang im Blick hat und der griechische Ausdruck Pronoia wieder einen anderen Akzent setzt. Wörtlich übersetzt heißt er ‚Für-denken‘. Von der Bedeutung her ist damit eine kosmische Ordnungsmacht gemeint. Pronoia ist das in universaler Vorsehung zusammenhängende Weltgewebe, die Gesetzmäßigkeit des Alls.“* KOCHER, Herausgeforderter Vorsehungsglaube, 25. Vgl. ebenso dazu: Georg ESSEN, Artikel *Vorsehung*, in: Walter KASPER (hrsg.), LThK, Band 1, Freiburg 2009, 895-899.

mit seinem Wesen in Gott. Die Ebenbildlichkeit Gottes im Menschen wird durch den Vorsehungsglauben zur Konkretion gebracht. Beim „Persönlichen Ideal" ist die göttliche Vorsehung individualisiert. Im Allgemeinen aber bezieht sich die göttliche Vorsehung auf das gesamte Weltgeschehen, auf die Geschichte, diese wird verstanden als Selbstmitteilung Gottes.

3.1. Die Theologie des Vorsehungsglaubens

Obwohl der „praktische Vorsehungsglaube" im Denken und Handeln, im Sprechen und im Schrifttum von Kentenich einen breiten Raum einnimmt und obwohl in seiner theologischen Reflexion ein gewisser Systemwille durchaus vorhanden ist, gibt es von Kentenich nicht eine einzige Schrift, die als systematische Zusammenfassung seiner Vorsehungskonzeption geltend gemacht werden könnte. Dabei verneint Kentenich den Einfluss anderer Vorsehungskonzeptionen auf seinen Vorsehungsbegriff,[75] gleichzeitig nimmt er eindeutig Denkarten der kirchlichen Tradition mit auf. Bei der folgenden Darstellung der Vorsehungskonzeption bei Joseph Kentenich soll verdeutlicht werden, dass Lehre und Vollzug, Theorie und Praxis des Vorsehungsglaubens aufeinander hin geordnet sind. In der Regel spricht Kentenich aber nicht von einer Theorie der Vorsehung oder einer spezifischen Vorsehungslehre, sondern sein terminus technicus im Kontext der göttlichen Vorsehung lautet „praktischer Vorsehungsglaube", der bereits die Synthese aus Theorie und Praxis anzeigt. Die publizierten Standardwerke zur Thematik fassen die Fülle der vorhandenen Kentenich-Quellen zusammen und geben ihnen eine wissenschaftliche anerkannte Form, sie bilden auch die Grundlage für dieses Kapitel zur Darstellung der Kentenich'schen Vorsehungskonzeption.[76]

---

75 *„Sie fragen, ob die starke Betonung des Vorsehungsglaubens in der Familiengeschichte auf bestimmte äußere Anregungen zurückzuführen ist. Die kurze Antwort lautet: Des Öfteren durfte ich konstatieren, dass die Geistigkeit der Familie* [gemeint ist die Schönstattbewegung] *eine Erweiterung der persönlichen seelischen Haltung von mir ist. Das gilt auch vom Vorsehungsglauben. Er ist ein freies Geschenk göttlicher Güte, das mir in reichem Maße gegeben worden ist, das ich auch der Familie ehrfürchtig weitergereicht und zu ihrer wesentlichen Grundlage gemacht habe."* Joseph KENTENICH, Brief an Victor Fontaine vom 6. Juli (1961), 17.

76 Als das bedeutendste und umfangreichste Standardwerk zum Vorsehungs-

3.1.1. Vorsehung und Geschichte

Wesentlich also für die Kentenich'sche Theologie des „praktischen Vorsehungsglaubens" ist der Weltenlauf der Zeit, die Geschichte. Geschichte im Horizont der göttlichen Vorsehung zu deuten und auch in diesem Bewusstsein zu leben, dies hat Kentenich stets zu einem seiner zentralen Anliegen erhoben. Gerade das 20. Jahrhundert, in dem Kentenich seinen „praktischen Vorsehungsglauben" konzipiert, hat dazu beigetragen, dass der Vorsehungsbegriff aufgrund der schrecklichen Ereignisse (wie z. B. die beiden Weltkriege, der Holocaust, die Zündung der ersten Atombombe) in Misskredit geraten ist. Gerade der Nationalsozialismus, der ohnehin gerne mit religiösen Begriffen und Ritualen seine Macht zu legitimieren und zu festigen suchte, benutzte den Vorsehungsbegriff für seine Zwecke massiv und pervertierte ihn.[77] So ist es nicht verwunderlich, dass der Vorsehungsgedanke und damit einhergehend das Vertrauen auf einen sorgenden Gottvater in einen Strudel der Kritik geraten ist. Durch die leidvollen Ereignisse des 20. Jahrhunderts wird die Geschichte selbst zum eigentlichen Feld der Auseinandersetzung. Die Theodizeeproblematik[78] lässt den

glauben bei Kentenich ist zu nennen: Hans-Werner UNKEL, Theologische Horizonte des praktischen Vorsehungsglaubens. 1. Teil der Gesamtschrift: Theorie und Praxis des Vorsehungsglaubens nach Pater Joseph Kentenich, Vallendar-Schönstatt 1980. und: Hans-Werner UNKEL, Leben aus dem praktischen Vorsehungsglauben. 2. Teil der Gesamtschrift: Theorie und Praxis des Vorsehungsglaubens nach Pater Joseph Kentenich, Vallendar-Schönstatt 1981. Auch Kocher würdigt in seinem Werk ausführlich das Vorsehungsdenken von Kentenich und das dazugehörige Werk von Unkel. Vgl. dazu: KOCHER, Herausgeforderter Vorsehungsglaube, 305-306. Ebenso wichtig die Textsammlung: Joseph KENTENICH, Texte zum Vorsehungsglauben, August ZIEGLER (hrsg.), Vallendar-Schönstatt [3]1988.

77 Über den Missbrauch des Begriffs der Vorsehung im nationalsozialistischen Deutschland und das Sendungsbewusstsein Adolf Hitlers, Vgl. KOCHER, Herausgeforderter Vorsehungsglaube, 47-65. Kocher merkt an, dass dem Nationalsozialismus ein ungebrochener geschichtlicher Fortschrittsoptimismus innewohnt, in dem Gott keinen Platz hat. Gott ist im Sinne des Deismus als geschichtsfern zu sehen, der Mensch weiß den Plan selbst, wie sich der Mensch in der Geschichte vollenden wird. Hitler selbst betrachtete sich als ein Werkzeug der Vorsehung.

78 Zur Problematik, wie die Theodizee und die Vorsehung in Einklang gedacht werden können, vgl. das 10. Kapitel *Vorsehung und Theodizee,* in: KOCHER,

Gedanken der Vorsehung, und damit einhergehend das Gottesbild eines fürsorgenden Vatergottes, fast lächerlich erscheinen. An der Bewältigung der Geschichte scheiden sich die Geister, religiöses und profanes Wirklichkeitsverständnis stehen im Streit miteinander. Die Stellung des Menschen mit einem freien Willen zum vorsehenden Gott wird von allen religiösen Problemen zum dringendsten und schwierigsten in der Moderne.[79]

Auch für Joseph Kentenich ist Geschichtsbewusstsein zunächst einmal Krisenbewusstsein. Seine Geschichtstheologie erwächst aus der Krise. Kentenich hat in seinem eigenen Leben himmelschreiende Ungerechtigkeiten erlebt und dennoch hält er an dem fast schon kindlich anmutenden Bild des liebenden Vatergottes fest. Trotz aller Widrigkeiten ist für Kentenich Geschichte immer Heilsgeschichte. Die Frage nach dem Verhältnis zwischen einer allmächtigen Transzendenz und einer immanenten,

---

Herausgeforderter Vorsehungsglaube, 299-341.

79 Vgl. Fernand van STEENBERGHEN, Vorsehung heute. Über die Krise des Vorsehungsgedankens im 20. Jahrhundert, München 1971. Zur Verhältnisbestimmung zwischen Vorsehung und menschlicher Freiheit führt Georg Essen aus: *„Allerdings hat sich die offenbarungstheologische Begründung der Vorsehungslehre in der von Gott selbst eröffneten Bundesgeschichte ihrerseits kritisch zu vermitteln mit den Anforderungen, denen die Rede von Gottes Vorsehung heute unterliegt: sie muß das Verständnis des Handelns Gottes auf dem von der neuzeitlichen Erkenntniskritik markierten Problemniveau explizieren und den Gottesgedanken selbst in einer Weise bestimmen, die der Option für die menschliche Freiheit, aber auch der offenbaren Selbstbestimmung Gottes als Liebe gerecht wird. Vorsehung schließt deshalb die Bestimmung ein, daß Gottes liebende Achtung der menschlichen Freiheit eine freie Selbstbegrenzung impliziert und folglich eine Klärung der Gottesprädikate Allmacht, Allgegenwart und Allwissenheit verlangt. Diskutiert wird überdies, ob der christliche Vorsehungsbegriff nicht von seiner traditionellen teleologisch-ordinativen Denkform zu lösen ist, um den Vorrang der eschatologischen Zukunft Rechnung tragen zu können. Dabei ist von zentraler Bedeutung, dass in der Vorsehungslehre die Geschichte Gottes mit den Menschen als eine wirklich offene verstanden werden muß, die ihre verheißungsvolle Zukunft Gottes unerschöpflicher Innovationsmacht und ihre Kontinuität der Treue seines unbedingten Heilswillens verdankt. Vorsehung bedeutet, daß Gott als die absolute, aller Wirklichkeit mächtige und zur Liebe entschlossene Freiheit in seinem geschichtlichen Handeln seinem Heilsratschluß treu bleibt und in seiner schöpferischen Freiheit auf das Handeln und Leiden freier Menschen antwortend eingehen kann."* ESSEN, Artikel *Vorsehung*, 899.

kontingenten Geschichte ist auch für Kentenich eine massive Herausforderung gewesen. Kentenich verbindet immer das aktuelle Weltgeschehen mit dem Willen Gottes. Theologie und Geschichte gehen innerhalb seiner Vorsehungskonzeption eine untrennbare Synthese ein. Alle Geschichte ruht für Kentenich in der Hand Gottes.[80]

3.1.2. Ideengeschichtliche Wurzeln bei Thomas von Aquin

Der Vorsehungsgedanke bei Kentenich findet seine ideengeschichtlichen Wurzeln in der Vorsehungskonzeption des Thomas von Aquin; dieser vertritt hier eine sapiential-ordinative Denkform in der inhaltlichen Darstellung der göttlichen Vorsehung.[81] Thomas vereinigt dabei in seinem Denken das volle Spektrum der auf ihn gekommenen Tradition in Philosophie und Theologie. In seiner *Theologischen Summe* ist die Vorsehung sowohl Bestandteil der Gotteslehre als auch der Schöpfungslehre. Thomas gelingt eine denkerische Synthese, indem er die erschaffende und erhaltende Tätigkeit Gottes mit dem höchsten Endzweck der Schöpfung verbindet. Dieser Endzweck ist das letzte Ziel aller Dinge und dieses Ziel ist Gott

80 Vgl. das Kapitel *Geschichtsbewusstsein P. Kentenichs*, in: UNKEL, Theologische Horizonte, 14-17. Auch wenn für den Menschen das Leben und das Weltgeschehen insgesamt oft als ein ungeordnetes und leidvolles Phänomen erscheint, Kentenich sieht dahinter immer den ewigen Heilswillen Gottes: *„Sie kennen das Wort: ‚Auf krummen Linien gerade schreiben.' Was heißt das? Das Leben ist voller krummen Linien. Das ist eine krumme Linie, und das ist eine krumme Linie. Wir wissen oft nicht, wo das hinausgeht. Aber für den lieben Gott ist das eine gerade Linie, weil er ja weiß, welches Ziel er für die Menschheit, welches Ziel er für unsere Gemeinschaft, welches Ziel er signalisiert hat für jeden einzelnen von uns. Von ihm aus gesehen ist das das Geradeste, was man sich denken kann. Für unseren Blick, für unser Leben, für unser Empfinden. alles Wirrwarr, alles Durcheinander."* KENTENICH, Desiderio Desideravi, Vorträge Milwaukee-Terziat, Band 5, 63.

81 Otto H. Pesch prägt den Terminus des „sapiential-ordinativem Typus" und ordnet die Vorsehungslehre des Aquinaten diesem zu. Pesch führt dazu aus: *„Was die Vorsehungslehre der Alten Kirche bereitgestellt hatte, brachte in der Rezeption der Hochscholastik den Typus einer sapiential-ordinativen Vorsehungslehre hervor, die Gottes Wirksamkeit nach dem Modell einer teleologischen-ordinativen Klugheit bestimmte."* Otto H. PESCH, Die Theologie der Rechtfertigung bei Martin Luther und Thomas von Aquin, Mainz 1985, 670-671.

selbst. Das, was also von Gott gedacht und hervorgebracht wird, ordnet Gott gleichzeitig wieder auf ihn selbst hin (*concursus divinus*). Dies konstituiert den zirkulären Charakter der göttlichen Vorsehung. Diese Idee vom Kreislauf der Dinge, die die thomanische Konzeption der Vorsehung bestimmt, kann nicht unabhängig vom Neuplatonismus[82] betrachtet werden. Alles Geschaffene drängt wieder zur Ureinheit mit dem Schöpfer hin, dies ist das eigentliche *Telos* bei Thomas.[83]

Thomas behandelt in seiner *Theologischen Summe* die Vorsehung im Rahmen der Gotteslehre, d.h. im Rahmen der Lehre vom Wesen und den Wesenseigenschaften Gottes. Thomas stellt seinen Vorsehungsgedanken in einer zweiteiligen Konzeption dar: Plan (*ratio ordinis)* und Weltlenkung *(executio ordinis)*. Die zentrale Abhandlung über die göttliche Vorsehung *(providentia dei)* findet sich in seiner Theologischen Summe in der *prima pars, q.22*. Hier definiert Thomas die Vorsehung folgendermaßen: „*Ratio ordinis rerum in finem in mente divina praeexistens.*“[84] Wenn also Thomas die Vorsehung Gottes untersucht, dann geht es zunächst um Gottes Intellekt und Willen. Aus dem Denken und Wollen Gottes, die zwar im Wesen identisch, als Vermögen mit ihren je eigenen Akten aber unterschieden

82 Vgl. dazu insgesamt das Kapitel über den Neuplatonismus *Die Neuplatoniker*, in: Johannes HIRSCHBERGER, Geschichte der Philosophie, Band 1, Frankfurt am Main 1980, 300-314. Hirschberger führt über die Rückkehr zum Einen aus, 309: *„So wie das Eine sich auf den Weg begibt, soll alles Gewordene auch wieder zurückfinden zu einem Ausgangspunkt. [...] Der Aufstieg ist nämlich nur die andere Seite der Emanation, und es wirkt sich dabei die eigentliche Natur des Ur-Einen aus, der Wille."* So schreibt Plotin selbst in Enneade VI 8, 13 über das Eine: *„Die Wirkungen des Einen sind seine Willensäußerungen, denn er wirkt nicht, ohne zu wollen. Seine Tätigkeiten aber sind gewissermaßen seine Substanz. Sein Wille und seine Substanz sind also dasselbe."* hier zitiert nach: HIRSCHBERGER, Geschichte der Philosophie, 309.

83 Vgl. Hans JORISSEN, *Schöpfung und Heil. Theologiegeschichtliche Perspektiven zum Vorsehungsglauben nach Thomas von Aquin*, in: Theodor SCHNEIDER, Lothar ULLRICH (hrsg.), Vorsehung und Handeln Gottes, Freiburg 1988, 94-108. Durch den „Concursus-divinus-Gedanken" bei Thomas kann das Wirken Gottes als eine Kreisbewegung zwischen Transzendenz und Immanenz beschrieben werden.

84 S. th. I, 22, 1ff (2. Band Gottes Leben: sein Erkennen und Wollen)

sind,[85] konstituiert sich der im *„Geiste Gottes bestehende Plan der Hinordnung der Dinge auf ihr Ziel"*, insbesondere auf ihr Letztziel. So sieht Gott für alles unmittelbar vor, weil er in seinem Geist den Plan von allem (auch für die kleinsten Kleinigkeiten) hat. Die Ausführung des göttlichen Plans, der ewig ist, realisiert sich in den immanenten göttlichen Tätigkeiten. Die Ausführung der Hinordnung der Dinge in der Zeit, wie es im ewigen Plan vorgesehen ist, definiert der Aquinate als Weltlenkung: *„gubernatio dei, executio ordinis"*.[86]

Thomas identifiziert die Vorsehung auch mit dem Terminus der ewigen Gesetze (*lex aeterna*). Die Wirkungen der Vorsehung, also die inkarnierten Gedanken Gottes, erscheinen und manifestieren sich in der ganzen Schöpfung Gottes. Die damit sich ergebende eingestiftete Hinordnung der Dinge auf ein Ziel, welches Gott ist, ergibt letztlich eine Kreisbewegung *(concursus divinus)*, bei der alles Geschaffene seinen Anfang, aber auch seine Fortdauer, ebenso auch sein Ende, besser gesagt seine Vollendung, in Gott findet. Die Vorsehung kann demnach als Gottes treuer Heilswille aufgefasst werden, freie Menschen (*providentia specialis*) und alle Geschöpfe (*providentia generalis*) zur Teilhabe an seinem trinitarischen Leben zu führen. Die *providentia generalis* bewirkt die allgemeine Ontologie der Dinge, sie umfasst und durchdringt den ganzen Kosmos, sowie die Ordnungen und Prozesse, die darin Grund gelegt sind.[87]

In der Vorsehungskonzeption des Thomas von Aquin ist des Weiteren die *providentia specialis*, also die besondere Vorsehung für jeden Menschen von Bedeutung. Dem Menschen als vernünftigen und freien Wesen kommt eine Sonderstellung zu. Der tiefste Kern der Vorsehung ist bei Thomas

---

85 Zwischen dem Denken und Wollen Gottes besteht zwar eine Wesensidentität, dennoch handelt es sich dabei um zwei unterschiedliche Vermögen und ihre Akte. Für Thomas besteht Gottes Vorsehung in den Gott internen Akten. Der Aquinate behandelt das Denken und Wollen Gottes in der *Summa theologiae* in den folgenden Quästionen: S. th. I, 22 (ratio ordinis); S. th. I, 19,4 (Der Wille Gottes/ Ist der Wille Gottes Ursache der Dinge?)

86 S. th. I, 103ff. Vgl. dazu auch insbesondere das Kapitel *Vorsehung in der Summa theologica*, in: OSTERKORN, „Deinem Wink, Herr, gehorchen die Elemente", 105-109.

87 Vgl. Ebd., 113-117.

das besondere Ziel des Menschen, das ewige Heil, das ewige Leben.[88] Dies unterstreicht, dass die Vorsehungslehre bei Thomas in Verbindung mit der Gotteslehre nicht primär in kosmologischer, sondern vor allem in geschichtstheologischer, soteriologischer Perspektive zu sehen ist. Der End- und Zielpunkt des *concursus divinus* ist somit die Einheit von Schöpfung und Heil, von Kreator und Mensch. Bei Thomas beinhaltet also die *providentia specialis* die Bestimmung des Menschen auf ein ewiges Leben bei Gott. Jeder Mensch findet Vollendung in Gott.[89]

> *„Es geht insoweit um den finalen, teleologischen Aspekt jenes Geschehens, in dem Gott ein Nichtseiendes voraussetzungslos ins Sein ruft, um es durch Zeit und Geschichte hindurch zu einer höheren Vollendung zu führen, die in Gott selbst liegt, um den Zweck von Schöpfung und Erhaltung der Welt. Folgt man dem, erweisen sich das ursprüngliche Schaffen (creatio originalis und zwar als ex nihilo), das fortwährende Schaffen (creatio continua), die Neuschöpfung (creatio nova) und die Vorsehung (providentia) als komplementäre Begriffe, die die Urwirklichkeit des Schöpfers einmal mehr nach der Seite der ursprünglichen Begründung des Geschöpfs, zum anderen nach der Seite der fortgehenden Gewährung und Bewahrung des Seins, ferner nach der der Vollendung, dann auch nach der des Finalen in Absicht und Durchführung entfalten.“*[90]

Ein weiterer gewichtiger, inhaltlicher Punkt, der in der Vorsehungslehre Kentenichs fundamental ist und wiederum schon bei Thomas thematisiert wird, ist die Erst- und Zweitursachenlehre. In Freiheit kann der Mensch demnach den Plan Gottes verwirklichen: Die *Prima Causa* (Erstursache

88 Vgl. S. th. I, 23. Hier verhandelt Thomas über das ewige Leben als Zielpunkt des Menschen.

89 Vgl. OSTERKORN, „Deinem Wink, Herr, gehorchen die Elemente“, 123-124.

90 Leo SCHEFFCZYK, Einführung in die Schöpfungslehre, Darmstadt ^{3}1987, 88. Danach liegen Schöpfung, Erhaltung, Vollendung und Vorsehung ganz eng beieinander, sind *„koextensive Wirklichkeiten, die miteinander existieren und sich auseinander ergeben.“* Leo SCHEFFCZYK, *Der christliche Vorsehungsglaube und die Selbstgesetzlichkeit der Welt (Determinismus-Zufall; Schicksal-Freiheit)*, in: Norbert A. LUYTEN (hrsg.), Zufall, Freiheit, Vorsehung, Grenzfragen, Band 5, Freiburg/München 1975, 336.

– Gott) wirkt durch die *Causae Secundae*. Mit den Zweitursachen sind aber die Menschen angesprochen. Gott verwirklicht seinen Plan vermittelt durch seine Geschöpfe.[91] So setzt Gott bei seinem planvollen Handeln Zweitursachen ein. Dabei ist die menschliche Ursächlichkeit immer eine empfangene Ursächlichkeit, die in der Allursächlichkeit Gottes gründet. Dennoch bilden menschliches und göttliches Handeln eine lebendige Sinneinheit, denn Gott gebraucht den Menschen als Werkzeug unter Einbeziehung von dessen freier Willensentscheidung. Die *causa prima* wirkt somit als *causa finalis* in den Zweitursachen.[92]

So erreicht Thomas durch die Einteilung von Erst- und Zweitursache die von ihm intendierte Synthese in einem metaphysischen System: so kann auf der einen Seite Gottes Unveränderlichkeit und absolute Unabhängigkeit zur Welt gewahrt bleiben und sein Wissen dennoch so groß als irgend möglich gedacht werden, andererseits kann ein totaler Determinismus verneint und die Kontingenz der geschaffenen Dinge aufrechterhalten werden, sowie die Freiheit der menschlichen Handlungen. Thomas will in seiner Zweitursachenlehre das Gott-Welt-Verhältnis betreffend einen Mittelweg finden, bei dem die Extreme von Immanentismus und Transzendentismus ausgeschlossen werden.[93]

Diese Vorstellung einer Zusammenarbeit Gottes mit den Geschöpfen hat den Charakter eines Bundes mit den Menschen. Der Mensch ist so zum Bundespartner des Schöpfers gewürdigt, genau darin zeigt sich die Größe und Güte Gottes. Diese thomanische Vorstellung eines Zusammenwirkens der göttlichen Erstursache mit den kreatürlichen Zweitursachen spielt auch eine zentrale Rolle im „praktischen Vorsehungsglauben" Kentenichs und bei dessen Sicht auf den Menschen als Bündnispartner Gottes. Genau dieses Band zwischen Schöpfer und Geschöpf, das denkerisch nicht enger geknüpft werden kann, als das Thomas in seiner Vorsehungslehre getan hat, genau diese Nähe und Kooperation zwischen Gott und Mensch findet sich dann auch im Werke Kentenichs wieder. Kentenich hat immer wieder

91 Thomas definiert das Zusammenwirken der göttlichen Primärursache mit den kreatürlichen Sekundärursachen in: S.th. I, 23,5: *„Divina enim providentia effectus per operationes causarum secundarum."*

92 Vgl. OSTERKORN, „Deinem Wink, Herr, gehorchen die Elemente", 117-122.

93 Vgl. KOCHER, Herausgeforderter Vorsehungsglaube, 242-244.

betont, dass der Mensch ein Bündnispartner Gottes ist und in Freiheit auf Gott antwortet.[94]

3.1.3. Geschichte als Plan und Geschichte als Bund

> *„‚Alles, was existiert und geschieht in dieser Welt und im Leben der Menschen', wiederholt er hundertfach, ‚und wie es existiert und sich entwickelt, ist die Auswirkung und Verwirklichung eines ewigen göttlichen Planes.' Das ist die Basis, der Nährboden, die Grundüberzeugung, die alles andere erst ermöglicht, das ist das ‚Schönstatt-Dogma.'"*[95]

Die Zweiteilung der Vorsehung in Plan und Weltlenkung, wie sie Thomas von Aquin in seiner Vorsehungskonzeption beschreibt, übernimmt Kentenich in seine Vorsehungskonzeption mit den Begriffen Plan und Bund. Diese beiden Zentralbegriffe Plan und Bund sollen in den folgenden Kapiteln näher ausgeführt werden. Nach Kentenich entfaltet sich Geschichte in einem Ineinander von Plan und Bund. Geschichte erweist sich somit als ein Dialog zwischen dem Anruf Gottes und der Antwort des Menschen. Dabei ist das göttliche Wirken in der Welt ein feststellbares Ereignis, zu dem er seinen freien menschlichen Bundespartner heranzieht. Der Mensch ist somit Werkzeug Gottes, durch ihn offenbart sich Gott in der Welt, gleichzeitig hat so der Mensch geschichtsgestalterische Mitverantwortung. In der Frage des „Wie" des göttlichen Handelns knüpft Kentenich weitestgehend an die thomanische Zweitursachenlehre an. Der göttliche Plan liefert also den Inhalt dessen, was Gott von Ewigkeit her geplant hat. Der Bund ist demnach zu verstehen als die dialogische Weise der Verwirklichung des göttlichen Plans in der Zeit. Gott gibt also seinen Willen in einem zeitlichen Nacheinander kund.[96] Diese allmähliche Offenbarung enthält einen

94 Vgl. insgesamt zur Thematik das Kapitel *Geschichtsschöpferische Mitverantwortung*, in: UNKEL, Theologische Horizonte, 252-262.

95 FELDMANN, Gottes sanfter Rebell, 145-146. Zu den beiden Zitaten im Zitat, vgl. Joseph KENTENICH, Interne Studie vom 12. Juni (1962), Schönstattpatres (hrsg.), Vallendar-Berg Sion 1997.

96 Wobei ein zeitliches Nacheinander eine Kategorie menschlicher Zeiterfahrung ist, da nach Boethius Gottes Ewigkeit atemporal ist, Gott ist außerhalb der Zeit.

Auftrag an den Menschen, den er in dem jeweiligen Zeitpunkt zu verwirklichen hat. Gottes Plan ist aber in seiner ganzen Fülle nie in einem einzigen Zugriff vom Menschen zu erfassen oder zu verwirklichen, sondern nur in je zeitlich sukzessiven Einblicken durchschaubar. Geschichte ist somit ein sukzessives Offenbarwerden des ewigen göttlichen Planes, der sich im Bund zwischen Gott und Menschen realisiert.[97]

3.1.3.1. Trinitarische Verankerung der Geschichte als Plan

Der „praktische Vorsehungsglaube" als Erkenntnisquelle für die Absichten Gottes in der Geschichte leitet sich von der Existenz eines Planes ab, den

---

Für ihn lassen sich Vergangenheit, Gegenwart und Zukunft überblicken, wie der Weg vom Hügel aus. Nach Boethius konstituiert sich das Verhältnis von Zeit und Ewigkeit auch für Thomas wie folgt: Gott sieht demnach alles Seiende, das in der Zeit sukzessive auftritt, zugleich (*simul*). Gott sieht somit das Zukünftige nicht zukünftig, sondern er sieht es als gegenwärtig. Gottes Ewigkeit kennt also keine andere Relation zur Schöpfung als eine ständige Gegenwart, ein ewiges Jetzt. Vgl. dazu De Veritate, I, 2,12 und auch S.th. I, 10, 1 ad 2. Zur ganzen Thematik, wie Zeit und Ewigkeit bei Gott zu denken sind, vgl. das Kapitel *Der Ewige – Die Überzeitlichkeit Gottes*, in: Johannes HERZGSELL, Gott über uns – Gott unter uns – Gott in uns. Philosophische, theologische und spirituelle Annäherungen an Gott, Freiburg/München 2018, 539-557.

97 Kentenichs Geschichtsbewusstsein hat einen positiven Ansatz: Gott teilt sich mit, offenbart sich, wirkt in die Welt hinein und der Mensch ist grundsätzlich imstande, Gottes „Botschaften" wahrzunehmen. Nur so kann man von einer Kommunikation zwischen Gott und Mensch sprechen, von einer dialogischen Struktur zwischen Gott und Mensch. Ein Gottesverständnis, bei dem zwar Gott existiert, aber nicht in die Welt wirken kann, ist als Deismus zu entlarven. Die Rede Kentenichs vom „Gott des Lebens" wäre widersprüchlich, eine Aporie, wäre der Mensch nicht fähig, Gottes Wirken in der Welt in irgendeiner Weise wahrzunehmen und zu erkennen. Sicherlich braucht es an dieser Stelle die „Unterscheidung der Geister", um allgemein die Profangeschichte von der Heilsgeschichte unterscheiden zu können, aber eine Manifestation des göttlichen Willens in der Zeit, in der Geschichte muss sowohl allgemein, als auch individuell erkennbar sein. Dieses „Offenbar werden" Gottes in Geschichte, sowie die grundsätzliche Erkenntnisfähigkeit des Menschen, Gottes Wirkungen wahrnehmen zu können, waren für Kentenich die Grundlage seines „praktischen Vorsehungsglaubens." Vgl. UNKEL, Theologische Horizonte, 194-196.

Gott von Ewigkeit her entworfen hat und den Gott in seiner Geschichtslenkung mit absoluter Sicherheit durchführt, so dass das von ihm vorherbestimmte Ziel genau erreicht wird. Im Begriff des Plans begreift Kentenich Geschichte als ein von Gott ausgehendes und wieder zu ihm zurückkehrendes Geschehen (Kreisbewegung). Den Mittelpunkt der Geschichte markiert Gottes Liebe zum erlösungsbedürftigen und erlösungsfähigen Menschen. Durch das Christusereignis ist das Heil in der Geschichte bereits gegenwärtig, wobei es seine Fülle erst in der absoluten Eschatologie erreicht, der Plan hat dadurch immer auch ein zukunftsgerichtetes Moment.[98]

Mit dieser dreifachen Charakterisierung des göttlichen „Allmachts-, Weisheits- und Liebesplans" soll dieser trinitarisch verortet werden. Geschichte hat somit ihren Ursprung für Kentenich im Geheimnis des dreifaltigen Gottes. Damit ist die Verankerung der Gesamtgeschichte und jedes einzelnen Menschenschicksals im Dreifaltigkeitsgeheimnis vorgesehen. Geschichte wird zu einer Offenbarung der Eigenschaften Gottes, insbesondere seiner Macht, Weisheit und Liebe. Die Geschichte wird also theologisch als der Offenbarungsort gefasst, an dem sich die Eigenschaften des göttlichen Wesens in seinem Wirken kundtun, so dass sie dem vorsehungsgläubigen Menschen grundsätzlich erkennbar und erfahrbar werden können. Mit der Rede vom „Allmachts-, Weisheits- und Liebesplan" sind zwei Fundamentalwahrheiten ausgesagt: Zum einen gründet alle Geschichte in Gott als ihrem Ursprung und ist deshalb auch immer Heilsgeschichte. Zweitens verleiht Gott allem irdischen Geschehen Einheit und Sinnhaftigkeit, es ist eben nicht der Mensch, der in titanischer Freiheit den Geschichtssinn festlegt. Geschichte bleibt aber auch immer Geheimnis, weil sie in das Geheimnis der Dreifaltigkeit eingetaucht ist.[99]

---

98 Vgl. Ebd., 37-38.

99 Vgl. Ebd., 38-39. So schreibt Kentenich: *„Vorsichtig bemühten wir uns, den großen Liebes-, Weisheits- und Allmachtsplan des ewigen Gottes bis in alle Einzelheiten zu erkennen und ihn mutig zum Fahrplan unseres Lebens und Wirkens zu machen: wir strebten danach, das Kalendarium, das von Ewigkeit für jeden Tag geschrieben, aufmerksam einzusehen und danach zu handeln und uns behandeln zu lassen. Es war nicht immer leicht"* Joseph KENTENICH, *Brief aus Nueva Helvetia vom 6. Mai* (1948), in: ders, Texte zum Vorsehungsglauben, 62-63.

1. Der „Allmachtsplan": Der absolute Gott erreicht in der gesamten Geschichte die Ziele, die er sich in der Weltregierung gesetzt hat, mit absoluter Souveränität und Sicherheit, auch wenn diese Ziele für menschliche Logik und menschliches Empfinden nicht einsehbar sind, gerade nicht allmächtig und weise erscheinen. Für Kentenich geht es hier um eine Glaubensüberzeugung, die nicht einfach naturwissenschaftlich-rationalistisch oder historisch aufrechenbar ist. Für die menschliche Fassungskraft erweist sich das Feld der Geschichte oft als die scheinbare Ohnmacht Gottes, der die Geschichte ausschließlich der menschlichen Freiheit überlassen hat. Hier setzt nun der theozentrische Standpunkt Kentenichs an, der innerhalb deistischer und atheistischer Tendenzen der modernen Weltsicht darauf vertraut, dass Gott die mannigfaltigen Zusammenbrüche und Ohnmachtserfahrungen gerade des 20. Jahrhunderts (die beiden Weltkriege und der Holocaust) mit absoluter, ruhiger Sicherheit aus dem Chaos herausführt. Kentenich vertritt also bei allen Widrigkeiten des menschlichen Lebens einen Geschichtsoptimismus.[100]

2. Der „Weisheitsplan": Der Begriff des Weisheitsplanes impliziert die Mittel und Wege, die Gott in seinen ewigen Ideen vorgesehen hat, um das von ihm bestimmte Geschichtsziel unfehlbar zu erreichen. Im „Allmachtsplan" wird das „Dass", im „Weisheitsplan" das „Wie" der göttlichen Vorsehung ausgesagt, der Begriff Weisheit bezieht sich auf die göttliche Regierungstätigkeit. Die Ziel-Mittel-Relation setzt voraus, dass Gott sich in der Weltlenkung als intelligentes Wesen erweist. Gott weiß schon immer in seinen ewigen Ideen das Ziel aller Weltgeschichte, gleichzeitig führt und lenkt er

100 Vgl. UNKEL, Theologische Horizonte, 39-45. Kentenich beschreibt seinen Geschichtsoptimismus wie folgt: *„Der Sinn der Weltgeschichte ist die planmäßige, schrittweise Entfaltung der göttlichen Idee vom Menschen. Sie selbst und ihre Verwirklichung ist göttlich dem Ursprung, dem Inhalt und der Zielsetzung. Das will zunächst besagen: Gottes Allmacht, Weisheit und Liebe hat sie ersonnen; er fügt und lenkt alles Geschehen so, dass es bis in alle Einzelheiten ihrer Verwirklichung dient."* Joseph KENTENICH, Oktoberbrief (1949), veröffentlicht unter dem Titel: Oktoberbrief 1949 an die Schönstattfamilie, Ein Beitrag zum christlichen Auftrag: Neuer Mensch in neuer Gemeinschaft, Schönstätter Marienschwestern (hrsg.), Vallendar-Schönstatt [2]1970, 42.

weise die Welt zu diesem Ziel.[101] Im Kontext des Weisheitsplanes benutzt Kentenich oft den Begriff der „Fügungen". „Fügung" meint eine bestimmte Art von göttlich-zielstrebiger Führung. „Fügung" ist für Kentenich Zusammenfügen, die Verknotung verschiedener Fäden und Geschehensstränge. Ereignisse, die in ihrer Sinnhaftigkeit nicht unmittelbar durchsichtig sind, der Zufall oder auch scheinbar willkürliches Schicksal geschieht letztlich alles durch die wunderbare Tätigkeit Gottes. Kentenich weiß darum, dass der Mensch aber oft mit diesen göttlichen Fügungen hadert. Kentenich betont, dass eine letzte Einsicht in die verwirrende Vielfalt der Geschichte der Mensch erst in der Schau Gottes (*visio beata*) gewinnt. Dennoch beziehen sich die Fügungen Gottes nicht nur auf das Endziel der Geschichte, sondern gerade auch auf immanente, innergeschichtliche Zwischenziele. Kentenich führt in diesem Kontext oft das Bild vom Gewebe oder Teppich an, wenn er über den göttlichen Weisheitsplan spricht: Demnach ist die Geschichte ein großes Gewebe. Für das menschliche Begreifen ist nur die linke Seite des Gewebes zugänglich. Gott webt aber schon in der Zeit ein vollendetes Muster und bezieht gerade auch diejenigen Fäden ein, die für den menschlichen Betrachtungsstandpunkt das Muster verderben. Das Bild vom Teppich benutzt Kentenich, um zu verdeutlichen, dass in aller rätselhaften Komplexität des Weltgeschehens Harmonie, Schönheit und Sinn in der Geschichte anwesend ist, aber dass der Mensch in der Zeit nur Teilstücke, einzelne Fäden des Teppichs erkennt. Der ganze Teppich dagegen, der volle Sinngehalt der Geschichte, wird ihm aber erst in der Ewigkeit offenbar.[102]

---

101 Kentenich verweist hier im Zusammenhang mit dem Weisheitsplan auf Thomas von Aquin und seinen „sapiential-ordinativen" Vorsehungstypus. Auch die Definition der göttlichen Vorsehung nach Thomas als *„ratio ordinis rerum in finem"* entspricht der Auffassung Kentenichs, er verweist hier auch auf die Behandlung der Weisheit und des Wissens Gottes bei Thomas: S. th. I, q. 14-18. Vgl. UNKEL, Theologische Horizonte, 277.

102 Vgl. Ebd., 45-51. *„Von ihm sind zunächst alle Faktoren weise vorgesehen und bestimmt, geordnet und zugewiesen, die fähig sind, die Persönlichkeit mitzuformen. […] Man mag sie einzeln nehmen oder in ihrer Gesamtheit: sie sind in ihrer konkreten Form Ausfluß des bestimmenden, fügenden oder zulassenden göttlichen Willens. Sie sind alle im göttlichen Weltenplan vorgesehen und werden samt und sonders hingeordnet auf das festgelegte Ziel der göttlichen Weltregierung. Sie fügen sich Glied an Glied ineinander wie Muster eines vollendeten Teppichs, wenn*

3. Der „Liebesplan": Der Begriff des „Liebesplanes" ist der Zentralbegriff in der Geschichtsauffassung Kentenichs. Dass aller göttlichen Geschichtsführung ein „Liebesplan" zugrunde liegt, fasst Kentenich in den Begriff des „Weltgrundgesetzes der Liebe", das sich in der Formel wiederfindet: *„Alles aus Liebe, durch Liebe, für Liebe."*[103] Kentenich will deutlich markieren, dass die Grundmotivation des göttlichen Handelns in der Welt die Liebe selbst ist. Das außertrinitarische Handeln Gottes zielt hin auf eine Liebesvereinigung von Gott und Mensch, dies ist der eigentliche und umfassende Sinn von Geschichte überhaupt. Kentenich will die existenzielle Urdynamik des Menschen, seinen Liebestrieb, ansprechen und in den Mittelpunkt stellen. Alles göttliche Wirken soll letztlich dazu nutzen, diese Liebesdynamik des Menschen in Bewegung zu setzen. Gott weckt die Liebesfähigkeit des Menschen dadurch, dass er den Liebestrieb, den er als Urtrieb in den Menschen hineingeschaffen hat, umwirbt. So entsteht eine Liebesbewegung, ein Kreislauf der Liebe zwischen Gott und dem Menschen.[104]

Wenn aber Kentenich das große „Weltgrundgesetz der Liebe" als Hauptwirkweise Gottes postuliert, kommt die Frage nach der Personalität Gottes

---

auch die linke Seite ein verworrenes und verwirrendes Durcheinander, ein unentwirrbares Knäuel darstellt." KENTENICH, Oktoberbrief, 32. Kentenich will mit seinem Weisheitsbegriff zwei extreme Positionen abwehren: den Versuch totaler Geschichtserhellung durch menschliches Wissen einerseits, andererseits die Haltung, dass in der Geschichte nur blinde Gewalt am Werk sei und Gott sich von der Welt abgewandt habe, quasi wirkungslos sei.

103 Joseph KENTENICH, *Der heroische Mensch* (1936), in: ders., Durchblick in Texten, Band 2, Herbert KING (hrsg.), Vallendar-Schönstatt 2000, 236. Diese Trias ist zu einer festen Redewendung bei Kentenich geworden, die er am häufigsten gebraucht, wenn er über den göttlichen Plan, insbesondere über den göttlichen „Liebesplan" spricht.

104 Vgl. UNKEL, Theologische Horizonte, 51-59. Kentenich führt dazu aus: *„Wenn das das Wesen Gottes ist: Deus caritas est; und wenn also alle Eigenschaften Gottes sich zurückstraffen lassen auf das eine Axiom: Deus caritas est; und wenn es wahr ist, dass der Mensch ein Abbild Gottes ist, dann muß man auch zur Wesensbestimmung des Menschen sagen dürfen bis zu einem gewissen Grade: Homo caritas est. Was will das heißen? Der Grundton im Wesen des Menschen, der Urtrieb in der menschlichen Natur, das ist ein ausgesprochener Liebestrieb. Dabei ist die Quelle für die menschliche Gottesliebe die Menschenliebe Gottes."* Joseph KENTENICH, Patres-Exerzitien 27. November – 1. Dezember (1967), Berg Sion ^{2}1999, 186.

auf den Plan, denn wenn Gott liebt, muss er Person sein. Der personale Gott, auf den sich der Kentenich'sche Vorsehungsglaube bezieht, hat bei seiner Weltregierung immer beides im Blick: Allgemeinwohl und Einzelwohl, Allgemeinheit und Individualität. Für Kentenich ist es eine unabdingbare Tatsache, dass Gott eine persönliche Realität ist, der nicht nur das Kollektiv, sondern gerade den einzelnen Menschen *(providentia specialis)* bis in die kleinsten Kleinigkeiten mit seiner liebenden Vorsehung umfängt.[105]

> *„Wir müssen die lebendigste Überzeugung haben, daß Gott einen Plan entworfen hat, nicht bloß einen Weltenplan, sondern auch einen eigenen Plan für mein persönliches Leben. Wer hat diesen Plan entworfen? Nicht bloß Gottes Weisheit und Allmacht, sondern auch Gottes Liebe. Es ist deswegen ein Weisheits-, Allmachts- und vor allem ein Liebesplan. Sie müssen das Wort genau hören: mein Lebensplan ein Liebesplan. Das ist wahr. […] Ich weiß dann: In diesem Plan hat genau das oder jenes Leid gestanden. Vorsehungskind sein heißt: auf dem Boden stehen, daß jegliches Schicksal, Freude, Leid, Enttäuschung ein wesentlicher Bestandteil des Allmachts-, Weisheits- und Liebesplanes Gottes ist. In allen Situationen erlebt sich das Providentiakind als Lieblingskind Gottes. Es ist nicht so, als ob Gott schlafen würde. Es ist vielmehr so, als wären Gott und ich ganz allein auf der Welt, mit einer solchen Sorgfalt hält er die Fäden meines Lebens fest. Ich die Lieblingsbeschäftigung Gottes, und Gott meine persönliche Lieblingsbeschäftigung! Das heißt praktisch Providentiakind sein.“*[106]

3.1.3.2. Der Plan als Ordnung von Sein und Sollen

Der *reditus ad patrem*, die Rückkehrbewegung zum Vater geschieht vermittelt durch die „Dinge“. Die scholastische Formel *„Ordo essendi est ordo agendi“* ist bei Kentenich eng verknüpft mit dem Terminus der „Dinge“.[107]

---

105 Vgl. UNKEL, Theologische Horizonte, 59-64.

106 Joseph KENTENICH, *Oktoberwoche* (1950). in: ders., Texte zum Vorsehungsglauben, 154-155.

107 Kentenich macht in diesem Kontext weiter darauf aufmerksam, dass es einen christlichen Exemplarismus gebe, demzufolge *„alle Dinge geschaffene*

Kentenich spricht damit die Gesamtheit der Wirklichkeit der Welt als das von Gott Geschaffene und vom Menschen Gewirkte an, also die Zwischendinge zwischen Gott und Mensch. Unter dem Begriff der „Dinge" kommt die grundsätzliche *„inkarnatorische Vermitteltheit"* göttlichen Heils in der Welt zur Sprache.[108] Gott hat also den Dingen eine Weiterleitungsfunktion auf Gott hin eingestiftet.[109]

> *„Welchen Sinn haben all die geschaffenen Dinge in der Absicht Gottes? Einen doppelten: sie sollen uns binden und sollen uns organisch weiterleiten. Die Dinge sollen uns binden. Ja, wenn ich ein banales Bild gebrauchen darf, so müssen wir uns vorstellen, als wenn Gott Seile herunterließe. Wir sollen uns dann an diese Seile festbinden, und dann zieht er das Seil empor, damit wir um so sicherer in das Herz des dreifaltigen Gottes kommen. So mögen Sie alle Dinge – die Natur draußen, Essen, Trinken, alles was wir als Geschöpfe vor uns sehen – ansehen; alle geschaffenen Dinge haben diesen doppelten Sinn: uns organisch an sich zu binden und weiterzuleiten.*"[110]

Gottesgedanken sind und daß sie Gott dann am meisten ehren und den Menschen am stärksten zu Gott hinführen, wenn sie möglichst vollkommen entfaltet sind. Dieser Drang zur Entwicklung und Vollendung liegt in jedem Lebewesen, auch im Menschen." Joseph KENTENICH, Werktagsheiligkeit (1937), veröffentlicht unter dem Titel: Werktagsheiligkeit. Ein Beitrag zur religiösen Formung des Alltags, Annette NAILIS (hrsg.), Vallendar-Schönstatt ^{2}1978, 115-116.

108 Die „Dinge" haben nach Kentenich eine Reizfunktion, eine gottgewollte Weiterleitungsfunktion (meint die Hineinbindung der Gebundenheit an das Irdische in ein umfassenderes Ganzes; es ist die Weiterbindung der Weltbejahung hinein in die liebende Bindung an die Person Gottes) und eine Enttäuschungsfunktion (Enttäuschung hat hier einen positiven Sinn: nämlich den Menschen aus jener Täuschung herauszulocken, die darin besteht, dass er meint, sein Unendlichkeitsdrang, seine Unendlichkeitshoffnung auf Erlösung und Heil könne sich im Endlichen voll erfüllen.) Vgl. UNKEL, Theologische Horizonte, 131-134.

109 Vgl. Ebd., 117-118. Dass Schöpfung und Geschichte eine gottgewollte und gottgestiftete dynamische Ordnung aufweisen, bildet gleichzeitig die theologische Grundlage für die Befragung der „Seinsstimmen" und „Zeitenstimmen" als Erkenntnisquellen für den Vorsehungsglauben, vgl. dazu auch Teil III, Kapitel 3.2.1. *Eine Spurensuche nach Gott: Die Erkenntnisquellen*

110 Joseph KENTENICH, Vollkommene Lebensfreude. Priesterexerzitien (1934), Vallendar-Schönstatt 1984, 324.

Der Grund also für die Ordnung der Geschichte und deren Erkennbarkeit liegt im Wesen Gottes selbst. Die göttliche Vorsehung als Seinsordnung umfasst eine natürliche Schöpfung (Naturordnung) und eine übernatürliche Schöpfung (Gnadenordnung), sie sind aufeinander hin geordnet. Diese Verbindung von Natur und Gnade im Menschen ist von Gott vorgesehen, d.h. der Mensch gehört nach Gottes Absicht beiden Ordnungen an. Kentenich betont die organische Verbindung von Natur und Gnade. Er beschreibt das Verhältnis von Natur und Gnade nach dem thomistischen Grundprinzip: „*Gratia praesupponit naturam; gratia non destruit, sed perficit et elevat naturam.*“[111] Damit postuliert Kentenich, dass die Autonomie der Welt ontologisch nie von Gott losgelöst sein kann, sondern immer auf Gott und Gottes weltregierendes Erlösungshandeln bezogen bleibt, welches die Natur immer mehr mit Gnade erfüllt.[112]

Die Schöpfung, in der sich der göttliche Plan manifestiert, wird so zur Norm für das Handeln des Menschen. Sein und Sollen werden bei Kentenich immer zusammengedacht. Diese Hinwendung und Entsprechung des Menschen in Freiheit an den göttlichen Plan gibt Kentenich mit dem scholastischen Axiom wieder: „*Ordo essendi est ordo agendi.*“ Kentenich

111 Joseph KENTENICH, *Philosophie der Erziehung* (1961). in: ders., Ein Durchblick in Texten, Band 1, Herbert KING (hrsg.), Vallendar-Schönstatt 1998, 474. Die deutsche Übersetzung des Axioms lautet: *„Die Gnade setzt die Natur voraus; die Gnade zerstört die Natur nicht, sondern vollendet und erhöht sie."* Vgl. insgesamt zur Thematik: Paul VAUTIÉR, Artikel zu *Natur und Gnade*, in: Schönstatt-Lexikon, 269-272. Dieses scholastische Axiom ist grundlegend für die schönstättische Pädagogik, diese zielt auf eine harmonische und organische Verbindung von Natur und Gnade ab. Hier leuchtet auch auf, was Kentenichs „organisches Denken" meint, nämlich eine Auflösung der scheinbaren Gegenpolstellung von Natur und Gnade und deren Synthese, also eine Vereinigung von Natur und Gnade als Ermöglichung für eine ganzheitliche Menschwerdung. In diesem Themenkomplex von Natur und Gnade zentriert sich das lebenslange Bemühen Kentenichs um eine Versöhnung von Menschlich-Seelischem (die Erfahrung der menschlichen Natur) und Religiösem (die Erfahrung der Gnade und des Übernatürlichen). Zur ideengeschichtlichen Verortung dieses Axioms vgl. die Habilitationsschrift von Bernhard STOECKLE, ‚Gratia supponit naturam' – Geschichte und Analyse eines theologischen Axioms, Rom 1962.

112 Vgl. UNKEL, Theologische Horizonte, 119-121.

bezeichnet dies als das charakteristische Grundgesetz des vorsehungsgläubigen Menschen.[113]

3.1.3.3. Geschichte als Bund – Gott wirkt durch freie Zweitursachen

„Wir können es dem heiligen Thomas nicht hoch genug anrechnen, daß er im Anschluss an Aristoteles die Bedeutung der Zweitursache so klar dargestellt [...] hat.“[114] Neben dem Begriff des göttlichen Planes ist der zweite Zentralbegriff in der Vorsehungskonzeption Kentenichs der des Bundes. Der Vorsehungsgedanke impliziert gleichsam die Bezogenheit von Gott und Mensch, von Kreatur und Kreator. Diese erlösende Liebeseinheit verwirklicht Gott so, dass er sich dem Menschen geschichtlich als Bundesgott erweist und ihn befähigt, in Freiheit und Treue sein liebender Bundespartner zu sein. Bund als zweiter Zentralbegriff im Horizont des praktischen Vorsehungsglaubens Kentenichs lässt sich definieren als ein geschichtliches Band zwischen zwei Partnern, das auf gegenseitige Liebe ausgerichtet ist. In Verbindung zum Plan, der das präexistente Wissen alles Geschaffenen beinhaltet, geht es beim Bund um die Art und Weise, wie Gott seinen Plan dem Menschen in der Zeit kundgibt und wie er ihn unter Einbeziehung der menschlichen Freiheit geschichtlich durchführt. Die Geschichte wird somit schlechthin zum Ort der Entfaltung und Verwirklichung dieses Bundes.[115]

> *„Die thomistische Auffassung* [im Hinblick auf die Zweitursachenlehre] *ist ein Geschenk Gottes. Sie hat die Kirche im Mittelalter gerettet, weit mehr als so und so viele große Redner. Es geht um eine*

113 Vgl. Ebd., 123-127. An dieser Stelle sei darauf verwiesen, dass heutzutage diese theologische Deutung der Schöpfung als vorgegebene Seinsordnung meist geleugnet wird und als nicht existent angesehen wird. In der aktuellen Abwägung zwischen Konstruktivismus und Dekonstruktivismus wird das Vertreten von absoluten und verbindlichen Wahrheiten fast unmöglich. Die Gottesfrage wird damit ad absurdum geführt.

114 Joseph KENTENICH, *Krönungswoche* (1946), in: ders., Causa Secunda – Textbuch zur Zweitursachenlehre bei P. Joseph Kentenich, Joseph-Kentenich-Institut (hrsg.), Freiburg 1979, 117.

115 Vgl. Ebd., 169-175.

> *scheinbare Nebensächlichkeit: die Realität der Zweitursachen in Verbindung mit der Erstursache. Diese Verbindung zerschneidet man heute.*"[116]

Die Zweitursachenlehre rückt den Gedanken in den Mittelpunkt, dass das göttliche Vorsehungshandeln innerweltlich vermittelt ist, und zwar durch den Menschen. Gott wirkt durch Zweitursachen in der Welt, damit wird die Bundeswirklichkeit zwischen Gott und Mensch in besonderer Weise verwirklicht. Um das Element der Freiheit ausdrücklich hervorzuheben, benennt Kentenich das „Weltregierungsgesetz" in seiner philosophischen Formulierung wie folgt: „*Deus operatur per causas secundas liberas.*" Auch hier beruft sich Kentenich einmal mehr auf die Denkleistung des Thomas.[117] So ist festzuhalten, dass das göttliche Eingreifen in Raum und Zeit, in die Geschichte, immer vermittelt ist durch Zweitursachen. Der Mensch wird so zum Werkzeug (*causa instrumentalis*) des göttlichen Planes, indem er in Freiheit Gottes Plan realisiert.[118]

Kentenich sieht in der thomanischen Zweitursachenlehre, die er lückenlos in sein Vorsehungsdenken übernimmt, eine gelungene Vermittlung zwischen

---

116 Joseph KENTENICH, Rom-Vorträge 17. November – 21. Dezember (1965), Band 1, Schönstatt 1973, 184.

117 Weiter führt Unkel zu Thomas und der Zweitursachenlehre aus: *„Die göttliche Vorsehung, verstanden als der Plan, nach dem er sich in seiner Regierung richtet, kommt einzig und allein Gott zu, ohne Mitwirkung irgendwelcher Zwischenursachen (causa mediae, causa creatae). Was jedoch die Weise der Durchführung (executio) dieses Vorsehungsplanes angeht, so bedient sich Gott geschaffener Ursachen, denen er ihre Freiheit beläßt. (S. th. I, q.83 a.1 ad 3). Der Grund, den Thomas anführt, ist der, es liege eine größere Vollkommenheit eines Regenten darin, andere Ursachen an dieser seiner Vollkommenheit teilnehmen zu lassen, als alles unmittelbar alleine zu tun."* UNKEL, Theologische Horizonte, 192-193.

118 Vgl. Ebd., 262. Vgl. insgesamt zur Zweitursachenlehre bei Joseph Kentenich: Paul VAUTIÉR, Artikel *Zweitursache*, in: Schönstatt-Lexikon, 444-447. Dass der Mensch in Freiheit im Bund mit Gott den Plan der Vorsehung verwirklicht und somit Gott dem Menschen eine große Mitverantwortung überlässt in der Gestaltung der Schöpfung und Geschichte, kommt in der folgenden Maxime, die in der Schönstattbewegung sehr verbreitet ist, zum Ausdruck: *„Nichts ohne dich – nichts ohne uns."* Hierin zeigt sich sehr schön die gegenseitige Verschränkung von Schöpfer und Geschöpf.

Immanentismus (Überbewertung der Zweitursachen) und Transzendentismus (Überbewertung der Erstursache). Kentenich ist überzeugt von einem realen Zusammenwirken von Erst- und Zweitursache. Durch eine strikte Ablehnung der Zweitursachenlehre würde jegliches Band, jegliche Brücke zwischen Schöpfer und Geschöpf zunichte gemacht werden. Gerade aber die Betonung der Zweitursache ist ein Proprium des Vorsehungsglaubens Kentenich, durch die sich die Bestimmung des Menschen sichtbar herauskristallisiert: allgemein als Krone der Schöpfung und Stellvertreter Gottes auf Erden, individuell in der eigenen Selbstverwirklichung.[119]

Gerade eben auch die Realisierung des „Persönlichen Ideals" steht in einem Wechselspiel zwischen der Intensität der Bemühungen des Menschen und der Tätigkeit bzw. Wirksamkeit Gottes. Das „Persönliche Ideal" ist also in keinem Falle als eine individuelle Determination Gottes zu verstehen, also ein festgelegtes Programm, das im Menschen abläuft und die Entwicklung des Menschen vorantreibt. Natürlich hat Gott den Kern jeder Persönlichkeit vorausgedacht, aber der Mensch muss in seiner Freiheit aktiv zur Realisierung seiner „gottgewollten" Persönlichkeit beitragen. Nur im Zusammenspiel von Erst- und Zweitursache, von Gott und Menschen, kann dieses innere Potential im Menschen gehoben werden und zur Verwirklichung kommen. Neben der willentlichen Aktivität des Menschen ist der Selbstverwirklichungsprozess wesentlich abhängig von der Gnade Gottes, dies betonte Kentenich unaufhörlich.[120]

119 Vgl. UNKEL, Theologische Horizonte, 208-210. *„Der Herr der Geschichte ist der Bundesgott. Er hält alle Fäden in der Hand und webt sie zu einem kunstgerechten Gewebe. Das Grundverständnis, in dem er zur Menschheit steht, ist das Bundesverhältnis. Es prägt und bestimmt jede Handlung des Weltenlenkers. Es verlangt die schöpferische Mitwirkung des gelenkten Bündnispartners."* Joseph KENTENICH, „Josephsbrief" vom 3. Mai (1952), veröffentlicht unter dem Titel: Das Lebensgeheimnis Schönstatts, II. Teil: Bündnisfrömmigkeit, Joseph SCHMITZ (hrsg.), Vallendar-Schönstatt 1971, 45.

120 Vgl. dazu das Kapitel *Menschliche Mitwirkung: Der Berufene als Bündnispartner*, in: GERBER, Zur Liebe berufen, 202-210.

3.2. Erkennen und Handeln im „praktischen Vorsehungsglauben"

Kentenichs „praktischer Vorsehungsglaube" enthält eine Wechselwirkung von Theorie und Praxis. Im Vertrauen des Glaubens geht es darum, dem Gott des Lebens auf die Spur zu kommen, wie er sich konkret mitteilt auf unterschiedlichste Art und Weise. Hans-Werner Unkel formuliert diese Synthese aus der Theorie (Theologie) des „praktischen Vorsehungsglaubens" und dem Leben aus dem „praktischen Vorsehungsglauben" wie folgt:

> *„‚Das Geheimnis der Vorsehung', so schreibt Romano Guardini zu Beginn den Dreißiger Jahre, ‚bleibt tot, sobald wir es nur denken. Es wird Wirklichkeit, wenn wir es tun.' P. Kentenich macht sich dieses Wort zu eigen. Es zeichnet ihn selbst: seine Theologie ist aus seiner persönlichen Glaubenserfahrung und aus dem Umgang mit der lebendigen Wirklichkeit herausgewachsen. Theologische Reflexion über die göttliche Vorsehung und existentieller Vollzug des Vorsehungsglaubens haben sich die Hand gereicht; sie sind eine unlösbare Einheit eingegangen. Die wesentliche Fragestellung hat sich P. Kentenich von der Zeitproblematik zudiktieren lassen. So ist seine Theologie des praktischen Vorsehungsglaubens eine vielfältige Antwort auf die Zeit geworden."*[121]

Der „praktische Vorsehungsglaube" selbst handelt von den Erkenntnisquellen des göttlichen Willens. Es geht also um die Frage, ob es Erkenntniskriterien gibt, durch die der Mensch sein Handeln nach den Absichten Gottes ausrichten kann? Ist der Mensch wirklich dazu imstande, das zu tun, was Gottes Wille ist? Im Mittelpunkt steht also nun die Erkenntnisfunktion des Vorsehungsglaubens und deren Beziehung zum Handeln aus dem Glauben. Nach der Theorie der Vorsehung Gottes folgt nun in diesem Kapitel das Erkennen und Handeln im „praktischen Vorsehungsglauben" als eine Konkretisierung dessen, was nach Kentenich der Mensch tun kann, um sich seiner gottgewollten Bestimmung anzunähern. Kentenich entwickelt hier eine Kriteriologie, durch die der Mensch befähigt wird, den Willen Gottes zu erkennen und diesem dann zu entsprechen.[122]

121 UNKEL, Theologische Horizonte, 9.

122 Vgl. zum gesamten Themenbereich der Erkenntnisquellen das Kapitel *Erkennen*

3.2.1. Eine Spurensuche nach Gott: die Erkenntnisquellen

„Gottes Stimme, wie sie vornehmlich zu uns durch die Stimme der Zeit, durch die Stimme der Seinsstruktur von Dingen und Menschen und durch die Stimme der inneren göttlichen Einsprechungen von Individuum und Gemeinschaft spricht.“[123] Der gläubige Mensch begibt sich auf eine Spurensuche nach Gott in seinem Leben. Der „praktische Vorsehungsglaube“ im Sinne Kentenichs ist darauf ausgerichtet, das Wirken Gottes in der Geschichte (sein Handeln, sein Sprechen, seine Absichten) im Heute unserer Zeit abzulesen. Wenn Kentenich den Vorsehungsglauben als Haupterkenntnisquelle bezeichnet, dann will er keinesfalls damit die traditionellen, bekannten Offenbarungsquellen degradieren und ihre Bedeutung schmälern. Im Gegenteil, Kentenich weist bewusst darauf hin, dass der Vorsehungsglaube die überzeitlich gültigen Quellen, auf die sich der christliche Glaube stützt (Inkarnation des Sohnes z. B.), nicht ablöst, sondern dass er sie gerade voraussetzt und fördert. Die Offenbarung an sich (allgemeingültige Erkenntnisquelle) und der „praktische Vorsehungsglaube“ (spezifische Erkenntnisquelle) als Erkenntnisquelle der Offenbarung Gottes im „hier und jetzt“ sind geradezu aufeinander hingeordnet. Diese spezifischen Erkenntnisquellen sind für Kentenich das „Sein, die Zeit und die Seele“. Damit sind die drei theologischen Orte benannt, um den göttlichen „Allmachts-, Weisheits- und Liebesplan“ zu erkennen. In dieser Trias von „Sein, Zeit und Seele“ liegen für Kentenich die objektiven Erkenntniskriterien des göttlichen Willens.[124]

---

und Handeln im praktischen Vorsehungsglauben, in: UNKEL, Leben aus dem praktischen Vorsehungsglauben, 98-192.

123 Joseph KENTENICH, Von menschlicher oder prophetischer Klugheit. Briefstudie an Pater Alexander Menningen vom 24. März (1964), Heinrich M. HUG (hrsg.), Vallendar-Schönstatt 2004, 177.

124 Vgl. UNKEL, Leben aus dem praktischen Vorsehungsglauben, 98-107. Ebenso vgl. für einen ersten Überblick: Hubertus BRANTZEN, Artikel *Erkenntnisquellen*, in: Schönstatt-Lexikon, 70-71. Vgl. auch zum Thema „Spurensuche" insgesamt: Hubertus BRANTZEN, Spurensuche. Einführung in einen geistlichen Weg, Vallendar-Schönstatt 2011. *„Spurensuchen geht von der Überzeugung aus, dass wir überall Gottes Spuren entdecken können: in dem, was in unserem eigenen Inneren lebt, in der Begegnung mit anderen Menschen, mit der Schöpfung, mit Ereignissen der kleinen und großen Geschichte, mit Vorgängen in Wissenschaft und Technik."*

3.2.1.1. „Zeitenstimmen"

Das erste Erkenntniskriterium, um Auskunft über den Plan Gott zu erhalten, ist der Umgang mit der Kategorie Zeit. Die Zeit nimmt bei Kentenich einen besonderen Rang ein, die Häufigkeit der Auseinandersetzung Kentenichs mit Zeiterscheinungen verweist auf ihre Bedeutsamkeit. Die Zeit ist das Medium, das Gott benutzt, um schrittweise seinen Plan zu entschleiern. *„Gott ist es, der durch die Zeichen der Zeit sein Antlitz entschleiert und zu uns spricht."*[125] Die Zeit hat für den vorsehungsgläubigen Menschen mit ihrer Vielfalt von Ereignissen, Phänomenen und Strömungen oberste Priorität, sie muss nach Kentenich durchsichtig gemacht werden auf den „Gott des Lebens", auf seine Person und auf seine Absichten. „Zeitenstimmen" sind somit immer Gottesstimmen.[126] Die selektive Funktion des Glaubens vollzieht sich in der Unterscheidung der vielfältigen Stimmen, die in der Zeit an den Menschen herandringen. Ziel ist es, die Stimme auszuwählen, die tatsächlich Gottes Stimme ist. Nicht alle Ereignisse in der Zeit sind in gleicher Weise und gleicher Intensität als Gottesstimme auszumachen.[127]

BRANTZEN, Spurensuche, 8. An dieser Stelle sei die Randbemerkung erlaubt, dass der Freiburger Religionsphilosoph Bernhard Welte (1906–1983) in diesem Kontext oft das Bild von den Spuren im Schnee benutzt hat, um zu veranschaulichen, dass das unendliche Geheimnis Gottes sich kundtut in dem, was die theologische Tradition die *vestigia dei* nennt: Spuren des Schöpfers im Geschaffenen. Vgl. Bernhard WELTE, Auf der Spur des Ewigen. Philosophische Abhandlungen über verschiedene Gegenstände der Religion und der Theologie, Freiburg 1965.

125 KENTENICH, Oktoberbrief (1949), 15.

126 *„Deswegen das bekannte Wort: vox temporis – vox Dei. Und weil der Vorsehungsglaube das außergewöhnlich stark ausgeprägte Fundament unserer Familie ist, sind wir auf diese Zeitenrufe in besonderer Weise angewiesen."* Joseph KENTENICH, *Brief an Pater Menningen vom 9. Dezember* (1953), in: ders., Ein Durchblick in Texten, Band 7, Herbert KING (hrsg.), Vallendar-Schönstatt 2010, 422. Diese Formel übernimmt Kentenich von Kardinal Michael von Faulhaber (1869-1952). Der Wahlspruch des Kardinals wurde ebenfalls zu einem Grundsatz im Denken Kentenichs.

127 Vgl. UNKEL, Leben aus dem praktischen Vorsehungsglauben, 108-109. Wie würde wohl Kentenich die aktuellen „Zeitenstimmen" deuten? Corona-Pandemie, Klimaerwärmung, Flüchtlingskrise, Aufschwung von Diktaturen,

Neben den vier theologischen Grundlagen[128] bringt Kentenich das wichtigste Unterscheidungskriterium in den Begriffen „Zeitgeist" und „Geist der Zeit" zum Ausdruck. Jede Zeit ist einmalig-originell, in ihrer Gegenwartsbezogenheit hat sie ihr je eigenes Verhältnis zu Vergangenheit und Zukunft. Jede Zeit hat ihre je eigenen Hoffnungen, Problematiken, Empfindungen, Werte, Tendenzen und Vorstellungen. Diese Dynamik einer Zeit fasst Kentenich unter dem Begriff des „objektiven Geistes" zusammen, welchen er aus der idealistischen Philosophie entlehnt. Der „objektive Geist" ist demnach als eine soziologische Wirkgröße anzusprechen, dem eine schöpferische Macht innewohnt, aus der eine Vielfalt von kategorialen Ausprägungen hervorgeht. Die verschiedenen Gestaltwerdungen des objektiven Geistes generieren sich aus zwei gegensätzlichen Polen, aus dem „Zeitgeist" (negative Konnotation) und dem „Geist der Zeit" (positive Konnotation). Die beiden Termini sind Wortprägungen von Kentenich mit einem festumrissenen Begriffsinhalt. Der objektive Geist spaltet sich somit auf in den Zeitgeist, er ist das Negative, das Böse und Teuflische. Der „Geist der Zeit" dagegen ist das Positive, das Gute und Göttliche, das sich in der Zeit offenbar macht. Beide Wirkgrößen stehen in einer ständigen Spannung zueinander, sie markieren stets einen unverkennbaren Gegensatz.[129]

Terroranschläge ... um nur einige hervorstechende Zeit-Phänomene unserer Welt zu Beginn der 20er Jahre des 21. Jahrhunderts zu nennen.

128 Diese sind: 1. Die Identität und die bleibende Verschiedenheit von Heils- und Weltgeschichte 2. Die Einmaligkeit des geschichtlichen Augenblicks (Originalität) und seine inhaltliche Hineinbezogenheit in den göttlichen Plan (Kontinuität), Zeit hat immer zwei Elemente: ein überzeitliches und ein zeitbedingtes 3. Die Zeit hat Bundesstruktur: In der Zeit ereignet sich göttlich-gnadenhafter Anruf und freie menschliche Erwiderung dieses Rufes. 4. Im *Reditus ad patrem* in der Zeit schließt Gott die menschliche Mittätigkeit (Zweitursachenlehre) mit ein. Vgl. UNKEL, Leben aus dem praktischen Vorsehungsglauben, 109-111.

129 Vgl. Ebd., 111-112. Ferner führt Kentenich in diesem Kontext dazu aus: *„Vox temporis, vox Dei. Zur Erklärung sei darauf hingewiesen, dass wir in unserer Denk- und Sprechweise einen Unterschied machen zwischen Zeitgeist und Geist der Zeit. Wir gehen von der Überzeugung aus, dass nicht der Teufel, sondern Gott der Zeitlenker ist. Gott spricht durch den Geist der Zeit, der Teufel durch den Zeitgeist. Im ersten Fall ist das Gute, im zweiten Fall das Böse gemeint, was in einer Zeit lebt, was sie durchbebt und was die öffentliche Meinung bestimmt."* Joseph KENTENICH,

Kentenich betont aber, dass die beiden Wirkmächte sich doch nicht völlig ausschließen, vielmehr ist in dem Negativen des „Zeitgeistes" auch immer ein positives Element mitgegeben. Somit ist der „Geist der Zeit" im „Zeitgeist" enthalten. Durch den „Zeitgeist" kann also auch zugleich der „Geist der Zeit" abgeleitet werden. Dennoch weist Kentenich stets auf die dringliche Aufgabe hin, die Unterscheidung zwischen „Zeitgeist" und „Geist der Zeit" zu leisten. In den verschiedenen „Zeitenstimmen" Gottes Stimme herauszulesen ist aber nach Kentenich keine erlernbare wissenschaftliche Methode, sondern Gebet, Stille, Opfer und ein vitales Glaubensleben sind die Grundvoraussetzungen, damit dieses Vorhaben glückt.[130]

Der richtige Umgang mit den „Zeitenstimmen"[131] schließt nach Kentenich drei Momente mit ein, um aus der Zeit den Willen Gottes ablesen zu können:

1. „Zeitnähe": Kentenich will bei seiner Zeitenanalyse keinen Extremen verfallen. Er will einerseits nicht alles Weltliche verteufeln, aber andererseits auch nicht einem unrealistischen Weltoptimismus verfallen, der die Wirksamkeit der Erbsünde und des Teufels unterschätzt. Seine Kriteriologie erfordert Zeitnähe bei gleichzeitiger kritischer Distanz. Für Kentenich bedeutet Zeitnähe eine ständige Fühlungnahme mit der Zeit und eine positive Verwurzelung in Zeit und Welt. Nicht Weltflucht, sondern Weltgebundenheit ist die Bedingung für den Umgang mit den „Zeitenstimmen."[132]

2. „Zeitüberwindung": Kentenich hält hier als Maxime fest, dass der „Zeitgeist" immer auch schon den „Geist der Zeit" beinhaltet. In der Analyse und der darauffolgenden Überwindung des „Zeitgeistes" liegt die Möglichkeit, den „Geist der Zeit" zu erfassen. Zeitüberwindung meint aber weder eine bloße Antihaltung oder Abriegelung gegenüber der Zeit, sondern sie ist ein Dienst an der Befreiung von unechten Ideen und Tendenzen. Die „Ungleichzeitigkeit" (Kierkegaard) mit der Welt gehört für Kentenich zur prophetischen Dimension des Glaubens. Kentenich spricht in diesem

---

Möhlerbrief vom 10. Mai (1956), veröffentlicht unter dem Titel: Bipolarität, Band 1, Vallendar-Berg Sion 2005, 251.

130 Vgl. UNKEL, Leben aus dem praktischen Vorsehungsglauben, 112-113.

131 Vgl. Angel STRADA, Artikel *Zeitenstimmen,* in: Schönstatt-Lexikon, 438-442.

132 Vgl. STRADA, *Zeitenstimmen,* 441.

Kontext vom „Gesetz des Gegensatzes". Demnach liegt im „Zeitgeist" der Gegensatz zum „Geist der Zeit", der Inhalt des „Gesetzes des Gegensatzes" ist die Überwindung des „Zeitgeistes." Den Weg, um Gottes Stimme aus dem Zeitgeschehen deutlich herauszuhören und zu beantworten, skizziert Kentenich durch dieses antagonistische Prinzip des Gegensatzes. [133]

3. „Zeitgestaltung": Die Bejahung und Assimilierung des „Geistes der Zeit" ist entscheidend für eine gottgewollte Gleichzeitigkeit der Botschaft des Evangeliums mit den Bedürfnissen, der Sprache und den Lebensformen der Menschen und Kulturen. Somit zielt die Deutung der „Zeitenstimmen" nicht auf eine bloße Interpretation, sondern auf Weltgestaltung und Veränderung. [134]

Auf großen Tagungen hat Kentenich oft mit großer Klarheit die aktuelle Zeitsituation analysiert. Kentenich hatte eine große Sensibilität dafür, hinter und unter der Vielfalt der aktuellen Zeitströmungen Gottes Wirken wahrzunehmen und herauszuarbeiten. Zeitlebens hat er immer wieder davon gesprochen, dass für den religiösen Menschen die „Zeitenstimmen" als Gottesstimme angesprochen werden müssen. Dies kann als ein Grundzug seiner Sendung benannt werden, eine Art Leitmotiv seines Wirkens. Als umfassende Gesamtdeutung des 20. Jahrhunderts hatte er diese Epoche der Gottesfinsternis als eine umwälzende Zeitenwende von ungeheurem Ausmaß vor Augen. [135]

3.2.1.2. „Seelenstimmen"

Zunächst ist für Kentenich die Seele das Prinzip einer originellen Eigenart oder Eigengeartetheit von Individuum (Einzelseele) oder von homogenen sozialen Gebilden (Gemeinschaftsseele). Genauso wie die Zeit nicht aus

133 Vgl. Ebd., 441.

134 Vgl. Ebd., 441.

135 Vgl. Günther M. BOLL, „... vor allem mein Herz". Joseph Kentenich – Pädagoge und Gründer, Vallendar-Schönstatt 2012, 206. Kentenichs Anliegen entspricht dem, was das Zweite Vatikanische Konzil später mit Begriff „Zeichen der Zeit" verbindet. Vgl. dazu: Die pastorale Konstitution über die Kirche in der Welt von heute „Gaudium et spes" in: Kleines Konzilskompendium, Karl RAHNER, Herbert VORGRIMLER (hrsg.), Freiburg 1966, 423-552.

irgendwelchen Prämissen deduziert werden kann, ist auch die Seele unableitbar. Wenn Kentenich von den „Seelenstimmen" spricht, dann hat er die aus der originellen Anlage der Einzelseele oder aus der Gemeinschaftsseele erwachsenden jeweiligen Reaktionen im Blick. Diese Reaktionen und Empfindungen der Seele können mittelbar von außen oder unmittelbar von innen verursacht sein. Diese Reaktionen der Seele stehen in einer nicht trennbaren Relation. Die Zeit spiegelt sich in der Seele. Zeit und Seele bedingen einander. Die Seele ist das Wahrnehmungsorgan der Zeit. Andererseits fordern die Zeitströmungen die Seele zu einer entsprechenden Antwort heraus. In der Seele wiederholt sich auf niederer Ebene die Auseinandersetzung zwischen „Zeitgeist" und „Geist der Zeit." Die Seele verhält sich zur Zeit wie die Partikulargeschichte zur Universalgeschichte.[136]

Ferner kommt Kentenich auf die Konstitution der Seele zu sprechen. Damit sind die biographischen Ereignisse (wie z.B. prägende Erfahrungen im Elternhaus, sowie einschneidende Kindheits- und Jugenderlebnisse, Leid- und Glückerfahrungen) angesprochen, die an den Menschen herantreten und eine Wirkung auf die Seele des Individuums haben. Diese prägenden seelischen Erfahrungen, denen sich der Mensch nicht entziehen kann, nennt Kentenich *„Fügungen und Zulassungen im persönlichen Leben"*.[137] Diese persönlichen Führungen müssen in der Stille und Einsamkeit als ein Wirken Gottes in der Seele verstanden werden, gerade auch Exerzitien sind dafür dienlich. Die dabei in der Seele wach werdenden Empfindungen, aufsteigenden Erkenntnisse und Entschlüsse bezeichnet Kentenich als innere Anregungen und Erleuchtungen. Die Seele wird so zur *„Stimme der inneren göttlichen Einsprechungen"*.[138] Die Kunst, die Kentenich hier lehrt, ist also das eigene Leben, wie es in der Seele gefühlt wird, im Lichte Gottes zu entdecken und in der Gegenwart Gottes zu deuten.[139]

---

136 Vgl. UNKEL, Leben aus dem praktischen Vorsehungsglauben, 120-122.

137 KENTENICH, Marianische Werkzeugsfrömmigkeit, 39.

138 Vgl. KENTENICH, Von menschlicher oder prophetischer Klugheit, 177.

139 Vgl. UNKEL, Leben aus dem praktischen Vorsehungsglauben, 121-122. Der Kentenich-Biograph Christian Feldmann schreibt zu Kentenichs Überzeugung, dass Gott in den Seelen der Menschen sich mitteile: *„Seine Hand (gemeint ist die Hand Gottes) allein könne unmittelbar die tiefsten Tiefen jeder Seele berühren. Und sein Handeln sei erahnbar in den Regungen und Lebensprozessen jeder Menschenseele."*

Der Begriff der „Seelenstimme" ist bei Kentenich auch stark mit der Schicht des „unterbewußten Seelenlebens" mit seinen Affekten, Leidenschaften und Triebregungen, Sehnsüchten und Bedürfnissen verknüpft. Diesen großen Bereich der Seelentiefe, den die tiefenpsychologischen Schulen des 20. Jahrhunderts entdeckt und systematisch auf die in ihm waltenden Gesetzmäßigkeiten durchforscht hat, will Kentenich für die Erkenntnis des göttlichen Willens fruchtbar machen. Kentenichs Intention ist es also auch, die unbewussten Seelenregungen in den Willen Gottes zu integrieren. Gott spricht eben auch durch die großen Leidenschaften in der menschlichen Seele.[140]

Der Begriff der Seele kann mit Kentenich als ein Prinzip subjektiver Empfänglichkeit für alle Zeiterscheinungen und konkreten Lebensumstände gefasst werden, sowie die daraus jeweils originellen Reaktionen im menschlichen Bewusstsein und Unterbewusstsein. Dennoch bedarf es auch Unterscheidungskriterien, denn nicht jede seelische Regung kann als Gottesstimme angesprochen werden. Die „Seelenstimmen" sind grundsätzlich vieldeutig. Sie müssen auf ihren Ursprung und ihr Ziel hin untersucht werden. Kentenich entwirft Unterscheidungskriterien, die eine „Seelenstimme" als Gottesstimme identifizieren. Im Zusammenhang der Befragung der „Seelenstimmen" möchte Kentenich die Gefahr eines Punktualismus überwinden, denn der Massenmensch, der nicht aus einer inneren kontinuierlichen Lebensfülle lebt, lässt sich von zusammenhangslosen

---

FELDMANN, Gottes sanfter Rebell, 152.

140 Vgl. UNKEL, Leben aus dem praktischen Vorsehungsglauben, 122. KENTENICH, Rom-Vorträge, Band 2, 279-280: *„Wenn Sie nun den Gedanken nach verschiedenen Richtungen hin weiten, vertiefen wollen, dann heißt es jetzt, auf elementare Grundaffekte unserer Seele einzugehen. Nach unserer Denkweise [...] gibt es zwei Grundleidenschaften: Das ist auf der einen Seite Stolz und auf der anderen Seite Sinnlichkeit. Indifferent ausgedrückt: auf der einen Seite Eroberungswille und auf der anderen Seite Hingabedrang. Das ist für uns immer die große Frage: Wie bringen wir es nun fertig, diese Grundelemente, Grundleidenschaften in uns zu veredeln?"* Mit der „Veredelung der Leidenschaften" appelliert Kentenich an seine Zuhörer, in den Botschaften der Leidenschaften stets den durch sie sprechenden Gott wahrzunehmen. Es macht das „organische Denken" von Kentenich aus, dass er stets versucht, christliche Theologie, die konkrete Glaubenspraxis und die tiefenpsychologische Konstitution des Menschen zusammenzudenken.

Eindrücken, Stimmungen und Suggestionen manipulieren und leben. Die Regungen der Seele sind daher immer dahingehend zu untersuchen, ob sie als Ergebnis Kurzlebigkeit und Labilität haben oder stattdessen eine gewisse Stabilität, Tiefe und Kontinuität hervorbringen. Ebenso betont Kentenich bei der Unterscheidung der „Seelenstimmen" die Reinigung des Affektlebens, die als Ziel eine Haltung der Gleichgültigkeit gegenüber irdischen Gütern wie Ansehen, Macht, Besitz und Genuss zur Folge hat. Dabei soll auch ein bewusst-offener oder auch ein unbewusst-versteckter Egozentrismus zunichte gemacht werden. Wenn es um die Unterscheidung der verschiedenen „Seelenstimmen" geht, verweist Kentenich wiederholt auf die „Regeln zur Unterscheidung der Geister". Es liegt dabei auf der Hand, dass sich Kentenich hierbei auf Ignatius von Loyola (1491-1556) und sein Exerzitienbuch bezieht. Durch diese differenzierte Abwägung der verschiedenen den Regungen der Seele nach bestimmten Gesetzmäßigkeiten konnte Kentenich es als einen legitimen Weg betrachten, dem „Gott des Lebens" durch die „Seelenstimme" auf die Spur zu kommen.[141]

> *„Vor allem mögen Sie sich daran erinnern, daß alles, was in den einzelnen Seelen wach wurde, immer sorgfältig abgewogen und überprüft wurde. Natürlich war das nur möglich, wenn man sich an bestimmte Gesetzmäßigkeiten gehalten hat. Man nennt das die Unterscheidung der Geister. Es ging darum zu unterscheiden: Stammt das, was in den Seelen vor sich geht, von Gott, von der Natur oder vom Teufel?"*[142]

141 Vgl. UNKEL, Leben aus dem praktischen Vorsehungsglauben, 124-126.

142 KENTENICH, Rom-Vorträge, Band 4, 40. Kentenich gibt hier auch den Hinweis, dass die ignatianischen Unterscheidungskriterien, wie sie in der Tradition der Kirche Aufnahme gefunden haben, dasjenige Instrumentarium waren, anhand derer er stets die Entscheidungen für Schönstatt getroffen hat. Die Regungen der Seele sind immer dahingehend zu untersuchen, ob sie als Ergebnis dem Menschen Schaden zufügen oder doch eher eine positive Wirkung auf den Menschen haben. Vgl. zu Ignatius und den Regeln zur „Unterscheidung der Geister" insgesamt Karlheinz RUHSTORFER, Das Prinzip ignatianischen Denkens. Zum geschichtlichen Ort der Geistlichen Übungen des Ignatius von Loyola, Freiburg 1998. Herbert King stellt im Kontext der „Seelenstimmen" im Sinne Kentenichs vier Unterscheidungskriterien vor: *„Gott benutzt die Seelenkräfte, um sich durch sie und in ihnen zu bekunden: Denken, Wollen, Fantasie, Gefühle, Erinnerungen dienen dazu. Diese sind aber nicht einfach identisch mit dem Sprechen Gottes. […] 1. Eine psychologische Unterscheidung: Diese fragt: Was ist beliebige Idee oder was*

3.2.1.3. „Seinsstimmen"

Zeit und Seele betreffen vor allem die Geschichte in ihrer Einmaligkeit und grundsätzlichen Unableitbarkeit. Nach Kentenich bedürfen diese beiden geschichtlichen Erkenntnisquellen mit einer inneren Notwendigkeit einer Ergänzung durch das Sein. Kentenich insistiert auf dem Sein als einem theologischen Ort der Erkenntnis göttlicher Absichten: *„Ich fasse noch einmal zusammen: Die Seinsstruktur der Dinge ist für mich immer eine wesentliche Erkenntnisquelle gewesen."*[143] Die Befragung des Seins als Erkenntnisquelle der göttlichen Absichten ist für Kentenich gleichbedeutend mit der Anerkennung einer gottgeschaffenen und gottgewollten Ordnung, die dem Menschen vorgegeben ist und nach der er sich bei seinem Handeln nach göttlicher Absicht zu richten hat. Es geht also wieder um das scholastische Axiom: *„Ordo essendi est ordo agendi."* Die Schöpfungsordnung wird so zur ethischen Handlungsmaxime für den Menschen. Dadurch zeigt sich die objektive Seinsordnung dem Menschen als ein Zueinander von Natur und Gnade in dem Sinne, dass die Naturordnung durch die Gnadenordnung vollendet werden kann. Das Ermitteln der „Seinsstimmen" ist für Kentenich identisch mit dem Bemühen, die gottgewollte Stellung des Einzelnen im Heilsplane zu ergründen und zu erkennen.[144]

---

kommt aus der Ganzheit des Menschen, wie sie sich in der Seele ausdrückt? Was ist stimmig? 2. Eine ethisch-dogmatische Unterscheidung: Das von der Seele Angeregte darf nicht den für alle gültigen ethischen Gesetzen und Glaubensaussagen der Kirche widersprechen. Das Gewissen muss sich normieren lassen. Gewissenskonflikte sind dabei nicht ausgeschlossen. 3. Eine religiöse Unterscheidung: Dies ist heute, in einer Zeit vielfältigster Einflüsse religiöser-irrationaler Art besonders wichtig. Sie ist aber auch wichtig bezüglich des Gottesbildes, das jemand hat. Ein angstbesetztes Gottesbild z. B. wird die Stimme Gottes ebenso verstellen wie ein Gottesbild, das Gott allzu menschlich sieht und überhaupt keine Zumutungen und Forderungen Gottes an den Menschen zulassen kann. 4. Eine spezifisch gläubige Unterscheidung: Wo ist die Stelle, an der ich sage: Das darf ich, will ich, dem fühle ich mich verpflichtet, das macht mir Freude, beruhigt mich? Wenn ich es nicht täte, müsste ich mir etwas vorwerfen. Denn ich hätte gleichzeitig auch Gott nicht gehorcht, seine Stimme nicht beachtet. Inmitten des Vielen, was in der Seele sich meldet, ist die eigentliche Stimme Gottes herauszuhören. Auch aus den verschiedenen religiösen Stimmen." KING, *Überlegungen zu einer Theologie der Erfahrung des Wirkens Gottes*, 40-42.

143 KENTENICH, Rom-Vorträge, Band 4, 47.

144 Vgl. UNKEL, Leben aus dem praktischen Vorsehungsglauben, 127-129.

Weiter wird die Seinsstruktur des Menschen als „Seinsstimme" bezeichnet. Im Kern geht es um die überzeitliche Wesensart der Geschlechter und ihrer Verhältnisse zueinander, eine Seinsstruktur der Frau und eine Seinsstruktur des Mannes. Die „Seinsstimmen" beleuchten den Menschen aus einer komplementären Perspektive, d. h. dass Mann und Frau ihrem Wesen nach auf das andere Geschlecht angelegt sind und dort Ergänzung suchen. Dies ist eine gottgegebene Dauerkonstitution. Dass der Mensch ein geschlechtsbestimmtes Wesen ist, dass Gott ihn als Mann und Frau geschaffen hat, ist eine bleibende gottverfügte biologische und psychische Seinsbestimmtheit, die bei aller Anerkennung geschichtlicher Wandlung nicht aufgelöst werden kann und darf.[145]

Zur Seinsstruktur des Menschen gehört des Weiteren dazu, dass er ein Wesen ist, das im Laufe seiner Geschichte auf Entwicklung und Entfaltung angelegt ist. Der Mensch ist sich selbst aufgegeben, er ist zur Selbstverwirklichung berufen. Das Wesen des Menschen durchläuft individualgeschichtliche Entwicklungsstufen: er ist Kind, Jugendlicher, Erwachsener, alternder Mensch. Eine lebenslange Entwicklung mit verschiedenen Lebensphasen ist konstitutiv für die Existenz des Menschen. Nach Gottes Willen kann der Mensch, will er sich als Individuum zu gesunder Reife entwickeln, keine Phase ungestraft auslassen oder überspringen.[146]

Ferner muss in diesem Zusammenhang auf das „organische Denken" Kentenichs aufmerksam gemacht werden. Dabei bleibt Kentenich nie bei irgendwelchen Einzelphänomenen oder spezifisch geschichtlichen Ausformungen stehen, sondern er ist stets bemüht, durch das Prinzip des „organischen Denkens" zu einer Gesamtschau vorzudringen. Nur im geschichtlichen Vergleich kann etwas von der Ganzheit des Seins aufleuchten. „Organisches

145 Vgl. Ebd., 129. *„Und endlich das dritte Erkenntnismerkmal, die dritte Quelle, aus der wir uns individuelles Wissen schöpfen können: unsere Seinsstruktur. Unser Sein ist nicht etwas rein Persönliches, Subjektives, es ist ja auch vom lieben Gott geschaffen. Und je nachdem mein Sein konstituiert ist, ob ich Mann oder Frau bin, so oder so geartet bin, ist es eine Erkenntnisquelle. So erkennen wir auf der ganzen Linie wieder und wieder klarer und tiefer, was der liebe Gott von uns selber will."* Joseph KENTENICH, *Ansprache zu Pfingstsonntag 14. Mai* (1967), in: ders., Texte zum Vorsehungsglaube, 214.

146 Vgl. UNKEL, Leben aus dem praktischen Vorsehungsglauben, 130.

Denken" ist somit der Versuch, alle Bereiche des Lebens (Gesamtschau der Wirklichkeit) zu berücksichtigen und zu einer größeren Ganzheit zusammenzuführen. Das Seinsdenken Kentenichs als „organisches Denken" ist daher nicht lösbar vom vergleichenden Blick in die Geschichte. Ist die Seinsstruktur der Geschichte eine planmäßige, sukzessive Entfaltung der göttlichen Idee vom Menschen und seiner sozialen Hineinverflechtung in die menschliche Gemeinschaft, so ist zu beobachten, dass diese Entfaltung mit dem Wachstum eines lebendigen Organismus zu vergleichen ist. Dies ist die Grundprämisse Kentenichs, mit der er versucht durch das „organische Denken" in den „Seinsstimmen" Gottes Spuren zu erkennen.[147]

3.2.1.4. Handeln als Reflex von Erkenntnis

Das Zueinander von Erkennen und Handeln des Menschen bezüglich der göttlichen Absichten ist wesentlich. Das Erkennen der göttlichen Absichten wäre sinnlos, bliebe der Mensch bei der Erkenntnis derselben stehen. Die Konsequenz aus der Erkenntnis des göttlichen Willens führt zu einem entsprechenden Handeln des Menschen. Erst durch das Handeln, dass sich aus der Erkenntnis ableitet, realisiert sich tatsächlich die Konformität menschlichen Wollens mit dem göttlichen Plan.[148]

Der Mensch ist dazu beauftragt, durch seine freie Mitwirkung den göttlichen Plan ein Stück weit durch menschliche Geschichtsführung zu

147 Vgl. Ebd., 134-135. So formuliert Kentenich in diesem Konext: *„Das organische Denken sucht immer die organisch sich auswirkenden Werdegesetze eines Lebensvorganges festzuhalten und hält dann, wenn der Lebensvorgang getätigt ist, unerschütterlich auch fest an der organischen Schau des Gesamtgefüges."* Joseph KENTENICH, *Weihnachtstagung* (1967), in: ders., Ein Durchblick in Texten, Band 4, Herbert KING (hrsg.), Vallendar-Schönstatt 2003, 343. Der Begriff des „organischen Denkens" in Abgrenzung zu einem mechanistischen oder separatistischen Denktyp ist bei Kentenich geradezu der Schlüssel zu einer Erkenntnis der Wirkweisen Gottes in der Welt. Eine ausführliche Darstellung zur Vielschichtigkeit des organischen Denkens bei Kentenich findet sich bei Lothar Penners in dem Kapitel *Die Typologie von mechanistischem und organischem Denken,* in: PENNERS, Eine Pädagogik des Katholischen, 249-289. Vgl. ebenso dazu in dieser Arbeit: Teil III, Kapitel 4.1.2. *Organisches Denken als ein Streben nach Ganzheit*

148 Vgl. UNKEL, Leben aus dem praktischen Vorsehungsglauben, 140.

verwirklichen. Durch die menschliche Freiheit aber kommt es zu einer Problemstellung: Auch wenn der Mensch sich redlich bemüht, dem Willen Gottes zu entsprechen, ist dies aber kein letzter Beweis dafür, *„daß tatsächlich eine inhaltliche und zeitliche Deckungsgleichheit zwischen Gottes- und Menschenplan, zwischen göttlichem und menschlichem Wollen, zwischen göttlicher und menschlicher Freiheit, zwischen göttlicher Vorsehung und menschlichem Wagnis gelungen ist.“*[149]

Gibt es also Kriterien, die zumindest im Nachhinein die Konformität menschlichen Wollens mit dem göttlichen Plan aufweisen können? Kentenich antwortet auf die hier skizzierte Problemstellung mit dem „Gesetz der geöffneten Tür und der schöpferischen Resultante“, dabei soll zunächst die Zirkularstruktur aufgezeigt werden, die beiden Gesetzen zugrundeliegt, danach werden dann beide Gesetze selbst dargestellt. Kentenich benennt einen methodischen Vierschritt mit Zirkelstruktur, der gewährleisten soll, dass aus der Erkenntnis auch das richtige Handeln hervorgeht. Dieser methodische Vierschritt bildet die Vermittlungshilfe zwischen der Erkenntnis des göttlichen Planes und einem entsprechenden Handeln, das die Verwirklichung desselben nach sich zieht. Mit diesen vier Merkworten will Kentenich die methodischen Schritte bei der Erkenntnis und Verwirklichung göttlicher Pläne bezeichnen. Sein Anliegen ist es dabei, eine reflexiv klare Methode an die Hand zu geben, nach der sich der Mensch bei der Erkundung des göttlichen Willens richten kann. Es ist die Beschreibung des Denkweges Kentenichs, ein Schema, das seinen Erkenntnisprozess nachhaltig geprägt hat, er spricht von den vier Schritten: „beobachten – vergleichen – straffen und anwenden“.[150]

1. „beobachten“: Grundsätzlich ist die ganze Breite der Wirklichkeit mögliches Beobachtungsfeld. Das Beobachten nach Kentenich meint ein „Auf-sich-wirken-lassen“ der Phänomene, ein ehrfürchtiges Sich-Einfühlen. Die Breite des Beobachtungsmaterials ist durch die drei Erkenntnisquellen „Zeit, Seele und Sein“ umrissen.

2. „vergleichen“: Die einfühlende Beobachtung und konstatierende Beschreibung der aktuellen Phänomene braucht aber Vergleichsmöglichkeiten aus

149 Ebd. 141.

150 Vgl. Ebd., 141-142.

der Geschichte, aus der Literatur, aus der Heiligen Schrift und auch aus der eigenen Lebenserfahrung. Es braucht also den Vergleich mit anderen Phänomenen.

3. „straffen“: Der dritte methodische Schritt bezieht sich auf das zusammengetragene Beobachtungs- und Vergleichsmaterial. Das Straffen durchdringt geistig dieses Material, ordnet nach entscheidenden Gesichtspunkten, formuliert Prinzipien, scheidet Unbedeutsames aus, wagt sich zu einer Durch- und Zusammenschau vor. Im Straffen wird die statistische und historische Fülle der Beobachtungen und Vergleiche mit einer Sinnspitze auf die Praxis versehen.

4. „anwenden“: Auf diesen Übergang in die Praxis zielen alle vorausgegangenen Schritte hin. Bisweilen weisen die aufgrund der Merkworte „beobachten-vergleichen-straffen“ gewonnenen Erkenntnisse neue Wege auf, die nun in der Anwendung wagemutig beschritten werden sollen. Letztlich geht es hier um die Entwicklung eines Systems, die schöpferische Synthese der durch „beobachten, vergleichen und straffen“ gewonnenen Erkenntnisse, die nun in ein Handeln umgesetzt werden sollen.[151]

Die Praxis als Endpunkt der Methode verwandelt sich wiederum in den Ausgangspunkt eines erneuten Beobachtens. Beobachtungsgegenstand ist die Wirkung, die der in der Anwendung beschrittene Weg als Resultat zeitigt. Die nachfolgende Entwicklung wird zum Kriterium, ob der Gottesplan wirklich als solcher erfasst worden ist oder nicht. Zwischen Anwendung und erneuter Beobachtung ist ein zeitlich-geschichtlicher Abstand notwendig. Diese Zirkelstruktur bildet das Fundament für die beiden „Gesetze der geöffneten Tür und der schöpferischen Resultante“, diese sind aufeinander bezogen.[152]

Die gegenseitige Zuordnung beider Gesetze ist zu fassen als ein methodischer Zirkel. Das „Gesetz der geöffneten Tür“ zielt darauf ab, dass sich der Mensch dem Inhalt und dem Zeitpunkt des göttlichen Planes anzupassen

151 Zu den vier Schritten, vgl. Ebd., 143-144.

152 Vgl. Ebd., 144. Eine sehr ausführliche und anschauliche Darstellung des methodischen Vierschritts im Erkenntnisprozess der göttlichen Absichten findet sich in dem Kapitel *Die Methode: beobachten – vergleichen – straffen – anwenden*, in: BOLL, „... vor allem mein Herz“, 158-189.

versucht. Im „Gesetz der schöpferischen Resultante“ wird das im Nachhinein sich einstellende Ergebnis der Handlung fokussiert. Die Erkenntnis aus dem „praktischen Vorsehungsglauben“ fordert zur Handlung, die das Erkannte in die Tat umsetzt. Aus der Reflexion entstehen neue Erkenntnisse und diese werden wiederum auf das Handeln angewendet, so dass die vorausgegangene Praxis entweder bestätigend fortgeführt oder korrigierend geändert wird.[153]

> *„Nach dem Gesetz der geöffneten Tür sein Handeln ausrichten heißt für den vorsehungsgläubigen Menschen, sich in gläubiger Folgsamkeit, Beweglichkeit und Wagnisbereitschaft von Gott die Wege, die Mittel und den Zeitpunkt für die allmähliche Erkenntnis und die schrittweise Verwirklichung einer Sendung zeigen zu lassen, um auf diese Weise geschichtsschöpferisch wirksam zu werden.“*[154]

Eine Tür als geöffnet anzusehen und durch sie hindurchzugehen ist die Voraussetzung für die Verwirklichung eines Gottesauftrages. Die geöffnete Tür bezeichnet die reale Möglichkeit, ein Stück weit den göttlichen Plan zu verwirklichen. Es ist ein entschiedener Verwirklichungswille gefragt, der Mittel und Wege zum Ziele aktiv sucht und sich von Gott selber den richtigen Zeitpunkt zum Handeln zeigen lässt. Das „Gesetz der geöffneten Tür“ ist nur für den vorsehungsgläubigen Menschen erkennbar, der mit einem *„apriorischen Woraufhin“*[155] die Erkenntnisquellen „Seele, Zeit und Sein“ gezielt befragt. Damit ist ein erstes Bestimmungsmerkmal des „Gesetzes der geöffneten Tür“ umrissen: die Bezogenheit auf die Zielgestalt einer Sache und das „Wie“ und „Wann“ ihrer Verwirklichung.[156]

„Beim Gesetz der geöffneten Türe“ kommt es weniger auf den Inhalt der Erkenntnisquellen an, sondern insofern sie dem Menschen in einem bestimmten Augenblick zum Bewusstsein kommen. Das „Gesetz der geöffneten Tür“ vermittelt also nicht nur inhaltliche Erkenntnis, sondern auch Aufschluss über den Zeitpunkt, wann etwas konkret getan werden sollte, mit welchen Mitteln oder Personen es verwirklicht werden oder auf

---

153 Vgl. UNKEL, Leben aus dem praktischen Vorsehungsglauben,141.

154 Ebd., 147.

155 Ebd., 145.

156 Vgl. Ebd., 145.

welchen Wegen ein Ziel angegangen werden soll. Ebenso legt Kentenich großen Wert darauf, dass die Gottesstimmen nicht durch große, aufsehenerregende Zeitereignisse vernehmbar sind, vielmehr sind es auch Kleinigkeiten, durch die Gott eine Tür öffnet.[157]

Durch das „Gesetz der schöpferischen Resultante" erfährt der Mensch eine Bestätigung oder eine korrigierende Infragestellung. Das „Gesetz der schöpferischen Resultante" übt also eine doppelte Funktion aus: es bestätigt oder verwirft das vorausgegangene Tun und dementsprechend fordert es dazu auf, den im Glauben beschrittenen Weg fortzusetzen oder zu korrigieren. In beiden Fällen, ob in der Bestätigung oder Infragestellung des Unternommenen, wird das „Gesetz der schöpferischen Resultante" zu einer Quelle neuer Erkenntnis. Das sich in der Praxis einstellende Ergebnis erweist sich als eine sich öffnende oder schließende Tür; es schenkt somit neue Erkenntnis für den nächsten praktischen Schritt in die nach Gottes Plan zu gestaltende Zukunft. Das „Gesetz der geöffneten Tür und der schöpferischen Resultante" sind somit in einer Zirkelstruktur unablösbar miteinander verbunden. Kentenich spricht hier von einer Spannungseinheit, von einem endlosen und spannungsreichen Wechselspiel zwischen den Gesetzmäßigkeiten der „geöffneten Tür" und der „schöpferischen Resultante".[158]

---

157 Vgl. Ebd., 146-147. Joseph KENTENICH, *Vortrag in Dachau vom 16. Juli* (1967), in: ders., Durchblick in Texten, Band 7, 450: *„Vorsehungsgläubig haben wir auch die kleinsten Dinge unseres Lebens immer aufgefasst als Wink Gottes. All die großen Aufgaben, unsere Sendungen riesengrößter Art, wie wir sie glauben von Gott empfangen zu haben, glaubten wir deduzieren zu können nach diesem Gesetz der geöffneten Türe. ‚Sakramentalität des Augenblicks' – ein bekanntes Wort: Jeder Augenblick hat uns in irgendeiner Weise etwas vom lieben Gott gezeigt, erzählt, Türchen aufgeschlossen und ermuntert hindurchzugehen. Das war kein dröhnender Schritt. Das ist es ja gerade, was wir heutige Menschen wieder lernen müssen."*

158 Vgl. Ebd., 155-157. Gerade beim „Gesetz der geöffneten Tür" lässt Kentenich sich vom Apostel Paulus inspirieren. Peter Wolf führt dazu aus: *„Bei aller Faszination vom Christusgeheimnis lässt Paulus sich den konkreten Weg der Verkündigung nach und nach erschließen. Er weiß nicht von Anfang an, wie das gehen soll. Er muss sich den Weg zeigen lassen. Die fast versteckte Bemerkung im Zweiten Korintherbrief von der ‚Tür, die der Herr ihm öffnete', wird für Josef Kentenich zu einer ganz gewichtigen Schriftstelle im Sinne des Vorsehungsglaubens, der für jedes spirituelle und apostolisch-engagierte Leben von entscheidender Bedeutung ist. Wie Kentenich*

3.3. Zusammenfassung

Hans-Werner Unkel macht den Versuch in einigen Sätzen dem „praktischen Vorsehungsglauben" Kentenichs Ausdruck zu verleihen, er formuliert:

> *„Der praktische Vorsehungsglaube ist die Weise, wie der Mensch an der göttlichen Weltregierung konkret teilnehmen kann; wie er sein Leben, sein Tun, sein Denken, sein Hoffen und Lieben geschichtswirksam werden lassen kann. [...] Vorsehungsglaube ist schlechthin die Weise (die Spiritualität und die Methode), in der der Mensch – insbesondere in einer Zeitenwende wie heute – als Mensch und als Christ die volle Entfaltung seiner geschichtlichen Freiheit realisieren kann, indem er als Kind Gottes (als ‚Providentiakind'), als Bundespartner und Mitregent Gottes mitverantwortlich am Werden einer neuen Zeit, einer erlösteren Welt- und Gesellschaftsordnung – und damit gleichzeitig an seiner eigenen Heiligung und Vollendung – mitarbeitet. [...] Er baut an einer neuen Weltordnung mit. Praktischer Vorsehungsglaube ist ernstzunehmende christliche Zukunftsverantwortung, für das eigene Leben und für die Welt insgesamt."*[159]

Prägend für die Kentenich'sche Vorsehungskonzeption ist sein ausgeprägtes Geschichtsbewusstsein. Dies zeigt sich zum einen in der Fähigkeit, konkrete Entwicklungen, Phänomene, Krisen und Ereignisse des 20. Jahrhunderts in großen übergeordneten geschichtlichen Zusammenhängen zu sehen und dadurch in ihrer Signifikanz zu erfassen; zum anderen äußert es sich in der Mitgestaltung der Zukunft von Kirche und Welt, in der konkreten Geschichtsgestaltung. Dabei sind die theoretische und die praktische Seite der Vorsehungslehre Kentenichs untrennbar miteinander verbunden und stehen in einem nicht endenden Wechselspiel zueinander.[160]

---

darüber spricht, zeigt, dass er sich auf eine ganz ähnliche Art den Weg weisen lässt und in seinem Wirken auf das ‚Gesetz der geöffneten Tür' setzt. Dabei bezieht er sich auf diese Passage bei Paulus und auf das Zeugnis der Apostelgeschichte über seine Missionsreisen." in: Peter WOLF (hrsg.), In der Schule des Apostels Paulus. Ausgewählte Texte von P. J. Kentenich, Vallendar-Schönstatt 2008, 40.

159 UNKEL, Leben aus dem praktischen Vorsehungsglauben, 194-195.

160 Vgl. Ebd., 195-196.

Dem Vorsehungsdenken Kentenichs liegt eine Theologie der Geschichte zugrunde, die im Wesentlichen mit den beiden Begriffen Plan und Bund umrissen werden kann. Dabei wollen beide Begriffe Kentenichs Bemühungen ins Wort bringen, wie es dem Menschen gelingen kann, den christlichen Glauben vital, aktiv und operativ zu leben. Gottes Geschichtsführung richtet sich dabei an einen ewigen Plan, den er in der Zeit ausführt. Dieser göttliche Plan ist trinitarisch verankert. Diese trinitarische Verankerung der Geschichte als Plan gewährleistet, dass jegliche Geschichte (bei allem Hineingetauchtsein in das Geheimnis Gottes) genügend Momente der Erkenntnis enthält, damit der vorsehungsgläubige Mensch die Absichten Gottes in der Zeit erkennen kann. Kentenich postuliert damit die grundsätzliche Intelligibilität des göttlichen Willens durch den Menschen in der Zeit.[161]

Die Geschichtstheologie kommt bei Kentenich nicht nur mit dem Begriff des Plans aus, sie wird im Rückgriff auf Thomas von Aquin durch den Begriff des Bundes ergänzt. Der Bundesbegriff erfährt in der Spiritualität Schönstatts eine enorme Betonung, er muss als originelles Eigengut Kentenichs bezeichnet werden. Bund kann im Sinne Kentenichs umschrieben werden als das geschichtliche Band zwischen Gott und Mensch, das auf Erlösung und Vollendung des Menschen (in allen seinen Dimensionen, insbesondere die Realisierung des „Persönlichen Ideals") und der Geschichte insgesamt ausgerichtet ist. Liefert der Plan den Inhalt und die Linearität der Geschichte, so kann der Bund als die Art und Weise, wie Gott seine planvolle Weltregierung gestaltet, bezeichnet werden. Gott als absoluter und souveräner Herr der Geschichte befähigt den Menschen, sein Bundespartner zu sein. Gott will dabei seine ewigen Pläne nicht ohne die freie Mitwirkung des Menschen durchführen. Ausdruck und Beispiel dieser Achtung Gottes vor der Freiheit des menschlichen Bundespartners ist die Zusage Mariens in der Verkündigungsstunde (*Magnifikat*). Kentenich hat innerhalb seiner Geschichtstheologie stets die Bedeutung der thomasischen Erst-Zweitursachen-Lehre betont und in sein Werk integriert und damit den Menschen als freien Bündnispartner Gottes immer wieder hervorgehoben.[162]

161 Vgl. Ebd., 196.

162 Vgl. Ebd., 198-199.

Des Weiteren sind die Erkenntnisquellen des „praktischen Vorsehungsglaubens" die dargestellten „Zeit-, Seelen- und Seinsstimmen", sie haben eine innere gegenseitige Bezogenheit. Sie müssen stets alle befragt werden, keine dieser drei darf beiseitegelassen werden. Man kann nicht etwa „Zeit und Seele" bejahen und das „Sein" ablehnen, allerdings gibt es ein spezifisches Zueinander dieser Trias. Den Ausgangspunkt für die Erkundung des göttlichen Willens bilden bei Kentenich die „Zeiten- und Seelenstimmen", erst dann werden die „Seinsstimmen" relevant. Den Erkenntnisvorgang, den Kentenich hier also skizziert, ist demnach eine geschichtliche Induktion und keine metaphysische Deduktion. Die Prämissen, die göttlichen Absichten zu erkennen, sind die jeweiligen Neuheitsphänomene der Klein- und Großgeschichte, in dem das gottesoffenbarende Wirken und Sprechen fassbar wird. Die Erkenntniskriterien lassen sich also nicht aus allgemeinen Prinzipien oder überzeitlichen dogmatischen Wahrheiten ableiten. Da also die „Zeiten- und Seelenstimmen" unableitbar originell sind, sind sie zugleich auch immer partiell, sie bringen die Wirklichkeit nur in Teilaspekten in den Blick, nicht aber in ihrer Totalität. Der Rekurs auf die „Seinsstimmen" hat eine horizonterweiternde Funktion, die es ermöglicht, nützliche Vergleichsmaßstäbe zu gewinnen, zu festen Urteilskriterien und Handlungsnormen vorzustoßen und auch gegebenenfalls Korrekturen anzubringen.[163]

Abschließend kann konstatiert werden, dass Kentenich mit seiner Konzeption des „praktischen Vorsehungsglaubens" dem Menschen einen Weg aufzeigen will, wie er die Identität bzw. Diskrepanz von göttlichem und menschlichem Plan, von göttlicher Absicht und menschlichem Handeln mit einer gewissen Sicherheit erkennen kann. So ist als Fazit festzuhalten, dass Kentenich die tiefe Überzeugung hat, dass der Mensch grundsätzlich imstande ist in Freiheit den göttlichen Plan zu erkennen und zu realisieren. Allerdings handelt der Mensch, wie durch die Spannungseinheit von „Gesetz der geöffneten Tür und der schöpferischen Resultante" gezeigt, nicht mit absoluter Sicherheit, sondern mit relativer Sicherheit. Der richtige Umgang mit den „Zeiten-, Seelen- und Seinsstimmen" ist erlernbar und will eingeübt werden in der Schule des „praktischen Vorsehungsglaubens", d.h. eines Glaubens, der das Menschsein in allen seinen Dimensionen

163 Vgl. Ebd., 137-140.

erfasst und auf den „Gott des Lebens" hin durchsichtig macht. Die hermeneutische Entzifferung der entsprechenden Erkenntnisquellen hängt neben dem menschlichen Bemühen vom Maß der gottgeschenkten Gnade ab.[164]

4. Die tiefenpsychologischen Grundzüge im Denken Kentenichs

> *„Die moderne Psychologie hat uns viele Bausteine geliefert für die Behandlung des unterbewußten Seelenlebens, und ich muss Ihnen gestehen, unsere gewöhnliche katholische Aszese hat bisher verzweifelt wenig Rücksicht genommen auf das unterbewusste Seelenleben: und doch bleibt es wahr, dass wir bedeutend mehr das tun, was die Natur unterbewusst erstrebt, als das, was wir wollen. Nehmen Sie hinzu, dass der heutige Mensch irrational eingestellt ist bis in die Fingerspitzen hinein, dann werden Sie verstehen, von welcher Bedeutung für die Zukunft der katholischen Aszese das Studium des unterbewussten Seelenlebens ist.*[165]

Joseph Kentenich verfolgte mit seinem Ansatz von Anfang an auch ein psychologisches Anliegen. Der Tiefenpsychologie und der psychologischen Dimension kommen eine Schlüsselfunktion zu und ist ein wesentliches Kennzeichen des Werkes von Joseph Kentenich. Dabei bedauerte er immer, dass die psychologischen Erkenntnisse der Psychoanalyse und anderer tiefenpsychologischer Schulen in der kirchlichen Praxis eigentlich keine Berücksichtigung gefunden haben. Auch das Zweite Vatikanische Konzil[166] habe es versäumt, die Theologie mit dem psychologischen Denken in

164 Vgl. Ebd., 187–192.

165 Joseph KENTENICH, Vortrag vom 29. Februar (1952), Brasilien-Terziat, Vallendar-Berg Sion 1975, 144.

166 Gleichzeitig ermutigt das Zweite Vatikanische Konzil die Theologie zum interdisziplinären Dialog, so vor allem die Konstitution *Gaudium et spes*. Dieser Dialog zwischen Theologie und Psychologie setzt bei der Einheit der einen Wirklichkeit an, nämlich dass die Wirklichkeit des profanen Bereichs und die des Glaubens in demselben Gott ihren Ursprung haben. Ein gelingender interdisziplinärer

Verbindung zu bringen. Für Kentenich ist diese interdisziplinäre Auseinandersetzung mit der Psychologie eine Notwendigkeit, wenn die Theologie und die kirchliche Praxis auf existentielle Fragestellungen des Menschen auch künftig eine Antwort geben möchte. Offenbarung und Tiefenpsyche dürfen also nicht isoliert gedacht werden, sondern auch die Botschaften aus dem Unbewussten müssen als Sprachrohr Gottes verstanden und integriert werden. So formuliert Kentenich die anstehende Aufgabe und Herausforderung der Kirche im Hinblick auf die Synthese von Theologie und Psychologie folgendermaßen:[167] *„Es geht also darum, zu überlegen und festzustellen, wie weit des Augustinus theologische und des hl. Thomas philosophische Erkenntnisse vom psychologischen Standort aus neu gesehen und miteinander in Verbindung gebracht werden können.“*[168]

Dialog zwischen Theologie und Psychologie zeigt sich demnach auch in der Ermöglichung eines tieferen Verständnisses von theologischen Erkenntnisobjekten. Denn wenn Offenbarung den Anruf Gottes an den ganzen Menschen meint, dann ist hinsichtlich dieser Ganzheit auch die Dimension des Unbewussten mitgemeint. Die Psychologie kann somit der Theologie bei der Klärung der Frage helfen, was damit gemeint ist, wenn gesagt wird, dass der Mensch in seiner Ganzheit Hörer des Wortes Gottes ist. Vgl. Thomas HENKE, Seelsorge und Lebenswelt. Auf dem Weg zu einer Seelsorgetheorie in Auseinandersetzung mit soziologischen und sozialphilosophischen Lebensweltkonzeptionen, Würzburg 1994, 121.

167 Vgl. GERBER, Zur Liebe berufen, 215-216.

168 Joseph KENTENICH, *Kurzstudie* (1965), in: ders. Durchblick in Texten, Band 3, 469. Ebenso führt Kentenich an anderer Studie dazu aus: *„Es geht dabei zunächst um die umfassende Sendung der Kirche in der heutigen Zeit, wie sie durch die Auflösung aller natürlichen und übernatürlichen Bindungen in Welt und Kirche nahe gelegt wird. Genauer gesagt: um eine zeitgerechte Weiterführung des Anliegens eines heiligen Augustinus, dem das Verdienst eignet, durch Anpassung an platonische Gedankengänge die Theologie der Erstursache der damaligen Zeit verständlich zu machen, und das Anliegen des heiligen Thomas, dem die Kirche durch Anlehnung an die aristotelische Auffassung die Philosophie der Zweitursachen verdankt. Thomas hat aus solcher Grundeinstellung heraus das bekannte Prinzip formuliert: ‚Deus operatur per causas secundas liberas' und auf solche Weise die relative originelle Eigenständigkeit der Zweitursachen gerettet. Heute kommt es nun darauf an, die säkularen Leistungen beider Kirchenlehrer neu zu sehen, sinngemäß zu verwirklichen und vorsichtig zu ergänzen durch deren Psychologie."* Joseph KENTENICH, *Darlegung von 18. September* (1965), in: ders. Durchblick in Texten, Band 3, 465-466. Was

Kentenich war davon überzeugt, dass der Persönlichkeitskern des Menschen in der Tiefenpsyche verankert ist und dass sie als Quelle der Offenbarung Gottes verstanden werden darf. Es soll das tief im Unbewussten wurzelnde Ich entfaltet werden. Seelische Identität, die der Mensch aus seinem Inneren heraus erstrebt, ist das, was Kentenich als Ziel seines tiefenpsychologischen Ansatzes formuliert. Letztlich geht es hier um das Anliegen, die Tiefenpsyche nicht isoliert von Gott zu betrachten, sondern sie ebenso als seine Schöpfung und sein Sprachrohr zu integrieren. Die Stimme der Seele soll gehört und ernst genommen werden. Es ging Kentenich darum, die Tiefenseele mit Gott zu verbinden. In diesem Anliegen übersteigt er natürlich bei weitem den Horizont der Psychoanalyse und anderer tiefenpsychologischen Schulen, gleichzeitig aber auch den kirchlichen Standpunkt seiner Zeit, der das echt Menschliche (die Natur, den Trieb) unterbewertet oder gar abwertet. Geist und Seele müssen keine kontradiktorischen Prinzipien sein und einen Dualismus begründen, im Sinne Kentenich rührt die organische Ganzheitlichkeit des Menschen aus der Zusammengehörigkeit von Geist und Seele.[169]

Seine kontinuierliche psychologische Orientierung beruht vor allem auf seiner erkennbaren Offenheit für psychologische Probleme und Phänomene und seiner Begabung, psychologische Sachverhalte in einer ihm eigenen Weise aufzunehmen. Seine psychologische Aufgeschlossenheit besteht

---

ist nun mit dieser zeitgerechten Weiterführung im Sinne Kentenichs gemeint? Dieser Frage wendet sich Benito Schneider zu, indem er ausführt: *„Die ‚reinen Ideen' bei Plato deutet Augustinus als Urbilder in Gott, deren Abbilder die jeweiligen Geschöpfe sind. Die Frage der Abbilder hingegen interessiert Augustinus hinsichtlich der Klärung des christlichen Gottesbildes. Thomas v. Aquin hingegen interessiert hier stärker die Frage, inwiefern diese inkarnierten Gottesgedanken ihr Eigensein entfalten und als Zweitursachen aus der Kraft der Erstursache – Gott – wirken. Psychologisch ist damit die Persönlichkeit des Menschen mit der Eigendynamik der in ihr agierenden Kräfte von Bedeutung, welche jedoch in Abhängigkeit von Gott bzw. der göttlichen Gnade gesehen werden wollen."* Benito SCHNEIDER, *Pater Joseph Kentenich als religiöser Erzieher*, in: Regnum 12 (1977), 31. Schneider betont also, dass die Eigendynamik der Tiefenpsyche des Menschen nicht getrennt von Gott und seinen Wirkungen betrachtet werden kann.

169 Vgl. Einführung von Herbert KING, in: KENTENICH, Durchblick in Texten, Band 1, 205-206.

in einer genauen und tiefgehenden intuitiven Wahrnehmungsfähigkeit für die Vielfalt und Vielschichtigkeit menschlichen Erlebens und Verhaltens (gerade auch was das religiöse Leben angeht), für bewusste und unbewusste Prozesse bei sich, anderen Individuen und bei Gemeinschaften.[170]

Im Hinblick auf die gottgewollte Berufung eines Menschen ist somit die Berücksichtigung der Tiefenpsychologie[171] für Kentenich unabdingbar. Dabei geht es wesentlich darum, sich selbst und die verborgene Seite mit den unbewussten Reflexen im Persönlichkeitskern ehrlich wahrzunehmen. So erklärt er seine Fokussierung auf das Seelenleben des Menschen als sein eigentliches Kernanliegen, indem er über sich selbst schreibt:

> *„Sein ganzes Leben hindurch schwebte ihm ein einziges großes Ideal vor Augen: Gott und die Seelen. Alles andere war für ihn Nebensache. Es wurde zielstrebig dieser einen großen Lebensidee ein- und untergeordnet. Es ging ihm immerdar darum, die Seele für Gott zu öffnen und sie mit ihm unzertrennlich in Verbindung zu bringen. Das aber verlangte unabdinglich, dafür zu sorgen, daß die Seele womöglich bis in die letzten Tiefen für Gott und Göttliches geöffnet würde und geöffnet blieb. Darauf legte er – die bevorstehende Problematik des Seelenlebens gleichsam mit einem mutigen Griff vorwegnehmend*

---

170 Vgl. CZARKOWSKI, Psychologie als Organismuslehre, 48-57.

171 Vgl. Erika FRÖMBGEN, Artikel *Tiefenpsychologie*, in: Schönstatt-Lexikon, 395-397. Frömbgen formuliert hierzu, 395-396: *„P. Kentenich gehört zu den Pionieren, die als Priester, Seelsorger und Lehrer zeitgleich mit der aufkommenden Tiefenpsychologie die latent verborgene ‚Tiefenseele' mit ihren un- und unterbewußten Vorgängen und Möglichkeiten ernstgenommen und berücksichtigt haben. Nach seiner Erfahrung und wiederholten Aussagen wird ein Großteil menschlichen Handelns weit mehr von un- und unterbewußten Voreinstellungen denn von bewußten Vorentscheidungen bestimmt. So verwendet er schon früh die Ausdrücke ‚bewußtes, unbewußtes und unterbewußtes Seelenleben'. Dem Unterbewußten ordnet er alle jene seelischen Dispositionen zu, welche die bewußten maßgebend beeinflussen, ohne direkt erkennbar zu sein (positive und / oder negative Motive, Voreinstellungen, Erlebnisse, Erfahrungen). Tiefenpsychologische Erkenntnis zielt daher seinerseits zeitlebens auf tiefenpsychologische Selbsterkenntnis, auch ‚Läuterung und Reinigung des un- und unterbewußten Seelenlebens', ‚Herzensreinigung' oder ‚Infinitismus der Tiefe' genannt, die in der ‚affektiven Reife' angestrebt wird."*

– vom ersten Augenblick seiner Erziehertätigkeit (seit 1912) gebührend Gewicht.“[172]

4.1. Psychologie als „Organismuslehre“

Wenn Kentenich den Ausdruck Seele verwendet, so ist immer die Ganzheit des Menschseins gemeint. Die Seele ist Teil der anthropologischen Trias: „Leib, Seele, Geist“, diese wird aus der scholastischen Tradition herrührend als *unitas multiplex* verstanden, als eine vielschichtige Einheit. Entsprechend dem Leitmotiv Kentenichs ist „der neue Mensch in neuer Gemeinschaft“[173] der seelisch freie Mensch und damit der ganzheitlich integrierte Mensch, der Leib, Geist und Seele in ihre ursprüngliche Zusammengehörigkeit überführt. Damit will zum Ausdruck kommen, dass der Mensch ein vielschichtiger Organismus ist, der auf Ganzheit hin angelegt ist. Menschliche Entwicklung und psychologisches Wachstum zielen immer auf eine seelische Ganzheit ab, die versucht, die Polarität der menschlichen Psyche anzuerkennen, zu integrieren und damit zu vereinen. Kentenichs spezifisches Psychologieverständnis findet seinen Ausdruck in Begriffen wie „Organismuslehre“[174] oder „organisches Denken“, und weist eine

---

172 Joseph KENTENICH, *Brief zur Verteidigung gegen die römische Glaubenskongregation* (1962), in: ders., Kentenich-Reader, Band 3, 180-181.

173 *„Der Neue Mensch ist der ganzheitliche Mensch, der aus der eigenen Mitte lebt und sein Leben gestaltet, die in sich stehende, integrierte Person. Unter Integration versteht Pater Kentenich im Hinblick auf das Subjekt die Entfaltung aller in der Menschennatur grundgelegten Fähigkeiten und Kräfte. Denn mit Recht wird der Mensch ein ‚Mikrokosmos' genannt, in dem ‚alle Seins- und Lebensstufen eine Zusammenfassung finden'. Es ist ein Prozeß, das spannungsreiche Verhältnis zwischen den Kräften und Funktionen der personalen Menschennatur zur Spannungseinheit zu verbinden. Dabei geht es nicht nur um Bewußtseinsgegebenheiten; auch die Frage nach dem Un- und Unterbewußtsein ist eingeschlossen."* Herta SCHLOSSER, Artikel *Neuer Mensch*, in: Schönstatt-Lexikon, 281-282.

174 Joseph KENTENICH, Briefwechsel mit Alois Wurm vom 7. August (1933), 35: *„Unser System, das schon vorher bestand, wird wohl stark gestützt, durch die moderne Ganzheits- und Strukturpsychologie, will aber im Wesentlichen als Organismuslehre angesprochen werden."* Die Dissertation von Hans Czarkowski aus dem Jahre 1973 unterstreicht die Aussage des Zitates, indem sie den Titel trägt: *Psychologie als Organismuslehre. Joseph Kentenich und die moderne Psychologie*

inhaltliche Nähe zur modernen „Ganzheits- und Strukturpsychologie“ [175] auf. Mit der organischen Betrachtungsweise verbindet sich ein psychologisch-perspektivisches Denken, d.h. jeder Bereich der gesamten Wirklichkeit kann unter dem psychologischen Blickwinkel gesehen werden, der die theologische, philosophische, soziologische und pädagogische Sichtweise eigenständig ergänzt. [176]

4.1.1. Der eigene Standpunkt und vergleichende Aspekte

Kentenich versteht sich nicht als ein Psychotherapeut, sondern wendet sich in seinem tiefenpsychologischen Interesse grundsätzlich psychisch gesunden Menschen zu. Dagegen versteht sich gerade die Psychoanalyse auch heute noch primär als eine Heilpraxis, bei der das psychisch gestörte Seelenleben primär im Fokus steht. Kentenich dagegen verfolgt mit seiner Tiefenpsychologie kein pathologisches Interesse, im Zentrum seiner Tiefenpsychologie steht eine persönlichkeitsbildende Ausrichtung. Kentenich war ein Pionier, der als Theologe und Seelsorger zeitgleich mit der damals aufkommenden Psychoanalyse die verborgene Tiefenseele mit ihren unbewussten Vorgängen, Möglichkeiten und Wirkungen ernstgenommen hat. Kentenich war sehr belesen in diesem Bereich und war stets mit den tiefenpsychologischen Erkenntnissen, Theorien und Autoren seiner Zeit vertraut. Dies belegen unzählige Vorträge, in denen er Bezug nimmt zu vielen unterschiedlichen tiefenpsychologischen Schulen. Kentenich betont aber seine Selbständigkeit auf diesem Gebiet, er lehnte eine direkte Abhängigkeit

---

unter besonderer Berücksichtigung der Tiefenpsychologie. Diese Monographie gilt allgemeinhin als das Standardwerk zur inhaltlichen Standortbestimmung des tiefenpsychologischen Ansatzes Kentenichs.

175 Als ein klassischer Vertreter der „Strukturpsychologie“ (oder auch „Strukturanalyse“ genannt) sei Karl Birnbaum (1878-1950) genannt. Unter Struktur wird allgemein die ordentliche Zusammenfügung, Ordnung oder auch die unsichtbare Anordnung der Teile eines Ganzen zueinander verstanden. In der Strukturanalyse werden darunter auch der Aufbau und das Zusammenwirken ganz bestimmter Kräfte in der menschlichen Psyche verstanden. Als ein weiterer bekannter Vertreter der Strukturpsychologie ist Wilhelm Dilthey (1833–1910) zu nennen.

176 Vgl. CZARKOWSKI, Psychologie als Organismuslehre, 171-173.

seines Standpunktes von einer bestimmten tiefenpsychologischen Schule ab.[177] Dennoch bezeugen einige Textdokumente, dass sich Kentenich bei aller Selbständigkeit mit den verschiedenen tiefenpsychologischen Schulen seiner Zeit auseinandergesetzt hat[178] und auch gewisse Ähnlichkeiten zu bestimmten psychologischen Ansätzen auszumachen sind.[179]

Seine tiefenpsychologischen Einsichten und Erkenntnisse resultieren bei Kentenich hauptsächlich aus der seelsorgerlichen Begleitung von Menschen bei ihrem geistig-geistlichen Reifeprozess, sprich in ihrer Persönlichkeitsentwicklung. Seine tiefenpsychologischen Erkenntnisse gewinnt er vor allem durch Beobachtung des Lebens. Aus dieser Lebensbeobachtung, d. h. konkret: durch den Umgang mit gesunden Menschen leitet Kentenich die Gesetzmäßigkeiten seines tiefenpsychologischen Standpunktes ab.[180]

---

177 Kommentar von Erika Frömbgen, in dem 1971 erschienenen und von ihr bearbeiteten Band der Vorträge der Pädagogischen Tagung aus dem Jahre 1951, hier schreibt sie: *„Pater Kentenich ging in der Erforschung und Interpretation des sog. Un- und Unterbewußten betont eigene Wege. Dabei übernahm er gelegentlich von anderen Forschern am gleichen Gegenstand Ausdrücke und Modellvorstellungen, distanzierte sich aber ausdrücklich von Einseitigkeiten schulgebundener Lehrmeinungen."* in: KENTENICH, Dass neue Menschen werden (1951), 190.

178 Nachweislich studierte Kentenich die verschiedenen tiefenpsychologischen Schulen anhand der Monographie: Dieter WYSS, Die tiefenpsychologischen Schulen von den Anfängen bis zur Gegenwart, Göttingen [3]1961.

179 Kentenich stellt selbst auch Analogien zwischen den verschiedenen tiefenpsychologischen Ansätzen und seinem Standpunkt fest: *„Daß die um die Jahrhundertwende entstandene und sich schnell entwickelnde Tiefenpsychologie oder die Psychologie des Unbewußten und in ihrem Gefolge die Psychotherapie oder Seelenheilkunde durch Beschäftigung mit dem kranken Seelenleben da und dort zu ähnlichen Ergebnissen und verwandten Formulierungen führte, war – als sie mir später bekannt wurden – lediglich eine Bestätigung eigner Auffassungen."* Joseph KENTENICH, Chronik-Notizen (1955/1956), Band 1, Vallendar-Berg Sion 2000, 177.

180 Kentenich reflektiert hier seinen eigenen Erkenntnisweg über tiefenpsychologische Zusammenhänge: *„Als sich die Seele* [gemeint ist hier ein konkreter Begleitungsvorgang einer Person] *mir – es war im Jahre 1921 – anvertraute, kannte man in breiterer Öffentlichkeit noch nichts von den verschiedenen Systemen der Tiefenpsychologie und der darauf basierenden seelischen Heilkunde der Psychotherapie. Auch mir war damals nichts davon bekannt. [...] Die Gesetzmäßigkeiten, nach denen ich mich richtete, sind das Produkt unabhängiger, selbständiger und sorgfältiger Forschungsarbeit. Sie wurden im Laufe der Jahre ungezählt viele Male*

Mit vielen anderen Denkern und Psychologen der ersten Hälfte des 20. Jahrhunderts ist Kentenich ein Verfechter eines ganzheitlichen Ansatzes. Wie schon in der Einleitung dieses Kapitels deutlich wurde, vertritt Kentenich mit seinem Psychologieverständnis als „Organismuslehre" eine Psychologie der Ganzheitlichkeit. Damit ist Kentenich eindeutig als ein Anhänger der sog. Ganzheitspsychologie zu sehen. Die Ganzheitspsychologie steht für die philosophisch, geisteswissenschaftlich orientierten tiefenpsychologischen Schulen im Sinne von Carl Gustav Jung, Otto Rank, Ludwig Binswanger (Existenzphilosophie mit ihrer Daseinsanalytik) und auch für das System von Viktor von Weizsäcker. In dieser Linie steht ebenso die Lehre von Martin Buber, Max Scheler und Karl Löwith. All diese Ansätze bilden eine Art Gegenbewegung im Hinblick auf die naturwissenschaftlichen, analytisch orientierten tiefenpsychologischen Schulen mit Sigmund Freud an der Spitze. Weitere inhaltliche Vergleichsaspekte ergeben sich mit den Ansätzen von Wilhelm Dilthey (verstehende und beschreibende Psychologie) und Karl Jaspers. Auch die sog. „Lebensformen" bei Eduard Spranger weisen auf Analogien mit Kentenich hin, ebenso Philipp Lersch mit seiner Psychologie der Geschlechter und seiner Ausdruckpsychologie. Eine Psychologie der Ganzheitlichkeit im Sinne Kentenichs verfolgen des Weiteren C. G. Jung mit seiner Individuationstheorie und seiner Konzeption des „Selbst", August Vetter mit seiner Persönlichkeitstheorie der personalen Anthropologie und Albert Wellek mit seiner von ihm begründeten Musikpsychologie.[181]

---

in öffentlichen Kursen dargestellt. Sie haben bislang nie eine Wandlung, wohl eine Vertiefung erfahren. Das geschah durch fortgesetzte Beobachtung des Lebens und durch selbständiges Forschen nach letztem Sinnzusammenhang. Beides öffnete schon sehr früh den Blick in die Tiefen der Seele bis hinein ins Unter- und Unbewußte." KENTENICH, Chronik-Notizen, 176.

181 Vgl. Erika FRÖMBGEN, Artikel *Psychologie*, in: Schönstatt-Lexikon, 326-327. In einem Brief im Juni 1962 ordnet sich Kentenich selbst den obengenannten Personen als Vertreter der philosophisch orientierten tiefenpsychologischen Theorien zu. Viele vergleichende Verbindungslinien zwischen der spezifischen tiefenpsychologischen Auffassung Kentenichs und den entsprechenden tiefenpsychologischen Grundpositionen anderer Schulen (Freud, Scheler, Jung, Lacan, u.a.) zieht Czarkowski, die hier aber nicht dargestellt werden können. Vgl. dazu das Kapitel *Bezug zu den tiefenpsychologischen Grundpositionen*, in: CZARKOWSKI, Psychologie als Organismuslehre, 199-204.

4.1.2. „Organisches Denken" als ein Streben nach Ganzheit

„Wir müssen wieder natürliche Menschen bilden. Das ist ja der Vorwurf, den man uns heute überall macht. Wie haben wir mit unserer Religion zerstückelte Naturen geschaffen! [...] Sehen Sie, deswegen auch das Wort, das ich früher so häufig gebraucht, [...]: Der übernatürlichste Mensch muss der natürlichste werden.“[182] Das „organische Denken“[183] ist ein spezifischer Kentenich-Begriff. Sein Denken hat einerseits das „organische Denken“ zur Voraussetzung, andererseits sieht Kentenich seine spezifische Sendung darin, für das „organische Denken“ einzutreten. „Organisches Denken“ steht in Zusammenhang mit dem Organismusgedanken. Kentenich kämpft, wie er selbst sagt, *„für den Organismusgedanken in Lehre und Leben.“*[184] Das „organische Denken“ stellt einen Bruch mit der von außen kommenden dogmatischen Tradition dar, nach der der Mensch sich nach Dogma und Glaubensgesetz auszurichten hat. Die kirchliche Tradition, in der Kentenich groß wurde, betonte einseitig die intellektuelle Vermittlung von Glaubenswahrheiten. Das „organische Denken“ markiert aber dagegen eine Betonung der Eigenwertigkeit und Eigengesetzlichkeit der Psychologie des Menschen. Diese Synthese aus Idee und Leben, aus objektiv-vorgegebenen Glaubensinhalten und dem subjektiv-psychologischen Lebensvorgang bringt das zum Ausdruck, was Kentenich als das „organische Denken“ beschreibt. Es ist der immer wiederkehrende Appell von Kentenich, dass der Mensch sein eigenes seelisches Erleben ernst nehmen soll. Gerade im Hinblick auf Glaube und Religion stellt Kentenich fest, dass christliche Glaubenswahrheiten oft nur von außen „angeklebt“ werden, aber in der Seele nicht existentiell nachvollzogen werden. Umgekehrt werden durch die Religion bestimmte Aspekte im Hinblick auf Trieb und Natur

---

182 Joseph KENTENICH, *Ansprache vom 24. Mai* (1966), in: ders., Durchblick in Texten, Band 1, 91.

183 Vgl. Herta SCHLOSSER, Artikel *Organisches Denken*, in: Schönstatt-Lexikon, 286-291. *„Gesundes Denken ist organisch, symbolhaft, zentriert, ganzheitlich."* KENTENICH, Dass neue Menschen werden, 72.

184 Joseph KENTENICH, Texte zum 31. Mai (1949), Schönstattpatres (hrsg.), Vallendar-Schönstatt 1974, 99. Mit den Begriffen „organisch" und „Organismus" überträgt Kentenich das Bild des Wachstums, wie es sich in der Natur, etwa bei Pflanzen, vollzieht, auf seelische Wachstumsprozesse.

des Menschen einfach ausgeklammert. Religion und Glaube muss aber den ganzen Menschen im Blick haben und einbeziehen. Kentenich spürte diese Notwendigkeit inmitten seiner Zeit für das echt Menschliche, das seelische Innenleben des Individuums, einzutreten.[185]

Kentenich spricht in diesem Kontext auch oft vom Phänomen der Verdrängung. Er spricht von gewissen Abriegelungen der psychischen Schichten des Menschen: Leib (Sexualität), Seele (Gefühlen, Gemütsregungen) und auch die höchste Schicht des Geistigen kennt Verdrängungen, d.h. auch der religiöse Zug im Menschen kann verdrängt werden, d.h. *„abgedrängt vom Urobjekt, vom persönlichen Gott.“*[186] Diese Verdrängungen führen letztlich zu einer *„Zerstückelung der menschlichen Natur“*[187], weil eben die verschiedenen Schichten der Persönlichkeit nicht miteinander verbunden sind und zueinander durchlässig sind. Der Mensch als Persönlichkeit kann darum keine organische Ganzheit bilden. Diese Verdrängungen sind in der Regel Ausdruck von mangelnder seelischer Verarbeitung der unterbewussten Inhalte und Tendenzen im Selbstwerdungsprozess.[188]

Seine neue Sicht fordert die organische Verbindung von Psychologie und Religion. Sein Ziel ist eine menschengerechte und seelengerechte Religion. Kentenich begibt sich mit seinem Denken auf eine Suche nach einem Weg, authentisch seelisch zu sein und gleichzeitig authentisch religiös zu leben. Kentenich steuert mit seinem „organischen Denken“ eine Überwindung des „mechanistischen Denkens“[189] an, das organische Zusammenhänge

185 Vgl. Herbert KING, Die psychologische Dimension im Denken und Handeln Pater Kentenichs – Versuch eines Überblicks, Vallendar-Schönstatt 1991, 1.

186 Joseph KENTENICH, Vorträge der Pädagogischen Tagung (1950), veröffentlicht unter dem Titel: Grundriss einer neuzeitlichen Pädagogik für die Hand des katholischen Erziehers, Schönstätter Marienschwestern (hrsg.), Vallendar-Schönstatt ²1978, 176.

187 KENTENICH, Dass neue Menschen werden, 71.

188 Vgl. CZARKOWSKI, Psychologie als Organismuslehre, 192-194.

189 Vgl. Herta SCHLOSSER, Artikel *Mechanistisches Denken*, in: Schönstatt-Lexikon, 253-254. Hier formuliert Schlosser: *„Mechanistisches Denken ist nach Pater Kentenich die epocheprägende Denkform, die er durch organisches Denken überwinden will. […] Mechanistisches Denken trennt unter dem Gesichtspunkt des Denkobjekts ‚im Objekt die Erstursache von der Zweitursache, es löst die Idee vom Leben und*

auseinanderreißt. Kentenich geht es also um die Einheit von Natur und Übernatur, von Idee und Leben, sowie von einzelnen Lebensvorgängen, die alle zusammengedacht werden müssen und organisch im Leben verbunden werden müssen.[190] Bei Kentenich wird die Religion, der Glaube und die Theologie um die psychologische Dimension erweitert, gleichzeitig wird aber auch, von der psychologischen Perspektive aus gesehen, das Menschenbild um das Konzept der Gnade[191] erweitert.[192]

4.1.3. Wesensbestimmungen des „unterbewußten Seelenlebens"

Für Kentenich hat die unbewusste Dimension der Persönlichkeit eine sehr große Bedeutung, gerade auch im Hinblick auf die Bestimmung des

---

bevorzugt deshalb lebensfremde Abstraktionen.' Mechanistisches Denken ‚atomisiert das Leben', Lebensvorgänge, Lebensgebilde und bereitet auf diese Weise einen vielgestaltigen Impersonalismus vor: die Entpersönlichung Gottes, die Entpersönlichung des Menschen und die Entpersönlichung der eigenen Person. Mechanistisches Denken trennt Ideen voneinander. Es trennt unter dem Gesichtspunkt des Subjekts ‚im Subjekt, das heißt in der eigenen Person' die seelischen Fähigkeiten voneinander, es führt zu einer ‚zerstückelten und zerstückelnden Lebensweise'." Die Zitate im Zitat sind entnommen aus: Joseph KENTENICH, *Texte zum 31. Mai* (1949), in: ders., Durchblick in Texten, Band 4, 46-48.

190 Vgl. Herbert KING, *Das Anliegen der Psychologie in Joseph Kentenich/Schönstatt*, in: Regnum 45 (2011), 174-187.

191 Schlickmann formuliert in diesem Zusammenhang: *„Damit kommt eine Komponente hinzu, die mit empirischen Forschungsmethoden nicht zu greifen, nur entsprechend zu konstatieren ist: die Gnade."* SCHLICKMANN, Die Idee von der wahren Freiheit, 203-204. Nach Kentenich besteht ein korrelatives Verhältnis zwischen der Gnade Gottes und der Psychologie des Menschen, d.h. dass einerseits religiöse Erziehung und Pastoral nicht ohne die Berücksichtigung der Gesetze der Psychologie auskommen kann, andererseits darf aber auch die Psychologie den Menschen nicht isoliert von Gott betrachten. Die Gnadenwirksamkeit Gottes offenbart sich vor allem in diesen übernatürlichen Trieben, so spricht Kentenich in diesem Zusammenhang von einer „Gnadenpsychologie", der er die „Naturpsychologie" gegenüberstellt. Vgl. LÄGE, Konzept des „Persönlichen Ideals", 88.

192 Vgl. STEFAN, „Die Schatzkammer meiner Seele", 19-21.

Menschen. Geht es doch darum, dem zu entsprechen, was Gott in der Seele grundgelegt hat. Nachweislich bevorzugt Kentenich, wenn er von tiefenpsychologischen Vorgängen spricht, den Begriff „unterbewußtes Seelenleben". So kann der Begriff des „unterbewußten Seelenlebens" bei Kentenich als der terminus technicus angesehen werden, der im Bereich der Tiefenpsychologie allgemein als das Unbewusste gekennzeichnet wird.[193] Da aber Kentenich den zentralen Begriff der Psychoanalyse das Unbewusste nicht übernimmt, sondern andere Begriffe zur Bezeichnung tiefenpsychologischer Prozesse verwendet, kann daraus auf eine ihm eigentümliche tiefenpsychologische Auffassung geschlossen werden. Gerade der Begriff des Seelenlebens ist für Kentenich ein spezifischer Ausdruck, den er gebraucht, um damit den zentralen Gegenstand seiner psychologischen Darlegungen und Studien zu bezeichnen: die menschliche Seele oder die Psyche in ihrer Lebendigkeit und in ihren ganzheitlichen Prozessen als einen Organismus des Seelenlebens.[194]

Grundsätzlich vertritt Kentenich eine Bewusstseinsfähigkeit des „unterbewußten Seelenlebens". Die Eindrücke können vom „Unterbewusstsein" (gemeint ist das Unbewusste und Vorbewusste) in das „Oberbewusstsein" (gemeint ist das Bewusstsein) gelangen. In seinen Ausführungen liefert Kentenich keine exakte Definition des „unterbewußten Seelenlebens". Die genaue Klärung seiner Auffassung erfolgt deskriptiv, d. h. durch Beschreibung des „unterbewußten Seelenlebens" und der darin sich abspielenden Prozesse und aufweisbaren tiefenpsychischen Gesetze. Man kann sagen, dass der Begriff „unterbewußtes Seelenleben" ein Obergriff mit verschiedenen Bedeutungsnuancen ist, der recht unterschiedliche psychische, nicht voll bewusste Vorgänge beschreibt. Dennoch können folgenden Wesensbestimmungen über den Begriff des „unterbewußten Seelenlebens" bei Kentenich festgehalten werden:[195]

---

193 Zu diesem Urteil kommt Paul Vautiér; vgl. dazu: Paul VAUTIÉR, Artikel *Psychologie der Zweitursachen*, in: Schönstatt-Lexikon, 331. Bei Freud hat *unterbewußt* eher eine Inhaltsähnlichkeit zu *vorbewußt*, d. h. das Unterbewusste ist dem Bewusstsein zugänglich wie das Vorbewusste, wohingegen bei Freud das Unbewusste vollkommen *bewußtseinsunfähig* ist, Vgl. Sigmund FREUD, Die Traumdeutung (1899), Frankfurt am Main [12]2005, 598-607.

194 Vgl. CZARKOWSKI, Psychologie als Organismuslehre, 188-190.

195 Vgl. Ebd., 201-202.

1. Das „unterbewußte Seelenleben“ hat eine Art Gedächtnisfunktion und ist Aufnahmeorgan für bestimmte affektive Eindrücke, auch die schöpferischen Kräfte der Seele sind hier verortet.

2. Das „unterbewußte Seelenleben“ ist Ursprung affektiver Regungen, emotionaler Bindungen und vitaler Antriebe und Bedürfnisse. Der Grundzug des „Persönlichen Ideals“ im Sinne eines Zentralwerts ist hier verortet.

3. Das „unterbewußte Seelenleben“ nimmt vor allem aus dem Bewusstsein verdrängte oder von irgendeiner psychischen Schicht abgeriegelte Gefühle, Strebungen, Wünsche, Interessen und Vorstellungen auf. Es ist nach Kentenich auch der Sitz der sog. „Voreinstellungen“, frühste (meist negative) Erfahrungen und Prägungen der Kindheit.

4. Das „unterbewußte Seelenleben“ steht in einer Spannungsrelation zum Bewusstsein, das Kentenich als Oberbewusstsein bezeichnet und als Schicht des Wollens und der Ratio angesehen werden kann. Das „unterbewusste Seelenleben“ ist gegenüber dem Bewusstsein selbständig und ist von ihm getrennt.

5. Schließlich hat das „unterbewußte Seelenleben“ einen kollektiven Aspekt, denn Kentenich hält die Existenz von innerseelischen Urbildern im Sinne der Archetypen von C. G. Jung für gesichert.[196]

6. Nach Kentenich konstituiert das „unterbewußte Seelenleben“ den Persönlichkeitskern, es ist die Mitte der Person. Den personalen Charakter des „unterbewußten Seelenlebens“ hebt Kentenich oft mit der symbolischen Bezeichnung „Herz“ und „Gemüt“ hervor.[197]

In Abgrenzung und im Vergleich zu anderen Ansätzen hat das „unterbewußte Seelenleben“ bei Kentenich eine größere Bewusstseinsnähe als das Unbewusste („Es“) bei Sigmund Freud, denn es umfasst sowohl persönliche als auch kollektive Inhalte und erinnert an Jungs Theorie des „kollektiven Unbewussten“. Des Weiteren aber hat das „unterbewußte Seelenleben“ nicht eine solche ausgesprochene Bewusstseinsnähe wie das Unterbewusste

196 Vgl. Teil IV, Kapitel 4.3.2.3. *Das „kollektive Unbewusste“ und seine „Archetypen“*

197 Vgl. CZARKOWSKI, Psychologie als Organismuslehre, 202, 250-252.

bei Max Scheler. Sehr wohl aber hat das „unterbewußte Seelenleben" ähnlich wie bei Scheler einen personalen Charakter. Kentenich distanzierte sich ausdrücklich von dem apersonalen Konzept der Psychoanalyse bei Freud.[198]

Das „unterbewußte Seelenleben" hat die Funktion, die bewusste Persönlichkeit zu ergänzen. Diese Integrierung der Persönlichkeit stellt sich nicht von selbst ein. Kentenich vertritt eine psychologisch-persönlichkeitstheoretische Position, bei der das perspektivische Denken vorherrscht und das die Ganzheit der Person aus verschiedenen Blickrichtungen untersucht. In der Dynamik seines konzipierten „unterbewussten Seelenlebens" denkt Kentenich nun zwei verschiedene Ansätze zusammen: Kentenich bejaht durchaus den Aspekt der Schichtung der Persönlichkeit. So verbindet Kentenich die Betrachtungsweise der Person nach dem Schichtenmodell, wie es beispielsweise Philipp Lersch und Erich Rothacker dargestellt haben,[199] mit der strukturtheoretischen Betrachtungsweise der Persönlichkeit von Albert Wellek, nach der sich die Person von einem inneren Kern her entfaltet[200], und auch dem Standpunkt von Wilhelm Josef Revers, der betont, dass die Personalität des Menschen bereits in sein Fühlen und seine Triebe hinabreicht. Nach Revers bilden das Gefühl und die Triebe den Stoff, das Material für die Persönlichkeitsbildung. Kentenichs Konzeption entspricht nun der Synthese beider Ansätze: Er denkt das Unbewusste sowohl als niedere Schicht, die dem Bereich des Wollens und Denkens gegenübersteht, sie ist aber zugleich auch als Ursprung der Persönlichkeit anzusehen. Gerade die Position von Revers wird auch bei Kentenich erkennbar in

198 Vgl. Ebd., 200-202. Vgl. hier insbesondere auch den thesenartigen vergleichenden Überblick zu anderen tiefenpsychologischen Positionen, ebd., 220-222.

199 Vgl. die Persönlichkeitsmodelle bei Lersch und Rothacker zusammenfassend dargestellt bei: Wilhelm. J. REVERS, *Anthropologische Problematik der Schichtentheorie*, in: Zeitschrift für Psychologie und ihre Anwendungen, 18 (1959), 34-41.

200 Albert WELLEK, Die Polarität im Aufbau des Charakters, Bern 1950. Revers kommentiert: *„Hier scheint der spezifische Unterschied zwischen Welleks Strukturtheorie und den Schichtentheorien Rothackers und Lerschs zu liegen: Wellek betrachtet die Persönlichkeit unter dem Aspekt der Selbstentfaltung und Selbstverfügung, Rothacker und Lersch betrachten sie unter dem Aspekt der aufsteigenden Bewußtheit und Willensverfügbarkeit."* REVERS, *Problematik der Schichtentheorie*, 38.

seiner Konzeption des unterbewussten „Grundzuges“[201] als Fundierung des „Persönlichen Ideals“.[202]

4.2. „Bindungsorganismus“ – ein Schlüssel für gelingendes Leben

Mit dem Begriff „Bindungsorganismus“[203] greift Kentenich eines seiner zentralen inhaltlichen Anliegen auf. Mit der Schaffung eines lebendigen „Bindungsorganismus“ will Kentenich eine schöpferische Antwort geben auf die tiefste Herausforderung der Zeit: die Bindungsunfähigkeit des modernen Menschen. Zu oft beobachtete er die negativen Auswirkungen fehlender seelischer Gebundenheit und die Gefahr der Entwurzelung des modernen Menschen. Kentenich kreist also stets um die Frage der psychologischen Bedeutung von tragfähigen und verlässlichen Bindungen, in

---

201 Wenn also der „Grundzug“ die Person in ihrer Totalität prägt, die Selbsterziehung und Selbstverwirklichung bei den Antrieben und Affekten ansetzt, dann hat Kentenich hier sehr früh eine psychologische Gesetzmäßigkeit aufgespürt, die Revers in seiner Studie ausführlich untersucht und in die Formulierung fasst: *„Der fühlende Grund des zum Vollzug seines Daseins erwachten Selbst ist der ganzheitlich integrierende Grund aller genetischen Differenzierungen.“* Wilhelm J. REVERS, *Gefühl, Wille, Persönlichkeit,* in: David u. Rosa KATZ (hrsg.), Handbuch der Psychologie, Basel/Stuttgart [2]1960, 250.

202 Vgl. CZARKOWSKI, Psychologie als Organismuslehre, 209-211, 221.

203 Vgl. dazu: Günther M. BOLL, Artikel *Bindungsorganismus*, in: Schönstatt-Lexikon, 34-38. Hier führt Boll aus, 34-35: *„Die Triebfeder seines Suchens nach neuen Wegen war die Einsicht in die veränderte Seelenlage des heutigen Menschen und in die negativen Auswirkungen bisher üblicher Erziehungsmethoden. So ist es zu verstehen, daß mit der Erarbeitung einer neuen Pädagogik und Spiritualität, speziell einer Bindungs- und Bündnispädagogik, die Herausarbeitung der Grundlagen und Gesetzmäßigkeiten einer Bindungslehre Hand in Hand ging. Das Ergebnis ist die ‚Lehre vom Bindungsorganismus‘ oder die ‚Organismuslehre‘. Es geht darum, die psychologischen Gesetzmäßigkeiten der Entstehung und Entfaltung seelischer Bindungen in einem gelebten Bindungsorganismus sowohl naturhaft-natürlicher wie auch übernatürlicher Art zu erfassen und diese im Rahmen einer philosophisch und theologisch begründeten Anthropologie darzustellen und zu rechtfertigen.“* Vgl. ebenso dazu das Kapitel *Bindungs- und Bündnispädagogik – Das organische Denken, Leben und Lieben*, in: BOLL, „... vor allem mein Herz“, 281-330.

ihnen sieht er das unabdingbare Fundament für eine gesunde Entwicklung des Menschen.[204]

> *„Bischof Paul Rusch von Innsbruck schreibt in seinem Buche: ‚Wachstum im Geiste': ‚Hast Du die große Liebe in Deinem Leben gefunden? Die Liebe, ohne die alles Leben unerfüllt und unentfaltet bleibt? Eine Dame fragte einmal einen Priester: ‚Hochwürden, haben Sie eigentlich jemanden richtig gern?' Der Priester senkte die Augen, er wollte sich erinnern. Die Antwort unterließ er. Er wusste es nicht.' Der Vorgang spricht Bände. Er beleuchtet schlagartig den Seelenzustand ungezählt vieler religiöser Menschen – an die un- und areligiösen mag ich gar nicht denken. Es geht hier vor allem um das Heer unserer Intellektualisten oder unserer philosophischen Idealisten. Es geht um die große Anzahl an Menschen, die in ihrem Denken und in ihrem Lieben mechanistisch eingestellt sind, die eine Zeitlang krampfhaft um Gottesliebe ringen, dann aber mit einem Ikarussturz rechnen müssen, weil sie ihre Flügel an der Sonne verbrannt haben. Genauer gesagt: weil sie niemals gelernt haben, auf der natürlichen Ebene entweder als Vorbereitung oder als Auswirkung echter göttlicher Liebe wahrhaft zu lieben. Auch hier geht es wiederum um den Bindungsorganismus, will heißen um den natürlichen und übernatürlichen Bindungsorganismus in sich und in gegenseitiger Wechselwirkung.“*[205]

Kentenich sah eine unmittelbare Wechselwirkung zwischen den interpersonalen (zwischenmenschlichen, natürlichen) Bindungen und der übernatürlichen Bindung zu Gott. Die natürlichen Bindungen bilden die Voraussetzung für die übernatürlichen Bindungen. Gesunde und tragfähige zwischenmenschliche Beziehungen, die von Vertrauen und Nähe geprägt sind, sind die Grundvoraussetzung für eine lebendige Gottesbeziehung. Die zentrale Forderung seiner Bindungspädagogik lautet deshalb,

---

204 Ebd., 281-282.

205 Joseph KENTENICH, *Brief an Pater Menningen vom 9. Dezember* (1953), in: ders., Kentenich-Reader. Ein Lesebuch, Band 2, Peter LOCHER, Jonathan NIEHAUS, Hans-Werner UNKEL, Paul VAUTIÉR (hrsg.), Vallendar-Schönstatt 2010, 202.

die Bindungsfähigkeit des Menschen zu entwickeln und zu festigen. Ausgehend von den gesellschaftlichen Veränderungen und Umwälzungen des 20. Jahrhunderts wird der Mensch immer unfähiger, echte, tiefgreifende und kontinuierliche Bindungen zu knüpfen. Dabei hat Kentenich nicht nur den zwischenmenschlichen Bereich im Blick, sondern ebenso auch die Bindungen an Dinge und Orte, an Werte und Ideen. Kentenich sah in den Bindungen letztlich einen Schlüssel für eine ganzheitliche Menschwerdung und ein gelingendes menschliches Leben insgesamt, die Bindung des Menschen zu Gott hat dabei eine exklusive Stellung.[206]

Kentenich definiert Bindungen als Beziehungen, die den Menschen mit Personen, Orten und Dingen verknüpfen. Diese seelischen Fäden oder auch „Lebensbänder", wie Kentenich Bindungen auch benennt, sind langsam gewachsen, emotional verwurzelt und deshalb dauerhaft. Im Fall der personalen Bindungen kommt noch das Moment der Beiderseitigkeit hinzu. Durch den seelischen und zugleich geheimnisvollen Vorgang Bindung werden Personen und Dinge für den gebundenen Menschen wertvoll.[207]

---

206 Vgl. Ebd., 282-283. Hier merkt Boll an, dass die wissenschaftlichen Forschungen von John Bowlby, James Robertson und Mary D. Ainsworth, Pioniere der Bindungsforschung, die Erkenntnisse von Kentenich zu Bindung und seinem „Bindungsorganismus" im Jahre 2003 empirisch bestätigt haben.

207 Vgl. Ebd., 282-283. Ebenso beschreibt der französische Poet Antoine de Saint-Exupéry den Vorgang Bindung in seinem modernen und sehr bekannten Märchen *Der kleine Prinz* folgendermaßen: *„Der kleine Prinz ging noch einmal zu den Rosen: ‚Ihr seid überhaupt nicht wie meine Rose, ihr seid noch gar nichts', sagte er zu ihnen. ‚Niemand hat euch mit sich vertraut gemacht und ihr habt euch mit niemanden vertraut gemacht. Ihr seid so, wie mein Fuchs war. Er war nur ein Fuchs wie hunderttausend andere auch. Aber ich habe ihn zu meinem Freund gemacht und jetzt ist er einzigartig auf der Welt.' […] ‚Adieu', antwortete der Fuchs. ‚Hier ist mein Geheimnis. Es ist ganz einfach: Man sieht nur mit dem Herzen gut. Das Wesentliche ist für die Augen unsichtbar.' […] ‚Die Zeit, die du deiner Rose geschenkt hast, macht deine Rose so wichtig. […] Die Menschen haben diese Wahrheit vergessen', erklärte der Fuchs. ‚Aber du darfst sie nicht vergessen. Du bist für immer für das verantwortlich, was du dir vertraut gemacht hast. Du bist für deine Rose verantwortlich."* Antoine de SAINT-EXUPÉRY, Der kleine Prinz (1943), Köln 2015, 69-70. Die Erzählung gehört zu den meistgelesenen Büchern der Welt.

4.2.1. Die „Psychologie der Zweitursachen"

Die Frage nach Bindung und Bindungslosigkeit bekommt ihre eigentliche Virulenz erst durch die Diagnosen der religiösen Situation des modernen Menschen. Der lebensmäßige Zusammenhang zwischen Mensch und Gott, zwischen Schöpfung und Schöpfer ist zerbrochen. Die daraus resultierende Frage, wie man den Menschen wieder mit dem lebendigen Gott verbinden könne, wird von Kentenich beantwortet durch den Zusammenhang naturhafter, natürlicher und übernatürlicher Bindungen.[208]

Es besteht also ein wechselseitiges Verhältnis zwischen diesen beiden „Bindungsorganismen", ein sich gegenseitig fördernder Einfluss natürlicher und übernatürlicher Bindungen. Aus diesem Zusammenhang beider „Bindungsorganismen" heraus weist Kentenich immer wieder darauf hin, dass natürliche Bindungen durch Gefühlsübertragung zur Grundlage für übernatürliche Bindungen werden. Das Gleiche gilt aber auch umgekehrt: Bindungslosigkeit oder mangelnde Tragfähigkeit von Beziehungen führen letztlich dann auch zu schädlichen Folgen für die übernatürlichen Bindungen. Deshalb sieht Kentenich die eigentliche Zeitaufgabe darin, dem Menschen zu einer ganzheitlichen Bindung an die Schöpfung und an Gott zu verhelfen.[209]

---

208 Vgl. BOLL, „... vor allem mein Herz", 302.

209 Vgl. Ebd., 301-304. Für Kentenich kann die Zweitursache nicht von der Erstursache losgelöst werden: *„Praktisch hat die heutige Menschheit, wenigstens in einem großen Teil, Gott einfach gestrichen. Da ist an sich kein Verhältnis mehr zwischen Mensch und Gott, sondern Gott ist tot, Gott ist gestrichen, und es steht jetzt nur die Schöpfung, also die Zweitursache da. Und der Zweitursache wird im Wesentlichen göttlicher Charakter zugeeignet. Die Zweitursache vertritt im Wesentlichen die Stelle der Erstursache. [...] Wenn wir heute sprechen von der großen Zeitkrankheit, der Krankheit der Revolution aller Bindungen, von der Bindungslosigkeit des modernen Menschen; was will das besagen? Im Menschen sind die einzelnen Eigenschaften, Fähigkeiten nicht mehr gebunden zu einem Organismus; also Auflösung der inneren Bindung, Bindungslosigkeit. Sehen Sie, wenn diese Bindungslosigkeit nicht überwunden wird, dann ist der Weg total verrammt von der Schöpfung, die jetzt bindungslos ist, deren Bindungen aufgelöst sind, wieder hin zu Gott. [...] Verstehen Sie, um was es hier geht? Um Schließung des Abgrundes im Menschen und Schließung des Abgrundes zwischen Gott und Mensch. [...] Kernpunkt ist halt immer, wie der Mensch durch die Schöpfung wieder zurückgeführt werden kann zum lebendigen*

In dem Kentenich'schen Begriff des „natürlichen und übernatürlichen Bindungsorganismus" wird der innere Zusammenhang von Natur und Übernatur deutlich, es geht um das organische Wechselspiel der Bindung an die Welt und der Bindung an Gott. Auch hier kommt es erneut zu einer ganzheitlichen Sicht der Dinge, eine Zusammenschau von Natur und Übernatur und deren Wirkung auf die Psyche des Menschen: Nur in der mutigen Bejahung der Bindung an die Welt, vor allem in der Bejahung der Bindung an die Geschöpfe (Mitmenschen) liegt der Schlüssel für eine gesunde Bindung des Menschen an Gott. Diesen Vorgang bezeichnet Kentenich allgemeinhin als die sogenannte „Psychologie der Zweitursachen". Für Kentenich wird es also zur Voraussetzung, sich an Menschen und Dinge zu binden, um dadurch nach und nach zu einer tieferen Bindung an Gott zu finden. Darin findet Kentenichs positives Verhältnis zur Welt und die Wertschätzung irdischer Bindungen nach folgendem Grundmodell seinen Ausdruck: „*Durch die Bindung zu den Geschöpfen zur Bindung an Gott.*"[210]

Gott." Joseph KENTENICH, *Vortrag 30. Dezember* (1965), in: ders., Causa Secunda, 192-194.

210 BOLL, „... vor allem mein Herz", 305-306. Ebenso Vgl. Paul VAUTIÉR, Artikel *Psychologie der Zweitursachen*, in: Schönstatt-Lexikon, 329-332. Als Kentenich einmal von Studenten in den USA gefragt wurde, was denn nun zusammengefasst das Spezifikum der schönstättischen Spiritualität und Pädagogik sei, antwortete Kentenich mit den drei Worten: „Psychologie der Zweitursachen". Kentenich will damit auch den asketischen Weg der kirchlichen Tradition der Weltabkehr und Weltverneinung überwinden und ein neues bejahendes Verhältnis zur Welt definieren. Kentenich sah aber dieses Anliegen bereits im Zweiten Vatikanischen Konzil verwirklicht, besonders in der Konstitution *Gaudium et spes*. Darum liegt für ihn der Ansatz seines Werkes ganz in der Linie, die das Konzil eingeschlagen hat. Es kommt hier also zu einer Neudefinition der Stellung zur Welt. Eine pessimistische, extrem reformatorische totale Verderbtheit der Welt, die konsequenterweise zum Verzicht auf die Bindung an die Zweitursachen und zum Supranaturalismus führt, wird von Kentenich abgelehnt. Der Glaube an das Gute im Menschen und die positive Bedeutung der Welt wird durch Kentenichs Lehre von der „Psychologie der Zweitursachen" betont und in den Mittelpunkt gerückt. Zusammenfassend: Nur eine gesunde und lebendige Beziehung zur Welt führt letztlich zu einer gesunden und lebendigen Gottesbeziehung. Vgl. VAUTIÉR, Artikel *Psychologie der Zweitursachen*, 329-330.

Insgesamt bezeichnet der Terminus „Psychologie der Zweitursachen" die originelle Bindungslehre Kentenichs und unterstreicht, dass gerade im Bindungsbereich des Menschen das Gemüt, die Gefühle, die Vorerlebnisse im unterbewussten Seelenleben eine große Bedeutung haben. Seine Bindungslehre gründet demnach auf der Einsicht, dass Bindungen psychologisch fundiert sein müssen, d. h., dass sie vom Wesen des Menschen, von seinen Grundkräften her bestimmt sind. Im Terminus „Psychologie der Zweitursachen" wird die kentenich'sche Einsicht transportiert, dass Bindungen ihren Ursprung in der Tiefenpsyche des Menschen haben. In einem organischen Wachstumsprozess werden schließlich die Bindungen an die Geschöpfe wieder zu Gott weitergeleitet.[211]

4.2.2. Das „Gesetz der organischen Übertragung und Weiterleitung"

Ein weiterer Themenkreis, der für das psychologische Denken von Kentenich eine zentrale Stellung einnimmt und gleichsam eine Konkretion der Lehre von der „Psychologie der Zweitursachen" darstellt, sind die „Gesetze der organischen Übertragung und Weiterleitung". Beide Vorgänge haben für Kentenich eine hohe psychologische Bedeutsamkeit, denn sie sind beteiligt bei der Entwicklung der Religiosität und sie bilden die dynamische Gesetzmäßigkeit, die die Entfaltung eines umfassenden „Bindungsorganismus" überhaupt erst ermöglicht.[212]

---

211 Vgl. BOLL, „… vor allem mein Herz", 306. Bei der Bindungslehre Kentenichs ist also die Integration des Religiösen zentral. Die Bindungsobjekte sind eben keine „Endstationen", sondern werden immer als Zweitursachen gesehen, die zur Erstursache weiterleiten. Vgl. VAUTIÉR, Artikel *Psychologie der Zweitursachen*, 331. Auch Joseph Ratzinger formuliert in diesem Kontext: *„Wenn vom Menschen gesagt wird, er sei ein Bild Gottes, so bedeutet dies, daß er das auf Beziehung angelegte Wesen ist; daß er durch alle seine Beziehungen hindurch und in ihnen die Beziehung sucht, die der Grund seines Daseins ist."* Joseph RATZINGER, Die Vielfalt der Religionen und der Eine Bund, Hagen 1998, 79,

212 Vgl. dazu: Beatrice Avalos hat sich in zwei Schriften mit der „organischen Übertragung und Weiterleitung" nach Kentenich befasst: Beatrice AVALOS, Der Bindungsorganismus in der Pädagogik Schönstatts, Santiago/Chile 1957. Und ebenso: Beatrice AVALOS, New Men for new times. A Christian Philosophy of

Die beiden interpersonalen Prozesse der Übertragung und Weiterleitung stehen in enger Beziehung zueinander und werden von Kentenich meist im selben Atemzug genannt, sie gehören inhaltlich zusammen. Kentenich fasst den Begriff der Übertragung allerdings differenzierter als es die verschiedenen tiefenpsychologischen Schulen tun, wie z.B. Freud und Jung. Kentenich bezeichnet mit dem Begriff der Übertragung die dynamische Gesetzmäßigkeit der interpersonalen und lokalen Bindungsprozesse, während in der Psychotherapie und Psychoanalyse mit Übertragung ein wichtiger therapeutischer Vorgang zwischen Arzt und Patient bezeichnet wird, bei dem Erlebnisse und Verhaltensmuster auf den Therapeuten projiziert werden. Bei Kentenich geht es aber um das Zusammenspiel von Gott und Mensch, letztlich will Gott den Menschen durch jede Bindungserfahrung an sich selbst binden.[213]

Übertragung ist nach Kentenich zunächst ein metaphysisches Gesetz, das die seinsmäßige Abhängigkeit des Geschöpfes (Mensch) zum Schöpfer (Gott) beschreibt. Die Wurzel der Übertragung liegt in der Erst- und Zweitursachenlehre. Davon ausgehend formuliert Kentenich also das „Gesetz der organischen Übertragung" wie folgt: *„Gott überträgt auf Zweitursachen seine Macht, seine Vollkommenheit, sein Recht."*[214] Der organische

Education, New York 1962. Beide Werke gelten als Standardwerke zu diesem Themenbereich.

213 Vgl. CZARKOWSKI, Psychologie als Organismuslehre, 223-226. Kentenich spricht über seinen Übertragungsbegriff in Abgrenzung zur Tiefenpsychologie folgendermaßen: *"Sie* [die Bindungspädagogik Kentenichs] *ist nachweisbar unabhängig von der modernen Tiefenpsychologie entstanden und allezeit originell eigene Wege gegangen. Daß sich da und dort auf beiden Seiten gleichlautende Ausdrücke finden, ist ein Beweis für treffende Kennzeichnung, aber auch für beiderseitig beobachtete, von uns jedoch eigenständig gedeutete Lebensvorgänge. So kommt es, daß der Inhalt trotz gleichlautender Ausdrücke sich nicht selten nur teilweise deckt. Ein treffendes Beispiel dafür ist das Gesetz der Übertragung. In unserem Munde erhält es eine andere, eine größere Fülle und Dichte als etwa im Munde eines Psychiaters. [...] Es wird dann auch einsichtig, wie leicht uns missversteht, wer sich nicht die Zeit nimmt, unser ganzes System zu studieren und mit anders gearteten Auffassungen zu vergleichen."* Joseph KENTENICH, *Zwanziger-Brief* (1954), in: ders., Durchblick in Texten, Band 4, 536.

214 Joseph KENTENICH, Studie zur Marianischen Erziehung (1964), veröffentlicht unter: Marianische Erziehung, Vallendar-Schönstatt 1971, 135.

Charakter der Übertragung liegt darin, „*daß Gott seine Eigenschaften auf Personen und auch Orte*"[215] überträgt, dann aber nicht getrennt von diesen Personen und Orten zu sehen ist. Gott ist also in dem Empfänger der übertragenen Eigenschaften immanent fassbar.[216]

Eine solche seinsmäßige Übertragung kann man als eine Teilnahme der Geschöpfe an Gottes Eigenschaften bezeichnen. Als Eigenschaftsträger Gottes nennt Kentenich vor allem die Eltern und die Erzieher. Kentenich spricht in diesem Zusammenhang auch vom „Weltregierungsgesetz"[217] und beschreibt damit die Wirkweise der Transzendenz gegenüber der Schöpfung. Das metaphysische „Gesetz der Übertragung" beschreibt allgemeingültig die Beziehung zwischen der Erst- und Zweitursache. Kentenich sah in der Zusammenführung dieser metaphysischen Übertragungsgesetzmäßigkeit mit dem psychologischen Übertragungsvorgang einen wichtigen und charakteristischen Inhalt für sein gesamtes Werk.[218]

Im psychologischen Prozess der Übertragung werden insbesondere das „*Geborgenheitsbedürfnis, das Hingabevermögen, die Liebe*",[219] also die verschiedenen affektiven und triebmäßigen Komponenten der Bindung von

---

215 KENTENICH, Studie zur Marianischen Erziehung, 266.

216 Vgl. CZARKOWSKI, Psychologie als Organismuslehre, 155-156.

217 *„Das Weltregierungsgesetz bietet einen Rahmen, in dem die Entstehung innerweltlicher Bindungen und ihr Weiterwachsen zu Bindungen an Gott erläutert werden können: Gott regiert die Welt durch (freie) Zweitursachen, gibt ihnen Fähigkeiten, Würde und Rechte. Daher binden wir uns an sie und werden durch diese Bindungen zu Gott weitergeführt (Übertragung und Weiterleitung)."* Paul VAUTIÉR, Artikel *Weltgesetze*, in: Schönstatt-Lexikon, 427.

218 Vgl. CZARKOWSKI, Psychologie als Organismuslehre, 226-227.

219 KENTENICH, Studie zur Marianischen Erziehung, 156. Weiter führt Kentenich in diesem Kontext aus: *„Gott überträgt auf Zweitursachen, in unserem Falle auf Eltern, ein Stück seiner Eigenschaften; etwas von seiner Allmacht, seiner Liebe, seiner Weisheit. Während er das auf die Eltern überträgt, spekuliert er schon gleichzeitig auf das Kind. Deswegen das Gesetz der organischen Übertragung. Der Mensch soll sich in seiner Erziehung nach demselben Gesetz richten, soll auch das Gesetz der organischen Übertragung anwenden. Was letzten Endes Gott gebührt – Ehrfurcht, Liebe, Gehorsam –, soll er auf Zweitursachen übertragen: auf die Eltern oder auf die ähnlich gearteten Obrigkeiten. Es soll aber ein Gesetz der organischen Übertragung sein. Während wir Vater und Mutter, Eltern und Geschwister lieben, lieben wir*

einer Person auf eine andere Person übertragen. Dieser zwischenmenschliche interpersonale Prozess („Sekundär-Übertragung") ist sowohl in der Familie zu beobachten, in der Übertragung der Bindung von der Mutter auf den Vater, als auch in der Jugend in der Übertragung des Geborgenheitsbedürfnisses von den Eltern auf die Erzieher, oder im Gruppenkontakt in der Übertragung der geschwisterlichen Bindungen auf die Gruppenbindungen. Psychologische Sekundärübertragung ist ein interpersonaler Prozess, bei dem eine Gefühlsbeziehung zwischen zwei Menschen entstehen kann aufgrund der persönlichen Vorprägung, d. h. konkret, dass der Jugendliche sich bzw. an den Erzieher/Lehrer binden kann durch die positive Vor-Erfahrung mit seinen Eltern. Zu diesen psychologischen zwischenmenschlichen Übertragungsvorgängen kommt die religionspsychologische organische Übertragung hinzu: die an den Menschen erfahrenen Geborgenheitserlebnisse werden auf Gott übertragen. [220]

Das „Gesetz der organischen Übertragung" wird ergänzt durch das „Gesetz der organischen Weiterleitung". Liegt beim „Gesetz der organischen Übertragung" die Aktivität beim Übertragenden selbst (also Kind oder Jugendlicher) und nicht beim personalen Objekt der Übertragung (Erzieher), so kommt hingegen beim „Gesetz der organischen Weiterleitung" den Eltern die aktive Rolle zu, die den Jugendlichen zum Erzieher weiterführen. So führen Eltern ihr Kind zum Erzieher weiter. Derselbe Vorgang liegt vor, wenn Eltern und Erzieher Jugendliche an sich gebunden haben und dann auf Gott hin weiterleiten. Eltern und Erzieher müssen, damit die Weiterleitung überhaupt gelingt, eine gewisse Lockerung der Bindung zulassen. Weiterleitung ist somit ein Lebensvorgang, der sich von selbst einstellen kann und zu einer Überleitung in eine neue Bindung führt. Die Bindung zwischen zwei Menschen wird also auf eine dritte Instanz/Person weitergeleitet, sei es von den Eltern auf den Erzieher hin oder auf der religionspsychologischen Ebene von den Eltern und Erziehern auf Personen der Transzendenz. [221]

---

gleichzeitig auch Gott, die Gottesmutter. Das ist selbstverständlich. Das ist katholische Grundeinstellung." KENTENICH, Dass neue Menschen werden, 45-46.

220 Vgl. CZARKOWSKI, Psychologie als Organismuslehre, 227-228.

221 Vgl. Ebd., 233-234.

Die hier skizzierten „Gesetze der organischen Übertragung und Weiterleitung“ lassen erkennen, dass jede affektive Bindung in einer gesunden Entwicklung über sich hinausweist und letztlich in einer personalen religiösen Bindung mündet. Denkt man hier die metaphysische Gesetzmäßigkeit der Übertragung hinzu, also Primärübertragung der Eigenschaften Gottes auf den Menschen, dann ergibt sich für die Entwicklung der Bindungen eines Menschen ein Kreisprozess von Bindungen, die zugleich im Verlauf des Lebens, da frühere Bindungen bestehen bleiben, immer vielfältiger werden, immer mehr Personen und Orte einbeziehen. So kommt es auf dynamische Art und Weise zu einem umfassenden „Bindungsorganismus“. Kentenichs Leistung ist es, dass er aus der thomanischen Erst- und Zweitursachenlehre die psychologischen Konsequenzen herausgearbeitet hat. Er formuliert die psychologische Seite des Wirkens Gottes durch Zweitursachen als „Gesetz der organischen Übertragung und Weiterleitung“. [222]

5. Das „Persönliche Ideal“ als Bestimmung des Menschen

> *„Die Stelle des Persönlichsten im Menschen ist auch die Stelle, an der er das Höchste will. Und auch Verwundungen trägt, weil dies nur bedingt möglich ist. Ideal und Persönlichsein hängen eng zusammen. Das meint der Doppelausdruck Persönliches Ideal. Das Beste aus dem in mir Angelegten machen oder jedenfalls danach streben. Umgekehrt gilt auch, daß der Mensch dann das Höchste bringen kann, wenn er an die Stelle des Persönlichsten in ihm wirklich kommen kann und darf.“*[223]

---

222 Vgl. Ebd., 235-238. Vgl. ebenso das Kapitel *Zusammenfassung* zum „Gesetz der organischen Übertagung und Weiterleitung“, in: Ebd., 250-253.

223 Das Zitat ist als inhaltliche Einführung zum „Persönlichen Ideal“ von Herbert King formuliert, in: Joseph KENTENICH, Ein Durchblick in Texten, Band 5: Pädagogische Texte, Herbert KING (hrsg.), Vallendar-Schönstatt 2005, 377.

Das „Persönliche Ideal"[224] möchte eine Antwort geben auf die existentielle Grundfrage des Menschen, die er sich im Laufe seines Lebens stellt: „Wer bin ich?" Jeder Mensch ist im Laufe seines Lebens auf einer Reise zu sich selbst unterwegs. Immer wieder wird der Mensch dabei mit denselben Fragen konfrontiert sein: „Wofür will ich leben? Was ist der zentrale Wert in meinem Leben? Wie kann ich im Einklang sein mit meinem eigenen Wesen?" Bei Kentenich sind aber diese existentiellen Fragen der Selbstverwirklichung des Menschen unmittelbar mit der Realität Gottes verknüpft. Kentenich war davon überzeugt, dass Gott ein ganz besonderes Potential, eine spezifische Lebenssehnsucht und eine individuelle Betroffenheit für einen bestimmten Wert in jeden Menschen hineingelegt hat.[225] Nach dem Verständnis Kentenichs ist es Gott selbst, der den Menschen aus dem eigenen Innern herausruft („Seelenstimme"). Die „gottgewollte" Persönlichkeit von innen heraus zur Entfaltung zu bringen, das ist das religionspsychologische Programm von Joseph Kentenich, das ist seine Lehre vom „Persönlichen Ideal", sie hat also in erster Linie eine psychologische Relevanz und Bedeutung.[226] Kentenich hat immer wieder betont, dass er mit seinem

224 Für einen ersten guten Überblick zur Thematik empfiehlt sich: Erika FRÖMBGEN, Artikel *Persönliches Ideal*, in: Schönstatt-Lexikon, 306-310. Hier wird der zu erklärende Begriff von Frömbgen wie folgt eingeführt: *„Das Persönliche Ideal (P.I.) ist in der Schönstatt-Spiritualität die geläufige Bezeichnung für die individuell erkannte Zielvorstellung, die das religiös-sittliche Bemühen des einzelnen um die gottgewollte Selbstverwirklichung leitet und zugleich gegen Vermassungstendenzen immunisiert. Die Erkenntnis der eigenen Originalität mit Blick auf die Einmaligkeit jedes Menschen in seiner Berufung auf Gott hin soll sich in einem originellen Selbstverständnis und Selbstwertbewußtsein fortsetzen und stabilisieren."* An dieser Stelle soll gleich zu Anfang dieses Kapitels das Werk von Damian Läge hervorgehoben werden, diese Studie erscheint mir als die umfassendste und profundeste Arbeit zur Thematik des „Persönlichen Ideals". Vgl. Damian LÄGE, Joseph Kentenichs Konzept des „Persönlichen Ideals" in religionspsychologischer Sicht, München 1985.

225 Kentenich spricht im Kontext des „Persönlichen Ideals" auch oft von der „ureigenen Wertempfänglichkeit" eines Menschen oder auch vom „persönlichen Werteerlebnis".

226 *„Dies gilt es zu entdecken – den göttlichen Funken in unserer Seele. Es geht dabei also nicht um ein von außen kommendes Ideal, dem ich möglichst genau zu entsprechen versuche, sondern um mein urpersönlichstes, inneres Selbst, das alle Kräfte in mir mobilisieren kann."* BOLL, „... vor allem mein Herz", 239.

erzieherischen Wirken atmosphärische Räume schaffen will, in denen die Persönlichkeit zur Individuation und Integration gelangen soll und es somit auch zur Stabilisierung individueller Eigenwerte kommt.[227]

5.1. Entwicklungsgeschichte einer Theorie

> *„Der Mensch braucht Gott und göttliche Gnadenkräfte, um zur Vollentfaltung seiner selbst zu gelangen. Ohne sein ‚Ur-Bild‘ Gott – so die Überzeugung Pater Kentenichs – bleibt jede ‚Bildung‘ des Menschen letztlich defizitär. Es entspricht damit der inneren Logik seines pädagogischen Ansatzes, dass er bereits in den zwei Jahren nach Beginn seines erzieherischen Wirkens bewusst eine Ergänzung zur eingeleiteten Selbsterziehung in der erzieherischen Kraft der Gnade sucht. Einen Höhepunkt findet diese Entwicklung am 18. Oktober 1914, an dem er einen ‚Bündnisschluss‘ mit Maria proklamiert, der seine Pädagogik, vor allem auch hinsichtlich der Entfaltung des Persönlichen Ideals, auf eine neue Ebene hebt.“*[228]

Von Anfang an war Kentenichs Wirken als Spiritual bei den jungen Erwachsenen der einen großen Aufgabe gewidmet, nämlich die Überwindung des Massenmenschen und des Herdentriebes. In der Wilhelminischen Ära, im Deutschen Kaiserreich (1871-1918), war der Wert des Einzelnen gering, dagegen war das Kollektiv, der Staat, die letztlich sinngebende Größe, dem sich der einzelne mit Pflichtgefühl und Gehorsam unterzuordnen hatte. Dagegen setzt Kentenich auf die Entfaltung der Persönlichkeit, die Genese der Individualität des Menschen, weil er eben nur darin einen Weg zu wahrer Menschwerdung erkannte. So kämpft Kentenich im weit verbreiteten Massenmenschentum seiner Zeit für die

227 Vgl. Erika FRÖMBGEN, Neuer Mensch in neuer Gemeinschaft. Zur Geschichte und Systematik der pädagogischen Konzeption Schönstatts, Vallendar-Schönstatt 1973, 179.

228 SCHLICKMANN, Herbststürme, 209-210. Hierbei kommt einmal mehr Kentenichs interdisziplinäre Perspektive zum Ausdruck, die in der Trias von Theologie, Pädagogik und Psychologie die vielschichtigen Dimensionen des Menschseins berücksichtigt wissen will. So wertet Kentenich die Gnade Gottes auch als psychologische Größe und Wirkmacht in der menschlichen Seele.

Originalität und die Eigenart des Menschen. Nicht die Bewertungen, Leistungen und Festlegungen von außen machen den Wert eines Menschen aus, sondern sein „Mikrokosmos", seine seelische Innenwelt. Das heißt, Kentenichs pädagogisches Wirken ist von Anfang an (seit 1912) von der Lehre des „Persönlichen Ideals" bestimmt und kann als das signifikante Merkmal seines pädagogischen Wirkens ausgemacht werden. Kentenich handelt zunächst instinktiv und unreflektiert nach den Inhalten des „Persönlichen Ideals". In dieser Zeit existiert der Begriff „Persönliches Ideal" auch noch nicht, er entsteht erst später. In den Folgejahren ist das Konzept des „Persönliches Ideals" bereits funktional wirksam, es geht um eine Erziehung zu originellen Persönlichkeiten unter Wahrung der natürlichen Anlagen. Den Terminus selbst prägt Kentenich erstmals im Jahre 1917.[229]

Damit sind sowohl Konzept als auch Terminus des „Persönlichen Ideals" eine Neuschöpfung Kentenichs, völlig unabhängig von der damaligen Literatur im Bereich der Persönlichkeitspsychologie.[230] Die erste

229 Vgl. LÄGE, Konzept des „Persönlichen Ideals", 29. *„Weil ich von Anfang meiner Lehr- und Erziehertätigkeit die Aufgabe vor mir sah, den kommenden Massenmenschen überwinden zu helfen, war meine ganze Tätigkeit vom ersten Augenblicke an vom Persönlichen Ideal bestimmt. Der Name taucht allerdings erst später auf. Es dürfte im Jahre 1917 gewesen sein, wo ich ihn selbstständig ohne irgendwelche Anlehnung prägte. [...] So wie sie damals* [gemeint ist 1912] *vorgetragen wurde, ist sie bis heute geblieben. Sie war weiter nichts als ein klares Ablesen von Gesetzmäßigkeiten aus dem Seelenleben meiner Gefolgschaft, in dem ich Tag und Nacht lebte. Damals wusste ich nichts von Spranger noch von Lindworsky; auch keine andere moderne Literatur war mir bekannt. Also ist die Lehre vom Persönlichen Ideal meine ureigene und urpersönliche Schöpfung. Freilich nicht Gemachtes, sondern etwas vom Leben Abgelesenes. Als später sich die Wissenschaft selbständig mit den Problemen auseinandersetzte, fand ich überall Bestätigungen meiner Auffassung. Geändert brauchte aber niemals etwas an den damals erstmalig vorgelegten Ideen zu werden."* Joseph KENTENICH, *Brief vom 19. Dezember* (1955), in: ders., Durchblick in Texten, Band 5, 379–381. Schriftlich liegt der Begriff zum ersten Mal in einem Brief seines Edukanden Karl Kubisch vom 17. Juni 1917 vor; veröffentlicht in der Zeitschrift MTA (2. Jhg., Nr.7 und 8 vom 15. Oktober 1917). Vgl. LÄGE, Konzept des „Persönlichen Ideal", 29.

230 Unter Persönlichkeitspsychologie versteht man allgemeinhin die psychologischen Schulen, die in ihrem Kern eine Förderung und Entwicklung der individuellen Persönlichkeit intendieren, wie z.B. C. G. Jung, Alfred Adler, Otto Rank, Ludwig Binswanger, Martin Buber, Max Scheler, Viktor von Weizäcker, Eduard

Systematisierung des Begriffs des „Persönlichen Ideals" erfolgt dann 1920 auf einer Tagung, hier kommt es zu einer ersten allgemeinen Definition, die Kentenich so formuliert: *„eine bewusst festgehaltene, überragende, objektiv bestehende und wirksame Idee, die wir unserer individuellen Veranlagungen und berechtigtem Eigenstreben entsprechend, persönlich vollkommen zu realisieren trachten."*[231] Hier handelt es sich noch um eine einzige Definition, die aber bereits alle drei Betrachtungsperspektiven enthält: theologisch, philosophisch und psychologisch. Zur Erkenntnis des „Persönlichen Ideals" bietet Kentenich auf dieser Tagung bereits viele Fragestellungen an.[232] In den Jahren 1921-1927 entwickelt er im Laufe von verschiedenen Tagungen die ganze Theorie des „Persönlichen Ideals" mit allen Material- und Formalstufen.[233] Hier sei hervorgehoben, dass Kentenich auf einer

---

Spranger u.v.a.m. Man spricht bei diesen Ansätzen, bei denen das Personsein im Zentrum steht, auch von den *„philosophisch orientierten tiefenpsychologischen Theorien"*. Sie stellen eine Gegenbewegung dar im Hinblick auf die *„naturwissenschaftlich orientierten tiefenpsychologischen Theorien"*. Diese Einteilung der Tiefenpsychologie in zwei Grundarten wird unternommen von Dieter Wyss in seiner Monographie: Die tiefenpsychologischen Schulen von den Anfängen bis zur Gegenwart. Entwicklung, Probleme, Krisen, Göttingen ³1961.

231 Joseph KENTENICH, Einführungstagung (1920), 1. Schönstatt-Tagung, 12.

232 *„Wie kann ich nun die Hauptneigungen finden, die gewöhnlich als mehr oder weniger modifizierter Stolz, Zorn oder Sinnlichkeit zu Tage treten? […] Mit der Hauptneigung und dem Hauptfehler, der ja nicht ausgerottet – das wäre Kampf mit Windmühlen – sondern umgebogen, veredelt werden will, ist das Persönliche Ideal schon halb bestimmt. Wir können weiter forschen: 1. Was war die leitende Idee als ich diesen Beruf ergreifen wollte? 2. Was hielt mich auch in den größten Schicksalsschlägen (Krieg) fest? 3. Weshalb will ich auch jetzt noch diesen Beruf mit Hingabe ausführen? 4. Wie möchte ich mich am liebsten darin bestätigen? 5. Welche Gedanken wirken immer recht lebhaft auf mich und mein Verhalten, welche Prinzipien geben mir Richtung, welche literarischen Gedanken und Spruchquellen (hl. Schrift) erwärmen mich am meisten? Es wäre psychologisch interessant und wertvoll, solche Gedanken, Motive, Mottos, Grund- und Leitsätze, wie sie gerade der Tag und die Woche bringen […] auf einen Zettel kurz zu schreiben und dann nach etwa einem Vierteljahr sie unter diesem Gesichtspunkt durchbetrachten, besonders die tragenden Gedanken geordnet zusammenzustellen die leitende Idee daraus zu erkennen."* KENTENICH, Einführungstagung, 16-17.

233 Mit den Materialstufen meint Kentenich, dass sich aus dem Grundansatz des „Persönlichen Ideals" verschiedene Inhalte entfalten und ableiten lassen. Mit

Tagung 1926 erstmalig die psychologische Definition in ihrer endgültigen Fassung[234] gebraucht. Auf zwei weiteren Tagungen des Jahres 1927 legt Kentenich schließlich die vollständige Konzeption seiner Lehre vom „Persönlichen Ideal" vor.[235]

Ab 1942 ist eine Betonung des „praktischen Vorsehungsglaubens" für das Leben aus dem „Persönlichen Ideal" erkennbar. Bis dahin stand die Erörterung der psychologischen Perspektive, die Erforschung von Grundzug und Grundstimmung, im Vordergrund. Der „praktische Vorsehungsglaube" besitzt seine Bedeutung für das „Persönliche Ideal" darin, dass kein abstraktes oder konkretes Lebensziel eines Menschen formuliert werden könnte, das sich ausschließlich auf seelische Grundgegebenheiten und erworbene bzw. gefasste Idealvorstellungen beruft. Das „Persönliche Ideal" kann also nicht isoliert vom Leben und den darin erkannten Zeichen Gottes betrachtet werden. Der personale Gott hat die bestmögliche Version eines jeden Menschen „vorgesehen." Für die konkrete Praxis des „Persönlichen Ideals" ergibt sich hieraus eine Offenheit für die Weisungen und Führungen Gottes.[236] Durch diese starke Akzentuierung des praktischen Vorsehungsglaubens signalisiert Kentenich, dass seine Lehre des

---

den Formalstufen will ausgedrückt sein, dass das „Persönliche Ideal" hinsichtlich seiner Bewusstheit im Menschen wächst, d.h. dass das „Persönliche Ideal", sowohl als Persönlichkeitsideal als auch als Aufgabenideal lebendig wird, bis es als Funktion wirksam wird. Vgl. KENTENICH, *Brief vom 19. Dezember* (1955), in: ders., Durchblick in Texten, Band 5, 380.

234 *„Der gottgewollte Grundzug, oder die gottgewollte Grundstimmung der begnadeten Seele, der getreulich festgehalten und in organischer, gnadenvoller Entwicklung sich ausreift zur vollen Freiheit des Kindes Gottes."* Joseph KENTENICH, Tagung für Lehrer an Ostern (1926), Heinz Werner SCHNEIDER (hrsg.), Vallendar-Berg Sion 2023, 5.

235 Gemeint sind die beiden Tagungen: *Priestertagung* (1927) und *Allgemeine Prinzipienlehre* (1927–1929). Ferner bilden für das Konzept des „Persönlichen Ideals" die wichtigsten Dokumente die *Jugendpädagogische Tagung* 1931, der *Briefwechsel mit A. Wurm* (1933), sowie zwei Exerzitienkurse des Jahres 1935 und 1936: *Der erlöste Mensch* und *Der heroische Mensch*. Vgl. LÄGE, Konzept des „Persönlichen Ideals", 30-32.

236 Diese Weisungen und Führungen vollziehen sich nach Kentenich durch die Erkenntnis-Trias von „Zeit, Seele und Sein." Diese sind ausführlich dargestellt in: Teil III, Kapitel 3.2.1. *Eine Spurensuche nach Gott: Die Erkenntnisquellen*

„Persönlichen Ideals" weder in einem psychologistischen Sinn, d. h. ausschließlich nur durch natürliche seelisch-psychische Faktoren zu fassen sei, noch in einer abstrakten und subjektiv vorgefassten Lebensplanung und Zielvorstellung missverstanden werden darf. So muss das Konzept des „Persönlichen Ideals" als ein aktuelles Einbringen der urpersönlichen Eigenart in die Herausforderungen und Erfordernisse der Zeit verstanden werden.[237]

Das „Persönliche Ideal" stellt wissenschaftssystematisch und wissenschaftshistorisch einen originellen Ansatz dar. Kentenichs Lehre ist unabhängig von den verschiedenen Persönlichkeitskonzeptionen seiner Zeit entstanden. Eine scheinbare große inhaltliche Nähe weist Eduard Spranger[238] auf, da er ebenfalls den Begriff „Persönliches Ideal" in seinem Denken verwendet. Spranger setzt sich in seinem bedeutendsten Werk *Lebensformen* von 1921 mit dem Phänomen der Idealtypen der Individualität auseinander. In der zweiten Auflage der *Lebensformen* gebraucht Spranger den Begriff „Persönliches Ideal" zum ersten Mal. Spranger formuliert den Begriff des „Persönlichen Ideals" als Forderung nach dem *„kompossiblen Maximum der Lebenswerte"*.[239] Bei Sprangers Konzept des „Persönlichen Ideals" beinhaltet der Begriff jedoch keine Relation zu Gott, er ist vielmehr rein ethisch zu verstehen. Kentenich wird ohnehin erst 1925 auf Sprangers Theorie aufmerksam. Es kann also mit Sicherheit festgehalten werden, dass beide Denker ihren Begriff vom „Persönlichen Ideal" völlig unabhängig voneinander entwickelt haben. Abschließend ist hier zu bemerken, dass Kentenich vor allem eine persönlichkeitsdynamische Konzeption des „Persönlichen Ideals" entworfen hat, wohingegen

237 Insgesamt zur Entwicklungsgeschichte des „Persönliches Ideals", vgl. LÄGE, Konzept des „Persönlichen Ideals", 25-33.

238 Eduard Spranger (1882–1963), bedeutender Pädagoge und Psychologe des 20. Jahrhunderts, in dessen Denken ebenfalls die Persönlichkeit des Menschen eine zentrale Rolle spielt. Analog zu Kentenich soll auch bei Spranger die Persönlichkeit im Rahmen einer Idealerziehung und einer Idealpädagogik entfaltet werden.

239 Eduard SPRANGER, Lebensformen. Geisteswissenschaftliche Psychologie und Ethik der Persönlichkeit (1914/1921), München 1965, 306: *„Sei das Höchste, was du in den Grenzen deiner persönlichen Wertfähigkeit und des sozialethisch Geforderten sein darfst und sollst."*

Spranger die individuelle Wertstruktur einer Person und ihre ethische Formung eher statisch sieht.[240]

5.2. Die psychologische Dimension des „Persönlichen Ideals"

> *„Es geht um ein Wachwerden. Und meistens ist das auch so: Unser persönliches Ideal schlummert tief im Innern, im Unterbewussten. […] Das sind alles Dinge, die irrational in mir lebendig sind. Sehen Sie, das ist ja so: mein persönliches Ideal, das soll ein Kernerlebnis sein, keine Kernerkenntnis. Es muss eben das Irrationale, was in mir steckt, auch was religiös verankert ist, zum Ausdruck kommen. […] Da sehen Sie das Kernstück, weshalb ein persönliches Ideal überaus wertvoll ist. Das ist etwas, was keimhaft in mir steckt und zum Bewusstsein erhoben wird, kultiviert wird, bis es nachher als Funktion wieder wirkt. […] Es muss doch irgendetwas sein, […] was eine Antwort gibt auf meine Urbedürfnisse, […] da ist etwas in mir getroffen, sonst hätte ich das ja gar nicht. Darum dreht es sich ja überhaupt und außergewöhnlich stark in einer Zeit des Massenmenschentums, dass überhaupt ein Persönlichkeitskern, der individuelle Persönlichkeitskern einigermaßen getroffen wird."*[241]

Unter den persönlichkeitspsychologischen Ansätzen[242] Kentenichs steht die Psychologie des „Persönlichen Ideals" an erster Stelle und ist folglich auch

---

240 Zur genaueren Analyse dieses Zusammenhangs zwischen Kentenich und Spranger, vgl. CZARKOWSKI, Psychologie als Organismuslehre, 69, 78. Auch Ferdinand Kastner kommentiert in seiner Textsammlung, dass zwischen Kentenich und Spranger *„keinerlei gegenseitige Beeinflussung"* vorliegt. Dennoch sieht er in der Tatsache, dass auch Spranger den Begriff „Persönliches Ideal" benutzt, einen Beweis für die Aktualität der Idealerziehung im damaligen Zeitkontext. Vgl. Joseph KENTENICH, Unter dem Schutze Mariens. Untersuchungen und Dokumente aus der Frühzeit Schönstatts 1912–1914, Ferdinand KASTNER (hrsg.), Paderborn ^{2}1939, 144.

241 Joseph KENTENICH, *Vorträge* (1963), in: ders., Durchblick in Texten, Band 5, 410-411.

242 Neben der Psychologie des „Persönlichen Ideals" und dem tiefenpsychologischen Ansatz Kentenichs (diese beiden Ansätze werden in dieser Arbeit ausführlich dargestellt), können noch zwei weitere persönlichkeitspsychologische

von ihm ausführlich ausgearbeitet worden. Was Kentenich von Anfang an bei seiner Lehre des „Persönlichen Ideals“ gesehen und berücksichtigt hat, war der innere Zusammenhang zwischen den Motivationen und Antrieben aus dem Unbewussten und dem „Persönlichen Ideal“. Wie schon im vorherigen 4. Kapitel zur Tiefenpsychologie dargestellt, war Kentenich davon überzeugt, dass im „unterbewußten Seelenleben“ der Kern der Persönlichkeit seinen Ursprung hat. In der Tiefenpsyche also verortet Kentenich das „Persönliche Ideal“, dort ist es einerseits als apriorische Größe angelegt, andererseits ist damit etwas benannt, dem erst durch einen emanzipatorischen Prozess im Laufe des Lebens immer wieder neu zur Verwirklichung verholfen werden muss.[243]

5.2.1. Auf dem Grund der Seele – die Leidenschaften

Das „Persönliche Ideal“ verortet Kentenich im „unterbewußten Seelenleben“ und damit in den Regungen, Affekten, (An-)trieben und Motivationen, die irrational im Menschen lebendig sind. Kentenich fasst all dies mit dem Begriff der menschlichen Leidenschaften zusammen. Kentenich war von dem Glauben getragen, dass wenn eine starke Leidenschaft in einem Menschen wirkt, diese gottgewollt ist. Kurz gesagt: Gott spricht durch die Leidenschaften den Menschen an, allerdings bedarf es einer Veredelung der Leidenschaften. In den Leidenschaften sah Kentenich die individuelle Triebeigenart und Motivationslage eines Menschen.[244] Diesen Zusammenhang wird Kentenich in seiner Lehre vom „Persönlichen Ideal“ gottgewollter „Grundzug“ nennen. Passend dazu skizziert Rudolf Amman den

---

Ansätze im Werke Kentenichs ausgemacht werden, Czarkowski stellt sie in seinem Werk ausführlich dar: Dies sind der „entwicklungspsychologische Ansatz“ und der „sozialpsychologische Ansatz“, in: CZARKOWSKI, Psychologie als Organismuslehre, 87-111; 112-170. Beide Ansätze können aber in dieser Arbeit nicht vorgestellt werden.

243 Vgl. Ebd., 58-62.

244 *„Ohne Kenntnis der Leidenschaften keine Menschenkenntnis. Ohne Kenntnis seiner eigenen Leidenschaften keine Selbsterkenntnis. Ohne Selbsterkenntnis keine Selbsterziehung.“* Joseph KENTENICH, *Vorträge zur Seelenkunde und Charakterschule* (1912/1913), in: ders. Unter dem Schutze Mariens, 121.

konstituierenden Charakter der Hauptleidenschaften für die „Grundstimmung“ und den „Grundzug“:[245]

> *„Mit den Hauptleidenschaften tun wir einen Griff in die Tiefenseele des Menschen. Dort haben sie ihre naturhaften Wurzeln. Sie entfalten ihre Schub- und Antriebskraft oft am Verstand und Willen eines Menschen vorbei oder gar gegen diese. Sie liegen gewissermaßen unter der Grundstimmung und dem Grundzug der Seele und färben sie in ihre eigene Richtung, ohne lange nach Gründen des Verstandes oder nach Wertvorstellungen des Willens zu fragen.“*[246]

Die Leidenschaften sind also in den Tiefen der Seele, sozusagen auf deren Grund zu verorten, sie bilden gleichsam das Fundament des „Persönlichen Ideals“ in psychologischer Hinsicht.[247] Für Kentenich sind die Affekte, die unbewussten Motivationen, zunächst einmal moralisch neutral zu bewerten, entscheidend ist für Kentenich der richtige Umgang mit den selbigen. Kentenich warnt vor einer Verdrängung eines Affekts ins Unterbewusste, da er dann trotzdem weiterwirkt und dann zu Unruhe und seelischer Verkrampfung führt. Lebt also ein Mensch seine seelischen Affekte nicht aus, so behindert er seine eigene Selbstwerdung. Denn die Individualität eines

245 Vgl. Rudolf AMMANN, Unterwegs zum Ich, Vallendar-Schönstatt [4]1992, 64-66.

246 AMMANN, Unterwegs zum Ich, 64.

247 Kentenichs Schüler im Studienheim 1912 sind noch in der Pubertät, also in einer Phase, in der sich die seelischen Affekte besonders bemerkbar machen. Zu dieser Zeit war es üblich, in der kirchlichen Erziehungspraxis die triebhaften Regungen und Begierden der Seele als Sünde zu brandmarken. Kentenich möchte mit seinem neuen Erziehungsstil dieser Tendenz entgegenwirken, indem er eine unverkrampfte Einstellung gegenüber den eigenen Affekten, insbesondere der Sexualität, vermittelt. Einmal mehr wird hier Kentenichs ganzheitlicher Erziehungsstil und integrierende Anthropologie deutlich. Vgl. STEFAN, „Die Schatzkammer meiner Seele“, 16. *„Das ist etwas ganz Selbstverständliches, etwas Natürliches – etwas, was mit unserer Natur zusammenhängt. Geradesowenig, wie wir unsere Natur ablegen können, geradesowenig können wir dieses Gefühl oder wie man in der Moral sagt – die Empfindung der Versuchung, ganz ablegen. Wie töricht, wie unvernünftig ist es somit, unglücklich, unruhig zu werden, wenn dieses Gefühl, diese Empfindung zur Zeit der Versuchung in uns auftritt.“* Joseph KENTENICH, *Vorträge zur Seelenkunde und Charakterschule* (1912/13), in: ders. Unter dem Schutze Mariens, 117.

Menschen drückt sich gerade darin aus, dass die seelischen Regungen und Antriebe den Menschen in eine ganz bestimmte Richtung hinziehen. So hat jeder Mensch unbewusste (An-)Triebe und Motivationen, dies sind die Leidenschaften.[248]

Für Kentenich gibt es auf der Ebene der natürlichen Triebe zwei Hauptleidenschaften: Sinnlichkeit und Stolz, denen das Hingabevermögen und der Geltungstrieb entsprechen.[249] Eine Bestätigung dieser Zweiteilung findet Kentenich in den psychologischen Trieblehren, die zur Zeit der Konzeption des „Persönlichen Ideals“ besonders aktuell waren, also in den Jahren 1927 bis 1929: „*Eine Bestätigung der ganzen Theorie finden Sie in den Systemen der modernen Psychologie. Die Individualpsychologie baut auf dem Geltungstrieb auf, die Psychoanalyse auf dem Hingabevermögen.*“[250] Bei den Leidenschaften gelangen wir ins Zentrum der Psychologie des „Persönlichen Ideals“: die gottgewollte Originalität des Menschen zeigt sich nach Kentenich an den seelischen Eigenschaften „Grundzug“ und „Grundstimmung“.[251]

Die Tiefenpsyche markiert Kentenich als den Ursprung und Sitz der Leidenschaften und genau hier beginnt auch die psychologische Dimension

---

248 Vgl. CZARKOWSKI, Psychologie als Organismuslehre, 60-61. Kentenich gebraucht zur Bezeichnung der Triebe auch den Begriff Hauptleidenschaften oder Leidenschaften. Er definiert sie folgendermaßen: *„Die Leidenschaften sind aber etwas moralisch Indifferentes. Wir verstehen darunter eine stärkere Regung des sinnlichen Strebevermögens. Die Leidenschaften hängen danach wesentlich mit der Natur zusammen. [...] Und die Leidenschaften dürfen nach dieser Theorie nicht ausgerottet werden, dürfen nach dem Grundsatz ‚Gratia non destruit naturam‘ (die Gnade zerstört die Natur nicht) nicht zerstört werden, sie müssen veredelt werden.“* Joseph KENTENICH, Allgemeine Prinzipienlehre der Apostolischen Bewegung von Schönstatt (1927–1929), Vallendar-Schönstatt 1999, 153.

249 *„Die Sinnlichkeit strebt nach Hingabe, will dienen und geliebt werden. Der Stolz strebt nach Eroberung, will von anderen anerkannt und bewundert werden. Im Menschen kommen die Hauptleidenschaften jedoch sehr selten in Reinform vor, sondern ergeben gemischt in unterschiedlichen Verhältnissen das ganze Spektrum der Leidenschaften, die ein Mensch haben kann.“* LÄGE, Konzept des „Persönlichen Ideals“, 55.

250 KENTENICH, Allgemeine Prinzipienlehre, 155.

251 Vgl. STEFAN, „Die Schatzkammer meiner Seele“, 16-17.

des „Persönlichen Ideals", der „Grundzug" der Seele, der im Folgenden noch genauer fokussiert werden soll.[252]

5.2.2. Die psychologische Definition: „Grundzug" und „Grundstimmung"

Mit der psychologischen Definition des Persönlichen Ideals als *„der gottgewollte Grundzug oder die gottgewollte Grundstimmung der begnadeten Seele, die, getreulich festgehalten, in organisch-gnadenvoller Entwicklung sich ausreift zur vollen Freiheit der Kinder Gottes."*[253] entwirft Kentenich einen Berufungsweg, eine gottgewollte Bestimmung für den Menschen, mittels einer positiven Bewertung des Unbewussten.[254]

Bei Kentenich besitzt das Unbewusste durchaus ein positives und kreatives Potential.[255] Der *„Grundzug ist mehr ein Gezogenwerden nach der Grundstimmung."*[256] Der Grundzug ist als eine motivationale Größe zu verstehen. Die „Grundstimmung" bei Kentenich deckt inhaltlich das ab, was bei Spranger mit dem Begriff der „Lebensformen" gemeint ist: *„Spranger spricht von Lebensformen. Ich nenne das Grundstimmung."*[257] Durch seine Ergänzung des „Persönlichen Ideals" mit dem „Grundzug" erweitert

252 Vgl. AMMANN, Unterwegs zum Ich, 63-85.

253 KENTENICH, Allgemeine Prinzipienlehre, 139.

254 Vgl. GERBER, Zur Liebe berufen, 223. Gerber bringt hier die positive Einbindung der Tiefenpsyche in den Selbstwerdungsprozess (Suche nach der eigenen Berufung) im Sinne Kentenichs wie folgt auf den Punkt: *„Kentenich setzt sich nicht nur mit der Problematik unter- bzw. unbewusster Widerstände auseinander, sondern zeigt auch die Möglichkeit eines genuin positiven Beitrages des Unter- bzw. Unbewussten auf für den Berufungsweg eines Menschen."* Ebd., 223.

255 Diese positive Deutung des Unbewussten teilt Kentenich mit C. G. Jung, der in der Integration der Tiefenpsyche letztlich ein schöpferisches Potential für ein gelingendes und ganzheitliches Menschsein sah. Diese Wirklichkeit versucht dann wiederum Hesse mittels seines Schreibens literarisch zu gestalten.

256 KENTENICH, Allgemeine Prinzipienlehre, 144. Und weiter formuliert Kentenich an dieser Stelle: *„Das ist noch keine Grundstimmung, aber es zieht meine Seele etwas dazu hin. Dieser Grundzug muß so lange in der Seele verstärkt werden, bis er zur Grundstimmung wird."*

257 Ebd., 147.

Kentenich die *„Sinn- und Wertrichtung"*[258] der Lebensformen Sprangers durch motivationale Antriebe, die im „Grundzug" zu verorten sind. So bringt Kentenich „Grundzug" und „Grundstimmung" in eine strukturelle und dynamische Beziehung:[259]

> *„Grundzug ist ein aufgrund der in der Seele gegebenen Anlage entstehender Zug der Seele, Grundstimmung der in der Seele zur vollen Herrschaft gelangte Grundzug. Das Primäre ist also der aktuelle Grundzug, die Grundstimmung das Entwickelte."*[260]

„Grundzug": Darunter versteht Kentenich *„ein aktuelles Ziehen der Seele nach einer bestimmten Richtung hin."*[261] Der „Grundzug" beschreibt also ein aktuelles Gezogensein durch bestimmte Werte, die die persönliche Interessensperspektive stark motivieren und inspirieren. Unter unzähligen Definitionsversuchen innerhalb der Sekundär-Literatur, die sich mit dem „Persönlichen Ideal" bei Kentenich beschäftigt, bringt Hans Czarkowski mit seiner Definition auf den Punkt, was Kentenich mit dem „Grundzug" wohl meinte:

> *„Der Grundzug kann beschrieben werden als die vorherrschende individuelle Antriebsrichtung und Gefühlslage, welche die teilweise unbewußte Voraussetzung zur bewußten Differenzierung und Gestaltung der Persönlichkeit darstellt."*[262]

Der „Grundzug" ist also eine aktuell vorherrschende unbewusste Dynamik und Voraussetzung, welche die geistig-willentliche Ausrichtung des

258 SPRANGER, Lebensformen, 98.

259 Vgl. CZARKOWSKI, Psychologie als Organismuslehre, 59-60.

260 Joseph KENTENICH, Zur Psychologie der Jugend. Seelenführerkurs (1926), veröffentlicht unter dem Titel: Psychologie der Jugend, Joachim SCHMIEDL (hrsg.), Münster 1982, 7.

261 KENTENICH, Allgemeine Prinzipienlehre, 168.

262 CZARKOWSKI, Psychologie als Organismuslehre, 62-63. Hier noch eine weitere Definition des „Grundzuges" von Hans Czarkowski: *„Der Grundzug als Komponente des persönlichen Ideals wird von J. Kenteinch nicht losgelöst von der Person gesehen, sondern beeinflußt die gesamte Persönlichkeit. So reicht er einerseits bis in das ‚unterbewußte Seelenleben' hinab, und bestimmt andererseits das dem Bewußtsein zugängliche Temperament."* Ebd., 61.

jeweiligen Menschen beeinflusst und gestaltet. Der „Grundzug" färbt also die motivationale Antriebsstruktur. Der „Grundzug" drängt den Menschen zu seinen konkreten Einstellungen und Handlungen. Der „Grundzug" zeigt sich in den Neigungen und Interessen, die über einen bestimmten Zeitraum das Erleben und Handeln eines Menschen bestimmen. Als Ausprägung der innersten Anlage des Menschen und ins „unterbewußte Seelenleben" hinabreichend ist der „Grundzug" Ausdruck des Persönlichkeitskerns oder auch der Personmitte. Wenn ein „Grundzug" über einen längeren Zeitraum als konstante Motivation auftaucht, ist er Ausdruck der persönlichen Triebeigenart des Menschen. Aus den Hauptleidenschaften kann der „Grundzug" abgelesen werden. Dem „Grundzug" allerdings fehlt die Kontinuität, deshalb bedarf es der Ausprägung eines stabilen Zentrums des individuellen Erlebens und Handelns. So muss der „Grundzug" solange verstärkt werden, bis er sich zur „Grundstimmung" entwickelt.[263]

„Grundstimmung": Dieser eben gerade beschriebene „Grundzug" drängt aber zu einer tieferen und dauerhaften „Grundstimmung". Diese „Grundstimmung", die stärker habituell zu begreifen ist, bezeichnet eine strukturell seelische Verfasstheit, welche sich auch immer wieder im aktuellen „Grundzug" zeigt. Gleichzeitig kann ein aktueller „Grundzug" immer auf die „Grundstimmung" einwirken, diese verstärken und zu größerer Entfaltung bringen. Die „Grundstimmung", von Kentenich auch oft originelle „seelische Mentalität" oder „Geistesgestimmtheit"[264] der Seele genannt, hat ihre Wurzeln sowohl in vererbten Grundanlagen als auch in frühkindlichen Erfahrungen.[265] Die „Grundstimmung" hat eine den Menschen

263 Vgl. LÄGE, Konzept des „Persönlichen Ideals", 38-39.

264 Joseph KENTENICH, Vorträge der Jugendpädagogische Tagung (1931), veröffentlicht unter dem Titel: Ethos und Ideal in der Erziehung. Wege zur Persönlichkeitsbildung, Schönstätter Marienschwestern (hrsg.), Vallendar-Schönstatt ^{2}1992, 208.

265 Kentenich versteht unter dem Begriff „Erbanlagen", die dem Einzelnen vererbte allgemein menschliche Struktur der Seele (man könnte an das kollektive Unbewusste bei Jung erinnert sein), so bezeichnet er als „Grundanlagen" die erblich bedingten individuellen Prägungen der Seele. Ebenso Einfluss auf die „Grundstimmung" nehmen nach Kentenich die „Grundaufnahmen", gemeint sind damit prägende frühkindliche Erfahrungen. Vgl. KENTENICH, Dass neue Menschen werden, 42-45.

zentrierende Funktion, d. h. sie ordnet den Menschen auf eine emotionale, innere, seelische Mitte hin.[266] Die „Grundstimmung“ kann daher auch trefflich mit dem Begriff der Zentralhaltung wiedergegeben werden, aus der sich alle Handlungen eines Menschen ableiten:[267]

> *„Sehen Sie, diese Geistesgestimmtheit, dieses persönliche Ideal, ist eben das, was im menschlichen Leben alle einzelnen Handlungen strafft auf einen Zentralgedanken und eine Zentralhaltung. Das ist im menschlichen Leben das, was den Menschen zu einem ganzen Menschen, zu einem großen Menschen, zu einem Menschen von Format macht.“*[268]

Im Entwicklungsprozess eines Menschen vereinigt die „Grundstimmung“ im Laufe der Zeit die jeweils aktuellen „Grundzüge“ integrativ in sich und bildet so einen *„Habitus, eine Zuständlichkeit, eine Atmosphäre, in der ich lebe.“*[269] Die „Grundstimmung“ baut immer auf dem gerade aktuellen „Grundzug“ auf und erweitert diesen durch die vorangehenden „Grundzüge“ als integrierte Elemente. Die „Grundstimmung“ ist die Konzentration aller „Grundzüge“ auf das Wesentliche, auf den Kern, der hinter den „Grundzügen“ steht. Die „Grundstimmung“ steht für den Zentralwert des menschlichen Erlebens. Durch diesen Zentralwert fließen die einzelnen menschlichen Handlungen aus einer umgreifenden zentralen Haltung heraus.[270]

Durch das Wechselspiel zwischen „Grundstimmung“ und „Grundzug“ besitzt also das „Persönliche Ideal“ einen dynamisch-dialektischen Charakter. Ist ein „Grundzug“ zur „Grundstimmung“ geworden, so kann eine andere Anlage als „Grundzug“ aktuell werden. Die Läuterung und Integration des vorherrschenden „Grundzuges“ ist ein lebenslanger, dynamischer

---

266 Durch die Grundstimmung wird *„die originelle, seelische Zuständlichkeit beschrieben, die seelische Atmosphäre, von der die Personmitte getragen ist aufgrund von Anlage, Geschichte, Grundorientierung."* PENNERS, Pädagogik des Katholischen, 97.

267 Vgl. GERBER, Zur Liebe berufen, 223-224.

268 KENTENICH, Ethos und Ideal, 210.

269 KENTENICH, Allgemeine Prinzipienlehre, 143.

270 Vgl. LÄGE, Konzept des „Persönlichen Ideals“, 39.

Vorgang. Kentenich betont immer wieder diesen dauerhaft bleibenden dynamischen Charakter des „Persönlichen Ideals":[271] *„Der Grundzug wird zur Grundstimmung; aus dieser wird ein neuer Grundzug und so weiter, bis wir einmal die Visio beata haben."*[272]

Der „Grundzug" als handlungs- und erlebnisrelevantes Gezogenwerden durch eine in der Person liegende Anlage wird plötzlich, situativ und spontan wahrgenommen. So wird dem „Grundzug" zu Kontinuität und Funktionalität verholfen, so dass er sich zu einer dauerhaften „Grundstimmung" entfaltet. Der positive gottgewollte „Grundzug" erfährt sozusagen eine Realisierung, indem er sich zur gottgewollten „Grundstimmung" sukzessive entwickelt.[273]

Eine „Grundstimmung" ist im Menschen also nicht statisch vorgegeben, sondern das Resultat eines Entwicklungsvorganges. So befindet sich aber die „Grundstimmung" selbst auch in einer dynamischen Entwicklung. Sobald eine „Grundstimmung" völlig funktional geworden ist, nimmt sie wieder die Eigenart des „Grundzuges" an, dann auf einer höheren Ebene. Dieser neue „Grundzug" strebt dann wieder eine höhere „Grundstimmung" an, so entwickelt sich sukzessive das „Persönliche Ideal" immer weiter.[274]

Den Verlauf der Entwicklung vom „Grundzug" zur „Grundstimmung" skizziert Kentenich in fünf Formalstufen des „Persönlichen Ideals": die ersten beiden Formalstufen vollziehen sich aufgabenmäßig; in der dritten Formalstufe wird die Wirkung des „Grundzuges" zur Funktion gemacht und in der vierten und fünften Stufe wirkt der „Grundzug" bereits unbewusst. Auf diese Weise wird ein erster „Grundzug" zur „Grundstimmung". Alle folgenden „Grundzüge" werden in diese „Grundstimmung" integriert. Eine neue Erlebnistendenz nimmt Einfluss auf die „Grundstimmung", ohne dadurch die bisherigen Elemente der „Grundstimmung" zu verdrängen.[275]

271 Vgl. CZARKOWSKI, Psychologie als Organismuslehre, 66-67.

272 KENTENICH, Allgemeine Prinzipienlehre, 150.

273 Vgl. CZARKOWSKI, Psychologie als Organismuslehre, 66.

274 Vgl. insgesamt zum dynamischen Charakter des „Persönlichen Ideals", ebd., 66-69.

275 Vgl. LÄGE, Konzept des „Persönlichen Ideals", 56-57. Eine ausführliche Beschreibung dieser fünf Formalstufen findet sich in dem Kapitel *Zweites Mittel:*

In diesem Zusammenhang spricht Kentenich von einer notwendigen organischen Entwicklung des „Persönlichen Ideals". Kentenich definiert in diesem Zusammenhang mehrere „Wachstumsgesetze".[276] Eine solche dialektische Entwicklung von „Grundzug" und „Grundstimmung" stellt dann das Grundprinzip der menschlichen Entwicklung dar: Mit der Reifung der Persönlichkeit und der Weiterentwicklung der Umwelt eines Menschen verändert sich auch das „Persönliche Ideal". Das „Persönliche Ideal" wird immer wieder neu auf die neue Lebenssituation angewandt. In jeder Veränderung steckt auch eine Kontinuität, die durch die relative Konstanz im Erleben und Handeln der Person garantiert ist. Diese Interpretationsform kann als *„dialektisches Entwicklungsmodell des Persönlichen Ideals"*

Formalstufen des Persönlichen Ideal, in: KENTENICH, Allgemeine Prinzipienlehre, 169-171. Ebenso hat Kentenich immer wieder darauf verwiesen, dass die Genese des „Persönlichen Ideals" wesentlich davon abhängt, ob man ihm einen Ausdruck verleihen kann. Es geht also um die Veräußerlichung des „Persönlichen Ideals" in einem Symbol, durch einen Spruch, durch ein Motto, durch die Atmosphäre eines Musikstücks, durch ein Gedicht, etc. Diese Sichtbarmachung des „Persönlichen Ideals" kann eine wesentliche Hilfe sein und kann das Individuum auf dem Weg seiner „gottgewollten" Selbstverwirklichung unterstützen. Vgl. dazu auch in dieser Arbeit Teil III, Kapitel 5.4.2.2 *Weitere Faktoren für die Genese des „Persönlichen Ideals"*. Hier werden Ausdrucksmöglichkeiten des „Persönlichen Ideals" aufgezeigt, so unter anderem auch die Methode einer schriftlichen Formulierung.

276 *„Wir alle kennen die Gesetze sehr gut. Das ist das Gesetz der langsamen Entwicklung, der Entwicklung von innen heraus und der Entwicklung aus einer organischen Ganzheit in eine organische Ganzheit, immer gleichzeitig, aber nicht gleichmäßig."* Joseph KENTENICH, *Weihnachtstagung* (1967), in: ders., Durchblick in Texten, Band 4, 348. A. Schulz sieht hier Parallelen zu E. Erikson und folgert: *„Die Persönlichkeit des Menschen, seine Identität wächst aus der Wechselseitigkeit endogener Entwicklungsgesetze und soziokultureller Einbindung. Sie artikuliert sich durch eine Art personaler Mittelinstanz – für E. H. Erikson das Ich, für J. Kentenich der Persönlichkeitskern. Sie hat die Funktion, die individuellen Kräfte in Leib und Seele des Menschen, seine bewußten wie unbewußten Bedürfnisse, Beziehungen, Ziele zu einer sinnvollen, kontinuierlichen Einheitlichkeit zu integrieren."* Angelika SCHULZ, Identitätsbildung: der Pädagoge Pater J. Kentenich und die Identitätstheorie von Erik H. Erikson, Vallendar-Schönstatt 1995, 60.

zusammengefasst werden. Sie wird untermauert von Hans Czarkowski und seiner textanalytischen Arbeit zum „Persönlichen Ideal."[277]

Ein zweites Interpretationsmodell beruht auf der pädagogischen Praxis Joseph Kentenichs und entspricht einem *„sukzessiv anlageentfaltenden Entwicklungsmodell"*[278]: Im Laufe des Lebens bildet die individuelle Hauptleidenschaft und Motivationsdisposition in der Auseinandersetzung mit der Umwelt eine Reihe von „Grundzügen" aus, die dann im Zusammenspiel mit der objektiven Wertewelt geläutert werden. Der erste „Grundzug" konstituiert dann die „Grundstimmung", während die weiteren „Grundzüge" in diese Grundstimmung integriert werden und diese ergänzen. Dieses *„sukzessiv anlageentfaltende Entwicklungsmodell"*[279] entspricht wohl mehr dem, was Kentenich intendierte als die dialektische Auslegung von Czarkowski.[280]

Beim „Persönlichen Ideal" geht es also darum, dass die Wertempfänglichkeit der Seele eines Menschen tief berührt wird und in Resonanz gerät und dadurch eine Aktualisierung erfährt. Dann kann man in einem nächsten Schritt dem anfänglichen „Grundzug" zur Ausreifung verhelfen. Indiz dafür, ob wirklich das „Persönliche Ideal" angesprochen ist, ist immer die Frage, ob wirklich der Tiefengrund der Seele dauerhaft und intensiv in Bewegung geraten ist. Dann kann der „Grundzug" zur „Grundstimmung" entfaltet werden, dabei realisiert der Mensch das seiner Natur Entsprechende und antwortet somit auf seine gottgewollte Sendung und Bestimmung. Die Bedeutung von „Grundzug" und „Grundstimmung" impliziert im Kern also ein Werterlebnis. Objektive Werte, Ideen und Zielvorstellungen müssen die subjektive Wertempfänglichkeit aktivieren und in Schwingung versetzen. Das „Persönliche Ideal" ist aus psychologischer Perspektive das *„religiöse Kernerlebnis oder der Zentralwertkomplex einer Person"*.[281]

---

277 Vgl. insgesamt das Kapitel *Psychologie des persönlichen Ideals*, in: CZARKOWSKI, Psychologie als Organismuslehre, 58-86.

278 LÄGE, Konzept des „Persönlichen Ideals", 62.

279 Ebd., 62.

280 Diese Wertung nimmt Damian Läge in seiner Arbeit zu Kentenich vor, vgl. Ebd., 62-63.

281 Vgl. BOLL, „... vor allem mein Herz", 241-243.

„Das Persönliche Ideal ist eine durch originelle natürliche und übernatürliche Wertempfänglichkeit von Gott bestimmte originelle, persönliche innere Ergriffenheit von einer Wahrheit. Sie merken, es handelt sich durchaus nicht um Subjektivismus. [...] Gott drückt seine einzelnen Wünsche, seinen Willen aus durch originelle Anlage und Wertempfänglichkeit des einzelnen Menschen. Wenn Gott mir eine so geartete und nicht andere Werteempfänglichkeit gegeben hat, dann hat er damit selber auch die Werte vorausbestimmt, die in mir zur stärkeren Entfaltung gebracht werden können und sollen. Gott hat also mit der Werteempfänglichkeit das Persönliche Ideal bestimmt."[282]

5.2.3. Handeln als Antwort auf eine „gottgewollte Wertempfänglichkeit"

Die Funktion des „Persönlichen Ideals" für den Menschen und sein Handeln liegt nach Kentenich in der Genese einer Willensbereitschaft. Diese wiederum findet ihren Ursprung in der „Grundstimmung", in der Mentalität eines Menschen, Kentenich spricht hier auch oft von „Geistesgestimmtheit": *„Alle einzelnen Handlungen fließen aus dieser Geistesgestimmtheit heraus und fließen wieder zurück."*[283] Aus der „Geistesgestimmtheit" resultiert letztlich die Handlungsbereitschaft des Menschen, dabei wirkt die „Geistesgestimmtheit" als ein individuell spezifisches Auswahlprinzip durch die Begegnung mit korrespondierenden objektiven Werten und Ideen. Alle Handlungen sollen so konzentriert werden und mit dem „Persönlichen Ideal" in Beziehung gesetzt werden, so dass sie aus dem „Persönlichen Ideal" wie aus einer Quelle fließen. Das „Persönliche Ideal" ist der einheitsstiftende Mittelpunkt aller Handlungen.[284]

Wenn Kentenich im Kontext des „Persönlichen Ideals" von „Geistesgestimmtheit" spricht, versucht er das „Persönliche Ideal" von der Werttheorie

282 Joseph KENTENICH, *Der heroische Mensch* (1936), in: ders., Durchblick in Texten, Band 5, 393-394.

283 KENTENICH, Ethos und Ideal, 210.

284 Vgl. AMMANN, Unterwegs zum Ich, 94-96.

her zu erfassen.[285] Er verbindet gleichsam den psychologischen Fokus mit dem werttheoretischen Blickpunkt: Dem „Grundzug" entspricht die Wertempfänglichkeit und die „Grundstimmung" korrespondiert mit dem Zentralwertkomplex. So erfahren gleichsam „Grundzug" und „Grundstimmung" während des Entwicklungsprozesses der Persönlichkeit eine Objektorientierung und Konkretisierung. Im „Persönlichen Ideal" verbinden sich so Motivationsstruktur und -dynamik einer Person mit ihrer Wertorientierung, ihrem Normbewusstsein, zu einer spezifisch individuellen Ganzheit, die als Willensbereitschaft und als Handlungsbereitschaft unbewusst wirksam ist. Diese Einheit von Motivation und Normorientierung durch das „Persönliche Ideal" im Hinblick auf die Persönlichkeitsentwicklung und das Handeln einer Person fasst Kentenich als „Organismus der Persönlichkeitsbildung".[286] Pädagogische Bedeutung gewinnt dieser Ansatz darin, dass das ethische Handeln des Menschen durch eine motivationale Größe der Tiefenpsyche fundiert wird, *„die objektive Norm wird zur subjektiven Norm"*[287], wie es Kentenich formuliert. Objektive Werte werden zu subjektiven Werten und Normen, weil ein gewisser Wert der Tiefenpsyche als motivationale Größe im Bewusstsein und damit konkret im Handeln integriert wird.[288]

---

285 *„Wenn ich das ausdrücken sollte im Sinne einer modernen Werttheorie, dann darf ich sagen: Es muß in jeder Seele instinktiv tätig und wirksam sein eine ganz bestimmte Wertempfänglichkeit. Und diese Wertempfänglichkeit wird zur Wertwirklichkeit, sobald objektiv der äußere Wert der Seele nahegebracht wird."* KENTENICH, Ethos und Ideal, 208.

286 Joseph KENTENICH, Krönungswoche (1946), veröffentlicht unter dem Titel: Krönung Mariens – Rettung der christlichen Gesellschaftsordnung, Schönstätter Marienschwestern (hrsg.), Vallendar-Schönstatt 1977, 162: *„Organismus in der Persönlichkeitsbildung! Was sich darüber von unserer Seite sagen läßt, haben wir theoretisch zusammengefaßt in dem Ausdruck Persönliches Ideal. Unser Persönliches Ideal verlangt von uns letzten Endes weiter nichts als das Ringen um eine Grundhaltung. Wissen Sie, was das bedeutet? Unsere ganze Aszese ist darin originell, schlicht ausgedrückt: Wir wollen in der menschlichen Seele immer den Ganzheitszusammenhang festhalten [...]."*

287 KENTENICH, Grundriss einer neuzeitlichen Pädagogik, 145.

288 Vgl. CZARKOWSKI, Psychologie als Organismuslehre, 79-82.

> *„Das bewußte Handeln soll also in Übereinstimmung mit dem unbewußten Strebungen ablaufen, eine Integration von unbewußten Tendenzen und bewußtem Handeln soll erreicht werden, derart, daß die unbewußten Tendenzen und Antriebe die objektiven Werte und Normen gleichsam verinnerlichen. Der ‚Organismus in der Persönlichkeitsbildung' im Sinne des persönlichen Ideals nach J. Kentenich integriert folglich differenzielle Motivation und Gefühlslage mit den Normen und Werten, für die eine Person empfänglich ist."*[289]

Kentenich hat also gesehen, dass es eine gesicherte psychologische Gesetzmäßigkeit ist, dass der Wille des Menschen vom Gefühl bedingt wird, dass also die Willensentschlüsse von den Gemütsbewegungen beeinflusst werden. Die affektiven Faktoren können bei einer Willenshandlung nicht ausgeblendet werden.[290] Bei Kentenich ist der Wille das entscheidende Instrument, der die inneren Neigungen zur Handlung überführt. Kentenich spricht in diesem Zusammenhang von der *„Erziehung als Wertbewegung"*[291] und verbindet in diesem Begriff Willenspsychologie und Pädagogik miteinander.[292]

Im Kontext des Handelns aus dem „Persönlichen Ideal" führt Kentenich des Weiteren auch die Unterscheidung zwischen dem Persönlichkeitsideal und dem Aufgabenideal an. Hier konkretisiert Kentenich sein Konzept der Psychologie des „Persönlichen Ideals" durch die inhaltliche Bestimmung in zwei Formen des „Persönlichen Ideals": das Persönlichkeitsideal an sich

289 Ebd., 82-83.

290 Vgl. dazu auch die Ausführungen zum Willen bei Nietzsche, in dieser Arbeit Teil II, 3. Kapitel *Nietzsche als Wegbereiter der Tiefenpsychologie*

291 KENTENICH, Studie zur Marianischen Erziehung, 179.

292 Vgl. CZARKOWSKI, Psychologie als Organismuslehre, 83-85. Entsprechend formuliert Kentenich in diesem Kontext: *„Alles hängt davon ab, daß man aus der großen objektiven Wertbewegung die Motive, die Werte herausliest, die eine Antwort geben auf die urpersönliche, natürliche und übernatürliche Interessensperspektive oder auf die persönliche Wertempfänglichkeit. Das sind allgemeine Gesetzmäßigkeiten, die werden wir alle anwenden müssen, einerlei, welche pädagogischen oder weltanschaulichen Ziele wir festhalten."* KENTENICH, Grundriss einer neuzeitlichen Pädagogik, 135.

und das Aufgaben- bzw. Berufsideal.[293] Beide stehen in einer dynamischen Wechselwirkung und bilden gemeinsam ein „Persönliches Ideal“, indem sie miteinander in Interaktion und kausaler Wechselwirkung[294] stehen: Einerseits vollzieht sich die Persönlichkeitsentwicklung größtenteils zum Zwecke der Bewältigung von Lebensaufgaben, also zur Erfüllung von Aufgaben, andererseits wirken die gestellten Aufgaben ihrerseits als Erziehungsfaktor. Die Verknüpfung von Aufgabe und Persönlichkeit ist für Kentenich konstitutiv für das „Persönliche Ideal“, weil erst durch die Zusammenführung beider Aspekte ein erfolgreiches zielgerichtetes Handeln ermöglicht wird.[295]

Abschließend soll nun in diesem Kapitel das Handeln aus dem Glauben im Hinblick auf das „Persönliche Ideal“ thematisiert werden. Das Zusammenspiel der seelischen Dynamik und der Wertorientierung eines Menschen kann nach Kentenich nicht isoliert betrachtet werden von den zentralen Inhalten (Werten) des christlichen Glaubens.[296] Für Kentenich

---

293 Kentenich führt weiter dazu aus: *„Es ist ein Persönlichkeits- und ein Aufgabenideal zu unterscheiden. Persönlichkeitsideal: Gott hätte gern, daß mein Gemüt reicher, mein Verstand geklärter wäre. Da steht also meine Persönlichkeit im Vordergrund. Selbstheiligung. Aufgabenideal: Da steht meine Aufgabe, die mir Gott gestellt hat, im Vordergrund. Der liebe Gott hat mich so gestaltet für eine Aufgabe, die ich lösen und erfüllen soll. Wir wollen unter P. I. beides verstehen.“* Joseph KENTENICH, *Der erlöste Mensch* (1935), in: ders., Durchblick in Texten, Band 5, 417.

294 *„Wechselwirkung zwischen beiden: Überlegen Sie ein wenig die Wechselwirkung zwischen Persönlichkeit und Aufgabe. Ich erziehe mich für eine Aufgabe. Ich werde aber auch durch eine Aufgabe erzogen. In den meisten Fällen werden wir Erwachsene mehr durch Aufgaben geformt als durch direktes Arbeiten an unserer Natur.“* KENTENICH, *Der erlöste Mensch*, 417.

295 Vgl. LÄGE, Konzept des „Persönlichen Ideals“, 79-80.

296 *„Welche Elemente muß die Grundstimmung letztlich enthalten? Zunächst einmal all das, was im Grundzug keimhaft enthalten ist. Das sind letztlich drei Dinge. Denn alle objektiven Seinsgesetze müssen hier widerklingen. Ich habe als Geschöpf Beziehungen zum Schöpfer, zum Nächsten und zu mir selber. Ich bin ein Individuum, das erbsündlich belastet ist. Jede Grundstimmung muß also in irgendeiner Form enthalten: Gottesliebe, Nächstenliebe und geordnete Selbstliebe.“* KENTENICH, Allgemeine Prinzipienlehre, 172. Die Formulierungen *„keimhaft enthalten“* und *„in irgendeiner Form enthalten“* deuten an, dass die de facto existierende Form der Grundstimmung eines Entwicklungs- und Reifeprozesses bedarf.

manifestieren sich somit im „Persönlichen Ideal" zwei Merkmale des christlichen Menschenbildes: die Gottesebenbildlichkeit und der Auftrag zur Verwirklichung des Doppelgebotes von Gottes- und Nächstenliebe. Die individuelle „Grundstimmung" ist nach Kentenich eine originelle Ausprägung des Urtriebes Liebe.[297]

Die individuelle Wertempfänglichkeit eines Menschen muss zunächst nicht mit den zentralen Glaubensinhalten korrelieren. Entscheidend ist, dass die originelle Wertempfänglichkeit angesprochen wird und dadurch der Mensch aktiv wird, handelt. Genau in dem subjektiven Zentralwertkomplex vollzieht sich die bewusste, aber auch vor allem unbewusste und unreflektierte Orientierung auf die zentralen Inhalte des christlichen Glaubens.[298] Diese Korrelation von subjektiver Wertempfänglichkeit und objektiv vorgegebenen, d. h. von geoffenbarten, christlichen Werten erachtet Kentenich als die entscheidende Herausforderung und Aufgabe jeder christlichen Erziehungs- und Formationsarbeit.[299]

Gleichzeitig dürfen „Grundzug" und „Grundstimmung" und der christliche Glaube nicht als völlig isolierte Größen betrachtet werden, denn das Adjektiv „gottgewollt", das Kentenich gerade im Kontext der psychologischen Definition des „Persönlichen Ideals" verwendet, zeigt an, dass der „Grundzug" bzw. die „Grundstimmung" keine reine Natur ist, sondern

297 Vgl. GERBER, Zur Liebe berufen, 230. Das „Persönliche Ideal" kann somit als eine originelle Art der persönlichen Gemeinschaft mit Gott verstanden werden. Es geht hierbei immer um eine innere Ergriffenheit. Das „Persönliche Ideal" muss einen Inhalt, einen Wert, eine Idee, eine Wahrheit enthalten, die zur Liebe geworden ist.

298 *„So muss mein P. I. in irgendeiner Weise die Gottesliebe in sich enthalten, aber dabei muss nicht unbedingt Gott in der Formulierung stehen. Es hat Heilige gegeben, die haben die armen Seelen oder den Schutzengel so tief erlebt, dass sie von da aus das Sprungbrett zur Übernatur fanden. In den Worten, die sie wählten, klang dann die ganze übernatürliche Welt mit. So muss Gott nicht als Ausdruck im P. I. vorhanden sein, wohl aber erlebnismäßig mitklingen und mitgehört werden."* KENTENICH, *Der heroische Mensch*, 396.

299 Vgl. GERBER, Zur Liebe berufen, 230-231. Gerber führt weiter aus, 232: *„Die Verbindung von seelischer Grundstimmung und Werteorientierung kann in diesem Sinne helfen, den spezifischen Charakter des christlichen Glaubens als einem Beziehungsvorgang zwischen rufendem Gott und antwortendem Menschen zu sichern."*

bereits Spuren des gnadenhaften Handeln Gottes in sich trägt. Darin klingt die Bedeutung des gnadenhaften Handeln Gottes für die Entfaltung des „Persönlichen Ideals" an. Kentenich stellt also bei der Förderung des individuellen Persönlichkeitsprofiles das göttliche Handeln in den Vordergrund. *„Darum werden Sie ohne Gnade keinen Charakter erziehen können."*[300] Kentenich ist sich gewiss, dass Wachstum im Reifeprozess des „Persönlichen Ideals" nur möglich ist durch die Wirkung der Gnade.[301]

5.2.4. Thesenartige Zusammenfassung zur Psychologie des „Persönlichen Ideals"

Die Formulierung *„Organismus in der Persönlichkeitsbildung"*[302] wählte Kentenich zur Beschreibung seiner Theorie des „Persönlichen Ideals". Gerade in Bezug auf sein ganzheitliches Anliegen kommt damit das zur Sprache, was den Grundansatz der Psychologie des „Persönlichen Ideals" in adäquater Weise trifft. Letztlich wird hier von Kentenich ein Weg aufgezeigt, wie es dem Menschen gelingen kann, im Einklang zu sein mit seinem inneren Wesen, mit seiner natürlichen Anlage, vor allem eben mit seiner unbewussten Seite. So lassen sich die wesentlichen Merkmale der Psychologie des „Persönlichen Ideals" thesenartig folgendermaßen zusammenfassen:

These 1: Das „Persönliche Ideal" wird psychologisch als Grundzug und Grundstimmung definiert. Aus der Grundstimmung leitet sich auf funktional unbewusste Weise das Wollen und Handeln aus einem Zentralwert der Person ab, der als der einheitsstiftende Mittelpunkt aller Handlungen bezeichnet werden kann.

---

300 KENTENICH, *Der erlöste Mensch*, 457.

301 Vgl. GERBER, Zur Liebe berufen, 234-235. Kentenich untermauert, dass ohne die Gnade Gottes ein Handeln aus dem „Persönlichen Ideal" nicht möglich ist: *„Alle psychologische Orientierung ohne Gebet und Opfer wird nicht zum Ziele führen. Darum gibt es keine Methode, gibt es kein noch so glänzendes System, das absolut sicher wäre. Es muss eine große Gnade, eine originelle Gnade hinzukommen. Originelle Gnade, weil sich die Gnade ja der Natur anpasst."* KENTENICH, *Der erlöste Mensch*, 457-458.

302 KENTENICH, Krönung Mariens, 162.

These 2: „Grundzug“ und „Grundstimmung“ stehen in einer dynamisch-dialektischen Beziehung zueinander und bedingen sich immer wieder neu. Aus dem „Grundzug“ als *„vorherrschende individuelle Antriebsrichtung und Gefühlslage“*[303] (Motivations- oder Streberichtung) entwickelt sich nach und nach die „Grundstimmung“. Da die „Grundstimmung“ wieder zu einem „Grundzug“ auf höherer Ebene werden kann, befindet sich die Person in einer ständigen Weiterentwicklung. Die Entfaltung des „Persönlichen Ideals“ kommt daher nie zu einem Stillstand und ist ein lebenslanger Entwicklungsprozess.

These 3: Das „Persönliche Ideal“ wirkt psychologisch von innen her als wahrnehmbare Größe im Sinne einer Entelechie. Dabei geht es immer um die Entsprechung der inneren Grundausrichtung der Seele. Dabei ist die bewusste Förderung durch eine äußere Form, wie z.B. durch eine Formulierung wichtig, bis das „Persönliche Ideals“ schließlich überwiegend funktional wirksam wird.

These 4: Sprangers „Lebensformen“ unterscheiden sich von Kentenichs Theorie vom „Persönlichen Ideal“, da die Wertorientierung des Individuums durch motivationale Grundanlagen (Leidenschaften) ergänzt wird und damit stärker tiefenpsychologisch fundiert wird. Auch der Gottesbezug spielt bei Spranger in diesem Kontext keine Rolle.

These 5: Das Konzept der Psychologie des „Persönlichen Ideals“ von Kentenich ist zwar in Wechselwirkung zu den verschiedensten tiefenpsychologischen Schulen und Richtungen entstanden, aber nicht aus ihnen abzuleiten oder mit ihnen zur Deckung zu bringen. Das „Persönliche Ideal“ stellt also wissenschaftshistorisch einen originellen und neuartigen Ansatz dar.

These 6: Das hervorstechendste Novum ist die Integration theologischer Axiome in eine tiefenpsychologische Lehre der Persönlichkeitsbildung. Gerade auch die Erfahrung der heilsamen Wirkung der Nähe Gottes und seiner Liebe in der Seele des Menschen (Gnadenpsychologie) markiert den theonomen Charakter der Lehre des „Persönlichen Ideals“. Kentenichs tiefenpsychologische Ansätze und insbesondere die Psychologie des „Persönlichen Ideals“ stehen also nicht isoliert von seinem übrigen Gedankensystem,

303 CZARKOWSKI, Psychologie als Organismuslehre, 62-63. So lautet die Definition des „Persönlichen Ideals“ von Hans Czarkowski.

sondern stehen in einem engen Zusammenhang zu seinen theologischen Überzeugungen.[304]

5.3. Weitere Facetten des „Persönlichen Ideals“

Ganzheitliche Selbstverwirklichung als Identitätsfindung ist Verwirklichung des „Persönlichen Ideals“. Für Kentenich ist das Persönliche Ideal *„das X, das die modernen Kulturwissenschaftler suchen.“*[305] Das Wesen des „Persönlichen Ideals“ sieht Kentenich primär in der psychologischen Definition ausgedrückt. So wurde im vorausgehenden Kapitel 5.2 (*Die psychologische Definition: „Grundzug“ und „Grundstimmung“*) ausführlich die psychologische Seite des „Persönlichen Ideals“ dargestellt, nun sollen im Folgenden die philosophische und theologische Definition des „Persönlichen Ideals“ in den Blick genommen und näher erläutert werden. Kentenich möchte das Phänomen, das er mit dem Terminus „Persönliches Ideal“ umschreibt, eben nicht nur psychologisch betrachten, sondern auch philosophisch und theologisch reflektieren.[306]

5.3.1. Die philosophische Definition

Kentenich rezipiert Nietzsche mit dem folgenden Ausspruch: *„Deinen großen Gedanken will ich wissen ...“*[307] Um diesen großen Gedanken eines jeden Menschen geht es beim „Persönlichen Ideal“. Somit wird jeder

304 Vgl. zu den hier aufgeführten Thesen 1-6 insgesamt das Kapitel *Zusammenfassende Erörterungen zur Psychologie des persönlichen Ideals*, in: CZARKOWSKI, Psychologie als Organismuslehre, 85-86.

305 KENTENICH, Allgemeine Prinzipienlehre, 134.

306 Vgl. Herta SCHLOSSER, Selbstbezug – Identitätsfindung – Persönliches Ideal. Beiträge zu einer christlichen Kultur, Band 4, Vallendar-Schönstatt 2003, 89-90.

307 Vgl. Joseph KENTENICH, Kindsein vor Gott, Priesterexerzitien (1937), Vallendar-Schönstatt 1979, 37. Kentenich führt dazu aus: *„Meinen Sie nicht, das wäre eine der wesentlichsten Aufgaben für eine neue Gemeinschaft, sich zu fragen: Wie sieht der originelle Typ, der Mensch unserer neuen Gemeinschaft aus? Den neuen Menschen möchte ich schaffen! Nietzsche würde sagen: ‚Deinen Großen Gedanken will ich wissen!‘.“* KENTENICH, Kindsein vor Gott, 37. Das Original-Zitat bei Nietzsche lautet: *„Frei nennst du dich? Deinen herrschenden Gedanken will ich hören*

Mensch in seiner Individualität zum Bestandteil des göttlichen Heilsplans von Ewigkeit her.[308] Auch hier wird deutlich, dass es dabei also nicht um ein von außen kommendes Ideal geht, sondern um das urpersönliche innere Selbst. Das „Persönliche Ideal" ist das Urbild jedes Menschen in Gott. Gott hat von Ewigkeit her von jedem Menschen ein Bild entworfen, das er als Schöpfer und Erlöser in der Zeit mit tatkräftiger menschlicher Mitarbeit verwirklichen will. *„Jeder Mensch ist ja die Inkarnierung eines originellen Gottesgedankens, ist vom andern verschieden, besitzt seine individuelle Eigenart."*[309] Aus der Exemplarkausalität geht die originelle Individualität jedes Menschen hervor, da das göttliche Denken nicht nur die allgemeinen Wesenheiten, sondern auch die Individualitäten umfasst. Jeder Mensch ist demnach einmalig und gründet in seinem individuellen Wesen präexistent in Gott.[310]

Der Mensch ist im göttlichen Geist präexistente Exemplarursache.[311] In Anlehnung an scholastische Traditionen formuliert Kentenich eine philosophische Definition des Persönlichen Ideals, sie lautet: *„Das P.I. ist die idea*

---

und nicht, daß du einem Joche entronnen bist." NIETZSCHE, *Also sprach Zarathustra*, 635.

308 Rudolf Ammann formuliert hierzu passend: *„Ähnlich könnte man Gott als den großen Künstler deuten, der im Rohmaterial eines jeden Menschen die Endgestalt und das Endziel, das Persönliche Ideal, erblickt, liebt und ersehnt."* AMMANN, Unterwegs zum Ich, 36. Gleiches sagt auch das folgende bekannte Zitat aus: *„In jedem lebt ein Bild dessen, was er werden soll; solange er das nicht ist, ist sein Friede unvollkommen"* Das Zitat stammt von Angelus Silesius (1624–1677), hier zitiert nach: Ebd., 48.

309 KENTENICH, *Der erlöste Mensch*, 389.

310 Vgl. LÄGE, Konzept des „Persönlichen Ideals", 22-23.

311 *„In der Konzeption Kentenichs hat aber auch die Lehre von der Exemplarursache (causa exemplaris) große Bedeutung. Auch damit greift er die Tradition auf. Augustinus versteht die Ideen als schöpferischen Gedanken Gottes. Gott ist das Urbild, nach dem alles Irdische und Endliche gestaltet ist, da es an ihm teilnimmt. Die klassische Vierzahl der Ursachen wird ergänzt durch die Exemplarursache, das Vorbild beziehungsweise Urbild. Thomas vertiefte in Anlehnung an Augustinus den Gedanken der Formursächlichkeit durch den Gedanken der Exemplarursächlichkeit. Die in der Schöpfung – in diesem Zusammenhang vor allem im Menschen – realisierten Formen haben ihr Urbild (Exemplarursache) im göttlichen Sein selbst, in der Erstursache."* SCHLOSSER, Selbstbezug, 93.

exemplaris in mente divina praeexistens. Die Idee, die Gott von mir besitzt und Wirklichkeit hat werden lassen."[312] Diese präexistente Idee Gottes ist aber nicht im menschlichen Sinne als eine abstrakte Vorstellung zu begreifen, vielmehr ist in ihr der Mensch als Person bereits ganz von Gott erdacht und ausgesagt.[313] Die Aussage von der Idee Gottes verweist auf die einzigartige Würde des Menschen. Die individuelle Eigenart und Andersartigkeit ist im Denken Gottes grundgelegt.[314]

Das scholastische Grundprinzip „*Ordo essendi est ordo agendi*" wird hier auf die Individualität des Menschen übertragen. Das „Persönliche Ideal" als die *idea exemplaris in mente divina praeexistens* ist der im göttlichen Geist vorausbestehende exemplarische Entwurf, das heißt „*die von Ewigkeit*

312 KENTENICH, *Der erlöste Mensch*, 391. Penners merkt an, dass diese Formulierung deshalb als philosophisch bezeichnet werden kann, „*weil sie auf der natürlichen oder philosophischen Gotteslehre beruht und die positive Theologie noch nicht in Anspruch nimmt.*" PENNERS, Pädagogik des Katholischen, 96.

313 Bei seiner Interpretation der philosophischen Definition des „Persönlichen Ideals" verweist Hermann Schmidt auf den spezifischen Charakter des innertrinitarischen Erkenntnisvorgangs: „*In dem einen Worte, das Gott selbst spricht, liegt aber der ganze Inhalt seines unendlichen Erkennens, in dem er sein eigenes Wesen und Wirken und in diesem auch die ganze Schöpfung schaut. [...] Und darum zeugt Gott Vater, wenn er dieses seine ganze Wesenheit darstellende und widerspiegelnde Wort spricht, seinen Sohn. [...] Gott sieht in seinem ewigen Worte auch jeden Menschen. (...) Und Ausdruck dieser Erkenntnis ist für Gott wieder nur ein einziges Wort. In diesem aber liegt enthalten das ganze Dasein und Sosein des Menschen. Ja, Gott ruft mich mit meinem Namen, und dieser Name ist mein Wesen. Anders als der Name, den wir Menschen uns geben. Er ist nur eine Art Nummer, eine zufällig gewählte Etikette, die man dem Menschen zur Unterscheidung anklebt. [...] Dieser Name, mit dem Gott ruft, ist das Schöpferwort, das jeden ins Dasein treten läßt und ihm sein Wesen gibt. Und dieser gleiche Name bleibt zeitlebens der ständige Anruf und Aufruf Gottes. Er ist nichts anderes als die idea exemplaris von jedem Menschen, nichts anderes als dessen ‚Persönliches Ideal'.*" Hermann SCHMIDT, Organische Aszese. Ein zeitgemäßer, psychologisch orientierter Weg zur religiösen Lebensgestaltung, Paderborn 1952, 49-50.

314 Vgl. GERBER, In Liebe berufen, 235-236. Lothar Penners formuliert in diesem Kontext: „*Als einzelner hat der Mensch einen Wert, der vor aller Einordnung und Leistung gegeben ist. Er ist in seinem Sein und konkreten So-Sein notwendig, weil existent im Denken des Absoluten. Seine Grundaufgabe besteht darin, diesem Gedanken in Gott zu entsprechen.*" PENNERS, Pädagogik des Katholischen, 96.

her im göttlichen Schöpfergeiste bestehende Uridee jedes Menschen als letzte Norm für dessen gesamtes Sein und Wirken.“ [315] Aus diesem Urbild leitet sich das „Persönliche Ideal“ als das urpersönliche Handlungs- und Motivationsprinzip ab, wie sie im vorherigen Kapitel als „Grundzug“ und „Grundstimmung“ ausführlich beschrieben wurden. Das „Persönliche Ideal“ konstituiert die ureigene Zielgestalt für die freischöpferische Verwirklichung des Lebenssinns eines jeden Menschen. So kombiniert Kentenich philosophische und psychologische Definition, indem er formuliert: *„Das Persönliche Ideal ist das im göttlichen Geiste von Ewigkeit her bestehende Urbild jedes Menschen, das dieser aus der gottgewollten seelischen Grundhaltung erschließen und verwirklichen soll.“* [316]

Die philosophische Definition des „Persönlichen Ideals“ enthält eine auf den Menschen hin konkretisierte Schöpfungstheologie, wie sie in Psalm 139,13-16 zur Sprache kommt:

> *„[13] Denn du hast mein Inneres geschaffen, mich gewoben im Schoß meiner Mutter. [14] Ich danke dir, dass du mich so wunderbar gestaltet hast. Ich weiß: Staunenswert sind deine Werke. [15] Als ich geformt wurde im Dunkeln, kunstvoll gewirkt in den Tiefen der Erde, waren meine Glieder dir nicht verborgen. [16] Deine Augen sahen, wie ich entstand, in deinem Buch war schon alles verzeichnet; meine Tage waren schon gebildet, als noch keiner von ihnen da war.“* [317]

Die ganze Schöpfung ist ein Werk Gottes und in besonderer Weise der Mensch. Was im Psalm mit dem Begriff „Inneres“ ausgesagt sein will, findet sich wieder in der Geschöpflichkeit der Seele, in ihren Eigenschaften und Regungen, kurzum das, was Gott als seelische Veranlagung in den

---

315 Joseph KENTENICH, *Die erzieherischen Grundsätze Schönstatts* (1912/1913), in: ders., Unter dem Schutze Mariens, 144.

316 KENTENICH, *Die erzieherischen Grundsätze Schönstatts*, 144. Vgl. insgesamt zur philosophischen Definition des „Persönlichen Ideals“: SCHLOSSER, Selbstbezug, 92-94.

317 Die Bibel. Einheitsübersetzung mit einem Kommentar von Eleonore Beck, Stuttgart 2001, 775.

Menschen hineingelegt hat.[318] Analog zum Kontext des Psalms 139 erklärt Kentenich gleichsam die Beschaffenheit des „Persönlichen Ideals“ so:

> *„Gott hat die Natur geschaffen und hat der Seele durch die ihr gegebenen Anlage seinen Willen gleichsam eingeschaffen. Er hat das, was er mit mir vorhat, grundgelegt in meiner Seele. Wenn ich also in den Grundanlagen meiner Seele und ihrer Richtung mein Ziel erkenne, ist dieses erkannte Ziel keine willkürliche, subjektive Konstruktion, sondern objektiv, weil Gottes Wille.“*[319]

5.3.2. Die theologische Definition

In theologischer Hinsicht bedeutet das „Persönliche Ideal“ die Einsicht, die Individualität des Menschen als originelle Schöpfungsidee Gottes zu begreifen und zur Entfaltung zu bringen. Nach der theologischen Definition Kentenichs ist das „Persönliche Ideal“ *„eine hochgradige, originelle Darstellung und Nachahmung der gottmenschlichen Vollkommenheiten.“*[320] Das Menschenbild Kentenichs weist jedes Individuum als einen inkarnierten Gottesgedanken und Gotteswunsch aus, d. h. der Mensch ist dazu berufen, originelles Ebenbild Gottes zu sein. Kentenich fasst die theologische Perspektive des „Persönlichen Ideals“ in einer trinitarisch orientierten Formel zusammen, welche in Kurzform alle wichtigen Gedanken des Persönlichen Ideals zum Ausdruck bringt:[321]

---

318 *„Das P.I. ist dann [...] eine originelle Art der persönlichen inneren Lebensgemeinschaft mit Gott. Es handelt sich um eine innere Ergriffenheit, weil es sich beim P.I. um eine Idee dreht, die von innen die Seele ergriffen hat, von innen heraus wächst, während sie von außen genährt und gepflegt wird.“* KENTENICH, *Der heroische Mensch*, 394. Eine ähnliche teleologische Anlage der Persönlichkeit formuliert Spranger in seinem Konzept des Persönlichen Ideals: *„in den Tiefen schon vorgebildet, was daraus werden kann.“* SPRANGER, Lebensformen, München 1965, 299. Im Unterschied zu Kentenich impliziert Spranger allerdings keinen individuellen göttlichen Heilsplan für jeden Menschen. Spranger verfolgt eine rein sozialwissenschaftliche Perspektive auf die Verwirklichung bestimmter Lebensformen.

319 KENTENICH, Zur Psychologie der Jugend, 9.

320 KENTENICH, *Der erlöste Mensch*, 390.

321 Vgl. SCHLOSSER, Selbstbezug, 91-92.

> *„Erleuchtete Führung weiß, daß jedes Individuum als origineller, inkarnierter Gottesgedanke und als inkarnierter Gotteswunsch – insofern es von Ewigkeit her im Verbum divinum originell mitgedacht und im Heiligen Geiste originell mitgeliebt worden ist und wird – eine urpersönliche, individuelle Liebessendung hat, die durch persönliche Anlage, die durch innere Einsprechung, durch äußere Verhältnisse und durch gottgegebene Autorität näher bestimmt wird."*[322]

Theologisch gesprochen geht es beim „Persönlichen Ideal" um die Berufung (Bestimmung) eines Menschen von Gott her. Kentenich vertritt mit seiner Lehre des „Persönlichen Ideals" eine *„theozentrische Selbsttranszendenz"*,[323] d.h. dass sich der Mensch nur in der Ausrichtung auf Gott verwirklichen kann.[324] Dahinter steht die Überzeugung, dass jeder Mensch eine ganz einmalige Schöpfung Gottes mit einer originellen Persönlichkeit, Aufgabe und Berufung ist. Der Ansatz des „Persönlichen Ideals" ist nichts anderes als der Versuch des Menschen über die eigene Tiefenseele dem „Gott des Lebens" nahe zu kommen und diesen immer deutlicher wahrzunehmen zu können. Letztlich soll der Mensch diesem Ruf Gottes in der Seele immer mehr folgen und eine Antwort im Leben darauf geben.[325]

---

322 Joseph KENTENICH, *Philosophie der Erziehung* (1959), in: ders., Durchblick in Texten, Band 5, 392.

323 GERBER, Zur Liebe berufen, 138.

324 Vgl. Ebd., 138. Gerber betont in diesem Kontext das Zusammenwirken von göttlicher Gnade und menschlichem Streben. Hier klingt wieder die Bedeutung der Erst- und Zweitursachenlehre an, die Kentenich in seinem Bundesdenken konkretisiert. Nur in seiner Freiheit und im Bund mit Gott kann der Mensch sein „Persönliches Ideal" verwirklichen. Das heißt konkret aber auch, dass der Mensch in seiner Existenz schon immer auf das gnadenhafte Handeln Gottes verwiesen ist. Das heißt final, dass eine vollendete und ganzheitliche Selbstverwirklichung des Menschen im Sinne Kentenichs sich immer nur im Zusammenspiel von menschlichem Streben und göttlicher Gnade vollziehen kann.

325 *„Bei Deinem Namen habe ich Dich gerufen: Du bist Mein!"* (Jesaja 43,1); John Henry Newman formuliert hier passend dazu: *„Ich bin berufen, etwas zu tun oder zu sein, wofür kein anderer berufen ist. Ich habe einen Platz in Gottes Ratschluss, auf Gottes Erde, den kein anderer hat. Ob ich reich oder arm bin, verachtet oder geehrt bei den Menschen, Gott kennt mich und ruft mich beim Namen."* AMMANN, Unterwegs zum Ich, 38.

5.4. Praktische Perspektive – Erkennbarkeit und Umsetzung

Es folgt also nun eine Art Anleitung zur praktischen Umsetzung des „Persönlichen Ideals" im konkreten Leben. Das Erkennen und Handeln im „praktischen Vorsehungsglauben" wird ganz konkret in der Auseinandersetzung mit dem „Persönlichen Ideal", hier kommt es zur Gestaltwerdung der Bestimmung des Menschen. Der Mensch begibt sich hier auf eine Spurensuche nach Gott in seinem Leben, genauer: auf die Suche nach der Anwesenheit des göttlichen Funkens[326] in seinem Innern, den es sukzessive zu verwirklichen gilt.

5.4.1. Die Erkenntnisquellen des „Persönlichen Ideals"

Für Kentenich war die Frage nach der Objektivität des „Persönlichen Ideals" eindeutig entschieden: Da Gott von jedem Menschen einen einmaligen Entwurf hat und ein einmaliges Bild besitzt, hat das „Persönliche Ideal" eine objektive Gültigkeit für den Menschen. Philosophisch formuliert: Das „Persönliche Ideal" ist präexistent in Gott und damit a priori im Menschen vorhanden, als etwas, dass ihn zutiefst ausmacht und gleichzeitig übersteigt. So ist aber das „Persönliche Ideal" für den Menschen, der sein Leben im Sinne Kentenichs vorsehungsgläubig interpretiert, grundsätzlich erkennbar. Die Erkenntnisfähigkeit des Menschen ist aber nach Kentenich durch die Erbsünde eingeschränkt und die Erkenntnis des göttlichen Willens nicht selbstverständlich, sondern ein langer Weg, bei dem der Mensch

326 *„Göttlicher Funken in mir"* ist ein Bild, um dem „Persönlichen Ideal" einen Ausdruck zu verleihen, weitere Formulierungen, die das „Persönliche Ideal" umschreiben, sind: *„Name für meine Sehnsucht, mein einmaliger Lebensentwurf, meine einzigartige Wahrheit, die nur mir gehört und die Gott in seiner Liebe in mich hineingelegt hat, Schatz, kostbare Perle, Senfkorn."* Vgl. Ich selbst – ein Abenteuer. Wegweiser zum Persönlichen Ideal, Sekretariat Pater Josef Kentenich (hrsg.), Vallendar-Schönstatt 2005, 1,4,12. Zum Bild des Senfkornes heißt es hier weiter, 12: *„Ein Senfkorn ist in dich hineingelegt, das eine große Dynamik in sich birgt. Du wurdest mit vielen wunderbaren Möglichkeiten geboren. Diese Saat in dir will wachsen und Frucht bringen. Lebe nicht unter deinen Möglichkeiten, sondern entfalte dein positives Potential!"*

sich auf einem spirituellen Weg suchend und fragend dem anzunähern versucht, was seine Berufung und Bestimmung sein könnte.[327]

5.4.1.1. Anfragen an die Objektivität eines subjektiven Ideals

Bei der Frage der Objektivität schwingt die Problematik mit, dass es sich bei einem Ideal zunächst doch um eine rein subjektive Konstruktion handelt und weniger von einem von außen kommenden objektiven Willen Gottes. Josef Goldbrunner formuliert die Gefahr einer subjektiven Konstruktion einer bestimmten Lebensordnung (Ideal) folgendermaßen:

> *„Woher kommt aber die Gewähr, daß ein selbstgezimmertes Ideal auch der Idee entspricht, die im Menschen angelegt ist, die Gott von ihm hatte, als er erschaffen wurde? Selbstausgedachte Idealbildung kann die Entfaltung der Schöpfungsidee gefährden! […] Formt sich aber durch intensives, langjähriges Streben nach einem falschen Leitbild eine Lebenshaltung aus, die den individuellen Strukturgesetzen und Wesenstiefen widerspricht, nach denen die Natur sich entfalten möchte, so führt die Selbsterziehung zu einer Scheinpersönlichkeit, die im Widerspruch zum Wesen des Menschen steht, daher unecht ist. […] Er verfehlt seine eigene Wahrheit, sein eigenes Wesen und trägt eine Maske."*[328]

Ein Ideal kann also einerseits immer der Gefahr ausgesetzt sein, eine willkürliche subjektive Konstruktion zu sein. Andererseits muss anerkannt werden, dass ein Ideal niemals subjektunabhängig gefunden und definiert werden kann, d.h. im Rahmen der menschlichen Erkenntnismöglichkeiten gesehen werden muss. Der Vorwurf eines idealistischen Subjektivismus hinsichtlich der Erkennbarkeit des „Persönlichen Ideals" ist also nicht berechtigt, wenngleich eingeräumt werden muss, dass durch die subjektive Überformung des Ideals eine objektive Erkenntnis nie gewährleistet ist.[329]

---

327 Vgl. LÄGE, Konzept des „Persönlichen Ideals", 109-110.

328 Josef GOLDBRUNNER, Realisation – Anthropologie in Seelsorge und Erziehung, Freiburg 1966, 91-92.

329 Vgl. LÄGE, Konzept des „Persönlichen Ideals", 95-100.

Kentenich ist sich durchaus der Schwierigkeit des Erkennens des „Persönlichen Ideals" bewusst, er weiß um die Grenzen des menschlichen Erkenntnisvermögens und räumt sogar ein, dass ein eindeutiges und vollständiges Erfassen, ein letztes Begreifen des „Persönlichen Ideals" nicht möglich ist. Nach Kentenich ist das „Persönliche Ideal" bis zu einem gewissen Maß und Grad erreichbar, während aber gleichzeitig es nie ganz eingeholt werden kann. Im letzten Ausmaß ist das Ideal erst erreicht, wenn der Mensch bei Gott in der Ewigkeit ist und die *„Visio beata"*[330] besitzt. Mit letzter Sicherheit lassen sich also nach menschlichem Ermessen keine Aussagen über die Pläne und Wünsche Gottes machen, denn *„der Vorsehungsglaube weist ins Dunkle, Geheimnisvolle und lebt aus Wagnissen."*[331] Aus menschlicher Perspektive geht es also um das Vertrauen auf die Wirkmacht Gottes, der in seiner Liebe jeden Menschen seinen Weg führen will, ohne dabei auf dessen freie Mitarbeit zu verzichten. Dieser „praktische Vorsehungsglaube" ist für jeden Menschen unabdingbar, der sein Leben aus seinem „Persönlichen Ideal" gestalten will.[332]

330 KENTENICH, Allgemeine Prinzipienlehre, 150. Läge führt hier die sehr kritische Position von Kampmann an, der eine Erkennbarkeit des „Persönlichen Ideals" völlig in Frage stellt: *„Das Persönliche Ideal meint, daß jedem Menschen die Verwirklichung eines gottgefügten Bildes aufgegeben ist. Auf diese Verwirklichung müsse das Denken und Streben jedes Einzelnen gerichtet sein. So richtig und belangvoll die Erkenntnis ist, so nötig ist die ergänzende Einsicht, daß kein Mensch sein Persönliches Ideal genau erkennen kann. Es wäre schön, wenn man es könnte. Wie übersichtlich könnte unser Leben, wie konsequent unser sittliches Handeln sein! Aber es ist nicht so. Denn dieses Ideal ist weder als Zielbild privatim offenbart noch aus seinem menschlichen Realvoraussetzungen mit Sicherheit zu erkunden."* Thomas KAMPMANN, Erziehung und Glaube. Zum Aufbau einer christlichen Pädagogik, München 1960, 65. Dieser Kritik ist im Sinne Kentenichs insofern zuzustimmen, als dass die Erfahrung der Beschränktheit der Erkenntnisfähigkeit nicht geleugnet werden kann. Trotz dieses Mangels hält Kentenich dennoch an der Möglichkeit der Erkennbarkeit des „Persönlichen Ideals" grundsätzlich fest.

331 Joseph KENTENNICH, *Merksätze zum Vorsehungsglauben* (1952), in: Regnum 13 (1978), 85.

332 Vgl. LÄGE, Konzept des „Persönlichen Ideals", 101-104.

5.4.1.2. Kriterien der Erkennbarkeit des „Grundzuges"

Bei den Erkenntnisquellen des „Persönlichen Ideals" tritt die Frage auf den Plan, wie man herausfinden kann, wann und ob es sich um einen „gottgewollten Grundzug" der Seele handelt oder nicht. Diese Überlegung fordert einen klar umrissenen Kriterienkatalog. Nicht jede seelische Regung, nicht jeder sich noch so stark äußernde seelischer „Grundzug" ist für die Entfaltung des „Persönlichen Ideals" förderlich. Wie kann man sichergehen, ob eine seelische Regung gottgewollt ist oder nicht? Kentenich spricht in diesem Kontext normativ vom „gottgewollten Grundzug", um die Objektivität des „Persönlichen Ideals" zu unterstreichen. Kentenich warnt unaufhörlich davor, jede Regung als „gottgewollten Grundzug" im Sinne des „Persönlichen Ideals" zu interpretieren.[333]

Das „Persönliche Ideal" antwortet auf ein dreifaches Bedürfnis im Menschen: *„a. auf das Bedürfnis nach Geschlossenheit und Harmonie, b. auf das Bedürfnis nach gesunder organischer Entwicklung, c. auf das Bedürfnis nach Wahrung der Individualität."*[334]

Das „Persönliche Ideal" unterstützt also den Menschen bei seinem Streben nach innerer Einheit, nach Entwicklung und nach Einmaligkeit. Aus dieser Trias lassen sich wiederum Kriterien ableiten, wann eine *„vorherrschende individuelle Antriebsrichtung und Gefühlslage"* [335] als ein „gottgewollter Grundzug" interpretiert werden kann. Michael Gerber konzipiert hieraus vier Kriterien, durch die mit hinreichender Sicherheit ein „gottgewollter Grundzug" festgestellt werden kann:[336]

---

333 *„Wenn ich darunter die natürlichen Regungen verstehe, dann will ich dadurch Stellung dazu nehmen und sagen, dass zu dem Ideal nicht die Auswüchse meiner Triebe gehören. Meine menschlichen Triebe sind durch die Erbsünde krank geworden, und ihre (unedlen) Regungen sind nicht von Gott gewollt, sondern bloß zugelassen. Hier soll bloß das Edle meiner Regungen bezeichnet werden."* KENTENICH, Allgemeine Prinzipienlehre, 144-145.

334 Ebd., 119.

335 Dies ist die Definition des Grundzuges von Hans Czarkowski. Vgl. CZARKOWSKI, Psychologie als Organismuslehre, 62-63.

336 Vgl. GERBER, Zur Liebe berufen, 225.

1. Dem Bedürfnis nach innerer Einheit kann das *„Kriterium der Identität bzw. Integrität"*[337] zugeordnet werden, d.h. die vorherrschende individuelle Antriebsrichtung und Gefühlslage muss das Potential haben, die verschiedenen Anteile der Persönlichkeit (Leib-Geist-Seele) zu integrieren. Ein „gottgewollter Grundzug" kann ausgeschlossen werden, wenn eine Dynamik spürbar ist, welche einzelne Dimensionen des Menschseins ausschließt, so z.B. die Tendenz, die eigene Leiblichkeit abzuwerten oder die Tendenz, die Vernunft gering zu schätzen.

2. Dem Bedürfnis nach organischer Entwicklung entspricht das *„Kriterium der Kontinuität"*[338], d.h. die vorherrschende individuelle Antriebsrichtung und Gefühlslage kann nur dann als „gottgewollter Grundzug" interpretiert werden, wenn sie über einen längeren Zeitraum für die entsprechende Person im Mittelpunkt steht. Spontane Regungen und nur kurz anhaltende Gefühle sagen tendenziell eher wenig über das „Persönliche Ideal" aus.

3. Dem Bedürfnis nach einer eigenen Individualität entspricht das *„Kriterium der Originalität"*[339], d.h. wenn also die vorherherrschende individuelle Antriebsrichtung und Gefühlslage aus einem Abhängigkeitsverhältnis (Anziehung oder Ablehnung) zu bestimmten Impulsen aus der Umgebung resultiert, dann handelt es sich nicht um den „gottgewollten Grundzug". Kentenich geht es hier um die Problematik des Massenmenschen. Das „Persönliche Ideal" ist verfehlt, wenn die jeweilige Antriebslage des Einzelnen das bewusste und unbewusste Bedürfnis nach Anpassung an äußere Gegebenheiten als das primäre Motiv betrachtet.

4. Ein weiteres Kriterium, welches zu den bisherigen drei Kriterien eine Klammer bildet, ist das *„Kriterium der Potentialität"*[340]. Damit also eine vorherrschende individuelle Antriebsrichtung bzw. Gefühlslage als ein im Sinne des „Persönlichen Ideals" verweisender „Grundzug" interpretiert werden kann, muss diese Dynamik der Tiefenseele ein Wachstum

337 Ebd., 225.

338 Ebd., 225.

339 Ebd., 225.

340 Ebd., 226

der Persönlichkeit im Hinblick auf Identität, Kontinuität und Originalität fördern.[341]

Das „Persönliche Ideal“ antwortet also auf existentielle Sehnsüchte und Bedürfnisse im Menschen. Durch die hier aufgeführten Unterscheidungsmerkmale (Kriterien) sind dem Menschen wertvolle Hilfestellungen im Erkenntnis- und Entfaltungsprozess des „Persönlichen Ideals“ an die Hand gegeben. Diese Kriterien geben Aufschluss darüber, wie ein „gottgewollter Grundzug“ erkannt werden kann und damit eine vorherrschende individuelle Antriebsrichtung bzw. Gefühlslage als Seelenstimme, durch die Gott sich mitteilen möchte, gewertet werden kann. Gleichzeitig werden damit Unterscheidungsmerkmale benannt, die nicht alle seelischen Regungen vergöttlichen, also Gott als deren Urheber markieren. Im Gegenteil, durch diese Kriterien sind eindeutige Eigenschaften benannt, wann eine seelische Dynamik auf die Wirklichkeit des „Persönlichen Ideals“ trifft und wann sie als egoistisch und isoliert trieborientiert eingestuft werden muss und damit als destruktiv und ichzersetzend entlarvt werden muss.[342]

5.4.1.3. Das „Persönliche Ideal“ als Offenbarung im Innern

Im Erkenntnisprozess des „Persönlichen Ideals“ darf die Seele der Persönlichkeit aber nie isoliert betrachtet werden, sondern immer in ihrem Zusammenspiel mit dem äußeren Leben. Die Grundbotschaft des Kentenich'schen Vorsehungsglaubens ist ja die Aussage, dass sich der „Gott des Lebens“ mitten in der konkreten Lebenssituation offenbart. Die Offenbarung, also der Inhalt der Mitteilung Gottes, wird dadurch erkennbar, wie die Seele je nach ihrer Eigenart auf die konkrete und erfahrene Lebenssituation reagiert. Die Seele offenbart sich etwa, wenn sie in bestimmten

341 Zu den vier Erkenntniskriterien des „gottgewollten Grundzuges“ vgl. Ebd., 225-226. Gerber merkt an dieser Stelle an, dass diese hier angeführten vier Unterscheidungskriterien deutlich machen, dass gerade von der begleitenden Erzieherpersönlichkeit die Fähigkeit vonnöten ist, eine vorherrschende individuelle Antriebsrichtung bzw. Gefühlslage seines Gegenübers wahrzunehmen zu können und diesen zu befähigen, seine seelischen Prozesse deuten zu können.

342 Vgl. Ebd., 223-226.

Situationen Gefühle aufsteigen lässt. Seelische Regungen zeigen sich auch in körperlichen Reaktionen. Von besonderer Bedeutung sind die Augenblicke, in denen man Begeisterung und Freude verspürt. Die Grundfrage hierbei ist: *„Wo komme ich seelisch ins Klingen?“*[343]

Der Grund für die Schwingung der Seele liegt für Kentenich in der Tatsache, dass jeder Mensch für ganz spezielle Werte offen und ansprechbar ist. Kentenich definiert unter anderem das „Persönliche Ideal“ auch als *„originelle natürliche und übernatürliche Wertempfänglichkeit von Gott bestimmte originelle persönliche, innere Ergriffenheit von einer Wahrheit.“*[344] Hier kann das Individuum ablesen, welche Ideen, Themen und Gedanken von innen her über einen längeren Zeitraum von Bedeutung sind und nicht von einem von außen kommenden, kurzlebigen Reiz herrühren. Ruhige und besinnliche Zeiten des Gebetes und der Meditation sollen der Seele Raum geben, unterbewusste Regungen an die Oberfläche des Bewusstseins zu bringen. Innere Bilder und Träume geben Aufschluss darüber, was sich im Unbewussten abspielt.[345]

---

343 AMMANN, Unterwegs zum Ich, 31. Ebenso wichtig in diesem Kontext ist die Frage nach der eigenen Lieblingsmusik, Lieblingsbildern, Lieblingssätzen (Literatur oder Gedichte), Hobbys, Freizeitbeschäftigungen und andere bestimmte Tätigkeiten. Hier lässt sich das Bild der akustischen Resonanz als gute Analogie anbringen: Ein klingender Körper (z.B. Saite, Becken) kann von der äußeren Schwingung zu einer eignen Schwingung angeregt werden. Dies geschieht aber nur dann, wenn die äußere Schwingung genau die Eigenfrequenz des Körpers trifft. Der Auslöser der Schwingung kommt somit aus der Umgebung. Der Grund für die Schwingung liegt aber in der Seele selbst.

344 KENTENICH, *Der heroische Mensch*, 393-394.

345 Vgl. STEFAN, „Die Schatzkammer meiner Seele“, 34. Kentenich war davon überzeugt, dass Gott sich im „unterbewußten Seelenleben“ mitteilt und so immer wieder Offenbarungen des „Persönlichen Ideals“ dem Menschen zu teil werden lässt, so schreibt er: *„Man sucht da und dort das Triebleben zu erfassen, wo es nicht unter der Herrschaft des Willens steht, wo es sich ganz frei und spontan äußern kann. Was träume ich im Schlaf, was träume ich in unbewachten Stunden? Welches ist mein erster Gedanke beim Aufstehen? Durch solche und ähnliche Fragen werde ich der schlechten, aber auch der guten Richtungen meiner Hauptleidenschaft gewahr. Ausgiebige Kenntnis der Hauptleidenschaft gibt auch die Erforschung des Temperamentes.“* KENTENICH, Tagung für Lehrer, 7.

Kentenich betont, dass alle kreativen Tätigkeiten einen besonderen Beitrag dazu leisten können, Eindrücke und Botschaften des „unterbewußten Seelenlebens“ ins Bewusstsein zu bringen. Auch die seelische Bedeutung von Lebensereignissen spielt hier eine Rolle, so sind nach Kentenich die „sog. Kernerlebnisse“ ein wichtiger Bestandteil des „Persönlichen Ideals“. Das sind Lebenssituationen, die so einschlägig und prägend sind, dass sie das weitere Erleben des Individuums nachhaltig prägen. Auch in diesem Kontext liefert Kentenich eine Definition, die den Stellenwert des persönlichen Erlebens in den Mittelpunkt rückt: *„Das P.I. ist eine persönlich oder erfahrungsgemäß erlebte kleine Wahrheit.“*[346] Unter dem Siegel des „praktischen Vorsehungsglaubens“ wird schließlich die gesamte Lebensgeschichte zu einem Spiegel des „Persönlichen Ideals“. Gott stellt den Menschen in eine bestimmte Zeitepoche hinein und lässt ihn in einem bestimmten Milieu aufwachsen. Orte, Landschaften und Erfahrungen der Kindheit sind bedeutsam. Auch die Brüche des Lebens haben hier ihren Platz. In seinem „Persönlichen Ideal“ kann sich der Mensch auch gerade in seinem Scheitern als bedingungslos von Gott geliebt und begnadet erfahren. Uneingestandene Schuld und Schwäche aus der Vergangenheit kann dazu führen, dass wesentliche Kräfte in der Seele blockiert werden. Die echte gottgewollte Persönlichkeit kann nur zum Vorschein kommen, indem Schuld und Schwäche angenommen werden. Kentenich betont hierbei, dass solche Lebensbrüche durch Kernerlebnisse geheilt werden können. Hier unterscheidet er zwischen *„Nacherlebnis, Gegensatzerlebnis und Ergänzungserlebnis.“*[347] Für Kentenich sind es eben gerade auch die Krisen, durch deren

346 KENTENICH, *Der heroische Mensch*, 393.

347 KENTENICH, Dass neue Menschen werden, 101-104. Damit knüpft Kentenich auch an seine eigenen biographischen Erfahrungen an. Seine fehlenden Kindheitserfahrungen mit einem Vater konnte er dadurch ausgleichen, dass er später zur Vaterfigur für andere wurde. Dies bezeichnet er als „Ergänzungserlebnis“. Bereits früh machte Kentenich die schwere Erfahrung der Trennung von seiner Mutter. Hier half ihm die Beziehung zu Maria, die ihm positive Erfahrungen schenkte, die das negative Erlebnis überstrahlten. Dies nennt er „Gegensatzerlebnis“. Als „Nacherlebnis“ echter Kindlichkeit bezeichnet er das Nachholen von fehlenden Erlebnissen aus der Kindheit etwa durch Vater- oder Mutterfiguren, die einem im späteren Leben begegnen. Vgl. STEFAN, „Die Schatzkammer meiner Seele“, 35.

Annehmen und Durchleben sich der Mensch zu einer festen und freien Persönlichkeit ausbildet.[348]

Abschließend soll hier das Bild eines wachsenden Baumes zur Veranschaulichung dienen. In der Natur verläuft dessen Entwicklung von selbst ganz ohne menschliches Zutun. Der Mensch kann aber die Rahmenbedingungen des Wachstums verbessern, indem er düngt, beschneidet und vor Schädlingen schützt. Analog bildet bei der Seele das Bewusstwerden über die Wachstumsrichtung die Voraussetzung, um diese auch willentlich zu fördern und zu stabilisieren. Das „Persönliche Ideal" entspricht in diesem Bild der idealen Vorstellung vom voll entwickelten Baum. Hierbei muss die Bedingung „gottgewollt" in der psychologischen Definition des „Persönlichen Ideals" hervorgehoben werden. Mithilfe einer „Unterscheidung der Geister"[349] soll der Mensch heraushören, was in den jeweiligen „Seelenstimmen" der von Gott angelegten Richtung entspricht. Kentenich geht es somit darum, die aus der Seele kommenden Kräfte nicht zu hemmen, sondern sie konstruktiv in die Persönlichkeit zu integrieren und sie als Zugpferde für den ganzheitlichen Selbstwerdungsprozess zu nutzen.[350]

5.4.2. Der Weg der konkreten Umsetzung

> *„So wird die menschliche Lebensgeschichte in ihrer prozesshaft zeitlichen Gestreutheit zur Einheit und Ganzheit durch das Persönliche Ideal. Das heißt, der in jedem Menschen inkarnierte Gedanke Gottes ist ein Lebensplan, den es im Lauf des Lebens zu erschließen, zu realisieren gilt."*[351]

348 Vgl. Ebd., 35-36.

349 Die „Unterscheidung der Geister" bezeichnet die kritische Differenzierung von Gedanken und Gefühlsregungen im Hinblick auf die Frage, inwieweit sie von Gott stammen oder nicht. In den geistlichen Übungen (Exerzitien) des Ignatius von Loyola ist die „Unterscheidung der Geister" die zentrale Übung. Dies soll dazu beitragen, dass der Mensch immer mehr dazu befähigt wird, in seinem eigenen Leben unterscheiden zu können, was ihn zu mehr Liebe und Hingabe an Gott führt und was nicht. Vgl. dazu auch: UNKEL, Leben aus dem praktischen Vorsehungsglauben, 124-125.

350 Vgl. STEFAN, „Die Schatzkammer meiner Seele", 36-37.

351 SCHLOSSER, Selbstbezug, 119.

Nach Kentenich ist das Sinnziel des Menschen die Realisierung des „Persönlichen Ideals". Dieses Zielbild ist schon angelegt in der menschlichen Natur, das heißt in der naturgegebenen Ausrichtung des Menschen. Es sei nochmal darauf hingewiesen, dass das „Persönliche Ideal" als Selbstkonzept keine subjektive Konstruktion ist, kein selbstgesetzter innerer Fixpunkt, sondern in der menschlichen Natur grundgelegt ist. Bei der Realisierung des „Persönlichen Ideals" strebt also der Mensch etwas von Gott Vorgegebenes an. Das „Persönliche Ideal" ist der Kern der Existenz, der Personenkern, der zugleich in der elementaren Triebschicht verankert ist. Nachdem nun im vorausgegangenen Kapitel die grundsätzliche Erkennbarkeit des „Persönlichen Ideals" dargestellt wurde, soll nun im Folgenden der Weg der konkreten Realisierung beleuchtet werden.[352]

5.4.2.1. „Partikularexamen" und „Geistliche Tagesordnung"

Das „Persönliche Ideal" ist dem Menschen durch die Erkenntnisquellen „Seele, Zeit und Sein" bewusst geworden, es ist umschrieben und formuliert. Das Ziel ist also erkannt, jetzt geht es um den Weg dorthin, die eigentliche Selbsterziehungsarbeit. Kentenich legt in seiner Pädagogik großen Wert darauf, die Prozesse der Persönlichkeitsgestaltung im Alltag zu verankern. Für die konkrete Umsetzung des „Persönlichen Ideals" haben sich im Laufe der Zeit zwei bewährte Methoden herauskristallisiert: zum einen das „Partikularexamen"[353], zum anderen die „Geistliche Tagesordnung".[354] Die einzelnen Etappenziele auf dem Weg zum „Persönlichen

---

352 Vgl. Ebd., 116-117.

353 Eine fundierte kurze Einführung ist zu lesen bei: Hans-Werner UNKEL, Artikel *Partikularexamen*, in: Schönstatt-Lexikon, 302-303.

354 Eine fundierte kurze Einführung liefert: Hans-Werner UNKEL, Artikel *Geistliche Tagesordnung*, in: Schönstatt-Lexikon, 108-109. Hier skizziert Unkel, 108: *„Die Geistliche Tagesordnung hat eine pädagogisch-psychologische Funktion auf dem Weg zur Persönlichkeit. Sie enthält selbstgewählte Punkte oder Übungen, die jeden Tag schriftlich kontrolliert werden und die der Kontinuität (Schutz vor Vergeßlichkeit und Stimmungsschwankungen) und dem Wachstum des religiösen Lebens dienen sollen. Die Bereiche, aus denen die Punkte der Geistlichen Tagesordnung ausgewählt werden, umfassen das geistliche Leben in seiner Ganzheit: den Bezug zu Gott (Gebetsleben, Meditation), die Beziehung zum Mitmenschen, zur Arbeit,*

Ideal“ wollen konkret erreicht werden, Schritt für Schritt. Mit jedem Etappenziel gelingt es dem Individuum, seinem „Persönlichen Ideal“ näher zu kommen. Auch noch so kleine Erziehungserfolge zählen, dabei ist eine ehrliche Selbsteinschätzung, ein ernsthaftes Bemühen und ein immer wieder neues Beginnen bei Misserfolgen unabdingbar. Das „Partikularexamen“ (kurz: „P.E.“) ist eine psychologisch orientierte Methode, die Herausforderung der Selbstwerdung konsequent und gezielt anzugehen. So formuliert Ammann eine Art Definition des „Partikularexamens“:[355]

> *„Ich richte mich auf Etappen- und Teilziele ein und überprüfe regelmäßig, wieweit ich gekommen bin. Ich mache das ‚Examen‘ der ‚partikulären‘ Etappe. Je konkreter die Etappenziele sind und je überschaubarer die Entfernung zu ihnen ist, desto größer die Chance, sie zu erreichen. Habe ich ein Teilziel geschafft, bin ich auch ein Stück meinem Gesamtziel nähergekommen.“*[356]

Das „Partikularexamen“ besteht also im Wesentlichen darin, über einen längeren Zeitraum hinweg Vorsätze für das eigene Handeln zu fassen. Das Einhalten dieser Vorsätze soll regelmäßig (ggf. schriftlich) überprüft werden. Beim „Partikularexamen“, also bei den Etappenzielen auf dem Weg zum „Persönlichen Ideal“, soll es nach Kentenich im Wesentlichen darum gehen, die Hauptleidenschaften zu erziehen und zu veredeln. Die „Partikularexamina“ zielen also auf eine Auseinandersetzung mit den Hauptleidenschaften.[357] Ziel der pädagogischen Arbeit (Veredelung der

---

den Umgang mit der Schöpfung und mit sich selbst, wie positive Lebenseinstellung, angemessene Sorge für Gesundheit und Entspannung.“

355 Vgl. AMMANN, Unterwegs zum Ich, 100.

356 Ebd., 100.

357 Typisch für die Auffassung Kentenichs vom „Partikularexamen“ ist sein Ansatz bei den Seelenkräften und die Verbindung mit dem „Persönlichen Ideal“: *„Das Partikularexamen ist eine erleuchtete und wirksame Veredelung unserer Hauptleidenschaften im Dienste des Persönlichen Ideals. [...] Durch das Partikularexamen soll ja der Grundtrieb unserer Natur erfasst, veredelt, vervollkommnet werden. Das klingt am stärksten mit in unserer Hauptleidenschaft. [...] Ich kann und soll meine Hauptleidenschaft, das Hingabevermögen oder den Geltungstrieb direkt veredeln durch mein Partikularexamen. [...] Die Frage nach der Wirksamkeit der Veredelung unserer Hauptleidenschaft durch das Partikularexamen kommt zurück auf die*

Hauptleidenschaft) ist die im einzelnen Menschen angelegte originelle Gesamtgestalt mit den ihr ureigensten Antriebs- und Motivationskräften. Wichtig hierbei ist, dass die Vorsätze des Partikularexamens in Richtung der Hauptleidenschaft arbeiten und nicht gegen sie. Damit wird auch deutlich, dass es sich hier um ein Langzeitprogramm handelt, denn die pädagogischen und erzieherischen Auseinandersetzungen mit den Hauptleidenschaften ist ein lebenslanger Vorgang. Das jeweilige „Partikularexamen“ will gewährleisten, dass das Individuum weiterhin und dauerhaft unterwegs bleibt auf dem Weg zu sich selbst.[358]

Idealerziehung ist immer Freiheitserziehung, d.h. die „Partikularexamina“ sind Etappenziele auf dem Weg der Verwirklichung des „Persönlichen Ideals“, die nie aus Pflicht oder einem Druck von außen entstehen, sondern die sich das Individuum stets aus Freiwilligkeit und Hochherzigkeit auferlegt. Natürlich kann es vorkommen, dass das Individuum aus gegebenem Anlass gleich mehrere Etappenziele fokussiert. Hier besteht die erhöhte Gefahr der Überforderung, und meistens ist es ratsam, ein Partikularexamen nach dem anderen sich vorzunehmen und umzusetzen.[359] Über die Dauer eines „Partikularexamens“ muss die seelische Spannkraft des Individuums entscheiden. Das Individuum kann sich Teilziele wählen, die es innerhalb einer Woche zu realisieren gedenkt und andere, die bis zu vier Wochen eine Phase der Umsetzung in Anspruch nehmen, länger wie einen

andere Frage: Was muss ich tun, damit mein Wissen Leben und Lieben wird? Was muss ich tun, damit das klar erkannte Partikularexamen mich zum Leben und Lieben führt? KENTENICH, *Der heroische Mensch*, 565-569.

358 Vgl. AMMANN, Unterwegs zum Ich, 101.

359 Josef Engling, Mitglied der Gründergeneration von 1914, formuliert sein „Persönliches Ideal“ so: *„Allen alles werden und der Gottesmutter ganz zu eigen.“* Für die konkrete Umsetzung seines „Persönliches Ideals“ formuliert Engling eine ganze Liste von Teilzielen (als Rückblick am Ende des Tages in einer Art Gewissenserforschung), die er nach und nach umsetzen möchte: *„Verleidete ich keinem das Zusammenleben? Beleidigte ich keinen? Tat ich niemandem unrecht oder wehe? Wurde ich nie grob? Mürrisch? Störte ich keinen im Studium? Ertrug ich die Fehler der Mitschüler in der rechten Weise? Beobachtete ich dabei die Regeln des Anstandes? War ich nie zu frei? War ich stets dienstbereit? Half ich anderen beim Studium? Hatte ich einen Blick für das Seelenleid anderer? Betrachtete ich sie als Gottes Stellvertreter?“* Alexander MENNINGEN, Maria ganz zu eigen, Vallendar ^{2}1983, 74-75.

Monat sollte ein „Partikularexamen“ nicht gewählt werden, da es sonst zu Stillstand und Erschlaffung kommen kann.[360]

Zur Selbstwerdung der eigenen Person ist jeder Mensch berufen, dies gelingt aber nur in einer entsprechenden geistlichen Atmosphäre. Jedes Individuum ist nach Kentenich dazu aufgefordert, sich eine geistliche Insel, einen klimatischen Raum für die Gestaltung des Selbst aufzubauen. Stellt das „Partikularexamen“ das nächste Teilziel auf dem Weg der Verwirklichung innerhalb eines Tages dar, so ist die „Geistliche Tagesordnung“ (kurz: „GTO“) ein Angebot, sich durch eine feste Struktur im Tagesablauf immer wieder dem „Persönlichen Ideal“ geistig anzunähern und dann wieder umso mehr danach zu handeln. So beginnt die „GTO“ bzw. schon mit dem Zeitpunkt des Aufstehens, um genügend Zeit für ein Morgengebet zu haben mit Erneuerung des „Persönlichen Ideals“ und des „Partikularexamens“, also der heutige konkrete Schritt, der zu Wachstum und Entwicklung der Selbstwerdung beiträgt. Die „GTO“ kann aber auch bedeuten, dass genügend Ruhe- und Erholungspausen zwischen den verschiedenen Arbeitsphasen eines Tages eingebaut sind, um so die Möglichkeit zu gewähren, immer wieder bei Gott ankommen zu können. Dies kann auch ein Raum sein, sich für eine kurze Zeit mit einer geistlichen Literatur zu beschäftigen, zu musizieren oder einfach nur ein Gespräch zu führen mit einem guten Freund. Es geht hier um einen Rückzugsort zum Wesentlichen, um die Schaffung eines Raumes der Selbsterfahrung und Gotteserfahrung, um dann wieder gestärkt den Weg Richtung „Persönliches Ideal“ weitergehen zu können. Am Ende eines Tages kann das Individuum im Rahmen eines Abendgebetes Rückschau halten und die einzelnen Punkte seiner „GTO“ im Geiste durchgehen und bewerten, wie und ob es gelungen ist, die vorgenommenen Punkte der „GTO“ umzusetzen. Ein „Partikularexamen“ kann dabei Teil einer „GTO“ sein. Kentenich empfiehlt die schriftliche Fixierung einer „GTO“ und die schriftliche Selbstkontrolle in der Art einer schriftlichen Gewissenserforschung. Allerdings räumt er ein, dass es durchaus Menschentypen gibt, die mit einer solchen schriftlichen Fixierung der konkreten Schritte hin zum „Persönlichen Ideal“ nicht viel anfangen können. Diese Menschen sind aber angehalten, ihre eigene

360 Vgl. AMMANN, Unterwegs zum Ich, 102-104.

Methode zu entwickeln um in optimaler Weise auf ihr „Persönliches Ideal“ zugehen und es realisieren zu können.[361]

5.4.2.2. Weitere Faktoren für die Genese des „Persönlichen Ideals“

Kentenich hat kein systematisches Konzept für eine erfolgreiche Realisierung des „Persönlichen Ideals“ erstellt. Dennoch können aus seinen Texten einige wichtige Voraussetzungen herausgelesen werden, die die Entfaltung des „Persönlichen Ideals“ begünstigen. Wichtige Voraussetzung für die Läuterung der Triebe ist die innere Einstellung, beständig und kontinuierlich an sich zu arbeiten und Freude zu haben an der eigenen Selbsterziehung. Die von Kentenich gängigen Hilfsmittel im Kontext der Selbsterziehung sind das „Partikularexamen (P.E.)“ und die „Geistliche Tagesordnung (GTO)“, die im vorherigen Kapitel bereits dargestellt wurden. Weitere hilfreiche Faktoren sind:[362]

1. Geistliche Begleitung: Bei der Suche nach dem „Persönlichen Ideal“ besteht die Gefahr, in eine stark rational-analysierende Haltung gegenüber sich selbst zu verfallen. Dies ist aber genau das, was Kentenich nicht mit seiner Lehre vom „Persönlichen Ideal“ beabsichtigte. So sieht Kentenich eine

---

361 Vgl. Ebd., 106-108. Ammann führt weiter aus über die tägliche Kontrolle der „GTO", 108-109: *„Viele notieren auf einem Zettel in der Waagrechten die 30/31 Tage des Monats und in der Senkrechten die ‚Punkte' ihrer Geistlichen Tagesordnung und ihres Partikularexamens. So haben sie jeden Tag die Möglichkeit, jeden ‚Posten' zu überprüfen. Manche haben eigene Zeichen entwickelt, etwa ein Plus, wenn es mit diesem Punkt geklappt hat; ein Minus, wenn es danebengegangen war; und ein U, wenn es heute unmöglich gewesen ist, das zu erfüllen, was ich mir vorgenommen habe (man will ja auch sich selber gegenüber gerecht sein!). Am Ende meiner ‚Tagesbilanz' sehe ich dann rasch, worauf ich am kommenden Tag besonders achten soll. […] Negative Notizen sollen zu entschlossenem und tatkräftigem Neuanfang motivieren und für die Erbarmungen Gottes öffnen, die er immer schenken möchte, sooft ich ihn darum bitte: Menschliche Erbärmlichkeiten sind die günstigsten Voraussetzungen für göttliche Erbarmungen. Die positiven Notizen motivieren zu herzlichem Dank für die Hilfe, ‚von oben' und ebenso zu ehrlich begründetem und neu bestätigtem Selbstbewusstsein."*

362 Vgl. STEFAN, „Die Schatzkammer meiner Seele", 37.

wichtige Aufgabe darin, dass entsprechende Vertrauenspersonen dem Individuum eine entsprechende Orientierung auf dem Weg der Selbstwerdung geben. Dabei ist es wichtig, dass die geistliche Begleitung dem Edukanten nichts vorwegnehmen soll, auch wenn sie schon eine klarere Vorstellung von dessen Ideal als er hat.[363]

> *„Kentenich lässt bewusst Artikulationen des Edukanten zu, welche unter objektiven Aspekten unverhältnismäßig und überzogen erscheinen mögen. Er erkennt in ihnen ein für die Entwicklung notwendiges ‚Durchgangsstadium', welches nicht einfach übersprungen werden kann. […] Die Eigenständigkeit der Person ist für eine Reifung im Sinne des Persönlichen Ideals wichtig. Dieser Prozess muss den je eigenen Gesetzmäßigkeiten der betreffenden Person folgen. Diese muss sich dabei als Subjekt erfahren."*[364]

Hier entwickelt sich jeder Mensch nach eigenem Tempo. Von tatsächlichem Belang sind nur die „Seinsstimmen, Zeitenstimmen und Seelenstimmen", die aktuell in dem sich selbst Suchenden auftauchen. In diesem Sinne lässt sich die Rolle des geistlichen Begleiters als Geburtshelfer oder Verstärker dieser Stimmen verstehen.[365]

---

363 Vgl. Ebd., 38.

364 GERBER, Zur Liebe berufen, 228.

365 Vgl. STEFAN, „Die Schatzkammer meiner Seele", 38. Die Identitätsfindung, sowie der ganze Prozess der Persönlichkeitsentfaltung, was im schönstättischen Sinne die Suche und Verwirklichung des „Persönlichen Ideals" meint, kann nur schwer ohne äußere Hilfe und Begleitung gelingen. Ein geistlicher Begleiter ist aus diesem Grund ratsam und empfehlenswert. Über die Bedeutung einer geistlichen Begleitung im Entwicklungsprozess des „Persönlichen Ideals", vgl. das Kapitel *Geistliche Begleitung als Wachstumshilfe*, in: AMMANN, Unterwegs zum Ich, 134-142. Der Grundtenor bei Ammann lautet, dass für die konkrete Verwirklichung des „Persönlichen Ideals" eine Hilfe von außen, also eine begleitende Person unabdingbar sei, so formuliert Ammann: *„Wer einen hohen Berg besteigen will, ist klug beraten, nach einem Bergführer Ausschau zu halten, der Erfahrung hat und dem er sich anvertrauen kann. Ähnlich klug ist jeder Mensch, der sich einen geistlichen Begleiter oder eine geistliche Begleiterin sucht, wenn er sich auf das Wagnis eines bewußt gegangenen und verantwortlich mitgestalteten Weges in das Innere seiner Seele, in die Höhe seiner Berufung, in die Tiefe seiner Geschichte und in die Weite seiner Beziehungen einlassen möchte."* Ebd., 134-135.

2. Bezugspersonen: Andere Menschen können als Vorbilder eine wirksame Stütze auf dem Weg zum „Persönlichen Ideal" werden. Kentenich schreibt in diesem Zusammenhang: *„Die Sehnsucht wird dann am stärksten geweckt, wenn uns die übernatürliche Welt in konkreter Form entgegentritt in einem ausgeprägt übernatürlich geformten, kraftvoll gestalteten Menschen."*[366] Dabei soll es bei den Vorbildern nicht darum gehen, dass man Wertvorstellungen seiner Vorbilder unhinterfragt übernimmt, sondern dass die Sehnsucht nach einem Leben aus der inneren Mitte heraus geweckt wird.[367]

3. Einbindung in eine Gemeinschaft: Die Bedeutung von Bindungen im Gesamtsystem des Kentenich'schen Denkens wurde bereits in Kapitel 4.2 (*Bindungsorganismus*) dargestellt. Das „Persönliche Ideal" lässt sich deshalb innerhalb von starken, frei gewählten Beziehungen verwirklichen. Ebenso findet in der Regel in einer Gruppe eine natürliche Auseinandersetzung mit fremden Wertvorstellungen statt, die für den Reifeprozess des Einzelnen eine entscheidende Rolle spielen. Gemeinschaftsübergreifende Werte und Zielvorstellungen können auch in einem impliziten und expliziten Gemeinschaftsideal gefasst werden. Individuelles Ideal und Gemeinschaftsideal stehen miteinander in Wechselbeziehung.[368]

4. Formulierung des „Persönlichen Ideals": Nach einer Phase der Wahrnehmung und der Reflexion empfiehlt es sich nach Kentenich das „Persönliche Ideal" in einer Formulierung festzuhalten. Gegebenenfalls verändert sich die Formulierung im Laufe der Lebensgeschichte oder wird durch neue Aspekte angereichert. Eine Anreicherung entspricht sowohl der lebensgeschichtlichen Entwicklung als auch der inneren Struktur des „Persönlichen Ideals", weil es sich dabei *„um eine Idee dreht, die von innen die Seele ergriffen hat, von innen heraus wächst, während sie von außen genährt und gepflegt wird."*[369] So kann die Formulierung des „Persönlichen Ideals" zum hermeneutischen Schlüssel werden, mit dessen Hilfe sich dem einzelnen Menschen die Wirklichkeit erschließt. Ebenso bietet die Formulierung einen originellen Zugang zur Wirklichkeit, gleichzeitig

366 KENTENICH, Dass neue Menschen werden, 152.

367 Vgl. STEFAN, „Die Schatzkammer meiner Seele", 38-39.

368 Ebd., 39.

369 KENTENICH, *Der heroische Mensch*, 394.

zeigt sich dem Menschen durch eine Formulierung seines „Persönlichen Ideals“ ein Ansatz, die spezifische Art und Weise seiner interessegeleiteten Erkenntnis zu reflektieren. Allerdings berücksichtigt Kentenichs Praxis der Formulierung den analogen und metaphorischen Charakter von Sprache. Die Formulierung soll also nie ausschließend, definitorisch und letztgültig gemeint sein. Die Formulierung des „Persönlichen Ideals“ wird so zum Symbolwort, das auf eine größere und sprachlich nie ganz einzuholende Wirklichkeit verweist. Allerdings rät Kentenich hier zur Straffung auf einen Kerngedanken.[370]

Die Problematik einer Formulierung des „Persönlichen Ideals“ verweist auf die grundlegende Problematik von Sprache und Wirklichkeit. Im Falle des „Persönlichen Ideals“ geht es um die Idee Gottes vom Menschen. Damit geht es um eine Wirklichkeit, die durch menschliche Sprache letztlich nicht univok ausgedrückt werden kann. Kentenich versteht diesen Formulierungsvorgang des „Persönlichen Ideals“ letztlich als einen Vorgang des Dialoges zwischen Gott und Mensch. Die Formulierung des „Persönlichen Ideals“ kann somit als Akt der dankbaren Liebe verstanden werden. Der Mensch dankt Gott für die ihm geschenkten Gaben seiner Persönlichkeit und drückt diesen Dank in Worten aus. Die Worte selbst können den Reichtum dieser Gaben nie ganz erfassen, dennoch haben sie für den Menschen größte Bedeutung:[371]

> *„Sie zeigen ihm, dass Gott nicht nur irgendwie und allgemein wirkt, ja, dass sich Gott dem einzelnen Menschen bzw. einer Gemeinschaft von Menschen eigens zuwendet. Damit kann der Mensch im Akt des Dankens das Wesen Gottes als des sich dem Menschen zuwendenden Gottes tiefer erfahren. Dies gilt insbesondere da, wo der Mensch*

370 Vgl. STEFAN, „Schatzkammer meiner Seele“, 41. *„Die Form muss kurz sein. Das soll heißen: Nicht jedes neue religiöse Erlebnis muss ich in eine Form kleiden oder in die bestehende aufnehmen. Was an neuen Erlebnissen kommt, muss sich dem Erlebniskern assoziieren. […] Darum kann das P.I. der Form nach länger sein, es kann aber auch ein einziges Wort, eine einzige Person sein. Letztlich kommen wir alle dazu, dass es nur, so wie bei V. Pallotti, heißt: Gott. Der Ausdruck P.I. ist auch dann noch gerechtfertigt, weil erstens Gott persönlich erlebt ist und zweitens originell erlebt ist.“* KENTENICH, *Der heroische Mensch*, 396.

371 Vgl. GERBER, Zur Liebe berufen, 243-246.

> *nicht für irgendeine Gabe dankt, sondern für die Gabe, die er selbst ist, für sein von Gott geschenktes Menschsein."*[372]

Der Mensch soll sich durch die Formulierung das „Persönliche Ideal" immer wieder ins Bewusstsein rufen, durch die Form der Wiederholung und Kontinuität wird er fähig, Situationen einzuordnen, Entscheidungen zu treffen, Handlungen zu motivieren und schlussendlich das Leben zu meistern. In dieser Hinsicht muss die Formulierung eine gewisse Spannung überbrücken, da sie dem Menschen sowohl das gegenwärtige Wesen (die aktuelle Konstitution des Ichs) als auch die gottgewollte Entwicklungsrichtung vor Augen führen soll.[373]

5.4.2.3. Die Umsetzung in verschiedenen Lebensphasen

Dieses Unterkapitel wendet sich der entwicklungspsychologischen Dimension des „Persönlichen Ideals" zu. Es möchte aufzeigen, dass es sich nach Kentenich beim „Persönlichen Ideal" einerseits um die Ausformung einer angeborenen Anlage handelt, andererseits der Mensch auf (personale) Einflüsse der Umwelt angewiesen ist. Jeder Mensch reagiert anders auf die Einflüsse der Umwelt. So darf der Formungscharakter der Umwelt bei der Entwicklung des „Persönlichen Ideals" nicht unterschätzt werden. Das „Persönliche Ideal" befindet sich also im Laufe der Lebensgeschichte eines Individuums in einer ständigen Entwicklung und Veränderung. Im Folgenden soll die Entwicklung des „Persönlichen Ideals" über die Lebensspanne hin skizzenhaft dargestellt werden. Dabei wird das Leben in fünf verschiedene Phasen eingeteilt, deren jede eine typische Ausprägung der Form und der Wirksamkeit des „Persönlichen Ideals" zeigt. Zum Wesen des Menschen gehört konstitutiv, dass er lebenslang in einem inneren Wachstums- und Reifungsprozess steht, inneren und äußeren Metamorphosen ausgesetzt ist.[374]

1. Kindheit: In der Kindheit ist der Prozess der Identitätsbildung zentral. Das Kind entscheidet sich in der Auseinandersetzung mit seiner sozialen

---

372 Ebd., 246.

373 Vgl. STEFAN, „Schatzkammer meiner Seele", 41-42.

374 Vgl. LÄGE, Konzept des „Persönlichen Ideals", 169-170.

Umwelt für bestimmte Grundeinstellungen gegenüber der Gestaltung seines Lebens, ohne sich dieser Prozesse reflexiv bewusst zu sein. In diesen frühen Lebensjahren entscheidet sich bereits die Grundausrichtung der angestrebten Lebensführung und damit des „Persönlichen Ideals": es werden hier bereits die Werte und Grundüberzeugungen geschaffen, an denen der Mensch später sein Leben ausrichten wird. Das Zusammenspiel von sozialem Einfluss, angeborener Ausstattung und momentanem Entwicklungsstadium des Kindes muss als der Grundfaktor einer gesunden Zielsetzung betrachtet werden. Durch eine positive Identifikation mit den Eltern kommt es zu einer gesunden Persönlichkeitsentwicklung, sie sind bei der Persönlichkeitsentfaltung des Kindes in den ersten Jahren maßgeblich beteiligt.[375]

2. Jugendalter: In der zweiten Phase (ca. zwischen dem 13. und 25. Lebensjahr) werden in der Regel die Lebensziele versuchs- und probeweise gesetzt. In diesem Alter tritt zum ersten Mal ein Interesse für den Gesamtzusammenhang des Lebens auf. In dieser Lebensphase, in der eine Integration in die Erwachsenenwelt stattfindet, orientiert sich der Jugendliche in seinen Idealen und provisorischen Lebensentwürfen sehr stark an konkreten Vorbildern und ideellen Leitwerten und Leitmotiven.[376]

3. Junges Erwachsenenalter: Die dritte Lebensphase wird etwa zwischen dem 25. und dem 45. Lebensjahr lokalisiert. Hier befindet sich der Mensch auf dem Höhepunkt seiner Schaffenskraft. In dieser Zeit werden die Lebensziele endgültig gesetzt, indem der Mensch familiär und beruflich feste Bindungen eingeht und sich seine realistischen Möglichkeiten im gesellschaftlichen Rahmen abzeichnen. Die Integration der verschiedenen Lebensbereiche spielt eine wichtige Rolle bei der Bewältigung seiner Aufgabenstellungen. In diesem dritten Lebensabschnitt tritt ein Interessenswechsel ein, d.h. die Ziele werden stärker von objektiven Erfordernissen als von subjektiven Bedürfnissen bestimmt. Die Pflichten und Aufgaben eines Menschen werden dominanter als die eigenen Wünsche.[377]

---

375 Vgl. Ebd., 170-171.

376 Vgl. Ebd., 172.

377 Vgl. Ebd., 173.

4. Mittleres Erwachsenenalter: Menschen im Alter zwischen 45 und 65 Jahren setzen sich in der Regel stark mit der Bewertung ihres Lebens auseinander. Es wird wichtig zu fragen, ob die früher gefassten Ideale und Ziele verwirklicht wurden oder nicht. In der Regel leitet der Mensch in dieser Phase ein positives Selbstwertgefühl aus diesen Fragen ab und zugleich sind sie Motivation für die weitere Lebensgestaltung.[378]

5. Alter: in dieser letzten Lebensphase blickt der Mensch auf sein Leben zurück und konfrontiert sich zugleich immer mehr mit der Realität des Todes. Wurden im Laufe des Lebens die gesteckten Ideale verwirklicht, kann die Person nun die Erfüllung seines Lebens in einem Gefühl der Integrität genießen. Wer aber sein Ideal als gescheitert betrachtet, kann am Ende des Lebens von einem Gefühl der Verzweiflung heimgesucht werden. Gerade im Alter werden jedoch diese Erfahrungen von Erfüllung zusammengefasst und in das funktional wirkende „Persönliche Ideal" integriert.[379]

5.5. Zusammenfassung: Versuch einer Wesensbestimmung des „Persönlichen Ideals"

Die psychologische Theorie des „Persönlichen Ideals" kann einer psychologischen Leitbildtheorie[380] zugeordnet werden. Mit Recht entspricht das „Persönliche Ideal" dem Begriff des Leitbildes, da es *„von innen nach außen wirkt."*[381] So lässt sich die psychologische Konzeption des „Persönlichen Ideals" am Treffendsten als *„motivationale Leitbildtheorie"*[382] bezeichnen.

378 Vgl. Ebd., 173.

379 Vgl. Ebd., 174. Abschließend soll hier angemerkt werden, dass auch der Individuationsweg bei C. G. Jung nicht nur ein Entwicklungsprozess ist, der sich auf die Adoleszenz beschränkt, sondern auch hier alle Lebensphasen mit berücksichtig sind bis ins hohe Alter.

380 Vgl. Alf DÄUMLING, *Psychologische Leitbildtheorien*, in: Psychologische Rundschau 11 (1960), 92-108.

381 DÄUMLING, *Psychologische Leitbildtheorien*, 93. Damit ist das „Persönliche Ideal" zugleich von Vorbildern, Beispielen und sozialen Rollen abgegrenzt, da deren Hauptwirkrichtung von außen nach innen ist.

382 Diesen Begriff prägt Hans Czarkowski zur Bezeichnung und Klassifizierung des „Persönlichen Ideals". Vgl. CZARKOWSKI, Psychologie als Organismuslehre, 58.

Hier kommt der Gedanke einer Entelechie angelegter Potentialitäten zum Ausdruck, also eines Wirkens von innen nach außen. Diese Betonung des Unbewussten mit der Erfassung der triebhaften Hauptleidenschaften, hier ist der „Grundzug" als motivationale Größe angesprochen, ist der Kern der Lehre des „Persönliches Ideals". Diese Betonung findet sich auch bei anderen psychologischen Leitbildtheorien.[383]

Dennoch betont Damian Läge, dass die benannte motivationale Leitbildtheorie stark in personalen Bezügen gedacht werden muss, wenn man dem Anliegen Kentenichs gerecht werden will. Zum einen ist also immer die ganze Person an der Wirksamkeit eines aktuellen „Grundzuges" beteiligt, zum anderen besitzen die „Grundzüge" immer einen Bezug zu einer oder mehreren Personen. Insofern ist es im Sinne Kentenichs noch treffender vom „Persönlichen Ideal" als von einem personal gebundenen Leitbild zu sprechen.[384]

Die Wertorientierung des Menschen generiert sich aus seiner subjektiven Anlage heraus im Rahmen einer möglichen Auswahl von Werten. Diese subjektive Anlage bezeichnet Kentenich als die Wertempfänglichkeit der Person. Die subjektive Wertordnung[385] ist bestimmt von einer bestimmten gottgewollten Wertempfänglichkeit im Individuum. Es geht hierbei um eine persönliche innere Ergriffenheit von einer Wahrheit. Durch die spezifisch geartete Wertempfänglichkeit der Seele hat nach Kentenich Gott wesentlich das „Persönliche Ideal" eines Menschen bestimmt.[386]

383 Vgl. LÄGE, Konzept des „Persönlichen Ideal", 193-194. Däumling nennt als Leitbildtheorien, die ebenfalls auf das Unbewusste bezogen sind, sowohl die Leitbildtheorie von Ludwig Klages, die Theorie des „Persönlichen Leitbildes", als auch die von C. G. Jung konzipierte Theorie des „urtümlichen Leitbildes". Jung verweist hier auf die „archetypische Dimension" und formuliert, dass der Mensch maßgeblich von bestimmten Urbildern in seiner unbewussten Seele in seinem Fühlen, Denken und Handeln beeinflusst sei. Vgl. DÄUMLING, *Psychologische Leitbildtheorien*, 104.

384 Vgl. LÄGE, Konzept des „Persönlichen Ideal", 194.

385 Die deutsche Entwicklungspsychologin Charlotte Bühler spricht in diesem Kontext auch vom „Wertpotential einer Person". Vgl. dazu: Charlotte BÜHLER, Die Rolle der Werte in der Entwicklung der Persönlichkeit und in der Psychotherapie, Stuttgart 1975, 140.

386 Vgl. LÄGE, Konzept des „Persönlichen Ideal", 195-196.

Ein weiteres signifikantes Kennzeichen des „Persönlichen Ideals“ als „gottgewollte und begnadete seelische Grundstimmung“ ist die Unterscheidung in mehrere Entwicklungsphasen. Die „Grundstimmung“ entfaltet intuitiv und unreflektiert ihre Wirkung im Innern eines Individuums. Die zentrale Aufgabe im Hinblick auf das „Persönliche Ideal“ ist es, in lebendiger Tuchfühlung mit dem eigenen Seelenleben die apriorische Anlage, die „Grundstimmung“, zu erfassen. In einer weiteren Entwicklungsstufe soll genau diese „Grundstimmung“ mit ihrer zentrierenden und richtungsweisenden Kraft alle Handlungen beeinflussen. *„Diese Geistesgestimmtheit, dieses persönliche Ideal, ist eben das, was im menschlichen Leben alle einzelnen Handlungen strafft auf einen Zentralgedanken und eine Zentralhaltung.“*[387]

In einer weiteren Phase der Verwirklichung wirkt das Ideal bereits als Funktion und lenkt, gegebenenfalls, sogar unbewusst und intuitiv, die einzelnen Handlungen des Individuums.[388]

Die Erfahrungen, die ein Mensch im Laufe seiner Lebensgeschichte macht, prägen ihn und in besonderer Weise sein Unbewusstes. Diese unbewussten Prägungen haben einen erheblichen Einfluss auf das Denken, Empfinden und Handeln der jeweiligen Person. Diese individuelle Struktur der menschlichen Persönlichkeit konstituiert die je einmalige Berufung eines Menschen. Wesentliche Spuren dieses Rufes lassen sich in der individuellen Gestalt der affektiven und unbewussten Dimension eines Menschen finden, dies ist im Wesentlichen der Kern der kentenich'schen Lehre vom „Persönlichen Ideal“, der durch Erbanlagen und durch biographische Eindrücke geprägten „gottgewollten und begnadeten Grundstimmung“. Kentenich bricht mit der Konzeption des „Persönlichen Ideals“ eine Lanze für seine Glaubensüberzeugung, dass Gott den Menschen in seiner Einmaligkeit erschaffen hat und sich ihm gnadenhaft und auf je einmalige Weise

387 KENTENICH, Ethos und Ideal, 210. Ferner führt Gerber zum „Persönlichen Ideal“ als Zentralhaltung aus: *„Das Ideal soll zur Kraft werden, welche den Menschen in seinem Handeln antreibt. Bei kleinen und großen Entscheidungen stellt es ein wichtiges Kriterium dar und hilft, diese im Sinne der eigenen Berufung zu treffen. Alltägliche Arbeiten erhalten in Verbindung mit dem Ideal einen tieferen Sinn, weil deutlich wird, wie sich auch in diesen scheinbaren Nebensächlichkeiten die persönliche Berufung verwirklicht.“* GERBER, Zur Liebe berufen, 304.

388 Vgl. Ebd., 303-304.

mitteilt. So kann das „Persönliche Ideal" als ein gnadengewirkter Reichtum des Menschen verstanden werden, ein Akt der liebenden Zuwendung Gottes zum Menschen in je einmaliger Weise. Der Mensch antwortet in Freiheit und realisiert dadurch seine von Gott geschenkte Bestimmung. Weiter zeigt sich darin auch Kentenichs spezifisches Offenbarungsverständnis, nämlich dass die „Seelenstimme" als unmittelbares Sprachrohr Gottes verstanden wird, der „Gott des Lebens" spricht durch das Innere zum Menschen.[389]

So kann die Lehre vom „Persönlichen Ideal" als eine theonome Persönlichkeitstheorie zusammengefasst und dargestellt werden. Zunächst ist das „Persönliche Ideal" primär ein psychologisches Konzept, das zwar in engen Kontakt zu den verschiedensten psychologischen Schulen entstanden ist, aber wissenschaftssystematisch und wissenschaftshistorisch einen originellen Ansatz darstellt. Entscheidendes Alleinstellungsmerkmal ist die Kombination der tiefenpsychologischen Dimension des „Persönlichen Ideals" mit der Schöpfungstheologie des „praktischen Vorsehungsglaubens." Diese Synthese aus theologischen und gnadenpsychologischen Inhalten verleiht der Konzeption vom „Persönlichen Ideal" einen „theonomen Charakter".[390]

---

389 Vgl. Ebd., 247-249. Karl Rahner beschreibt im Sinne Kentenichs das, was mit einer individuellen Berufung bezeichnet ist, mit den folgenden Worten: *„So gilt auch folgerichtig: Die geistig-personalen Freiheitsentscheidungen des Einzelnen sind nicht nur [...] Erfüllung eines allgemeinen Gesetzes in einer bloß fallhaften Weise, sondern Realisierungen einer wirklich geistig-personalen und gnadenhaften-übernatürlichen Individualität im Gehorsam gegenüber einem ganz persönlichen Ruf und einer wirklich individuellen Berufung von seiten Gottes, die darum nicht deswegen weniger individuell, einmalig und unvertretbar ist, weil diese Berufung sich oft nur durch die Gewöhnlichkeit des Alltags, durch den Zwang äußerer Verhältnisse und in einer sehr wenig reflexen, mehr instinktiven Weise kundmacht. Dort, wo diese geistige und vor allem übernatürliche Individualität zum Vollzug kommt, sind die geistigen und religiösen Akte aus dem Wesen dieser doppelten Individualität notwendig höchst zentral: sie gehen wirklich aus dem Kern der Person hervor, sie sind notwendig mehr als das Produkt der Dressur, der Nachahmung, der bloßen Erfüllung eines von außen kommenden, satzhaften und allgemeinen Gesetzes."* Karl RAHNER, Sendung und Gnade. Beiträge zur Pastoraltheologie. Innsbruck [5]1988, 99-100.

390 Vgl. CZARKOWSKI, Psychologie als Organismuslehre, 86. Diesen Begriff gebraucht Hans Czarkowski als eine Art inhaltliche Einordnung und Bewertung

Abschließend lässt sich das „Persönliche Ideal" als das von Kentenich benannte *principium individuationis* herausstellen, das auf dem Pfad der Selbstfindung als diejenige Größe benannt werden kann, die die originelle und individuelle Identität des Mensch erst ermöglicht und konstituiert. Die menschliche Person vollendet sich nicht mit Notwendigkeit, ihr Werden ist ihr aufgegeben. Über die Gesamtdauer des Lebens hinweg ist von den inneren und äußeren Vorgegebenheiten her die Selbstdifferenzierung zu vollziehen. Somit kann das „Persönliche Ideal" zusammenfassend unter drei Aspekten gefasst werden:[391]

1. Das „Persönliche Ideal" als innerer Einheitspunkt im Integrationsprozess: Die Realisierung des „Persönlichen Ideals" ist wesentlich ein Integrationsprozess. Wie in der bisherigen Darstellung deutlich wurde, kann das „Persönliche Ideal" nicht nur intellektuell gefasst werden, sondern es soll ganzheitlich wirksam werden, d.h. es muss auch die Triebstruktur mit seiner Eigengesetzlichkeit erfassen. Die animalischen Urtriebe (Selbsterhaltungstrieb (Nahrungstrieb) und der Fortpflanzungstrieb (Sexualtrieb) soll der Mensch in seine geistig-personale Existenz integrieren. Das „Persönliche Ideal" ist der Integrationspunkt für die mit der Leiblichkeit gegebene Triebstruktur. Nicht nur die Körperlichkeit ist als vorgegebenes Apriori zu fassen, auch die menschliche Psyche ist mit vorgegebenen Anlagen ausgestattet. Kentenich beschreibt diese tiefenpsychologischen Anlagen der Persönlichkeit als Erbanlagen, als Grundanlagen und Grundaufnahmen, die der Mensch von der Geburt an in sich aufgenommen hat. Diese Größen haben massiven Einfluss auf die Verfasstheit des Unbewussten. Diese Vorerlebnisse begleiten somit den ganzen Lebensweg. Das „Persönliche Ideal" wird zum einheitsstiftenden Mittelpunkt, wenn es gelingt, die vielgestaltigen Spannungsverhältnisse zum Ausgleich zu bringen. Namentlich dreht es sich um die Herausforderung, der Leib-Seele-Polarität, die in der menschlichen Natur angelegt ist, zu einer Spannungseinheit zu verhelfen.[392]

2. Das „Persönliche Ideal" als innerer Zielpunkt im Entwicklungsprozess: Das „Persönliche Ideal" ist kein statisches Selbstbild, die Prozesse des Erkennens

des „Persönlichen Ideals" in seiner Arbeit.

391 Vgl. SCHLOSSER, Selbstbezug, 105.

392 Vgl. Ebd., 106-110.

und die daraus sich ableitenden Schritte der Realisierung kommen im Laufe des Lebens nie zu einem Ende, ein kontinuierlicher Entwicklungsprozess ist angezeigt und erforderlich. Dabei sind Erkennen und Streben zielgerichtet. Dabei ist es von zentraler Wichtigkeit, dass sich im Selbstwerdungsprozess Erkennen und Streben wechselseitig bedingen. So kann das „Persönliche Ideal" im Sinne der aristotelischen Entelechie als *Telos*, als ein sinnstiftender Zielpunkt bezeichnet werden. Dabei entwickelt sich das spezifische Selbstbild und Selbstverständnis in bestimmten Wachstumsgesetzen. Kentenich betont immer wieder bestimmte Wachstumsgesetze für die Entfaltung der menschlichen Person. Aus theologischer Sicht ist das „Persönliche Ideal" der Lebensplan mit eingeschriebenem Zielpunkt, den Gott jedem Menschen mit auf den Weg gegeben hat und der sich in einer einmaligen Biographie entfaltet. Auf diese Weise wird das „Persönliche Ideal" zum sinnstiftenden Zielpunkt für den je einmaligen Lebenslauf. Als personales Evolutionsprinzip ist das „Persönliche Ideal" die teleologische Dimension. Identitätsfindung führt so immer tiefer zum Leben aus der eigenen Mitte der unverwechselbaren einmaligen Person. Der Mensch als Person verwirklicht die Idee Gottes, die präexistent in ihm als Zielpunkt eingraviert ist.[393]

3. Das „Persönliche Ideal" als innere Identität im Individuationsprozess: Die innerste Tiefe des Menschen ist für Kentenich das Selbst, verstanden als die Mitte der Person, von der alles ausgeht. Elementar ist für Kentenich, wie der Mensch sein originelles Selbst finden und zur Entfaltung bringen kann. Der Mensch muss nach Kentenich in Freiheit sich verwirklichen, er muss Verantwortung übernehmen für das eigene Leben. Aber Freiheit ist nicht möglich ohne Ziel- und Sinnvorgabe. Kentenich benennt als Voraussetzung für den Vollzug freien Menschseins die Idealgebundenheit, das ist in diesem Kontext die Bindung an das „Persönliche Ideal". Aus dem darin erkennbaren unbedingten Anspruch vollzieht der Mensch die das ganze Leben prägende Grundentscheidung, diese beeinflusst die Entscheidungen, die in den je konkreten Situationen des Lebens zu treffen sind. Die Grundentscheidung wird dabei zur Grundhaltung, die Ausprägung des ganz persönlichen Ethos. Gerade im ethischen Handeln zeigt sich, dass die Person selbständig ist und sich ihr eigenes Gepräge gibt. Denn das Gewissen ist urpersönlich, normiert durch das „Persönliche Ideal". Jede Person

393 Vgl. Ebd., 111-112.

soll sich auf das eigene werthafte Zielbild, auf das „Persönliche Ideal“, hin realisieren. Des Weiteren ist das, was Kentenich mit „Bindungsorganismus“ bezeichnet, wesentlich für den Aspekt des „Persönlichen Ideals“ als personales Individuationsprinzip. Der Mensch lebt in einem ganzen Netz von Beziehungen und ist dadurch gebunden. Das Ich wird zur Urheimat in einem Prozess der Integration, der innerlichen, affektiven Verknüpfung mit Menschen, Dingen und Orten, des Aufnehmens der Umgebung in das Ich. Letztlich gipfelt dieser „Bindungsorganismus“ in der alles einenden Bindung an Gott. Der Bezug zu Gott ist der Ermöglichungsgrund des personalen Selbstgestaltungsprozesses des Menschen, der Ausprägung seiner Individualität. Nur in der totalen Hingabe und Bindung an Gott wird der Mensch zu der unverwechselbar einmaligen Person, die er sein will und die Selbststand und Selbstbesitz hat. Unter diesem Gesichtspunkt ist das „Persönliche Ideal“ der selbststandstiftende Bezugspunkt, das personale Individuationsprinzip.[394]

Kentenich möchte mit seinen Ansätzen neue Wege aufzeigen, wie der Mensch aus seinem eigenen Selbst heraus lebt und so authentisch seine Persönlichkeit zur Ausreifung und Verwirklichung bringen kann. Kentenich möchte mit der Erforschung und Kultivierung des „Mikrokosmos“ darauf verweisen, dass menschliches Leben nur dann gelingen kann, wenn die eigene Tiefenpsyche mit ihren Wirkungen integriert wird als wesentlicher Bestandteil der Gesamtpersönlichkeit. Seine Ideen und seine Vision vom „Neuen Menschen“, der eben danach strebt, die Ganzheit seiner gottgewollten Persönlichkeit zur vollen Entfaltung zu bringen, sind bereits 1912 in seinem Amtsantrittsvortrag als Spiritual dokumentiert. Diese Rede von vor über hundert Jahren und sein Werk insgesamt beinhalten Schätze von bleibender Aktualität, es sind Anweisungen zu einem Selbstverwirklichungsprozess einer ganzheitlichen Menschwerdung. Mit seinem „organischen Denken“ bietet Kentenich Impulse für einen Menschen, der aus der Mitte seiner Persönlichkeit leben will und der sich gleichzeitig dadurch vorsehungsgläubig dem „Gott des Lebens“ annähern möchte. Kentenich zeigt religionspsychologische Zugänge zu einer Theologie der Berufung auf, die er ausführlich in seiner Lehre des „Persönlichen Ideals“ darstellt. So kann

394 Vgl. Ebd., 113-116.

der Mensch in seinem lebenslangen Selbstverwirklichungsprozess immer mehr seiner ganzheitlichen Menschwerdung entgegen gehen.

Geschichte wird von Kentenich vorsehungsgläubig verstanden als Ort der Selbstmitteilung Gottes. So beginnt für Kentenich die Bestimmung des Menschen durch den Ruf Gottes in der eigenen Seele („Seelenstimme"). Der Mensch ist nach Kentenich imstande, aus den vielen inneren Stimmen das herauszulesen, was dem Willen Gottes nahekommt. In dieser Entfaltung und Ausreifung der „gottgewollten" Persönlichkeit sah er den eigentlichen Auftrag, sowohl hinsichtlich des Menschseins, als auch hinsichtlich des Christseins. *„Der Mensch – so die Auffassung von Pater Josef Kentenich – ist das Wertvollste, was es auf Erden gibt; und zwar jeder Einzelne. Ihn zu fördern und das Beste in ihm zu entfalten, war seine Leidenschaft. Eine Leidenschaft, für die er – aus ‚Liebe zu Gott und den Seelen' – alles investierte."*[395]

395 SCHLICKMANN, Herbststürme, 250.

1 HESSE, Demian, 177-178. Mit diesem Werk läutete Hesse eine neue Schaffensepoche ein. Im Zentrum steht der Individuationsprozess der Hauptfigur Emil Sinclair. Dieser wird geführt durch seinen Freund Max Demian, er ist die Personifizierung eines neuen Menschen, eines neuen idealen Menschenbildes, gleichzeitig symbolisiert er das Selbst und präsentiert seelische Ganzheit und Einheit. Er begleitet für eine bestimmte Zeit Sinclairs Leben und hat eine schöpferische und befreiende Funktion in allen (vor allem inneren) Krisensituationen, mit denen sich Sinclair konfrontiert sieht. Das Thema des Romans ist die Selbstfindung durch Verwirklichung des aus dem eigenen Inneren hervorbrechenden ganzen Menschen. Der Einfluss der Jung'schen Tiefenpsychologie ist unverkennbar. Der Individuationsweg nach C. G. Jung ist ein Differenzierungsprozess, der die Entwicklung der ganzheitlichen Persönlichkeit zum Ziel hat. Diese Suche nach dem eigenen Selbst vollzieht sich durch eine sukzessive Integration der unbewussten Inhalte ins Bewusstsein. Vgl. Hilal AKIN, Hermann Hesses „Demian". Der Individuationsprozess Emil Sinclairs auf der Grundlage der Theorie von C. G. Jung, Norderstedt 2015, 15-16.

Teil IV
Die Bestimmung des Menschen bei Hermann Hesse

„Es gab keine, keine, keine Pflicht für erwachte Menschen als die eine: sich selber zu suchen, in sich fest zu werden, den eigenen Weg vorwärts zu tasten, einerlei wohin er führte. [...] Wahrer Beruf für jeden war nur das eine: zu sich selbst zu kommen. Er mochte als Dichter oder als Wahnsinniger, als Prophet oder als Verbrecher enden – dies war nicht seine Sache, ja dies war letzten Endes belanglos. Seine Sache war, das eigene Schicksal zu finden, nicht ein beliebiges, und es in sich auszuleben, ganz und ungebrochen. Alles andere war halb, war Versuch zu entrinnen, war Rückflucht ins Ideale der Masse, war Anpassung und Angst vor dem eigenen Innern. Furchtbar und heilig stieg das neue Bild vor mir auf, hundertmal geahnt, vielleicht oft schon ausgesprochen, und doch erst jetzt erlebt. Ich war ein Wurf der Natur, ein Wurf ins Ungewisse, vielleicht zu Neuem, vielleicht zu Nichts, und diesen Wurf aus der Urtiefe auswirken zu lassen, seinen Willen in mir zu fühlen und ihn ganz zu meinem zu machen, das allein war mein Beruf. Das allein!“[1]

1. Eine erste Annäherung

> *„Hermann Hesse ist am 2. Juli 1877 in Calw/Württemberg als Sohn eines baltendeutschen Missionars und der Tochter eines schwäbischen Indologen geboren. 1946 ausgezeichnet mit dem Nobelpreis für Literatur, starb am 9. August 1962 in Montagnola bei Lugano. Seine Romane, Erzählungen, Betrachtungen, Gedichte, politischen, literatur- und kulturkritischen Schriften sind mittlerweile in mehr als 80 Millionen Exemplaren in aller Welt verbreitet und haben ihn zum meistgelesenen europäischen Autor des 20. Jahrhunderts in den USA und in Japan gemacht.“*[2]

So oder so ähnlich lautet meist der kurze einführende Klappentext, wenn man einen Roman von Hermann Hesse aufschlägt und sich einen kurzen Überblick über diesen Schriftsteller und Dichter verschaffen möchte. Rund 60 Jahre nach seinem Tod gehört er bis auf den heutigen Tag immer noch zu den auflagestärksten Schriftstellern der Welt. Mit seiner Literatur trifft Hesse ins Mark seiner Leserschaft, einen Lebensnerv, ein ganz bestimmtes Lebensgefühl. Es ist die tiefe Sehnsucht des Menschen authentisch der zu sein, der man wirklich ist. Der menschliche Wunsch, allen äußeren Widrigkeiten zum Trotz, seinem inneren Wesen zu entsprechen, davon erzählen fast alle seine Texte. Diesem inneren Ruf der Seele zu folgen und danach zu handeln, das ist das ganz zentrale Vermächtnis, das Hesse seinen Leserinnen und Lesern rund um den Globus immer wieder mit auf den Lebensweg gibt. Darin liegt wohl auch einer der Hauptgründe, warum Hesses Literatur einen so zeitlosen Charakter aufweist und heute wie vor über 100 Jahren eine so hohe Popularität und Verbreitung genießt. *„Dazu diese hämmernde expressive Klarheit, mit der die ganz große Menschheitsfrage (Was ist unsere Bestimmung?) hervorgetrieben wird.“*[3]

Wollte man den Versuch unternehmen und Leben und Werk des Dichters auf eine Formel bringen, also sowohl sein Leben als auch die Botschaft seines Werkes in nur einem Satz zusammenzufassen, so könnte vielleicht

2 Text zitiert nach Klappentext der Roman-Ausgabe: Hermann HESSE: Der Steppenwolf (1927), Frankfurt am Main 1974.

3 Matthias MATUSSEK, Leitartikel *Ich mach mein Ding*, in: Der Spiegel (2012), Ausgabe Nr. 32, 125.

dieser folgende Satz, den Hesse seinem Roman *Demian* voranstellt, alles zum Ausdruck bringen: „*Ich wollte ja nichts als das zu leben versuchen, was von selber aus mir heraus wollte. Warum war das so sehr schwer?*“[4]

Wollte man also noch weitergehen und Hermann Hesse und sein gesamtes Werk auf einen größten gemeinsamen Nenner bringen, dann wären es wohl die folgenden Begriffe, die sein gesamtes Werk summarisch wiedergeben: Selbstsuche, Selbstfindung, Selbstwerdung und Selbstverwirklichung.[5] Diese Begriffe kreisen alle um die Bestimmung des Menschen, ebenso verleihen die von Hesse oft verwendeten Termini „Eigensinn“, „Schicksal“, und die drei Worte „Weg nach innen“ seinem Herzensanliegen, die Emanzipation der individuellen Persönlichkeit, Ausdruck. Entsprechend formuliert der Schriftsteller in einem Brief:

> *„Ziel eines sinnvollen Lebens ist es, den Ruf dieser inneren Stimmen zu hören und ihm möglichst zu folgen, […] das Leben möglichst der Gestalt anzunähern, die als Ahnung in uns vorgezeichnet ist. So haben es alle großen Dichter gemeint, besonders Novalis, wenn er sagte: ‚Schicksal und Gemüt sind Namen eines Begriffs.‘ “*[6]

Der inhaltliche Fokus liegt bei Hesse immer auf dem individuellen Menschen und der Frage, wie es gelingen kann, dass dieser sein je eigenes Wesen zur Verwirklichung bringen kann. Ganzheitliche Selbstverwirklichung heißt die Maxime, der Hesse im Schreiben und im Leben Gestaltungsraum

---

4 HESSE, Demian, 7.

5 Vgl. dazu auch das Herzstück des Hesse-Teils, Teil IV, Kapitel 5 *Die Selbstverwirklichung als Bestimmung des Menschen in vier ausgewählten Romanen.* Entsprechend kommentiert Siegfried Unseld summarisch über das literarische Werk des Schriftstellers: *„Im Grunde haben alle seine Dichtungen ein einziges Thema, handeln sie alle von einem einzigen Vorgang: von der Selbstverwirklichung des Menschen. Dieses große, aber durchgehende Thema wird von Hesse vielfach variiert, in verschiedene Zeiten und Zonen verlegt, auf verschiedene intellektuelle, soziologische und religiöse Ebenen gehoben, in subjektiv-psychologischen Erlebnissen, in objektiv-überpersönlichen Bildern gestaltet, aber doch immer auf denselben Grundvorgang zurückgeführt. Die Selbstverwirklichung des Menschen dichterisch zu realisieren: das ist sein Ziel, der Impetus seines Werkes."* Siegfried UNSELD, Begegnungen mit Hermann Hesse, Frankfurt am Main 1975, 203

6 Hermann HESSE, *Brief September* (1931), in: ders., Die Antwort bist du selbst, 22.

bieten möchte. So kommt es aber in Hesses Romanen meistens zu einer Polarität zwischen Selbstbestimmung und Fremdbestimmung, zwischen der Treue zur eigenen unbedingten Innenwelt und deren Gefährdung und Infragestellung von außen. Diese Polarität zwischen der eigenen Innenwelt und den äußeren Einflüssen ist ein weiteres Charakteristikum in Hesses Leben und Werk. Wieder und wieder erhebt der Dichter seine Stimme für den Eigenwert der Persönlichkeit, des Individuellen gegenüber Uniformität und Massenmenschentum.[7]

Ebenso war die Religion für Hermann Hesse sein Leben lang von großer Bedeutung. Wegen seiner pietistischen Erziehung hat er sehr früh die „*Doppelgesichtigkeit der Religionen*“[8] entlarvt, ein Wechselspiel zwischen Schuldgefühl und Heilsfindung. Für Hesse war das in seiner Familie erfahrene Christentum in Form des schwäbischen Pietismus zum Symbol für Enge und Unfreiheit geworden. Daher rührt auch Hesses generelle Ablehnung der kirchlichen Institutionen, dagegen nahm aber der Glaube und die Religion an sich einen sehr hohen Stellenwert im Leben des Dichters ein. Religiöse Alternativen fand Hesse vor allem in indischen und chinesischen Glaubenslehren und Philosophien.[9]

---

7 Der deutsche Rockmusiker Udo Lindenberg ist ein glühender Hesse-Verehrer. Im Jahre 2008 hat er ein Buch mit Hesse-Texten veröffentlicht, die ihm besonders viel bedeuten. Vgl. Udo LINDENBERG, Mein Hermann Hesse. Ein Lesebuch, Frankfurt am Main 2008. Hier stellt der Musiker seinem Buch folgendes Statement voran: *„Bei Hermann Hesse fühle ich mich zuhause. Er war mir schon lange nah, und es wäre sicher manches anders gelaufen ohne ihn. Schon in jungen Jahren wurde er ein großer Inspirator für mich, der wichtige Impulse und Orientierungen setzte. […] Keinem anderen Schriftsteller fühle ich mich deshalb so verbunden. Hesses Aufforderung zur Individualität, zur Suche nach dem eigenen Weg, hat mich schon in jungen Jahren stark angesprochen und beeinflußt.“*

8 Vgl. Christoph GELLNER, *Zwischen Ehrfurcht und Revolte: Hesse und die Doppelgesichtigkeit aller Religion*, in: Michael LIMBERG (hrsg.), Hermann Hesse und die Psychoanalyse. „Kunst als Therapie“, Bad Liebenzell/ Calw 1997, 304.

9 Vgl. Nadine MECHADANI, Hermann Hesse auf der Couch. Freuds und Jungs Psychoanalyse und ihr Einfluss auf die Romane „Demian“, „Siddhartha“, und „Der Steppenwolf“, Marburg 2008, 21-23. Als einführender Überblick zur Bedeutung der Religion in Hesses Leben dient sehr gut das Kapitel *Hermann Hesse und die Religion*, in: MECHDANI, Hesse auf der Couch, 21-26.

> *Religions-, Christentum- und Kirchenkritik bedeuteten für ihn nicht Ablehnung von Religion und Christentum überhaupt! Hatte Hesse auch schon früh gegen die streng moralisierende Erziehung seines frommen Elternhauses revoltiert und sich vom devoten Gottesglauben seiner Verwandten losgesagt, so blieb er dennoch zeitlebens auf der Suche nach religiösen Alternativen, auf der Suche nach einer ihm gemäßen Form von Religion.*“[10]

Hesses eigentliches Interesse galt zeitlebens der Innenseite des menschlichen Lebens, dem Beobachten und Wahrnehmen des Seelischen. Er ist ein tiefenpsychologischer Literat, der durch sein Schreiben das seelische Erleben und Fühlen des Menschen und vor allem sein eigenes Seelenleben ergründen möchte. Nur in der Entsprechung der eigenen inneren Seelenstimme liegt für Hesse die Möglichkeit der Entfaltung der individuellen Persönlichkeit. Dem Ruf aus der Tiefe der Seele zu folgen und danach zu handeln, darin liegt für Hesse der Schlüssel zu eigentlicher Menschwerdung. Spätestens ab der Begegnung mit Carl Gustav Jung und seinen tiefenpsychologischen Ansätzen wird auch für Hesse der Individuationsprozess des Menschen das zentrale Motiv in seinem literarischen Werk.[11]

Seine Literatur ist ein Zeugnis der authentischen Suche, was wahres und erfülltes Menschsein in seiner Ganzheit bedeuten kann. Hesses Literatur dreht sich immer um das Geheimnis der Menschwerdung, darin steckt gleichzeitig der zeitlose Auftrag an jeden Menschen: sich selbst zu finden

10 GELLNER, *Zwischen Ehrfurcht und Revolte*, 303. Bedauerlicherweise wird in der Gesamtbewertung der Religiosität Hesses oft vergessen, dass er sich ab den 1930er Jahren auch wieder verstärkt zu seinen christlichen Wurzeln bekennt und sich eben gerade nicht ein Leben lang davon befreien wollte. Oft wird Hesses Religiosität leider nur mit östlichen Religionen und Weisheitslehren assoziiert.

11 Zum Einfluss von Jung auf Hesse im Hinblick auf den menschlichen Individuationsweg, vgl. dazu meinen Aufsatz: Ullrich GLATTHAAR, *Die Selbstgegebenheit individueller Identität nach C. G. Jung und ihre Bedeutung für das Motiv der Selbstsuche und Selbstfindung im literarischen Werk Hermann Hesses*, in: Markus ENDERS (hrsg.), Selbstgebung und Selbstgegebenheit. Zur Bedeutung eines universalen Phänomens, Seele, Existenz und Leben, Band 30, Freiburg/München 2018, 191-220.

und darin seiner ureigenen Bestimmung zu folgen. Entsprechend formuliert Hesse in seinem Roman *Demian* im Prolog:

> *„Das Leben jedes Menschen ist ein Weg zu sich selber hin, der Versuch eines Weges, die Andeutung eines Pfades. Kein Mensch ist jemals ganz und gar er selbst gewesen; jeder strebt dennoch, es zu werden, einer dumpf, einer lichter, jeder wie er kann. Jeder trägt Reste von seiner Geburt, Schleim und Eischalen einer Urwelt, bis zum Ende mit sich hin. Mancher wird niemals Mensch, bleibt Frosch, bleibt Eidechse, bleibt Ameise. Mancher ist oben Mensch und unten Fisch. Aber jeder ist ein Wurf der Natur nach dem Menschen hin. Und allen sind die Herkünfte gemeinsam, die Mütter, wir alle kommen aus demselben Schlunde; aber jeder strebt, ein Versuch und Wurf aus den Tiefen, seinem eigenen Ziele zu."*[12]

2. Lebensstationen – zwischen „Innen und Außen"

In diesem 2. Kapitel sollen wichtige Weg- und Lebensstationen des Dichters vorgestellt werden. Natürlich kann in dieser Arbeit nicht in aller Ausführlichkeit und Liebe zum Detail auf den Lebenslauf des Dichters eingegangen werden. Dies haben allerdings unzählige Biographien versucht, die einen Gesamtüberblick über Hesses Leben und Werk anbieten wollen.[13] Bei

12 HESSE, Demian, 8-9.

13 Zu den renommiertesten und erfolgreichsten Hesse-Biographien zählen zweifelsohne: 1. Hugo BALL, Hermann Hesse – Sein Leben und sein Werk, Frankfurt am Main 1977. Hugo Ball (1886–1927) war ein deutscher Autor und Mitbegründer des Dadaismus und pflegte eine tiefe Freundschaft zu Hermann Hesse. Balls faszinierende Biographie erschien 1927 zu Hesses 50. Geburtstag. 2. Ralph FREEDMAN, Hermann Hesse – Autor der Krisis, Frankfurt am Main 1991. Als Bewertung zu diesem Werk ist im Klappentext zu lesen: *„Im ganzen gesehen, wird diese Biographie als das Standardwerk gelten müssen, um das in Zukunft niemand herumkommt, der sich ernsthaft mit Hesse beschäftigen will."* 3. Joseph MILECK, Hermann Hesse. Dichter, Sucher, Bekenner, Frankfurt am Main 1987. Mileck schreibt über sein Werk: *„Bei meinem Unterfangen ging es mir in erster Linie darum, den Menschen Hesse und seine Gedankenwelt zu zeigen, seine*

Hermann Hesse hängen Leben und Werk auf intensive Weise zusammen. Seinen eigenen Lebensweg verarbeitet er in seiner Literatur, die immer wieder neu eine hochpsychologische Selbstdarstellung, Selbstbeobachtung und Selbstanalyse darstellt. All seine Romane und Erzählungen sind in höchstem Maße autobiographisch. Seine Werke sind „*Fragmente eines großen Selbstportraits, Bruchstücke eigener Konfession. [...] Die äußere und innere Geschichte des Dichters erschließt sich aus seinem Werk selbst, ja sie ist mit ihm identisch.*“[14]

Alles, was Hesse schreibt und dichtet, sind Spiegelungen seiner Innenwelt, es sind reine Seelenbekenntnisse. Und genau in dieser authentischen Darstellung seiner Innenwelt bringt er etwas zum Schwingen in der Seele der Menschen und übt so eine große Anziehung auf seine Leserschaft aus.[15] Den Weltruhm, den sein Werk bis auf den heutigen Tag genießt, leitet sich in erster Linie von der besonderen Magie[16] seines Schreibstils ab, aber

---

Schriften nach Gehalt und Gestalt zu kennzeichnen und die Aufmerksamkeit auf die enge Beziehung zwischen seinem Leben und seinem Werk zu lenken." Zum 50. Todestag des Dichters erschienen die beiden umfangreichen Biographien: 4. Gunnar DECKER, Hermann Hesse. Der Wanderer und sein Schatten, München 2012. 5. Heimo SCHWILK, Hermann Hesse. Das Leben des Glasperlenspielers, München/Zürich 2012.

14 Bernhard ZELLER, Hermann Hesse, Hamburg 2005, 9.

15 Hugo Ball resümiert über Hesses Schreibstil wie folgt: „*Es ist eine ausgetragene, reife Sprache; es steht ja jedes Wort genau an seinem Platze, unfehlbar hat es sich eingestellt. Jedes Ding, das er aussagt, ist in den Kern und ins Herz getroffen. Es ist eine sehr gediegene Prosa; sie ist ruhig und von hoher Vernunft, zierlich und doch ganz ungekünstelt. Sie ist so einfach, wie eine Wolke, wie ein Tierlein, wie ein Blatt am Baume einfach sind. Aber diese Sprache hat noch etwas mehr. Sie senkt sich ein; sie sinkt ganz hinunter durch die Algen und Schlinggewächse der Phantasie, bis auf den Grund; dort ruht sein Wort und glänzt, als sei ein Goldstück auf einen klaren Seegrund gefallen. Dies alles ist bei diesem Dichter eine Folge seiner ausschließlichen Beschäftigung mit dem eigenen Wesen; den eigenen Trieben, Schritten, Sinnen und Impulsen.*" BALL, Hesse, 40.

16 Sein Schriftstellerkollege Rainer Maria Rilke sieht in Hesse einen Verbündeten im Geiste und beschreibt das Wesen des Dichters in der Fähigkeit, dass dieser die Dinge so ansprechen kann, dass sie gefühlt werden können. Vgl. DECKER, Der Wanderer, 149. Und so schreibt Rilke über Hesses Debütwerk *Eine Stunde hinter Mitternacht* im August 1899 folgende Worte: „*Der Anfang der Kunst ist*

natürlich auch von den Themen und Inhalten, die sein Schrifttum transportiert. Es ist evident, dass in der Prosa und Lyrik des Dichters die wesentlichen Grundfragen menschlicher Existenz behandelt werden.[17]

2.1. Pietismus – die religiöse Sozialisation im Elternhaus

Hermann Hesse wird am 2. Juli 1877 in ein protestantisch-pietistisches Elternhaus hineingeboren. Es ist ein Hort ausgeprägter Religiosität. Für seine Eltern stellt die Religionsausübung den Mittelpunkt ihres Lebens dar. Der dogmatisch religiöse Pietismus[18] der Eltern im späten 19. Jahrhundert bestimmt massiv die rigide Erziehung des heranwachsenden Hermanns als Kind und Jugendlicher. Zu dieser Erziehung gehören absoluter Gehorsam gegenüber den Eltern und ein hohes Maß an Pflichtbewusstsein gegenüber den religiösen Bräuchen und Gesetzen. Der Pietismus transportierte ein extrem negatives Menschenbild, nämlich das Selbstverständnis, dass der Mensch von Natur aus böse sei, religiös gesprochen voller Sünde sei, und

---

Frömmigkeit. Frömmigkeit gegen sich selbst, gegen jedes Erleben, gegen alle Dinge, gegen ein großes Vorbild und die eigene ungeprobte Kraft. [...] In diesem Gefühl entstand Hermann Hesses Buch. Seine Worte knien.“ Rainer Maria RILKE, Von Kunst-Dingen, Norderstedt 2022, 64-65.

17 Vgl. DECKER, Der Wanderer, 11-22.

18 Vgl. dazu das Standardwerk: Johannes WALLMANN, Der Pietismus, Göttingen 2005. Als Definition des Pietismus formuliert Wallmann in seiner Einleitung, 21: *„Der Pietismus ist eine im 17. Jahrhundert entstehende, im 18. Jahrhundert zu voller Blüte kommende religiöse Erneuerungs- und Frömmigkeitsbewegung im kontinentaleuropäischen Protestantismus, neben dem angelsächsischen Puritanismus die bedeutendste religiöse Bewegung des Protestantismus seit der Reformation. Gleicherweise in der lutherischen wie in der reformierten Kirche entstanden, dringt der Pietismus auf Individualisierung und Verinnerlichung des religiösen Lebens, entwickelt neue Formen persönlicher Frömmigkeit und gemeinschaftlichen Lebens, führt zu durchgreifenden Reformen in Theologie und Kirche und hinterläßt tiefe Spuren im gesellschaftlichen und kulturellen Leben der von ihm erfaßten Länder. Mit seiner Tendenz zur Individualisierung und Verinnerlichung gehört der Pietismus in den Zusammenhang einer das frühneuzeitliche Europa insgesamt erfassenden Bewegung, die den Geist des konfessionellen Zeitalters überwinden will, sich abkehrt vom Aristotelismus der Schulphilosophie, von den konfessionellen Streitigkeiten und von einem zu äußerer Form erstarrenden traditionellen Gewohnheitschristentum.“*

nur mit Gottes Hilfe Erlösung finden könne. Die Praxis des Pietismus war nicht gerade förderlich für ein gesundes Selbstwertgefühl, sondern suggerierte dem kleinen Hermann, dass er unvollkommen sei. Es wurde eine Kultur der Minderwertigkeitsgefühle gepflegt, vor allem Schuldgefühle waren ein wesentlicher Bestandteil des religiösen Lebens.[19]

> *„Um ein guter Christ zu sein, mußte man ein schlechtes Gewissen haben. Man mußte sich schuldig fühlen, um sich seiner Erlösung zu freuen. Ja, man konnte die ersehnte Liebe Gottes nur finden, wenn man sich selber haßte, groß nur werden, wenn man sich klein machte, Güte nur finden, wenn man sich selbst verurteilte.“*[20]

In seiner schwäbischen Geburts- und Heimatstadt Calw, die in den Kindheitsjahren des Dichters ein Zentrum des pietistischen Glaubens darstellt, wird der kleine Hermann nach strengen moralisch-religiösen Gesichtspunkten erzogen und dabei schwer traumatisiert.[21]

---

19 Vgl. Alois PRINZ, „Und jedem Anfang wohnt ein Zauber inne“, Die Lebensgeschichte des Hermann Hesse, Weinheim/Basel 2000, 16-36. Prinz beschreibt den Pietismus in Calw, der Heimatstadt Hesses im Nordschwarzwald, wie folgt, 26-27: *„In Calw herrscht ein konservativer Geist. Und dazu trägt auch die religiöse Mentalität dieses Landstrichs bei. In Württemberg und speziell in Calw hat sich eine sehr fromme, ‚erweckte‘ Form des protestantischen Glaubens, des so genannten Pietismus, herausgebildet. Calw war seit jeher ein Zentrum pietistischer Kreise. […] Pietismus lässt sich als Versuch verstehen, den christlichen Glauben vor einer Veräußerlichung zu bewahren und als ‚lebendigen Glauben‘ zu erhalten. Entscheidend für diese Lebendigkeit ist dabei nicht die Lehre oder das kirchliche Amt, sondern die Ergriffenheit des Einzelnen. Für wen der Glaube zu einem persönlichen Erlebnis wird, der erfährt eine Bekehrung, die ihn zu einem neuen Menschen macht. Diese religiöse Erfahrung lässt allerdings wenig Platz für die individuellen Eigenarten eines Menschen. Eher geht es darum, ein ganz bestimmtes, pietistisches Weltbild sich subjektiv anzueignen.“*

20 GELLNER, *Zwischen Ehrfurcht und Revolte*, 302.

21 Vgl. BAUMANN, Hesses Erzählungen im Lichte der Psychologie C. G. Jungs, 252-253. Baumann spricht in diesem Kontext vom sogenannten „Pfarrhaus-Syndrom“. Darunter ist die Verschmelzung einer außergewöhnlichen Intelligenz und Sensibilität mit tiefen Schuldgefühlen und Minderwertigkeitskomplexen zu verstehen, wie sie auch bei Hesse anzutreffen war. Das heranwachsende Kind wird ununterbrochen von dem zermürbenden und niederdrückenden Gefühl heimgesucht, dass es den moralischen und religiösen Erwartungen der Eltern

Die Erziehungsmethoden der Eltern waren so angelegt, den Willen und das eigenständige Streben des Sohnes Hermann zu brechen. Diese religiöse Erziehung des Pietismus lässt nur sehr wenig Platz für die Eigenarten eines Menschen, individuelle Bedürfnisse werden bekämpft. Der religiöse Fanatismus des Elternhauses verursacht immer wieder Konflikte, vor allem zwischen ihm und seinem Vater, der selber Erzieher in hohen Adelshäusern und in der Basler Missionsanstalt war.[22]

> *Das Hessesche Elternhaus unternahm geradezu den Versuch, die Übungen eines Klosters samt den drei Gelübden der Armut, Keuschheit und des Gehorsams in den Rahmen einer bürgerlichen Familie zu übertragen. An Erziehung fehlte es also nicht; es war eher zuviel davon vorhanden. Doch es war eine Erziehung von ‚vor hundert Jahren.‘ Man konnte sie unmodern und romantisch nennen. Man konnte von einer Gefühlserziehung sprechen, die mit der Umgebung in manchen Stücken kontrastierte. Es war eine saubere, gepflegte, wohlanständige Erziehung, aber sie war mit der Wirklichkeit nicht einmal eines Schwarzwaldstädtchens in Einklang zu bringen, geschweige denn mit den Voraussetzungen eines modernen Dichters. Es war eine triebfremde Erziehung.“* [23]

Diese von Hugo Ball ins Wort gebrachte triebfremde Erziehung und eine damit einhergehende Überhöhung des Geistes transportiert einen weiteren wichtigen Gesichtspunkt in Hesses pietistischer Erziehung wieder. Es ist die von Hesse empfundene Einteilung der Wirklichkeit in zwei Welten. Hesse hat also die dualistische Weltsicht seit seiner frühesten Kindheit durch seine eigenen Eltern im Gewand des Pietismus kennengelernt und verinnerlicht. Die Wurzeln dieser dualistischen Tendenzen im Pietismus

---

nicht entsprechen kann und fühlt sich deshalb dauerhaft schuldig. Baumann betont, dass Hesse aber damit kein Einzelfall sei, dasselbe gelte auch für Hölderlin, Nietzsche, Jung und viele andere. Sie alle litten unter den strengen Erziehungsmethoden der Religion. Ihre jeweiligen bedeutenden schriftstellerischen Werke können als Abwehr und Kompensation der erlebten Kindheitstraumata verstanden werden.

22 Vgl. BALL, 58.

23 Ebd., 58.

liegen in der antiken Gnosis.[24] Die gnostische Philosophie postuliert eine polare Anlage der Welt (Geist versus Materie), welche versucht, die Welt in ‚Gut' und ‚Böse' zu strukturieren. Die Gnosis hatte starken Einfluss auf das Christentum und wurde insbesondere auch im württembergischen Pietismus stark rezipiert. Im Hinblick auf die Ewigkeit bei Gott wurde das menschliche Leben insgesamt als etwas Minderwertiges und als Ort der Versuchung angesehen. Es war ein wertender Dualismus, in welchem dem geistig-reflektierten Handeln höherer Wert beigemessen wurde als der Intuition, dem Gefühl und der Natur. Hesses Romane spiegeln diese alles durchdringende Dualität wider. Die zentrale Stellung des Natur-Geist-Dualismus in Hesses Werk ist also ohne die pietistische Sozialisation nicht zu denken. Der Pietismus pflegte eine leibfeindliche Tendenz und überhöhte einseitig die geistige Dimension der menschlichen Existenz. Später kämpft dann der erwachsene Hesse gegen diese dualistische Weltanschauung an. Durch sein Schreiben versucht der Literat sich von den indoktrinierten Gegensätzen seiner Kindheit wieder zu befreien, um so die polare Aufspaltung der Welt wieder in einer Einheit versöhnen zu können.[25]

Mit 13 Jahren beginnt dann der junge Hesse, der einen ausgeprägten Freiheitsdrang besitzt, zu revoltieren und die religiöse Weltanschauung der Eltern in Frage zu stellen. Schon der heranwachsende Hesse kämpft darum, seinem erwachenden Ich eine Kontur zu geben. Er spürt immer mehr, dass wenn er seine Persönlichkeit behaupten will, muss er sich gegen die Zwänge des Elternhauses zu Wehr setzen. Schon sehr früh weiß der junge Hesse, dass er sich nur selbst entsprechen kann, wenn er das

24 Vgl. zur inhaltlichen Erfassung der Gnosis: Kurt RUDOLF, Die Gnosis. Wesen und Geschichte einer spätantiken Religion, Göttingen [4]2005. Ebenso als einführendes Standardwerk zur Gnosis sehr empfehlenswert: Christoph MARKSCHIES, Die Gnosis, München [4]2018.

25 Vgl. Dorotheé GOMMEN, Polaritätsstrukturen im Werk Hermann Hesses. Lyrik, Epik, Drama, München 2006, 38-39. Seine seelische Befindlichkeit, die als ein Resultat seiner rigiden pietistischen Erziehung betrachtet werden kann, beschreibt Hesse auch in dem autobiographisch gefärbten Roman *Demian* und auch in der Erzählung *Kinderseele*, beide 1917 verfasst. Zu diesem Zeitpunkt unterzog sich Hesse einer Psychoanalyse, so ist davon auszugehen, dass beide Werke der Verarbeitung und Bewältigung der erlebten Kindheitstraumata in Calw dienten.

Elternhaus hinter sich lässt und den Pietismus überwindet und abstreift. Diese Lebensphase der Ablösung von den Eltern kann als eine Art Urknall seiner eigenen Autonomie gewertet werden, so schreibt der pubertierende Hesse an seinen Vater: [26]

> *„[...] wenn ich Pietist und nicht Mensch wäre, wenn ich jede Eigenschaft und Neigung an mir ins Gegenteil verkehrte, könnte ich mit Ihnen harmonieren. Aber so kann und will ich nimmer leben und wenn ich ein Verbrechen begehe, sind nächst mir Sie schuld, Herr Hesse, der Sie mir die Freude am Leben nahmen. Aus dem ‚lieben Hermann‘ ist ein anderer geworden, ein Welthasser, eine Waise, deren ‚Eltern‘ leben.“* [27]

Hesse versuchte einerseits sich zeitlebens von der extremen religiösen Ausrichtung seiner Eltern zu lösen, andererseits war die religiöse Prägung in Kindertagen so tiefgehend, dass die Religion ein Grundthema seines Lebens und Werkes blieb. Der junge Hesse wehrt sich schon gegen alles, was er auch später in seinen Werken bekämpfen wird: Pflichterfüllung, Konvention, Oberflächlichkeit, eine krankmachende Religion, dem der Mensch zu dienen hat und nicht umgekehrt. Andererseits resümiert Hesse in fast schon dankbarer Haltung über die Religiosität seiner Eltern: [28] *„Daß Menschen ihr Leben als Lehen von Gott ansehen und es nicht in egoistischem Trieb, sondern als Dienst und Opfer vor Gott zu leben suchen, dies größte Erlebnis und Erbe meiner Kindheit hat mein Leben stark beeinflußt.“*[29]

---

26 Vgl. DECKER, Der Wanderer, 23-87.

27 Hermann HESSE, Kindheit und Jugend vor Neunzehnhundert. Hermann Hesse in Briefen und Lebenszeugnissen, Band 1 (1877–1895), Ninon HESSE (hrsg.), Frankfurt am Main 1984, 268. Weiter formuliert der fünfzehnjährige Hesse in nun innerer Unabhängigkeit an seine Eltern, 265: *„Ihr seid Christen, und ich – nur ein Mensch.“* Hier wird deutlich, dass Hesse schon bereits im Jugendalter dem authentischen Menschsein und der Entsprechung der eigenen Innenwelt einen höheren Wert einräumt als dem oberflächlichen Lippenbekenntnis zur Religion seiner Eltern. Dennoch wird zeitlebens Hesses Suche nach sich selbst und nach wahrem Menschsein für ihn auch immer die Suche nach der wahren Religion einschließen.

28 DECKER, Der Wanderer, 23-87.

29 HESSE, *Mein Glaube*, 59-60.

2.2. Krisenjahre – Rebellion gegen das System

Es sind die Entwicklungsjahre des pubertierenden Hesse, die mit der Überschrift „Unterm Rad" zusammengefasst werden können: Mit dem erfolgreichen Abschluss des Landesexamens in Latein 1891 stand Hesse der Weg offen für vier weitere Jahre Schulbildung. Diese sollte ihm zu teil werden an einer der protestantischen Klosterschulen in Württemberg. In diesen so genannten evangelisch-theologischen Seminaren wurden die geistigen Eliten des Landes herangebildet. Als Stipendiaten des Landes genossen die vierzehn- bis achtzehnjährigen Knaben hier die Schulbildung der vier Oberklassen eines humanistischen Gymnasiums. Insgesamt galt diese Phase als Vorbereitungszeit für das Studium der evangelischen Theologie. Kurzum: Die Seminare waren Württembergs Pfarrerschmieden. Der Jüngling Hermann Hesse ist ab Herbst 1891 Internatsschüler im Kloster Maulbronn, wie vor ihm auch schon sein Großvater Hermann Gundert und so mancher seiner Vorfahren. Mit Stolz und hohen Erwartungen wird nun der Seminarist Hesse von seinen Eltern und Großeltern beäugt. Die Lebensbahn des ehemaligen Calwer Lateinschülers war nun vorgezeichnet: eine Theologenlaufbahn und die Anstellung als Pastor sind nun die von außen gehegten Hoffnungen für den beruflichen Werdegang. Doch mit den äußeren Entwicklungen und Anforderungen seines Lebens gerät nun der Jüngling Hesse in einen starken Konflikt mit seiner Innenwelt.[30]

Zwei Jahre zuvor hat nämlich der dreizehnjährige Hesse eine Art Berufungserlebnis, seitdem weiß er für sich aus ganzer Seele nur das eine: *„Die Sache war so: von meinem dreizehnten Jahr an war mir das eine klar, daß*

---

30 Vgl. ZELLER, Hesse, 24-25. Zeller skizziert hier über die württembergischen Elite-Bildungsanstalten dieser Zeit, 25: *„Johannes Kepler wie Hölderlin, Eduard Mörike und Robert Mayer waren gleich so vielen anderen, die als Dichter oder Gelehrte Namen und Ruhm erzielten, durch die Seminare gegangen. [...] Die streng gesiebte, ausschließlich nach intellektueller Leistung getroffene Auswahl der Schüler, die Stärke der Tradition, die nicht zuletzt in einer einfachen, fast klösterlichen Lebensform zum Ausdruck kam, das humanistisch-protestantische Bildungsideal, getragen von einem sehr gediegenen altsprachlichen Unterricht, gaben den Internaten ihren eigentümlichen Charakter, ihre bildende Kraft und ihre Autorität. Zweifellos war diese Ausbildung in vielen Punkten einseitig und starr, aber im Festhalten am Überlieferten, im Verzicht auf voreilige Experimente lag ein wichtiges Stück ihrer Macht."*

ich entweder ein Dichter oder gar nichts werden wolle.“[31] Dies ist für Hesse der entscheidende und eigentliche Entschluss seines Lebens. So ist also die Dichtung, deren unbedingten Ruf er in sich vernimmt. Hesse erkennt, dass es seine Bestimmung ist, Dichter zu werden. Hesse schwört sich, dass er mit radikalem Eigensinn und existentiellem Ernst seinem Lebensideal, Dichter zu werden, treu bleiben wird. Als Dichter wird er zum Schöpfer neuer Welten, die im Innern entstehen, sie müssen nach außen gebracht werden durch die Kunst des Schreibens.[32]

Die ersten sechs Monate fühlt sich der junge Hesse recht wohl in seiner neuen Umgebung in Maulbronn. Innerlich ist er aber zerrissen, er weiß doch, dass er eigentlich Dichter werden will und er ist aber auf dem besten Wege ein Pastor zu werden, wie sein Vater. Fast schon zum Symbol stilisiert für diese Periode seiner schweren seelischen Konflikte wird dann der Ausbruch aus dem Kloster Maulbronn am 7. März 1892. Dieser Akt kann als ein rebellischer Meilenstein gegen das damalige Schulsystem und allgemein als ein Abwehrverhalten gegen die damalige Konvention und Sitte verstanden werden. Denn der junge Hesse muss im laufenden Internatsbetrieb immer mehr feststellen, dass der Einzelne in diesem System der autoritären Lehrerschaft von Drill und Disziplin untergeht. Die Individualität der jungen Menschen wird unterdrückt, um fleißige und gehorsame Untertanen „heranzuzüchten“. In seinem Roman *Unterm Rad* (1906) wird Hesse dann im Zuge einer immer lauter werdenden Kritik am Schulsystem des Kaiserreichs auch sein Maulbronn-Erlebnis und all die schmerzlichen Erfahrungen, die er in seiner Schulzeit durchlitten hat, literarisch verarbeiten.[33]

> *„Mit der Flucht aus Maulbronn, die zunächst nicht viel anderes als die Kurzschlussreaktion eines sensiblen, phantasievollen und leicht erregbaren jungen Menschen war, begann eine Zeit schwerer*

31 Hermann HESSE, *Kurzgefaßter Lebenslauf* (1921/1924), in: ders., Sämtliche Werke, Band 12, 48.

32 Vgl. DECKER, Der Wanderer, 92-93. Vgl. insgesamt zur Lebensphase, in der Hesse seine Berufung als Dichter für sich erkennt, das Kapitel *Selbstausrufung als Dichter*, in: DECKER, Der Wanderer, 89-111.

33 Vgl. MILECK, Dichter, Sucher, Bekenner, 18-19. Vgl. dazu auch die Ausführungen in dieser Arbeit zur Schulbildung im Kaiserreich: Teil II, Kapitel 1 *Historisch-gesellschaftliche Perspektive: Zwischen Kaiserreich, Krieg und Moderne*

> *seelischer Konflikte, die sich in Nervenkrisen äußerten, im Grunde aber ein verzweifelter Kampf um Selbstbehauptung waren, um Verteidigung des eigenen Ich und des früh bewusst gewordenen Dichtertums gegenüber den starren religiösen Traditionen der Familie und gegenüber all den mächtigen und so gesicherten Autoritäten, von denen er sich umstellt sah.“*[34]

Die Flucht aus Maulbronn ist für Hesse eindeutig ein Akt der Selbstbehauptung gegen die äußeren Gewalten, doch von seinen Eltern wird der Fall so gedeutet, dass ihr Sohn nun von Dämonen und bösen Geistern heimgesucht worden ist. Hesse wird deshalb auf Geheiß seiner Eltern nach Bad Boll zu dem Exorzisten Christoph Blumhardt geschickt. Dabei schlittert der verzweifelte Hesse schon in die nächste Katastrophe: ein Selbstmordversuch. Dieser wird wohl verursacht durch eine unglückliche Liebesschwärmerei, die genauen Umstände sind nicht bekannt. Blumhardt gibt auf und so lautet die nächste Station dieser Krisenzeit Stetten[35] im

34 ZELLER, Hesse, 30. Hugo Ball formuliert diesen Konflikt Hesses zwischen Selbstbestimmung und Fremdbestimmung, zwischen Selbstbehauptung und Entsprechung des Willens der Autoritäten wie folgt: *„Der Erziehungskonflikt ist in Deutschland traditionell und nicht nur im Vaterhause begründet. Die Selbstgesetzlichkeit des einzelnen ist oberstes, historisches Gebot. Ihr größtes Beispiel ist Luther. In der Philosophie haben Fichte und Kant, in der Dichtkunst Goethe, Schiller und Herder die Selbstbestimmung als Ideal verkündet. Dieser ‚Eigensinn‘ ist mehr als ein Philosophem; er ist ein Zug des deutschen Wesens selbst, als welches es schon in der Kindheit, und gerade in ihr, keinerlei Begrenzung anzuerkennen vermag. In Rauschzuständen ohne Maß bewegt sich unser Wesen, und wo es gestört wird, greift es zum Widerspruch oder zum tödlichen Ausbruch. Es ist jene Traumverschlungenheit und mystische Musikalität, die man zum typischen Merkmal des deutschen Helden gestempelt hat; ein nach innen gewandtes Begehren und Sehnen, das in die sichtbare Welt schwer überzuleiten, das schwer zu erlösen ist. Bis zum Wahn und zur Selbstaufhebung füllt es die inneren Räume. Beim jungen Hesse ist diese Anlage in einer Schärfe und einer Einseitigkeit vorhanden, wie bei wenigen […].“* BALL, Hesse, 64.

35 *„Sehr geehrter Herr! Da Sie sich so auffällig opferwillig zeigen, darf ich Sie vielleicht um 7 Mark oder gleich um den Revolver bitten. Nachdem Sie mich zur Verzweiflung gebracht, sind Sie wohl bereit, mich dieser und sich meiner rasch zu entledigen. […] ‚Vater‘ ist doch ein seltsames Wort, ich scheine es nicht zu verstehen. Es muß jemand bezeichnen, den man lieben kann und liebt, so recht von Herzen. Wie gern hätte ich eine solche Person!“* Hermann HESSE, *Brief an seinen Vater aus Stetten am 14.*

Remstal, eine Anstalt für geistesbehinderte Kinder. Hesses Wunsch ist es aber, trotz der negativen Erfahrungen im Seminar in Maulbronn, wieder eine Schule zu besuchen. Diesem wird entsprochen und so ist er ab dem 2. November 1892 Schüler auf dem Gymnasium zu Bad Cannstatt. Doch auch nach nicht mal einem Jahr muss auch dieser neue Schulversuch scheitern. Es ist die Zeit, in der Hesse in seinem Innern mit Gott und der Welt hadert. Alles was er tut, trägt das Signum der Verzweiflung und der Rebellion.[36]

Es geht zunächst diskontinuierlich weiter. Im Oktober 1893 beginnt er in einer Buchhandlung in Esslingen eine Lehre, die aber nur drei Tage andauert. Der Vater holt ihn nun ins Elternhaus zurück. Das Verhältnis zwischen Vater und Sohn ist schwer gestört. Im Frühsommer 1894 beginnt Hesse dann als Praktikant bei der Calwer Turmuhrenfabrik Heinrich Perrot. Hier wird er nun für über ein Jahr richtig im Handwerk tätig sein. Die körperliche Arbeit aber verschafft dem jungen Hesse eine Art innere Balance und es gelingt ihm die Krise zu überwinden. So legt Hesse nun im Mai 1895 in einem Brief selbst Rechenschaft ab und zieht folgendes Fazit:[37]

> *„Jetzt erst habe ich allmählich wieder Ruhe und Heiterkeit gefunden, bin geistig gesund geworden – von jener bösen Zeit voll Zorn und Haß und Selbstmordgedanken will ich nimmer sprechen. [...] Immerhin hat sie mein dichterisches Ich ausgebildet; die tollste Sturm- und Drangzeit ist glücklich überstanden."*[38]

September (1892), in: ders., „Ich gehorche nicht und werde nicht gehorchen!", Die Briefe, Band 1 (1881-1904), Volker MICHELS (hrsg.), Berlin 2012, 109-110.

36 Vgl. ZELLER, Hesse, 31. Zeller beschreibt den Lebensstil des pubertierenden Hesses zu dieser Phase so, 31: *„Hesse treibt sich in Wirtshäusern herum und macht Schulden, aber er sitzt auch bis tief in die Nacht in seiner geliebten Mansarde, liest Heine, Gogol, Turgenjew und Eichendorffs ‚Taugenichts'. Zwischen ausgelassener Lustigkeit, Weltschmerz und moralischem Katzenjammer schwankt das Barometer der Stimmungen hin und her."*

37 Vgl. Ebd., 31-32.

38 Hermann HESSE, *Brief an Dr. Kapff Mitte Mai* (1895), in: ders. Kindheit und Jugend vor Neunzehnhundert, Band 1, 468. Insgesamt sah Hesse durch die Erziehung im Elternhaus, durch die Religion und durch das Schulwesen seine eigene Selbstbestimmung bedroht. Diese Art der Bevormundung von außen trieb ihn immer wieder in die innere Krise. So verstand er später seine Schreibkunst als

2.3. Inspirationen – Literarische Einflüsse auf Leben und Werk

Hesse ist Autodidakt, er besucht nie eine Universität. Nach Tübingen kommt er im Jahre 1895, aber nicht als Student, sondern als Lehrling der Buchhandlung Heckenhauer, vier Jahre wird er dort eine Ausbildung machen. Die Tübinger Phase wird die Zeit eines intensiven Selbststudiums für Hesse werden. Doch auch schon zuvor in Calw steht ihm bereits die Bibliothek des Großvaters zur Verfügung. Für die Calwer Zeit vor Tübingen ist vor allem die Lektüre von Jean Paul[39] hervorzuheben. Dieser deutsche Poet hat es Hesse auf besondere Weise angetan. Die Calwer Bibliothek bedeutet für Hesse eine gewisse Vorprägung im Denken und für seinen literarischen Geschmack. Einige Weggefährten im Geiste nimmt er aus der Calwer Zeit schon mit.[40]

Diese geistigen Anregungen und Inspirationen werden durch die Tübinger Eigenstudien vertieft und weiterentwickelt. Das sind die geistigen Einflüsse, die sein Werk nachhaltig prägen werden, dabei kommt es zur folgenden Erkenntnis: Das Wesentliche ist der Glaube an den Geist. Dem Geiste zu dienen, diese Maxime wird eines seiner größten inhaltlichen Vermächtnisse werden. Hesse erlangt eine erste Ahnung von der unsichtbaren und dabei in jeder echten Dichtung anwesenden Seele. In seinem Tübinger Selbststudium setzt er sich intensiv mit Tolstoi und Dostojewski auseinander, aber auch mit Schopenhauer und Jacob Burckhardt. Insbesondere

---

eine Verteidigung der individuellen Persönlichkeit. Basis hierfür sind die Erfahrungen aus diesen hier umrissenen Krisenjahren seiner Jugend.

39 Hesse hält große Stücke auf Jean Paul, den er unermüdlich den spezifischsten deutschen Poeten nennt. Eine Gesamtausgabe Jean Pauls hat er in späteren Jahren immer wieder angeregt und befürwortet; den *Titan* und den *Siebenkäs* hat er selbst ediert und mit Begleitworten versehen. Hesse ist davon überzeugt, dass Jean Paul einer der wichtigsten Wegbereiter für die ganze moderne Literatur war: *„[...] daß in einem seiner Hosenbeine die ganze moderne Literatur könne unterkommen."* BALL, Hesse, 67-68.

40 Vgl. BALL, Hesse, 68-69. Vgl. insgesamt zur Frage der geistigen Einflüsse auf Hesse: das Kapitel *Tübinger Goethestudien*, in: Ebd., 58-72. Hier wird auch detailliert Bezug genommen auf die Einflüsse der Calwer Bibliothek des Großvaters: *„Mit den Hinweisen dieser Bibliothek kommt Hesse nach Tübingen. Von den Beständen nennt er Goethe, Gellert, Weiße, Hamann, Jean Paul, Hettners Literaturgeschichte, einiges von David Fr. Strauß und vieles andere."* Ebd., 66.

entsteht eine große Bewunderung für Goethe,[41] die ersten beiden Tübinger Jahre sind fast ausschließlich dem Studium Goethes gewidmet. Ebenso tritt Hesse eine Art Jüngerschaft zu Nietzsche an, dem er sich auf besondere Weise verpflichtet fühlt. Es sind diese beiden deutschen Ausnahmegeister, zu denen sich der aufstrebende Hesse in besonderer Weise hingezogen fühlt und die einen gewaltigen Einfluss auf Leben und Werk des Dichters haben werden.[42]

Hugo Ball bezeichnet Hesse in seiner Biographie bereits als den *„letzten Ritter aus dem glanzvollen Zuge der Romantik.“*[43] So verspürt Hesse in seiner Jugend, aber gerade in seiner Tübinger Lehrlingszeit eine große Nähe und Neigung zur Welt der Romantiker. Hesse erkennt, dass er selbst ein romantischer Schwärmer ist und er mehr in einem wirklichkeitsfernen Traumreich beheimatet ist als in der Wirklichkeit.[44] Hesse steigt immer tiefer ab

---

41 Im Mittelpunkt seines autodidaktischen Studiums steht uneingeschränkt die Lektüre Goethes. Berauscht und besessen liest Hesse lange Zeit kaum etwas anderes als Goethe. Zu seinem privaten literarischen Evangelium werden ihm der *Reineke Fuchs*, der *Wilhelm Meister* und *Dichtung und Wahrheit*, der *Faust* gefällt ihm nicht. Und von Goethe ausgehend findet Hesse Zugänge zu Lessing und Schiller, zu Vergil und Homer. Später bekennt Hesse: *„Unter allen deutschen Dichtern ist Goethe derjenige, dem ich am meisten verdanke, der mich am meisten beschäftigt, bedrängt, ermuntert, zu Nachfolge oder Widerspruch gezwungen hat.“* Hermann HESSE, *Dank an Goethe* (1931), in: ders., Sämtliche Werke, Band 14, Volkers MICHELS (hrsg.), Frankfurt am Main ²2022, 452.

42 Vgl. DECKER, Der Wanderer, 113-118.

43 BALL, Hesse, 20.

44 Später drückt dann Hesse seinen Hang zur Romantik, zur Traumwelt, zur Seele, seine Faszination für geistige Ideale, die die graue Wirklichkeit übersteigen und ihr wie Sterne einen Zauber verleihen, wie folgt aus: *„Ich finde, die Wirklichkeit ist das, worum man sich am allerwenigsten zu kümmern braucht, denn sie ist, lästig genug, ja immerzu vorhanden, während schönere und nötigere Dinge unsere Aufmerksamkeit und Sorge fordern. Die Wirklichkeit ist das, womit man unter keinen Umständen zufrieden sein, was man unter gar keinen Umständen anbeten und verehren darf, denn sie ist der Zufall, der Abfall des Lebens. Und sie ist, diese schäbige, stets enttäuschende oder öde Wirklichkeit, auf keine andre Weise zu ändern, als indem wir sie leugnen, indem wir zeigen, daß wir stärker sind als sie.“* HESSE, *Kurzgefaßter Lebenslauf*, 57-58. So versteht Hesse seine eigene Schreibkunst als eine Neubewertung der Wirklichkeit. Die Sprachwirklichkeit der Literatur

in die romantische Gegenwelt und er liest die romantischen Geister wie Brentano, Eichendorff, Tieck, Schleiermacher und Schlegel. Doch am meisten fasziniert ihn Novalis und dessen Traumbild der „blauen Blume". Jeder trägt bereits seine „blaue Blume" in sich, er muss sie nur entdecken wollen. Es geht Hesse mit Novalis um eine magische Auffassung des Lebens.[45] Hesse fühlt sich sehr verwandt mit dem Geist der deutschen Romantik und sie wird ihm lebenslang Vermächtnis sein. Im Ästhetizismus der Jahrhundertwende erkennt Hesse die Wiedergeburt der Romantik, so formuliert Hesse: *„Ehrfurcht vor der Stimme der Ewigkeit, Lauschen auf den Takt des inneren Lebens, Heimischsein an den verborgenen Quellen der Seele, das ist der Grund des romantischen Bekenntnisses."*[46]

Schon 1895, als Hesse noch in Calw wohnte, fing er damit an Nietzsche zu lesen. Der Dichter-Philosoph fasziniert den 18jährigen Hesse stark und fesselte ihn ein Leben lang. Diese Begeisterung für Nietzsche verstärkte sich noch in der Tübinger Zeit, in der Hesse neben seiner Ausbildung im Buchhandel alle übrige Zeit damit verbrachte, Bücher zu lesen. In vielen Werken Hesses taucht später immer wieder Nietzsches Gedankengut auf.[47] Für

---

wird gerade auch bei Hesse zu einem schöpferischen Medium, durch das der Mensch seiner äußeren Wirklichkeit entfliehen kann. Die Innenwelt, durch die der Mensch mittels Literatur aufmerksam wird, entführt den Menschen in eine Art Gegenwelt zur grauen, äußeren Wirklichkeit. Vgl. DECKER, Der Wanderer, 145-149.

45 So kommentiert Hesse seine Auffassung vom Kern der Neuromantik: *„Es ist die Romantik Friedrich Schlegels und des jungen Tieck, namentlich aber die des Novalis, welche eine sonderbare und bedeutsame Wiedergeburt erlebt. Die Neuromantiker schätzen und lieben vor allem den süßen, ahnungsvollen Duft, der sehnsüchtig und wunderbar sympathisch über dem unvollendeten Werke des Novalis verbreitet ist – der Duft der blauen Blume."* Hermann HESSE, *Neuromantik* (1899), in: ders., Sämtliche Werke, Band 14, 279.

46 HESSE, *Neuromantik*, 280. insgesamt vgl. dazu auch: DECKER, Der Wanderer, 158-161.

47 Joseph Mileck erkennt den Einfluss von Nietzsche auf Hesse und sein literarisches Schaffen vor allem ab der Phase seiner mittleren Prosa, also ab dem Roman *Demian* um das Jahr 1917: *„Die erste Begegnung mit Nietzsche an der Jahrhundertwende war hauptsächlich ein erregendes Erlebnis; erst in der ‚Demian'-Periode wurde Nietzsche zu einem formenden Faktor in Hesses Leben und zu einem mächtigen Anstoß in seiner Kunst."* MILECK, Dichter, Sucher, Bekenner, 32.

Hesse ist es mit Nietzsche eine unumstößliche Wahrheit des Lebens, dem eigenen inneren Ruf zu folgen und zu entsprechen. Hesse ist durch und durch Nietzscheaner und so wandert er schicksalsbejahend auf den Spuren Zarathustras durch sein Leben. Auch Nietzsches „Fernstenliebe" teilt Hesse mit ihm und so werden das Wandermotiv mit dem Heimweh nach der Ferne und der Sehnsucht nach der Fremde immer wieder sein Schreiben begleiten. Hesse wird zeitlebens der Wanderer auf der Suche nach sich selbst bleiben.[48] *„Alle Götter sind schon da, denen er zeitlebens folgen wird, vor allem Nietzsche. Seine Botschaft an ihn: Folge nicht mir, folge dir nach! Nur in uns ist jene Stimme, die es zu hören gilt."*[49]

2.4. Erste Erfolge – Der Weg zum Schriftsteller

Hesse verfolgte immer zielstrebig seinen für sich selbstgewählten Weg zum Schriftsteller, dennoch bedarf es mehrerer Buchpublikationen, bis sich langsam der kommerzielle Erfolg einstellt und er selbst und seine Familie von seinem Schriftsteller-Beruf leben können. Wie bereits im vorherigen Kapitel erwähnt, erscheint bereits am Ende seiner Tübinger Zeit seine erste Buchpublikation *Romantische Lieder* im Jahre 1898. Ein Jahr später 1899 erfolgt dann der Umzug nach Basel, wo er nun ebenfalls als Buchhändler in der Buchhandlung Reich zum Broterwerb arbeitet. Noch vor dem Umzug erscheint im selben Jahr der Prosaband *Ein Stunde hinter Mitternacht*, der mit einen Novalis-Zitat eingeleitet wird und eindeutig aufzeigt,

---

Neben dem *Demian*-Roman stehen ebenfalls ganz im Geiste Nietzsches die beiden Werke *Zarathustras Wiederkehr* (1919) und *Der Steppenwolf* (1927). Zentral ist jeweils die Suche nach einem neuen Verständnis, was Menschsein bedeutet. So können diese Werke als Antwortversuche auf die Konzeption des nietzscheanischen Übermenschen gelesen werden.

48 Vgl. DECKER, Der Wanderer, 113-149. Thomas Lang formuliert in seinem Roman über den Dichter sein nie enden wollendes Heimweh nach Fremde und Ferne so: *„Als Fremder gehe ich […]. Und ich bleibe ein Wanderer, der immer an den besseren Ort gelangen will und niemals dort ankommt."* Thomas LANG, Immer nach Hause (Roman), München/Berlin 2016, 36. Vgl. ebenso zu Nietzsches Einfluss auf Hesse das Kapitel *Nietzsche, Burckhardt und Schopenhauer*, in: MILECK, Dichter, Sucher, Bekenner, 31-33.

49 DECKER, Der Wanderer, 115.

dass es Hesses größtes Anliegen ist, das geistige Erbe der Romantik weiterzuführen und mit seinem Schaffen neu zu beleben. Weitere Frühwerke sind die *Hinterlassenen Schriften und Gedichte von Hermann Lauscher*[50] (1901), sowie ein Gedichtband mit dem einfachen Titel *Gedichte* (1902), der seiner Mutter gewidmet ist, die aber kurz vor Erscheinen des Bändchens stirbt.[51]

Bislang bleibt der große Erfolg aus, doch mit dem Jahr 1904 verändert sich alles schlagartig. Es erscheint der Roman *Peter Camenzind*,[52] der großen Anklang in Deutschland findet und Hesse geradewegs in eine gesicherte bürgerliche Existenz katapultiert. Es kommt zur Eheschließung mit Maria Bernoulli. Hesse kauft ein Bauernhaus in Gaienhofen am Bodensee und er beginnt ein neues Leben als anerkannter und erfolgreicher Schriftsteller. Im Dezember 1905 wird Hesses erster Sohn Bruno geboren (1909 zweiter Sohn Heiner und 1911 dritter Sohn Martin) und Hesse ist endgültig in seinem neuen Leben als Familienvater, Haushaltsvorstand und Schriftsteller als Profession angekommen. Mit 27 Jahren also hat Hesse sein Ziel erreicht. Er hat es geschafft, dem inneren Ruf zu folgen und die eine wesentliche Entscheidung seiner Jugend, Dichter zu werden, verwirklicht. 1906 dann der zweite große kommerzielle Erfolg in Deutschland mit der Veröffentlichung von *Unterm Rad.* Schon mit seinen Frühwerken begeistert Hesse die Massen und trifft einen ganz bestimmten Nerv im Innern seiner Leserschaft.

---

50 1907 wird das Buch unter dem gekürzten Titel *Hermann Lauscher* neu aufgelegt und angereichert um die Stücke *Lulu* und *Schlaflose Nächte.* Der *Lauscher* wurde mit Recht ein Bekenntnisbuch genannt, da es auch das *Tagebuch 1900* enthält. Der Kult des Ästhetizismus, das Spiel mit Ironie und Weltverachtung, typsich für die Fin-de-Siécle-Stimmung, sind im *Hermann Lauscher* noch nicht überwunden. Vgl. FREEDMAN, Autor der Krisis, 95-107.

51 Vgl. das Kapitel *Das erste neue Leben: Vom Buchhändler zum Schriftsteller*, in: Ebd., 78-135.

52 Hesse schreibt über seine erste kommerziell erfolgreiche Dichtung: *„Ich glaube, hier haben wir den Anfang des roten Fadens gefunden, der durch mein ganzes Werk geht. Ich bin zwar nicht bei der etwas kauzigen Eremitenhaltung Camenzinds geblieben, ich habe mich im Laufe meiner Entwicklung den Problemen der Zeit nicht entzogen und nie, wie meine politischen Kritiker meinen, im elfenbeinernen Turme gelebt – aber das erste und brennendste meiner Probleme war nie der Staat, die Gesellschaft oder die Kirche, sondern der einzelne Mensch, die Persönlichkeit, das einmalige, nicht normierte Individuum.“* Hermann HESSE, *Zu ‚Peter Camenzind‘* (1904), in: ders., Sämtliche Werke, Band 12, 196.

Sein Verlag S. Fischer in Berlin ist fasziniert von den Verkaufszahlen und hofft auf weitere erfolgreiche Werke aus der Feder des Autors am Bodensee.[53]

Doch das Gaienhofener Familienidyll befindet sich in Auflösung. Die bürgerliche Sesshaftigkeit und Existenz wird ihm immer mehr zur Qual. In den Folgejahren ist das Hauptthema von Hesses literarischem Schaffen die Problematik, ob ein Künstler überhaupt ein bürgerliches Leben mit Haus und Familie führen könne? Es geht um die alte Dichotomie: Mensch und Bürger einerseits, Dichter und Künstler andererseits. Exemplarisch für diese inhaltliche Auseinandersetzung stehen die beiden Romane *Gertrud* (1910) und *Roßhalde* (1914). Hesse schlussfolgert bei beiden Romanen am Ende, dass das bürgerliche Leben und die Existenz als Künstler letztlich nicht zu vereinbaren sind. Beide Werke haben den Charakter einer Prophezeiung, denn die Handlung spiegelt doch in allen Einzelheiten Hesses familiäre Krisensituation wider.[54]

Im Jahre 1912 kommt das Familienidyll am Bodensee endgültig zu einem Ende. Für Hesse ist es ein endgültiger Abschied aus Deutschland, er wird dort nie mehr wohnhaft werden. Er verlässt Gaienhofen und übersiedelt mit seiner Familie nach Bern in das Haus des verstorbenen Malerfreundes Albert Welti. 1915 erscheint dann der Roman *Knulp. Drei Geschichten aus dem Leben Knulps.* Die Erzählung über einen Vagabunden schildert das Leben eines Menschen, der nicht so recht in die geregelte Ordnung der Arbeits- und Berufsmenschen passt. Es ist die Geschichte eines heimatlosen Menschen, dessen Schicksal es ist, immer auf Wanderschaft zu sein.[55]

Einige Jahre später im April 1919 wird das für Hesse zur Wirklichkeit, was er in seinen letzten Romanen immer wieder thematisiert hat: Die Frage der

---

53 Vgl. das Kapitel *Das zweite neue Leben: Der Autor als Haushaltsvorstand*, in: FREEDMAN, Autor der Krisis, 136-171.

54 Vgl. das Kapitel *Die Idylle löst sich auf*, in: FREEDMAN, Autor der Krisis, 172-207.

55 Vgl. ZELLER, Hesse, 79-83. Auch diese Erzählung ist einmal mehr ein Bekenntnis über das Innenleben des Dichters, hinter der Figur des Knulp steht Hesse selbst. Hesse war zeitlebens ein rastloser Wanderer, der sich vor allem durch sein Innenleben als ein Getriebener empfand. Dies zeigt vor allem auch sein Umgang mit den Religionen.

passenden Lebensform für einen Künstler. Er folgt nun seinem Schicksal und begibt sich selbst auf Wanderschaft. Es kommt zur Trennung von seiner Frau Mia, seine drei Söhne bringt er bei Freunden unter. Im Mai 1919 siedelt Hesse ins Schweizer Tessin nach Montagnola. Hesse folgt seinem Ruf als Künstler radikal, von nun an führt er ein zurückgezogenes Eremitentum, das ganz und gar seiner Kunst als Literat geweiht ist, ganz allein, ganz bei sich selbst, ganz seinem Eigensinn verschrieben.[56]

2.5. Zwischen den Weltkriegen – Sein Verhältnis zur Politik

Hermann Hesse hat sich zeitlebens als unpolitischen Schriftsteller betrachtet. Hesse lehnt jedes politische Bekenntnis ab, sowie jede Art von weltanschaulicher Ideologie. In jeder Ideologie sieht Hesse den Hauptfeind des Geistes und damit auch der Freiheit. Hesse ist davon überzeugt, dass kein politisches System, keine wie auch immer geartete politische Ideologie und Gesinnung den Menschen erlösen kann. Kein politischer Führer kann den Menschen in seiner Verfasstheit erlösen und zum Heil führen. Jeder Mensch muss sich selbst führen. Jeder Mensch ist nur der eigenen inneren Stimme, dem persönlichen Gewissen, verpflichtet.[57] Die politisch-gesellschaftliche Krise epochalen Ausmaßes, der Ausbruch des Ersten Weltkrieges, bringt

56 Vgl. das Kapitel *Das dritte neue Leben: Als Vagabund im Reich der Phantasie*, in: FREEDMAN, Autor der Krise, 265-311. Als Randbemerkung sei hier erwähnt, dass Hesse nach seiner ersten gescheiterten Ehe noch zweimal heiratet. Im Januar 1924 kommt es zur Eheschließung mit Ruth Wenger, Tochter der Schweizer Schriftstellerin Lisa Wenger. Doch auch die zweite Ehe Hesses ist nicht von Dauer, sie wird im Jahre seines 50. Geburtstags 1927 wieder aufgelöst. Im November 1931 kommt es zur Eheschließung mit Ninon Dolbin, geb. Ausländer. Hesses dritte Ehe glückt und ist von Dauer bis zu seinem Lebensende. Vgl. ZELLER, Hesse, 194-195.

57 Hesse formuliert diese Verpflichtung gegenüber dem eigenen Innern folgendermaßen: *„Und Zarathustra war ihnen heilig gewesen, wie einem jedem diejenige Stimme zum Heiligtum wird, welche ihn zuerst und zustärkst an sein eigenes Ich und sein eigenes Schicksal gemahnte."* Hermann HESSE, *Zarathustras Wiederkehr. Ein Wort an die deutsche Jugend von einem Deutschen* (1919), in: ders., Zarathustras Wiederkehr. Ein Wort an die deutsche Jugend und andere Denkschriften gegen den Radikalismus von rechts und links, Volker MICHELS (hrsg.), Frankfurt am Main 1993, 9.

Hesse erstmalig dazu, sich politisch zu engagieren. Theologen und andere prominente Wissenschaftler segnen 1914 den Krieg durch eine feierliche Erklärung ab, dagegen schlägt sich Hesse auf die Seite der Kriegsgegner. *O Freunde, nicht diese Töne* ist der Titel seines aufsehenerregenden politischen Aufsatzes in der Neuen Zürcher Zeitung vom 3. November 1914 gegen Nationalismus und Kriegspsychose. Hesse ist einer der wenigen aus dem Kreise deutscher Intellektueller, die sich zu Beginn des Krieges für Humanität und eine übernationale Menschlichkeit aussprechen.[58]

So verkündet Hesse 1919 mit seiner Schrift *Zarathustras Wiederkehr. Ein Wort an die deutsche Jugend* die Religion von Nietzsches Schrift *Also Sprach Zarathustra* als Aufruf zur Selbstbesinnung an die aus dem Krieg heimkehrende Jugend. Hesse empfiehlt hier einen Gott der mystischen Immanenz als Rettung und das zu einem Zeitpunkt, wo die protestantische Theologie wie beispielsweise Rudolf Otto oder Karl Barth Gott als den ganz Anderen verkündeten. Dagegen postuliert hier Hesse einen Gott der Immanenz, der im Innern des Menschen aufzufinden ist. Dies ist als eine Warnung zu verstehen vor einem erneuten Rückfall in die Untertanenmentalität, die den Krieg erst ermöglicht hatte.[59]

> *„Eure Zukunft ist nicht dies oder das, ist nicht Geld oder Macht, ist nicht Weisheit oder Gewerbeglück – eure Zukunft und euer schwerer, gefährlicher Weg ist dieser: reif zu werden und Gott in euch selbst zu*

---

58 Vgl. KÜNG, *Nahezu ein Christ?,* 172-173. Hesse stellt den Kirchen wegen ihrer kriegsverherrlichenden Haltung rückblickend ein Armutszeugnis aus: *„Hat schon jemand es bedacht und sich gewundert, wie unsere Theologen in diesen vier Kriegsjahren ihre eigene Religion, ihr eigenes Christentum zu Grabe getragen haben? Sie dienten der Liebe und predigten den Haß, sie dienten der Menschheit und verwechselten die Menschheit mit der Behörde, von der sie ihr Gehalt beziehen. Sie haben (nicht alle natürlich, aber ihre Wortführer) mit Schlauheit und mit vielen Worten nachgewiesen, daß der Krieg und Christentum sich herrlich vertragen, daß man ein edler Christ sein und doch vortrefflich schießen und stechen kann."* Hermann HESSE, *Brief an einen jungen Deutschen* (1919), in: ders., Sämtliche Werke, Band 15, Volkers MICHELS (hrsg.), Frankfurt am Main ^{2}2016, 259.

59 Vgl. Jan ROHLS, *Hermann Hesse – Der fromme Weg zu sich selbst*, in: Konrad HILPERT, Christoph LEVIN (hrsg.), Authentizität und Wahrheit. Zur Rolle des Biografischen im religiösen Sprechen, Berlin 2012, 236. Ebenso Vgl. DECKER, Der Wanderer, 331-334.

> *finden. Nichts ist euch, deutsche Jünglinge, schwerer gemacht. Stets habt ihr Gott gesucht, aber niemals in euch selbst. Er ist nirgends sonst. Es gibt keinen anderen Gott, als der in euch ist.“*[60]

Für Hesse hat Nietzsche das vorgelebt, was er in seinem *Zarathustra* gepredigt hatte. Der Mensch Nietzsche, der seine Einsamkeit zu verteidigen wusste und nur deshalb etwas zu sagen hatte. So baut Hesse Nietzsche ein weiteres Denkmal der Hochachtung und Verehrung in seinem Vorwort der *Zarathustra*-Schrift, wenn er sich an die deutsche Jugend richtet, um ihnen eine Richtung für ihr Leben zu geben:[61]

> *„Es gab einmal einen deutschen Geist, einen deutschen Mut, eine deutsche Mannhaftigkeit, welche sich nicht nur in Herdenlärm und Massenbegeisterung äußerte. Der letzte große Geist dieser Art ist Nietzsche gewesen, und er ist, inmitten des damaligen Gründertums und der damaligen Herdengesinnung in Deutschland, zum Anti-Patrioten und Anti-Deutschen geworden. An ihn will mein Ruf erinnern, an seinen Mut, an seine Einsamkeit. […] Möge jeder sich zum Volk und der Allgemeinheit verhalten, wie Bedürfnis und Gewissen es ihm vorgibt – wenn er darüber sich selbst, seine eigene Seele versäumt, so wird es wertlos sein. […] Erst wenige haben eine Ahnung von dem Verfall des deutschen Geistes, in dem wir lang vor dem Krieg schon lebten. Wir müssen nicht hinten beginnen, bei den Regierungsformen und politischen Methoden, sondern wir müssen vorn anfangen, beim Bau der Persönlichkeit, wenn wir wieder Geister und Männer haben wollen, die uns Zukunft verbürgen. Davon spricht meine kleine Schrift.“*[62]

Die Politik und die Regierungsformen sind für Hesse etwas Sekundäres, Priorität muss die Genese und die Sorge um die individuelle Persönlichkeit

60 HESSE, *Zarathustras Wiederkehr*, 40. Gunnar Decker fasst die Botschaft der *Zarathustra*-Schrift von Hesse so zusammen: *„Folgt niemanden als euch selbst! Glaubt nicht wieder den Versprechungen von Parteigeistern, die euch zu Gefolgsleuten machen wollen. Das ist der Weg in die nächste Katastrophe.“* DECKER, Der Wanderer, 332.

61 Vgl. Ebd., 333-334.

62 HESSE, *Zarathustras Wiederkehr*, 7.

haben, sie ist uneingeschränkt der höchste Wert. Denn nur so wird eine Konfrontation und eine Kommunikation mit dem eigenen persönlichen Gewissen ermöglicht. Diese individuelle Kontrollinstanz wurde von den Machthabern (im Kaiserreich und auch im Nationalsozialismus) als Sand im Getriebe der ideologischen Gleichschaltung abgewertet. Abschließend kann man sagen, dass man Hesses politische Attitüde als eine Politik des Gewissens beschreiben kann.[63]

Dennoch konnten Hesses Schriften die junge Generation nicht vor Hitler und dem Faschismus bewahren, wieder triumphierten die Maschinengewehre und die Gewalt, anstelle des Geistes. Zur Zeit des Nationalsozialismus hat Hesse keine politischen Denkschriften mehr verfasst, wie er das nach dem Ersten Weltkrieg durch die Zarathustras-Schrift getan hatte. Allerdings hat er mit seinem Spätwerk *Das Glasperlenspiel*, das er in den Jahren 1930 bis 1942 verfasste, eine Gegenwelt zum Zeitalter des Faschismus geschaffen. Mit diesem Werk hat er eindeutig Stellung bezogen und dem menschlichen Geist als höchsten Wert ein Denkmal gesetzt. Das Buch wurde von den nationalsozialistischen Machthabern mit Publikationsverbot belegt und erschien ein Jahr verspätet in der Schweiz. Erst nach dem Krieg und der Verleihung des Nobelpreises an ihn 1946 für dieses Werk konnte es endlich auch in Deutschland die Leser erreichen, für die es vor allem bestimmt war. Nietzsches beschworenes Kloster für freie Geister und Goethes Vision einer pädagogischen Provinz werden in der Hesse'schen Utopie Kastalien verwirklicht, ein Schutzraum des Geistes gegen die Barbarei.[64]

63 Vgl. Volker MICHELS, *Nachwort des Herausgebers, „Mir liegt alles Politische nicht, sonst wäre ich längst Revolutionär!" Hermann Hesses Denkschriften zur Zeitgeschichte*, in: HESSE, Zarathustras Wiederkehr, 97-132.

64 Vgl. MICHELS, *Nachwort des Herausgebers*, 107-132.

3. Zugänge zur Religion – Transreligiöser Eklektizismus als eine Suche nach Einheit

> *„Wir versuchen aber auch, diesem anscheinend sinnlos grauen Leben dennoch einen Sinn zu geben, es dennoch auf etwas Überzeitliches und Überpersönliches zu beziehen. [...] Und so steht mein ganzes Leben im Zeichen eines Versuchs zu Bindung und Hingabe, zu Religion. Ich bilde mir nicht ein, für mich oder gar für andere so etwas wie eine neue Religion, eine neue Formulierung und Bindungsmöglichkeit finden zu können, aber auf meinem Posten zu bleiben und, auch wenn ich an meiner Zeit und an mir selbst verzweifeln muss, dennoch die Ehrfurcht vor dem Leben und vor der Möglichkeit eines Sinnes nicht wegzuwerfen, auch wenn ich damit alleinstehen sollte, auch wenn ich damit sehr lächerlich werde – daran halte ich fest. Ich tue es nicht aus irgend einer Hoffnung, daß damit für die Welt oder für mich irgend etwas besser würde, ich tue es einfach, weil ich ohne irgend eine Ehrfrucht, ohne Hingabe an einen Gott nicht leben mag.“*[65]

Bindung und Hingabe an Gott waren für Hermann Hesse zentral, er war ein tiefgläubiger Mensch. In seinem religiösen Essay *Mein Glaube* aus dem Jahre 1931 bekennt Hesse unverkennbar seine Verbindung zur Religion: *„Ich habe nie ohne Religion gelebt, und könnte keinen Tag ohne sie leben.“*[66]

---

65 Hermann HESSE, *Brief vom 15. Juli* (1930), in: ders., Ausgewählte Briefe, 32.

66 HESSE, *Mein Glaube*, 62. Die herausgegebene Textsammlung von Siegfried Unseld mit Hesse-Texten, die ausschließlich Auskunft geben wollen über seine religiösen und metaphysischen Überzeugungen, ist meines Erachtens, die beste Quelle zur Frage, wie Hesse Religion und Glaube dachte und praktizierte, vgl. Hermann HESSE, Mein Glaube, Eine Dokumentation, Siegfried UNSELD (hrsg.), Frankfurt am Main 1971. Hieraus zitiert ist auch der Aufsatz *Mein Glaube*, der in dieser Untersuchung vielmals Erwähnung findet. Ebenso sehr ergiebig der Aufsatz von Hans Küng mit dem Thema Religion und Christentum im Spiegel von Hesses Leben und Werk; vgl. Hans KÜNG, *Nahezu ein Christ? Hermann Hesse und die Herausforderung der Weltreligionen*, in: Walter Jens, Hans Küng, (hrsg.) Anwälte der Humanität. Thomas Mann – Hermann Hesse – Heinrich Böll, München 1989, 159-240. Zum Thema Hesse und sein Verhältnis zu Religion

Wie schon zu Anfang des vorherigen Kapitels dargestellt wurde, ist Hesses Verhältnis zur christlichen Religion durch die rigide pietistische Erziehung seiner Eltern sehr beschädigt worden. Dies war letztlich der Grund dafür, dass der konfessionelle christliche Weg[67] zu Gott für Hesse ein Leben lang versperrt blieb, fand er wohl ab den 1930er Jahren auch wieder stärker Zugang zum Christentum. Seine religiöse Erfahrung im Elternhaus ist stark ambivalent. Einerseits revoltiert der junge Hesse gegen die streng moralisierende Erziehung, andererseits ist die religiöse Lebenspraxis seiner Eltern und Großeltern eine entscheidend positive Prägung für das Leben des Dichters. Und so blieb er auch zeitlebens auf der Suche nach religiösen Antworten, suchte Alternativen zu den konfessionell-christlichen Bekenntnissen und dadurch nach einer ihm gemäßen Form von Religion. *„Hesse hat einmal gesagt, daß er den religiösen Impuls für das entscheidende Merkmal seines Lebens und Schreibens ansehe.“*[68]

So soll in diesem 3. Kapitel der ganz eigene Glaubensweg von Hermann Hesse nachgezeichnet werden. Kennzeichnend dabei ist, dass Hesse

---

und Christentum im Spiegel von Hesses Leben und Werk verweist Küng auf die bemerkenswerte Studie: Vgl. Gerhart MAYER, Die Begegnung des Christentums mit den asiatischen Religionen im Werke Hermann Hesses, Bonn 1956. Ebenso zur Frage der Religion sehr aufschlussreich: Vgl. Christoph GELLNER, Hermann Hesse und die Spiritualität des Ostens, Düsseldorf 2005. Gellner thematisiert hier auch aufschlussreich Hesses Verhältnis zum Christentum, auch wenn der Buchtitel dies zunächst nicht vermuten lässt.

67 Hesse vermisste gerade im Protestantismus die religiöse Tiefe. So wie er den Protestantismus kennengelernt habe in Form des schwäbischen Pietismus betreibe er eine gefährliche Kultur der Minderwertigkeitsgefühle, so Hesse. Gerade auch der Buddhismus gleiche dem Protestantismus darin, dass er das Heil allein im Geistlichen suche, und in dieser Einseitigkeit habe er ihn enttäuscht. Vgl. ROHLS, *Hesse – Der fromme Weg zu sich selbst*, 243. So schreibt Hesse dazu: *„Wenn es irgend denkbar wäre, daß ein Mensch sich persönlich eine Religion erwählte, so hätte ich aus innerster Sehnsucht gewiß mich einer konservativen Religion angeschlossen: dem Konfuzianismus, dem Brahmanismus oder der römischen Kirche.“* HESSE, *Kurzgefaßter Lebenslauf*, 56. Gleichzeitig hatte Hesse aber große Schwierigkeiten mit allen Formen institutioneller Gläubigkeit, gerade Dogma und Monopolisierung bestimmter Glaubensinhalte, wie das vor allem auch die römische Kirche praktiziert, lehnte er kategorisch ab.

68 ZIOLKOWSKI, Der Schriftsteller Hermann Hesse, 34.

vielfältige Zugänge zu den verschiedensten Religionen pflegte. Was suchte der Dichter in den Religionen? Der Hesse-Forscher Christoph Gellner skizziert die Funktion der Religion im Sinne Hesses so:

> *„Religion also nicht als Zwangsjacke, Fremdbestimmung und seelische Verkrüppelung, Religion vielmehr verstanden als angstfreies Vertrauen, als Quelle der seelischen Gesundheit, von Ichstärke und innerem Gleichgewicht, persönlicher Reifung, innerem Wachstum und der Liebesfähigkeit: Was Hesse daher an den großen spirituellen Traditionen Asiens, zunehmend aber auch am Christentum faszinierte, das war in erster Linie die therapeutische Dimension des Religiösen: Religion verstanden als eine Heilquelle für die Selbst-, Ganz- und Menschwerdung des Menschen.* [69]

3.1. Poetischer Pantheismus, Naturfrömmigkeit und Faszination Fernost

Für Hesses erste Schaffensperiode (ca. 1895 – 1912 Tübingen, Basel, Gaienhofen), in der ihm auch der literarische Durchbruch mit seinem ersten erfolgreichen Roman *Peter Camenzind* (1904) gelingt, ist eindeutig eine neo-romantische Prägung festzustellen. In dieser Phase vertritt Hesse einen sogenannten poetischen Pantheismus. Dies ist ein ästhetisierend-pantheistischer Glaube an das Schöne und die Kunst, an eine ewige Reinheit, die Kraft des Geistes. Wer Gedichte schreibt und die Natur liebt, der kann gar nicht gottlos sein, der ist auch ein religiöser Mensch. Diesen poetischen Pantheismus schaut sich Hesse bei Goethe ab. Hesse ist Pantheist, der Gott überall zu finden vermag, nur nicht da, wo er rituell angebetet wird. Gunnar Decker beschreibt Hesses religiöse Orientierung in dieser Phase folgendermaßen: [70]

69 GELLNER, *Zwischen Ehrfurcht und Revolte*, 308-309.

70 Vgl. DECKER, Der Wanderer, 123-128. Im „Palmenwald", ein Kurhaus in Freudenstadt, in dem Hesse zur Tübinger Zeit oft Gast ist, entdeckt er im Gespräch mit zahlreichen Theologen, dass der Pantheismus die ihm gemäße Form des Religiösen ist. So resümiert der „Gottsucher" Hesse über diese Gespräche: *„Ich suche wieder die Sterne meiner bisherigen Ideale und will wieder versuchen, durch den poetischen Pantheismus zum Geheimnis des Friedens und der Gesundheit zu*

> *„Hesses poetische Religiosität ist eine Form der Mystik. Diese ähnelt dem Pietismus in einigem, vor allem in der Magie des Wortes, ist aber in ihrem pantheistischen Grundzug keineswegs asketisch. Sie will nicht der Welt entsagen, verdammt deshalb das Sinnliche nicht als sündhaft, bejaht es ebenso wie den Geist. Gott ist, so weiß Hermann Hesse nun, nur in der Welt und nicht in der Weltentsagung zu finden.“*[71]

Daneben kann für die Frühphase ein zweiter großer Strom, der Hesses Religiosität prägen sollte, festgehalten werden: die romantische Naturfrömmigkeit. Dem Geist romantischer Haltung und Denkweise entsprangen nicht nur seine Künstler- und Ehegeschichten, sondern vor allem auch seine Naturschilderungen, bei denen die Natur, sei es eine Blume, ein Baum, ein Berg, eine Wolke oder eine Landschaft zum Gleichnis und Bild menschlicher Existenz werden kann.[72] Hesses Sprache zielte dabei immer auf Verinnerlichung, die Natur als Abbild für das eigene Innere. Und wie schon Novalis und Eichendorff, so wollte auch Hesse nicht nur geistvolle Sätze konstruieren und Poesie machen, sondern er wollte durch seine Lyrik im Geiste der Romantik Musikalität erzeugen. Der romantische Geist hatte an vielen Stellen seines Werkes eine initiierende Bedeutung. Genau diese

---

dringen. Mir ist wieder, als seien meine Augen mehr dazu geeignet, in den Offenbarungen der Dichter als der Bibel zu lesen." Hermann HESSE, *Brief aus Tübingen an die Eltern im September* (1896), in: ders., Die Briefe, Band 1 (1881-1904), 261. Vermutlich möchte Hesse mit dem Begriff Pantheismus seiner Überzeugung von der Immanenz Gottes in allem Ausdruck verleihen. Seine frühe Religiosität kann daher auch nicht in einem streng religionswissenschaftlichen Sinne als pantheistisch charakterisiert werden. Ferner muss offen bleiben, ob Hesse letztlich einen Pantheismus (Gott und Welt sind identisch, Gott wird rein immanent gedacht) oder einen Panentheismus (Gott ist immanent in der Welt und zugleich transzendent) im Sinne hatte und verfolgte.

71 Ebd., 125. Bernhard Zeller schreibt in diesem Kontext: *„Er konstruiert sich ein ästhetisches Weltbild, eine Art ‚poetischen Pantheismus', und mag er auch den besorgten Eltern in Briefen zugestehen, dass der Glaube der Christen eine starke, lebendige Macht bedeute, so ist doch sein Glaube ‚die Welt der Schönheit,' die sich in den Werken der Dichter offenbart."* ZELLER, Hesse, 38-39.

72 Zur Natur-Lyrik und den Naturschilderungen als Projektionen seelischer Zustände, vgl. Hermann HESSE, Bäume. Betrachtungen und Gedichte, Volker MICHELS (hrsg.), Frankfurt am Main 1984.

Naturfrömmigkeit spiegelt sich dann wieder in seinem ersten Erfolgsroman *Peter Camenzind*, der in den Bildern und Stimmen der Natur die Sprache Gottes vernimmt.[73]

> *„Im Anfang war der Mythus. Wie der große Gott in den Seelen der Inder, Griechen und Germanen dichtete und nach Ausdruck rang, so dichtet er in jedes Kindes Seele täglich wieder. Wie der See und die Berge und die Bäche meiner Heimat hießen, wußte ich noch nicht. Aber ich sah die blaugrüne glatte Seebreite, mit kleinen Lichtern durchwirkt, in der Sonne liegen und im dichten Kranz um sie die jähen Berge, und in ihren höchsten Ritzen die blanken Schneescharten und kleinen, winzigen Wasserfälle, und an ihrem Fuß die schrägen, lichten Matten, mit Obstbäumen, Hütten und grauen Alpkühen besetzt. Und da meine arme, kleine Seele so leer und still und wartend lag, schrieben die Geister des Sees und die Berge ihre schönen kühnen Taten auf sie."*[74]

Einen weiteren interessanten Einblick im Hinblick auf die Religion in Hesses Leben und Werk in dieser Phase liefert die Erzählung *Freunde* aus dem Jahre 1907. Hier antizipiert Hesse bereits die Thematik des Individuationsprozess, die er dann später im *Demian* und im *Siddhartha* auf komplexere Weise darstellt. Die Handlung spielt im Tübinger Studentenmilieu der Jahrhundertwende und schildert den Selbstwerdungsweg des jungen Hans Calwer. Es ist unverkennbar, dass auch diese Prosa autobiographische Züge trägt. Wie der Protagonist Calwer kam auch Hesse selbst damals durch die Lektüre Schopenhauers in ersten Kontakt mit der alternativen Lebenshaltung buddhistischen Denkens. Im Zentrum stehen also religiöse Fragestellungen, mit denen sich der Theologiestudent Hans Calwer beschäftigt. Die Thematik hinterlässt ein eindeutiges Bild auf die geistige Verfassung des damals dreißigjährigen Schriftstellers. Er steckt noch inmitten der inneren Qualen seiner Rebellion gegen das, was er als Enge und pietistische Sterilität in seiner Jugend empfunden hatte. Der religiöse Impuls zeigt sich hier in der Faszination an anderen, gerade nicht-christlich-protestantischen Formen der Religiosität. In *Freunde* wird von Hesse das gesamte Spektrum der

73 Vgl. ZIOLKOWSKI, Der Schriftsteller Hermann Hesse, 27-38.

74 Hermann HESSE, Peter Camenzind (1904), Frankfurt am Main 2002, 9.

zahlreichen religiösen Bewegungen aufgezeigt, die gegen Ende des neunzehnten Jahrhunderts in Europa immer mehr Beachtung und Anschluss finden. Besonders groß zu dieser Zeit war das Interesse am Buddhismus und den orientalischen Religionen. Dass dieser Einzug der Religionen des Ostens in Europa und auch in Deutschland nicht spurlos an Hesse vorbei gehen konnte, liegt auf der Hand, war er doch in einem Haus aufgewachsen, das den Geist Indiens atmete, weil seine Eltern und sein Großvater dort Missionare gewesen waren.[75]

1907 ist auch das Jahr, in dem Hesses Suche nach der eigenen Religion ihn in das Schweizer Städtchen Ascona führt, oberhalb des Lago Maggiore auf den Monte Verità. Er ist damit beschäftigt mit neuen Lebensformen zu experimentieren und sucht neue spirituelle Praktiken, asketische Übungen und Reformkonzepte bei Kleidung, Medizin und Ernährung. All dies möchte der dreißigjährige Hesse in der lebensreformerischen Kommune Monte Verità kennenlernen und als neuen Impuls für sein Leben fruchtbar machen. Es ist ein Zufluchtsort für zivilisationsmüde Aussteiger, Vegetarier und Abstinenzler, die bei Sonnenbädern, Yoga und Askese ihre Heilung suchen. Der Monte Verità ist ein Laboratorium neuer Lebensweisen: Makrobiotische Ernährung, Freikörperkultur und Ausdruckstanz gehören ebenso zum neuen Lebensstil dazu wie theosophische Mystik und fernöstliche Religiosität. Vier Wochen hat Hesse versucht hier einem alternativen Lebensstil durch Früchtenahrung und Annäherung an das Nacktleben nachzueifern, aber die Erfahrung spiritueller Freiheit will sich nicht einstellen. Doch der Aufenthalt in Ascona wird für Hesse auch zum Ort der Auseinandersetzung mit indischem Denken. Hier kommt Hesse mit einer Theosophie in Berührung, die sich auf Inhalte indischer Religiosität und Spiritualität bezieht und den Anspruch erhebt, einen gemeinsamen wahren Kern in allen Religionen aufzeigen zu können.[76]

---

75 Vgl. ZIOLKOWSKI, Der Schriftsteller Hermann Hesse, 34-35.

76 Vgl. Karl-Josef KUSCHEL, *Hermann Hesse (1877-1962). Auf der Suche nach einer geistigen Einheit der Welt*, in: ders., Leben ist Brückenschlagen. Vordenker des interreligiösen Dialogs, Ostfildern 2011, 178-180. Ebenso entdeckt Hesse in dieser Zeit die christlichen Mystiker Jakob Böhme, Johannes Tauler und auch Meister Eckhart. Hesse fand zu dieser Zeit, und eigentlich sein ganzes Leben hindurch, geistige Programme und religiöse Denkansätze für ihn reizvoll, hinter

3.2. Indienreise und der Einheitsgedanke des *Advaita-Vedanta*

Mit 34 Jahren begibt sich Hesse im September 1911 auf die längste Reise seines Lebens nach Ceylon und Indien. In diesem Land hatten seine Großeltern und Eltern zur Verbreitung des protestantischen Christentums missioniert. Hesses Mutter war dort geboren. Sein Großvater Dr. Hermann Gundert hatte die Länder Indien bereist, ihre Sprachen gelernt und dann indisch-englische Wörterbücher und Grammatiken herausgegeben und das Neue Testament ins Malayalam übersetzt. Was Hesse seit seiner Kindheit an indischer Atmosphäre durch sein Elternhaus aufgenommen hatte, konnte er nun erstmals durch unmittelbare Anschauung erblicken. Ebenso hatte Hesse zuvor begonnen Buchveröffentlichungen deutscher Übersetzungen von indischen Weisheitslehren zu rezensieren, was ebenso den Grad seiner inhaltlichen Auseinandersetzung anzeigt.[77]

Nach seiner Indienreise gestaltet Hesse 1912 die Erzählung *Robert Aghion*, eine literarische Gestaltung heftiger Missionskritik. Er rechnet ab mit dem ausbeuterischen Kolonialismus und Imperialismus, sowie vor allem auch mit dem christlichen Heilsexklusivismus. Durch seinen Helden Robert Aghion wird folgende Erkenntnis deutlich: statt Verachtung und Vernichtung anderer Glaubensformen muss es ein friedvolles Nebeneinander der Religionen geben. Es wird deutlich in dieser Erzählung, dass seine Sympathie besonders jenen gilt, denen die Selbstbestimmung verweigert wird. Hesse entdeckt, durch seine Indienreise angeregt, erstmals das starke Gefühl der Einheit und nahen Verwandtschaft aller Menschen. Daraus resultiert für Hesse die Relativierung der Überlegenheit der westlichen Kulturen und Religionen.[78]

---

denen er Arten eines Monismus erkannte, die letztlich um eine Vorstellung der Einheit kreisten.

77 Vgl. *Einleitung von Volker Michels*, in: Hermann HESSE, Aus Indien. Aufzeichnungen, Tagebücher, Gedichte, Betrachtungen und Erzählungen, Volker MICHELS (hrsg.), Frankfurt am Main 1980, 2.

78 Vgl. KUSCHEL, *Auf der Suche nach einer geistigen Einheit*, 187-188. Gerade auch die große Krise des Ersten Weltkrieges führte bei Hesse zu einer Relativierung der Überlegenheit der westlichen Kultur. So erwuchs im Laufe dieser Jahre bei Hesse die unumstößliche Überzeugung, dass alle Religionen und Kulturen

Schon seit der Jahrhundertwende erlebt die deutsche Hinduismus- und Buddhismusforschung einen bedeutenden Aufschwung und da Hesse weder Sanskrit noch Pali beherrscht, ist er auf diese neuen deutschen Übersetzungen fernöstlicher Weisheitslehren angewiesen. Binnen kurzer Zeit macht sich der Dichter mit den entsprechenden Pionierwerken vertraut.[79]

Die Konkretisierung dessen, was Hesse mit dem Schlüsselwort asiatischer Einheitsgedanken verbindet, findet sich in der *Bhagavadgita* (in der Form ein spirituelles Gedicht, zwischen 500 und 200 v. Chr. entstanden) und den *Upanishaden* (Sammlung philosophischer Schriften und Bestandteil der Veden, zwischen 700 und 200 v. Chr. niedergeschrieben) beides sind zentrale Schriften des Hinduismus. Auf der Grundlage dieser beiden Texte ist der so genannte *Advaita-Vedanta* (Advaita = Nicht-Dualität; Vedanta = Ende des Veda (Wissen), d.h. der als göttliche Offenbarung verstandenen frühindischen Textüberlieferung) von zentraler Bedeutung. Hierbei handelt es sich um ein monistisches System, das die Welt auf ein einziges Prinzip zurückführt. Wesentliches Merkmal des *Advaita-Vedanta* ist die Wesensidentität von „Atman" (individuelle Seele) und „Brahman" (Weltseele). Darin spiegelt sich der Versuch einer philosophisch durchdachten Einheitskonzeption, die hinter aller bunten und verwirrenden Vielfalt der Welt steht. Es sind aber nicht die komplexen philosophischen Theorien über „Maya", „Karma" und „Sansara", die ihn intellektuell herausfordern, sondern er fühlt sich zu diesen Lehren hingezogen, weil sie ihm helfen sein seelisches Zerrissensein anzunehmen und zu versöhnen. Karl-Josef Kuschel fasst die für Hesse so wichtig gewordene Einheitslehre des *Advaita-Vedanta* in vier Punkten zusammen, die entscheidend seine Religiosität geprägt hat:[80]

---

gleichrangig und gleichwertig sind. So kommt es, dass sich Hesse zeitlebens keinem bestimmten religiösen Bekenntnis und dessen Absolutheitsanspruch anschließen kann. Vgl. MECHADANI, Hesse auf der Couch, 24.

79 Vgl. KUSCHEL, *Auf der Suche nach einer geistigen Einheit*, 181-182. Neben der deutschen Gita-Ausgabe von Hartmann studiert Hesse die Buddha-Biographie des Göttinger Indologen Hermann Oldenberg, ebenso die Übersetzungen der vedantischen Schriften aus dem Sanskrit von Paul Deussen (*Vedanta-Sutra* 1887; *60 Upanishad's des Veda* 1897), sowie die Übersetzungen buddhistischer Texte (deutscher Titel: *Der Wahrheitspfad. Ein buddhistisches Denkmal* oder auch die *Reden Gotamo Buddhos*) von Karl Eugen Neumann. Vgl. Ebd., 182.

80 Vgl. Ebd., 182-183.

1. Die Unterscheidung von Ich und Selbst ist Ausdruck der Erkenntnis, dass es neben unserem individuellen und gewissermaßen egoistischen Ich noch ein anderes, tieferes Ich gibt, das Selbst. Das Selbst spiegelt die Lehre vom „Atman", der individuellen Seele. „Atman" ist das Selbst im Ich. Der Lehre vom „Atman" liegt die Erfahrung zugrunde, dass der Mensch nie ganz sich selbst sein kann, sondern unterwegs ist und einer Entwicklung bedarf, einer Entwicklung vom Ich zum Selbst.

2. Die wahrgenommene Unterscheidung zwischen dem Selbst, dem „Atman" und dem Göttlichen, dem „Brahman", ist nur eine Illusion („Maya"). In Wahrheit sind die individuelle Seele jedes Menschen und die das Universum durchdringende Weltseele identisch und entsprechen sich.

3. Von zentraler Bedeutung ist die Einheit von „Atman" und „Brahman". Sie ist Ausdruck der Erkenntnis, dass hinter der Vielfalt der Welt eine ewige Einheit existiert. Gerade diese monistische Einsicht hatte sich in Indien mit den *Upanishaden* durchgesetzt. Die Vorstellung von der Weltseele „Brahman" wurde als absolutes Bewusstsein angesehen, welches das ganze Universum durchdringt und sich in jedem Menschen als „Atman", als individuelles Bewusstsein und lebendiges Selbst, manifestiert. Da nun „Atman" und „Brahman" tatsächlich eine Einheit bilden, kann die Betrachtung und Konzentration auf das eigene Innere ein Weg zum Absoluten darstellen.

4. Durch diesen Einheitsgedanken gibt es nach hinduistischer Auffassung also einen Erlösungsweg. Es ist der „Weg nach Innen", ein Erkenntnisweg zur Begegnung mit dem Göttlichen. Damit ist das Wissen, das Bewusstsein und die Erfahrung der Einheit von „Atman" (Das Selbst in der individuellen Seele) und „Brahman" (die Weltseele) angesprochen.[81]

Ebenso der auch 1919 verfasste Dostojewski-Aufsatz lässt auf seinem inhaltlichen Grund asiatische Weisheit erkennen. Denn Hesse sieht auch im Karamasow-Roman des großen Russen den östlichen Einheitsgedanken wieder, so schreibt er:[82]

81 Zu den vier Punkten, die sich als ein Substrat indischer Geistigkeit verstehen und sich aus dem *Advaita-Vedanta* ableiten lassen, vgl. Ebd., 183-184.

82 Vgl. Ebd., 192.

„Das Ideal der Karamasows, ein uraltes, asiatisch-okkultes Ideal, beginnt europäisch zu werden, beginnt den Geist Europas aufzufressen. Das ist es, was ich den Untergang Europas nenne. Dieser Untergang ist eine Heimkehr zur Mutter, ist eine Rückkehr nach Asien, zu den Quellen, zu den Faustischen ‚Müttern', und wird, selbstverständlich, wie jeder Tod auf Erden zu einer neuen Geburt führen. [...] Aber was ist das für ein ‚asiatisches Ideal', das ich bei Dostojewski finde und von dem mir scheint, daß es im Begriff ist, sich Europa zu erobern? Es ist, kurz gesagt, die Abkehr von jeder festgelegten Ethik und Moral zugunsten eines Allesverstehens, Allesgeltenlassens, einer neuen gefährlichen, grausigen Heiligkeit, wie sie der Greis Sosima vorverkündigt, wie sie Aljoscha lebt, wie sie Dmitri und noch weit mehr Iwan Karamasow bis zur deutlichsten Bewußtheit aussprechen. [...] Also das ‚neue Ideal', von welchem der europäische Geist in seinen Wurzeln bedroht ist, scheint ein völlig amoralisches Denken und Empfinden zu sein, eine Fähigkeit, das Göttliche, Notwendige, Schicksalhafte auch noch im Bösesten, auch noch im Häßlichsten zu erfühlen und auch vor ihm noch Hochachtung und Gottesdienst darzubringen, ja gerade vor ihm besonders.“[83]

Der Einheitsgedanke vedantischer Philosophie, wie Hesse ihn durch die Lektüre der *Upanishaden* und der *Bhagavadgita* verinnerlicht hatte, zeigt sich für Hesse eben auch in der Einheit aller Menschen und Religionen. Zwar seien ihre Sprachen, Symbole und Bilder verschieden, die religiösen Inhalte aber oft dieselben. Für Hesse gibt es nur eine Wahrheit und so sucht er nach den verbindenden und analogen Botschaften aller Religionen.

83 Hermann HESSE, *Die Brüder Karamasow oder Der Untergang Europas. Einfälle bei der Lektüre Dostojewskis* (1919), in: ders., Materialien zu Hermann Hesses ‚Demian', Band 1, Volker MICHELS (hrsg.), Frankfurt am Main 1993, 292-293. Diesem Aufsatz stellt Hesse den folgenden Satz voran, 291: *„Nichts ist außen, nichts ist innen; denn was draußen ist, ist innen."* Er ist wohl als eine Art Bekenntnisformel zu begreifen, die einmal mehr die Einheit aller Wirklichkeit bezeichnet. Alles ist Teil der großen Einheit. Das Geschehenlassen und Einverstandensein muss konkret mit dem Leben verbunden werden, mit allen Wegen und Irrwegen, alles ist Ausdruck des Willen Gottes, Ausdruck von Gottes Sein, Leben, Leiden und Tod und deshalb ist es Ausdruck von Gott selbst. Vgl. KUSCHEL, *Auf der Suche nach einer geistigen Einheit*, 194.

Das christliche Postulat „Liebe deinen Nächsten wie dich selbst“ sieht er dann analog in dem hinduistischen „tat twam asi“ (zu deutsch: „das bist du“) ausgedrückt. Denn nach indischer Auffassung ist der Nächste nicht nur ein Mensch, sondern er ist identisch mit allen anderen Menschen, alle Menschen sind eins und die Trennung zwischen Ich und Du ist Täuschung („Maya“). Die Einsicht, dass die Welt eine Einheit ist, hat für Hesse also vor allem auch eine ethische Konsequenz im Miteinander der Menschen.[84]

Mit der Auseinandersetzung der Geistigkeit Indiens mittels der Werke von Schopenhauer, Neumann, Oldenberg und Deussen hatte sich Hesse schwerpunktmäßig mit der philosophischen Welt des *Advaita-Vedanta* und des Buddha auseinandergesetzt, hatte er noch zwischen Buddha und Christus noch eine dritte Philosophie entdeckt, indem er den Blick nach China wendet. Später, so ab 1919, kann man bei Hesse von einer Abkehr von Indien und einer Hinwendung nach China sprechen.[85] *„Ich habe jahrelang Buddha verehrt und indische Literatur schon seit meiner frühesten Jugend gelesen. Später kamen mir Laotse und die anderen Chinesen näher.“*[86]

3.3. Blick nach China: Laotse und der Daoismus

Hermann Hesse ist wohl der einzige deutsche Literat des 20. Jahrhunderts, der ein so großes Interesse an China gehabt hat und der sich für die Verbreitung der klassischen Literatur dieses Landes vehement eingesetzt hat. Ebenso gibt es wohl keinen deutschen Dichter, der auf so vielfältige Art und Weise chinesisches Gedankengut in seine Texte und Schriften

84 Vgl. MICHELS, Hesse und die Weltreligionen, 25.

85 Vgl. KUSCHEL, Im Fluss der Dinge, 273, 275-276.

86 Hermann HESSE, *Brief an Alice Leuthold vom 26. Juli* (1919), in: Materialien zu Hermann Hesses „Siddhartha“, Band 1, Volker MICHELS (hrsg.), Frankfurt am Main 1986, 89. Später formuliert dann Hesse seine Abkehr vom Buddhismus deutlich: *„Meine damalige Philosophie war die eines erfolgreichen, aber müden und übersättigten Lebens, ich faßte den ganzen Buddhismus als Resignation und Askese auf, als Flucht in Wunschlosigkeit, und blieb Jahre dabei stehen.“* Hermann HESSE, *Über mein Verhältnis zum geistigen Indien und China* (1922), in: ders., Sämtliche Werke, Band 12, 129. Hesse bezeichnet sogar den Roman *Siddhartha* als eine Art Ausdruck seiner Befreiung vom indischen Denken. Bedauerlicherweise wird der Roman oft als ein Bekenntnis Hesses zum Buddhismus gewertet.

hat einfließen lassen. So fasst Hesse am Ende seines Lebens die Prägung Chinas auf ihn so zusammen:[87]

> *„Das alte Liederbuch, das I Ging, die Schriften von und über Konfuzius und Lao Tse bis Dschuang Dsi gehören ebenso wie Homer, Plato und Aristoteles zu meinen Erziehern, sie haben mich und haben meine Vorstellung vom guten, weisen, vollkommenen Menschen formen helfen.“*[88]

Hesse hatte sich seit seinem dreißigsten Lebensjahr eben nicht nur mit indisch-buddhistischer Lektüre befasst, nur wenig später beginnt er auch die klassische Philosophie des alten China zu entdecken und auch Rezensionen über chinesische Erstveröffentlichungen in deutscher Sprache zu schreiben. Seine erste Berührung mit Laotse[89] datiert Hesse auf das Jahr

---

87 Vgl. Hermann HESSE, China. Weisheit des Ostens, Volker MICHELS (hrsg.), Frankfurt am Main 2009, 9. Es sei an dieser Stelle einführend angemerkt, dass verschiedene Schreibweisen des Begriffs „Dao“ bzw. „Tao“ existieren, demzufolge auch unterschiedliche Schreibweisen der heiligen Schrift *Daodejing* bzw. *Taoteking*. In diesem Kapitel wird die Schreibweise „Dao“ verwendet, da sie im wissenschaftlichen Diskurs häufiger benutzt wird. Dennoch kann es aber auch zur Verwendung des Begriffes „Tao“ kommen, wenn in einem Zitat diese Schreibweise von einem Autor benutzt wird.

88 Hermann HESSE, *Josef Knecht an Carlo Ferromonte* (1960), in: ders., Mein Glaube, 44. Dieses Kapitel fokussiert hauptsächlich Hesses Verhältnis zu Laotse und dessen Schrift, das *Daodejing*. Wie aber das Zitat schon deutlich macht, hat sich Hesse ebenso mit dem Daoisten Dschuang Dsi (ca.350-280 v. Chr.) auseinandergesetzt, ferner mit den beiden anderen chinesischen Geistesströmungen, dem Konfuzianismus und dem Zen-Buddhismus. Die Darstellung dieser drei weiteren Aspekte kann hier aber nicht geleistet werden. Ebenso belegt die Sekundärliteratur einschlägig, dass diese eher eine marginale Rolle in Hesses Leben und Werk gespielt haben. Vgl. Mária BIELIKOVÁ, Bipolarität der Gestalten in Hermann Hesses Prosa. Die Romane „Demian“ und „Der Steppenwolf“ vor dem Hintergrund der daoistischen Philosophie, Hamburg 2007, 41-42.

89 Aus wissenschaftlicher Sicht kann nicht mit letzter Sicherheit gesagt werden, ob es historisch überhaupt eine Person mit diesem Namen gegeben hat und ob diese der Verfasser des *Daodejing* ist. Sein Leben und Werk ist mit widersprüchlichen Angaben überliefert. Neuere Datierungsversuche siedeln seine Wirkungszeit im vierten oder dritten vorchristlichen Jahrhundert an. Hesse hat an die historische Existenz von Laotse geglaubt. Die philosophische Bedeutung

1907 und seine Auseinandersetzung mit dem Werk *Daodejing* (heiliger Text, der als Gründungsschrift des Daoismus[90] gilt) in der Nachdichtung von Alexander Ular. 1910 erscheint dann die kommentierte Übersetzung des Tübinger Alttestamentlers Julius Grill, der damit Parallelen zum Neuen Testament aufwies und auch eine geistige Verwandtschaft zwischen Laotse und Jesus herausstellte.[91]

1911 kommt dann noch die *Daodejing*-Übertragung von Richard Wilhelm auf den Markt. Für Hesse, der zunächst nur durch Ular auf den Daoismus aufmerksam geworden war, bedeutete die Grillsche und Wilhelmsche Übersetzung einen massiven Schub in der Daoismus-Rezeption

---

des Laotses im chinesischen Geistesleben ist aber unbestritten. Vgl. BIELIKOVÁ, Bipolarität der Gestalten, 45. So sei an dieser Stelle auch angemerkt, dass alle inhaltliche Auseinandersetzung Hesses mit China sich ausschließlich auf den philosophischen Daoismus bezieht und nicht auf die Religion des Daoismus.

90 Die daoistische Philosophie, die den Untersuchungsgegenstand dieses Kapitels darstellt und sich von der daoistischen Religion unterscheidet, ist eine kosmologische-metaphysische Weltanschauung, die nicht durch praktisches Handeln, sondern in der zurückgezogenen kontemplativen Handlung, im Einklang mit der ewigen Ordnung der Natur, den Weg zur Harmonie, zur Vollendung („Dao“) findet. Allen daoistischen Philosophien ist der Respekt vor der Natur eigen. Gewaltsame Eingriffe in die natürlichen Vorgänge werden abgelehnt. Die wichtigsten Bestandteile dieser Philosophie bilden das „Dao“, die Lehre von „Yin und Yang“ und der daoistische Gedanke des „wuwei“-Aufgebens aller Wünsche, Ziele und Begierden. Letztes Ziel des Daoismus ist die Wiederherstellung der Harmonie im Kosmos. Zusammen mit dem Konfuzianismus bildet der Daoismus den Gipfel der klassischen Philosophie Chinas. Vgl. Ebd., 45-46.

91 Hesses Vater Johannes Hesse hatte offenbar Grill zu dem Vergleich zwischen Laotse und Jesus angeregt. 1914 hat Johannes Hesse selbst in der Reihe der Basler Missionsstudien eine kleine Schrift mit dem Titel *Lao Tsze: ein vorchristlicher Wahrheitszeuge* herausgegeben. Hesses Vater sah die Analogie zu Jesu gerade auch in der von Laotse gelehrten Begierdelosigkeit und Selbstverleugnung. So interpretierte er das *Daodejing* als eine Art Vorstufe für die Jüngerschaft Jesu. Vgl. GELLNER, Spiritualität des Ostens, 59-60. Und Karl-Josef Kuschel kommentiert: *„Machen wir uns klar: Mit dem Erscheinen des ‚Laotse'-Buchs von Johannes Hesse waren in kürzester Zeit vier Arbeiten zum Taoismus in Deutschland erschienen (Ular, Grill, Wilhelm, Hesse) und alle hatten des Schriftstellers Interesse an diesem sehr eigentümlichen chinesischen Denker erregt.“* KUSCHEL, Im Fluss der Dinge, 280.

in Deutschland.[92] Dass Hesse über diese Veröffentlichungen Rezensionen schreibt, zeigt zum einen den Grad seiner inhaltlichen Auseinandersetzung an, aber auch den Grad seiner eigenen Faszination für den Daoismus als eigenständige Religion Chinas. So schreibt Hesse in seiner Rezension der Grillschen Übersetzung des *Daodejing*:[93]

> *„Daß es in China große Philosophen und Ethiker gegeben hat, deren Kenntnis für uns nicht weniger wertvoll ist als die der Griechen, Buddhas und Jesus, das ist noch immer wenig bekannt. Ist doch der größte Weise Chinas in der eigenen Heimat nie recht populär geworden und neben Konfuzius, seinem etwas jüngeren Zeitgenossen, immer im Schatten geblieben. Ich rede von Laotse, dessen Lehre in dem Buch Tao-te-king uns aufbewahrt worden ist. [...] Es steht mir nicht an, weder über die chinesischen Bücher selbst noch über die Arbeit ihrer Übersetzer klug zu reden; ich wollte nur erzählen, daß diese merkwürdigen Bücher mir, der ich vom alten Orient nur die buddhistischen und dem Buddhismus verwandten Philosophien als Laie gekannt hatte, ganz neue Werte mitgeteilt haben. Ostasien hat, zwischen Buddha und Christus, eine nie zur Volksreligion gewordene Philosophie besessen, deren aktive, lebendig schöne Ethik der christlichen entschieden nähersteht als der indisch-buddhistischen.“*[94]

---

92 Der Daoismus symbolisierte einen modernitätskritischen Gegenpol, dies spiegelt sich beispielsweise in Alfred Döblins chinesischen Roman *Die drei Sprünge des Wang-lun*, der in den Jahren 1912/13 entstand. Der Protagonist wehrt sich gegen die Technisierung und Naturentfremdung der industriellen Zivilisation, gegen die Vermassung und Dehumanisierung der modernen Maschinenwelt, indem er Anführer einer volksreligiösen Aufstandsbewegung wird und Befürworter daoistischen Nicht-Widerstrebens, Geschehen-Lassens und Nicht-Eingreifens. Der Aufruf, den Döblin mit seinem Roman im Namen des Daoismus formuliert, ist eine Rückkehr zur Ursprünglichkeit und Einfachheit, zu einem Leben im Einklang mit dem „Dao". Hier wird die daoistische Maxime deutlich, dass die Eroberung der Welt durch Handeln nicht gelingt, *„wer handelt, verliert sie; wer festhält, verliert sie."* Alfred DÖBLIN, Die drei Sprünge des Wang-lun. Chinesischer Roman (1915/16), München 1989, 48. Vgl. insgesamt dazu: GELLNER, Spiritualität des Ostens, 64-66.

93 Vgl. KUSCHEL, Im Fluss der Dinge, 274-275.

94 Hermann HESSE, *Chinesisches* (1911), in: ders., Mein Glaube, 36-37.

Spätestens mit dem Jahr 1911 ist Hesses Begeisterung für China und den Daoismus voll entfacht und er nennt Laotse den größten Weisen Chinas. Es wird immer deutlicher, dass Hesse mit Indien ein asketisches und weltverneinendes Denken verbindet, dagegen mit China ein bürgerlich-lebensbejahendes, praktisches und einfaches Denken und Handeln verbindet. Hesses Hinwendung zur magisch-mystischen Seite chinesischer Geistigkeit stand somit von Anfang an im Zeichen seiner Kritik an Europa wie an Indien. So soll nun der 81. Spruch des *Daodejing* hier aufgeführt werden, den Hesse selbst in einer weiteren Rezension zu der Übersetzung von Richard Wilhelm verwendet, um seine Faszination für Laotse und sein Denken deutlich zu machen, die Verse zeigen das Typische des daoistischen Denkens an:[95]

> *„Wahre Worte sind nicht schön,*
> *schöne Worte sind nicht wahr.*
> *Tüchtigkeit überredet nicht,*
> *Überredung ist nicht tüchtig.*
> *Der Weise ist nicht gelehrt,*
> *der Gelehrte ist nicht weise*
> *Der Berufene häuft keinen Besitz auf.*
> *Je mehr er für andere tut,*
> *desto mehr besitzt er.*
> *Je mehr er anderen gibt,*
> *desto mehr hat er.*
> *Des Himmels SINN ist fördern, ohne zu schaden.*
> *Des Berufenen SINN ist wirken, ohne zu streiten.“*[96]

Von zentraler Bedeutung ist das Urwort „Dao“. Damit verbindet sich nicht ein personal verstandenes Göttliches, wie es die monotheistischen Religionen kennen. Das „Dao“ bringt eine Wirklichkeit zum Ausdruck, die überall präsent ist, aber nirgends greifbar. Über das „Dao“ kann gesprochen werden, es ist aber unsagbar und entzieht sich jedem Versuch es zu

95 Vgl. KUSCHEL, Im Fluss der Dinge, 275-278.

96 LAOTSE, Taoteking. Das Buch vom Sinn und Leben, 81. Spruch. Übertragung: Richard WILHELM, Jena 1911. hier zitiert nach: KUSCHEL, Im Fluss der Dinge, 276-277. Wilhelm hat bei seiner Übersetzung das letztlich unübersetzbare chinesische Urwort „Dao" mit Sinn übersetzt und dessen zentrale Bedeutung im Text durch Großbuchstaben schon optisch sichtbar gemacht. Vgl. Ebd., 277.

kategorisieren und zu objektivieren.[97] *„Mit ‚Tao' also ist eine sich jeder Fassbarkeit entziehende transzendente und zugleich immanent wirkende Wirklichkeit gemeint, ein der ganzen Wirklichkeit zugrunde liegendes, all-durchdringendes Prinzip ohne Anfang und Ende.“*[98]

Alles geht aus dem „Dao“ hervor, die Eins, der Ursprung aller Erscheinungen. Diese Eins erzeugt zwei Kräfte: „Yin und Yang“, die als elementare Polarität allen Seins das Empfangene und das Schöpferische darstellen. Das „Dao“ befindet sich im Wechselspiel der entgegengesetzt-polaren Kräfte in unendlicher Bewegung. Dabei besteht zwischen „Yin und Yang“ Polarität und Komplementarität und nicht Gegensätze und Widersprüche. Eines ist die Ergänzung des Anderen, eine Einheit im Zusammenwirken von „Yin und Yang“. Die gegenseitige Wirkung der beiden Pole bewirkt die ständige Veränderung. Daraus folgt, dass alle Teile der Wirklichkeit im Fluss sind, weshalb das Wirken des „Dao“ im *Daodejing* oft mit Vorgängen in der Natur veranschaulicht wird. Wasser ist hier das zentrale Symbol. Das „Dao“ hat also wie das Wasser immer beides zugleich: das Fließende und Strömende, sowie das Bleibende und Dauernde. Wandel und Dauer sind eins.[99]

Dem Nicht-Erfassen des „Dao“ durch Worte entspricht das Nicht-Handeln, das Nicht-Widerstreben, chinesisch: „wu-wei“. Gemeint ist damit, dass man nicht berechnend, nicht übermäßig handeln soll. Man soll einfach das „Dao“ wirken lassen, das heißt die Kraft des Natürlichen, des Einfachen zum Zuge kommen lassen. Das „Dao“ wird von selbst zum Ausgleich aller Kräfte und somit zur optimalen Lösung drängen. Der Gang des „Dao“ entspricht eben dem Lauf des Wassers, es ist scheinbar schwach und weich, aber auf Dauer bezwingt es das Harte.[100]

Der Daoismus wurde von Richard Wilhelm, evangelischer Theologe und Sinologe, als eine Art Gegenphilosophie zu einer westlich-naturwissenschaftlichen Weltsicht charakterisiert. Die Welt ist dem stetigen Wandel unterworfen, es herrschen Gesetzlichkeiten, die auf den polaren Kräften

---

97 Vgl. Ebd., 302.

98 Ebd., 302.

99 Vgl. Ebd., 303-305.

100 Vgl. Ebd., 305-306.

von „Yin und Yang" beruhen. Laotse hatte damit das duale Denken überwunden und ein polares Denken mit seiner Philosophie eingeführt. Ein polares Denken ist aber prinzipiell unabgeschlossen, weil die polaren Kräfte sich in dauernder Wechselwirkung miteinander befinden. Das polare Denken impliziert also immer beides zugleich: die Vielfalt und die Einheit. Die daoistische „wu-wei"-Ethik, die Nachgiebigkeit und Gewaltlosigkeit einfordert, wird zum Gegenprogramm der damaligen imperialen Expansionspolitik des deutschnationalen Militarismus im Kaiserreich.[101]

Hesse wird sein ganzes Leben hindurch an der Erfahrung der großen Einheit der Wirklichkeit festhalten, nur dass er sie nicht mehr indisch (Atman-Brahman) interpretiert, sondern nun mehr das polare Denken von Laotse verinnerlicht hat. Die Lehre von „Yin und Yang" als Ausdruck des in allen Erscheinungen wirkenden „Dao" waren für Hesse zu einer echten Alternative geworden und hatte das indisch-buddhistische Denken der Weltentsagung abgelöst. Hesse, dessen Seele schon früh gespalten war und durch seine pietistische Erziehung unvereinbare Bilder in sich trug,[102] hatte mit dem Daoismus eine Art Erlösung gefunden und eine befreiende Erkenntnis: weder das Gute noch das Böse zu verleugnen, weder die Natur noch den Geist zu unterdrücken oder zu betonen, weder das „Yin" oder das „Yang" zu einem Monopol hervorzuheben und dadurch die Gleichwertigkeit beider Pole anzunehmen und die Bipolarität des Lebens anzuerkennen.[103]

101 Vgl. Ebd., 308-310.

102 Die Einheit der Polarität, die Hesse für sich durch die daoistische Philosophie entdeckte, stellte für ihn einen Weg zur Menschwerdung dar. Seine innere Unordnung sah Hesse selbst in der christlichen Dualität von Gut und Böse begründet. Gott und Teufel als Antagonisten des Dualismus lassen sich nicht vereinen. Diese christliche Trennung der Welt prägte Hesses innere Grundeinstellung sehr. Hesse sehnte sich in seinem Innern nach einer harmonischen Ordnung, die den christlich geprägten Konflikt von Gut und Böse überwinden konnte. Hilfe und Entlastung fand Hesse bei allen Ideen und Gedanken, die imstande waren die festgelegte Dualität der Welt zu überwinden, so z.B. Nietzsches Idee der Umwertung aller Werte jenseits von gut und böse, Jungs Individuationsweg und seine Theorie vom „Selbst", sowie eben der indische Einheitsgedanke und der Daoismus. Vgl. BIELIKOVÁ, Bipolarität der Gestalten, 38-39.

103 Vgl. KUSCHEL, Im Fluß der Dinge, 329-330.

Der daoistische Gedanke der bipolaren Weltauffassung[104] hat Hesses Leben, seinen Glauben und sein Werk nachhaltig geprägt. Wichtig dabei war für Hesse, dass nach daoistischer Weisheit das Leben aus Gegensätzen besteht, diese aber nicht kontradiktorisch sind und nicht aufgelöst werden können, sondern hinter den Gegensätzen, die die Vielfalt der Erscheinungen hervorrufen, existiert eine absolute höchste All-Einheit dessen Name „Dao“ ist, diese Einsicht hat Hesse mehrfach in sein literarisches Werk übersetzt.[105]

3.4. Brückenbauer zwischen den verschiedenen Religionen

> *„Das ist also charakteristisch für Hesses eigenwillige Religiosität: Kritik und Glaube, Ehrfurcht und Revolte, Eigensinn und Hingabe, Individuation und Einordnung ins überpersönliche Ganze.*

---

104 Entsprechend schreibt Hesse in einem Brief an Stefan Zweig: *„Schon als ich Ihre Legend vom gerechten Richter las, schien mir dies meinem ‚Siddhartha' ein wenig verwandt zu sein. Mein Heiliger ist indisch gekleidet, seine Weisheit steht aber näher bei Lao Tse als bei Gotama. Lao Tse ist ja jetzt in unsrem guten armen Deutschland sehr Mode, aber fast alle finden ihn doch eigentlich paradox; während sein Denken gerade nicht paradox, sondern streng bipolar, zweipolig, ist, also eine Dimension mehr hat. An seinem Brunnen trinke ich oft."* Hermann HESSE, *Brief an Stefan Zweig vom 27. November* (1922), in: ders., Materialen zu Hermann Hesses ‚Siddhartha', Band 1, 180.

105 Vgl. BIELIKOVÁ, Bipolarität der Gestalten, 51-58. Wie schon zu Beginn des Kapitels erwähnt, hat Hesse sich auch mit dem Daoisten Dschuang Dsi auseinandergesetzt, hier spielt vor allem das Individuum eine zentrale Rolle, dies hat Hesse natürlich angesprochen. Vgl. Ebd., 51. Ebenso hat sich Hesse mit dem Konfuzianismus auseinandergesetzt durch Wilhelms Übersetzung *Die Gespräche.* Hesse schätzte am Konfuzianismus vor allem die Staats- und Sittenlehre. So lassen sich konfuzianische Gedanken vor allem in Hesses Spätwerken ablesen, wie z.B. das selbstlose Dienen und das Verantwortungsbewusstsein des Individuums gegenüber der Gesellschaft werden in Narziß' (*Narziß und Goldmund*) und Knechts (*Das Glasperlenspiel*) Leben deutlich betont. Als dritte große geistige Strömung ist der Zen-Buddhismus zu nennen, auch er übte Einfluss auf Hesses Denken und Schaffen aus, wenn auch in viel geringerem Maße als der Daoismus. Hesse lernte erst 1939 das Zen kennen. Vgl. Ebd., 58-60. Ebenso zum Verhältnis Hesse und Zen-Buddhismus sehr aufschlussreich das Kapitel *Späte Liebe: Zen – eine Verbindung von Indien und China*, in: KUSCHEL, Im Fluss der Dinge, 335-378.

> *Ja, zwischen diesen beiden Polen pendelt Hesses ganzes Leben, Denken und Schreiben. Diese beiden Pole markieren denn auch Hesses lebenslange Auseinandersetzung mit dem Phänomen Religion, das er schon früh in seiner Doppelgesichtigkeit erfuhr. Das religiöse Erbe seines christlich-pietistischen Elternhauses, an dem er sich von klein auf wundgerieben und gegen das er schon früh revoltiert hatte – Hesse hat es sich in der Tat nur über den Umweg eines radikalen Traditionsbruchs hinweg aneignen können, um es schließlich durch seine lebenslange Beschäftigung mit den Religionen Indiens und Chinas zu einer eigentümlichen religionen- und kulturenübergreifenden westöstlichen Synthese zu transformieren.“*[106]

Hermann Hesse ist der deutschsprachige Schriftsteller des 20. Jahrhunderts, der sich wohl am intensivsten mit fernöstlicher Religion und Weisheit (Buddhismus, Hinduismus, Daoismus, Konfuzianismus, Zen) inhaltlich beschäftigt hat und dies auch produktiv in seine Literatur hat einfließen lassen. Er wurde dadurch zu einem interreligiösen Brückenbauer und Vermittler zwischen Ost und West. Sein Verständnis von Religion kann dabei als eine umfassende, lebensbejahende Spiritualität aufgefasst werden. Dabei verstand er die Spiritualität Asiens immer als eine Quelle der seelischen Erneuerung und als Erlösung der einseitigen technisch-wissenschaftlichen Vernunftsmoderne im Westen.[107]

Hans Küng betont in diesem Kontext, dass es aber Hesse nicht um einen billigen Synkretismus gehe, nicht eine künstlich synthetisierte Weltreligion sei Hesses postmoderne Vision gewesen, sondern entscheidend sei für ihn, dass alle Religionen um ein und dasselbe Geheimnis kreisen. Hesse hatte weder die exklusive Herrschaft einer Religion im Sinne, noch verfolgte er eine Vereinheitlichung aller Religionen zu einer einzigen. Hesses Intention lag vielmehr in der gegenseitigen Verständigung und Bereicherung der Religionen.[108]

---

106 GELLNER, *Zwischen Ehrfurcht und Revolte*, 314-315.

107 Vgl. Christoph GELLNER, *„Ein Stück weiterkommen auf dem Zifferblatt des Ich“. Hermann Hesse und die Faszination fernöstlicher Spiritualität heute*, in: ders., „... nach oben offen“. Literatur und Spiritualität – zeitgenössische Profile, Ostfildern 2013, 148-151.

108 Vgl. KÜNG, *Nahezu ein Christ?*, 224-225.

3.4.1. Ökumenischer Denkstil und interreligiöser Weitblick

„Der Inder sagt Atman. Der Chinese sagt Tao. Der Christ sagt Gnade.“[109] Mit diesem Kernsatz hat Hesse seine kulturverbindende und kulturübergreifende Überzeugung auf den Punkt gebracht. Hier kommt ein besonderer ökumenischer Denkstil Hesses zum Vorschein, der das Verbindend-Universale aller Religionstraditionen von Ost und West betont. Sein Anliegen ist es, die Grundstrukturen religiöser Erfahrung aufzuzeigen, einen gemeinsamen Nenner zu finden, der sie überhaupt erst vergleichbar macht. Dogma, der Anspruch auf Alleingültigkeit und wissenschaftlich-rationale Erkenntnis lehnte er in diesem Bereich weitestgehend ab. Religion hat für Hesse eher eine mystische Bedeutung, also die Erfahrung mit einer göttlichen Wirklichkeit. Er sucht nicht das Trennende, Dogmatische und Unvereinbare der Religionen, sondern das Lebensfördernde, Verbindende und Universale der Religionstraditionen von Ost und West. Dies hat ihn letztlich zu einer überkonfessionellen Religiosität geführt.[110]

109 Hermann HESSE, *Neue Züricher Zeitung unter dem Titel ‚Gedanken' vom 6. Oktober* (1918), in: ders., Sämtliche Werke, Band 15, 204. In diesem Essay formuliert Hesse Gedanken über das Wesen des Friedens angesichts des immer noch andauernden Krieges, dabei schreibt der Dichter auch über die Erfahrung der Gnade, 203-204: *„Woher aber wird vielleicht doch einst die wahre Friedfertigkeit auf Erden kommen? Nicht von Geboten und nicht aus materiellen Erfahrungen. Sie kommt, wie jeder Menschenfortschritt, aus der Erkenntnis. Alle Erkenntnis aber, wenn man darunter etwas Lebendiges und nicht Akademisches versteht, hat nur einen Gegenstand. Es wird von Tausenden und tausendfach anerkannt und in tausend verschiedenen Arten ausgedrückt, ist aber stets nur eine Wahrheit: Es ist die Erkenntnis des Lebendigen in uns, in jedem von uns, in mir und dir, des geheimen Zaubers, der geheimen Göttlichkeit, die jeder von uns in sich trägt. Es ist die Erkenntnis von der Möglichkeit, von diesem innersten Punkte aus alle Gegensatzpaare zu jeder Stunde aufzuheben, alles Weiß in Schwarz, alles Böse in Gut, alle Nacht in Tag zu verwandeln. Der Inder sagt ‚Atman', der Chinese sagt ‚Tao', der Christ sagt ‚Gnade'. Wo jene höchste Erkenntnis da ist (wie bei Jesus, bei Buddha, bei Plato, bei Lao Tse), da wird eine Schwelle überschritten, hinter der die Wunder beginnen. Da hört Krieg und Feindschaft auf."*

110 Vgl. GELLNER, Spiritualität des Ostens, 168. Hesses besonderer ökumenischer Denkstil zeigt sich also darin, dass er in der Vielfalt der religiösen Bekenntnisse und theologischen Differenzen eine grundlegende Einheit auf der Ebene des spirituellen Erlebens feststellt, ohne die Vielheit der Religionen aus dem Blick zu verlieren. Vgl. Ebd. 168. Kritisch kann an der Stelle angemerkt werden, ob

Hesse hat das Werk seiner christlichen in der Mission tätigen Vorfahren in umgekehrter Richtung fortgesetzt. Wollte beispielsweise sein Vater noch die Menschen in Indien zur einzig wahren Religion, dem Christentum, bekehren, will Hesse mit seinem Wirken gerade nicht den Westen zu östlichem Denken und asiatischer Lebensweise bekehren. Vielmehr ist es ihm aber gelungen, das Gegensätzliche der Kulturen als Polaritäten eines Ganzen sichtbar zu machen und zwischen Orient und Okzident tragfähige Brücken zu schlagen. Hesse bekundet vor jeder Religion große Ehrfurcht, solange sie nicht Orthodoxie und Alleingültigkeit für sich alleine beansprucht. Als sein persönliches religiöses Glaubensbekenntnis bezeichnete Hesse seinen Roman *Siddhartha*. Hier ist es ihm geglückt eine Formel zu finden, was Buddhismus, Hinduismus, Konfuzianismus, Daoismus und Christentum miteinander verbindet. Hier formuliert er seine Vision einer universalen synkretistischen Religion mit den folgenden Worten:[111] *„Ich suchte das zu ergründen, was allen Konfessionen und allen menschlichen Formen der Frömmigkeit gemeinsam ist, was über allen nationalen Verschiedenheiten steht, was von jeder Rasse und von jedem Einzelnen geglaubt und verehrt werden kann."*[112]

Es wird deutlich, dass der Schriftsteller an der Erkenntnis der großen Gemeinsamkeiten aller Religionen interessiert ist. Sein Credo ist es, dass das Ganze der Welt eine göttliche Einheit ist und daraus leitet er ebenfalls ab, dass der Spaltung der Menschen in Rassen, Farben, Sprachen und Kulturen eine Einheit zugrunde liegt. Nach Hesses Überzeugung wissen alle großen Lehrer und Religionsstifter um die Einheit des Lebens und so geht es darum, an den unterschiedlichen Symbol- und Bildersprachen der Religionen das Gemeinsame zu entdecken:[113]

Hesses Zugang zu den Religionen überhaupt als ein ökumenischer Denkstil charakterisiert werden kann in einem streng religionswissenschaftlichen Sinne, da der Dichter wohl die Differenzen im Selbstverständnis der Religionen und Konfessionen nicht hinreichend beachtete.

111 Vgl. MICHELS, Hesse und die Weltreligionen, 14-15.

112 Hermann HESSE, *An die persischen Leser des „Siddhartha"* (1958), in: ders., Sämtliche Werke, Band 12, 213.

113 Vgl. MICHELS, Hesse und die Weltreligionen, 14-18.

„Es gibt einen Tisch, einen Stuhl, ein Brot, einen Wein, einen Vater, eine Mutter, und doch heißen sie in jedem Volk und jeder Kultur wieder anders. So ist es auch mit Gott, mit der Frömmigkeit, mit dem Glauben. Griechen und Perser, Inder und Chinesen, Christen und Buddhisten, alle meinen das Selbe und hoffen, wünschen und glauben das Selbe, nur haben sie andere Namen dafür als wir!“[114]

3.4.2. Stufen der Menschwerdung und die Bedeutung des Glaubens

Weiteren Aufschluss über Hesses Verhältnis zur Religion gibt der Aufsatz *Ein Stückchen Theologie* aus dem Jahre 1932. Es ist auffällig, dass man bei Hesse ab den dreißiger Jahren immer mehr das Anliegen feststellen kann, sein eigenes Glaubensbekenntnis zu formulieren und seine Gläubigkeit, seine religiösen Überzeugungen auch öffentlich zu dokumentieren. Dies war natürlich kein dogmatisch formulierter Kirchenglaube, aber ein „Lebensglauben“, so nannte es Hesse. Für diese dritte Lebensphase sind diese Bekenntnis- und Geständnistexte typisch, wollen sie von Hesse als eine Art religiöse Lebenssumme verstanden werden.[115]

In seinem Aufsatz *Ein Stückchen Theologie* unternimmt Hesse den Versuch die Grundstrukturen religiöser Erfahrung zu beschreiben, die er in allen Religionen wahrzunehmen glaubt. Hesse ist es, der in der Vielfalt der religiösen Bekenntnisse und theologischen Besonderheiten eine grundlegende Einheit der Religionen auf der Ebene des spirituellen Erlebens wahrnimmt. Er will damit demonstrieren, dass in den vielfältigen

---

114 Hermann HESSE, *Brief an Herrn K. im November* (1960), in: ders., Ausgewählte Briefe, 526.

115 Vgl. GELLNER, Spiritualität des Ostens, 165,167-168. Gellner betont, dass in der Hesse-Rezeption die Bedeutung der Religion gerade in der dritten und letzten Lebens- und Schaffensphase Hesses zu wenig Beachtung findet. Hesses verstärktes Anliegen ist es seit den 1930er Jahren in Aufsätzen und Briefen seine religiösen Überzeugungen darzulegen und Aussagen über das Verhältnis Mensch und Gott bzw. das Göttliche zu machen, dies bringt Gellner mit der Formulierung *„konfessorische Schlüsseltexte Hessescher Theoanthropologie“* zum Ausdruck. Ebd., 167.

Transzendenzerfahrungen der Menschheit sich verschiedene Ausprägungen derselben seelischen Grunderlebnisse manifestieren. Hesse bringt diese *„ökumenische Universalisierung des Religiösen“*[116] in einem *„religionssynthetischen Stufenmodell der Menschwerdung“*[117] zum Ausdruck, diese Entwicklungsstufen skizziert er in *Ein Stückchen Theologie* wie folgt:[118]

> *„Der Weg der Menschwerdung beginnt mit der Unschuld (Paradies, Kindheit, verantwortungsloses Vorstadium). Von da führt er in die Schuld, in das Wissen um Gut und Böse, in die Forderungen der Kultur, der Moral, der Religionen, der Menschheitsideale. Bei jedem, der diese Stufe ernstlich und als differenziertes Individuum durchlebt, endet sie unweigerlich mit Verzweiflung, nämlich mit der Einsicht, daß es ein Verwirklichen der Tugend, ein völliges Gehorchen, ein sattsames Dienen nicht gibt, daß Gerechtigkeit unerreichbar, daß Gutsein unerfüllbar ist. Diese Verzweiflung führt nun entweder zum Untergang oder aber zu einem dritten Reich des Geistes, zum Erleben eines Zustandes jenseits von Moral und Gesetz, ein Vordringen zu Gnade und Erlöstsein*[119]*, zu einer neuen, höheren Art von Verantwortungslosigkeit, oder kurz gesagt: zum Glauben. Einerlei welche*

116 Ebd., 168.

117 Ebd., 168. Hesse erkannte sein Stufenmodell der Menschwerdung gleichermaßen bei Indern, Chinesen und Christen und zusätzlich bestätigt durch den Ausdruck analoger Symbole, so schreibt er: *„Auf jeder Stufe aber wird den Menschen, so scheint mir, im Streben nach Wahrheit nichts so wichtig und so tröstlich sein, wie die Wahrnehmung, daß der Spaltung in Rassen, Farben, Sprachen und Kulturen eine Einheit zugrunde liegt, daß es nicht verschiedene Menschen und Geister gibt, sondern nur Eine Menschheit, nur Einen Geist.“* Hermann HESSE, *Ein Stückchen Theologie* (1932), in: ders., Mein Glaube, 65.

118 Vgl. GELLNER, Spiritualität des Ostens, 168.

119 Hesses Kritik wendet sich gnadentheologisch nun gegen jede Form der menschlichen Selbsterlösung und hat dabei vor allem den Buddhismus im Blick mit seiner Vorstellung von Seelenwanderung, Karma, Reinkarnation und Nirvana. Hesse hat im Unterschied dazu die christliche Dimension des Glaubens an Gottes unverdienbare Gnade im Blick, die ihn mehr überzeugt, so schreibt er: *„Es scheint mir jetzt manchmal, daß wirklich Jesus um einen Schritt weiter sei als Buddha, wenn er uns als Kinder des Vaters sieht statt als Erwachsene, die sich selber helfen können.“* Hermann HESSE, *Aus einem Tagebuch* (1920), in: ders., Mein Glaube, 89.

Formen und Ausdrücke der Glauben annehme, sein Inhalt ist jedesmal derselbe: daß wir wohl nach dem Guten streben sollen, soweit wir vermögen, daß wir aber für die Unvollkommenheit der Welt und für unsere eigene nicht verantwortlich sind, daß wir uns selbst nicht regieren, sondern regiert werden, daß es über unserem Erkennen einen Gott oder sonst ein „Es" gibt, dessen Diener wird sind, dem wir uns überlassen dürfen."[120]

Hesse führt weiter aus, dass sich diese Stufenfolge der Menschwerdung als seelisches Grunderlebnis in allen Religionen wiederfindet lässt, so z. B. auch im indischen Brahmanismus und Buddhismus. Hier führt der Weg aus der Angst und Begierde über die geistig-körperliche Kasteiung des Yoga zum Erwachen und zum Nirvana. Yoga ist aber nur eine Entwicklungsstufe und endet in der Verzweiflung, die Buddha-Legende stelle dies in deutlichen Bildern dar. Auf das Yoga folgt die Gnade, indem der Mensch sich als Erwachender erfährt und das Scheinleben (Maya) entlarvt. Es geht um die gnadenhafte Erfahrung, dass der Mensch sich letztlich als ewig und unzerstörbar, als Geist vom Geiste, als Einheit von Atman und Brahman erfahren kann. Das Ich ist dann ganz zum Selbst geworden. Dies ist die dritte Stufe der Menschwerdung, hier macht der Mensch eine Einheitserfahrung, die ihm zu einem Glauben verhilft, durch den er die Verzweiflung und die Unvollkommenheit des Lebens überwinden kann. Als ähnliche Erfahrungen bezeichnet Hesse das Erwachtsein der Heiligen im Christentum oder das Erreichen des Nirwanas des Buddhas. Ebenso führt Hesse weiter aus, dass dieselbe Stufenfolge in etwas anderer Symbolik auch im chinesischen Daoismus zu finden ist. Hier führt der Weg vom sittlich-moralischen Gerechtigkeitsstreben zum „Nichtmehrstreben", von der Schuld und Moral zum „Dao". Zusammenfassend heißt das: alle großen Religionen kulminieren für Hesse in einem Leben aus der Gnade, in einem *„Lebenkönnen kraft eines Glaubens."*[121] So kreisen nach Hesses Überzeugung alle Religionen letztlich um ein und dasselbe Geheimnis,

120 HESSE, *Ein Stückchen Theologie*, 63.

121 Ebd., 65. *„Aus jedem Stadium kann natürlich auch wieder ein Rückschritt erfolgen. Selten zwar wird es dem wach Gewordenen gelingen, aus dem Reich, wo Gut und Böse gilt, wieder in die Unschuld zurückzuflüchten. Sehr häufig aber wird, wer schon das Erlebnis der Gnade und Erlösung kennt, wieder auf die zweite Stufe zurückfallen*

ein Erleben der Wirklichkeit Gottes durch die Erfahrung der Gnade, eine Erfahrung der göttlichen Einheit.[122]

Hesse empfindet es als wahrhaft protestantisch, dass er nicht die Erkenntnis und das Dogma, sondern die Liebe und das Erlebnis zum Mittelpunkt seiner Religion macht. Der Weg aus der Schuld und Verzweiflung hin zur Erlösung gelingt für Hesse kraft seines Glaubens, mit dem er das Leben transzendieren kann. Der Besitz eines Glaubens ist für Hesse wesentlich, ebenso die Bindung und Hingabe an einen Gott. Der Besitz eines Glaubens stellt für Hesse eine qualitative Steigerung im Leben eines Menschen dar, so schreibt er:[123]

> *„Da Sie gläubiger Katholik sind, bin ich aber der Meinung, Sie sollten sich nichts rauben lassen, was Ihren Glauben und Halt im Leben und Denken stärken kann. Bleiben Sie dabei! Jeder, der an einen Sinn im Leben und an die hohe Bestimmung des Menschen glaubt, ist im heutigen Chaos wertvoll, einerlei zu welcher Konfession er gehört und an welche Zeichen er glaubt.*[124]

Des Weiteren teilt Hesse in seinem Aufsatz *Ein Stückchen Theologie* die Menschen in zwei Grundtypen ein, nämlich in Fromme[125] und

---

und wieder deren Gesetzen, der Angst, den nie erfüllbaren Forderungen anheimfallen." Ebd., 65.

122 Vgl. GELLNER, Spiritualität des Ostens, 169-170. Hesse findet zur Erfahrung der Gnade die folgenden Worte: *„Ich glaube, die Gnade oder das Tao oder wie man es nennen will, umgibt uns immerzu, sie ist das Licht und ist Gott selbst, und wo wir einen Augenblick offenstehen, geht sie in uns ein, in jedes Kind wie in jeden Weisen. [...] Einmal bei Buddha, einmal in der Bibel, einmal bei Lao Tse oder Dschuang Dsi, einmal auch bei Goethe oder andern Dichtern spürte ich mich vom Geheimnis berührt, und mit der Zeit merkte ich, daß es stets das selbe Geheimnis war, stets aus der selben Quelle kam, über alle Sprachen, Zeiten und Denkformen hinweg."* Hermann HESSE, *Betrachtung* (1937), in: ders., Mein Glaube, 106.

123 Vgl. ROHLS, *Hesse – Der fromme Weg zu sich selbst*, 253-254.

124 Hermann HESSE, *Brief an einen Katholiken im Mai* (1961), in: ders., Mein Glaube, 126.

125 *„Der Grund des Glaubens und Lebensgefühl beim Frommen ist die Ehrfurcht. Sie äußert sich unter andrem in zwei Hauptmerkmalen: in einem starken Natursinn und in dem Glauben an eine überrationale Weltordnung. Der Fromme glaubt, daß*

Vernünftige[126]. Hesse selbst zählt sich eher zu den Frommen, den Geduldigen und Ehrfürchtigen, die an einen Sinn des Lebens glauben, auch wenn dieser nicht immer spürbar oder nachweisbar ist. Frommsein ist für Hesse eigentlich nichts anderes als Vertrauen. Vertrauen ist für Hesse eine Grundvoraussetzung das Leben meistern zu können. Gleichzeitig spielt Hesse hier auch auf die gegenseitige Wechselwirkung zwischen Selbstliebe und Gottesliebe an, zwischen Selbstvertrauen und Gottvertrauen. Nur wer sich selbst liebt, kann auch Gott lieben. Hesse formuliert das mit den Worten:[127] *„Der Gott, an den wir glauben müssen, ist in uns innen. Wer zu sich selber nein sagt, kann zu Gott nicht ja sagen.“*[128] Ebenso versteht er unter Frömmigkeit die Achtung des Einzelnen vor dem Ganzen der Welt, vor der Natur, vor dem Mitmenschen, das Gefühl des Einbezogenseins und Mitverantwortlichseins. Damit meint Hesse vor allem, dass der Mensch seinen Egoismus überwinden muss. Das Leben gewinnt für Hesse erst einen tieferen Sinn, wenn wir es in einen höheren Dienst stellen und damit meint Hesse primär den Dienst am Mitmenschen. Christlich

---

der Mensch ein dienender Teil der Erde sei. Der Fromme flüchtet, wenn das Grauen vor Tod und Vergänglichkeit ihn faßt, in den Glauben, daß der Schöpfer (oder die Natur) seine Zwecke auch mit diesen uns erschreckenden Mitteln anstrebe und sieht nicht im Vergessen oder Bekämpfen des Todesgedankens eine Tugend, sondern in der schauernden, aber ehrfürchtigen Hingabe in einen höheren Willen." HESSE, *Ein Stückchen Theologie*, 71.

126 *„Der Vernünftige glaubt den ‚Sinn' der Welt und seines Lebens in sich selber zu besitzen. Er überträgt den Anschein von Ordnung und Zweckgebundenheit, den ein vernünftig geordnetes Einzelleben hat, auf die Welt und Geschichte. Er glaubt darum an den Fortschritt. Sein gefürchtetster Feind ist der Tod, der Gedanke an die Vergänglichkeit seines Lebens und Tuns. […] Sein Unsterblichkeitsglaube ist der Glaube an jenen Fortschritt; als tätiges Glied in der ewigen Kette des Fortschritts glaubt er sich vor dem völligen Verschwinden bewahrt."* Ebd., 69. Hesse führt weiter aus, dass sich der Fromme und der Vernünftige in der Regel bekämpfen wie zwei unvereinbare Gegenpole (zweite Stufe der Menschwerdung: Zustand der Schuld und Verzweiflung). Auf der dritten Stufe allerdings kommt es zur Versöhnung zwischen Vernunft und Ehrfurcht, *„ein Sich-als-Gleich-Erkennen der großen Gegensätze."* Ebd., 73. Vgl. insgesamt: Ebd., 73-75.

127 Vgl. MICHELS, Hesse und die Weltreligionen, 9.

128 Hermann HESSE, *Wanderung* (1918), in: ders., Sämtliche Werke, Band 11, 25.

formuliert: Aus der Gottesliebe und Selbstliebe folgt unweigerlich die Nächstenliebe.[129]

3.5. Rückkehr zum Christentum

Summarisch fasst Hesse sein religiöses Leben zusammen und darin bekundet er wie folgt eine besondere Identifikation mit dem Christentum:

> *„In meinem religiösen Leben spielt also das Christentum zwar nicht die einzige, aber doch eine beherrschende Rolle, mehr ein mystisches Christentum als ein kirchliches, und es lebt nicht ohne Konflikte, aber doch ohne Krieg neben einer indisch-asiatisch gefärbten Gläubigkeit, deren einziges Dogma der Gedanke der Einheit ist. Ich habe nie ohne Religion gelebt, und könnte keinen Tag ohne sie leben, aber ich bin mein Leben lang ohne Kirche ausgekommen."*[130]

Ebenso betont Hesse in diesem Aufsatz *Mein Glaube*, dass seine indische Dichtung Siddhartha keinesfalls ein Bekenntnis zum Buddhismus ist, sondern der oft verkannte Versuch ist, seiner Beziehung zum Christentum einen Ausdruck zu verleihen: *„Daß mein ‚Siddhartha' nicht die Erkenntnis, sondern die Liebe obenan stellt, daß er das Dogma ablehnt und das Erlebnis der Einheit zum Mittelpunkt macht, mag man als ein Zurückneigen zum Christentum, ja als einen wahrhaft protestantischen Zug empfinden."*[131]

---

129 Vgl. MICHELS, Hesse und die Weltreligionen, 20-23. Hesse äußert sich zur Liebesfähigkeit des Menschen, die er als einen Grundimpuls des Religiösen begreift, wie folgt: *„Dagegen das Gleichgewicht der Liebe, das Liebenkönnen, ohne hier oder dort schuldig zu bleiben, diese Liebe zu sich selbst, die doch niemandem gestohlen ist, diese Liebe zum anderen, die das eigene Ich doch nicht verkürzt oder vergewaltigt: Das Geheimnis allen Glücks, aller Seligkeit ist in diesem Wort enthalten. Und wenn man will, so kann man es auch nach der indischen Seite hin drehen und ihm die Bedeutung geben: Liebe den Nächsten, denn er ist du selbst!, eine christliche Übersetzung des ‚tat twam asi'. Ach, alle Weisheit ist so einfach, ist schon so lange, schon so genau und unzweifelhaft ausgesprochen und formuliert worden!"* Hermann HESSE, *Briefauszug* (1923), in: ders., Mein Glaube, 94.

130 HESSE, *Mein Glaube*, 61-62.

131 Ebd., 61.

Ebenso sei hier erwähnt, dass sich Hesse im Rahmen der aufgeworfenen Theodizeeproblematik in seinem Roman *Narziß und Goldmund (1930)* wieder einem christlichen Gottesbegriff annähert, der eindeutig eine Differenz zwischen Schöpfer und Geschöpf einfordert. In der Sprache eines christlichen-mittelalterlichen Theologen und Philosophen bekennt Hesse mit den Worten des Abtes Narziß den höchsten aller Begriffe, das vollkommene Sein:

> *„Darum sagte ich früher so oft zu dir: versuche nicht den Denker oder den Asketen nachzuahmen, sondern sei du selbst, suche dich selbst zu verwirklichen! […] Es ist ein philosophischer Begriff, ich kann es nicht anders ausdrücken. Für uns Schüler des Aristoteles und des heiligen Thomas ist der höchste aller Begriffe: das vollkommene Sein ist Gott. Alles andere, was ist, ist nur halb, nur teilweise, es ist werdend, ist gemischt, besteht aus Möglichkeiten. Gott aber ist nicht gemischt, er ist eins, er hat keine Möglichkeiten, sondern ist ganz und gar Wirklichkeit. Wir aber sind vergänglich, wir sind werdend, wir sind Möglichkeiten, es gibt für uns keine Vollkommenheit, kein völliges Sein. Dort aber, wo wir von der Potenz zur Tat, von der Möglichkeit zur Verwirklichung schreiten, haben wir teil am wahren Sein, werden dem Vollkommenen und Göttlichen um einen Grad ähnlicher. Das heißt sich verwirklichen.“*[132]

132 Hermann HESSE, Narziß und Goldmund (1930), Frankfurt am Main 1996, 272-273. Zur Abfassungszeit des Romans *Narziß und Goldmund* hat sich Hesse eingängig mit Thomas von Aquin und seiner *Summe der Theologie* auseinandergesetzt, so schreibt er: *„Es stehen aber hinter dieser spröden gläsernen Wand der scholastischen Sprache Schätze aufbewahrt, die das Erobern lohnen. Man kann diese Partituren nun einmal nicht herunterlesen wie Feuilletons. Sie bezeichnen eine Denk-Musik, deren Kennenlernen manche Mühe lohnt."* Hermann HESSE, *Thomas von Aquino „Summe der Theologie"* (1934), in: ders., Sämtliche Werke, Band 19, Volker MICHELS (hrsg.), Frankfurt am Main [2]2021, 479. Durch Thomas könnte Hesse verstärkt die rationale Auseinandersetzung mit der Gottesfrage kennengelernt haben nach dem Grundsatz *fides quaerens intellectum* (zu deutsch: Glaube, der nach Erkenntnis sucht). Dies würde auch seinen Logozentrismus in seinem Spätwerk begründen, wie z.B. im *Glasperlenspiel*, hier liegt der Schwerpunkt eindeutig auf dem göttlichen Geist bzw. auf dem Weltgeist. Hatte doch Hesse davor oft versucht, die Seele, den Trieb, das Unbewusste gegenüber dem Geist zu behaupten und beide Pole in ein ausgewogenes Verhältnis zu bringen.

Hans Küng macht deutlich, dass spätestens mit dem Roman *Narziß und Goldmund* eine Korrektur des Gottesverständnisses bei Hesse erfolgt und dass dies eben nicht nur für sein Werk von Bedeutung war, sondern auch für den Menschen Hesse. Hesse vollzieht damit eine Rückkehr zur großen theologisch-philosophischen Tradition des Abendlandes und gleichzeitig eine endgültige Distanzierung von „Abraxas", der Gottesvorstellung des *Demian*-Romans. Hesse sei in seinen Augen eindeutig ein Denker mit starken christlichen Wurzeln, die ihn ein Leben lang prägten und zu denen er schließlich ab dem Jahre 1930 auch verstärkt zurückkehrte.[133]

Gerade auch in dem Gedicht *Besinnung* aus dem Jahre 1933 kann man Hesses persönliche Wandlung gut nachvollziehen, es ist eine Wende von der *„intellektfeindlichen, amoralisch-sensuellen Mutterwelt der Seele hin zur Sphäre des väterlichen Geistes."*[134] Das Gedicht ist ein Bekenntnis zum Primat des Geistes und zum Unterschied zwischen Schöpfer und Geschöpf. Das Gedicht ist eine Rückbesinnung auf seine christliche Herkunft, so erläutert Hesse in einem Brief zur Erklärung: *„Der ‚Geist' in meinem Gedicht ist nicht nur göttlich, er ist Gott, er ist nicht pantheistisch gemeint."*[135] Schon

Hatte noch Hesse im *Steppenwolf* die beiden Pole, die zwei Seelen unversöhnt zur Darstellung gebracht, so kommt es bei *Narziß und Goldmund* endlich zur Versöhnung beider Kräfte, eine versöhnte Doppelpoligkeit ist jetzt für Hesse das anzustrebende Ideal. Vgl. KÜNG, *Nahezu ein Christ?*, 204.

133 Vgl. KÜNG, *Nahezu ein Christ?*, 205. Gellner kommentiert diese Veränderung im Gottesbild von *Demian* hin zu *Narziß und Goldmund* wie folgt: *„Und in der Tat: Welch eine Wandlung, welch eine Metamorphose liegt hier gegenüber dem psychologisierend-pantheisierenden Gottesbild des ‚Demian'-Romans vor!"* GELLNER, Spiritualität des Ostens,172.

134 Ebd., 172.

135 Hermann HESSE, *Aus Briefen über das Gedicht „Besinnung"* (1933), in: ders., Mein Glaube, 77. Der Grund für Hesses Anliegen, ein Glaubensbekenntnis zu formulieren, kann in Zusammenhang gesehen werden mit der Streitdebatte um Ludwig Klages' vieldiskutiertes Buch *Der Geist als Widersacher der Seele* (1929/1932). Klages vertritt darin ganz im Geiste Nietzsches und der Matriarchatsmythologie Johann Jakob Bachofens eine biozentrische Weltanschauung, die die seelischen Lebenskräfte metaphysierte und den Geist dagegen aber als lebenshemmendes Ordnungsprinzip verneinte. So schreibt Hesse: *„Sie vermuten richtig, daß dem Gedicht eine Wandlung zu Grund liegt, nämlich eine beginnende ‚Besinnung' auf meine Herkunft, welche christlich ist. Das Bedürfnis zur Formulierung aber entstand*

hier wird deutlich, dass sich Hesse nun eindeutig als logozentrisch bekennt und damit endgültig die Thematik (Der Geist als die Bestimmung des Menschen) seiner beiden Spätwerke *Die Morgenlandfahrt (1932)* und *Das Glasperlenspiel (1943)* einläutet. Hier abschließend das Gedicht *Besinnung* (November 1933), ohne Zweifel ein Bekenntnis zu seinen christlichen Wurzeln und seiner christlichen Überzeugung: [136]

„Göttlich ist und ewig der Geist.
Ihm entgegen, dessen wir Bild und Werkzeug sind,
Führt unser Weg; unsere innerste Sehnsucht ist:
Werden wie Er; wandeln in Seinem Licht.

Aber irden und sterblich sind wir geschaffen,
Träge lastet auf uns Kreaturen die Schwere.
Hold zwar und mütterlich warm umhegt uns Natur,
Säugt uns Erde, bettet uns Wiege und Grab;
Doch befriedet Natur uns nicht,
Ihren Mutterzauber durchstößt
Des unsterblichen Geistes Funke
Väterlich, macht zum Manne das Kind
Löscht die Unschuld und weckt uns zu Kampf und Gewissen.

So zwischen Mutter und Vater;
So zwischen Leib und Geist
Zögert der Schöpfung gebrechlichstes Kind,
Zitternde Seele Mensch, des Leidens fähig
Wie kein andres Wesen, und fähig des Höchsten:
Gläubig, hoffender Liebe.

Schwer ist sein Weg, Sünde und Tod seine Speise,
Oft verirrt er ins Finstre, oft wär ihm
Besser, nicht erschaffen zu sein.

---

aus dem aktuellen Streit um ‚biozentrische' oder ‚logozentrische' Anschauungsart, und ich wollte mich deutlich zu ‚logozentrisch' bekennen." Hermann HESSE, *Brief an einen Vikar vom 3. März* (1935), in: ders., Ausgewählte Briefe, 139.

136 Vgl. GELLNER, Spiritualität des Ostens, 172-174

Ewig aber strahlt über ihm seine Sehnsucht,
Seine Bestimmung: das Licht, der Geist.
Und wir fühlen: ihn, den Gefährdeten,
Liebt der Ewige mit besonderer Liebe.

Darum ist uns irrenden Brüdern
Liebe möglich noch in der Entzweiung,
Und nicht Richten und Haß,
Sondern geduldige Liebe,
Liebendes Dulden führt
Uns dem heiligen Ziele näher. [137]

Hesse schreibt im Rückblick im Februar 1935 über das Gedicht: *„Irgend einer Gemeinschaft, Kirche oder Sekte gehörte ich nie an, halte mich aber heute nahezu für einen Christen. Ein Bekenntnis, in dem ich möglichst genau die Grundlagen meines jetzigen Glaubens darzustellen versuchte, ist das Gedicht ‚Besinnung'.“*[138] Letztlich ging es Hesse sogar um die Beziehung zu Jesus Christus selbst. Der Dichter wehrt den Vorwurf ab, er habe sein Leben ohne Christus verbracht, so schreibt er:[139]

> *„Im Irrtum sind Sie mit der Vermutung, ich sei zwar unter Christen aufgewachsen, habe dann aber, andern Göttern folgend, mein Leben ohne Christus geführt. Das ist nicht so: ich bin viele Male im Leben zu Christus zurückgekehrt, tue es heute noch bei jeder Bachschen Passion oder beim Lesen in einem Kirchenvater oder im Gedenken an Eltern und Kindheit. […]. Christus aber ist nicht ein Dichter*

137 Hermann HESSE, *Besinnung* (1933), in: ders., Sämtliche Werke, Band 10, Volker MICHELS (hrsg.), Frankfurt am Main ^{5}2021, 324-325.
Wege nach Innen. 25 Gedichte, Siegfried UNSELD (hrsg.), Frankfurt am Main 2000, 37-38. Das Gedicht *Besinnung* kann als Versuch von Hesse gewertet werden die Fundamente seines Glaubens in Worten zu skizzieren. Es ist ein klares Bekenntnis an den Glauben an den Geist und die Geist-Bestimmung des Menschen. Ebenso kommentiert Hesse sein Gedicht *Besinnung* mit den folgenden Worten: *„Ich habe bisher erst ein einzigesmal, eben in jenem Gedicht, den Versuch gemacht, etwas von dem zu äußern, was man meine Rückkehr zum Glauben der Väter nennen könnte.“* Hermann HESSE, *Brief* (1935), in: ders., Mein Glaube, 81.

138 Hermann HESSE, *Brief Februar* (1935), in: ders., Mein Glaube, 78.

139 Vgl. KÜNG, *Nahezu ein Christ?*, 230.

gewesen, sein Licht war nicht an eine vereinzelte Sprache gebunden und an eine kurze Epoche, er war und ist ein Stern, ein Ewiger. Wären seine Kirchen und Priester so wie er selbst, dann bedürfte es der Dichter nicht."[140]

Hesse hatte aber mit dem christlichen Anspruch auf Exklusivität seine Schwierigkeiten, die sich vor allem bei der Frage der Gottessohnschaft Christi einstellten. Zu sehr wurde Hesse damit konfrontiert, dass mit der Gottessohnschaft Jesu sich die christliche Selbstgerechtigkeit, der kirchliche Triumphalismus und der dogmatische Exklusivismus begründete. Für Hesse war klar, man könne durchaus „*Jesus lieben und doch die anderen Wege zur Seligkeit, die Gott den Menschen gewiesen hat, in ihrem vollen Wert gelten lassen.*"[141]

3.6. Transreligiöser Eklektizismus mit diversen Gottesvorstellungen

„*Hesses Suche nach sich selbst ist immer eine Suche nach der wahren Religion, die seinem Selbst Erlösung verschafft.*"[142] Zu Hesses Leben und Werk gehören wesentlich das Phänomen der Religion. Dabei hat Hesses religiöses Suchen und Fragen aber immer auch eine therapeutische Funktion, da seine religiösen Antwortversuche meist primär Lösungsansätze für seine eigene seelische Zerrissenheit darstellen. Hesses religiöser Glauben, seine Gottesvorstellungen und auch metaphysischen Überzeugungen lassen sich nicht eindeutig fassen und festlegen. Der Dichter hat, wie dieses Kapitel eindrücklich demonstriert hat, in den verschiedenen Phasen seines Lebens verschiedene Weisheitslehren und Religionen in seinem Leben Raum gegeben. Sein Zugang zur Religion ist gleichsam ein Sammelbecken, ein „Melting-Pot" von Glaubenswahrheiten unterschiedlichster Couleur. Es ist also nicht möglich, Hesse auf ein bestimmtes religiöses Bekenntnis und ein bestimmtes philosophisches Weltbild zu reduzieren. Letztlich wird

140 Hermann HESSE, *Briefauszug* (1950), in: ders., Mein Glaube, 118.

141 Hermann HESSE, *Betrachtung* (1950), in: ders,. Mein Glaube, 114. Ebenso vgl. KÜNG, *Nahezu ein Christ?*, 230-231.

142 ROHLS, *Hesse – Der fromme Weg zu sich selbst*, 236.

es auch nicht möglich sein, ein einziges oder dauerhaftes Gottesbild für Hesse zu erklären. Phasenweise hing er mal stärker dieser und dann wieder jener Gottesvorstellung oder geistigen Strömung an. Immer wieder lassen sich Kristallisationspunkte verschiedener religiöser, philosophischer und geistesgeschichtlicher Richtungen in seiner Literatur und auch in privaten Zeitdokumenten (vor allem in Briefen) nachweisen.[143]

Als Fazit kann festgehalten werden, dass Hesses vielfältige Zugänge zur Religion mit einem „transreligiösen Eklektizismus“[144] als eine Suche nach Einheit beschrieben werden können. Ferner bringt das folgende Zitat von Uwe Wolff, meines Erachtens, Hesses Verhältnis zu Religion sehr trefflich auf den Punkt:

> *„Hesse war nie ein Theoretiker der Literatur, Philosophie und Mythologie, sondern ein Theorien Nachfühlender. Daher war er zeitlebens der Wanderer und Sucher in allen Gebieten der Mythologie und Religion. Da wo er meinte, sein eigenes inneres Seelenleben in Sprache ausgedrückt vorzufinden, verweilte er und verarbeitete das Gefundene in seinem Werk. In diesem Sinne müssen wir auch seine Begegnung mit der Jungschen Psychoanalyse verstehen.“*[145]

In Hesses Werk finden sich unzählige und auch ganz unterschiedliche Äußerungen und Darstellungen, was Gott für ihn bedeutet oder wie Annäherungen an das Göttliche bzw. Erfahrungen mit dem Göttlichen/Absoluten möglich sind. Hesse vereinigt in seinem Werk ganz unterschiedliche Gottesvorstellungen und Gottesbilder. Hesse hat nie ein fertiges Gedankensystem über seinen Gottesbegriff oder seine Gottesvorstellung formuliert, er hat sich davor gescheut, eine eigene ideologisch starre Theologie zu entwickeln.[146]

143 Vgl. zu diesem Abschnitt das Kapitel *Der christliche Weg zu Gott verbaut*, in: KÜNG, *Nahezu ein Christ?*, 162-167.

144 Die Begrifflichkeit „Transreligiöser Eklektizismus“ ist keiner Sekundärquelle entnommen, sondern eine eigene Wortschöpfung, da sie, meines Erachtens, auf adäquate Weise Hesses Zugang zur Religion zum Ausdruck bringt.

145 Uwe WOLFF, Hermann Hesse. Demian – Die Botschaft vom Selbst, Bonn 1979, 25.

146 Vgl. MICHELS, Hesse und die Weltreligionen, 12.

Dennoch können Hesses grundlegendste Gottesvorstellungen und Zugänge zum Absoluten/Göttlichen wie folgt zusammengefasst werden:

1. Selbstverwirklichung als ein Hören auf den Ruf Gottes: Gott ist für ihn keine Transzendenz, die außerhalb der Welt, außerhalb der Natur oder außerhalb des Menschen zu finden ist. Gott ist für Hesse vor allem eine Potenz, eine Dynamik, die im Innern des Menschen anzutreffen ist und die Wirklichkeit wird, wenn der Mensch nach Selbstverwirklichung strebt und seinen vorgegebenen Anlagen zur Entfaltung verhilft. Gott entsteht da, wo der Mensch um die Verwirklichung seiner Möglichkeiten ringt und dadurch sein Leben immer wieder erneuert. Der Weg zur Erlösung führt für Hesse immer ins eigene Herz, in die eigene Mitte und Tiefe der Seele. Nur dort ist für Hesse auch der Ort, an dem Gott anzutreffen ist. Für Hesse kommt der Mensch in Berührung mit dem Göttlichen, wenn er sich seiner ureigenen Bestimmung stellt und die Aufgabe meistert, seine individuellen Anlagen zur Verwirklichung zu bringen.[147] Gelingt es uns an den wesentlichen Kern der Seele heranzukommen, der ewig und göttlich ist, und diesen wider aller Anpassungszwänge von außen zu behaupten und zu entwickeln, dann kann sich die unverwechselbare Größe und Ganzheit der Persönlichkeit ausbilden. Das Ergebnis unseres Strebens nach Selbstwerdung wird eine Annäherung an das sein, was Gott ausmacht.[148]

---

147 Entsprechend formuliert Hesse seinen Lebensglauben: *„Ich glaube an den Menschen als an eine wunderbare Möglichkeit, die auch im größten Druck nicht erlischt und ihm aus der größten Entartung zurückzuhelfen vermag, und ich glaube, diese Möglichkeit ist so stark und so verlockend, daß sie immer wieder als Hoffnung und als Forderung spürbar wird, und die Kraft, die den Menschen von seinen höhern Möglichkeiten träumen lässt und ihn immer wieder vom Tierischen wegführt, ist wohl immer dieselbe, einerlei ob sie heute Religion, morgen Vernunft und übermorgen wieder anders genannt wird. Das Schwingen, das Hin und Her zwischen dem realen Menschen und dem möglichen, dem erträumbaren Menschen ist dasselbe, was die Religionen als Beziehung zwischen Mensch und Gott auffassen. Dieser Glaube an die Menschen, das heißt daran, daß der Sinn für Wahrheit, das Bedürfnis nach Ordnung dem Menschen innewohnt und nicht umzubringen ist, hält mich über Wasser."* Hermann HESSE, *Brief an R. J. Humm vom 8. Juli* (1938), in: ders., Ausgewählte Briefe, 176-177.

148 Vgl. Ebd., 19-22. Dass Hesse den Selbstverwirklichungsprozess des Menschen mit Gott verknüpft, wird wohl vor allem bedingt durch die Auseinandersetzung mit der Tiefenpsychologie von C. G. Jung. Hier wird im Individuationsprozess

So schreibt Hesse in seinem Roman *Narziß und Goldmund*: *„Dort aber, wo wir von der Potenz zur Tat, von der Möglichkeit zur Verwirklichung schreiten, haben wir teil am wahren Sein, werden dem Vollkommenen und Göttlichen um einen Grad ähnlicher. Das heißt sich verwirklichen.“*[149]

Hesse beschreibt seinen Glauben als einen individuellen Ruf, als ein Erlebnis, als ein Hören auf eine Stimme eines höheren Sinnes. Theologisch gesprochen: Gott ruft jeden Menschen bei seinem Namen und gibt ihm so seine Berufung. Für Hesse wird sein Glaube konkret erfahrbar in Momenten, in denen er ganz lebendig ist und sich selbst verwirklicht und so dem Leben und dem Schicksal ganz uneingeschränkt dienen kann. Dieser Glaube ist es, der jeden Menschen zu seiner ganz eigenen Bestimmung führt. Das folgende Zitat zeigt noch einmal deutlich, wie Hesse die Selbstverwirklichung des Menschen als ein Hören auf Gottes Ruf begreift:

> *„Der Glaube, den ich meine, ist nicht leicht in Worte zu bringen. Man könnte ihn etwa so ausdrücken: Ich glaube, daß trotz des offensichtlichen Unsinns das Leben dennoch einen Sinn hat, ich ergebe mich darein, diesen letzten Sinn mit dem Verstand nicht erfassen zu können, bin aber bereit, ihm zu dienen, auch wenn ich mich dabei opfern muß. Die Stimme dieses Sinnes höre ich in mir selbst, in den Augenblicken, wo ich wirklich und ganz lebendig und wach bin. Was in diesen Augenblicken das Leben von mir verlangt, will ich versuchen zu verwirklichen, auch wenn es gegen die üblichen Moden und*

---

der Gottesbegriff mit dem „Archetyp des Selbst“ gleichgesetzt. Die Lehren Jungs konnten einen so großen Reiz auf Hesse ausüben, weil ihm hier ein Weg zu Gott vorgestellt wurde, der in der Tiefe der eigenen Seele beginnt. Das Jungsche „Selbst“, die Erfahrung der Totalität und Ganzheit der Psyche wurde für Hesse zu einem Gott im Ich. So schreibt Hesse: *„Seit vier Jahren habe ich, in meiner anderen Welt, als Dichter, keinen anderen Gedanken, keinen anderen Glauben so stark und vielfach in mir bewegt und vielfältig auszudrücken gesucht wie den vom Gott im Ich und dem Ideal der Selbstverwirklichung.“* Hermann HESSE, *Rezension über Keyserlings ‚Reisetagebuch eines Philosophen‘* (1920), in: ders., Sämtliche Werke, Band 18, Volker MICHELS (hrsg.), Frankfurt am Main [2]2016, 186. Diese Korrelation des Individuellen mit dem Absoluten entsprach Hesses Gottesvorstellung, der „Gott im Ich“, dies hat er in allen seinen Werken auf unterschiedliche Weise verarbeitet.

149 HESSE, Narziß und Goldmund, 273.

Gesetze geht. Diesen Glauben kann man nicht befehlen und sich nicht zu ihm zwingen. Man kann ihn nur erleben. So wie der Christ die ‚Gnade' nicht verdienen, erzwingen oder erlisten, sondern nur gläubig erleben kann. Wer es nicht kann, der sucht seinen Glauben dann bei der Kirche, oder bei der Wissenschaft, oder bei den Patrioten oder Sozialisten, oder irgendwo, wo es fertige Moralen, Programme und Rezepte gibt. Ob ein Mensch fähig und bestimmt ist, den schweren und schöneren Weg zu gehen, der zu einem eigenen Leben und Sinn führt, das kann ich nicht beurteilen, auch nicht wenn ich ihn mit Augen sehe. Der Ruf ergeht an Tausende, viele gehen den Weg ein Stück weit, wenige gehen ihn bis über die Grenze der Jugend hinaus, und vielleicht gar niemand geht ihn völlig zu Ende."[150]

2. Vermittlung des Göttlichen durch beseelte Kunst: Weitere Erscheinungsformen Gottes oder Annäherungen an das Göttliche sieht Hesse deutlich in der Kunst. Diese ist für ihn eine Schwester der Religion. Hesse weiß um die spirituelle Wirkung der Musik,[151] denn sie bewirkt eine Versinnlichung des Geistes und eine Vergeistigung der Sinne, wie es sich beispielsweise in der Musik von Bach oder Mozart äußert. Die Ästhetik, die Annäherung an das Schöne und Erhabene, wird bei Hesse zur Annäherung an das Göttliche in der Welt.[152]

3. Pantheismus – Gott als Immanenz in allem: Dass es Gott gibt, lässt sich nicht wissenschaftlich belegen und nachweisen, dennoch glauben Menschen an seine Existenz. Hesse vertrat in diesem Zusammenhang die

150 Hermann HESSE, *Betrachtung* (1930), in: ders., Mein Glaube, 98. Für Hesse war klar, dass wenn der Mensch seine von Gott und von der Natur gegebenen Gaben und Anlagen zur Entfaltung bringt, dann tut er das Höchste und Sinnvollste, was er tun kann. Dieser Punkt, also dass die Selbstverwirklichung gerade ein Weg zu Gott darstellt, steht Hesses früherer religiösen Erziehung diametral entgegen, hier waren das Ich und der eigene Wille mit Gott unvereinbar. Im Pietismus seiner Kinder- und Jugendtage wurde gerade nicht die Verwirklichung des Ichs, sondern die Ichauslöschung als eine Annährung an Gott bewertet. Vgl. MICHELS, Die Antwort bist Du selbst, 24.

151 Zu dem Themenbereich Hesse und die Kunst, insbesondere sein Verhältnis zur Musik, vgl. Hermann HESSE, Musik. Betrachtungen, Gedichte, Rezensionen und Briefe, Volker MICHELS (hrsg.), Frankfurt am Main 1986.

152 Vgl. MICHELS, Hesse und die Weltreligionen, 23.

Haltung, dass der Mensch allem Unerforschlichen und Unerklärlichen mit dem Glauben begegnen müsse. So glaubt Hesse, auch wenn Gott unerkennbar ist, offenbart er sich doch in der gesamten Natur, in der unerschöpflichen Vielfalt der Erscheinungsformen. Gott und Welt, Gott und die Natur werden gleichgesetzt, sind identisch. Der Pantheismus ist eine All-Einheitslehre und postuliert eine Immanenz Gottes und damit die Ununterscheidbarkeit von göttlichem und naturgesetzlichem Wirken. Hesse hat schon als junger Schriftsteller durch seinen poetischen Pantheismus die Gegenwart des Göttlichen in der Schönheit und Erhabenheit der Dinge und der Natur verehrt. Es ist eine Naturfrömmigkeit im Geiste der Romantik, wie Hesse sie eindrücklich in seinem Roman *Peter Camenzind* geschildert hat.[153]

4. Die Erfahrung der göttlichen Einheit (vom Ich zum Selbst): Die wohl stärkste und entscheidende Gottesvorstellung in seinem Leben ist für Hesse der Gedanke der göttlichen Einheit. Oft beschreibt Hesse in seiner Prosa Einheitserfahrungen, Seelenbewegungen, die einer *unio mystica* gleichkommen, also das Einswerden der menschlichen Seele mit der Welt und mit Gott. Hesse kreist in seinen Texten immer wieder um die Themen der seelischen Entgrenzung, der Transzendenzerfahrung, das Aufgehen der Einzelseele in der Weltseele (auch Allseele oder All-Eine genannt). Hesse glaubt an einen Gott als Einheit hinter den Gegensätzen:

> *„Ich glaube an nichts in der Welt so tief, keine andere Vorstellung ist mir so heilig wie die der Einheit, die Vorstellung, daß das Ganze der Welt eine göttliche Einheit ist und daß alles Leiden, alles Böse nur darin besteht, daß wir einzelne uns nicht mehr als unlösbare Teile des Ganzen empfinden, daß das Ich sich zu wichtig nimmt. Viel Leid hatte ich in meinem Leben erlitten, viel Unrecht getan, viel Dummes und Bitteres mir eingebrockt, aber immer wieder war es mir gelungen,*

153 Vgl. Ebd., 8. Christoph Gellner plädiert in diesem Kontext dafür, bei Hesse sogar von einem Panentheismus zu sprechen, da Gott bei Hesse durchaus der Welt immanent ist und zugleich zu ihr transzendent ist. Die Welt ist also in Gott enthalten, Gott übersteigt die Welt jedoch. Ob Hesse Gott als identisch mit der Welt gedacht hat oder ob er auch diese übersteigt, ist weder aus der Primärliteratur noch aus der Sekundärliteratur eindeutig abzuleiten. Resultativ könnte man festhalten, dass sich Hesse zwischen einem Pantheismus und einem Panentheismus bewegt.

mich zu erlösen, mein Ich zu vergessen und hinzugeben, die Einheit zu fühlen, den Zwiespalt zwischen Innen und Außen, zwischen Ich und Welt als Illusionen zu erkennen und mit geschlossenen Augen willig in die Einheit einzugehen."[154]

In der Synthese von indisch-mystischem Einheitsdenken, von chinesisch-weisheitlicher Komplementarität, Jungscher Ganzheitspsychologie und christlicher Liebesspiritualität zeichnet Hesse immer wieder Wege in seinen Schriften, die eine individuumsüberschreitende Bewusstseinsöffnung beschreiben und in eine Erfahrung des Absoluten, der Transzendenz und des All-Einen münden. Hierbei ist aber zwischen zwei verschiedenen Prozessen zu differenzieren. Zunächst strebt der Mensch nach Selbstverwirklichung und in diesem Streben geht er auch Gott entgegen (wie gerade im ersten Unterpunkt *Selbstverwirklichung als ein Hören auf den Ruf Gottes* dargestellt). Bei dieser Stufe geht es um die Entfaltung der Persönlichkeit, um die Individuation. Dies ist aber nur der erste Teil des Weges zu einem höheren Leben, zu einem wahren Menschsein. Die zweite Stufe vom Ich zum Selbst und damit einhergehend die Erfahrung der Einheit, der Transzendenz, ist die Überwindung der individuellen Ichbezogenheit und der Durchbruch ins Überindividuelle. Geht es bei der Emanzipation des Einzelnen um das Werden der Persönlichkeit, so muss es in einem zweiten Schritt um die Notwendigkeit einer spirituellen Entwicklung zum Transpersonalen gehen.[155]

---

154 Hermann HESSE, *Über die Einheit* (1923). in: ders., Mein Glaube, 20. Und weiter führt Hesse seine Einheitsvorstellung aus, 21: *„Die Einheit, die ich hinter der Vielheit verehre, ist keine langweilige, keine graue, gedankliche, theoretische Einheit. Sie ist ja das Leben selbst, voll Spiel, voll Schmerz, voll Gelächter. Sie ist dargestellt worden im Tanz des Gottes Shiva, der die Welt in Scherben tanzt, und in vielen anderen Bildern, sie weigert sich keiner Darstellung, keinem Gleichnis. Du kannst jederzeit in sie eintreten, sie gehört dir in jedem Augenblick, wo du keine Zeit, keinen Raum, kein Wissen, kein Nichtwissen kennst, wo du aus der Konvention austrittst, wo du in Liebe und Hingabe allen Göttern, allen Menschen, allen Welten, allen Zeitaltern angehörst."* Ebenso versteht Hesse unterschiedliche Persönlichkeiten der Weltgeschichte als Ausdruck dieser Einheit, als *„Vielfalt des Einen"* und benennt dafür Buddha, Jesus, Kant, Spinoza, Aristoteles, Nietzsche, Schubert und andere, vgl. Hermann HESSE, *Brief* (1915), in: ders., Mein Glaube, 86.

155 Vgl. GELLNER, *Hesse und Faszination fernöstlicher Spiritualität heute*, 160-161.

„Auch die christlich-asketische Spekulation sieht ja in der Persönlichkeit zwar eine wichtige Stufe, denn die Individuation ist auch für sie ein heiliger Prozeß, sie sieht aber in der Individuation nur den ersten Teil des Weges zum wahren Menschen, der zweite Teil führt über die Persönlichkeit hinaus, wie ja auch das Endziel allen religiösen Strebens das völlige Aufgehen in Gott, also das Erlöschen der Person ist.“[156]

Dieses religiöse Ideal von der göttlichen Einheit aller Dinge, das Hesse vor allem durch die alte indische Weisheitslehre des *Advaita-Vedanta* kennengelernt hatte, bezog Hesse in erster Linie auf die Existenz des Menschen. Die ganzheitliche Verbundenheit allen Lebens ebnete ihm einen Weg, der alles Ichhafte, alle Vorstellungen des Unterschieds hinter sich lässt und ins Transpersonale führt. So beschreibt Hesse die menschliche Identitätssuche in seinen Romanen in der Regel als religiöse Suche nach Gott im eigenen Innern, als eine *„Transego-Erfahrung, eine spirituelle Erfahrung eines überindividuellen Selbst hinter, vor, unter oder jenseits des Ichs“*[157]. Das Selbst wird in den Religionen als das Eine, Atman, Tao oder Gott vorgestellt.[158]

156 Hermann HESSE, *Brief an Fritz Marti vom 10. Januar* (1923), in: ders., Materialien zu ‚Siddhartha', Band 1, 184. In diesem Kontext schreibt Hesse an anderer Stelle so darüber: *„Daß vieles im Demian für sie häßlich und feindselig aussehen muß, ist mir klar. Dies Buch betont den Individuationsprozß, das Werden der Persönlichkeit, ohne das kein höheres Leben ist. Und bei diesem Prozeß, wo es lediglich Treue gegen sich selber gilt, gibt es eigentlich nur einen großen Feind: die Konvention, die Trägheit, das Bürgertum. Lieber sich mit allen Teufeln und Dämonen schlagen, als den verlogenen Gott der Konvention annehmen! Dies ist ein jugendlicher und protestantischer Standpunkt, den ich indessen noch heute vertrete, sobald es sich um das Werden der Individualität handelt. Daß mir die andere Seite unserer Aufgabe und Bestimmung, die größere, göttliche, das Überwinden der Persönlichkeit und das Durchdrungenwerden von Gott, auch bekannt ist, haben Sie aus dem Siddhartha gesehen. Ich selber sehe diese zwei Bücher keineswegs als Widersprüche, sondern als Stücke desselben Weges."* Hermann HESSE, *Brief an Frederik von Eeden vom 3. Februar* (1923), in: ders., Materialien zu ‚Siddhartha', Band 1, 186-187.

157 Christian SCHARFETTER, Allgemeine Psychopathologie. Eine Einführung. Stuttgart / New York [6]2010, 72.

158 Vgl. GELLNER, *Hesse und die Faszination fernöstlicher Spiritualität heute*, 161-162.

Diese Transego-Erfahrung eines überindividuellen Selbst, das ist für Hesse wohl der entscheidende Zugang zu Gott im eigenen Innern, die Namen und Begriffe der Religionen dafür sind vielfältig, bezeichnen sie für ihn doch alle dasselbe:

> *„Sie nehmen an, das Leben aus dem eigenen Ich heraus sei einfach Egoismus. Das scheint aber nur so für den Europäer, der vom Ich nichts weiß. Das Ich, das der Suchende meint, und mit dem sich die ganze außereuropäische Gedankenwelt, mit Ausnahme der europäischen Wissenschaft, seit drei Jahrtausenden beschäftigt, dies ‚Ich' ist nicht der einzelne Mensch, wie er sich fühlt und vorkommt, sondern es ist der innerste, wesentliche Kern jeder Seele, den der Inder ‚Atman' nennt, und der göttlich und ewig ist. Wer dies Ich findet, sei es auf dem Wege Buddhas oder der Veden oder des Lao Tse oder Christi, der ist in seinem Innersten verbunden mit dem All, mit Gott und handelt aus einem Einverständnis mit ihm heraus. [...] Wer jenes echte Ich sucht, der sucht zugleich die Norm alles Lebens, denn dies innerste Ich ist bei allen Menschen gleich, es ist Gott, es ist der ‚Sinn'. [...] Das Vollkommenste an solchen Gedanken hat das alte Indien hervorgebracht, und die Gedanken der Veden sind in Indien heute noch jedem Geistigen völlig gegenwärtig und lebendig. Wenn Jesus sagt ‚Das Himmelreich ist inwendig in euch', so meint er genau dasselbe, und ebenso Lao Tse.“*[159]

Diese Grundüberzeugung, dass das Ich in einem allumfassenden Ganzheitsgrund verwurzelt ist, daraus resultiert für Hesse auch eine echte Verbundenheit mit allen Menschen, echtes Mitgefühl und Anteilnahme, eine kosmische Solidarität. Aus der Grundverbundenheit mit dem Ganzen der Wirklichkeit rührt die durchdringende Liebe und Sympathie für alle Dinge und für alle Wesen her und dies ist zugleich die Motivation jeder konkreten Nächstenliebe. Im Schnittpunkt von östlicher Weisheit, biblischem Christentum und Jungscher Ganzheitspsychologie dürfte Hesses Religiosität kulminieren.[160]

---

159 Hermann HESSE, *Brief im Februar* (1920), in: ders., Mein Glaube, 89-90.

160 Vgl. GELLNER, *Hesse und die Faszination fernöstlicher Spiritualität heute*, 163-164.

Abschließend ist zu sagen, dass Hesse die *„Monopolisierung Gottes, das Alleinrechthabenwollen“*[161] als eine christliche Anmaßung verurteilt. Hesse dagegen praktiziert im Hinblick auf die Religionen einen transreligiösen Eklektizismus. Durch diese selektive Methode in der Auseinandersetzung mit den Religionen kann hier kritisch angemerkt werden, dass es Hesse durch diese Vorgehensweise aber nur schwer möglich ist, den Wesenskern der verschiedenen Religionen auch wirklich zu erfassen. Hesse bildet sich seine eigene Privatreligion, mit der er aber auch völlig alleine bleibt. Sein zentrales Anliegen bei seiner religiösen Suche, sein lebenslanges Umherschweifen in allen Gebieten des menschlichen Geistes war der Versuch einer Zusammenschau und Versöhnung aller Phänomene der menschlichen Psyche. Dies ist letztlich die bleibende Bedeutung seiner Werke und auch seine persönliche Art und Weise gewesen, Religion zu denken, zu deuten und schließlich in seiner Literatur zu verarbeiten.[162]

Der Glaube an die Einheit bedeutet letztlich für Hesse ein Loslassen von einem konfessionellen Bekenntnis, ein Verschreiben einer einzigen Religion mit Exklusivanspruch. Hesse wird durch seine religiöse Suche immer mehr zu einem Befürworter einer Subjektivierung und Individualisierung des Religiösen. *„Als Individualist sucht er nach religiöser Tiefe, die in seinen Augen allein dem Leben Sinn zu verleihen vermag.“*[163] Im Laufe seines Lebens und auch in seinem literarischen Werk hat er immer wieder auszudrücken versucht, dass jeder Mensch seinen ganz eigenen Weg zu Gott suchen und finden müsse. Hesse kennt die Traditionen seiner christlichen Herkunft gut, doch scheut er sich nicht davor, durch die Begegnung mit anderen Religionen und Weisheitslehren seinen eigenen Standpunkt zu erweitern und letztlich zu bereichern. Seine Person und sein Werk fordern letztlich einen Dialog der Kulturen und Religionen ohne gegenseitige Bekehrungsansprüche und Profilierungsversuche. So schreibt Hesse 1955:[164]

---

161 HESSE, *Brief* (1923), in: ders., Mein Glaube, 93.

162 Vgl. WOLFF, Demian – Die Botschaft vom Selbst, 63-64.

163 ROHLS, *Hesse – Der fromme Weg zu sich selbst*, 243.

164 Vgl. KUSCHEL, *Auf der Suche nach einer geistigen Einheit*, 230,232.

> *„Die ernsthafte und fruchtbare Verständigung zwischen Ost und West ist nicht nur auf politischem und sozialem Gebiet die große, noch unerfüllte Forderung unserer Zeit, sie ist eine Forderung und Lebensfrage auch auf dem Gebiet des Geistes und der Lebenskultur. Es geht heute nicht mehr darum, Japaner zum Christentum, Europäer zum Buddhismus oder Taoismus zu bekehren. Wir sollen und wollen nicht bekehren und bekehrt werden, sondern uns öffnen und weiten; wir erkennen östliche und westliche Weisheit nicht mehr als feindlich sich bekämpfende Mächte, sondern als Pole, zwischen denen fruchtbares Leben schwingt.“*[165]

4. Die Tiefenpsychologie C. G. Jungs – Einflüsse auf Hesses Leben und Werk

4.1. Lebenskrise und die heilsame Begegnung mit der Psychoanalyse

Die politisch-gesellschaftliche Krise des Ersten Weltkrieges ist für Hermann Hesse auch eine Phase der persönlichen Lebenskrise, die von gleich mehreren unterschiedlichen Faktoren hervorgerufen wird: der Tod des Vaters im Frühjahr 1916, die psychischen Störungen seiner Frau Mia verdichten sich und führen in eine tiefe Ehekrise, der jüngste Sohn Martin erkrankt an einer Hirnhautentzündung und Hesses Tätigkeit bei der Kriegsgefangenenfürsorge beansprucht ihn massiv. Als Folge der Ehekrise kommen seine Kinder in fremde Obhut und Hesses eigene Suche nach dem eigenen Selbstverständnis als Dichter und damit verbunden die Frage nach der ihm passenden Lebensform wird für ihn immer virulenter. Ebenso erkennt Hesse in dieser schweren Lebensphase, dass seine psychischen Leiden und seine Gewissenskonflikte vor allem auch aus der Kindheit von seiner pietistisch-religiösen Erziehung herrühren. All dies führt dazu, dass Hesse einen Nervenzusammenbruch erleidet und sich als psychisch labil

165 Hermann HESSE, *Brief an seine Leser in Japan* (1955), in: ders., Mein Glaube, 121.

und depressiv erlebt. Er sehnt sich nach einem Neuanfang.[166] Aufgrund dieser Lebenskrise und dem Wunsch nach Neuorientierung unterzieht sich der Schriftsteller im Jahre 1916 einer ausführlichen Psychoanalyse (70 Sitzungen) bei dem Jung-Schüler Joseph Bernhard Lang.[167] Diese Therapie ermöglicht es Hesse, dass er sich über einen längeren Zeitraum mit sich und seinem eigenen Seelenleben auseinandersetzen kann. Diese Begegnung mit der damals noch jungen Therapieform der Psychoanalyse wird für Hesse zur Schule unbedingter Wahrhaftigkeit. Hesse beginnt seine persönliche Krise zu überwinden, indem er durch die Psychoanalyse eine authentische Form der Selbstbeobachtung erfährt, es kommt zu einem bedingungslosen Zulassen und Annehmen der eigenen Person. Und er weiß nun auch, dass der Weg der Selbsterkenntnis in die Tiefe der Seele, ins Unbewusste, führt.[168]

Durch die heilsame Erfahrung der Psychoanalyse blickt Hesse erstmals in die verborgenen Abgründe und Widersprüche seiner Psyche. Dabei ging es zentral auch um die traumatische Prägung durch die Religion. Hesses Seele war gespalten, denn die dunklen und triebhaften Regungen in der Tiefe der menschlichen Seele wurden von seiner religiösen Erziehung weggelogen und verteufelt. Diese Gottesvergiftung wird Hesse dann literarisch mit dem *Demian*-Roman ungeschminkt zur Sprache bringen. Dies ist die große befreiende Entdeckung für Hesse, dass in der Tiefe der menschlichen Seele eine Simultanität des Höchsten und Niedrigsten, von Moral und Unmoral,

166 Der „Blick ins Chaos", so bezeichnete Hesse oftmals seine psychoanalytische Arbeit an sich selbst, war Ausdruck für einen Neuanfang im Innern. Äußeres Zeichen für den Weg aus der Krise und für das neue Lebensgefühl war Hesses Umzug ins Schweizer Tessin an den Ort Montagnola in der Nähe von Lugano.

167 Sehr aufschlussreich zum Verhältnis Hesse und Dr. Lang, vgl. Thomas FEITKNECHT, Hermann Hesse. Die dunkle und wilde Seite der Seele. Briefwechsel mit seinem Psychoanalytiker Josef Bernhard Lang (1916–1944), Frankfurt am Main 2006. Lang sprach von der therapeutischen Arbeit mit Hesse als ein Hämmern in den inneren Schächten, als ein Versuch, die dunklen Höllenkreise in seinem Innern auszuleuchten. Wesentlich ging es darum, das bisher Tabuisierte und Unterdrückte zu verstehen und anzunehmen und es nicht länger zu bekämpfen oder zu verurteilen. Vgl. GELLNER, *Hesse und die Faszination fernöstlicher Spiritualität heute*, 152.

168 Vgl. DECKER, Der Wanderer, 302-306.

von Gott und Teufel existiert. Es ist ein Annehmen der unheimlichen Doppelgesichtigkeit des Menschen und seines ambivalenten Seelenlebens. Dies wird dann auch das neue Thema seiner schriftstellerischen Ausrichtung, der literarisch minutiöse Blick in die Polarität und Komplexität der menschlichen Psyche.[169]

> *„Er will zu sich selbst kommen, er muss, er wird. Mitten im Krieg, der den Wert des Einzelnen so krass verhöhnt, hat er eine Psychoanalyse gemacht. Nur Ich und Ich und Ich und seine Träume. Das hat die Flammen seiner kleinen Hölle nicht gelöscht. Gerade schlagen sie wieder hoch. Doch seither ist die Richtung klar, in die er gehen muss. Die kleine Selbsterkenntnis wiegt ihm schwerer als der epochale Überblick. Kein Untergang des Abendlandes, vielmehr: Erkenne dich selbst. Wer es nicht wagt, dem eigenen Inneren zu folgen, vermehrt aus seiner Sicht die Qual und Schuld der Welt.“*[170]

4.2. Hesse und Jung – Tiefenpsychologie und Transzendenz

Inspiriert durch seine eigene Seelenarbeit mit Dr. Lang beginnt Hesse sich intensiv mit der „Analytischen Psychologie“ von Carl Gustav Jung inhaltlich auseinanderzusetzen, dazu gehört auch das Studium seiner Schriften. So liest Hesse 1916 Jungs damaliges Hauptwerk *Wandlungen und Symbole der Libido.* Auch Sigmund Freud[171] liest Hesse mit großem Interesse. Als Hesse im September 1917 anfängt den *Demian* zu verfassen, kommt es sogar

169 Vgl. GELLNER, *Hesse und die Faszination fernöstlicher Spiritualität heute*, 152-153.

170 Thomas LANG, Immer nach Hause, München / Berlin 2016, 224. Dieses Werk ist ein biographischer Roman über den Dichter.

171 Freud übt ebenso einen beträchtlichen Einfluss auf Hesse und sein Werk aus. In der Hesse-Rezeption wurde oft einseitig nur der Einfluss von Jung auf Hesse betont, dabei hat auch Freud wesentlich Hesse und seine Gedankenwelt geprägt. Hesse hat zwar Freud nicht persönlich gekannt, dennoch kannte Hesse Freuds Schriften sehr gut und beschäftigte sich eingehend mit ihnen. In einer Rezension über Freuds neu erschienenes Buch *„Vorlesungen zur Einführung in die Psychoanalyse“* aus dem Jahr 1920 stellt Hesse Freud als den eigentlichen Schöpfer der Psychoanalyse heraus. Kritisch bewertet Hesse Freuds Auffassung, genauso wie Jung, dass er die Botschaften des Unbewussten ausschließlich sexuell deutet und darin kein schöpferisches Potential zu erkennen vermag.

zur persönlichen Begegnung mit Jung selbst.[172] Sie sprechen über Jungs tiefenpsychologische Theorien und über die Gnosis. Hesse ist sehr angetan von Jungs Persönlichkeit. 1921 nimmt Hesse sogar mehrere psychoanalytische Sitzungen bei Jung.[173] Hesse spürt, dass durch die Berührung mit Jung sein Leben sich positiv wandelt. Auf seine übliche eklektische Weise entlehnte Hesse von Jung gewichtige Ideen für sein Werk.[174]

Die Psychoanalyse, sowohl die Erfahrung der Therapie, als auch die Lektüre der psychoanalytischen Schriften, steigerten den schöpferischen Prozess seines Schreibens und befähigte Hesse, neue Formen des literarischen Ausdrucks auszuprobieren. Der Roman *Demian* ist eindeutig im Schatten Jungs geschrieben, ein modernes Märchen über die gelingende Selbstverwirklichung, indem Ich-Bewusstsein und Unbewusstes sich zur Ganzheit der Persönlichkeit verbinden. Allerdings können im *Demian* auch einige wenige Freudsche Konstruktionen gefunden werden, wie z.B. Hesses ständige Fokussierung auf Sinclairs Sexualität, ebenso das Verlangen nach vorgeburtlicher Sicherheit und einer ödipalen Elternbeziehung, Sublimierung der Triebe, Verdrängung sexueller Wünsche und Phantasien.[175]

Letztlich ist Hesses Verhältnis zu Freud ambivalent zu bewerten. Vgl. das Kapitel *Hermann Hesse und Sigmund Freud*, in: MECHADANI, Hesse auf der Couch, 15-19.

172 Beate Petra Kory nennt den 7. September 1917 als Datum des ersten Treffens Hermann Hesses mit Jung. Vgl. Beate Petra KORY, Hesses Beziehung zur Tiefenpsychologie. Traumliterarische Projekte, Hamburg 2003, 49.

173 Der Schriftsteller äußert sich sehr positiv über Jung und seine psychoanalytischen Sitzungen bei ihm, indem er ausführt: *„ […], denn Psychoanalyse ist nicht ein Glaube oder eine Philosophie, sondern ein Erlebnis. Dies Erlebnis bis auf den Grund auszukosten und im Leben die Folgen daraus zu ziehen, ist das einzige, was eine Analyse wertvoll macht. Andernfalls bleibt sie eine hübsche Spielerei. Bei Jung erlebe ich zur Zeit, in einer schweren und oft kaum ertragbaren Lebenslage stehend, die Erschütterung der Analyse. Es geht bis aufs Blut und tut weh. Aber es fördert. Ob die Analyse auch für Sie nötig ist, kann ich nicht beurteilen. Ich kann nur sagen, daß Dr. Jung meine Analyse mit außerordentlicher Sicherheit, ja Genialität führt."* Hermann HESSE, *Brief an Hans Reinhart vom 22. Mai* (1921), in: ders., „Eine Bresche ins Dunkel der Zeit!", Die Briefe, Band 3 (1916–1923), Volker MICHELS (hrsg.), Berlin ^{2}2022, 403-404.

174 Vgl. das Kapitel *Hermann Hesse und Carl Gustav Jung*, in: MECHADANI, Hesse auf der Couch, 12-15.

175 Vgl. MILECK, Dichter, Sucher, Bekenner, 106-107.

Hesse gestaltete mit dem *Demian* ein *„religiöses Urerlebnis."*[176] Die Suche nach der eigenen individuellen Identität und der religiöse Impuls, die Suche nach Gott, fallen hier zusammen. Es ist die Schilderung eines Durchbruchs zum ganzen Menschsein hin, aus dem der Held Sinclair neu geboren wird ins Leben hinein. Der *Demian* ist ein Bericht über das Suchen und Finden des inneren Gottes. Ohnehin spielt die religiöse Frage und damit eingeschlossen die Frage nach Gott eine wichtige Rolle, wenn man den Einfluss von Jung auf Hesse beleuchten will. Jung konnte für Hesse so anziehend sein, weil seine psychoanalytischen Ideen mit einer religiösen Dimension verbunden waren, hier kommen Tiefenpsychologie und Transzendenz in Berührung. Anders als Freud, der die Religion für eine Kindheitsneurose hält, will Jung eine analytische, aber auch religiös fundierte Erneuerung des Menschen erreichen. Hierbei ist von Bedeutung, was Jung unter dem Begriff Gott versteht. Für Jung sind alle Symbole, Mythengestalten und Archetypen bis hin zu Gott nichts anderes als Bilder der Seele. Diese Bilder der Seele, Jung spricht hier von „Libidogleichnissen", durch die die Seele ihre eigene Vollkommenheit ersehnt und erreichen will. Gott ist für Jung, wie auch für manche Mystiker, nicht das schlechthin Ferne, Fremde, Übergeordnete und auch kein Gegenüber, sondern nur ein Symbol der gewaltigen Macht, der Libido, die die psychische Gesamtenergie eines Menschen darstellt. Gott ist für Jung *„eine Funktion des Unbewussten, ihn als für sich existierend anzunehmen bedeutet, daß man sich der Tatsache, daß die göttliche Wirkung dem eigenen Inneren entspringt, nicht bewußt ist."*[177]

Hesse kann nun das religiöse Fundament seines Lebens auf eine neue und zeitgemäße Weise deuten, denn der Weg zu Gott beginnt nun im eigenen Innern. Jungs Lehre gibt dem Dichter den Schlüssel in die Hand, mit dem er die Zusammenschau der Weltreligionen mit der Tiefenpsyche vollziehen kann. Diese Neuinterpretation der Religion in Verbindung mit der menschlichen Psyche übersetzt Hesse ab dem Roman *Demian* in sein Werk hinein. Jungs Religionspsychologie liefert Hesse die Legitimation für die zentrale Botschaft seiner mittleren und späten Dichtung: Die Identität von

---

176 BALL, Hesse, 125.

177 Vgl. Malte DAHRENDORF, *Hermann Hesses „Demian" und C. G. Jung*, in: Volker MICHELS (hrsg.), Materialien zu Hermann Hesse „Demian", Band 2, Frankfurt am Main 1997, 129-149.

Selbsterfahrung und Gotteserfahrung. Es vollzieht sich hier eine Gleichsetzung zwischen der Erfahrung des Selbst und dem Göttlichen. Der Archetyp des Selbst als die Anwesenheit Gottes in der eigenen Tiefenpsyche, das ist Hesses neuer Zugang zum Absoluten, zur Transzendenz, zur Einheit. Diese metaphysisch-psychologische Gewissheit, dass Gott oder besser das Göttliche sich nur in der eigenen Tiefenseele manifestiert als der spezifische Ort der Gottesoffenbarung, leitete Hesse als geistige Essenz aus Jungs Botschaft ab. In dieser Zusammenschau von Psychologie und Religion hatte Hesse einen neuen Zugang zur Transzendenz gefunden. Entsprechend seiner neuen Religiosität im Sinne Jungs, in der der „Archetyp des Selbst" als Gott der Tiefenpsyche bezeichnet wird, formuliert Hesse einen Gott, der tief aus dem eigenen Innern ruft: [178]

> *„Es gibt nur eine Lehre. Es gibt nur eine Religion. Es gibt nur ein Glück. Tausend Formen, tausend Verkünder, aber nur einen Ruf, nur eine Stimme. Die Stimme Gottes kommt nicht vom Sinai und nicht aus der Bibel, das Wesen der Liebe, der Schönheit, der Heiligkeit liegt nicht im Christentum, nicht in der Antike, nicht bei Goethe, nicht bei Tolstoi – es liegt in dir, in dir und in mir, in jedem von uns. Dies ist die alte, einzige, immer in sich gleiche Lehre, unsere einzige ewig gültige Wahrheit. Es ist die Lehre vom ‚Himmelreich', welches wir ‚inwendig in uns' tragen."* [179]

4.3. Eine Einführung in die „Analytische Psychologie" von C. G. Jung

Um die Romane von Hermann Hesse überhaupt hinreichend in ihrer tiefenpsychologischen Dimension verstehen zu können, ist eine inhaltliche Auseinandersetzung mit der Gedankenwelt und der Lehre von Carl Gustav Jung unumgänglich. Die tiefenpsychologischen Ansätze Jungs sind gleichsam der Schlüssel für ein profunderes Verständnis der Romane der mittleren Schaffensphase des Dichters.

---

178 Vgl. BAUMANN, Hesses Erzählungen im Lichte der Psychologie C. G. Jungs, 254-255.

179 Hermann HESSE, *Betrachtung ‚Weihnacht' in Neue Züricher Zeitung vom 25. Dezember* (1917), in: ders., Sämtliche Werke, Band 15, 179.

4.3.1. Das zentrale Anliegen der „Individuation"

Carl Gustav Jung (1875–1961) ist als Begründer der „Analytischen Psychologie" einer der einflussreichsten und bedeutendsten Psychologen des 20. Jahrhunderts.[180] Auch bei Jung bedingen sich Leben und Werk sehr, so schreibt er über den autobiographischen Charakter seiner Schriften. *„Mein Leben ist die Geschichte einer Selbstverwirklichung des Unbewussten."*[181]

Die Auseinandersetzung mit den Inhalten des Unbewussten ist Jungs Lebenswerk und dabei ist er ausschließlich auf das seelische Erleben fokussiert, denn nur dieses ist für die Existenz des Menschen bestimmend. Somit ist für Jung die letzte Wahrheit des Menschen seine Psyche und deren Wirkung auf ihn. *„Die Psyche ist existent, sie ist sogar die Existenz selber."*[182] Bei Jung fallen Religion, Philosophie und Psychologie zusammen und so möchte er Antworten geben auf die letzten Fragen des Menschseins. Jungs Anliegen war es, dem ureigenen menschlichen Bedürfnis nachzukommen, dem je eigenen Lebenssinn nachzuspüren. Damit verlässt er aber mit seiner Lehre das rein analytische Anliegen und öffnet seine Tiefenpsychologie auch für eine spirituelle Dimension, für Jung bedingen sich seelische Ganzheit und Transzendenz.[183]

Jungs Interesse gilt einerseits der individuellen Persönlichkeit und deren Entwicklung, andererseits aber auch dem überindividuellen, objektiven Inhalt der individuellen Seele. Der Fokus auf das Überindividuelle und Transpersonale ist das signifikante Merkmal in Jungs Theorie, hierbei

---

180 Jung gehört in eine Reihe von Tiefenpsychologen, die den Selbstbezug und die Individualität als den Kern der Menschwerdung und der Kulturgeschichte ansehen, er ist deshalb ein wichtiger Vertreter der sog. Selbst-Psychologie innerhalb der Tiefenpsychologie. Jung gehört zusammen mit Sigmund Freud und Alfred Adler zu den drei Wegbereitern der modernen Tiefenpsychologie.

181 C. G. JUNG, Erinnerungen, Träume, Gedanken von C. G. Jung, Aniela JAFFÉ (hrsg.), Zürich 1962, 10.

182 C. G. JUNG, Psychologie und Religion (1940), Lorenz JUNG (hrsg.), München 1991, 15.

183 Vgl. WEHR, C. G. Jung, 8-9. *„Vielmehr geht es stets um den Fragenden selbst. Es geht um die Frage nach dem Woher und Wohin, nach dem Warum und Wozu menschlicher Existenz überhaupt. Es geht um die Zukunft und um die konkreten Möglichkeiten der Selbstverwirklichung."* Ebd., 9.

ist schon seine wohl bekannteste These vom „kollektiven Unbewussten“ mit seinen „Archetypen“ angesprochen. Nur durch die Integration dieser archetypischen Dimension ist der Mensch imstande, seelische Ganzheit [184] zu erreichen. Dies kann nach Jung nur gelingen, indem der Mensch dazu befähigt wird, sich widersprechende und entgegengesetzte Aspekte der eigenen Persönlichkeit zu versöhnen und zu integrieren. Die Vereinigung der Gegensätze innerhalb der eigenen Psyche umschreibt Jung mit dem Terminus *mysterium coniunctionis*. Diese Aufgabe der Gegensatzvereinigung zielt letztlich auf den Zustand der seelischen Ganzheit. Diese zu erreichen ist ein lebenslanger Prozess, den Jung mit dem Begriff der „Individuation“ [185] zu fassen versucht. [186]

Jung wollte mit seinen Ideen letztlich darauf verweisen, dass die bewusste Persönlichkeit eben nicht die vollständige Persönlichkeit abbildet, sondern dass daneben noch weitere vielfältige unbewusste Facetten der Persönlichkeit existieren, Jung spricht in diesem Kontext von „Komplexen“, die aber ebenso die Ganzheit der Person konstituieren. Dieser Weg der

---

184 Der Tiefenpsychologe war fest davon überzeugt, dass alles Seelische zu einer Ganzheit drängt. Im Sinne Jungs geht es beim menschlichen Streben nicht darum, immer vollkommener zu werden, aber eine immer vollständigere Persönlichkeit zu erreichen. Unter Ganzheit versteht Jung den sich im Laufe des ganzen Lebens entwickelnden Sinn für psychische Ausgewogenheit und Integrität. Vgl. Murray STEIN, C. G. Jungs Landkarte der Seele. Eine Einführung, Ostfildern ^{4}2011, 258.

185 Nach Jung gibt es eine gewisse Einteilung des Individuationsprozesses in einzelne Lebensphasen, in denen besondere Entwicklungspunkte im Vordergrund stehen und damit auch die hierfür zuständigen Archetypen unterschiedlich bedeutsam sind. Die Lebensphasen sind: die Kindheit, die Adoleszenz, die Lebensmitte, die Lebenswende und schließlich die Annäherung an die Weisheit und den Tod. Dies sind die fünf grundlegenden Lebensphasen nach Jung, die spezifischer archetypischer Kräfte bedürfen, wenn der Individuationsweg gelingen soll. Vgl. Wolfgang ROTH, C. G. Jung verstehen – Grundlagen der Analytischen Psychologie, Ostfildern ^{2}2011, 171-176. Vgl. ebenso zu den fünf Stufen der Bewusstseinsentwicklung, die im Laufe des Individuationsprozesses erreicht werden, das Kapitel *Stadien auf dem Weg der Selbstwerdung*, in: Gerhard WEHR, Selbsterfahrung durch C. G. Jung. Die Entdeckung des eigenen Ich, Augsburg 1993, 51-56.

186 Vgl. WEHR, C. G. Jung, 10-31.

Selbstwerdung kann nur durch eine lebendige Kommunikation mit dem Unbewussten und seinen faszinierenden Inhalten beschritten werden. Die Erschließung der unbewussten Inhalte ist für Jung eine unendliche Quelle der Selbsterkenntnis. Dabei ist die Entschlüsselung der Botschaften des Unbewussten durch Symbole von zentraler Bedeutung. Jungs Lebensleistung besteht darin, dass er den Menschen ermutigt, den Gang in die Tiefe seiner Seele anzutreten, um die verborgene, zunächst nicht zugängliche, unbewusste Seite der eigenen Persönlichkeit kennenzulernen und zu integrieren.[187]

Die „Individuation" hängt aber von der Entscheidung und Bereitschaft des Ichs ab, bestimmte Persönlichkeitsanteile der unbewussten Psyche anzunehmen, dabei ist die gezielte Auseinandersetzung mit dem persönlichen „Schatten", sowie die bewusste Konfrontation mit dem Seelenbild („Anima" und „Animus") unerlässlich. Beim Individuationsprozess ist der Wille des Individuums gefragt, um die abgespaltenen Persönlichkeitsanteile der unbewussten Psyche bis zu einem gewissen Grad integrieren zu können. Wenngleich auch der letztliche Vollzug der Selbstwerdung nicht im Verfügungsbereich des empirischen Ichs liegt. Das Ich wird bei Jung lediglich als Empfangsorgan gedacht, weil das Selbst die entscheidende und steuernde Führungsinstanz im psychischen Geschehen ist.[188]

> *„Kommt es zur Entschlüsselung des Unbewussten und damit zur Ermöglichung der Erkenntnis der unbewussten Inhalte, dann wird das bisher Unbekannte und Verborgene zur zugänglichen und erkennbaren Gabe. Die Ermöglichung der Integration der unbewussten Inhalte führt zu einer Steigerung der Selbsterkenntnis und eine Bewusstseinserweiterung vollzieht sich. Die noch unbekannte und unbewusste Persönlichkeitsstruktur ist nach Jung also prinzipiell erkennbar. Individuation nach Jung meint demnach den lebenslangen Weg der Verwirklichung der Selbst-Gegebenheit durch die Übersetzung der unbewussten archetypischen Elemente ins Bewusstsein. Nur durch die Erschließung der archetypischen Dimension kann der*

187 Vgl. Ebd., 43-52. Vgl. ebenso dazu: ROTH, C. G. Jung verstehen, 9-18.

188 Vgl. WEHR, Selbsterfahrung durch C. G. Jung, 49-51.

Mensch seelisches Wachstum und seelische Ganzheit erreichen und das unendliche Potential der Seele verwirklichen.“[189]

4.3.2. Das Unbewusste

Die menschliche Psyche ist nach Jung ein dynamisches System bestehend aus dem Unbewussten und dem Bewussten mit einem kreativen Potential. Jung unterscheidet das Unbewusste in zwei Bereiche: das „individuelle Unbewusste“ und das „kollektive Unbewusste“. Daneben existiert der Ich-Komplex oder das Ich-Bewusstsein in ständiger Wechselwirkung zum Unbewussten.[190]

4.3.2.1. Das „Ich-Bewusstsein“ und die „Persona“

Jung betrachtete das Bewusstsein als ein Ableger des Unbewussten, das Unbewusste ist gleichsam das Fundament, der Nährboden für das Bewusstsein. Dies bedeutet, dass sich die Ich-Funktionen nach und nach aus dem „kollektiven Unbewussten“ herauskristallisiert haben und nun wie Inseln im Meer das Unbewusste überragen. Für die Entstehung und Aufrechterhaltung des Bewusstseins ist eine ständige Distanzierung gegenüber den unbewussten Inhalten (vor allem gegenüber kollektiven unbewussten Inhalten, die archaische und instinkthafte Elemente verkörpern) unabdingbar.[191]

Dieses notwendige Verdrängungsmanöver, verstanden als Abgrenzung aus dem „kollektiven Unbewussten“, bezeichnet Jung auch als Widerstand.

---

189 GLATTHAAR, *Die Selbstgegebenheit individueller Identität*, 200-201. Jung war von der heraklitischen Betonung der Grenzenlosigkeit der menschlichen Seele überzeugt. Die verborgene und unbewusste Potentialität der Seele wird durch den Individuationsprozess zur bewussten und verwirklichten Aktualität für die je eigene Identität. Im Individuationsprozess geht so ein nie endender Wandlungsprozess der archetypischen Inhalte vonstatten, diese werden als Anteile der Persönlichkeit erkannt, integriert und verwirklicht. Vgl. Ebd. 218-219.

190 Vgl. insgesamt zu den verschiedenen Komponenten des Unbewussten das Kapitel *Das Unbewusste bei C. G. Jung* in: ROTH, C. G. Jung verstehen, 65-122.

191 Vgl. Ebd., 91-92.

Durch den Widerstand soll nach Jung die gesunde Balance zwischen Ich-Bewusstsein und Botschaften aus dem Unbewussten gewährleistet sein. Einerseits bedarf es eines Schutzes vor dem Unbewussten, damit der Mensch nicht ganz darin untergehe (Psychose), andererseits darf er auch nie gänzlich die Verbindung zu seinen unbewussten Tiefenschichten kappen (Neurose), wenn seine Ich-Entwicklung gelingen soll. Der lebendige Austausch zwischen dem Unbewussten und dem Bewussten bedingt eine flexible Abwehrschranke.[192]

In der Persönlichkeitsstruktur des Menschen sieht Jung das Ich-Bewusstsein als das Zentrum des Bewusstseins. Er nennt das Ich-Bewusstsein auch „Ich-Komplex" und meint damit alles, was der Mensch bewusst von sich selbst wahrnehmen kann. Den nach außen gerichteten Aspekt des Ich-Bewusstseins nennt Jung die „Persona". Die „Persona" dient der Anpassung an die Außenwelt im Sinne eines normgebundenen, sozialverträglichen Verhaltens, in Freuds Terminologie wird in diesem Kontext vom „Über-Ich" gesprochen. Die „Persona" bezeichnet Jung als Maske, welche einerseits darauf aus ist, einen bestimmten Eindruck auf die anderen zu machen, aber andererseits die wahre Natur des Individuums verdecken möchte.[193]

Die „Persona" ist also nach Jung ein soziales Ich, die von außen kommende Rollenzuweisung und Erwartungshaltung in einem beruflichen und soziokulturellen Umfeld. Adäquater ist es sogar von verschiedenen „Personae" zu sprechen, da es verschiedene Erwartungen der Gesellschaft gibt. Im chronologischen Verlauf einer lebenslangen Sozialisation kommt es zur Ausbildung mehrerer unabhängiger „Personae" (z.B. beruflich,

---

192 Vgl. Ebd., 91-93. Nach Jung bezeichnet der Terminus „Psychose" die Überflutung des Ich-Bewusstseins durch unbewusste Inhalte, d.h. der Verdrängungswiderstand des Bewusstseins gegenüber dem „kollektiven Unbewussten" ist Fehl geschlagen und bleibt aus, das Individuum ist schutzlos dem Unbewussten ausgeliefert. Der Gegenbegriff der Psychose ist die „Neurose", welcher eine Isolation des Bewusstseins vom Unbewussten impliziert, d.h. dass sich das Bewusstsein zu weit vom tragenden Boden des Unbewussten entfernt hat und keine Kommunikation mit selbigem mehr stattfindet. Vgl. Ebd., 92-93.

193 Vgl. Ebd., 68-84. *„Das klassische Bild einer Persona ist von Eigenschaften gekennzeichnet, die von einem sozialen Kollektiv als überwiegend positiv beurteilt werden: In der Außendarstellung zeigt sich die Summe der rollenkonformen, erwünschten und erwarteten Persönlichkeitsmerkmale und Verhaltensweisen."* Ebd., 71.

geschlechtsbezogen, familiär). Dabei ist es für das Individuum schwierig zu unterscheiden, welche der nach außen dargestellten Qualitäten authentisch sind, also in der eigenen Persönlichkeit wurzeln und welche als Anpassungsleistung unter einem gewissen Konformitätsdruck entstanden sind.[194]

4.3.2.2. Das „individuelle Unbewusste" und der „Schatten"

Neben dem bewussten Ich-Komplex existieren nach Jung weitere unbewusste Ich-Komplexe, die ungeahnt viele Facetten der Persönlichkeit in sich bergen. Die Gesamtheit der unbewussten „Ich-Komplexe" bezeichnet Jung als das persönliche oder „individuelle Unbewusste". Als seinen Inhalt ordnet Jung Acquisitionen (Erwerbungen) der persönlichen Existenz zu, dazu gehören vor allem Verdrängungen (negative Erfahrungen und Prägungen, Traumata), sowie vergessene und unterschwellige Gedanken und Gefühle. Das persönliche Unbewusste ergibt sich also aus der je individuellen Lebensgeschichte der jeweiligen Person, aus der Entwicklungsgeschichte des Individuums gehen die Inhalte hervor.[195]

Im Kontext des „individuellen Unbewussten" ist die Auseinandersetzung mit dem sogenannten „Schatten"[196] von großer Bedeutung. Der „Schatten" ist Teil des persönlichen Unbewussten und bezeichnet die dunkle, im Schatten liegende Persönlichkeit. Er setzt sich aus all jenen Aspekten, Neigungen und Eigenschaften eines Menschen zusammen, die mit den bewussten Identifikationen des Ichs als unvereinbar gelten. Der „Schatten" wird auch als Gegenspieler der „Persona" bezeichnet. Hier nun eine Art Definition des Jung'schen „Schatten":[197]

---

194 Vgl. Ebd., 69-76.

195 Vgl. Ebd., 65-68.

196 Sehr empfehlenswert in diesem Kontext: Ralf T. VOGEL, Das Dunkle im Menschen. Das Schattenkonzept der Analytischen Psychologie, Stuttgart 2015. Der Jung'sche Individuationsweg bezeichnet die Aufgabe des Menschen, die Ganzheit der individuellen Gesamtpersönlichkeit zu erreichen. Dabei ist die Auseinandersetzung mit dem persönlichen „Schatten", sowie dessen Integration als Teil der unbewussten Persönlichkeit wesentlich.

197 Vgl. ROTH, C. G. Jung verstehen, 68-69.

> *„Der inferiore Teil der Persönlichkeit. Die Summe aller persönlichen und kollektiven Dispositionen, die infolge ihrer Unvereinbarkeit mit der bewusst gelebten Lebensform nicht gelebt werden und sich zu einer relativ autonomen Teilpersönlichkeit mit konträren Tendenzen im Unbewussten zusammenschießen. Der Schatten verhält sich zum Bewusstsein kompensatorisch, seine Wirkung kann dabei ebenso gut negativ wie positiv sein. Als Traumfigur hat der Schatten meist das gleiche Geschlecht wie der Träumer. Als Teil des persönlichen Unbewussten gehört der Schatten zum Ich. Die Bewusstmachung des Schattens ist die Anfangsarbeit der Analyse.“*[198]

Solange keine bewusste Auseinandersetzung des Ichs mit dem unbewussten „Schatten“, der genauso Teil der Persönlichkeitsstruktur ist, stattgefunden hat, kann dieser nur außerhalb des Ichs wahrgenommen werden und wird deshalb häufig auf andere Personen projiziert.[199] Die Auseinandersetzung mit dem „Schatten“, also die Integration des gegensätzlich Anderen der unbewussten Persönlichkeit in das Ich-Bewusstsein, stellt nach Jung einen entscheidenden Schritt auf dem Individuationsweg dar. Es geht also um die Leistung, all das, was das Individuum in sich bewusst ablehnt, z.B. minderwertige Charakterzüge und andere negative Eigenschaften und Tendenzen, das Böse, zu bejahen und zu integrieren.[200]

4.3.2.3. Das „kollektive Unbewusste" und seine „Archetypen"

Wie kommt Jung nun aber zu seiner These des „kollektiven Unbewussten“? Jungs zahlreiche Beobachtungen und Tests und Versuche mit Patienten,

---

198 Aniela JAFFÉ, C. G. Jung in Bild und Wort, Olten 1983, 233.

199 Der Mechanismus der Projektion spielt in der Jung'schen Lehre eine entscheidende Rolle. Jung geht sogar soweit, dass jedem Bewusstwerdungsprozess zunächst ein Projektionsstadium vorausgeht, in dem unbewusste Inhalte der eigenen Psyche in der Außenwelt wahrgenommen werden. Das Medium der Projektion sind in der Regel andere Menschen. Vgl. ROTH, C. G. Jung verstehen, 80-81.

200 Vgl. Ebd., 65-84. Ebenso sehr aufschlussreich zur Thematik das Kapitel *Das Enthüllte und das Verborgene in der Beziehung zur Außenwelt (Persona und Schatten)*, in: STEIN, C. G. Jungs Landkarte der Seele, 128-151.

wie zum Beispiel der mediale Somnambulismus (eine Art Trance-Zustand) oder der sogenannte Wortassoziationstest zur Freilegung von wirksamen Komplexen im Unbewussten, überzeugen ihn immer mehr davon, dass es in der menschlichen Psyche einen Bereich geben muss, der nicht auf der individuellen Lebenserfahrung beruht, sondern den alle Menschen zeit- und kulturübergreifend a priori besitzen müssen. Ferner sind die Symptome seiner schizophrenen Patienten nach Jungs Beobachtungen größtenteils nicht mit deren persönlichen Lebenserfahrungen zu erklären, sondern zeigen eine auffällige Ähnlichkeit mit Phantasieprodukten, wie sie weltweit in allen Epochen und Kulturen der Menschheit wieder gefunden werden können. Schizophrene Symptome sind für Jung demnach, ebenso wie auch Träume, Mythen, Märchen und religiöse Themen, als ein Ausdruck einer kreativen unbewussten Matrix der menschlichen Psyche zu verstehen. In der Jung'schen Terminologie wird dieses Phänomen als das „kollektive Unbewusste"[201] mit den darin archetypischen Elementen beschrieben, die alle Menschen durch Vererbung a priori besitzen.[202] So definiert Jung das „kollektive Unbewusste" wie folgt:

> *„Das kollektive Unbewusste ist ein Teil der Psyche, der von einem persönlichen Unbewussten dadurch unterschieden werden kann, dass er seine Existenz nicht persönlicher Erfahrung verdankt und daher keine persönliche Erwerbung ist. Während das persönliche Unbewusste wesentlich aus Inhalten besteht, die zu einer bestimmten*

201 Das „kollektive Unbewusste" ist ein von Jung eingeführter und gegen die Freud'sche Fokussierung auf das individuelle Unbewusste gerichteter Begriff. Freud sieht in der Konstruktion eines „kollektiven Unbewussten" eine unzulässige Verkomplizierung des psychischen Systems. Dagegen wirft Jung Freud ein reduziertes sexualisiertes Verständnis der Tiefenpsyche vor. So bleibt aus der Perspektive von Jung Freud bei einer kausal-analytischen Betrachtungsweise der Psyche stehen, da immer nur Teilaspekte und Einzelsymptome der Seele des Patienten fokussiert werden. Jung dagegen verfolgt eine final-prospektivische Betrachtungsweise, das heißt der Schwerpunkt liegt auf der zukünftigen Entwicklung der Psyche. So folgt auf die Analyse der Psyche immer die Psychosynthese, das heißt, das unbewusste Material gewinnt einen verständlichen Ausdruck für das Bewusstsein und kann integriert werden. Vgl. insgesamt zu den inhaltlichen Differenzen zwischen Jung und Freud das Kapitel *C. G. Jung und S. Freud: Freundschaft, Krise, Trennung*, in: ROTH, C. G. Jung verstehen, 37-49.

202 Ebd., 84-94.

Zeit bewusst waren, aus dem Bewusstsein jedoch entschwunden sind, indem sie entweder vergessen oder verdrängt wurden, waren die Inhalte des kollektiven Unbewussten nie im Bewusstsein und wurden somit nie individuell erworben, sondern verdanken ihr Dasein ausschließlich der Vererbung."[203]

Für Jung sind die „Archetypen" also universell vorhandene „Urbilder"[204] in der Seele aller Menschen, unabhängig von ihrer Geschichte und Kultur. „Archetypen" haben die Eigenschaft von besonders starken Gefühlen begleitet zu sein, sie sind eindrucksvoll, einflussreich und faszinieren. Wenn die „Archetypen", die Urbilder in der menschlichen Seele aufsteigen, üben sie eine magische, numinose Wirkung aus. Jung sagt, dass die Erfahrung von Archetypen für den Menschen stets mit dem Gefühl des „Numinosen"[205] verbunden ist. „Archetypen" sind jedoch keine fertigen

203 C. G. JUNG, *Der Begriff des kollektiven Unbewussten* (1936), in: Lorenz JUNG (hrsg.), C. G. Jung. Archetypen, München ^{3}2016, 55.

204 Jung leitet den Begriff des „Archetyps" von der Ideenlehre Platons ab. Aller Erscheinung geht die Idee voraus, die Idee ist präexistent und übergeordnet. Der „Archetypus" ist nach Jung nichts anderes als ein schon in der Antike vorkommender Ausdruck, welcher mit „Idee" im Platonischen Sinne synonym ist. So schreibt Jung: *„Da alles Psychische präformiert ist, so sind es auch dessen einzelne Funktionen, insbesondere jene, welche unmittelbar aus den unbewussten Bereitschaften hervorgehen. Dazu gehört vor allem die schöpferische Phantasie. In den Produkten der Phantasie werden die „Urbilder" sichtbar, und hier findet der Begriff des Archetypus seine spezifische Anwendung. Es ist durchaus nicht mein Verdienst, diese Tatsache zum ersten Mal bemerkt zu haben. Die Palme gebührt Platon."* C. G. JUNG, *Die psychologischen Aspekte des Mutterarchetypus* (1938), in: Lorenz JUNG (hrsg.), C. G. Jung – Archetypen, München ^{3}2016, 99-100.

205 Den Begriff des „Numinosen" übernimmt Jung von dem Religionsphilosophen Rudolf Otto und seiner Schrift *Das Heilige* aus dem Jahre 1917. Die Faszination des „Numinosen" bezeichnet Otto mit dem Begriff des Heiligen, das aber gegensätzlich verfasst ist. So schließt das Heilige auch das Dunkle, Dämonische und Unheilige mit ein. Vgl. Rudolf OTTO, Das Heilige. Über das Irrationale in der Idee des Göttlichen und sein Verhältnis zum Rationalen (1917), München 2014. Auch die „Archetypen" bei Jung sind polar gedacht und besitzen eine gewisse Vieldeutigkeit. Somit vollzieht Jung eine Gleichsetzung: Gott und das Unbewusste teilen die Gemeinsamkeit, dass sie den Menschen überwältigen. Beide ermöglichen eine religiöse Erfahrung. Das Numinose ist das Unbekannte schlechthin. Vgl. Micha BRUMLIK, C. G. Jung zur Einführung, Hamburg 2004, 64-65.

Bilder des „kollektiven Unbewussten", sondern präexistente Formen und damit anordnende Instanzen mit der Fähigkeit, Bilder und Symbole[206] hervorzubringen, die aber für den Menschen nicht direkt erkennbar sind. „Archetypen" selbst sind also nicht bewusstseinsfähig. Die angeborenen Urbilder manifestieren sich ausschließlich in Symbolen und nur durch die Deutung des Symbols können sie dem Bewusstsein zugänglich gemacht und erkannt werden. Jung geht davon aus, dass sich in den „Archetypen", den im „kollektiven Unbewussten" angesiedelten Urbildern menschlicher Vorstellungsmuster, alle bedeutsamen Lebensereignisse und auch die elementarsten menschlichen Erfahrungen wie Geburt, Liebe, Partnerschaft, Mutterschaft, Trennung, Verlust, Tod und Gott symbolisch widerspiegeln. Da aber die menschlichen Grunderfahrungen nicht unbegrenzt sind, ist auch die Zahl der „Archetypen" begrenzt.[207]

Jung spricht im Kontext der „Archetypen" vom *„Apriori aller menschlichen Tätigkeiten, und das ist die angeborene und damit vorbewusste und unbewusste individuelle Struktur der Psyche"*[208], wenn er versucht zu erklären, was mit den „Archetypen" gemeint ist. Es sind lebendige Bereitschaften und Formen, die instinktmäßig das gesamte Denken, Fühlen und Handeln des Menschen beeinflussen. Gleichzeitig manifestiert sich in den „Archetypen" auch der je individuelle Charakter eines Menschen, also die je unverwechselbare einzigartige Persönlichkeit, wie auch das spezifisch Menschliche an sich, sie konstituieren gleichsam die Gattung Mensch. So kommt in den „Archetypen" die persönliche, wie auch überpersönliche, transpersonale Dimension menschlicher Existenz zur Entäußerung.[209]

206 Ein Symbol ist nach Jung ein versinnbildlichter „Archetyp": Der feuerraubende Prometheus, der drachentötende Herakles, die zahlreichen Schöpfungsmythen, der Sündenfall, die jungfräuliche Geburt, der heimtückische Verrat an Helden, die Zerstückelung des Osiris und viele andere Mythen und Märchen stellen in symbolisch-bildhafter Form archetypische Motive dar. Ebenso stehen die Gestalten der Schlange, des Fisches, der Sphinx, der hilfreichen Tiere, des Weltenbaumes, der Großen Mutter, des verzauberten Prinzen, das göttliche Kind, der Magier, der Weise, das Paradies ... u.v.a.m. für bestimmte archetypische Motive und Inhalte. Vgl. WEHR, Selbsterfahrung durch C. G. Jung, 59-88.

207 Vgl. ROTH, C. G. Jung verstehen, 95-122.

208 C. G. JUNG, *Die psychologischen Aspekte des Mutterarchetypus*, 98.

209 Vgl. STEIN, C. G. Jungs Landkarte der Seele, 106-127.

In Jungs Archetypenlehre spielen die beiden „Archetypen der Anima (Mutterarchetypus) und des Animus (Vaterarchetypus)“ als der jeweils gegengeschlechtliche unbewusste Seelenanteil eine entscheidende Rolle. Es handelt sich hierbei um das archetypisch überlieferte Material, das über den individuellen Erfahrungsbereich mit den eigenen Eltern hinausreicht und entsprechend entwicklungsfördernd und kreativ wirksam werden kann. Jung konzipiert das archetypische Paar von „Anima“ und „Animus“ streng geschlechtsspezifisch. So existiert im Unbewussten des Menschen ein gegengeschlechtliches Seelenbild. Die „Anima“ ist in diesem Denkansatz dem Mann vorbehalten, der „Animus“ der Frau. In den Produktionen des Unbewussten, zum Beispiel im Traum, manifestieren sich derartige „Anima- bzw. Animusbilder“. Die Auseinandersetzung mit dem gegengeschlechtlichen Archetypus wird in der Jung'schen Schule zu einer nahezu dogmatischen Grundvoraussetzung aller Reifung und ganzheitlicher Menschwerdung im Individuationsprozess, da diese beiden Archetypen das jeweilige unbewusste, jedoch zu integrierende gegengeschlechtliche Potential verkörpern.[210]

Es folgen abschließend noch einige Konkretisierungen der beiden „Archetypen“: Die „Anima“ ist als der Archetyp der Weiblichkeit im Unbewussten des Mannes zu verstehen, also eine Personifikation der weiblichen Natur in der unbewussten Tiefenpsyche des Mannes. Die „Anima“ ist als eine Art Erfahrungskonzentrat zu verstehen, in dem sich menschliche Urerfahrungen mit dem Thema Weiblichkeit verdichten und schließlich symbolisch widerspiegeln. Der „Anima“ im Manne werden weibliche Seeleneigenschaften zugeschrieben, dazu gehören Stimmungen, Gefühle, Ahnungen, Natursinn und die Beziehung zum Unbewussten selbst, ohne die dem Manne die Kommunikation und die Verbindung zu seinen tieferen Schichten des „kollektiven Unbewussten“ nicht möglich wäre.[211]

Der „Animus“ ist entsprechend die Personifikation der männlichen Natur im Unbewussten der Frau. Der „Animus“ ist durch das persönliche Vaterbild geprägt und symbolisiert alle Urerfahrungen mit dem Männlichen.

---

210 Vgl. insgesamt zur Thematik das Kapitel *Das Anima-Animus-Konzept*, in: ROTH, C. G. Jung verstehen, 123- 155.

211 Ebd., 127-133.

Die grundlegenden Animus-Eigenschaften sind als „Logos-Qualitäten" zu beschreiben und betreffen Verstand, Erkenntnis, Vernunft und Intellekt. Durch den „Animus-Archetyp" offenbart sich das Potential des Geistigen und Schöpferischen. Auch Eigenschaften wie Aktivität, Initiative, Forscherdrang, Mut und Entschlossenheit werden dem „Animus", dem Wesen des Mannes im Unbewussten der Frau, zugeschrieben.[212]

Abschließend soll hier die Schweizer Psychologin Verena Kast zu Worte kommen, die die archetypische Dimension im Sinne Jungs wie folgt erklärt:

> *„Das kollektive Unbewusste kann anhand von archetypischen Bildern erschlossen werden. Archetypen werden als Wirkkräfte des kollektiven Unbewussten verstanden, als Grundmuster des Lebens, die in jedem Menschen wirksam sind, sie werden von den Menschen geträumt, beschrieben, gestaltet. Sie sind die Voraussetzung der Kulturgeschichte. So haben alle Menschen vergleichbare Emotionen, die wir nicht bewusst abrufen können – sie entstehen unbewusst in bestimmten, existenziell bedeutsamen Situationen: Trauer bei Trennung oder Verlust; Freude, wenn etwas besser ist als erwartet; Ärger, wenn jemand über unsere Grenzen geht; depressive Gefühle, wenn der Sinn des Lebens verloren geht, usw. […] Archetypen greifen ‚regulierend, modifizierend und motivierend in die Gestaltungen der Bewusstseinsinhalte' ein. Von ihnen gehen nach Jung Impulse zur Selbstregulierung der Psyche im weitesten Sinne aus."*[213]

4.3.3. Die tiefenpsychologische Bedeutung der Symbole

Ein weiteres zentrales Element in Jungs Lehre ist die konstruktive Auseinandersetzung mit Symbolen. Jung ist der Auffassung, dass der wichtigste Zugang zum Unbewussten im genauen Erfassen von Symbolen liegt. Für Jung drückt sich das Unbewusste vor allem in Form von Symbolen aus, die sich wiederum in Träumen manifestieren. Aus diesem Grund liegt ein

212 Ebd., 134-138.

213 Verena KAST, Die Tiefenpsychologie nach C. G. Jung. Eine praktische Orientierungshilfe, Ostfildern ^{2}2015, 24-25. Das Zitat im Zitat ist eine Formulierung von Jung im Original.

Schwerpunkt in Jungs „Analytischer Psychologie“ auf der symbolhaften und subjektstufigen Traumdeutung. Das heißt konkret, dass alle Elemente des Traumes als eigene Persönlichkeitsaspekte des Träumers angesehen werden können. Symbole haben also die Funktion, mittels eines Traumes unbewusste Inhalte bewusst zu machen. Die Auseinandersetzung mit den eigenen Träumen und die Entschlüsselung der darin enthaltenen Symbole wird so zur zentralen Forderung Jungs, wenn es darum geht, die Botschaften aus dem Unbewussten lesen und verstehen zu können.[214]

Von zentraler Bedeutung ist in diesem Kontext der Zusammenhang von „Archetypus“ und Symbol. „Archetypen“ als wesentliche Strukturelemente im „kollektiven Unbewussten“ haben die bedeutsame Eigenschaft, Botschaften und Themen, für die sie stehen, in symbolhafter Darstellung dem Bewusstsein zugänglich zu machen. Grundlage für jedes Symbol ist somit ein unbewusster „Archetypus“, wobei die Form des Symbols aus der je individuellen Vorstellung hervorgeht, die das Bewusstsein sich erworben hat, d.h. der ein und derselbe „Archetyp“ wird von unterschiedlichen Menschen unterschiedlich symbolisiert. Das Symbol ist somit ein verbildlichter „Archetypus“.[215]

Ebenso von großer Bedeutung im Kontext des Symbols ist die Projektion. Unbewusste Inhalte können sich auf dem Wege der Projektion, also durch Verlagerung in eine äußere Gegebenheit, zeigen. Die Projektion bei Jung ist geradezu die *conditio sine qua non*, um unbewusste Inhalte darstellen zu können. Durch den Mechanismus der Projektion können unbewusste

214 Vgl. ROTH, C. G. Jung verstehen, 156-159. Jung selbst hat viele seiner Träume aufgeschrieben und versucht die darin enthaltene Symbolik zu erfassen. Auch Freud und Jung haben sich oft ihre Träume gegenseitig erzählt. Daneben hat Jung auch seine Traumbilder aufgemalt, um den unbewussten Botschaften seiner Psyche einen Ausdruck zu verleihen. Diese Methode der Veräußerlichung der Trauminhalte und deren Deutung übernimmt Hesse in seinen *Demian*-Roman, wenn Sinclair ein Bild von Beatrice im vierten Kapitel malt.

215 Vgl. Ebd., 159-163. Hier führt Roth weiter aus, wie es zur Entstehung eines Symbols kommt, 160: *„Die Annäherung an das Symbol erfolgt vor allem durch eine emotionale Erfahrung, indem Menschen, durch die Bilder der Symbolik berührt, bewegt und fasziniert reagieren und dabei sehr wohl intuitiv erfassen, welche Bedeutsamkeit dem Symbol und dem dahinterstehenden Thema für ihr persönliches Leben zukommt.“*

Inhalte und Aspekte an realen Personen, an Naturereignissen und Gegenständen der äußeren objektiven Realität erkannt und integriert werden. Das Äußere wird so zum Symbol für das Innere.[216]

> *„Das Symbol ist der bestmöglichste bildhafte Ausdruck einer emotional bedeutsamen Situation, deren Ursprung im Unbewussten archetypisch verankert ist. Symbole können auch als die Bildersprache der Psyche verstanden werden. Symbole sind die Botschafter des Unbewussten und haben in dieser Funktion zwei grundsätzliche Bedeutungen. Zum einen dienen sie dazu, unbewusste Inhalte an das Bewusstsein heranzutragen. Darin liegt ihr Ausdruckscharakter, mit denen sie ein innerpsychisches Geschehen bildhaft darstellen. Dieser Vorgang läuft jedoch nicht neutral ab, sondern ist emotional besetzt und von einer eigentümlichen psychischen Energie begleitet. Hierin liegt der Eindruckscharakter der Symbole begründet, indem sie durch ihren Sinngehalt und die begleitende Emotionalität bewegen und faszinieren. Der energetischen Aufladung in Verbindung mit den dargestellten unbewussten Aspekten verdanken die Symbole ihre zentrale Wirkung im Individuationsprozess und sind dafür zuständig, Entwicklungs- und Reifungsschritte einzuleiten und zu fördern.“* [217]

4.3.4. Der „Archetyp des Selbst" – Göttliche Stimme des Unbewussten

> *„Der Jung'sche Ansatz muss letztlich unbegreiflich bleiben, wenn nicht das Grundaxiom seiner Analytischen Psychologie ständig mitgedacht wird: die Relation des Ichs zu seinem transzendenten Persönlichkeitskern, dem Selbst. Das Selbst als das principium individuationis ist das Proprium der Lehre Jungs und der alles entscheidende Faktor auf dem Pfad der Selbstwerdung. Das Selbst ist bei Jung der hermetische Punkt, um den alles kreist.“*[218]

---

216 Vgl. Ebd., 163-165.

217 Ebd., 167.

218 GLATTHAAR, *Die Selbstgegebenheit individueller Identität*, 193. Die Erfahrung der Ganzheit ist für Jung eine Art Gotteserfahrung, die Erfahrung des „Archetyps des Selbst". So formuliert Uwe Wolff die Jung'sche Apotheose des Selbst:

Das „Selbst" bildet das entscheidende Element in Jungs Theorie. Das Konzept des „Selbst" bei Jung impliziert gewisse Verständnisschwierigkeiten, da es nicht eindeutig definiert ist. Dennoch können zwei wichtige Wesensbestimmungen des „Selbst" angeführt werden: Einerseits stellt das „Selbst" die Einheit und Ganzheit der Persönlichkeit dar und wird damit zu einer übergeordneten Größe, die alle psychischen Bereiche, wie auch das Ich-Bewusstsein, mit einschließt. Das „Selbst" in diesem Kontext ist als der Gesamtumfang aller psychischen Phänomene zu verstehen. Das „Selbst" umfasst also die Totalität der gesamten Psyche. Andererseits meint Jung mit dem „Selbst" das Zentrum, die Mitte der Persönlichkeit. Das „Selbst" wurde in der Jung-Rezeption auch oft als *principium individuationis* auf dem Pfad der Selbstfindung genannt. Das „Selbst" kann also ebenso als eine abgrenzbare Instanz und Einheit innerhalb der Gesamtpersönlichkeit gefasst werden. Bei dieser Bedeutungsnuance ist das „Selbst" also ein „Archetyp" mit einer herausragenden Stellung und Funktion in der Hierarchie des „kollektiven Unbewussten".[219]

„Dieses neue Zentrum nennt Jung im Gegensatz zum Ich das Selbst, und er deutet dieses Selbst als Gottesbild, ja die Gegenwart Gottes in der individuellen menschlichen Seele. Die Person hat somit eine neue Mitte bekommen, über die das Ich in keiner Weise verfügt, zu der es sich vielmehr passiv, dienend und empfangend verhält. So ist das Selbst der innere Gott, der Christus in nobis." WOLFF, Demian – Die Botschaft vom Selbst, 24. Und Verena Kast erklärt das Jung'sche Selbst wie folgt: *„Jung sagt vom Selbst, dass es ein wegweisendes Prinzip im Menschen sei, der geheime Spiritus rector unseres Lebens, das, was bewirkt, dass wir sind und uns entwickeln. Das Selbst wirkt als apriorisches Gestaltungsprinzip in uns, das auch den Aufbau des Ichkomplexes und unser Gefühl der Identität steuert. Weiter wird das Selbst als Ursache für die Selbstregulierung der Psyche angesehen. Das Selbst als zentraler Archetypus wird von Jung weiter beschrieben als Grund und Ursprung der individuellen Persönlichkeit und umfasst diese individuelle Persönlichkeit in Vergangenheit, Gegenwart und Zukunft. […] Das Selbst gilt strukturell als Archetypus der Ordnung und der Selbstzentrierung, von der Dynamik her ist es der Archetypus, der zur Selbstwerdung anregt. Das Selbst wird also gesehen als Archetypus der Ordnung und der Zentrierung, von dem ein Impuls zur Entwicklung, zur Selbstverwirklichung ausgeht."* KAST, Die Tiefenpsychologie nach C. G. Jung, 48-49.

219 Vgl. ROTH, C. G. Jung verstehen, 180. Jung beschreibt die Hierarchie der Wirkkräfte innerhalb der Psyche wie folgt: auf der untersten Ebene befindet sich der „Schatten", über ihm steht mit höherer Macht ausgestattet die „Anima/us-Struktur, die Syzygie" (= gegensätzliche Paarbeziehung). Über dem gesamten

Jung erkannte, dass der menschlichen Psyche ein Sehnen und Streben nach Entwicklung und Vollkommenheit innewohnt. Dieses Phänomen, dass in der Seele ein selbstgesteuerter Motor, ein autonomer Antrieb, tätig ist, der selbige zu Entfaltung und letztlich zu Vollendung bringen möchte, beschreibt Jung mit der Anwesenheit des „Archetyps des Selbst". Das „Selbst" ist gleichsam wie ein unbewusstes Sehnen, eine Kraft und Dynamik, die seelisches Wachstum bewirkt und ermöglicht.[220] So beschreibt Jung die Funktion des „Selbst" wie folgt: „*Man kann das Selbst als ein inneres, wegleitendes Zentrum definieren, das nicht mit dem Bewusstsein in eins fällt und eine andauernde Ausweitung und Reife der Persönlichkeit anstrebt.*"[221]

Jung denkt seinen primären „Archetyp des Selbst" mit einer transzendenten Dimension. So kann das Jung'sche „Selbst" als der transzendente Mittelpunkt der menschlichen Psyche definiert werden und zugleich stellt es die Ganzheit der gesamten menschlichen Psyche dar. So kann Jungs Konzeption von der Transzendenz des „Selbst" wie folgt beschrieben werden:[222]

> „*Für Jung ist das Selbst transzendent, das heißt, es wird nicht durch den psychischen Bereich definiert und ist nicht in ihm enthalten, sondern liegt jenseits von ihm und definiert ihn seinerseits. […] Für Jung ist das Selbst paradoxerweise nicht ‚man selbst'. Es ist mehr als die eigene Subjektivität, und sein Wesen liegt jenseits des subjektiven Bereichs. Das Selbst bildet den Urgrund für die Gemeinschaft des Subjektes mit der Welt, mit den Grundelementen des Seins. Im Selbst sind Subjekt und Objekt, Ich und andere in einem gemeinsamen Struktur- und Energiefeld miteinander verbunden.*"[223]

psychischen System schließlich thront das „Selbst", die höchste Autorität und der höchste Wert. Ebenso als Einführung zur Theorie des „Selbst" sehr empfehlenswert: Renate DANIEL, Das Selbst. Grundlagen und Implikationen eines zentralen Konzepts der Analytischen Psychologie, Stuttgart 2018.

220 Vgl. STEIN, C. G. Jungs Landkarte der Seele, 189. Vgl. insgesamt zur Thematik des „Selbst" das Kapitel *Der transzendente Mittelpunkt und die Ganzheit der Psyche*, in: Ebd., 181-200.

221 C. G. JUNG, Der Mensch und seine Symbole, Olten/Freiburg 1968, 161.

222 Vgl. STEIN, C. G. Jungs Landkarte der Seele, 180-181.

223 Ebd., 181.

Hier kommt die transzendente Wesenseigenschaft des „Selbst" zum Tragen, das „Selbst" ist nach Jung ein Urbild des Göttlichen selbst. Jung beschreibt das Selbst als eine abgrenzbare Größe innerhalb der Gesamtpersönlichkeit, das „Selbst" ist das Zentrum der Persönlichkeit. Die Theorie des „Selbst" beinhaltet also die Vorstellung, dass ein transzendentes Zentrum existiert, das die Psyche von außerhalb ihrer selbst steuert und in ihrer Gesamtheit faßt. Der spezifische Ort der Gottesoffenbarung ist nun das „Selbst", das im Innern des Menschen wirksam ist. Das „Selbst" ist also der innere Gott, der sich in der Tiefenpsyche des Menschen manifestiert.[224]

Bei der Erkennbarkeit des „Selbst" spielt Jungs Schrift *Aion*[225] eine zentrale Rolle, in der er sich ausgiebig mit der Symbolik des „Selbst" auseinandersetzt. Darin zeigt Jung auf, dass der transzendente Faktor der Psyche, das „Selbst", schon in früheren Zeiten von vielen Menschen erfahren und reflektiert worden ist. Wie andere „Archetypen" auch ist der „Archetyp des Selbst" jedoch nur indirekt, hypothetisch zu erkennen, er kann sich nur in seinen symbolischen Ausdrucksformen dem Bewusstsein zeigen. Es sind beispielsweise die Quaternitäts- und Mandalasymbole, die weit verbreitet in historischen Monumenten vieler Völker und Zeiten vorkommen. Selbstsymbole sind meist nach Vollkommenheit strebende Abbildungen, Ganzheitssymbole, wie das Kreuz, der Kreis oder eben das Quadrat und komplexe Mandalafiguren. Das „Selbst" kann im Bewusstsein realisiert werden, indem es Symbole der Ganzheit hervorbringt. Durch diesen

224 Vgl. ROTH, C. G. Jung verstehen, 180-181. Jung war starker Kritik ausgesetzt, dass er das „Selbst" in einen Gottesbegriff verwandelt hat. Jung würde wohl auf einen solchen Vorwurf entgegnen, dass er als Empiriker nur Tatsachen beobachte und versuchte, Erklärungen für ihr Vorhandensein zu finden. Vgl. STEIN, C.G. Jungs Landkarte der Seele, 199.

225 Die Schrift *Aion* erschien 1951 als umfangreiche Monographie über den „Archetypus des Selbst" mit dem Untertitel *Beiträge zur Symbolik des Selbst. Aion* ist ein Begriff aus dem antiken Mithraskult, es ist der Name eines Gottes, der über die Zeit herrscht. Schon der Titel des Buches verweist also auf einen Faktor, der das Raum-Zeit-Kontinuum transzendiert, in dem das Ich-Bewusstsein existiert. Vgl. C. G. JUNG, Aion – Beiträge zur Symbolik des Selbst (1950), Lilly JUNG-MERKER, Elisabeth RÜF (hrsg.), Gesammelte Werke, Band 9, Ostfildern [3]2011.

Vorgang wird das „Selbst“ zur empirischen Wirklichkeit innerhalb der Psyche und stellt so sein apriorisches Vorhandensein unter Beweis. [226]

Das „Selbst“ ist in der Kommunikation zwischen Ich-Bewusstsein und Unbewusstem wie eine göttliche Stimme zu begreifen, die für einen ganz bestimmten Wert eintritt, dieser Wert ist die Verwirklichung der inneren Bestimmung. Im „Selbst“ liegt die höchste Form des Selbstbewusstseins, sozusagen die bestmögliche Vision der eigenen Person. Jung spricht hier von der *Imago Dei.* [227] Das „Selbst“ stellt somit ein Ideal-Ich im Unbewussten dar, dass im Ich-Bewusstsein nach Verwirklichung strebt. [228]

5. Die Selbstverwirklichung als Bestimmung des Menschen in vier ausgewählten Romanen

Eine wichtige Zielsetzung dieser Dissertation ist es, aus dem Romanwerk Herman Hesses eine Gesamtkonzeption in Bezug auf die Bestimmung des Menschen herauszudestillieren. So soll nun dieses 5. Kapitel den inhaltlichen Beweis erbringen, dass Hesse eine konkrete Bestimmung für den Menschen im Blick hatte und diese immer wieder zur Kernbotschaft seines

226 Vgl. STEIN, C. G. Jungs Landkarte der Seele, 191-199. Eine weitere Symbolisierung des „Selbst" ist auch in Menschengestalt möglich. Das Selbst erscheint in Träumen, Mythen, Märchen in der Figur der übergeordneten Persönlichkeit, wie z.B. der König, der Held, der Prophet, der Heiland, das göttliche Kind. Ebenso können besondere Tiere, die für höchstmögliche Reife und Ganzheit stehen, als Selbstsymbole dienen, wie z.B. der Drache, die Schlange, der Elefant, der Löwe und der Wal.

227 Stein kommentiert dazu: *„Nach Jung trägt jeder Mensch das Gottesbild,* die *imago dei, also den Stempel des Selbst, in sich. Wir tragen somit das Gepräge des Archetypus: Typos bedeutet Prägung auf einer Münze und arche bedeutet das Original. Jedes menschliche Individuum trägt also einen Abdruck des Archetyps des Selbst. Dieser Abdruck ist ihm von Geburt an mitgegeben."* STEIN, C. G. Jungs Landkarte der Seele, 189. Vgl. ebenso dazu das Kapitel *Das Selbst ist und bestimmt das Ziel,* in: Ralf T. VOGEL, Individuation und Wandlung, Der „Werdensprozess der Seele" in der Analytischen Psychologie C. G. Jungs, Stuttgart 2017, 94-97.

228 Vgl. STEIN, C. G. Jungs Landkarte der Seele, 189-190.

mittleren Romanwerkes machte. Der Einfluss des Jung'schen Individuationsprozess spielt dabei eine zentrale Rolle, so schreibt Joseph Mileck: „*Vom Demian (1917) bis zu Narziß und Goldmund (1930) hinterließ die Psychoanalyse ihren sichtbarsten Abdruck auf Hesses erzählendem Werk. [...] Die Psychoanalyse war geradezu zu einer Denkweise geworden.*“[229]

Der erste Roman, den Hesse ganz im Lichte der Lehre Jungs literarisch gestaltet, ist der Roman *Demian*. Dieser Roman unterscheidet sich wesentlich von allem, was Hesse zuvor literarisch geschaffen hat. Alles steht nun ganz im Zeichen der Gedankenwelt des Schweizer Tiefenpsychologen C. G. Jung, seine Theorien sind der Stoff, aus dem Hesse nun seine Dichtung und seine inhaltlichen Botschaften ableitet. Auch die Romane, die auf den *Demian* folgen, führen denselben inhaltlichen roten Faden weiter: Das ist die indische Dichtung *Siddhartha* (1922), der Bekenntnisroman *Der Steppenwolf* (1927), sowie die im Mittelalter spielende Erzählung *Narziß und Goldmund* (1930). Auch hier gehen die jeweiligen Hauptfiguren (Siddhartha, Harry Haller und Narziß und Goldmund), wie Emil Sinclair, den Weg ihrer Selbstwerdung entgegen. In diesem 5. Kapitel werden nun diese vier ausgewählten Romane inhaltlich vorgestellt, analysiert und gedeutet. Der inhaltliche Schwerpunkt liegt dabei auf dem *Demian*-Roman und dessen ausführliche Bearbeitung (Kapitel 5.2), die drei weiteren Romane (Kapitel 5.3) werden dann nur noch schlaglichtartig vorgestellt und sollen in ihrer Substanz und Aussage die Dissertationsthese untermauern.

5.1. Einführung: *Demian. Die Geschichte von Emil Sinclairs Jugend* (1919) – Selbstverwirklichung als Antwort auf die Stimme Gottes in uns

> *„Unvergesslich ist die elektrisierende Wirkung, welche gleich nach dem Ersten Weltkrieg der ‚Demian‘ jenes mysteriösen Sinclair hervorrief, eine Dichtung, die mit unheimlicher Genauigkeit den Nerv der Zeit traf und eine ganze Jugend, die wähnte, aus ihrer Mitte sei ihr ein Künder ihres tiefsten Lebens entstanden (während es schon*

229 MILECK, Dichter, Sucher, Bekenner, 113.

> *ein Zweiundvierziger war, der ihnen gab, was sie brauchte), zu dankbarem Entzücken hinriß.*"[230]

Nur wenige Romane des 20. Jahrhunderts haben die Identitätssuche so zentral in den Mittelpunkt gestellt wie Hesses *Demian.* Zwischen 1916 und 1917 schreibt Hesse bereits an dem Buch, es wird aber erst 1919 veröffentlicht.[231] Es ist die Suche eines jungen Menschen nach der Selbstverwirklichung, dies stellt uneingeschränkt das Hauptthema des Romans dar. Hier wird die Suche nach dem eigenen Ich zur religiösen Suche nach Gott im eigenen Innern, der ganze Roman ist von einer religiösen und mythologischen Aura durchwoben. Dieser beschreibt das Leben eines jungen Mannes namens Emil Sinclair in der Reifezeit, auf dem Weg zu sich selbst und seiner Persönlichkeit. Durchsetzt von autobiographischen und surrealistischen Elementen, folgt der *Demian* dem Muster des Entwicklungsromans. Der Protagonist Sinclair durchlebt verschiedene Entwicklungsstufen, die anhand von einschlägigen Erlebnissen von ihm selbst reflektiert werden, vom Stadium der kindlichen Unschuld bis hin zur Selbstfindung am Ende. Dieser „Coming-of-Age"-Roman erzählt letztlich die Reise zum wahren Kern der Persönlichkeit, dabei werden ungeniert die Hindernisse und Probleme eines Jugendlichen thematisiert.[232] So kann der Roman, der das Erwachsenwerden seiner Hauptfigur beschreibt, als Adoleszenz- bzw. Initiationsgeschichte bezeichnet werden.[233]

---

230 Thomas Mann verfasste dieses Vorwort für die zweite amerikanischen Ausgabe des *Demian* im Jahre 1948, er verglich *„die elektrisierende Wirkung"* des Romans mit jener von Goethes *Werther.* Vgl. MICHELS, *Nachwort*, in: Demian, 247.

231 Der Roman erschien zunächst unter dem Pseudonym Emil Sinclair (Anspielung auf den Hölderlin-Freund Isaak von Sinclair, Hesse war ein großer Hölderlin-Verehrer). Damit bezweckte Hesse eine Art Neutralität gegenüber seiner Leserschaft, gegenüber der Nachkriegsjugend in Deutschland. Der Debütant Emil Sinclair erhielt 1919 den Fontane-Preis für junge begabte Schriftsteller, was die positive Aufnahme vor allem auch beim vorwiegend jugendlichen Publikum belegt. Der Schriftstellerkollege Otto Flake erkennt den wirklichen Verfasser und so musste nun Hesse seine Autorenschaft bekennen. Vgl. Klaus WALTHER, Hermann Hesse, München [3]2005, 74.

232 *„Ach, das weiß ich heute: nichts auf der Welt ist dem Menschen mehr zuwider, als den Weg zu gehen, der ihn zu sich selber führt!"* HESSE, Demian, 64.

233 Vgl. ZIOLKOWSKI, Der Schriftsteller Hermann Hesse, 61-63.

Hesse wollte mit seinem Roman seinen jungen Lesern einen neuen Sinn für ihr Leben, eine neue Bestimmung mit auf den Weg geben. Der Krieg hatte alle geistigen Fundamente zerstört, so war die Sehnsucht nach einer neuen Weltanschauung, nach einer neuen Sinngebung groß. So kann der *Demian* als ein Entwurf einer inneren Erneuerung des Menschen gelesen werden. Dabei hilft der ältere Max Demian immer wieder dem verunsicherten Freund Emil Sinclair auf seine innere Stimme zu vertrauen und ihr letztlich zu folgen. Am Ende des Romans stellt sich heraus, dass es Max Demian in der Realität gar nicht gibt, sondern Sinclairs „sokratisches Daimonion“[234] ist. Demian ist die Stimme, die aus seinem eigenen Inneren kommt, darin schwingt aber zutiefst eine religiöse Chiffre mit: Demian als personifizierter „Archetyp des Selbst“ steht für die Anwesenheit Gottes in der eigenen inneren Seele, es ist der *„Gott in uns“*.[235] Demian ist zu Beginn des Romans Vorbild für Emil, am Ende dann das Urbild seiner selbst, das Gesicht der Vorsehung, das Emil zu seinem wahren „Selbst“ führt.[236]

Das Kernanliegen für Hesse war es mit dem Roman *Demian* in das Mysterium einzuführen, das sich mit der Bestimmung des Menschen befasst, nämlich die Beziehung des Menschen zu seinem göttlichen Ursprung. Das

234 Entsprechend formuliert C. G. Jung über die Entwicklung der Persönlichkeit: *„Die Persönlichkeit nämlich kann sich niemals entfalten, ohne daß man bewußt und mit bewußter moralischer Entscheidung den eigenen Weg wählt. [...] Die anderen Wege sind Konventionen, moralischer, sozialer, politischer, philosophischer und religiöser Natur. [...] Er (derjenige, der bestimmt ist) muß dem eigenen Gesetz gehorchen, wie wenn es ein Dämon wäre, der ihm neue, seltsame Wege einflüstert."* C. G. JUNG, Vom Werden der Persönlichkeit, Lilly MERKER-JUNG, Elisabeth RÜF (hrsg.), Gesammelte Werke, Band 17, Olten 1972, 198-200.

235 Uwe Wolff prägt diese Formulierung in der Auseinandersetzung mit dem *Demian*, so schreibt er: *„Dieser Gott offenbart sich dem Menschen im göttlichen Funken [...]. Daher könnte das Buch auch: ‚Demian – Die Botschaft vom Gott in uns' oder ‚Demian – Die Botschaft vom Selbst' genannt werden."* WOLFF, Demian – Die Botschaft vom Selbst, 61-62.

236 Zur Bedeutung des Namens Demian, vgl. Helga ESSELBORN-KRUMBIEGEL, Erläuterungen und Dokumente. Hermann Hesse. Demian, Stuttgart 2005, 5. *„‚Demian' ist in der Tat nicht eigentlich ein Mensch, sondern ein Prinzip, die Inkarnation der Wahrheit oder, wenn Sie wollen, einer Lehre."* Hermann HESSE, *Brief an Hilde Sarasin vom 15. Februar* (1954), in: ders., Materialien zu Hermann Hesses ‚Demian', Band 1, 220.

Motiv der Suche im *Demian* wird aus Parzival und die Suche nach dem Heiligen Gral entnommen und bearbeitet. In Sinclairs Leben kann man das vorgegebene Muster des suchenden Parzival verfolgen, auch wenn sein Ziel letztlich ein Finden der eigenen Identität ist. Hier ist der Gral völlig nach innen verlegt und vergeistigt. Sinclair findet seine individuelle Identität, er wird immer mehr mit sich selbst identisch.[237]

5.2. Inhaltslinien und Jung'sche Hermeneutik der einzelnen Kapitel

5.2.1. Prolog und Erstes Kapitel *Zwei Welten*

Der Ich-Erzähler, Emil Sinclair, stellt seine Geschichte als eine Autobiographie eines Suchenden dar, die durch die Authentizität des Selbsterlebten an nicht zu bezweifelnder Bedeutung gewinnt. Der Prolog dokumentiert eine rigorose Fixierung auf die Perspektive des eigenen Ichs und konstituiert so den Wahrheitsanspruch des Romans. Seine Geschichte ist für Menschen gedacht, die sich nicht mehr länger belügen wollen. Das erzählende rückblickende Ich erscheint souverän in seiner selbstgesetzten Wirklichkeit. Die gültige Deutung des Geschehens wird allein dem erzählenden Ich zugesprochen. Die individuelle Lebensgeschichte des Ich-Erzählers hat somit den Anspruch auf überindividuelle und überzeitliche Gültigkeit. Die Seelenbiographie des heranwachsenden Jugendlichen Emil Sinclair wird zum Paradigma menschlicher Existenz überhaupt.[238]

---

237 Vgl. ZIOLKOWSKI, Der Schriftsteller Hermann Hesse, 61-88.

238 Vgl. Helga ESSELBORN-KRUMBIEGEL, Interpretationen Hermann Hesse. Romane, Stuttgart 1994, 32-33. Textgrundlage für die Analyse des Romans in diesem Kapitel ist die folgende Ausgabe: Hermann HESSE, Demian – Die Geschichte von Emil Sinclairs Jugend, Berlin [2]2012.

Der Leser wird gleich zu Beginn mit dem Programm des Romans vertraut gemacht: Selbstfindung durch Verwirklichung des aus den eigenen Inneren hervorbrechenden ganzen Menschen.[239] Diesen Selbstverwirklichungsprozess im Sinne einer ganzheitlichen Menschwerdung bringt Hesse mit den folgenden Worten zum Ausdruck, die er dem Prolog und damit dem ganzen Roman voranstellt: *„Ich wollte ja nichts als das zu leben versuchen, was von selber aus mir heraus wollte. Warum war das so sehr schwer?"*[240]

Der Roman *Demian* erzählt die Geschichte einer Geburt, jene Metamorphosen der Selbstwerdung. Diesen Mythos der Menschwerdung hat Hesse durch die Erlebnisse mit der Psychoanalyse selbst erfahren und schickt nun seinen Protagonisten Emil Sinclairs (als ein weiteres *alter ego* seiner selbst) auf die Reise, sein wahres Ich zu suchen. Was einem im Leben zustößt, das ist kein Zufall, sondern folgt einem Schicksalsplan, den jeder bereits in sich trägt. Bezeichnend dafür ist auch das Novalis-Zitat, das Hesse in seinen *Demian* einarbeitet: *„Schicksal und Gemüt sind Namen eines Begriffs."*[241] Gleichsam kann dieses Zitat, wie auch der obige Prolog-Satz, als inhaltliche Überschriften des Romans gelten. Dieser zutiefst psychologische Roman zeigt die Entwicklung eines Menschen hin zu seinem Selbst auf. Im *Demian*, der eine gelungene Synthese aus Kunst und Psychoanalyse ist, geht es letztlich um die Frage, wie kann ein Mensch den Weg seiner wahren

239 Bei C. G. Jung bedeutet Individuation die Verwirklichung des ganzen Menschen: *„Der ichbewusste Mensch bedeutet nur einen Teil des lebenden Ganzen, und sein Leben stellt noch keine Verwirklichung des Ganzen dar. Je mehr er bloßes Ich ist, desto mehr spaltet er sich vom kollektiven Menschen, der er auch ist, ab und gerät sogar in einen Gegensatz zu diesem. Da aber alles Lebende nach seiner Ganzheit strebt, so findet gegenüber der unvermeidlichen Einseitigkeit des Bewußtseinslebens eine beständige Korrektur und Kompensation von seiten des allgemeinen menschlichen Wesens in uns statt, mit dem Ziele einer schließlichen Integration des Unbewussten oder besser, einer Assimilation des Ich an eine umfangreichere Persönlichkeit."* C. G. JUNG, Vom Wesen der Träume, Marianne NIEHUS-JUNG (hrsg.), Gesammelte Werke, Band 8, Olten 1976, 322.

240 HESSE, Demian, 7.

241 Zitat aus Novalis' Roman *Heinrich von Ofterdingen* (1802). Bei Novalis betont das Zitat rückblickend die charakterliche Prägung durch Landschaft und Vaterland. Hesse dagegen deutet zukunftsweisend Schicksal als Verwirklichung des im eigenen Inneren sich entfaltenden Lebensideals. Vgl. ESSELBORN-KRUMBIEGEL, Erläuterungen Demian, 28.

Bestimmung finden. Diese Bestimmung des Menschen ist zutiefst verwoben mit der je innerpsychischen Seelenwelt. Alle Wahrheit und Wirklichkeit leitet sich, so die Quintessenz des Romans, aus der Innenwelt ab, aus dem seelischen Erleben, auch hier kann wieder die Jung'sche Introversion abgelesen werden, so schreibt Hesse im *Demian*: *„Die Dinge, die wir sehen, sind dieselben Dinge, die in uns sind. Es gibt keine Wirklichkeit als die, die wir in uns haben.“*[242]

Ebenso werden im Prolog existentielle Fragestellungen aufgeworfen. Das ist zum einen die Frage nach dem Ursprung des Menschen, aber auch die nach dem Ziel menschlicher Existenz. So schreibt Hesse: *„Jeder trägt Reste von seiner Geburt, Schleim und Eischalen einer Urwelt, bis zum Ende mit sich hin. Mancher wird niemals Mensch, bleibt Frosch, bleibt Eidechse, bleibt Ameise. […] Aber jeder ist ein Wurf der Natur nach dem Menschen hin.“*[243] Die Teilhabe des Menschen an Vorformen evolutiv-biologischer Gesetzmäßigkeiten wie auch an seelischen Vorprägungen, wie sie Jung mit seinem „kollektiven Unbewussten“ und seinen „Archetypen“ postulierte, klingt hier bereits an. Dieser biologische, wie auch seelische „Dinosaurierschwanz“ kann sich aber ambivalent auf die Existenz des Menschen auswirken. So empfindet der Mensch diese Reste seiner Urwelt einerseits als Last, die ihn erdrückt und andererseits aber auch als Sinngebung seiner Existenz. Dieser Dichotomie und Ambivalenz der menschlichen Existenz gibt Hesse in seinem Prolog Ausdruck, indem er die Verschmelzung des Göttlichen mit dem Menschlichen in biblischer Sprache kleidet:[244] *„In jedem ist der Geist Gestalt geworden, in jedem leidet die Kreatur, in jedem wird ein Erlöser gekreuzigt.“*[245] Diese existentielle Grundsituation des Menschen, der immer hinter seinen Möglichkeiten zurückbleibt, erinnert an den „Mythos des Sisyphos“ und der Tatsache, dass *„kein Mensch ist jemals ganz und gar*

---

242 HESSE, Demian, 157. Das Zitat transportiert inhaltlich ein neuplatonisches Theorem. Bereits Plotin betonte in seinen Schriften, dass alle Wirklichkeit nur ein Spiegel der menschlichen Psyche darstelle nach dem Grundsatz „Alles ist innerlich“.

243 Ebd., 9.

244 Vgl. WOLFF, Demian – Die Botschaft vom Selbst, 32-33.

245 HESSE, Demian, 8.

er selbst gewesen; jeder strebt dennoch, es zu werden."[246] Der immer wieder herunterrollende Stein des Sisyphos ist real und schwer, so fragt auch Hesse „*Warum war das so sehr schwer?*"[247] Doch Camus versichert uns, dass wir uns Sisyphos als glücklich vorzustellen haben. Mit dieser Konstellation wird der Leser des Prologs entlassen, er weiß nun um die Schwierigkeit der Thematik der Selbstverwirklichung, die hier bearbeitet wird. Genau diese Botschaft formuliert Hesse Pistorius in den Mund, dem seelischen Mentor des Protagonisten Sinclairs: [248]

> „*Darum leben die meisten Menschen so unwirklich, wie sie die Bilder außerhalb für das Wirkliche halten und ihre eigene Welt in sich gar nicht zu Worte kommen lassen. Man kann glücklich dabei sein. Aber wenn man einmal das andere weiß, dann hat man die Wahl nicht mehr, den Weg der meisten zu gehen. Sinclair, der Weg der meisten ist leicht, unserer ist schwer, – Wir wollen gehen.*"[249]

Im ersten Kapitel kommt es gleich zur Vorstellung eines Grundprinzips des Romans, nämlich die Erfahrung der Polarität im Inneren. Hesses frühe Kindheitskonflikte zwischen der lichten, erlaubten Welt und der dunklen, verbotenen Welt, der Kampf zwischen gut und böse, werden in diesem ersten Kapitel thematisiert. Der dichotomische Charakter der Romanwirklichkeit (moralisch-sittlich und sinnlich-emotional) prägt entscheidend die gesamte Struktur des Romans, wie er schon in der Überschrift dieses ersten Kapitels *Zwei Welten*[250] zum Ausdruck kommt. Inhaltlich erkennt der zehnjährige Lateinschüler Emil Sinclair, dass es neben der heilen Welt

---

246 Ebd., 9.

247 Ebd., 7.

248 Vgl. WOLFF, Demian – Die Botschaft vom Selbst, 233. Der „Mythos des Sisyphos" wird nicht von Hesse verwendet, sondern Uwe Wolff führt diesen passenden Vergleich bei der Auslegung des Prologs ins Felde als allgemeine Metapher für die menschliche Existenz.

249 HESSE, Demian, 157.

250 Die Auseinandersetzung zwischen zwei einander in polarer Spannung entgegenstehenden Wirklichkeitsbereichen ist das zentrale Thema in Hesses Leben, das ihn umtreibt. Aber auch fast jede Erzählung, jeder Roman thematisiert die Dualität im Weltganzen, wie auch im einzelnen Menschen. Im Demian erfährt diese Thematik einen neuen Höhepunkt, alles ist durchdrungen vom „*Prinzip*

des Elternhauses noch eine dunkle Welt gibt. Statt Liebe, Sicherheit, Gewissen, Pflicht und Ordnung herrschen dort Geheimnis, Gefahr, Gewalt und Trieb.[251] *„Zwei Welten liefen dort durcheinander, von zwei Polen her kamen Tag und Nacht."*[252]

Zentral in diesem ersten Kapitel ist Sinclairs Begegnung mit Franz Kromer, einem älteren Schüler aus verkommenen Kreisen. Durch den Kontakt zu Kromer erfährt das Böse in Sinclairs Leben eine bedrohliche Präsenz. Eine harmlose Prahlerei, bei der sich Sinclair als furchtloser Apfeldieb darstellt, nimmt Kromer zum Anlass, Emil zu bedrohen und zu erpressen. Es gelingt Kromer, den wohlbehüteten und naiven Sinclair aus der schützenden Elternwelt in ein Leben in Abhängigkeit in der dunklen, verbrecherischen Welt hinabzuziehen. Um Kromers Forderungen erfüllen zu können, bestiehlt Sinclair seine Eltern. Durch seine Komplizenschaft mit Kromer fühlt er sich dem Elternhaus entfremdet und der Sünde verfallen. Es kommt zur völligen Hörigkeit gegenüber Franz Kromer. Gleichzeitig fühlt Sinclair in sich erstmals das Bewusstsein der Überlegenheit gegenüber der bislang unbestrittenen Autorität der Eltern.[253]

> *„Es war ein erster Riß in die Heiligkeit des Vaters, es war ein erster Schnitt in die Pfeiler, auf denen mein Kinderleben geruht hatte, und die jeder Mensch, ehe er er selbst werden kann, zerstört haben muss. Aus diesen Erlebnissen, die niemand sieht, besteht die innere, wesentliche Linie unseres Schicksals. Solch ein Schnitt und Riß wächst wieder zu, er wird verheilt und vergessen, in der geheimsten Kammer aber lebt und blutet er weiter."*[254]

---

der polarischen Spaltung". Vgl. Heinz STOLTE, Hermann Hesse. Weltscheu und Lebensliebe, Hamburg 1971.

251 Vgl. Helga ESSELBORN-KRUMBIEGEL, Literaturwissen Hermann Hesse, Stuttgart 2005, 50.

252 HESSE, Demian, 10.

253 Vgl. ESSELBORN-KRUMBIEGEL, Literaturwissen Hesse, 52.

254 HESSE, Demian, 27. *„Der ‚Riß', der die Einheit der Menschen und Dinge zerstört, geht durch die Außenwelt und die Innenwelt. Entsprechend nimmt das gespaltene Subjekt seine Umwelt in dem Maße als dichotomisch wahr, in dem seine eigene Entfremdung wächst: So wird ihm die zuvor vertraute Realität unheimlich, denn*

So kann das Kromer-Erlebnis wie folgt gedeutet werden: Durch den realen Kontakt mit der bösen Welt mit ihren Versuchungen, Gesetzesübertretungen und Lügen wird der junge Sinclair gezwungen, sich mit den unbewussten Wünschen in seinem eigenen Innern auseinanderzusetzen, so erkennt er beispielsweise sein eigenes Widerstandspotential gegen die Autorität. Schritt für Schritt gewinnt nun die Schattenwelt Franz Kromers die Oberhand in Sinclairs Leben. Dies gipfelt dann schließlich in einem Traum, in dem Sinclair den von Kromer aufgezwungenen Vatermord begeht und er dadurch die notwendige Ablösung von der väterlichen Autorität vollzieht.[255]

Die Thematik der ersten drei Kapitel des Romans ist die Auseinandersetzung mit dem Jung'schen Gegensatzpaar von „Persona" und „Schatten". So beschreibt Hesse im ersten Kapitel die „Persona" von Sinclair, indem dieser versucht, den Vorstellungen und Konventionen der Eltern, der heilen, frommen und religiösen Welt zu entsprechen. Doch immer wieder driftet Sinclair ab in die andere Welt, in die unreine, triebhafte, instinktive und irrationale Welt. Es kommt zur Konfrontation mit dem Jung'schen „Schatten", der im Roman durch Franz Kromer symbolisiert wird. „*Was einst Franz Kromer war, das stak nun in mir selber.*"[256] Sinclair muss erkennen, dass in ihm selbst das Böse wohnt. Was er einst auf Kromer projizierte, das ist Teil seiner selbst. Das erste Kapitel endet mit dem ersten wichtigen Schritt auf dem Wege der Individuation, nämlich, dass die rationale Welt aus ihrer üblichen Vorrangstellung beseitigt wurde und damit die Gleichstellung des Irrationalen, nämlich des Unbewussten vollzogen ist.[257]

sie konfrontiert ihn mit verdrängten, ungelebten Impulsen seiner Psyche." ESSELBORN-KRUMBIEGEL, Interpretationen Hesse, 34.

255 Vgl. ESSELBORN-KRUMBIEGEL, Literaturwissen Hesse, 52-53.

256 HESSE, Demian, 68. Insgesamt bringt Hesse in diesem ersten Kapitel den Leib-Geist-Dualismus zur Sprache, der vor allem eben in der Pubertät eine große Rolle spielt, da der erwachende Sexualtrieb besonders stark erlebt wird und in die Gesamtpersönlichkeit integriert werden muss.

257 Vgl. ESSELBORN-KRUMBIEGEL, Literaturwissen Hesse, 50-53. Die Erfahrung der Polaritäten im Innern konkretisiert sich in Sinclairs Dialogen und Begegnungen mit jenen Einflussfiguren, die ihm einerseits wesensverwandt sind, ihn aber anderseits mit Impulsen konfrontieren, die einer verborgenen und verleugneten Seite seines Innern Ausdruck verleihen. So eröffnet eben der Umgang mit

5.2.2. Zweites Kapitel *Kain* und Drittes Kapitel *Der Schächer*

Im Mittelpunkt dieser beiden Kapitel steht die alternative Deutung biblischer Geschichten, dabei wird die Thematik des Dualismus weitergeführt. Das Jung'sche Gegensatzpaar von „Persona" (Bewusstsein, gut) und „Schatten" (Unbewusstes, böse) steht sich auch hier erneut gegenüber. Im zweiten Kapitel wird die Frage nach der richtigen Deutung der alttestamentlichen Bibelstelle von Kain und Abel (Gen 4,1-15) behandelt, ebenso wird hier auch Max Demian eingeführt. Demian unterscheidet sich von den anderen Mitschülern, er wirkt schon erwachsen. Er ist ein Einzelgänger und scheint allen überlegen zu sein. Demian ist Emil Sinclair auf seltsame Weise ähnlich.[258] Demian wird zum Mentor und Freund von Sinclair, indem er ihm die Vieldeutigkeit aller Dinge erklärt.[259]

Die Vieldeutigkeit der Dinge findet seinen besonderen Ausdruck in der etwas anderen Auslegung der Bibelstelle von Kain und Abel. Demian interpretiert die Geschichte so, dass er die Tat Kains und das Kainszeichen, das eigentlich als Strafe Jahwes betrachtet wird, als Auszeichnung darstellt. Der Starke hat den Schwachen getötet und sich damit gegen Jahwe aufgelehnt. Er setzt sich über die Gebote Gottes hinweg und duldet nicht die Willkür des Höchsten. Kain, der für die dunkle und teuflische Welt steht, zerstört so die lichte und göttliche Welt des Abels. Sinclair erzählt Demians

---

diesen Personen, wie z.B. im ersten Kapitel der Kontakt zu Kromer, für Sinclair den inneren Raum zu der Bereitschaft, das Böse in sich selbst annehmen zu können. Hier scheint die Methode der Psychoanalyse durch, die ja auf die Aufdeckung unbewusster Bedürfnisse und Prozesse, sowie verdrängter Inhalte der Seele, abzielt. Vgl. Ebd., 58-59.

258 *„Wie im Traum unterlag ich seiner Stimme, seinem Einfluß. Ich nickte nur. Sprach da nicht eine Stimme, die nur aus mir selber kommen konnte? Die alles wußte? Die alles besser, klarer wußte als ich selber?* HESSE, Demian, 54. Hier klingt bereits der rote Faden des Romans an, nämlich ein erster Hinweis auf die Rolle Demians als Sinclairs innere Stimme, als sein anderes, geläutertes Ideal-Ich. Es ist ein Kennzeichen von Hesses Literatur, dass einander zugeordnete Figuren als zwei Seiten eines Ich fungieren, so in diesem Roman eben Emil Sinclair und Max Demian. Vgl. ESSELBORN-KRUMBIEGEL, Erläuterungen Demian, 18.

259 HERFORTH, Erläuterungen Demian, 33.

Interpretation dem Vater. Dieser warnt seinen Sohn vor den schändlichen Lehren der gnostischen Sekte der Kainiten.[260]

Sinclair steht zunächst zwischen den Stühlen und weiß nicht, wem er Glauben schenken soll. Er reagiert auf Demians Kainsinterpretation verwirrt.[261] Sinclair hat grundsätzlich widersprüchliche Gefühle gegenüber Demian. Einerseits findet er in Demian ein antwortendes Gegenüber, das seine Grunderfahrung einer dichotomischen (von Gegensätzen geprägten) Wirklichkeit teilt, andererseits stellt Demian radikale Forderungen an Sinclair, denen er zum jetzigen Zeitpunkt des Romanverlaufs noch nicht gewachsen ist. Und dennoch spürt Sinclair latent, dass er auch in sich die Wirklichkeit des Kains empfindet. Diese Erkenntnis und deren Akzeptanz befreit Sinclair von der Besessenheit durch Kromer. Sinclair weiß nun, dass das Böse ihm nicht nur von außen begegnen kann, sondern dass in ihm selbst die Quelle für das Böse liegt, das er selbst das Kainszeichen trägt.[262]

> *„Etwas freilich war ja bei mir selbst nicht in Ordnung, war sogar sehr in Unordnung. Ich hatte in einer lichten und sauberen Welt gelebt, ich war selber eine Art von Abel gewesen, und jetzt stak ich so tief im ‚andern', war so sehr gefallen und gesunken, und doch konnte ich im Grunde nicht so sehr viel dafür! Wie war es nun damit? Ja, und jetzt blitzte eine Erinnerung in mir herauf, die mir für einen Augenblick fast den Atem nahm. An jenem üblen Abend, wo mein jetziges Elend angefangen hatte, da war das mit meinem Vater gewesen, da hatte ich, einen Augenblick lang, ihn und seine lichte Welt und Weisheit*

260 Vgl. WOLFF, Demian – Die Botschaft vom Selbst, 38-39. Die Kainiten sind eine frühchristlich-hellenistische gnostische Sekte, die sich auf Kain beruft und sich bewusst von den alttestamentlichen Gesetzten distanzierte. Für Kainiten gibt es keine Trennung in Gut und Böse, stattdessen wird ein notwendiges Ausleben aller im Menschen angelegten Regungen angestrebt, das letztlich zur Erlösung führt. Vgl. ESSELBORN-KRUMBIEGEL, Erläuterungen Demian, 19.

261 Hesse formuliert Sinclairs Orientierungslosigkeit, die Demian mit seiner neuen Deutung der Kainserzählung bei ihm ausgelöst hat, wie folgt: *„Kain ein edler Mensch, Abel ein Feigling! Das Kainszeichen eine Auszeichnung! Es war absurd, es war gotteslästerlich und ruchlos. Wo blieb dann der liebe Gott? Hatte er nicht Abels Opfer angenommen, hatte er nicht Abel lieb?"* HESSE, Demian, 43.

262 Vgl. Emanuel MAIER, *Demian*, in: Volker MICHELS (hrsg.), Materialien zu Hermann Hesses „Demian", Band 2, Frankfurt am Main 1997, 86-87.

> *auf einmal wie durchschaut und verachtet! Ja, da hatte ich selber, der ich Kain war und das Zeichen trug, mir eingebildet, dies Zeichen sei keine Schande, es sei eine Auszeichnung und ich stehe durch meine Bosheit und mein Unglück höher als mein Vater, höher als die Guten und Frommen.“*[263]

Sinclair kehrt zunächst wie der verlorene Sohn[264] zurück in die lichte Welt der Eltern, des Vaters. Sinclair verleugnet zunächst nun weiterhin Kain in sich und tut so, als ob es ihn nicht gebe, er wandelt vorerst auf den Spuren des Abel und gibt vor, Kain nicht zu kennen. Sinclair weiß natürlich, dass dies nur eine Scheinlösung ist. Er ist noch nicht in der Welt jenseits von Gut und Böse, aber die Infragestellung der Vollkommenheit Jahwes, des Gottes seines Vaters und die Zweifel an seiner Erziehung kann er nicht mehr verdrängen.[265]

Das Kainsmotiv hat in diesem zweiten Kapitel eine starke tiefenpsychologische Bedeutung. Demian plädiert dafür, dass man sich seine eigenen Gedanken zu dieser Geschichte machen soll. Demian möchte Sinclair zu der Einsicht führen, dass man auch das Böse und Dunkle in sich selbst annehmen muss. Nur dadurch, dass man Kain in sich selbst akzeptiert, hat man die Möglichkeit, innerlich ganz zu werden. Durch die andere Deutung der Kainsgeschichte fordert Demian letztlich Emil auf, die dunkle und unsittliche Seite seiner Persönlichkeit zu akzeptieren und sich diese bewusst zu machen. Nur durch die Akzeptanz des Bösen, das ebenso ein

---

263 HESSE, Demian, 44.

264 *„Und nun beging ich mit hohen Gefühlen das Fest meiner Wiederaufnahme, die Heimkehr des verlorenen Sohnes. Die Mutter brachte mich zum Vater [...]. Alles war herrlich, alles war wie in den Erzählungen, alles löste sich in wunderbare Harmonie auf. [...] Nun klammerte ich mich mit allen Wurzeln an meine ehemalige, paradiesische Welt, war heimgekehrt und in Gnaden aufgenommen. Demian aber gehörte zu dieser Welt keineswegs, paßte nicht in sie. Auch er war, anders als Kromer, aber doch eben – auch er war ein Verführer, auch er verband mich mit der zweiten, der bösen, schlechten Welt, und von der wollte ich nun für immer nichts mehr wissen. Ich konnte und wollte jetzt nicht Abel preisgeben und Kain verherrlichen helfen, wo ich eben selbst wieder ein Abel geworden war.“* HESSE, Demian, 62-63.

265 Vgl. WOLFF, Demian – Die Botschaft vom Selbst, 40.

Teil des „Selbst" ausmacht, kann Sinclair laut Demian (und der Mensch laut Jung) zu innerer Harmonie und Ganzheit gelangen.[266]

Auch das dritte Kapitel zentriert sich wieder um eine biblische Geschichte und deren Umdeutung durch Max Demian. Diesmal handelt es sich um die neutestamentliche Erzählung von den Schächern am Kreuz (Lk 23,32-43). Der Erzähler macht einen Zeitsprung von mehreren Jahren, das Paradies der Kindheit ist nun endgültig verloren und Sinclair berichtet über seine Pubertätsjahre. Sinclair empfindet die Geschlechtsreife als etwas Störendes und Schlechtes. Sexualität ist für Sinclair mit Sünde und der dunklen Welt verknüpft. Die dunkle Welt konkretisiert sich nun für Sinclair in seinem Innern als Gefühl des Geschlechts, als ein gewaltiger innerer Urtrieb.[267]

> *„Es kamen die Jahre, in welchem ich aufs neue entdecken mußte, daß in mir selbst ein Urtrieb lebte, der in der erlaubten und lichten Welt sich verkriechen und verstecken mußte. Wie jeden Menschen, so fiel auch mich das langsam erwachende Gefühl des Geschlechts als ein Feind und Zerstörer an, als Verbotenes, als Verführung und Sünde. Was meine Neugierde suchte, was mir Träume, Lust und Angst schuf, das große Geheimnis der Pubertät, das paßte gar nicht in die umhegte Glückseligkeit meines Kinderfriedens. Ich tat wie alle. Ich führte das Doppelleben des Kindes, das doch kein Kind mehr ist. Mein Bewußtsein lebte im Heimischen und Erlaubten, mein Bewußtsein leugnete die empordämmernde neue Welt."*[268]

In dieser neuen Krise kommt es nach langer Zeit der Trennung (ca. ein Jahr) zur erneuten Begegnung mit Demian. Dieser versichert Sinclair einmal mehr, dass die beiden Welten der Gegensätze (innen und außen, Trieb

266 Vgl. MECHADANI, Hesse auf der Couch, 57-59.

267 Vgl. WOLFF, Demian – Die Botschaft vom Selbst, 41-42.

268 HESSE, Demian, 66-67. Und schon wieder kreist der Inhalt des Romans um die Polarität aller Wirklichkeit, dem Wechselverhältnis von Außen und Innen, von Natur und Geist. In der Erzählung *Innen und Außen* (1919) entwickelt Hesse dieses Wechselverhältnis eindrücklich und entlarvt es als Illusion: *„Nichts ist außen, nichts ist innen. Der religiöse Sinn davon ist dir bekannt: Gott ist überall. Er ist im Geist, und ist auch in der Natur. Alles ist göttlich, weil Gott das All ist.* Hermann HESSE, *Innen und Außen*, in: ders., Sämtliche Werke, Band 8, Volker MICHELS (hrsg.), Frankfurt am Main ^{4}2019, 341.

und Geist, gut und böse, usw.) letztlich doch vereinbar sind. Die beiden Welten, die beiden Wirklichkeitsbereiche, ergänzen sich und kompensieren einander. Denn die Natur ist nicht moralisch, ist nicht in Gut und Böse aufgeteilt. Das Problem besteht darin, die Einheit von beidem zu erkennen und zu akzeptieren. Um diesen Sachverhalt zu verdeutlichen, vollzieht Demian ein weiteres Mal eine gnostische Uminterpretation einer Bibelstelle. In dem von Max und Emil besuchten Konfirmandenunterricht bespricht der Lehrer die Kreuzigung Jesu mit den beiden Schächern.[269] Am Vorabend der Kreuzigung hat der Schächer zur Linken Jesu nichts bereut, er bekennt sich zu seinen Taten und bleibt sich treu, er ist ein zweiter Kain. Dagegen bereut der Schächer zur Rechten sein Leben. Demian wirft ihm deswegen Charakterlosigkeit vor, da er seinen Weg nicht stringent bis zum Ende geht. Dagegen hat der andere Verbrecher, der sich zu seinen Taten bekennt und nicht bereut, laut Demian, richtig gehandelt. Aus dem Verhalten des Schächers zieht Demian seine Schlussfolgerung, seine Kritik am christlichen Gottesbild:[270]

> *„Aber ich will dir etwas sagen –: hier ist einer von den Punkten, wo man den Mangel in dieser Religion sehr deutlich sehen kann. Es handelt sich darum, daß dieser ganze Gott, alten und neuen Bundes, zwar eine ausgezeichnete Figur ist, aber nicht das, was er doch eigentlich vorstellen soll. Er ist das Gute, das Edle, das Väterliche, das Schöne und auch Hohe, das Sentimentale – ganz recht! Aber die Welt besteht auch aus anderem. Und das wird nun alles einfach dem Teufel zugeschrieben, und dieser ganze Teil der Welt, diese ganze Hälfte wird unterschlagen und totgeschwiegen. Gerade wie sie Gott als Vater allen Lebens rühmen, aber das ganze Geschlechtsleben, auf dem das Leben doch beruht, einfach totschweigen und womöglich für Teufelszeug und sündlich erklären! Ich habe nichts dagegen, daß man diesen Gott Jehova verehrt, nicht das mindeste. Aber ich meine,*

---

269 Der Schächer: westgermanisches Wort für „Straßenräuber"; seit Luthers Bibelübersetzung meint man damit die beiden gemeinsam mit Jesus gekreuzigten Verbrecher. Das Gespräch Jesu mit den beiden Schächern ist allerdings lukanisches Sondergut (Lk 23,32-43). Vgl. ESSELBORN-KRUMBIEGEL, Erläuterungen Demian, 19.

270 Vgl. WOLFF, Demian – Die Botschaft vom Selbst, 41-44.

> *wir sollen alles verehren und heilig halten, die ganze Welt, nicht bloß diese künstlich abgetrennte, offizielle Hälfte! Also müssen wir dann neben dem Gottesdienst auch einen Teufelsdienst haben. Das fände ich richtig. Oder aber, man müßte sich einen Gott schaffen, der auch den Teufel in sich einschließt, […].*"[271]

Demian spricht mit seinen Gedanken aus, was Sinclair schon lange so in sich empfindet, es besteht eine Art innere Verwandtschaft zwischen den beiden. Ebenso erkennt Sinclair, dass das Problem der gespaltenen Welt, an dem er so lange gelitten hat, als ein universales Phänomen zu begreifen ist: [272]

> *„Die Einsicht, daß mein Problem ein Problem aller Menschen, ein Problem allen Lebens und Denkens sei, überflog mich plötzlich wie ein heiliger Schatten, und Angst und Ehrfurcht überkam mich, als ich sah und plötzlich fühlte, wie tief mein eigenstes, persönliches Leben und Meinen am ewigen Strom der großen Ideen teilhatte.*"[273]

Zur inhaltlichen Fokussierung auf die biblischen Motive in den Kapiteln zwei (Kain und Abel) und drei (der Schächer) können folgende zusammenfassende Bemerkungen gemacht werden: Beide Kapitel spiegeln den zeitlosen Zweifel des Menschen im Hinblick auf Religion und Moral. Hesse geht es dabei um eine Emanzipation von der traditionellen Religion und Moral, d.h. eine Umwertung allgemein akzeptierter Normen und Werte und damit einhergehend eine neue Unabhängigkeit des Denkens und

---

271 HESSE, Demian, 85. Sehr empfehlenswert zur Thematik der Aufsatz von Karl-Josef KUSCHEL *Das Böse und das Teuflische*, in: Heinrich SCHMIDINGER (hrsg.), Die Bibel in der deutschsprachigen Literatur des 20. Jahrhunderts, Band 1, Mainz 1999, 292-317.

272 Vgl. ESSELBORN-KRUMBIEGEL, Erläuterungen Demian, 23.

273 HESSE, Demian, 86. So gibt Demian gegen Ende des 3. Kapitels seinem Freund Emil folgende Worte mit auf den Weg: *„Ich sehe, du denkst mehr, als du einem sagen kannst. Wenn das nun so ist, dann weißt du aber auch, daß du nie ganz das gelebt hast, was du dachtest, und das ist nicht gut. Nur das Denken, das wir leben, hat einen Wert. Du hast gewußt, daß deine ‚erlaubte Welt' bloß die Hälfte der Welt war, und du hast versucht, die zweite Hälfte dir zu unterschlagen, wie es die Pfarrer und Lehrer tun. Es wird dir nicht glücken! Es glückt keinem, wenn er einmal das Denken angefangen hat."* Ebd., 87.

Handelns, wie es in den beiden Kapiteln durch die Neubewertung der beiden Bibelstellen durch Demian eindrücklich demonstriert wird. Hier ist der Einfluss Friedrich Nietzsches mit seinem „Versuch einer Umwertung aller Werte" deutlich spürbar.[274] Die damit einhergehende geforderte Haltung von Nietzsche mit einer Moral „jenseits von gut und böse" findet dann ihren symbolischen Ausdruck in der Gottheit Abraxas, der dann im fünften *Demian*-Kapitel thematisiert wird. Hesse entwirft im Sinne Nietzsches hier eine neue Religion und hat dabei auch ein ganz neues Menschsein vor Augen:[275]

> *„Das Alte müsse weichen und dem Neuen Platz machen: einem neuen Gott, einer neuen Moral, einem neuen Menschen und einer neuen Welt. Diese von Nietzsche beeinflusste Gesinnung fand ihren unmittelbaren Ausdruck im ‚Demian': einer romanhaften Darstellung von Hesses eigener Emanzipation vom traditionellen Glauben und Denken und der Kristallisierung seiner eigenen Ethik. In seinem Sinclair erschien Hesse selbst als der Mensch von morgen."*[276]

5.2.3. Viertes Kapitel *Beatrice*

In diesem vierten Kapitel steht die Auseinandersetzung mit dem Seelenbild bzw. mit dem „Archetyp der Anima" im Zentrum, die einen weiteren wichtigen Inhalt auf dem Jung'schen Individuationsweg konstituiert. Steht in den ersten drei Kapiteln immer wieder ein gewisser Dualismus im Mittelpunkt, so kommt es nun im vierten Kapitel zu einer ersten Versöhnung der Gegensätze durch den Kontakt zu einem fremden Mädchen, in das sich Emil verliebt und seine Phantasie stark anregt. Für den

---

274 Die Gestalt Demians kann geradezu als *„dichterische Formwerdung des Archetypus Zarathustra"* interpretiert werden: Demians (Alter Ego von Hesse) Amoralität, seine Verurteilung des Herdentriebes und sein Versuch einer Umwertung der christlichen Werte, lassen ihn in der Nachfolge Nietzsches erscheinen. Vgl. zur Kritik an der christlichen Moral die beiden Schriften von Nietzsche: *Jenseits von Gut und Böse, Vorspiel einer Philosophie der Zukunft* (1886) und *Zur Genealogie der Moral* (1887). Vgl. ebenso dazu: MILECK, Dichter, Sucher, Bekenner, 97-99

275 Vgl. Ebd., 97-99.

276 Ebd., 98-99.

Selbstwerdungsprozess bedeutet das: Die Auseinandersetzung mit dem Gegenspielerpaar „Persona-Schatten" als erste Stufe des Individuationsprozesses wird nun abgelöst von der „Anima-Animus"-Thematik als nächste Stufe der Individuation. Die Figur der Beatrice kann im Gegensatz zur Persona als Bild für die innere Einstellung, die „Anima", im Mann gedeutet werden. Die männliche innere Person bei Frauen nennt Jung entsprechend „Animus". Für Jung handelt es sich hierbei um zwei der stärksten „Archetypen" der menschlichen Seele. Gleichzeitig sind diese inferioren Teilpersönlichkeiten auch ein Symbol für die in jedem Menschen vorherrschende Androgynität, das heißt, dass in jedem Menschen beide, männliche und weibliche, Persönlichkeitsanteile koexistieren.[277]

Emil ist nun ca. sechszehn Jahre alt, er verlässt sein Zuhause und kommt an ein Gymnasium in einer fremden Stadt. Sinclair ist nun mitten in der Pubertät, die äußere Welt nimmt er eigentlich gar nicht so richtig wahr. Er gibt sich weltverachtend und männlich, dabei beschäftigt sich er nur mit sich selbst und seinem Innern. In dieser pubertären Lebensphase schlittert Sinclair in eine tiefe Lebenskrise: Er verkehrt mit nur älteren Schülern, die ihn zu verbotenen Alkoholexzessen in Wirtshäusern verführen. Wegen seiner wüsten Lebensweise droht Sinclair fast der Ausschluss vom Gymnasium. Sinclair ist irgendwie traurig, fühlt sich einsam und leidet ungeheuer stark an seiner Isolation gegenüber Mädchen. Dies führt dazu, dass Sinclair nun ein Lotterleben zwischen Kneipe, Alkohol und Nichtstun beginnt. Trotz der Gemeinschaft mit seinen älteren Trinkkumpanen fehlt ihm jedoch am meisten sein Freund Max Demian, von dem er seit längerer Zeit schon nichts mehr gehört hat. Er ist geplagt von innerer Zerrissenheit.[278]

> *„So sah ich aus, ein Auswurf und Schweinigel, betrunken und beschmutzt, ekelhaft und gemein, eine wüste Bestie, von scheußlichen Trieben überrumpelt! So sah ich aus, der aus jenen Gärten kam, wo alles Reinheit, Glanz und holde Zartheit war, ich, der ich Musik von Bach und schöne Gedichte geliebt hatte. […] Ich weiß noch, daß mir einsam die Tränen kamen, als ich beim Verlassen einer Kneipe am Sonntagvormittag auf der Straße Kinder spielen sah, hell und*

277 Vgl. WOLFF, Demian – Die Botschaft vom Selbst, 44-45.

278 Vgl. HERFORTH, Erläuterungen Demian, 39-40.

> *vergnügt mit frischgekämmtem Haar und in Sonntagskleidern. Und während ich, zwischen Bierlachen an schmutzigen Tischen geringer Wirthäuser, meine Freunde durch unerhörte Zynismen belustigte und oft erschreckte, hatte ich im verborgenen Herzen Ehrfurcht vor allem, was ich verhöhnte, und lag innerlich weinend auf den Knien vor meiner Seele, vor meiner Vergangenheit, vor meiner Mutter, vor Gott.“*[279]

Die Erlösung von seinen Problemen findet Sinclair an einem Frühlingstag im Park, als er dort einem Mädchen, einer jungen Dame, begegnet, die er sofort anziehend findet. Sie regt seine Phantasie an. Persönlich kommt er nie mit ihr in Kontakt, doch er gibt ihr den Namen Beatrice.[280] Sie wird seine Traumgeliebte, ein neues Ideal, durch das er zu sich selbst zurückfindet, denn um sie zu verehren und anzubeten, muss er wieder allein sein. Seine andauernde innere Beschäftigung mit Beatrice verändert seine Lebensweise völlig. Er entsagt dem Alkohol nun und versucht zur hellen Welt zurückzukehren. Es ist ein gewaltiger Schritt seiner Entwicklung, auf dem seine Geschlechtlichkeit geläutert werden soll.[281]

> *„Ich habe mit Beatrice nicht ein einziges Wort gesprochen. Dennoch hat sie damals den tiefsten Einfluß auf mich ausgeübt. Sie stellte ihr Bild vor mir auf, sie öffnete mir ein Heiligtum, sie machte mich zum Beter in einem Tempel. Von einem Tag auf den andern blieb ich von den Kneipereien und nächtlichen Streifzügen weg. Ich konnte wieder allein sein, ich las wieder gern, ich ging wieder gern spazieren. Die plötzliche Bekehrung trug mir Spott genug ein. Aber ich hatte nun etwas zu lieben und anzubeten, ich hatte wieder ein Ideal, das Leben war wieder voll von Ahnung und bunt geheimnisvoller Dämmerung – das macht mich unempfindlich. Ich war wieder bei mir selbst zu Hause, obwohl nur als Sklave und Dienender eines verehrten Bildes.*

279 HESSE, Demian, 102-104.

280 Beatrice war die große, unerfüllte Jugendliebe von Dantes Alighieri, die er in seinen Werken *Vita Nova* (um 1292) und *La Divina Commedia* (1307-1313) verewigt hat. In diesen Dichtungen befreit Beatrice den verirrten Dante aus allen Konflikten, in die er geraten ist. Gemäß ihrem Namen ist sie die „Bringerin der Glückseligkeit“. Vgl. ESSELBORN-KRUMBIEGEL, Erläuterungen Demian, 23.

281 Vgl. HERFORTH, Erläuterungen Demian, 40.

> *[...] Die Geschlechtlichkeit, unter der ich litt und vor der ich immer und immer auf der Flucht war, sollte nun in diesem heiligen Feuer zu Geist und Andacht verklärt werden. Es durfte nichts Finsteres mehr, nichts Häßliches geben, keine durchstöhnten Nächte, kein Herzklopfen vor unzüchtigen Bildern, kein Lauschen an verbotenen Pforten, keine Lüsternheit. Statt alles dessen richtete ich meinen Altar ein, mit dem Bilde Beatricens, und indem ich mich ihr weihte, weihte ich mich dem Geist und den Göttern. Den Lebensanteil, den ich den finsteren Mächten entzog, brachte ich den lichten zum Opfer. Nicht Lust war mein Ziel, sondern Reinheit, nicht Glück, sondern Schönheit und Geistigkeit. Dieser Kult der Beatrice änderte mein Leben ganz und gar. Gestern noch ein frühreifer Zyniker, war ich jetzt ein Tempeldiener, mit dem Ziel, ein Heiliger zu werden.*"[282]

Psychologisch kann die Figur der Beatrice als Bild für die innere Einstellung, die „Anima", gedeutet werden. Beatrice ist im Grunde ein in Sinclair selbst existierendes Leitsymbol und damit Teil seines Inneren und ein Teil von ihm selbst. Sinclair beginnt dieser inneren Wirklichkeit Ausdruck zu verleihen, er beginnt Beatrice zu malen.[283] Sinclair malt aber dabei keine real existierende Person, sondern das Bild von ihr, das in ihm derart lebendig ist, als wäre es Wirklichkeit. Er malt also sein Seelenbild, das Bild seiner „Anima", die das Unbewusste hervorbringt im Prozess des Malens.[284]

Sinclair deutet sein Bild verschiedenartig, es besitzt also eine Verwandlungsfähigkeit. Zunächst erkennt er darin das Bildnis der Beatrice. Das Beatrice-Bild verändert seine Gestalt in zwei Stufen. In einem ersten Schritt kann Sinclair dann in dem Gesicht Beatrices auch das Antlitz von Max Demian erkennen. „*Wie hatte ich das erst so spät finden können! Es war Demians Gesicht.*"[285] Die zweite und letzte Stufe der Verwandlung des Beatrice-Bildes vollzieht sich schließlich in dem Bewusstsein Sinclairs, dass

---

282 HESSE, Demian, 110-112.

283 *„Mehr und mehr gewöhnte ich mich daran, mit träumerischem Pinsel Linien zu ziehen und Flächen zu füllen, die ohne Vorbild waren, die sich aus spielendem Tasten, aus dem Unbewußten ergaben."* HESSE, Demian, 113.

284 Vgl. MECHADANI, Hesse auf der Couch, 41-42.

285 HESSE, Demian, 116.

sein gemaltes Bild Ausdruck seiner Innenwelt, seiner „Anima“ ist. Das Beatrice-Bild nimmt somit das Ziel von Sinclairs Individuationsprozess vorweg: Das Bild zeigt Sinclairs vollkommenes und ganzheitliches Selbst:[286]

> *„Und allmählich kam mir ein Gefühl, daß das nicht Beatrice und nicht Demian sei, sondern – ich selbst. Das Bild glich mir nicht – das sollte es auch nicht, fühlte ich – aber es war das, was mein Leben ausmachte, es war mein Inneres, mein Schicksal oder mein Dämon. So würde mein Freund aussehen, wenn ich je wieder einen fände. So würde meine Geliebte aussehen, wenn ich je eine bekäme. So würde mein Leben und so mein Tod sein, dies war der Klang und Rhythmus meines Schicksals.“*[287]

Die Figur der Beatrice zeigt hermaphroditische Züge, die Verbindung von Männlichem und Weiblichem kommt zum Ausdruck. Der Hermaphroditismus wird besonders deutlich, als Sinclair beginnt, das Mädchen Beatrice aus dem Unbewussten heraus zu porträtieren.[288] Beatrice führt also Sinclair im übertragenen Sinn zu Demian und schließlich zu sich selbst. Mit Jung gesprochen ist also Beatrice die Symbolisierung von Sinclairs Seele in der Gestalt einer jungen Frau. So wird für Sinclair ein Selbst-Ausdruck ermöglicht, der ihm deutlich macht, dass es eigentlich nicht um diese spezielle Frauengestalt geht, sondern um die Darstellung von Androgynität als Symbol für die Vereinigung von Gegensätzen, die das ganzheitliche „Selbst“ ausmacht. Sinclairs Malerei gilt nicht der Abbildung äußerer Realität, sondern allein dem Ausdruck seiner sich wandelnden inneren Bilder.

---

286 Vgl. MECHADANI, Hesse auf der Couch, 42-43.

287 HESSE, Demian, 116.

288 Das Malen hat im *Demian* in Verbindung mit der richtigen Interpretation des gemalten Bildes die Funktion einer psychologischen Therapiemaßnahme, so wie sie auch heute noch im Rahmen psychotherapeutischer Behandlungen angewandt wird. Gleichzeitig zeigt sich im Malen ein autobiographischer Bezug auf den Autor Hesse: Im Laufe seiner Psychotherapie bei Dr. Lang begann Hesse seine Gedanken und Vorstellungen zu malen und zu zeichnen, gleichsam als Therapiemaßnahme. So hat Dr. Lang Hesse an die bildende Kunst und die Malerei herangeführt und sie Hesse als Ausdruck der Seele zugänglich gemacht. Vgl. dazu: Flavia ARZENI, *Hesse und die Farben der Seele*, in: Hermann-Hesse-Jahrbuch 1 (2004), 95-109.

Wie seine Träume, so geben auch seine gemalten Bilder Aufschluss über sein Ich und über seine verborgenen Möglichkeiten im Unbewussten. Emil beginnt nun andere Bilder seiner Seele zu malen. Es ist der Wappenvogel über der Tür seines Vaterhauses, auf den Demian ihn bereits bei ihrer ersten Begegnung angesprochen hat. Der Kopf des Vogels ragt halb aus der Erde oder aus einem Ei heraus. Der Hintergrund ist himmelblau. Geleitet von einem inneren Bedürfnis schickt Sinclair das Bild Demian zu, es ist schon ein Vorgriff auf das folgende Kapitel.[289]

5.2.4. Fünftes Kapitel *Der Vogel kämpf sich aus dem Ei*

> *„Der Vogel kämpft sich aus dem Ei. Das Ei ist die Welt. Wer geboren werden will, muss eine Welt zerstören. Der Vogel fliegt zu Gott. Der Gott heißt Abraxas.“*[290]

In diesem fünften Kapitel, das einen ersten Höhepunkt des Romans darstellt, weil es nun zur endgültigen Vereinigung der inneren Gegensätze kommt und damit eine erste Verwirklichung der inneren Ganzheit Sinclairs erreicht wird. Durch die Auseinandersetzung mit dem Gott Abraxas[291] und der Begegnung mit Pistorius setzt bei Sinclair eine neue Stufe der seelischen Entwicklung ein, jetzt hat er die Spur zu seinem eigenen Selbst gefunden. Durch die Figur des Pistorius werden unter anderem in diesem fünften Kapitel die Jung'sche Lehre vom „kollektiven Unbewussten“ und der Traumdeutung thematisiert, sowie das Anliegen nach einer neuen universalen und synkretistischen Religion, die über allen Bekenntnissen steht und alle Mythen in sich vereinigt.[292]

---

289 Vgl. MECHADANI, Hesse auf der Couch, 43-44.

290 HESSE, Demian, 127.

291 Abraxas war eine gnostische Gottheit, die Gegensätze wie hell und dunkel oder gut und böse in sich vereinigte. Vgl. dazu das Kapitel *Die Gottheit Abraxas als Symbol für Ganzheit und Neubeginn*, in: MECHADANI, Hesse auf der Couch, 54-57. Mechadani führt hier in die Abraxas-Theologie ein und stellt die inhaltlichen Bezüge zu Jung und zum *Demian*-Roman ausführlich dar.

292 Vgl. MECHADANI, Hesse auf der Couch, 46-47.

Sinclair kommt gleich zu Beginn des fünften Kapitels mit der gnostischen Gottheit Abraxas in Berührung. Auf einem Zettel liest er eine geheimnisvolle Botschaft[293] von Demian, der auf unerklärliche Weise ihn erreicht. Sinclair erkennt nun, dass Abraxas der von Demian geforderte Gott ist. Ein Gott, der den ganzen Menschen auch in seiner Körperlichkeit und die Triebwelt, bejaht und annimmt. Diese Botschaft des Abraxas ist für Sinclair unendlich befreiend.[294]

Diese gewichtige Erfahrung durchlebt Sinclair nun auch in seinen Träumen: eine leidenschaftliche, inzestuöse Umarmung mit einer Frau, die zugleich seine eigene Mutter und auch Demian ist. Diese Umarmung symbolisiert sowohl höchste Glückseligkeit als auch höchste Sünde. Sinclairs Traum ist Abraxasanbetung.[295]

> *„[...] und ich begann zu spüren, daß ich gerade in diesem Ahnungstraum den Abraxas anrief. Wonne und Grauen, Mann und Weib gemischt, Heiligstes und Gräßliches ineinander verflochten, tiefe Schuld durch zarteste Unschuld zuckend – so war mein Liebestraumbild, und so war auch Abraxas. Liebe war nicht mehr tierisch dunkler Trieb, wie ich sie beängstigt im Anfang empfunden hatte, und sie war auch nicht mehr fromm vergeistigte Anbeterschaft, wie ich sie dem Bilde der Beatrice dargebracht. Sie war beides, beides und noch viel mehr, sie war Engelsbild und Satan, Mann und Weib in einem, Mensch und Tier, höchstes Gut und höchstes Böses. Dies zu leben schien mir bestimmt, dies zu kosten mein Schicksal. Ich hatte Sehnsucht nach ihm und hatte Angst vor ihm, aber es war immer da, war immer über mir.“*[296]

Sinclair folgt nun immer mehr seiner inneren Stimme, die ihn zu seiner persönlichen Ganzheit führt. *„Fest war nur eines: die Stimme in mir, das Traumbild. Ich fühlte die Aufgabe, dieser Führung blind zu folgen.“*[297] Sinclair vollzieht also immer mehr einen Prozess der Verschmelzung zwischen

293 Die Botschaft ist das Zitat, mit dem dieses Kapitel eingeleitet wird, vgl. Zitat 290.

294 Vgl. MECHADANI, Hesse auf der Couch, 46-47.

295 Vgl. MAIER, *Demian*, 89.

296 HESSE, Demian, 132.

297 Ebd., 132.

seinem bewussten Leben und seiner unbewussten Ganzheit. Dies kommt zum Ausdruck in der Zuwendung und Anbetung der Abraxas-Gottheit. Der Roman verfolgt so das Ziel, eine Bewusstseinserweiterung in Sinclair voranzutreiben, indem die unangenehme und dunkle Seite des Lebens anerkannt und bewusst gemacht wird. Der gnostische Gott Abraxas symbolisiert die zu erreichende seelische Ganzheit aus religiöser Sicht heraus. So lässt sich festhalten, dass der Gott Abraxas eine Erweiterung des christlichen Gottesbildes darstellt, gleichzeitig wird durch den Abraxas-Mythos deutlich Kritik am christlichen Glauben geübt, da dieser einseitig nur auf die positiven Aspekte der Welt und des Lebens ausgerichtet ist und das Böse und Teuflische ausklammert.[298]

Neben dem gnostischen Denken übte vor allem die Schrift *Septem Sermones ad Mortuos*[299] von C. G. Jung großen Einfluss auf Hesse aus, dieses Werk inspirierte Hesse maßgeblich für die Gottheit Abraxas in seinem *Demian*. Aller Wahrscheinlichkeit nach ist Abraxas eine Erfindung des ägyptischen

298 Vgl. MECHADANI, Hesse auf der Couch, 56-57. In diesem Kontext führt Gilles Quispel aus: *„It proclaims the discovery of a new God, Abraxas, the origin of god and evil."* Abraxas ist *„a symbol unifying the devine and the satanic."* Gilles QUISPEL, *Hermann Hesse and Gnosis*, in: Barbara ALAND (hrsg.), Gnosis. Festschrift für Hans Jonas, Göttingen 1978, 497. Ferner kommentiert hier Quispel die Gottheit Abraxas wie folgt, 500: *„The figure which overcomes dualism and symbolizes the wholeness oft the soul, the end of schizophrenia."*

299 Jung hatte dieses Werk bereits 1916 verfasst, im Zentrum steht die Auseinandersetzung mit jener gnostischen Gottheit Abraxas. Jung hatte sie unter dem Namen des Basilides im Privatdruck herausgegeben. Die Schrift trägt den Untertitel *Die sieben Belehrungen der Toten. Geschrieben von Basilides in Alexandria, der Stadt, wo der Osten den Westen berührt.* Jung verschenkte sie gelegentlich an Freunde. Sie wurde erst 1962 veröffentlicht. Die *Septem Sermones ad Mortuos* vermitteln sehr eindrücklich, was Jung in den Jahren 1913 bis 1917 besonders reizvoll fand: *„Die Schrift enthält bildhafte Andeutungen oder Vorwegnahmen von Gedanken, die in Jungs wissenschaftlichem Werk später eine Rolle spielten, vor allem die Gegensatznatur des Geistes, des Lebens und der psychologischen Aussagen. Das Denken in Paradoxien war es, daß Jung bei den Gnostikern angezogen hatte. Deshalb identifizierte er sich mit dem Gnostiker Basilides (anfangs des 2. Jahrhunderts n. Chr.) und hielt sich zum Teil auch an dessen Terminologie, z.B. Gott als ABRAXAS."* JAFFÉ, Erinnerungen, Träume und Gedanken von C. G. Jung, 388.

Gnostikers Basilides, der ca. 130 n. Chr. wegen seiner Theosophie über den Ursprung des Übels als Häretiker von den Kirchenvätern verurteilt wurde. So vereinigt Abraxas in sich die Gegensätze der Welt. Durch Abraxas konnten die Gnostiker ihren radikalen Dualismus überwinden, der im Weltganzen, wie im einzelnen Menschen herrscht. Abraxas ist somit ein Symbol für die Zusammenführung des göttlichen und des teuflischen Prinzips.[300]

Hesse weiß von Basilides und dem Gott Abraxas nur durch die Lektüre von Jungs Gedanken, Hesse selbst hat nie die Kirchenväter gelesen, die von Basilides berichten, wie etwa Hippolyt oder Clemens von Alexandrien. So scheint der Gnostizismus geradezu prädisponiert für eine Aufnahme in die Gedankenwelt Jungs und Hesses. Letztlich wollten die Gnostiker den geistigen Menschen mit seinem Schatten und Gott mit der materiellen Welt wiedervereinen, um den ganzen Menschen zu schaffen, der das Ebenbild Gottes war. Die Gnostiker haben viele Versuche unternommen, um einen symbolischen Ausdruck für das Selbst zu finden, einer davon war die Gottheit Abraxas. *„Der Vogel kämpft sich aus dem Ei“*, so die Überschrift des fünften Kapitels. Der Vogel soll nicht eingesperrt bleiben. Der Vogel soll fliegen. Letztlich steht der Vogel für die Seele, die zu ihrer Ganzheit emporsteigen will, dafür war der Gott Abraxas ein geeignetes Bild.[301]

Neben dem Kennenlernen der Gottheit Abraxas ist die zweite wichtige Begegnung im fünften Kapitel für Sinclair die Freundschaft mit Pistorius.[302] Sinclair lernt Pistorius, ein ehemaliger Theologiestudent und jetzt

300 Vgl. WOLFF, Demian – Die Botschaft vom Selbst, 15-16.

301 Vgl. MAIER, *Demian*, 94-97.

302 Durch die Figur des Pistorius setzt Hesse seinem damals eigenen Psychotherapeuten und Seelenführer Dr. Lang ein Denkmal. Dr. Lang führte Hesse auf seinem persönlichen Weg der Selbstbejahung und Selbsterkenntnis. Dr. Lang war es, der Hesse vor allem für ein schonungsloses Offenbarmachen des eigenen Unbewussten anregte. Was also Dr. Lang für Hesse war, das ist nun Pistorius für Sinclair. Pistorius wird zu einem weiteren wichtigen Wegbegleiter und Mentor für Sinclair: Pistorius vertieft mit ihm die Abraxas-Theologie, deutet Sinclairs undurchschaubare Träume und nimmt die Rolle eines Propheten ein. Pistorius wird somit zu einem Künder eines neuen Glaubens und einer neuen Religion. Eine einschlägige Analyse der Pistorius-Figur liefert das Kapitel *Pistorius – Der Künder einer neuen Religion*, in: Walter JAHNKE, Hermann Hesse. Demian – Ein erlesener Roman, Paderborn 1984, 82-92.

Mythenforscher, wie Demian und Beatrice unter gewöhnlichen und realen Umständen kennen: in einer Kirche als Orgelspieler. Durch dessen Musik, die Sinclair sehr ansprechend und anziehend findet, spürt er, dass auch Pistorius nach der Einheit mit sich und der Welt sucht. Seine Musik ist eine Art Ausdruck von Hingabe an ein Weltgefühl, das über allen Bekenntnissen steht. Pistorius und Sinclair freunden sich an und sind eine Zeit lang Weggefährten. Sinclair lernt in dieser Zeit viel von Pistorius, er wird für Sinclair ein weiterer Wegweiser zum Selbst, zur inneren Ganzheit, auch wenn Pistorius am Ende des Kapitels seine Autorität verliert, weil Sinclair realisiert, dass Pistorius sein weitreichendes Wissen für sich selbst nicht umzusetzen vermag. Während die beiden Suchenden nach dem, was die Welt im Innersten zusammenhält, ins Kaminfeuer schauen, geben sie sich den irrationalen Bildern hin, die plötzlich in ihnen und in den Flammen auftauchen. Dabei werden die Grenzen zwischen ihnen und der Natur aufgehoben. Sie fühlen, dass in jedem Menschen uranfängliche Begriffe und Bilder existieren, die es als möglich erscheinen lassen, die ganze Natur neu zu erschaffen, so wie Gott es einst getan hat.[303]

> *„An die wenigen Erfahrungen, welche ich bis jetzt auf dem Wege zu meinem eigentlichen Lebensziel gefunden hatte, reihte sich diese neue: das Betrachten solcher Gebilde, das Sichhingeben an irrationale, krause, seltsame Formen der Natur erzeugt in uns ein Gefühl von der Übereinstimmung unseres Innern mit dem Willen, der diese Gebilde werden ließ – wir spüren bald die Versuchung, sie für unsere eigenen Launen, für unsere eigenen Schöpfungen zu halten – wir sehen die Grenze zwischen uns und der Natur zittern und zerfließen und lernen die Stimmung kennen, in der wir nicht wissen, ob die Bilder auf unserer Netzhaut von äußeren Eindrücken stammen oder von inneren. Nirgends so einfach und leicht wie bei dieser Übung machen wir die Entdeckung, wie sehr wir Schöpfer sind, wie sehr unsere Seele immerzu teilhat an der beständigen Erschaffung der Welt. Vielmehr ist es dieselbe unteilbare Gottheit, die in uns und die in der Natur tätig ist, und wenn die äußere Welt unterginge, so wäre einer von uns fähig, sie wieder aufzubauen, denn Berg und Strom,*

303 Vgl. MAIER, *Demian*, 88-89.

> *Baum und Blatt, Wurzel und Blüte, alles Gebildete in der Natur liegt in uns vorgebildet, stammt aus der Seele, deren Wesen Ewigkeit ist, deren Wesen wir nicht kennen, das sich uns aber zumeist als Liebeskraft und Schöpferkraft zu fühlen gibt.*"[304]

Dieses Zitat ist eine Art literarische Definition des „Selbst", alle Archetypen liegen in ihm. Pistorius lehrt Sinclair auf diese Weise den Zugang zu den Bildern seiner Seele, er erschließt ihm seine Träume und Visionen als Symbole und Urbilder der Menschheit.[305] C. G. Jung sieht in ihnen „Archetypen", immer wieder in der Geschichte der Menschheit auftauchende Bilder, in denen die Seele ihr Verlangen nach Ganzheit ausdrückt. Pistorius weiht also Sinclair ein in das Wissen um das „kollektive Unbewusste", er gibt seinem Schüler eine Art persönliche Definition der Jung'schen Theorie vom „kollektiven Unbewussten". So wie der menschliche Körper in seiner physischen Entwicklung die gesamte Entwicklung der Spezies repräsentiert, so enthält die menschliche Psyche die gesamte

304 HESSE, Demian, 145-146.

305 Einmal hat Sinclair einen Traum vom Fliegen, der auf das „kollektive Unbewusste" hindeutet und den ihm Pistorius interpretieren hilft: *„Häufig erzählten wir auch einander unsere Träume. Pistorius verstand ihnen eine Deutung zu geben. Ein wunderliches Beispiel ist mir eben innerlich. Ich hatte einen Traum, in dem ich fliegen konnte, jedoch so, daß ich gewissermaßen von einem großen Schwung durch die Luft geschleudert wurde, dessen ich nicht Herr war. Das Gefühl dieses Fluges war erhebend, ward aber bald zur Angst, als ich mich willenlos in bedenkliche Höhen gerissen sah. Da machte ich die erlösende Entdeckung, daß ich mein Steigen und Fallen durch Anhalten und Strömenlassen des Atems regeln konnte. […] Und nun können Sie sehen, wie wenig ‚persönlich' Ihre Seele in der Tiefe ist. Sie erfindet nämlich diesen Regulator nicht! Er ist nicht neu! Er ist eine Anleihe, er existiert seit Jahrtausenden. Er ist das Gleichgewichtsorgan der Fische, die Schwimmblase. Und tatsächlich gibt es ein paar wenige seltsame und konservative Fischarten noch heute, bei denen die Schwimmblase zugleich eine Art Lunge ist und unter Umständen richtig zum Atmen dienen kann. Also haargenau wie die Lunge, die sie im Traum als Fliegerblase benutzen."* Ebd., 148-149. Uwe Wolff vergleicht die Funktion der Schwimmblase für den Fisch mit der Funktion des Selbst im tiefenpsychischen Bereich, es sorgt für das innere Gleichgewicht des Menschen innerhalb der psychischen Komplexität. Vgl. WOLFF, Demian – Die Botschaft vom Selbst, 47.

Erfahrung der Menschheit, so erklärt Hesse das „kollektive Unbewusste" nach Jung durch die Figur des Pistorius:[306]

> *„Wir ziehen die Grenzen unserer Persönlichkeit immer viel zu eng! Wir rechnen zu unserer Person immer bloß das, was wir als individuell unterschieden, als abweichend erkennen. Wir bestehen aber aus dem ganzen Bestand der Welt, jeder von uns, und ebenso wie unser Körper die Stammtafeln der Entwicklung bis zum Fisch und noch viel weiter zurück in sich trägt, so haben wir in der Seele alles, was je in Menschenseelen gelebt hat. Alle Götter und Teufel, die je gewesen sind, sei es bei Griechen und Chinesen oder bei Zulukaffern, alle sind mit in uns, sind da, als Möglichkeiten, als Wünsche, als Auswege. Wenn die Menschheit ausstürbe bis auf ein einziges halbwegs begabtes Kind, das keinerlei Unterricht genossen hat, so würde dieses Kind den ganzen Gang der Dinge wiederfinden, es würde Götter, Dämonen, Paradiese, Gebote und Verbote, Alte und Neue Testamente, alles würde es wieder produzieren können."*[307]

Durch die weiteren Gespräche kämpft sich der Vogel Sinclair immer weiter aus dem Ei, Sinclair ist durch Pistorius ein großes Stück weiter gekommen auf seinem Individuationsweg. Am Ende des Kapitels muss aber Sinclair erkennen, dass er Pistorius als Führer zum „Selbst" nicht mehr benötigt, da er bereits anfängt, in sich selbst einen solchen Führer zu entdecken. Pistorius bleibt aber für Sinclair deshalb nur eine Stufe zu seiner eigenen

---

306 Vgl. MAIER, *Demian*, 89. Ebenso das Kapitel *Pistorius: Musiker, Mythenforscher und Wegweiser des Selbst*, in: MECHADANI, Hesse auf der Couch, 45-49.

307 HESSE, Demian, 146-147. Die „Archetypen" als vererbte kollektive Grundausstattung der menschlichen Psyche sind ein archaischer Urbesitz, der sich punktuell aktualisiert. Alles ist schon immer dagewesen. Wie der archetypische Ideenkosmos entstanden ist, läßt Jung offen und erklärt er an keiner Stelle. So schreibt Jung in *Wandlungen und Symbole der Libido*, ein Buch, welches Hesse sehr geschätzt hat und ihn auch bei seinem *Demian* sehr beeinflusste: *„Man kann sagen, wenn es gelänge, alle Tradition in der Welt mit einem Male abzuschneiden, so würde mit der nächsten Generation die ganze Mythologie und Religionsgeschichte wieder von vorne beginnen."* C. G. JUNG, Wandlungen und Symbole der Libido (1911), Zürich [4]1952, 26-27. Vgl. ebenso zu diesem Themenbereich in dieser Arbeit Teil IV, Kapitel 4.3.2.3. *Das „kollektive Unbewusste" und seine „Archetypen"*

Selbstwerdung und stellt aber keine Personifizierung des „Selbst“ dar wie etwa Max Demian. Pistorius ist außerdem nicht imstande, die Lehren und Theorien, die er Sinclair versuchte nahezubringen, in seinem eigenen Leben umzusetzen. Für Sinclair ist es nun an der Zeit, einen neuen Weg einzuschlagen und dabei die neu kennengelernten Thesen und Theorien des Pistorius in seinem eigenen Lebenskosmos zu verwirklichen.[308]

5.2.5. Sechstes Kapitel *Jakobs Kampf*

Im Kampf mit dem Engel Gottes erringt Jakob den Segen Gottes und wird so zum Stammvater der Israeliten (vgl. Gen 32,25-30). Dieser Kampf Jakobs mit Gott wird im sechsten Kapitel gleichgesetzt mit der Auseinandersetzung Sinclairs und seinem inneren „Selbst“. Im folgenden siebenten Kapitel kommt es dann zum Erreichen des Zieles, zur Begegnung mit Frau Eva, die das „Selbst“ symbolisiert, das sechste Kapitel beschreibt den Entwicklungsprozess dorthin. Dieser Kampf, den Sinclair selbst unter das biblische Motto stellt, ist entscheidend für sein Leben und seine Zukunft, indem er durch die Konfrontation mit seinem Ich-Ideal zur Erkenntnis seiner Bestimmung durchdringt.[309] Uwe Wolff fasst dies so zusammen: *„Wahrlich – ein besseres mythisches Vorbild hätte sich Sinclair nicht aussuchen können! Er hat sein göttliches Selbst, die Offenbarung Gottes in der Seele, erkämpft. Wie Jakob am Jabbok hat er das Angesicht Gottes geschaut und ist am Leben geblieben.“*[310]

Der nun mittlerweile 18-jährige Sinclair verkehrt immer noch mit Pistorius. Durch die Gespräche mit ihm wächst Sinclairs Vertrauen in sich und seine Fähigkeiten, anderseits empfindet er sich auch oft als eine Art Sonderling. Pistorius bestärkt Sinclair immer wieder darin, den Stimmen der Seele recht zu geben. Die beiden sprechen oft über Sinclairs Träume, Phantasien und Gedanken und Pistorius misst ihnen stets etwas sehr Wertvolles bei. Pistorius lehrt Sinclair den Mut und die Achtung vor sich selbst zu bewahren, er dürfe sich nicht mit anderen vergleichen und dürfe nur seinen Weg

308 Vgl. MECHADANI, Hesse auf der Couch, 48-49.

309 Vgl. ESSELBORN-KRUMBIEGEL, Erläuterungen Demian, 35.

310 WOLFF, Demian – Die Botschaft vom Selbst, 52.

gehen, auch wenn er sich dabei von der konformen Masse unterscheide. Pistorius rät ihm, sich selbst so anzunehmen, wie ihn die Natur geschaffen hat, das gelte vor allem im Hinblick auf seine Sexualität. Man solle sich nicht für seine inneren Wünsche und Begierden schämen, sondern sie mit Achtung und Liebe behandeln. So spricht Pistorius mit eindringlichen Worten auf Sinclair ein:[311]

> *„Ich weiß, daß Sie Träume haben müssen, die Sie mir nicht sagen. Ich will sie nicht wissen. Aber ich sage Ihnen: leben Sie sie, diese Träume, spielen Sie sie, bauen Sie ihnen Altäre! Es ist noch nicht das Vollkommene, aber es ist ein Weg. Ob wir einmal, Sie und ich und ein paar andere, die Welt erneuern werden, das wird sich zeigen. In uns drinnen aber müssen wir sie jeden Tag erneuern, sonst ist es nichts mit uns. Denken Sie dran! Sie sind achtzehn Jahre alt, Sinclair, Sie laufen nicht zu den Straßendirnen, Sie müssen Liebesträume, Liebeswünsche haben. Vielleicht sind sie so, daß Sie sich vor ihnen fürchten. Fürchten Sie sich nicht! Sie sind das Beste, was Sie haben! Sie können mir glauben. Ich habe damit viel verloren, daß ich in Ihren Jahren meine Liebesträume vergewaltigt habe. Man muß das nicht tun. Wenn man von Abraxas weiß, darf man es nicht mehr tun. Man darf nichts fürchten und nichts für verboten halten, was die Seele in uns wünscht.“*[312]

Nun besinnt sich Sinclair wieder auf sich selbst, indem er erneut seine Träume aufmalt, es folgen wieder Pinselstriche aus dem Unbewussten. Diesmal stellt das Bild ein Gesicht dar, das ihn an Demian und an sich selbst erinnert und das sich bei jeder Anrufung verwandelt. Sinclair vergleicht sein Ringen mit dem Bild mit dem Kampf Jakobs mit dem Engel, am Ende realisiert er, dass das Bild ganz und gar in ihm selbst wohnt.[313]

Hinter Sinclairs Vision steht die Traumdeutung von Jung. Im Traum tauchen symbolische Gebilde auf, die den Erfahrungsraum des individuellen Lebens übersteigen, die den kollektiven Charakter der Seele, des Unbewussten beweisen. Insbesondere die Träume des Individuationsprozesses enthalten solche „Archetypen“, in denen sich ein werdendes Ich ausspricht.

311 Vgl. HERFORTH, Erläuterungen Demian, 44-45.

312 HESSE, Demian, 155-156.

313 Vgl. HERFORTH, Erläuterungen Demian, 45.

Gleichzeitig symbolisiert die Aufhebung des Bildes durch seine Rücknahme ins eigene Innere die Verwirklichung der personalen Ganzheit nach Jung. Dies zeigt also deutlich an, dass Sinclair nun seiner Selbstverwirklichung schon sehr nahe gekommen ist.[314]

Gegen Ende des sechsten Kapitels kommt es schließlich zum Konflikt und Bruch mit Pistorius, den Sinclair später als notwendigen Schritt deutet. Nachdem Sinclair schon eine Weile lang erste innere Widerstände gegen seinen bewunderten Lehrer verspürt, nennt er ihn eines Abends dann „antiquarisch“[315]. Sinclair spürt in dem Moment auch, dass er nun von Pistorius nichts mehr lernen kann. Sinclair muss seinen Weg ab jetzt allein gehen. Gleichzeitig steht die Abnabelung von seinem Führer dafür, dass nun Sinclair immer mehr bei sich selbst angekommen ist, dass er nur noch seinem Schicksal entgegengeht. „*Man durfte nur sich wollen, nur sein Schicksal. Dahin hatte mir Pistorius eine Strecke weit als Führer gedient.*“[316]

314 Vgl. ESSELBORN-KRUMBIEGEL, Erläuterungen Demian, 36. „*Mit Pistorius verstand ich mich auf jede Weise. Ich brauchte nur stark an ihn zu denken, so war ich sicher, daß er oder ein Gruß von ihm zu mir kam. Ich konnte ihn, ebenso wie Demian, irgendetwas fragen, ohne daß er selbst da war: ich brauchte ihn mir nur fest vorzustellen und meine Fragen als intensive Gedanken an ihn zu richten. Dann kehrte alle in die Frage gegebene Seelenkraft als Antwort in mich zurück. Nur war es nicht die Person des Pistorius, die ich mir vorstellte, und nicht die des Max Demian, sondern es war das von mir geträumte und gemalte Bild, das mannweibliche Traumbild meines Dämons, das ich anrufen mußte. Es lebte jetzt nicht mehr nur in meinen Träumen und nicht mehr gemalt auf Papier, sondern in mir, als ein Wunschbild und eine Steigerung meiner selbst.*“ HESSE, Demian, 168-169.

315 „*Erst jetzt gelang es mir, Pistorius zu verstehen, seinen ganzen Traum vor mir aufzubauen. Dieser Traum war gewesen, ein Priester zu sein, die neue Religion zu verkünden, neue Formen der Erhebung, der Liebe und Anbetung zu geben, neue Symbole aufzurichten. Aber dies war nicht seine Kraft, nicht sein Amt. Er verweilte allzu warm im Gewesenen, er kannte allzu genau das Ehemalige, er wußte allzu viel von Ägypten, von Indien, von Mithras, von Abraxas. Seine Liebe war an Bilder gebunden, welche die Erde schon gesehen hatte, und dabei wußte er im Innersten selber wohl, daß das Neue neu und anders sein, daß es aus frischem Boden quellen und nicht aus Sammlungen und Bibliotheken geschöpft werden mußte. Sein Amt war vielleicht, Menschen zu sich selbst führen zu helfen, wie er es mit mir getan hatte. Ihnen das Unerhörte zu geben, die neuen Götter, war sein Amt nicht.*“ HESSE, Demian, 176.

316 HESSE, Demian, 180. Seit dem vierten Kapitel weiß sich Sinclair mit der Einsicht konfrontiert: „*Schicksal und Gemüt sind Namen eines Begriffs.*“ HESSE, Demian,

Ebenso am Ende des sechsten Kapitels leuchtet Sinclair ein, gleichsam als Resultat und Zusammenfassung der Begegnungen mit Pistorius, was die Welt im Innersten zusammenhält, er erkennt seine Bestimmung, sein Selbst hat gesiegt. Es folgt eine der zentralsten Passagen des Romans, eine Konkretion dessen, was im Roman-Motto[317] des Romans schon bereits angedeutet wird:

> *„Und hier brannte mich plötzlich wie eine scharfe Flamme die Erkenntnis – es gab für jeden ein ‚Amt', aber für keinen eines, das er selber wählen, umschreiben und beliebig verwalten durfte. Es war falsch, neue Götter zu wollen, es war völlig falsch, der Welt irgend etwas geben zu wollen! Es gab keine, keine, keine Pflicht für erwachte Menschen als die eine: sich selber zu suchen, in sich fest zu werden, den eigenen Weg vorwärts zu tasten, einerlei wohin er führte. – Das erschütterte mich tief, und das war die Frucht dieses Erlebnisses für mich. Oft hatte ich mit Bildern der Zukunft gespielt, ich hatte von Rollen geträumt, die mir zugedacht sein könnten, als Dichter vielleicht oder als Prophet, oder als Maler, oder irgendwie. All das war nichts. Ich war nicht da, um zu dichten, um zu predigen, um zu malen, weder ich noch sonst ein Mensch war dazu da. Das alles ergab sich nur nebenher. Wahrer Beruf für jeden war nur das eine: zu sich selbst zu kommen. Er mochte als Dichter oder als Wahnsinniger, als Prophet oder als Verbrecher enden – dies war nicht seine Sache, ja dies war letzten Endes belanglos. Seine Sache war, das eigene Schicksal zu finden, nicht ein beliebiges, und es in sich auszuleben, ganz und ungebrochen. Alles andere war halb, war Versuch zu entrinnen, war Rückflucht ins Ideale der Masse, war Anpassung und Angst vor dem eigenen Innern. Furchtbar und heilig stieg das neue Bild vor mir auf, hundertmal geahnt, vielleicht oft schon ausgesprochen, und doch erst jetzt erlebt. Ich war ein Wurf der Natur, ein Wurf*

117. Hier wird Schicksal als Verwirklichung der inneren Bestimmung gedeutet. Die Gleichsetzung von Selbstwerdung und Schicksalserfüllung wird in den Gesprächen mit Pistorius im fünften Kapitel und sechsten Kapitel vorangetrieben und untermauert.

317 *„Ich wollte ja nichts als das zu leben versuchen, was von selber aus mir heraus wollte. Warum war das so sehr schwer?"* Ebd., 7.

ins Ungewisse, vielleicht zu Neuem, vielleicht zu Nichts, und diesen Wurf aus der Urtiefe auswirken zu lassen, seinen Willen in mir zu fühlen und ihn ganz zu meinem zu machen, das allein war mein Beruf. Das allein!“[318]

5.2.6. Siebentes Kapitel *Frau Eva* und Achtes Kapitel *Anfang vom Ende*

Es ist kein Zufall, dass es nun im siebenten Kapitel zur Begegnung zwischen Sinclair und Frau Eva kommt. Die Zahl Sieben steht für das Vollkommene und Göttliche, ebenso setzt sich die Zahl Sieben aus drei (Trinität) und vier (Quaternität) zusammen, Gott und Welt vereinigt sich in ihr. Das siebente Kapitel steht ganz im Zeichen der Frau Eva und mit ihr die Frage nach Heimat und Herkunft, nach dem letzten Urgrund. Frau Eva verkörpert die Sehnsucht nach dem Ursprung. Sie ist eine göttliche Figur und der biblische Name lässt Demians Mutter als Mutter aller Menschen und zugleich als Urbild der Frau erscheinen. Demian ist es auch, der Sinclair zu ihr führt. Der Roman durchläuft eine Entwicklung von der realen Ebene der ersten Kapitel (1-4) hin zu einer mythisch-metaphysischen Ebene der letzten Kapitel (5-8). Die Begegnung mit Eva bedeutet für Sinclair einen finalen Punkt, an dem seine Entwicklung einen Höhepunkt erreicht. Das Zusammentreffen mit Frau Eva empfindet Sinclair wie ein Erlebnis von Heimat, in der er noch nie gewesen ist. *„Ihr Blick war Erfüllung, ihr Gruß bedeutete Heimkehr.*“[319] Doch in der Welt ist ein dauerhaftes „Heimischwerden“ nicht möglich, Frau Eva steht demnach für das „Noch-Nicht“. Frau Eva kann nicht in Besitz genommen werden, sie personifiziert unsere Sehnsucht nach dem Unbegrenzten, Unendlichen, Göttlichen. Und doch empfindet Sinclair innere Ganzheit und Einheit, wenn er sich in Frau Evas Gegenwart befindet: [320]

318 Ebd., 176-178.

319 Ebenda, 194.

320 Vgl. WOLFF, Demian – Die Botschaft vom Selbst, 52-53.

> *„Königlicher noch als in meinem Traume stand sie vor mir, und ihre Nähe war Liebesglück, ihr Blick war Erfüllung. Dies also war das neue Bild, in dem mein Schicksal sich mir zeigte, nicht mehr streng, nicht mehr vereinsamend, nein, reif und lustvoll! Ich faßte keine Entschlüsse, tat keine Gelübde – ich war an ein Ziel gekommen, an eine hohe Wegstelle, von wo aus der weitere Weg sich weit und herrlich zeigte, Ländern der Verheißung entgegenstrebend, überschattet von Baumwipfeln nahen Glückes, gekühlt von nahen Gärten jeder Lust. Mochte es mir gehen, wie es wolle, ich war selig, diese Frau in der Welt zu wissen, ihre Stimme zu trinken und ihre Nähe zu atmen. Mochte sie mir Mutter, Geliebte, Göttin werden – wenn sie nur da war! wenn nur mein Weg dem ihren nahe war!“*[321]

In dieser Trias-Benennung der Frau Eva *„Mutter, Geliebte, Göttin“* können Bezugspunkte zu C. G. Jungs „Mutterarchetypus der Anima“ [322] hergestellt werden. Sinclair erklärt, Frau Eva sei das Sinnbild seines Innern. Als Ideal-Ich verkörpert sie die erstrebte Synthese der Gegensätze. Frau Eva ist nach dieser Deutung Sinclairs „Anima“, die Verkörperung seiner aus dem Unbewussten verdrängten weiblichen Züge, sie spiegelt ihm seine ungelebten Möglichkeiten, die es im Prozess der Ich-Werdung zu integrieren gilt.[323]

Durch das Attribut *„Geliebte“*, was Sinclair ebenso Frau Eva anhängt, können Bezüge auf Sigmund Freuds „Ödipustheorie“ hergestellt werden. Sinclair empfindet für Frau Eva, die für ihn die Rolle einer geistigen Mutter

---

321 HESSE, Demian, 195.

322 In seinem Werk *Symbole der Wandlung* geht C. G. Jung auf mythologische Symbole für die Mutter bzw. das Weibliche ein. So nennt Jung bspw. die Stadt (hier u.a. Jerusalem, Babel oder Rom), den Acker oder das Meer als mütterliche Symbole in der Mythologie. Vgl. dazu: C. G. JUNG, Symbole der Wandlung, Analyse des Vorspiels zu einer Schizophrenie, Lilly JUNG-MERKER (hrsg.), Gesammelte Werke, Band 5, Freiburg 1973, 262ff. Zur profunden Auseinandersetzung mit der tiefenpsychologischen Bedeutung des Weiblichen bzw. des Mutter-archetyps, vgl. Erich NEUMANN, Die große Mutter. Eine Phänomenologie der weiblichen Gestaltungen des Unbewussten, Olten/Freiburg ^{2}1987. Neumann widmet diese Studie seinem Lehrer und Wegbereiter C. G. Jung.

323 Vgl. ESSELBORN-KRUMBIEGEL, Erläuterungen Demian, 42.

spielt, mehr als bloße Zuneigung, er begehrt sie. Doch Frau Eva verweigert Sinclair die erhoffte sexuelle Erfüllung. Frau Eva macht Emil klar, dass er sie gar nicht als Person liebt, sondern sie nur als Symbol für den weiblichen Teil seiner Psyche steht. Es zeigt sich, dass Frau Eva in Wirklichkeit ein Bild in Sinclairs Innenwelt ist und damit ein Teil seiner selbst. Sinclair ist jetzt um den weiblichen und sinnlichen Teil seines „Selbst" reicher. Die Romanfigur der Frau Eva weist eindeutig archetypische Züge auf und kann sowohl im Sinne Freuds als auch im Sinne Jungs interpretiert werden. Die Theorien beider Analytiker dürften auf Hesse bei der Konzeption dieser Figur eingewirkt haben. Frau Evas Verweigerung der Erfüllung von Sinclairs erotischem Verlangen nach ihr führt ihn in die Endphase seines Individuationsprozesses. Er erkennt, dass er in seinem Inneren nun jene psychische Ganzheit erreicht hat, die ihn von Führerfiguren wie Frau Eva und auch Max Demian endgültig unabhängig macht. Insgesamt durchlebt Sinclair durch die Begegnung mit Frau Eva eine „psychische Wiedergeburt" (*renovatio*), auch dies ist ein verwendeter Terminus von Jung.[324]

Frau Eva heißt Sinclair im Kreis der Gezeichneten willkommen, diese Versammelten, die Gruppe von Frau Eva sind die Erwachten oder Erwachenden. Diese Gruppe, der nun Sinclair angehört, ist voller eschatologischer Erwartung und völlig undogmatisch. Zu ihr gehören Menschen der verschiedensten Weltanschauungen: Astrologen, Kabbalisten, Tolstoi-Jünger, Buddhisten, Anhänger neuer Sekten, Pfleger indischer Übungen, Makrobiotiker und andere. Sie alle sind Träger des Kainszeichens, sie alle haben den Ruf in sich vernommen.[325] Hier kommt nun der zweite große Themenstrang neben Frau Eva im siebenten Kapitel zur Sprache. Den Kreis der Gezeichneten verbindet ein gemeinsames Anliegen, die Kritik an ihrer

324 Vgl. dazu das Kapitel *Frau Eva und die Darstellung der Urmutter, des Ödipuskomplexes und der Wiedergeburt*, in: MECHADANI, Hesse auf der Couch, 49-54.

325 Dahrendorf stellt in der Gruppe der Erwachten um Frau Eva eindeutig eine gnostisch geprägte Atmosphäre fest, so schreibt er: *Den Gnostikern eignete, als Spätlingen und Erben der antiken Religiosität, ein besonderes Wissen von der Seele und ihren Gesetzen, das jeden positiven Glauben, jede feste Glaubensform relativieren mußte, so daß der Gnostizismus geradezu prädisponiert erscheint für die geistige Welt C. G. Jungs und H. Hesses, in der das Wissen von der Seele jede Form objektiver Theologie abgelöst hat."* DAHRENDORF, *Hermann Hesses „Demian" und C. G. Jung*, 91.

Zeit. Dies wird schon angekündigt durch den Verweis, dass Sinclair Nietzsche[326] liest und sich mit ihm im Geiste verbündet, sie sind Leidensgenossen, sie leiden beide am Geist ihrer Zeit. Dies führt nun Sinclair zur Gruppe der Erwachten, für sie hat das gegenwärtige Europa über all dem technischen Fortschritt und der militärischen Aufrüstung während des Krieges seine Seele verloren. In ihrem Herdentrieb jagten die Menschen toten Idealen hinterher und seien aus Angst allem Neuen gegenüber ignorant und intolerant. Es wird der Untergang dieser sterbenden Welt vorausgesagt. Die Gezeichneten streben nach einem immer vollkommeneren Wachsein, während sich die anderen Menschen dem Glück und Leben in der Herde zuwenden. Als ihre Aufgabe sehen es die Gezeichneten an, unabhängig vom gesellschaftlichen Konformitätsdruck ihrer innersten Bestimmung zu folgen, um bereit zu sein für das, was die Zukunft bringt.[327] „*Und wir empfanden einzig das als Pflicht und Schicksal: daß jeder von uns so ganz er selbst werde, so ganz dem in ihm wirksamen Keim der Natur gerecht werde und zu Willen lebe, daß die ungewisse Zukunft uns zu allem und jedem bereit finde, was sie bringen möchte.*“[328]

Die Gezeichneten erwarten den baldigen Zusammenbruch der jetzigen kranken Gesellschaftsordnung, sie sind die Auserwählten, die

326 „*Alles enttäuschte mich. Das Kolleg über Geschichte und Philosophie, das ich hörte, war ebenso wesenlos und fabrikmäßig wie das Treiben der studierenden Jünglinge. Alles war so nach der Schablone, einer tat wie der andere, und die erhitzte Fröhlichkeit auf den knabenhaften Gesichtern sah so betrübend leer und fertiggekauft aus! Aber ich war frei, ich hatte meinen ganzen Tag für mich, wohnte still und schön in altem Gemäuer vor der Stadt und hatte auf meinem Tisch ein paar Bände Nietzsche liegen. Mit ihm lebte ich, fühlte die Einsamkeit seiner Seele, witterte das Schicksal, das ihn unaufhaltsam trieb, litt mit ihm und war selig, daß es einen gegeben hatte, der so unerbittlich seinen Weg gegangen war.*“ HESSE, Demian, 184. Entsprechend wird in den Dialogen und Gesprächen des siebenten Kapitels immer wieder die Ablehnung des Herdenmenschen und die Glorifizierung derer, die ganz ihrem Schicksal hingegeben sind, thematisiert. Diese Gedanken gehen in ihren Grundzügen auf Nietzsches Elitetheorie zurück, die sich bereits um die Jahrhundertwende als populäre Philosophie der Zeit etabliert hatte. Vgl. ESSELBORN-KRUMBIEGEL, Erläuterungen Demian, 38.

327 Vgl. HERFORTH, Erläuterungen Demian, 47-48.

328 HESSE, Demian, 202-203.

„Erwachten“[329], die sich nach dem Tod des gegenwärtigen Europas bereithalten müssen, um eine neue Zukunft zu schaffen. Die Gezeichneten sind Werkzeuge des Schicksals. Die Welt befindet sich dem Untergang nahe und auch der Wiedergeburt.[330]

Mit der Figur der Frau Eva baut Hesse der von Jung geforderten Quaternität ein Denkmal. Eva ist Urmutter der Leiblichkeit, Mutter aller Menschen, aber auch *Theotokos*, Gottesgebärerin. Die Figur der Eva trägt Züge der vorderasiatischen Muttergottheiten, aber auch Züge der Maria. Nach christlicher Auffassung ist Eva Mutter des sündigen Menschengeschlechtes, Maria dagegen Mutter des Erlösers, des Gottmenschen. Im *Demian* wird die Figur Eva sowohl als Gottesgebärerin (*Theotokos*), als auch als Menschengebärerin (*Anthropotokos*) dargestellt. Die Vorstellung, dass Maria eine Göttin sei, hat Hesse wiederum von Jung, dessen Bestreben es war, Maria in die göttliche Trinität zu integrieren und somit die Trinität in eine Quaternität zu transformieren. Die männliche Dreifaltigkeit empfand Jung als Gottesbegriff unvollständig und erweiterte sie zur Quaternität, mittels eines weiblichen Prinzips. Die Quaternität ist wiederum Symbol des „Selbst“, Jungs Gottesbegriff und Ausdruck der psychischen Ganzheit.[331] Die Begegnung mit Frau Eva kommentiert Joseph Mileck zusammenfassend so:

---

329 In Hesses Werk, so auch im *Demian*, finden sich wiederholte Versuche, in einer Gemeinschaft Auserwählter, die ihr Leben nach eigenen Gesetzen führen, eine Gegenwelt zu entwerfen, vgl. dazu *Die Morgenlandfahrt* (1932) und vor allem auch *Das Glasperlenspiel* (1943). Immer wieder sammeln sich in Hesses Romanen mutige, kompromisslos nach ihren eigenen Überzeugungen lebende Menschen, die nach Selbstfindung und Erkenntnis streben. Hesse prägt für diese Art von Menschen den von ihm entwickelten Begriff *„erwachte Menschen.“* So schreibt Hesse selbst im Demian: *„Es gab keine, keine, keine Pflicht für erwachte Menschen als die eine: sich selber zu suchen, in sich fest zu werden, den eigenen Weg vorwärts zu tasten, […].“* HESSE, Demian, 177. Uwe Wolff geht sogar so weit und sagt, dass Hesses Gesamtwerk als eine Literatur für „Erwachte“ angesehen werden kann. Das Streben der Erwachenden zielt auf ein immer vollkommeneres Wachsein, das sich in einem fortschreitenden Prozess der eigenen Selbstwerdung verwirklicht. Vgl. WOLFF, Demian – Die Botschaft vom Selbst, 54.

330 Vgl. MAIER, *Demian*, 91.

331 Vgl. WOLFF, Demain – Die Botschaft vom Selbst, 54-55.

> *„Frau Eva ist für Sinclair alles und das All. Sie ist seine Jungsche Anima, die Seele, das Unbewußte, mit dem sein Bewußtes Rapport im Individuationsprozess aufnehmen muß, und sie ist außerdem sein Ideal, die Selbstverwirklichung, die mit dem Sich-selbst-Leben kommen wird. Anima und Ideal werden Inspiration und Führerin, potentielle Geliebte und spirituelle Mutter. Und über das Selbst hinaus ist Frau Eva, das Leben in seiner ganzen Fülle, Himmel und Erde, Gut und Böse, eine in die Wirklichkeit versetzte Magna Mater, die an die Tochter Zion der Offenbarung erinnert, und Ursprung und Bestimmung des Menschen ist.“*[332]

Das letzte und achte Kapitel des *Demian* steht ganz im Zeichen des Ersten Weltkrieges, er steht für Läuterung und Wandlung. Er ist der Anfang vom Ende der alten und der Beginn der neuen Welt. Sinclair erlebt den Kriegsausbruch als Rausch und große Verbrüderung unter den Menschen. Ein radikaler Zusammenbruch kündigt sich an. Jetzt erscheint Sinclair die Welt als der Riesenvogel, der sich aus dem Ei kämpfen muss. Was also einst für ihn persönlich und als Motto für seine Entwicklung stand, trifft nun für das gesamte Weltgeschehen zu. *„Es kämpfte sich ein Riesenvogel aus dem Ei, und das Ei war die Welt, und die Welt mußte in Trümmer gehen.“*[333]

Sinclair wird nun selbst verletzt im Krieg. Dann wacht er im Lazarett auf, neben ihm liegt der tödlich verwundete Demian. Dort empfängt er durch Demian den Kuss von Frau Eva, dieser ist als Zeichen einer nun immerwährenden geistigen Verbindung zu seinem Schicksal zu werten. Als Sinclair wieder erwacht, liegt ein fremder Mensch neben ihm. Sinclair ist nun am Ziel seiner Individuation angekommen und damit hat der Roman auch sein Ende erreicht. Sinclair sieht von nun an, wenn er in sich selbst hinabsteigt, in seinem eigenen Spiegelbilde das seines Freundes Demian. Demian weist Sinclair den Weg zum „Selbst“, der Vorhang fällt.[334] *„Du mußt dann in dich hinein hören, dann merkst du, daß ich in dir drinnen bin. Verstehst du?“*[335]

---

332 MILECK, Dichter, Sucher, Bekenner, 99-100.

333 HESSE, Demian, 225.

334 HERFORTH, Erläuterungen Demian, 51.

335 HESSE, Demian, 228. Helga Esselborn-Krumbiegel kommentiert diesen finalen Vorgang, der den vorläufigen Abschluss in Sinclairs Entwicklung darstellt: *„Die*

Demian existiert in der Realität gar nicht, er ist das Ideal-Ich[336] von Sinclair. Sinclair ist nun zur entscheidenden Erkenntnis vorgedrungen, Demian ist nur eine Projektion seiner Psyche. Damit hat Sinclair die vollständige Verwirklichung seiner ganzen Person erreicht. Sinclair kann Demian nun entbehren, denn nun kennt er den Weg zu sich selbst, zum vollkommenen, ganzen Menschen Emil Sinclair, den er im gesamten Roman immer nur in Demian gesehen hat.[337]

> *„Aber wenn ich manchmal den Schlüssel finde und ganz in mich selbst hinuntersteige, da wo im dunklen Spiegel die Schicksalsbilder schlummern, dann brauche ich mich nur über den schwarzen Spiegel zu neigen und sehe mein eigenes Bild, das nun ganz Ihm gleicht, Ihm, meinem Freund und Führer.“*[338]

Demian steht für Sinclairs innere Stimme, Demian ist der Ruf des Schicksals und der Vorsehung. Demian ist das nun zur Verwirklichung gekommene „Selbst“ von Sinclair, sein innerster Seelenkern. Sinclair musste unter seiner Entfremdung leiden, weil er der äußeren Wirklichkeit und Konvention, sowie der Autorität des Vaters mehr Glauben geschenkt hatte als seiner inneren Stimme. Im Demian schildert Hesse ein religiöses Erlebnis der Selbsterkenntnis, es ist eine Initiationsgeschichte, eine Berufung, der Weg zur eignen Bestimmung. Hesse huldigt einer Religion der Selbstwerdung. Wie bei der Religion des Vaters geht es nun auch bei Hesses neuer frohen Botschaft der Selbstwerdung um bedingungslosen Gehorsam zur

---

Vereinigung mit Demian, die hier Bild geworden ist, lässt Sinclairs Lebensweg als sinnerfüllt begreifen. Er ist zur Erkenntnis und lebendigen Verwirklichung seiner ganzen Persönlichkeit durchgedrungen; er kann Demian entbehren, denn er findet in sich selbst das Bild des vollkommenen Menschen.“ ESSELBORN-KRUMBIEGEL, Erläuterungen Demian, 46.

336 Joseph Kentenich würde an der Stelle wohl sagen, dass Demian das „Persönliche Ideal“ von Emil Sinclair verkörpert.

337 Vgl. ESSELBORN-KRUMBIEGEL, Erläuterungen Demian, 46.

338 HESSE, Demian, 229. Der Blick in den Spiegel als Bild der Selbstbegegnung findet sich nicht nur im *Demian* als zentrales Symbol wieder, sondern auch im *Steppenwolf* (besonders im *Magischen Theater*). Hesse wählt hier ein archetypisches Bild, das die Fähigkeit der Psyche, den Betrachter mit seinem wahren Selbst zu konfrontieren und das bislang Unbewusste ins Bewusste zu heben, sinnfällig darstellt. Vgl. ESSELBORN-KRUMBIEGEL, Erläuterungen Demian, 46.

göttlichen Wahrheit. Seine ganzheitliche Selbstverwirklichung vollzieht er als eine Antwort auf die Stimme Gottes im eigenen Innern. Der Vater sucht Gott draußen, im Wort der Heiligen Schrift, dagegen findet Hesse (Sinclair) Gott in seinem Innern, in seiner Seele, denn der innerste Seelenkern eines Menschen ist göttlich und ewig.[339]

> *„Die Verwirklichung des je eigenen individuellen Seelenkerns hat eine tiefe religiöse Dimension; es ist letztlich das Erleben der ganzheitlichen Persönlichkeit, eine tiefenpsychologische Transzendenzerfahrung. So vollzieht sich die Selbstwerdung in Hesses Roman ‚Demian' als ein Hören auf Gottes Stimme in uns. Darin wird sehr deutlich, dass Hesse die zutiefst religiöse Dimension der Ideen Jungs erkannte und in sein Werk übersetzte. Hesse hatte zu dieser Phase ein psychologisierendes Gottesbild, da der Gottesbegriff völlig im Jung'schen Selbst aufgegangen war. Der ‚Demian' ist ein Loblied auf das Streben des Menschen nach Selbstwerdung, ein Sich-Annähern an die ganzheitliche und einzigartige Individualität. Dieser Prozess der Individuation wurde für Hesse zu einem literarischen Werkzeug für die Darstellung des menschlichen Schicksals. Schicksal im Sinne des ‚Demian' bedeutet die Verwirklichung der je inneren Bestimmung, des göttlichen Seeelenfunkens, des Ideal-Ichs."*[340]

5.3. Die Selbstverwirklichung als Bestimmung des Menschen in weiteren Romanen

5.3.1. *Siddhartha* (1922) – Selbstverwirklichung durch eigene Erfahrung

Die spirituelle Leere nach dem Ersten Weltkrieg begünstigte das Aufleben fernöstlicher Philosophie in Deutschland und in Europa. Hesse rezensierte zwischen 1918 und 1925 viele Schriften aus dem Chinesischen und Indischen. Hier wurde vor allem eines sehr deutlich, Hesse war ausgezeichneter

339 Vgl. Ezzelino von WEDEL, Hermann Hesse. Warum der Dichter Glaube, Glück und Eigensinn empfahl, Berlin 2011, 75-77.

340 GLATTHAAR, *Die Selbstgegebenheit individueller Identität*, 209.

Kenner des fernöstlichen Denkens. Der Grund hierfür kann von der Tatsache abgeleitet werden, dass die Auseinandersetzung mit indischer und chinesischer Literatur und Philosophie dem Dichter quasi in die Wiege gelegt wurde.[341] Erst zur Abfassungszeit des *Siddhartha*[342] verdichtet sich dann wieder Hesses Interesse an den fernöstlichen Weisheitslehren, auch hier ist die Beziehung zu Carl Gustav Jung wieder ausschlaggebend.[343] Somit

341 Hermann Gundert, Hesses Großvater mütterlicherseits, lebte jahrzehntelang als Missionar in Indien, sprach mehrere indische Sprachen und besaß eine umfangreiche Bibliothek fernöstlicher Literatur. Aber auch Hesses Vater, Johannes Hesse, war zeitweilig als Missionar in Indien tätig. Hesses Beschäftigung mit der klassischen Literatur und Philosophie Asiens begann also lange vor der epischen Gestaltung des *Siddhartha*-Romans. Vgl. Maria-Felicitas HERFORTH, Erläuterungen zu Hermann Hesse. Siddhartha, Hollfeld [2]2009, 22-23.

342 Textgrundlage für dieses Kapitel ist die Ausgabe: Hermann HESSE, Siddhartha. Eine indische Dichtung, Frankfurt am Main 2002. Der Roman wurde von Hesse in den Jahren 1919 bis 1922 geschrieben, die Ersterscheinung war ebenfalls 1922. Im Klappentext dieser Ausgabe ist einführend zu lesen: *„Siddhartha, die weltberühmte Legende von der Selbstbefreiung eines jungen Menschen aus familiärer und gesellschaftlicher Fremdbestimmung zu einem selbständigen Leben, zeigt, daß Erkenntnis nicht durch Lehren erworben werden kann. Hermann Hesse erzählt die fiktive Lebensgeschichte Buddhas – Siddhartha ist sein Vorname – und versucht zu ergründen, ‚was allen Konfessionen und menschlichen Formen der Frömmigkeit gemeinsam ist, was über allen nationalen Verschiedenheiten steht, was von jeder Rasse und von jedem einzelnen geglaubt werden kann.' Wie authentisch diese „indische Dichtung" buddhistisches und taoistisches Gedankengut assimiliert hat, zeigt sich nicht nur stilistisch in der rhythmischen Diktion der Reden Buddhas, sondern auch wirkungsgeschichtlich durch die millionenfache Verbreitung, die das Buch auch in den asiatischen Ländern gefunden hat. Die große Vertrautheit Hesses mit den kulturellen Traditionen Indiens und der altchinesischen Philosophie von Lao Tse vermochte das Komplizierte auf so gültige Weise vereinfacht darzustellen."*

343 Die Intensivierung Hesses mit dem fernöstlichen Denken beruht auf den psychoanalytischen Sitzungen bei C. G. Jung im Jahre 1921. Jung war inspiriert von der chinesischen Philosophie des Daoismus. „Yin und Yang" sind hier zwei konträre kosmologische Grundprinzipien. Dieser Lehre zufolge ist die Einheit in diese beiden Pole zerfallen. Die beiden Prinzipien „Yin und Yang" sind voneinander abhängig und stehen sich nicht feindlich gegenüber, sondern nehmen aufeinander Einfluss bzw. dominieren sich abwechselnd zu bestimmten Zeiten. Bei Jung ist das „Yin-Yang"-Zeichen ein sogenanntes vereinigendes Symbol. Es steht für Ganzheit und für die von jedem Individuum zu leistende Aufgabe, die

hatte der Daoismus[344] mit Laotses Schrift des *Daodejing* entscheidenden Einfluss auf den Roman. Weitere Quellen, die ihren literarischen Niederschlag im *Siddhartha* finden, sind die *„Lebensgeschichte und die Reden des historischen Buddha,*[345] *sowie die Legende von Barlaam und Josaphat.*"[346] Weitere Anregungen dürften außerdem die *Bhagavadgita*, die *Upanishaden*, sowie die *Gespräche des Konfuzius* gewesen sein. Im chinesischen und indischen Gedankengut erkannte Hesse Lösungsangebote für die geistige Krise des Europas seiner Zeit. Mit seiner Siddhartha-Dichtung versuchte Hesse die scheinbaren Gegensätze zwischen den westlichen und östlichen Kulturen und Religionen als Polaritäten eines Ganzen sichtbar zu machen.[347]

Eine wichtige Abweichung zum Buddha-Stoff ist, dass Siddhartha am Ende des Romans nicht die Erlösung im buddhistischen Sinne erreicht, also durch den Nirwana-Zustand den ewigen Kreislauf der Wiedergeburt durchbrechen kann. Erlösung bedeutet hier, dass Siddhartha die wichtigste Stufe des All-Bewusstseins erreicht, womit er die Grenze seines individuellen

---

Gegensätze in sich selbst zu vereinigen. Vgl. Jolande JACOBI, Die Psychologie von C. G. Jung. Eine Einführung in das Gesamtwerk, Frankfurt am Main [20]2003, 135-140. Hesse war also durch Jung mit dem Daoismus in Berührung gekommen. Zur inhaltlichen Synthese von Psychoanalyse und fernöstlicher Weisheit in Hesses Werk, vgl. Ilona KRAMER, Der Weg zum Selbst: psychoanalytische und fernöstliche Elemente in Hermann Hesses Individuationsthematik, Norderstedt 2009.

344 Der Daoismus will dem Einzelnen helfen, sich in die Grundordnung des Kosmos einzufügen. Die wichtigste Lehre ist die des Nichtstuns, des Nicht-Eingreifens (*„wu-wei"*), da es besser sei, den Dingen ihren natürlichen Lauf zu lassen. Diese zentrale Handlungsmaxime wird von Hesse auch in den *Siddhartha*-Roman eingearbeitet. Vgl. HERFORTH, Erläuterungen Siddhartha, 23.

345 Die Handlung des Romans spielt in Indien zur Zeit des historischen Religionsstifters Siddhartha Gotama (oder Gautama), der unter seinem Ehrentitel Buddha (der Erleuchtete) in die Geschichte einging. Gotama lebte wohl zwischen dem 6. und 4. Jahrhundert v. Chr. Vgl. Ebd., 17-18.

346 In dieser Schrift wird Buddha zu einem christlichen Heiligen umstilisiert. Der Roman besteht aus einer Rahmengeschichte, die vom indischen Prinzen Josaphat handelt, der vom Eremiten Barlaam anhand von Parabeln zum Christentum bekehrt wird. Vgl. Ebd., 17-18.

347 Vgl. Ebd., 17-25.

Ichs überschreitet hin zum Selbst. Das Thema des *Siddhartha* ist damit die Erkenntnis der Einheit aller Gegensätze durch den Protagonisten, die Lösung aller Konflikte in Welt und Leben in der mystischen Erfahrung des „Dao", „Atman" bzw. „Om". Jung spricht hier wohl von der Erfahrung des „Selbst", so ist auch der Einfluss Jungs auf die indische Dichtung unverkennbar. Durchsetzt von indischen (hinduistischen/buddhistischen) und chinesischen (daoistischen) Gedanken sowie autobiographischen und lyrischen Elementen, zählt *Siddhartha* zu den typischen Entwicklungsromanen, die die Entwicklung des Protagonisten, seine Suche nach Einheit in der Vielfalt, mit individualpsychologischen Elementen gestalten. Spezifisch für den *Siddhartha* ist die Verschmelzung von Elementen des traditionellen Bildungsromans mit der Form der Heiligengeschichte.[348]

Wie auch im *Demian* Emil Sinclair, muss Siddhartha, der junge Brahmanensohn, einen Individuationsprozess durchlaufen. Dabei muss er eine ganze Reihe von Lebensstationen und Lebensphasen durchlaufen, um eine innere Balance und Ganzheit zu finden, die für ihn von ungeheurer Wichtigkeit ist. Siddhartha muss lernen, seine vielen neuen Erfahrungen und Eindrücke psychisch zu verarbeiten und gewinnbringend in sein Selbst zu integrieren. Anders als im *Demian* wird im *Siddhartha*-Roman ein wesentlich längerer Lebensabschnitt, der sich über viele Jahre und Jahrzehnte erstreckt, beschrieben. Die Quintessenz des Siddhartha lautet: Glaube nicht den Lehrern der Weisheit, denn Weisheit kann nur durch das eigene Leben, durch die eigene Erfahrung erworben werden. Der Roman[349] dokumentiert somit Siddharthas Selbstwerdung durch

348 Vgl. HERFORTH, Erläuterungen Siddhartha, 24-25, 54.

349 Die Kompositionsstruktur des Romans lässt eine innere Gliederung in drei Teile erkennen: Teil 1 (Kapitel 1- 4, *Welt des Geistes*) umfasst Siddharthas Leben im Elternhaus, unter den Samanas und bei dem Buddha und seinen Jüngern; Teil 2 (Kapitel 5-8, *Welt der Sinne*) bildet sein Leben mit der Kurtisane Kamala und dem Kaufmann Kamaswami unter den „Kindermenschen" in der Stadt und Teil 3 (Kapitel 9-12, *Welt des Weisen*) konzentriert sich auf Siddharthas Leben mit dem Fährmann Vasudeva am Fluss. Diese drei Entwicklungsphasen der Hauptfigur spiegeln die drei Zustände des Menschen, die der Hinduismus kennt: 1. die Befolgung des Ahnenweges, 2. die Befreiung und Loslösung von ihm, und 3. Der Weg der Götter, der zur Erkenntnis des Brahma führt. Vgl. Reso KARALASCHWILI, *Die Zahlensymbolik als Kompositionsgrundlage in H. Hesses*

das Medium der persönlichen Erfahrung. Am Ende steht als höchster Wert nicht die Erkenntnis, sondern die Liebe.[350]

Die Hauptfigur Siddhartha möchte die religiösen Lehren seiner Eltern, die er als Brahmanensohn kennengelernt hat, überwinden. Siddhartha versucht die Einseitigkeit der brahmanisch-priesterlichen Umgebung durch seine eigene Erfahrung zu ersetzen. Um diese Erfahrungen machen zu können, geht er zusammen mit seinem Freund Govinda[351] hinaus in die Welt. Siddhartha empfindet die Vergänglichkeit der Götter, an die seine Familie glaubt und sehnt sich nach dem „Atman" seiner Seele.[352]

> *„Und wo war Atman zu finden, wo wohnte Er, wo schlug Sein ewiges Herz, wo anders als im eigenen Ich, im Innersten, im Unzerstörbaren, das ein jeder in sich trug? Aber wo, wo war dies Ich, dies Innerste, dies Letzte? Es war nicht Fleisch und Bein, es war nicht Denken noch Bewußtsein, so lehrten die Weisesten. Wo, wo also war es? Dorthin zu dringen, zum Ich, zu mir, zum Atman, – gab es einen anderen Weg, den zu suchen sich lohnte? Ach, und niemand zeigte diesen Weg, niemand wußte ihn, nicht der Vater, nicht die Lehrer und Weisen, nicht die heiligen Opfergesänge! Alles wußten sie, die Brahmanen und ihre heiligen Bücher, alles wußten sie, um alles hatten sie sich gekümmert und um mehr als alles, die Erschaffung der Welt,*

„Siddhartha", in: Volker MICHELS (hrsg.), Materialien zu Hermann Hesses „Siddhartha", Band 2 , Frankfurt am Main 1976, 255-271.

350 Vgl. MECHADANI, Hesse auf der Couch, 62-63.

351 Der Hauptfigur Siddhartha ist – wie auch in vielen anderen Werken Hesses – in Govinda eine Parallel- und Kontrastfigur zugeordnet, die sowohl für die Entwicklung und Selbstverwirklichung des Protagonisten funktional bedeutsam ist, als auch als eigenständige Figur das zentrale Thema verkörpert. Zur Bedeutsamkeit der Figur Govinda im Siddhartha-Roman, Vgl. Deba P. PATNAIK, *Govinda*, in: MICHELS, Materialien zu „Siddhartha", Band 2, 184-194. Am Ende des Romans erreicht auch Govinda das Erlebnis der Einheit, so führt Patnaik dazu aus, 190: *„Beide Gestalten erreichen am Ende jene Stufe, die Hegel in seiner Phänomenologie des Geistes als die magische Kraft bezeichnet, durch welche das Nichts in das Sein verwandelt wird."* Ebenso führt Patanik an, dass die Figur Govinda in der *Siddhartha*-Rezeption aber auch oft als ein Jung'scher „Schatten" von Siddhartha gedeutet wird.

352 Vgl. MECHADANI, Hesse auf der Couch, 63.

> *das Entstehen der Rede, der Speise, des Einatmens, des Ausatmens, die Ordnungen der Sinne, die Taten der Götter – unendlich vieles wußten sie – aber war es wertvoll, dies alles zu wissen, wenn man das Eine und Einzige nicht wußte, das Wichtigste, das allein Wichtige? [...] War denn nicht Atman in ihm, floß denn nicht in seinem eigenen Herzen der Urquell? Ihn mußte man finden, den Urquell im eigenen Ich, ihn mußte man zu eigen haben! Alles andere war Suchen, war Umweg, war Verirrung. So waren Siddharthas Gedanken, dies war sein Durst, dies sein Leiden.*“[353]

Siddhartha sucht, wie auch Emil Sinclair, eine Ganzheit, jedoch nicht allein eine innere Ganzheit, sondern die Gesamtheit der Welt. Dieses All-Eine will Siddhartha aber nicht durch die Befolgung vorgeschriebener Glaubensregeln finden, sondern über den Weg der unmittelbaren persönlichen Erfahrung. In dieser Phase der Neuorientierung wird Siddhartha von Träumen heimgesucht, die stets dann auftauchen, wenn in Siddharthas Leben eine entscheidende Veränderung ansteht, die ihn und sein Selbst nachhaltig beeinflussen werden. So spielt auch das Traummotiv wieder, wie im *Demian*, an einigen markanten Stellen eine entscheidende Rolle. Botschaften und Bilder aus dem Unbewussten kündigen an, was die Seele ersehnt, wo eine Neugeburt, eine Erneuerung[354] in der Seele nötig ist. Auch hier ist einmal mehr der Einfluss von Jung auf Hesse und seine indische Dichtung unverkennbar.[355]

---

353 HESSE, Siddhartha, 11-12.

354 Auch Siddhartha möchte die alten und historischen Glaubensformen seines brahmanischen Vaters *„einschmelzen“* (erneuern) und in eigene unmittelbare Erfahrungen *„umgießen“* (aktualisieren). Geistige Erneuerung sucht Siddhartha zunächst bei den Samanas, einer Asketenschule, auch hier versucht er den Weg zu sich selbst über eine weitere Lehre von außen zu gehen, so versucht er über Fasten und Meditation seine oberflächlichen Wesenszüge auszulösen. Aber Siddhartha erkennt schnell: auf dem Weg zum Selbst hat das reine Wissen keinen Wert, da es nicht an Erlebnisse gebunden ist, die erst einen psychologischen Fortschritt ermöglichen. Wissen allein vermittelt keine Weisheit. Vgl. BAUMANN, Hesses Erzählungen im Lichte der Psychologie C. G. Jungs, 97-115.

355 Vgl. MECHADANI, Hesse auf der Couch, 63.

Im dritten Kapitel kommt es zur Auseinandersetzung mit der Lehre Buddhas. Während Govinda passiv durch Einfügen in eine bereits vorhandene Heilslehre, die auf der Erfahrung der religiösen Leitfigur des Buddha basiert, zur Erlösung zu gelangen versucht, will Siddhartha aktiv durch eigene Selbsterfahrung zum Göttlichen kommen und dieses mit den eigenen Sinnen erleben und spüren. Für Siddhartha ist es nicht möglich, über die vorgegebene Heilserfahrung und die damit verbundene Nachahmung derselben einen Weg zu Gott zu finden. Dagegen zielt Govindas Art der Erlösung nur darauf ab, anderen nachzufolgen und sie nachzuahmen. Für Siddhartha selbst ist dies aber zu wenig, er *„will kein Buddhist, sondern selbst ein Buddha, ein Erleuchteter werden.“*[356] Siddhartha weiß, dass der Buddha die innere Vollkommenheit bereits erreicht hat und interessiert sich daher für das „Wie“ dieses Erreichens der Ganzheit, nicht für die verbale Weitergabe buddhistischer Lehren, welche die unmittelbare Gotteserfahrung ohnehin nicht ersetzen können. Siddhartha erkennt auf diese Weise, dass Weisheit nicht durch Wissen vermittelt werden kann, sondern sich erst durch die persönliche Erfahrung entwickeln muss. Siddhartha beschließt darauf hin, bei sich selbst nach Erlösung und Vollkommenheit zu suchen und sich weder der Askese noch anderen Lehren anzuschließen.[357]

Damit bekennt Siddhartha sich zum Individualismus: Jeder Mensch muss seine eigenen, speziellen Erfahrungen machen, da jeder ein anderes Verständnis von Erlösung und Heilsfindung in sich trägt. Dies macht es Siddhartha auch unmöglich, sich einer Lehre oder bestimmten religiösen Vorschriften zu unterwerfen, die allesamt auf der Erfahrung eines einzelnen Menschen beruhen. Stattdessen geht Siddhartha seinen eigenen Weg auf seiner Selbstsuche weiter. So lautet das vierte Kapitel *Erwachen*, es ist vor allem ein Erwachen in der Welt der Sinne. In einem Traum kündigt sich Siddharthas weitere Entwicklung an.[358]

356 BAUMANN, Hesses Erzählungen im Lichte der Psychologie C. G. Jungs, 99.

357 Vgl. MECHADANI, Hesse auf der Couch, 65-66.

358 Vgl. Ebd., 66.

> *„Da umarmte er Govinda, schlang seine Arme um ihn, und indem er ihn an seine Brust zog und küsste, war es nicht Govinda mehr, sondern ein Weib, und aus des Weibes Gewand quoll eine volle Brust, an der lag Siddhartha und trank, süß und stark schmeckte die Milch dieser Brust. Sie schmeckte nach Weib und Mann, nach Sonne und Wald, nach Tier und Blume, nach jeder Frucht, nach jeder Lust. Sie machte trunken und bewußtlos.“*[359]

Dieser Traum nimmt das Ziel von Siddharthas Individuationsprozess vorweg: Die Einheit des „Selbst“ und gleichzeitig die alles Seienden: Blume und Tier, sowie Sonne (Licht) und Wald (Schatten) sind in Siddharthas Traum alle eine Einheit. Der Traum nimmt zugleich Siddharthas Leben bei der Kurtisane Kamala vorweg, das ihm ermöglichen wird, seine Begierden, Triebe und unbewussten erotischen Wünsche auszuleben und so seinem vollkommenen und ganzheitlichen Selbst ein Stück näher zu kommen. In diesem Traum zeigt sich, wie auch im *Demian*, die Verbindung des weiblichen und des männlichen Geschlechts, Androgynität und Jung'sche „Anima-Animus-Lehre“ werden hier wieder als zentraler Bestandteil des Individuationsweges thematisiert. Durch diesen Traum wird Siddhartha zu einem Erwachten, das Motiv der Neugeburt ist das Thema des vierten Kapitels.[360]

> *„Siddhartha schlug die Augen auf und sah sich um, ein Lächeln erfüllte sein Gesicht, und ein tiefes Gefühl von Erwachen aus langen Träumen durchströmte ihn bis in die Zehen. Und alsbald lief er wieder, lief rasch, wie ein Mann, welcher weiß, was er zu tun hat. […] Er blickte um sich, als sähe er zum ersten Male die Welt. Schön war die Welt, bunt war die Welt, seltsam und rätselhaft war die Welt! Hier war Blau, hier war Gelb, hier war Grün, Himmel floß und Fluß, Wald starrte und Gebirg, alles schön, alles rätselvoll und magisch, und inmitten er, Siddhartha, der Erwachende, auf dem Wege zu sich selbst. All dieses, all dies Gelb und Blau, Fluß und Wald, ging zum erstenmal durchs Auge in Siddhartha ein, war nicht mehr Zauber Maras, war nicht mehr Schleier der Maja, war nicht mehr sinnlose*

359 HESSE, Siddhartha, 45.

360 Vgl. MECHADANI, Hesse auf der Couch, 66-67.

und zufällige Vielfalt der Erscheinungswelt, verächtlich dem tiefdenkenden Brahmanen, der die Vielfalt verschmäht, der die Einheit sucht. Blau war Blau, Fluß war Fluß, und wenn auch im Blau und Fluß in Siddhartha das Eine und Göttliche verborgen lebte, so war es doch eben des Göttlichen Art und Sinn, hier Gelb, hier Blau, dort Himmel, dort Wald und hier Siddhartha zu sein. Sinn und Wesen waren nicht irgendwo hinter den Dingen, sie waren in ihnen, in allem.“[361]

Siddhartha tritt also der Welt und allen Erscheinungen zum ersten Mal bejahend gegenüber. Die bunte Wirklichkeit, die er bislang nur als Täuschung abgelehnt hatte, weil er zur eigentlichen Wahrheit, der Einheit hinter der Vielfalt, gelangen wollte. Siddhartha begibt sich nun auf einen neuen Lebensweg jenseits von Askese und Versenkung, er ist ein Neugeborener, der nun die Welt mit seiner sinnlichen Seite neu wahrnimmt und entdeckt.[362]

Schon gegen Ende des Romans (neuntes Kapitel) kommt es dann zur Begegnung mit dem Fährmann Vasudeva, dem Weisen. Er wird für Siddhartha ein Führer zum vollkommenen Selbst. Als Siddhartha zu Vasudeva geht und die Erlaubnis erhält, bei ihm bleiben zu dürfen, lernt er als erstes dessen wichtigste Eigenschaft kennen, das Zuhören. Als ihm Siddhartha sein ganzes Leben erzählt, hört Vasudeva auf ganz besondere Art und Weise zu. Indem Vasudeva nur zuhört und nicht spricht, versucht er Siddhartha so wenig wie möglich zu beeinflussen und ihn ganz er selbst sein zu lassen. Vasudeva symbolisiert die typische Figur des weisen Mannes, der gelernt

361 HESSE, Siddhartha, 36-37.

362 Vgl. HERFORTH, Erläuterungen Siddhartha, 30-31. Im fünften Kapitel kommt es dann zur rauschenden Begegnung mit der Kurtisane Kamala, die ihn in die geschlechtliche Liebe einführt. Erst durch diese Erfahrung ist eine Ergänzung seines Selbst möglich, da er bis jetzt nur in der Welt des Gedankens und Geistes zuhause war. Das sechste Kapitel erzählt von der Arbeit Siddharthas bei dem Kaufmann Kamaswami. Die beiden Kapitel stehen symbolisch für die Welt der Menschen mit ihren Wünschen, Bedürfnissen und Leidenschaften. Im siebenten Kapitel verlässt Siddhartha Kamala und die Welt der Menschen und wendet sich nach diesen weltlichen Erfahrungen erneut dem Geiste zu, seine Suche geht nun weiter. Vgl. Ebd., 32-36.

hat, den Dingen des Lebens ihren Lauf zu lassen,[363] was jedoch nicht mit Gleichgültigkeit zu verwechseln ist, sondern eher das vollkommene Zurücktreten des Weisen, der dem Suchenden Siddhartha versucht klarzumachen, dass er die Erlösung von allen seinen Leiden und Problemen nur in sich selbst finden kann. Für den Fährmann ist es unmöglich, sein intuitives Wissen in Worte zu fassen und weiterzugeben. Vasudeva hält sein Wissen, das aus den Tiefen der Seele kommt und auf der unmittelbaren Lebenserfahrung beruht, für nicht formulierbar. Dabei spielt das Flussmotiv eine bedeutende Rolle.[364] *„Das Zuhören hat mich der Fluß gelehrt, von ihm wirst Du es auch lernen. Er weiß alles, der Fluß, alles kann man von ihm lernen. Sieh, auch das hast du schon vom Wasser gelernt, daß es gut ist, nach unten zu streben, zu sinken, die Tiefe zu suchen.“*[365]

Die Figur des Fährmanns Vasudeva charakterisiert den Archetypus des Weisen nach C. G. Jung, der einerseits Wissen, Erkenntnis, Überlegung,

---

363 Hesse lässt in seinen *Siddhartha*-Roman unverkennbar auch Elemente des Daoismus einfließen, so auch im neunten Kapitel, das die Begegung mit Vasudeva thematiasiert, hier steht die *„wu-wei“*-Lehre im Hintergrund. Der Begriff *„wu-wei“* transportiert die Auffassung vom „Dao“, dem umfassenden Ursprung- und Wirkprinzip, das die Ordnung und Wandlung der Dinge bewirkt, so dass es nicht weise wäre, in das Walten dieses Prinzips einzugreifen. Gerade Ilona Kramer verknüpft den *Siddhartha*-Roman mit vielen Inhalten aus dem Daoismus, vgl. KRAMER, Psychoanalytische und fernöstliche Elemente in Hesses Individuationsthematik, 40-68.

364 Vgl. MECHADANI, Hesse auf der Couch, 76-77.

365 HESSE, Siddhartha, 87. Insgesamt sind Wasser und Fluss als die Kernsymbole von Siddharthas Entwicklung anzusehen: Siddhartha wächst am Fluss auf, er überquert mit Hilfe des Fährmanns einen Fluss, um in die andere Welt zu gelangen, und kehrt schließlich an den Fluss zurück. Hesse erweitert dieses Symbol der Zeitlosigkeit, um die Ganzheit alles Seiendes mit einzubeziehen. Der Fluss kennt keine Zeit, sondern nur ewige Gegenwart, jede Veränderung ist nur scheinbar. So formuliert Hesse die Weisheit des Flusses, die Vasudeva Siddhartha geoffenbart hat, wie folgt: *„Und als ich es gelernt hatte, da sah ich mein Leben an, und es war auch ein Fluß, und es war der Knabe Siddhartha vom Manne Siddhartha und vom Greis Siddhartha nur durch Schatten getrennt, nicht durch Wirkliches. Es waren auch Siddharthas frühere Geburten keine Vergangenheit, und sein Tod und seine Rückkehr zu Brahma keine Zukunft. Nichts war, nichts wird sein; alles ist, alles hat Wesen und Gegenwart.“* HESSE, Siddhartha, 89.

Weisheit, Klugheit und Intuition, andererseits aber auch Eigenschaften wie Wohlwollen und Hilfsbereitschaft darstellt. Vasudeva kann im Sinne Jungs auch als ein Symbol für das ganzheitliche „Selbst" angesehen werden. Dies zeigt sich in der Zeitlosigkeit Vasudevas, in den Beschreibungen seines Gesichts, das ebenso kindlich, ebenso greisenhaft genannt wird, dies bezeugt den göttlichen Charakter dieser Figur. Siddhartha wird allmählich Vasudeva immer ähnlicher, was auf Siddharthas fortschreitenden Individuationsprozess hindeutet. Obwohl Vasudeva alle Lehren von außen ablehnt, ist er dennoch in der Lage, sein inneres Wissen auf seinen Schüler Siddhartha zu übertragen, indem dieser in sich selbst vorfindet, was er in Vasudeva zu erkennen glaubt: die Einheit von Geburt und Tod, den ewigen Kreislauf von Werden und Vergehen.[366]

Am Ende des Buches gelangt Siddhartha also, wie auch Emil Sinclair, an das Ziel seines Individuationsweges. Er hat nun zu sich selbst gefunden, indem er viele gegensätzliche Lebensphasen durchlief, wie z.B. die Askese der Samanas (zweites Kapitel) im Gegensatz zum Lustleben bei Kamala und Kamaswami (fünftes und sechstes Kapitel), die ihn dazu brachten, ebenso gegensätzliche Teile seines Selbst zu einer Ganzheit zu vereinigen (Enthaltsamkeit und Sinnesfeindlichkeit versus Erotik, Sexualität und Sinnenfreude). Und indem Siddhartha endgültig auf die Stimme des Flusses und später seine eigene innere Stimme hören lernt und sich von dieser leiten lässt, ist seine innere Vollkommenheit und damit seine Individuation geschafft: die Erzeugung eines Ganzen, sowohl innen, in seiner Psyche, als auch außen in der Akzeptanz aller Erscheinungsformen des Lebens, die gleichzeitig die verschiedenen Erscheinungsformen seiner Seele widerspiegeln, es ist das Erkennen der Einheit allen Seins, dies ist die eigentliche Botschaft und Weisheit des Romans.[367]

---

366 Vgl. MECHADANI, Hesse auf der Couch, 78-79.

367 Vgl. Ebd., 71. Auch Daniel Much betont, dass der Individuationsweg von Siddhartha am intensivsten von allen Protagonisten in Hesses Werk vollzogen wird. Much bescheinigt der indischen Dichtung eine positive Grundstimmung in Bezug auf alle Aspekte des Lebens. Alle äußeren Erscheinungen werden bejaht, sowie deren Wirkungen auf die Psyche werden angenommen und integriert. Siddharthas Entwicklung und Weg führt ihn am Ende zur Einheit, genauer zu einer *„wahren, individuierten Liebe."* Siddhartha realisiert nun eine wahre Liebe zu sich und zu allen Dingen. Hesse selbst spricht deshalb seinem

„Es war nichts als eine Bereitschaft der Seele, eine Fähigkeit, eine geheime Kunst, jeden Augenblick, mitten im Leben, den Gedanken der Einheit zu denken, die Einheit fühlen und einatmen zu können.“[368] Letztlich verhandelt Siddhartha also denselben Vorgang, wie wir ihn bereits aus dem *Demian* kennengelernt haben: die Suche eines Menschen nach sich selbst, durch die verschiedenen Stadien der Schuld, Vereinsamung und Verzweiflung hindurch bis hin zum Erlebnis der Einheit. Das neue Element liegt hier auf der Betonung der Liebe als derjenigen Kraft, durch welche die Synthese vollzogen wird. Letztes Ziel ist das Erkennen und vor allem das Bejahen der Einheit, die hinter den scheinbaren Polaritäten allem Seienden zugrunde liegt. Das ist der Sinn von Siddharthas Verklärung am Ende des Buches:[369]

> *„Und, so sah Govinda, dies Lächeln der Maske, dies Lächeln der Einheit über den strömenden Gestaltungen, dies Lächeln der Gleichzeitigkeit über den tausend Geburten und Toden, dies Lächeln Siddharthas war genau dasselbe, war genau das gleiche, stille, feine, undurchdringliche, vielleicht gütige, vielleicht spöttische, weise, tausendfältige Lächeln Gotamas, des Buddha, wie er selbst es hundertmal mit Ehrfurcht gesehen hatte. So, das wußte Govinda, lächelten die Vollendeten. Nicht mehr wissend, ob es Zeit gebe, ob diese Schauung eine Sekunde oder hundert Jahre gewährt habe, nicht mehr wissend, ob es einen Siddhartha, ob es einen Gotama,*

Siddhartha-Buch einen hohen praktischen Nutzen in der Lebensführung zu. Vgl. Daniel MUCH, Die Rolle der Liebe im Kontext der Selbstwerdung in ausgewählten Erzählungen Hermann Hesses, Norderstedt 2010, 44-45.

368 HESSE, Siddhartha, 106. Der amerikanische Literaturprofessor Theodore Ziolkowski betont die große Ähnlichkeit des *Siddharthas* mit dem drei Jahre zuvor erschienen Roman *Demian*. In beiden Werken hat die erzählte äußere Handlung eine symbolische Bedeutung, sie ist ausschließlich eine Projektion der Innerlichkeit, der inneren Entwicklung der Protagonisten auf ihrem Weg zum Selbst. *„Die Handlung ist, wie im Demian, auch hier fast ganz nach innen verlegt: [...] In beiden Werken gibt es eine Schicht, auf der realistisch erzählt wird, aber als Ganzes ist das eine wie das andere die symbolische Projektion eines inneren Bildes und nicht der Versuch, die äußere Realität mimetisch einzufangen.“* Theodore ZIOLKOWSKI, *Siddhartha – Die Landschaft der Seele*, in: MICHELS (hrsg.), Materialien zu Siddhartha, Band 2, 158.

369 Vgl. ZIOLKOWSKI, *Siddhartha – Die Landschaft der Seele*, 152.

ob es Ich und Du gebe, im Innersten wie von einem göttlichen Pfeile verwundet, dessen Verwundung süß schmeckt, im Innersten verzaubert und aufgelöst, stand Govinda noch eine kleine Weile, über Siddharthas stilles Gesicht gebeugt, das er soeben geküßt hatte, das soeben Schauplatz aller Gestaltungen, alles Werdens, alles Seins gewesen war. Das Antlitz war unverändert, nachdem unter seiner Oberfläche die Tiefe der Tausendfältigkeit sich wieder geschlossen hatte, er lächelte still, lächelte leise und sanft, vielleicht sehr gütig, vielleicht sehr spöttisch, genau, wie er gelächelt hatte, der Erhabene. Tief verneigte sich Govinda, Tränen liefen, von welchen er nichts wußte, über sein altes Gesicht, wie ein Feuer brannte das Gefühl der innigsten Liebe, der demütigen Verehrung in seinem Herzen. Tief verneigte er sich, bis zur Erde, vor dem regungslos Sitzenden, dessen Lächeln ihn an alles erinnerte, was er in seinem Leben jemals geliebt hatte, was jemals in seinem Leben ihm wert und heilig gewesen war.“[370]

Die Welt und sich selbst mit Liebe und Bewunderung und Ehrfurcht betrachten zu können, das ist die Botschaft des Siddhartha-Romans, dies ist der Weg zur Einheit. Diese Einheit wird vor allem auch hergestellt durch das „tat twam asi“ (zu deutsch: „Das bist du“) der alten indischen Philosophie, das nun schon an einigen Stellen dieser Arbeit erwähnt wurde. Die Trennung zwischen dem Ich und dem Du ist dadurch aufgehoben. Hesses Rekurs auf die Liebe kann aber ebenso als eine christliche Rückwendung gedeutet werden. In diesem Kontext führt Hesse den Gedanken der Selbstliebe zu einer Tiefe, die kosmische Qualität besitzt.[371] So führt Hesse den

370 HESSE, Siddhartha, 121.

371 Der von Hesse hoch geschätzte deutsche Mystiker Meister Eckhart (1260–1327) hat den Gedanken über die Selbstliebe folgendermaßen gefasst: *„Hast du dich selbst lieb, so hast du alle Menschen lieb wie dich selbst. Solange du einen einzigen Menschen weniger lieb hast als dich selbst, so hast du dich selbst nie wahrhaft lieb gewonnen, wenn du nicht alle Menschen so lieb hast wie dich selbst, in einem Menschen alle Menschen: und dieser Mensch ist Gott und Mensch. So steht es recht mit einem solchen Menschen, der sich selbst liebhat und alle Menschen so liebt wie sich selbst, mit dem ist es gar recht bestellt.“* MEISTER ECKHART, Deutsche Predigten und Traktate, hier zitiert nach: Mathias JUNG, LebensFluss – Hermann Hesses Siddhartha. Eine tiefenpsychologische Interpretation, Lahnstein ²2009, 165.

Leser des *Siddharthas „aus der Enge der Konfessionalität in eine weltumspannende Spiritualität, aus der Jenseitigkeit in die Diesseitigkeit, aus dem Kollektivismus in die Schönheit des Individuellen, aus der Gleichgültigkeit in die Liebe.“*[372] Hesses Siddhartha ist ein humanistisches Bekenntnis zur Liebe. Die Aufgabe der Sinnsuche kombiniert Hesse im *Siddhartha* mit dem Ideal der Liebe. Entsprechend formuliert der Dichter viele Jahre nach Niederschrift des *Siddhartha* folgende Sätze: [373]

> *„Wir verlangen, das Leben müsse einen Sinn haben – aber es hat nur ganz genau so viel Sinn, als wir selber ihm zu geben imstande sind. Weil der Einzelne das nur unvollkommen vermag, hat man in den Religionen und Philosophien versucht, die Frage tröstend zu beantworten. Diese Antworten laufen alle auf das Gleiche hinaus. Den Sinn erhält das Leben einzig durch die Liebe. Das heißt: Je mehr wir zu lieben und uns hinzugeben fähig sind, desto sinnvoller wird unser Leben.“*[374]

5.3.2. *Der Steppenwolf* (1927) – Selbstverwirklichung durch seelische Konfession

Der Roman *Der Steppenwolf* [375] atmet den Zeitgeist der „Goldenen Zwanziger“. Ein Jahrzehnt, dass einerseits vorübergehend politische und

372 Vgl. JUNG, LebensFluss, 171.

373 Vgl. Ebd., 164-172. Hesse sucht in seinem *Siddhartha* einen gemeinsamen Nenner der Weltreligionen, welchen er dann schließlich in der umfassenden Liebe zu allen Dingen findet.

374 Hermann HESSE, *Brief an Frau M. W. vom 1. Juni* (1956), in: ders., Ausgewählte Briefe, 466.

375 Textgrundlage für dieses Kapitel ist die Ausgabe: Hermann HESSE, Der Steppenwolf (1927), Frankfurt am Main 1974. Im Klappentext dieser Ausgabe schreibt Kurt Pinthus 1927 folgende einführende Worte: *„Ich lese den Steppenwolf, dies unbarmherzigste und seelenzerwühlendste aller Bekenntnisbücher, düsterer und wilder als Rousseaus Confessions, die grausamste Geburtstagsfeier, die je ein Dichter selbst zelebrierte.“* Der Roman entstand zwischen 1924 und 1927 in Basel und in Montagnola während einer schweren Lebenskrise Hesses. Der Autor begann mit Fragmenten, einer ersten Version des Tractats und seinen autobiographischen Krisis-Gedichten. Während seine zweite Ehe mit Ruth Wenger geschieden

wirtschaftliche Stabilität zwischen den beiden Weltkriegen zurückgewonnen hatte, andererseits aber war diese Epoche der Weimarer Republik in Deutschland von starken gesellschaftlichen und kulturellen Umbrüchen geprägt. Die Gesellschaft technisierte sich, das Aufkommen der modernen Massenkultur wurde von der zeitgenössischen Avantgarde kritisch wahrgenommen. Es herrschte eine Art Amerikanisierung des Kulturbetriebs, d.h. das Publikum bevorzugte immer mehr die Erzeugnisse der nach amerikanischem Vorbild produzierten Massenkultur. Neue Medien wie Rundfunk, Kino und Grammophon weckten bei vielen Zeitgenossen Ängste vor einem Kulturverfall. Der Protagonist Harry Haller in Hesses Roman verkörpert jene Ambivalenz gegenüber der modernen Massenkultur, wie sie während der „Goldenen Zwanziger" für viele Intellektuelle typisch war. Der Sinnverlust durch den Ersten Weltkrieg sollte endlich neu gefüllt werden, das erlebte Massensterben erregte immer noch die Gemüter. Viele suchten Antworten in der immer populärer werdenden Psychoanalyse Sigmund Freuds und seines Schülers C. G. Jung. Auch die politischen Ideologien von links und von rechts, Marxismus und Nationalsozialismus, weckten Heilserwartungen durch politischen Umsturz. Darüber hinaus hatten fernöstliche Philosophien, wie z.B. die Lehren von Buddhismus und Daoismus, Hochkonjunktur. Der Widerstreit zwischen Konservatismus und Militarismus auf der einen und Liberalismus auf der anderen Seite polarisierte das gesellschaftliche Leben zur Entstehungszeit des Romans. Die Hauptfigur Harry Haller spiegelt durch seine Person die Widersprüchlichkeit und Orientierungslosigkeit dieser Epoche. So konzipierte Hesse den Steppenwolf unter anderem auch als ein Werk, das vehement Zeitkritik übte. Die Krise des Steppenwolfs Harry Haller, dass er in sich neben einer menschlichen Seele auch die tierische bzw. triebhafte Seele eines Wolfes spürt, steht

wurde, leidet der Dichter unter gesundheitlichen Problemen und befindet sich insgesamt in einer schweren Lebenskrise, so steuert er auf seinen 50. Geburtstag zu. In dieser Phase entdeckte Hesse auf Maskenbällen die Freude am Tanzen, was auf den Roman abfärbte. Der Roman wurde 1927 vollendet und erschien noch im selben Jahr. Hesse hat stets betont, dass er bei diesem Roman auf Maskerade verzichtet habe, seelische Konfession betrieben habe und sich selbst vollkommen preisgegeben habe. Vgl. Maria-Felicitas HERFORTH, Textanalyse und Interpretation zu Hermann Hesse. Der Steppenwolf, Hollfeld 2011, 7.

nicht nur für die Neurose eines Einzelnen, sondern auch für die Krankheit und Zerrissenheit einer ganzen Zeitepoche.[376]

Mitte der 1920er-Jahre ist Hesses psychischer Zustand sehr labil, häufig kündigt er in Briefen seinen baldigen Selbstmord an. Diese ausweglose Situation des Dichters entspricht der Situation des Protagonisten Harry Haller. Mit anderen Worten: Hesse ist der Steppenwolf. So ist der Roman *Der Steppenwolf* der literarischen Tradition der Bekenntnisliteratur zuzuordnen, in der die Innenwelt, genauer die psychischen Qualen einer sinnentleerten Dichterexistenz, zum Ausdruck kommt. *Der Steppenwolf* ist mit Abstand Hesses düsterstes Buch, auch wenn es gleichzeitig einen hoffnungsvollen Weltüberwindungsrausch postuliert, der sich konkret durch den menschlichen Humor erfüllen soll.[377]

Das Thema der seelischen Krankheit eines in Mensch und Wolf geteilten Ichs, die gleichzeitig Symbol für eine kranke Zeit ist, stellt das thematische Zentrum des Romans dar. Es ist die innere Zerrissenheit Harry Hallers zwischen der animalisch-instinktiven Seite seines Selbst, das ist der Steppenwolf, und dem feinsinnigen, zivilisierten und bürgerlichen Anteil seines Selbst. Dieser analytische Entwicklungsroman stellt keine Entwicklung der Hauptfigur von Kindheit und Jugend bis zum Erreichen seiner Bestimmung dar (wie z.B. im *Demian*), sondern einen Ausschnitt aus dem Leben eines älteren Mannes (ca. 50 Jahre), der sich dem Bürgertum entfremdet hat. Hesse transportiert mit Harry Haller die Persona-Schatten-Problematik im Sinne Jungs in seinen Roman hinein. So versucht Haller einerseits mit seiner Persona,[378] sprich mit seiner Maske, sich der bürgerlichen

---

376 Vgl. HERFORTH, Interpretation Steppenwolf, 16-21.

377 Vgl. Ebd., 10, 25. Harry Hallers Leiden kann man als Neurose bezeichnen und erscheint im zeitgeschichtlichen Kontext *„von Sigmund Freuds 1923 erschienenen Abhandlung ‚Das Ich und das Es' durchaus stimmig. Darin definiert Freud die von dem schottischen Arzt William Cullen bereits 1769 ‚Neurosen' genannten seelischen Störungen ohne organische Ursachen als Ergebnis eines Konflikts zwischen Ich (den bewussten Anteilen der menschlichen Psyche) und Es (den nicht-bewussten Anteilen des Menschen)."* Monika FELLENBERG, Lektürehilfen. Hermann Hesse, Der Steppenwolf, Stuttgart 2017, 69.

378 Die „Persona" ist nach Jung eine Maske, die sowohl den persönlichen bewussten Absichten und Festlegungen entsprechen möchte als auch den Ansprüchen,

Umgebung anzupassen. Im Sinne Jungs symbolisiert der Steppenwolf das einsame, unzivilisierte und instinktbehaftete Raubtier, Harry Hallers Schatten. Der Steppenwolf, das tierische Triebwesen, lässt sich nicht verdrängen oder unterdrücken. Hallers psychische Doppelnatur verursacht in ihm eine innere Zerrissenheit, die deutlich neurotische Züge aufweist.[379] Es prallen also die inneren Gegensätze aufeinander, in die Hallers Selbst gespalten ist. Auch er muss seinen Weg der „Individuation" zur Vereinigung der Gegensätze antreten, um schließlich seine psychische Ganzheit erfahren zu können.[380]

Einen ersten Ansatz zur Lösung von Hallers Existenzproblematik bietet der *Tractat vom Steppenwolf (Nur für Verrückte)*: Bei diesem *Tractat* handelt es sich um eine psychologische Studie über Hallers eigene Schicksalsproblematik, in der er selbst als Beispiel für die Steppenwölfe fungiert. Durch den *Tractat* kommt es also zu einer Objektivierung von Hallers Existenzproblem. Haller liest zu seinem Erstaunen eine Beschreibung seiner Person aus scheinbar objektiv-wissenschaftlicher Perspektive. Fast schon märchenhaft lässt Hesse den *Tractat* beginnen:[381]

> *„Es war einmal einer namens Harry, genannt der Steppenwolf. Er ging auf zwei Beinen, trug Kleider und war ein Mensch, aber eigentlich war er doch ein Steppenwolf. Er hatte vieles von dem gelernt, was Menschen mit gutem Verstande lernen können, und war ein ziemlich kluger Mann. Was er aber nicht gelernt hatte, war dies: mit sich und seinem Leben zufrieden zu sein. Dies konnte er nicht, er war ein unzufriedener Mensch. Das kam wahrscheinlich daher, daß er im Grunde seines Herzens jederzeit wußte (oder zu wissen glaubte),*

Meinungen und Erwartungen von außen.

379 Die Neurose beruht auf einer Versagung und Nichterfüllung von Kindheitswünschen. Man beachte dabei die Ausführungen im Roman über Hallers strenges Elternhaus, in dem es für Triebe, Begierden und Gefühle überhaupt keinen Platz gab. Diese psychische Disposition wird zunächst von außen (Elternhaus), später dann, so Freud, vom „Über-Ich" übernommen. Vgl. Sigmund FREUD, Psychologie des Unbewussten, Alexander MITSCHERLICH, Angela RICHARDS, James STRACHEY (hrsg.), Frankfurt am Main [2]1975, 335.

380 Vgl. MECHADANI, Hesse auf der Couch, 89-94.

381 Vgl. HERFORTH, Interpretation Steppenwolf, 33.

> *daß er eigentlich gar kein Mensch, sondern ein Wolf aus der Steppe sei.“*[382]

Der erste Teil der Studie ist eine Persönlichkeitsanalyse des Steppenwolfs, die den Sachverhalt des „Zwei-Seelen-Problems“ veranschaulicht:

> *„Bei unserem Steppenwolf nun war es so, daß er in seinem Gefühl zwar bald als Wolf, bald als Mensch lebte, wie es bei allen Mischwesen der Fall ist, daß aber, wenn er Wolf war, der Mensch in ihm stets zuschauend, urteilend und richtend auf der Lauer lag – und in den Zeiten, wo er Mensch war, tat der Wolf ebenso. Zum Beispiel, wenn Harry als Mensch einen schönen Gedanken hatte, eine feine, edle Empfindung fühlte oder eine sogenannte gute Tat verrichtete, dann bleckte der Wolf in ihm die Zähne und lachte und zeigte ihm mit blutigem Hohn, wie lächerlich dieses ganze edle Theater einem Steppentier zu Gesicht stehe, einem Wolf, der ja in seinem Herzen ganz genau darüber Bescheid wußte, was ihm behage, nämlich einsam durch Steppen zu traben, zuzeiten Blut zu saufen oder eine Wölfin zu jagen, – und, vom Wolf aus gesehen, wurde dann jede menschliche Handlung schauerlich komisch und verlegen, dumm und eitel. Aber ganz ebenso war es, wenn Harry sich als Wolf fühlte und benahm, wenn er andern die Zähne zeigte, wenn er Haß und Todfeindschaft gegen alle Menschen und ihre verlogenen und entarteten Manieren und Sitte fühlte. Dann nämlich lag das Menschenteil in ihm auf der Lauer, beobachtete den Wolf, nannte ihn Vieh und Bestie und verdarb und vergällte ihm alle Freude an seinem einfachen, gesunden und wilden Wolfswesen.“*[383]

Der zweite Teil des *Tractats* definiert das Bürgerliche und stellt das Verhältnis des Bürgertums zu den Steppenwölfen der Gesellschaft dar. Das Bürgerliche gilt dem anonymen Verfasser der Studie als ein Versuch, die Extreme und Gegensätze im Menschen auszugleichen. Das Bürgerliche verdirbt aber die Lebensintensität[384] und kann gerade eben nicht dem entsprechen, was

---

382 HESSE, Der Steppenwolf, 54.

383 Ebd., 56.

384 *„Intensiv leben kann man nur auf Kosten des Ichs. Der Bürger nun schätzt nichts höher als das Ich (ein nur rudimentär entwickeltes Ich allerdings). Auf Kosten der*

Menschsein bedeutet. Dennoch gedeiht das Bürgerliche in der Gesellschaft, da nur wenige sich zur Existenz des Steppenwolfs bekennen. Für diejenigen, die es schaffen, das Bürgerliche gänzlich hinter sich zu lassen, bleibt nur noch der Humor als Ausweg und Rettung. Nur die imaginäre Welt des Humors[385] kann den Steppenwolf von seiner Identitätskrise befreien. Der dritte und abschließende Teil des *Tractats* thematisiert die „Vielspältigkeit" des Menschen und entlarvt den inneren Dualismus als Illusion. In Wahrheit hat der Mensch nicht nur zwei Seiten oder Pole in sich, die Einheit des Ichs ist bloß eine Täuschung:[386]

> *„Die Zweiteilung in Wolf und Mensch, in Trieb und Geist, durch welche Harry sich sein Schicksal verständlicher zu machen sucht, ist eine sehr grobe Vereinfachung, eine Vergewaltigung des Wirklichen zugunsten, einer plausiblen, aber irrigen Erklärung der Widersprüche, welche dieser Mensch in sich vorfindet und die ihm die Quelle seiner nicht geringen Leiden zu sein scheinen. Harry findet in sich einen ‚Menschen', das heißt eine Welt von Gedanken, Gefühlen, von Kultur, von gezähmter und sublimierter Natur, und er findet daneben in sich auch noch einen ‚Wolf', das heißt eine dunkle Welt von Trieben,*

Intensität also erreicht er Erhaltung und Sicherheit, statt Gottbesessenheit erntet er Gewissensruhe, statt Lust Behagen, statt Freiheit Bequemlichkeit, statt tödlicher Glut eine angenehme Temperatur. Der Bürger ist deshalb seinem Wesen nach ein Geschöpf von schwachem Lebensantrieb, ängstlich, jede Preisgabe seiner selbst fürchtend, leicht zu regieren. Er hat darum an Stelle der Macht die Majorität gesetzt, an Stelle der Gewalt das Gesetz, an Stelle der Verantwortung das Abstimmungsverfahren." Ebd., 69.

385 Hier wird schon zu Anfang der Handlung der Eintritt in das *Magische Theater,* in die *„Schule des Humors"* bereits angedeutet und das Ende des Romans mit einer wesentlichen Erkenntnis vorweggenommen. *„Einzig der Humor, die herrliche Erfindung der in ihrer Berufung zum Größten Gehemmten, der beinahe Tragischen, der höchstbegabten Unglücklichen, einzig der Humor (vielleicht die eigenste und genialste Leistung des Menschentums) vollbringt das Unmögliche, überzieht und vereinigt alle Bezirke des Menschenwesens mit den Strahlungen seiner Prismen. In der Welt zu leben, als sei es nicht die Welt, das Gesetz zu achten und doch über ihm zu stehen, zu besitzen, ‚als besäße man nicht', zu verzichten, als sei es kein Verzicht – alle diese beliebten und oft formulierten Forderungen einer hohen Lebensweisheit ist einzig der Humor zu verwirklichen fähig."* Ebd., 72.

386 Vgl. HERFORTH, Interpretation Steppenwolf, 48-49.

von Wildheit, Grausamkeit, von nicht sublimierter, roher Natur. [...] Harry besteht nicht aus zwei Wesen, sondern aus hundert, aus Tausenden. Sein Leben schwingt (wie jedes Menschen Leben) nicht bloß zwischen zwei Polen, etwa dem Trieb und dem Geist,[387] *oder dem Heiligen und dem Wüstling, sondern es schwingt zwischen Tausenden, zwischen unzählbaren Polpaaren. [...] In Wirklichkeit aber ist kein Ich, auch nicht das naivste, eine Einheit, sondern eine höchst vielfältige Welt, ein kleiner Sternhimmel, ein Chaos von Formen, von Stufen und Zuständen, von Erbschaften und Möglichkeiten. Daß jeder einzelne dies Chaos für eine Einheit anzusehen bestrebt ist und von seinem Ich redet, als sei dies eine einfache, fest geformte, klar umrissene Erscheinung: diese, jedem Menschen (auch dem höchsten) geläufige Täuschung scheint eine Notwendigkeit zu sein, eine Forderung des Lebens wie Atemholen und Essen. [...] Die Brust, der Leib, ist eben immer eines, der darin wohnenden Seelen aber sind nicht zwei, oder fünf, sondern unzählige; der Mensch ist eine aus hundert Schalen bestehende Zwiebel, ein aus vielen Fäden bestehendes Gewebe.*“[388]

Das Individuum soll also als ein Bündel aus vielen Ichs verstanden werden. Dies ist die Erkenntnis der sogenannten *Unsterblichen*: sie kennen keine Polaritäten mehr, sie akzeptieren das Chaos und die innere Vielfalt als natürlichen Zustand und alle Erscheinungsformen des Lebens werden als gut und notwendig betrachtet. Harry Hallers steppenwölfische Existenz zwischen der bürgerlichen Welt und der Welt der Unsterblichen (später im Roman von dem Saxofonisten Pablo verkörpert) wird im *Tractat* aus der Perspektive der Unsterblichen geschildert.[389]

387 Zur Natur-Geist-Polarität führt Hesse ebenfalls im Tractat aus: *„Der Mensch ist ja keine feste und dauernde Gestaltung (dies war, trotz entgegengesetzter Ahnungen ihrer Weisen, das Ideal der Antike), er ist vielmehr ein Versuch und Übergang, er ist nichts andres als die schmale, gefährliche Brücke zwischen Natur und Geist. Nach dem Geiste hin, zu Gott hin treibt ihn die innerste Bestimmung – nach der Natur, zur Mutter zurück zieht ihn die innigste Sehnsucht: zwischen beiden Mächten schwankt angstvoll bebend sein Leben.“* HESSE, Der Steppenwolf, 80.

388 Ebd., 75-79.

389 Vgl. HERFORTH, Interpretation Steppenwolf, 49-50. So formuliert Kim abschließend über den Tractat bzw. über dessen psychologisch gut ausgebildeten

Da Haller eben nicht nur aus zwei inneren gegensätzlichen Seiten besteht, sondern aus unzähligen Gegensatzpaaren, wird die inhaltliche Analogie zu Jungs „kollektivem Unbewussten" offensichtlich. Harry Haller besteht innerlich aus einer Pluralität an Wesen, was auf den kollektiven Teil seiner Psyche verweist, er trägt wie *„jeder einzelne Mensch die seelischen Dispositionen der gesamten Menschheit in sich"*[390] Der *Tractat vom Steppenwolf* fordert von Harry Haller, seine seelische Zersplitterung zu akzeptieren und auf eine Vereinigung der vielen Wesen in ihm hinzuarbeiten, anstatt immer nur einen Teil seiner Psyche vollständig auszuleben. Hallers Individuationsweg kann nur mit einer vereinigten Psyche glücken, welche alle ihre Bestandsteile annimmt. Mit dieser Erklärung entlässt der *Tractat* Harry auf seinen weiteren Weg zu sich selbst. Damit wechselt die Erzählperspektive wieder zu Harry Hallers in der Ich-Form verfassten Aufzeichnungen.[391]

Durch die Lektüre des *Tractats* wird Haller der Spiegel vorgehalten und er erkennt seine zerrissene Seele. Als Folge davon wird er wieder von seiner Todessehnsucht eingeholt und er spielt erneut mit dem Gedanken sich umzubringen. Haller wird erlöst durch die Begegnung mit Hermine in einem Wirtshaus. Die Hermine-Figur hat hermaphroditische und androgyne Züge. Hermine symbolisiert die weibliche Variante von Hallers Selbst, damit verkörpert sie das Individuationsziel der psychischen Ganzheit. Hermine ist Hallers Schicksalsschwester, auch sie kann Leben, Menschen und sich selber nicht lieben und ernst nehmen, da sie ebenfalls über den Normen und Konventionen der Gesellschaft steht und eine Verbindung zum Ewigen fühlt. Haller verliebt sich im Laufe des Romans

---

Verfasser: *„Es handelt sich um einen allwissenden Erzähler mit unglaublich kompetenten, bis ins Detail exakten analytischen Fähigkeiten. Haller wurde die ganze schlimme Zeit hindurch bis in seine persönlichste und innigste Krankheit ‚buchstäblich' beobachtet, was nun in Form eines ‚Tractats für die Verrückten' zutage tritt [...]."* Kwangsoo KIM, Das Fremde. Die Sprache. Das Spiel. Eine komparatistische Studie zur Taoismusrezeption in Deutschland – Novalis, Hermann Hesse, Hugo Ball, Seoul 1999, 131.

390 BAUMANN, Hesses Erzählungen im Lichte der Psychologie C. G. Jungs, 144. Jungs Lehre von der unendlichen Vielschichtigkeit der menschlichen Seele steht also inhaltlich im Hintergrund des Tractats.

391 Vgl. MECHADANI, Hesse auf der Couch, 97.

in Hermine, doch zunächst hat sie ein mütterliches Verhältnis zu Harry Haller. Der Jungsche „Mutterarchetypus" ist angedeutet. Haller fällt in seine Kindheit zurück und lässt sich von seiner geistigen-psychologischen ‚Mutter' Hermine leiten. Haller kann durch die Nähe von Hermine wieder Kind sein, hat er nun die Möglichkeit, mit seinem Leben von vorne anzufangen. Hermine ist es, die ihn aus seiner inneren Trägheit herausholt und ihn wieder mit seiner Umwelt in Kontakt bringt. Hermine führt Haller zu sich selbst, sie bringt ihm das Tanzen bei und führt ihn in einen neuen inneren Zustand, in dem er sich wieder freuen kann. Hermine ist es, die Haller die Leichtigkeit des Seins spüren lässt. Damit kann Hermine als eine mephistophelische Gestalt verstanden werden, die Harry die sinnlichen Seiten des Lebens aufschließt.[392]

Haller und Hermine stellen zwei Teile eines Ganzen dar, die zueinander finden und sich vereinigen müssen, um die Einheit herzustellen. Indem Harry sich in sie verliebt, ist er auch bereit, sie als sein weibliches Ich in seine Gesamtpsyche zu integrieren. So haben Hermine und Harry im Sinne C. G. Jungs eine „Anima-Animus"[393]-Beziehung: Hermine ist die weibliche Darstellung seiner Seele, während er die männliche Verkörperung ihrer Seele ist. Diese beiden Seelenteile müssen zusammenkommen und zu einer Einheit werden, dann ist das Ziel der Individuation erreicht. Das Spiegelmotiv, das sich wie ein roter Faden durch den Roman zieht, tritt auch hier in der Beziehung „Harry-Hermine" in Erscheinung. So verweist Hermine selbst auf ihre Spiegelfunktion:[394]

392 Vgl. MECHADANI, Hesse auf der Couch, 99-100.

393 C. G. Jung ging von einer prinzipiellen psychischen Zweigeschlechtlichkeit eines jeden Menschen aus, dass in der Regel nur eine Geschlechtsidentität gelebt wird, die andere dagegen im Schatten bleibt. Zur Auseinandersetzung mit der „Anima" durch die Hermine-Figur im *Steppenwolf*-Roman, vgl. BAUMANN, Hesses Erzählungen im Lichte der Psychologie C. G. Jungs, 149-153.

394 Vgl. MECHADANI, Hesse auf der Couch, 101-102.

> *„Zwischenrein fragte ich sie: ‚Wie hast du das gemacht, daß du plötzlich wie ein Knabe aussahest und daß ich deinen Namen erraten konnte?' ‚Oh, das hast alles du selber gemacht. Begreifst du das nicht, du gelehrter Herr: daß ich dir darum gefalle und für dich wichtig bin, weil ich wie eine Art Spiegel für dich bin, weil in mir innen etwas ist, was dir Antwort gibt und dich versteht? Eigentlich sollten alle Menschen füreinander solche Spiegel sein und einander so antworten und entsprechen […].“*[395]

Höhepunkt und Endpunkt des Romans bildet das *Magische Theater*, ein Symbol für Hallers zersplitterte Seele. Hier gibt es eigentlich keine äußere Realität, sondern nur noch Projektionen, diese werden durch den Spiegelsaal ausgedrückt. So stellt das *Magische Theater* ein Bildersaal von Harrys Seele dar und symbolisiert die unendliche Vielfalt der in seiner Psyche vorhandenen Aspekte. Zunächst ist das *Magische Theater* eine Opiumphantasie, die Haller, Hermine und Pablo[396] nach dem Rausch des Maskenballs erleben. Die Erlebnisse des Theaters stehen also unter dem Einfluss von bewusstseinserweiternden Drogen, die Pablo Harry gibt, um ihm seine eigene innere Welt in ihrer Vielfalt erkennbar zu machen:[397]

395 HESSE, Der Steppenwolf, 140. Da aber Haller am Ende des Romans Hermine aus Eifersucht ersticht, verspielt er seine Chance auf das Erlangen der seelischen Ganzheit, da er so den weiblichen Teil seines Selbst vernichtet und so am Ende wieder in seine unvereinte „Wolfs-Mensch-Existenz“ zurückfällt. Vgl. MECHADANI, Hesse auf der Couch, 102.

396 Der Saxofonist und Genussmensch Pablo stellt neben Hermine die zentrale Nebenfigur des Romans dar, er ist der Regisseur des *Magischen Theaters*. Im Gegensatz zu Hermine erkennt Harry in Pablo zunächst Fremdes und Unsympathisches. Somit stellt Pablo eine Gegenfigur zu Harry dar. Pablo ist ein Jung'scher „Schatten“ von Harry. Dieser Schatten personifiziert die Dinge, mit denen Haller bislang stets Schwierigkeiten hatte: Vergnügen, unbekümmerte Lebenslust und Humor. Im *Magischen Theater* wird Pablo dann zum Herrscher über Hallers Unbewusstes und kann ihn im Theater in unendlich viele Teilpersönlichkeiten auflösen. Pablo verwandelt sich in viele Figuren seines Theaters und letztlich auch in Mozart, der für Haller die Verkörperung des unendlichen Geistes ist. Dadurch, dass Pablo nun Mozart verkörpert, wird Harry sinnbildlich die Zusammengehörigkeit von Geist und Sinnlichkeit, für die Pablo steht, vorgeführt. Vgl. HERFORTH, Interpretation Steppenwolf, 63-65.

397 Vgl. MECHADANI, Hesse auf der Couch, 103-105.

> *„Es ist mir eine Freude, lieber Harry, Sie heut ein wenig bewirten zu dürfen. Sie sind oft Ihres Lebens sehr überdrüssig gewesen, Sie strebten fort von hier, nicht wahr? Sie sehnen sich danach, diese Zeit, diese Welt, diese Wirklichkeit zu verlassen und in eine andere, Ihnen gemäßere Wirklichkeit einzugehen, in eine Welt ohne Zeit.*[398] *Tun Sie das, lieber Freund, ich lade Sie dazu ein. Sie wissen ja, wo diese andere Welt verborgen liegt, daß es die Welt Ihrer eigenen Seele ist, die Sie suchen. Nur in Ihrem eigenen Innern lebt jene andre Wirklichkeit, nach der Sie sich sehnen. Ich kann Ihnen nichts geben, was nicht in Ihnen selbst schon existiert, ich kann Ihnen keinen andern Bildersaal öffnen als den Ihrer Seele. Ich kann Ihnen nichts geben, nur die Gelegenheit, den Anstoß, den Schlüssel. Ich helfe Ihnen Ihre eigene Welt sichtbar machen, das ist alles."*[399]

Hier beginnt nun die symbolische Funktion des *Magischen Theaters* als therapeutische Vermittlungsinstanz zwischen Hallers verschiedenen Aspekten seiner Persönlichkeit, seinem Geist und seinen Sinnen. Das *Magische Theater* lässt Hallers unbewusste Wünsche, Ängste und Sehnsüchte lebendig und plastisch werden. Ebenso spielt der Humor im *Magischen Theater* eine zentrale Rolle, Hesse führt ihn ein als Bewältigung des Lebens. Haller wird durch das *Magische Theater* dazu gebracht, seinen charakteristischen und tödlichen Ernst zu überwinden. Der Humor ist für Haller die Medizin von seiner Neurose loszukommen.[400] *„Sie sind hier in einer Schule des*

398 Haller begegnet den Figuren Goethes und Mozarts alias Pablo als Repräsentanten der so genannten *Unsterblichen*. Das sind diejenigen Einzelgänger, die gelernt haben, das Leben aus dem Blickwinkel der Ewigkeit zu betrachten. Sie erleben die Gegensätze ihrer Person nicht mehr als feindlich, sondern als eigentliche Wirklichkeit einer kosmischen Harmonie. Dadurch erreichen die *Unsterblichen* den harmonischen Zustand, der ihnen dauerhaftes Lachen ermöglicht und sie über die weltliche Unvollkommenheit erhebt. Vgl. HERFORTH, Interpretation Steppenwolf, 53.

399 HESSE, Der Steppenwolf, 224. In dieser Passage klingt Pablo, meines Erachtens, wie der psychoanalytische Mentor von Harry. So könnte man sagen, was Pistorius für Sinclair im *Demian* ist, das ist Pablo für Haller.

400 Vgl. HERFORTH, Interpretation Steppenwolf, 51.

Humors, Sie sollen lachen lernen. Nun, aller höhere Humor fängt damit an, dass man die eigene Person nicht mehr ernst nimmt.“[401]

Der Humor soll Harry von seinem festgelegten Ich wegführen, er muss seinen Alltags-Verstand aufgeben, weshalb der Eintritt in das *Magische Theater* auch *„nur für Verrückte“* zulässig ist. Wenn aber Haller eine psychische Ganzheit erreichen will, so muss er bereit sein, alle diese vielen Teile seines Selbst zu akzeptieren und zu einer Einheit zu formen, nur so kann er innere Harmonie finden und seine psychische Krankheit überwinden, die ihn im Laufe der Romanhandlung mehrmals in den Selbstmord treibt. Aus psychoanalytischer Sicht betrachtet, steht das *Magische Theater* für die Komplexität der Seele und veranschaulicht die theoretischen Ausführungen des *Tractats vom Steppenwolf.* Es stellt auch das Jung'sche „Selbst“, die psychische Ganzheit und Totalität dar, indem es aus vielen Räumen und Türen (einzelne Teile des Selbst) besteht und diese in sich vereinigt.[402]

Der Steppenwolf kann abschließend als Dokument betrachtet werden, das eine der schwersten Lebenskrisen in Hesses Leben bezeugt. Aus diesem Grund ist das Werk keine Romandichtung mehr, sondern ein nietzscheanisches Bekenntnis, das sich in dionysischer Entgrenzung und im Rausch des schöpferischen Hervorbringens entlädt. Der Steppenwolf ist ein nietzscheanischer Geniestreich zur Rückgewinnung der Deutungsmacht über sich selbst und ein origineller Beitrag zur Theorie des Übermenschen.[403]

> *„Insgesamt vermittelt ‚Der Steppenwolf‘ philosophisch reflektierte und psychologisch fundierte Einblicke in die Komplexität subjektiver Identität in der modernen Gesellschaft des beginnenden 20. Jahrhunderts, der Krise dieser Identität und dem Versuch ihrer Überwindung durch den Humor in der Selbstironie der Unsterblichen.*“[404]

---

401 HESSE, Der Steppenwolf, 227.

402 Vgl. MECHADANI, Hesse auf der Couch, 110-113.

403 Vgl. DECKER, Der Wanderer, 480-494.

404 Rudolf PROBST, *Von der Handschrift zum Typoskript: Transformationen von Hesses „Steppenwolf“*, in: Michael LIMBERG (hrsg.), „Dem Chaos die Stirn bieten“. Hermann Hesses „Der Steppenwolf“, 12. Internationales Hermann-Hesse-Kolloquium in Calw 2004, Stuttgart 2005, 41-42.

5.3.3 *Narziß und Goldmund* (1930) – Selbstverwirklichung durch Integration der seelischen Gegensätze

Dieser Roman[405] ist die Geschichte einer Freundschaft zwischen zwei Heranwachsenden, deren Gegensätzlichkeit sie füreinander so anziehend macht, dass Narziß und Goldmund nur in ihrer Beziehung zueinander ein Ganzes bilden können. Der Schauplatz der Erzählung ist eine christliche Klosterschule namens Mariabronn im Mittelalter. Der Gegensatz, die Antithese, die Polarität der Existenz ist einmal mehr das zentrale Leitmotiv dieser Erzählung, wie in Hesses Romanwerk insgesamt. Die zwei Protagonisten verkörpern die zwei Seelenpole des Menschen, eine Art dialektisches Prinzip, das sich schon in den beiden Namen *Narziß* und *Goldmund* widerspiegelt, aber auch in vielen Motiven und Symbolen im Roman. Hesse bedient sich bewusst einer dialektischen Sprache. Sätze und Satzteile verhalten sich zueinander wie These und Antithese:[406]

405 Textgrundlage für dieses Kapitel ist die Ausgabe: Hermann HESSE, Narziß und Goldmund, Frankfurt am Main 1996. Die Schaffensperiode der Erzählung *Narziß und Goldmund* ist auf die Jahre 1927 bis 1929 festzulegen. 1930 erscheint die Erstausgabe in Berlin. In seiner Erzählung konzentriert sich Hesse erneut auf Themen, mit denen er sich bereits in früheren Werken beschäftigt hatte: Die Individuationsproblematik und die damit verbundene Suche nach Ganzheit und Einheit, die Dichotomie von Geist und Natur, aber auch das Künstlerdasein, wie er es in den Romanen *Gertrud* und *Roßhalde* bereits behandelt hatte. Vgl. Maria-Felicitas HERFORTH, Textanalyse und Interpretation zu Hermann Hesse. Narziss und Goldmund, Hollfeld [2]2016, 18. Darüber hinaus kann darüber spekuliert werden, ob die Tatsache, dass Hesse die Handlung des Romans in ein mittelalterliches Kloster verlegt, also in ein Zentrum des christlichen Glaubens, die Schlussfolgerung zulässt, dass Hesse spätestens ab der Niederschrift von *Narziß und Goldmund* sich wieder verstärkt mit dem christlichen Glauben identifiziert. Markieren die Anfangsjahre der 1930er Jahre ohnehin eine Phase in Hesses Leben, in denen er sich wieder auf seine christlichen Wurzeln rückbesinnt.

406 Vgl. HERFORTH, Interpretation Narziss und Goldmund, 43-44.

> *„Narziß: ‚Es freut mich, daß du einzusehen beginnst. Nun wirst du bald auch einsehen, daß ich nicht die Klugheit meine, wenn ich vom Unterschied zwischen dir und mir rede. Ich sage ja nicht: du bist klüger oder dümmer, besser oder schlechter: Ich sage nur: du bist anders.' Goldmund: ‚Das ist leicht zu verstehen. Du sprichst aber nicht nur von Unterschieden der Merkmale, du sprichst oft auch von Unterschieden des Schicksals, der Bestimmung. Warum zum Beispiel solltest du eine andere Bestimmung haben als ich? Du bist wie ich ein Christ, Du bist wie ich zum Klosterleben entschlossen, du bist wie ich ein Kind des guten Vaters im Himmel. Unser beider Ziel ist dasselbe: die ewige Seligkeit. Unsere Bestimmung ist dieselbe: die Rückkehr zu Gott.' Narziß: ‚Sehr gut. Im Lehrbuch der Dogmatik ist freilich ein Mensch genau wie der andere, im Leben aber nicht. Mir scheint: der Lieblingsjünger des Erlösers, an dessen Brust er ruhte, und jener andere Jünger, der ihn verriet – die haben doch wohl beide nicht dieselbe Bestimmung gehabt?' Goldmund: ‚Du bist ein Sophist, Narziß! Auf diesem Wege kommen wir einander nicht näher.' Narziß: ‚Wir kommen auf keinem Wege einander näher.' Goldmund: ‚Sprich nicht so!' Narziß: ‚Es ist mein Ernst. Es ist nicht unsere Aufgabe, einander näherzukommen, sowenig wie Sonne und Mond zueinander kommen oder Meer und Land. Wir zwei, lieber Freund, sind Sonne und Mond, sind Meer und Land. Unser Ziel ist nicht, ineinander überzugehen, sondern einander zu erkennen und einer im andern das sehen und ehren zu lernen, was er ist: des andern Gegenstück und Ergänzung."*[407]

Es herrscht ebenso ein dialektisches Verhältnis zwischen den beiden parallelen Handlungssträngen, das aus der Wechselwirkung zwischen äußerer Begebenheit und seelischem Ereignis resultiert. Narziß und Goldmund bedingen einander. So ist beispielsweise der erste Kuss eines jungen Mädchens während Goldmunds geheimem Ausflug ins Dorf, der den Protagonisten innerlich erschüttert und körperlich zusammenbrechen lässt. Genau dieser Zusammenbruch ist aber der Auslöser für die tiefe Freundschaft der beiden Hauptfiguren. Die Freundschaft zwischen Denker und Gefühlsmensch wiederum lässt die tiefen analytischen Gespräche der

407 HESSE, Narziß und Goldmund, 47-48.

Figuren entstehen, wodurch Goldmunds Erweckung und Berufung initiiert wird. Die Versöhnung mit dem verdrängten Mutterbild führt Goldmund schließlich zu seiner wahren Natur zurück, was aber die Trennung der Freunde und das Ende der Klosterzeit besiegelt. Solche Wendepunkte des Erwachens, der Erweckung und der Berufung markieren stufenweise die Entwicklung der Hauptfigur Goldmund. So ist die Erzählung eine Seelenbiographie von Goldmund, eines sich selbst suchenden Ausnahmemenschen.[408]

> *„So viel sei aber gesagt, dass das Grundthema dieses Werkes (mit Jung gesprochen) das ‚mysterium coniunctionis' ist, das Geheimnis der Vereinigung der Gegensätze. Die zwei Protagonisten verkörpern die zwei Seelenpole des Menschen, eine Art dialektisches Prinzip, das sich schon in den beiden Namen Narziß (Vaterprinzip Animus) und Goldmund (Mutterprinzip Anima) widerspiegelt. Der Geist-Trieb-Dualismus kann am Ende des Romans aufgelöst werden; es kommt zur Synthese und damit zu der Erkenntnis, dass jeder beide Pole in sich trägt; jeder Mensch ist Denker und Sinnenmensch zugleich. So kommt es hier zur Jung'schen Selbstwerdung durch die Integration des gegensätzlich Anderen.“*[409]

408 Vgl. HERFORTH, Interpretation Narziss und Goldmund, 40-41. Herforth gliedert die Rahmenhandlung und die Entwicklung des Protagonisten Goldmunds in drei große Stufen: Die Jugendzeit im Kloster sowie die Abhängigkeit von Narziß und ihre Lösung (Kapitel 1-5: *Phase der Erweckung*), die Zeit als freier Wanderer und Künstler, in der das Ausleben der Sexualität im Vordergrund steht (Kapitel 6-16: *Phase des Auskostens der Sinnenwelt*) und die Wiederbegegnung mit Narziß sowie die Rückkehr in das Kloster, in dem Goldmund als alter Mann stirbt (Kapitel 17-20: *Phase der Reflexion, Rückkehr zur Mutter und das Erleben von seelischer Einheit*). Vgl. Ebd., 37-38.

409 GLATTHAAR, *Die Selbstgegebenheit individueller Identität*, 203-204. Ebenso erkennt Adrian Hsia in seiner Analyse folgendes: *„Hesse hat Goldmund als die Verkörperung des Yin- und Narziß als die des Yang-Prinzips dargestellt. Doch sowohl im Yin ist das Yang vorhanden als auch umgekehrt."* Adrian HSIA, Hermann Hesse und China. Darstellung, Materialien und Interpretation, Frankfurt am Main 1974, 260. So liegt es also auf der Hand, dass auch der Daoismus (wie auch schon den *Siddhartha*-Roman) auch *Narziß und Goldmund* in seiner inhaltlichen Ausprägung beeinflusste. Dies belegt auch Gellner, indem er ausführt: *„Mit seinem nächsten großen Roman ‚Narziß und Goldmund' (1930) unternahm Hesse noch ein letztes*

Diese innere Polaritätsstruktur des Menschen symbolisiert Hesse in diesem Roman in seinen beiden Hauptfiguren Narziß und Goldmund. Narziß ist ein Geistesmensch, ein rationaler Denker, ein Asket, der für das Leben im Kloster bestimmt ist. Für Narziß ist der Kern und Sinn seines Lebens der Dienst am Geist, der Dienst am Wort. Dagegen hat Goldmund den Hang zur Sinnenhaftigkeit, er ist der Lust und der Welt zugewandt. Er ist ein vagabundierender Sinnenmensch, der gegen Ende des Romans den Künstler in sich entdeckt. Goldmunds Bestimmung ist es zu lieben und geliebt zu werden. In keinem anderen Hesse-Roman wird der innere Widerstreit zwischen Geist und Trieb so bildhaft dokumentiert. Am Ende des Romans kommt es dann zur Synthese, d.h. beide haben die Selbsterkenntnis, dass jeder beide Pole in sich trägt, jeder Mensch ist Denker und Sinnenmensch zugleich, jeder Mensch ist ein Zwitterwesen aus beiden Realitäten. So beschreibt Hesse seine beiden Hauptfiguren als eine Einheit durch Zweiheit.[410]

Der Roman ist gespickt von psychoanalytischen Elementen im Sinne Jungs. So bekommt der Leser im zeitentrückten Milieu des Klosters (etwa im 14. Jahrhundert) im vierten Kapitel eine Einführung in die Aufdeckung einer neurotischen Verdrängung. Goldmund wird von seinem Vater ins Kloster gebracht, wo er sich gemäß der väterlichen Indoktrination der Gelehrsamkeit, der Ratio verschreibt und in Verkennung seiner eigentlichen Natur auf das Leben als Mönch, das die Keuschheit miteinschließt, vorbereitet. Doch

---

Mal einen literarischen Versuch, die Grundspannung zwischen sinnlich-künstlerischer Weltorientierung und asketisch-weltflüchtiger Geistigkeit als komplementäre Doppelpoligkeit zu beschwören." GELLNER, Spiritualität des Ostens, 170.

410 Vgl. HERFORTH, Interpretation Narziss und Goldmund, 50-58. Herforth fasst die Konstellation der beiden Protagonisten folgendermaßen zusammen: *„Während sich Narziß zum Geistesmenschen, Denker und Asketen berufen fühlt, entdeckt Goldmund bald seine Vorsehung zum Künstler und Sinnenmensch, der sich ganz seinen Gefühlen und Trieben hingibt. Narziß gehört zum Kloster, Goldmund in die Welt draußen. Gleichzeitig stellt jeder der beiden die verlorene Seite des jeweils anderen dar. Sie sind Teile eines Ganzen und suchen auf zwei verschiedenen Wegen, nämlich dem geistigen und dem weltlichen Weg, nach derselben Erkenntnis Gottes."* Ebd., 50.

Narziß hat ein psychoanalytisches Gespür, er hat die Gabe tiefe Einblicke in das Wesen der ihn umgebenden Personen zu gewinnen.[411]

> *„Ernst blickte Narziß ihn an: ‚Ich nehme dich ernst, wenn du Goldmund bist. Du bist aber nicht immer Goldmund. Ich wünsche mir nichts anderes, als daß du ganz und gar Goldmund würdest. Du bist kein Gelehrter, du bist kein Mönch – einen Gelehrten oder einen Mönch kann man aus geringerem Holz machen. Du glaubst, du seiest mir zu wenig gelehrt, zu wenig Logiker, oder zu wenig fromm. O nein, aber du bist mir zu wenig du selbst.' Hatte sich auch Goldmund nach diesem Gespräch betroffen und sogar verletzt zurückgezogen, schon nach wenigen Tagen zeigte er dennoch selbst Verlangen nach seiner Fortsetzung. Diesmal nun gelang es Narziß, ihm ein Bild von den Unterschieden ihrer Naturen zu geben, das er besser annehmen konnte. […] ‚Schau' sagte er, ‚es gibt nur einen einzigen Punkt, in dem ich dir überlegen bin: Ich bin wach, während du nur halbwach bist und zuweilen völlig schläfst. Wach nenne ich den, der mit Verstand und Bewußtsein sich selbst, seine innersten unvernünftigen Kräfte, Triebe und Schwächen kennt und mit ihnen zu rechnen weiß. Daß du das lernst, das ist der Sinn, den die Begegnung mit mir für dich haben kann. Bei dir, Goldmund, sind Geist und Natur, Bewußtsein und Traumwelt sehr weit auseinander. Du hast deine Kindheit vergessen, aus den Tiefen deiner Seele wirbt sie um dich. Sie wird dich so lange leiden machen, bis du sie erhörst. – Genug davon! Im Wachsein, wie gesagt, bin ich stärker als du, hier bin ich dir überlegen und kann dir darum nützen. In allem andern, Lieber, bist du ja mir überlegen – vielmehr du wirst es sein, sobald du dich selbst gefunden hast."*[412]

In Gesprächen mit psychoanalytischem Charakter führt Narziß seinen Freund Goldmund zu der Erkenntnis, dass er seine nach bürgerlichen Moralvorstellungen sündhafte Mutter verdrängt hat. Nun kann Goldmund in einer Vision wieder das Bild der vergessenen, verdrängten Mutter sehen. Dies symbolisiert die Tatsache, dass Goldmund nun seine wahre

---

411 Vgl. Egon SCHWARZ, *Narziß und Goldmund*, in: Interpretationen. Hermann Hesse. Romane, Stuttgart 1994,115–116.

412 HESSE, Narziß und Goldmund, 48-49.

mütterliche Anlage akzeptiert. Mit dieser neuen Erkenntnis geht er nun auf abenteuerliche Wanderschaft und entsagt damit der monastischen Existenz. Es ist ein Kampf zwischen dem väterlichen und dem mütterlichen Prinzip, die Jung'sche „Anima-Animus-Lehre" klingt an. Auf seiner Wanderschaft begegnet Goldmund vielen Frauen, mit den meisten hat er eine sexuelle Affäre. All diese Geliebten Goldmunds stehen für die mütterliche Welt, für das Amoralische, für das Sinnliche und Intuitive. Goldmund bekennt sich mit seiner Reise zur sinnlichen Sphäre, zum mütterlichen Prinzip und damit auch zu seinem wahren Wesen, gleichzeitig begeht er eine Flucht vor dem väterlichen Prinzip, vor dem leiblichen Vater und vor der Vernunft. Und damit kommt auch der Jung'sche „Archetyp der Großen Mutter" ins Spiel. Die Urmutter Eva, die schon im *Demian* eine vorrangige Rolle gespielt hat, wird auch hier von Hesse inszeniert. Sie ist eine Synthese aus Goldmunds Erinnerung an seine längst verstorbene leibliche Mutter und der mythischen Gestalt, die ihm ständig vorschwebt, die Grundidee seines und allen Lebens. Das Bild der Urmutter stellt neben der Dualitätsthematik das entscheidende Leitmotiv des Romans dar. Die Urmutter versinnbildlicht das innere Geschehen Goldmunds, seine Suche nach Einheit und zuletzt die Einheit selbst. „Der Archetyp der Großen Mutter" ist durch die Aura von Goldmund in den kompletten Romanverlauf eingewoben. Hier nun beispielhaft eine Passage, in der Hesse schemenhaft das Wesen der Urmutter aufblitzen lässt.[413]

> *„Im Wiederholen langer Gebete an die heilige Mutter Gottes ließ er den Überschwall des Gefühls, das ihn zur eigenen Mutter zog, von sich strömen. Häufig aber endeten seine Gebete doch wieder in jenen merkwürdigen, herrlichen Träumen, die er jetzt so oft erlebte: Träumen bei Tage, bei halbwachen Sinnen, Träumen von ihr, an denen alle Sinne teilhatten. Da umduftete ihn die Mutterwelt, blickte dunkel aus rätselhaften Liebesaugen, rauschte tief wie Meer und Paradies, lallte kosend sinnlose, vielmehr mit Sinn überfüllte Koselaute, schmeckte nach Süßem und nach Salzigem, streifte mit seidigem Haar über dürstende Lippen und Augen. Nicht nur alles Holde war in der Mutter, nicht nur süßer blauer Liebesblick, holdes glückverheißendes Lächeln, kosende Tröstung; in ihr war, irgendwo unter anmutigen*

413 Vgl. SCHWARZ, *Narziß und Goldmund*, 116-127.

> *Hüllen, auch alles Furchtbare und Dunkle, alle Gier, alle Angst, alle Sünde, aller Jammer, aller Geburt, alles Sterbenmüssen.*"[414]

Am Ende des Romans wird dem Leser deutlich, dass es Hesses tief empfundenes Anliegen ist, die beiden unvereinbaren Gegensätze Narziß (mit Jung gesprochen: „Animus, das Vaterprinzip") und Goldmund (mit Jung gesprochen: „Anima, das Mutterprinzip") zu versöhnen. Am Beginn des Romans ist Narziß der Überlegene. Er ist der Denker, der Asket, der den Sinn des Lebens durch den Intellekt ergründen möchte. Es braucht den kritischen Geist des Denkers, damit Goldmunds Fehlentwicklung offengelegt werden kann und er ihn auf den ihn gemäßen neuen Weg lenken kann. Am Ende aber bringt Goldmund die Weisheit der Lebenserfahrung und die Apotheose der Kunst in das graue Leben des Freundes und stellt so das Gleichgewicht wieder her. In den Gesprächen der beiden Freunde in den letzten Kapiteln wird sogar eine gedankliche Annäherung angestrebt. Hesse legt Narziß die Worte in den Mund, die die Komplementarität der beiden Lebensprinzipien, des Unbewussten und des kritischen Bewusstseins, der konkreten Erfahrung und der denkerischen Abstraktion, sowie der Selbstbezogenheit und der Weltbezogenheit, zum Ausdruck bringt:[415]

> „*‚Da hast du recht' rief Goldmund eifrig, ‚Ich hätte gar nicht geglaubt, daß du über die Kunst so gut Bescheid wüßtest! Das Urbild eines guten Kunstwerks ist nicht eine wirklich, lebende Gestalt, obwohl sie der Anlaß dazu sein kann. Das Urbild ist nicht Fleisch und Blut, es ist geistig. Es ist ein Bild, das in der Seele des Künstlers seine Heimat hat. Auch in mir, Narziß, sind solche Bilder lebendig, die ich einmal darzustellen und dir zu zeigen hoffe.' ‚Wie schön! Und jetzt,*

414 HESSE, Narziß und Goldmund, 64. Herforth skizziert die Entwicklung des Mutterbildes im Laufe des Romans wie folgt: Goldmund als mutterloser Schüler (Kapitel 1;2); Goldmunds Erinnerung an die Mutter (Kapitel 4+5); Der Ruf der Mutter als Auslöser für das Wanderleben (Kapitel 6); Die „Mutter Gottes aus Holz" bewirkt Goldmunds Berufung zum Künstler (Kapitel 10); Beständiger Wandel und Wachstum des Mutterbildes: Bild der Eva/Urmutter als Sinnbild für Einheit (Kapitel 11;12); Goldmunds Mutteranruf in die Todesfurcht (Kapitel 16); Goldmunds Rückkehr zur Mutter durch den Tod (Kapitel 20). Vgl. HERFORTH, Interpretation Narziss und Goldmund, 49.

415 Vgl. SCHWARZ, *Narziß und Goldmund*, 128.

> *mein Lieber, hast du dich, ohne es zu wissen, mitten in die Philosophie begeben und hast eines ihrer Geheimnisse ausgesprochen.' ‚Du machst dich über mich lustig.' ‚O nein. Du hast von den ‚Urbildern' gesprochen, von Bildern also, die nirgends vorhanden sind als im schöpferischen Geist, die aber in der Materie verwirklicht und sichtbar gemacht worden sind. Lang ehe eine Kunstgestalt sichtbar wird und Wirklichkeit gewinnt, ist sie schon vorhanden, als Bild in der Seele des Künstlers! Dieses Bild nun, dies ‚Urbild' ist aufs Haar genau das, was die alten Philosophen eine ‚Idee' nennen.' ‚Ja, das klingt ganz glaubhaft.' ‚Nun, und indem du dich zu Ideen bekennst und zu Urbildern, begibst du dich in die geistige Welt, in unsere Philosophen- und Theologenwelt, und gibst zu, daß mitten in dem verwirrten und schmerzlichen Schlachtfeld des Lebens, mitten in diesem endlosen und sinnlosen Totentanz des leiblichen Daseins der schöpferische Geist vorhanden ist. Schau, an diesen Geist in dir habe ich mich stets gewendet, seit du als Knabe zu mir kamst. Dieser Geist ist bei dir nicht der eines Denkers, er ist der eines Künstlers."*[416]

Doch auch wenn Hesse in seinem Roman um das Gleichgewicht, um die Versöhnung beider Prinzipien ringt, ist doch letztlich ein deutliches Übergewicht des Goldmunds zu konstatieren. So ist es Goldmund, der von der ersten bis zur letzten Szene präsent ist. Mehr als die Hälfte der Erzählung widmet sich allein Goldmunds Geschichte. Im Rest ist Narziß zwar gegenwärtig, aber sein Reden und Wirken geschieht nur im Hinblick auf den Freund. Eine von Goldmund unabhängige Existenz hat Narziß nicht. Durch die letzte Aussage der Erzählung, es sind die Abschiedsworte von Goldmund auf dem Totenbett, bekennt sich Hesse eindeutig aber zum „Archetypus der Großen Mutter". Die Schlussworte, die Hesse dem sterbenden Goldmund in den Mund legt, sind unmissverständlich:[417]

416 HESSE, Narziß und Goldmund, 264. Hesses Werk kann unter dem Gesichtspunkt der Kunst als Medium zur Vereinigung der Gegensätze Geist und Leben, Rationalität und Sinnlichkeit gedeutet werden. Hesse scheint in der Kunst das Medium gefunden zu haben, durch welches die harmonische Vereinigung der menschlichen Grundtriebe möglich wird. Vgl. HERFORTH, Interpretation Narziss und Goldmund, 72.

417 Vgl. SCHWARZ, *Narziß und Goldmund*, 129.

> *„Und nun schlug der Kranke nochmals die Augen auf und blickte lang in seines Freundes Gesicht. Mit den Augen nahm er Abschied von ihm. Und mit einer Bewegung, als versuche er den Kopf zu schütteln, flüsterte er: ‚Aber wie willst denn du einmal sterben, Narziß, wenn du doch keine Mutter hast? Ohne Mutter kann man nicht lieben. Ohne Mutter kann man nicht sterben.' Was er später noch murmelte, war nicht mehr verständlich. Die beiden letzten Tage saß Narziß an seinem Bett, Tag und Nacht, und sah zu, wie er erlosch. Goldmunds letzte Worte brannten in seinem Herzen wie Feuer.“*[418]

Und so ist und bleibt es Goldmunds Roman, bleibt er der Sieger im Ringen der Gewalten. Es triumphiert die Urmutter, das Goldmund'sche Prinzip, und damit gibt Hesse eindeutig der „Anima“, dem weiblichen Prinzip, den Vorzug. Dies zeigt sich eindeutig im Roman hinsichtlich der angstfreien Sicht auf den Tod. Das Sterben wird hier nicht als Vernichtung und richtendes Strafgericht dargestellt, sondern in einem hellen Spektrum zwischen Gnade, Verwandlung und Rückkehr zum Ursprung wiedergegeben. Der Rationalist Narziß kann mit dieser verheißungsvollen Zuversicht auf den Tod nichts anfangen, für Goldmund ist aber klar, dass das Leben immer schon und letztlich der Tod eine Rückbewegung auf die Große Mutter ist.[419] So ist es auch nicht verwunderlich, dass Hesse als Titelvariante des Romans *Narziß oder Der Weg zur Mutter* in Erwägung gezogen hatte.[420]

Abschließend ist festzustellen, dass sich Hesse mit *Narziß und Goldmund* eines Gegensatzpaares bedient, wie es häufig in Philosophie und Literatur angewendet wird. Dieses lebensbeschreibende Motiv von Gegensatzpaaren wird häufig in der deutschen Dichtung und Philosophie verwendet,

418 HESSE, Narziss und Goldmund, 327–328.

419 So sagt Goldmund: *„Nein, neugierig auf das Sterben bin ich nur darum, weil es noch immer mein Glaube oder mein Traum ist, daß ich unterwegs zu meiner Mutter bin. Ich hoffe, der Tod werde ein großes Glück sein, ein Glück, so groß wie das der ersten Liebeserfüllung. Ich kann mich von dem Gedanken nicht trennen, daß statt des Todes mit der Sense es meine Mutter sein wird, die mich wieder zu sich nimmt und in das Nichtsein und in die Unschuld zurückführt.“* Ebd., 324.

420 Vgl. Volker MICHELS (hrsg.), Hermann Hesse. „Narziß und Goldmund“, Eine Dokumentation zur Entstehungs- und Wirkungsgeschichte, Berlin 2015, 19-20.

wie z.B. Kants „Antinomienlehre“, das „Künstler-Philister-Syndrom“ der Romantiker, Nietzsches Einteilung vom „Dionysischen und Apollinischen“ und Thomas Manns „Nord-Süd- und Ost-West-Symbolik“. Bei Hesse ist es nun das mütterliche und das väterliche Prinzip, das sich aus romantischen und auch tiefenpsychologischen Quellen speist. Mit *Narziß und Goldmund* hat Hesse eine Variante der Opposition *vita activa – vita contemplativa* geschaffen.[421]

Zusammenfassend ist zu sagen: Auch wenn vor allem Narziß das Leben als den Versuch einer möglichst vollkommenen Annäherung an das Göttliche betrachtet, ist aber die Essenz des Romans, dass die Koinzidenz, also die vollkommene und dauerhafte Realisierung des Selbst nicht möglich ist, so heißt es ja auch im Roman: *„Wir aber sind vergänglich, wir sind werdend, wir sind Möglichkeiten, es gibt für uns keine Vollkommenheit, kein völliges Sein.“*[422] Bei aller Unterschiedlichkeit, die zwischen den beiden Protagonisten besteht, kann aber dennoch eine entscheidende Gemeinsamkeit ausgemacht werden:[423]

> *„Beide sind gekennzeichnet als Unfertige, Unbefriedete, als Menschen auf dem Weg: Goldmund in seinem ewigen Wechsel zwischen Leben und Kunst, Narziss auf seinem Weg zu Gott und vielleicht zur Realsierung der Anima. Keiner von ihnen ist ein restlos verselbsteter, harmonischer, befriedeter Mensch wie etwa Siddhartha oder Vasudeva. Das absolute Verselbstungsideal* [Selbstverwirklichungsideal] *aus der Zeit vor dem Steppenwolf ist aufgegeben und wird durch neue Annäherungsversuche ersetzt. Narziss steht für die religiöse, Goldmund für die künstlerische Approximation. Keiner von ihnen erreicht die letzte Synthese, die letzte Einheit, den letzten Frieden. Beide bleiben Wanderer auf dem Weg zum Selbst, auf dem Weg zu Gott. Auf diese Weise bilden sie den Brückenkopf vom ‚Steppenwolf‘ zum Spätwerk.“*[424]

421 Vgl. SCHWARZ, *Narziß und Goldmund*,124–125.

422 HESSE, Narziß und Goldmund, 293.

423 Vgl. BAUMANN, Hesses Erzählungen im Lichte der Psychologie C. G. Jungs, 198.

424 Ebd., 198. Die eckige Klammer im Zitat ist ergänzt zur besseren Verständlichkeit.

5.4. Zusammenfassung

Auf dem Hintergrund einer wirtschaftlich, politisch und moralisch zerrissenen Gesellschaft, die in der ersten Hälfte des 20. Jahrhunderts vor ständigen Umbrüchen und Modernisierungsprozessen stand, wollte Hesse mit seiner Literatur ein Konzept gegen die Vermassungstendenzen seiner Zeit anbieten. Hesse verstand sein Schreiben als eine Verteidigung des Individuellen. Dieser Grundzug in Hesses Werk liegt in seiner persönlichen Begegnung mit der Psychoanalyse begründet. In dieser Schule unbedingter Wahrhaftigkeit begann Hesse seine eigenen äußeren Probleme im Leben als Spiegel seiner Innenwelt, seiner seelischen Komplexe, zu begreifen. Wie das gelingt mit der Emporbildung der Persönlichkeit, das hat Hesse auf eindrucksvolle Weise durch eine Art Gewissenserforschung mit psychoanalytischer Methode im *Demian* und allen weiteren Romanen eindrücklich vorgeführt. So wird, neben der zeitgenössischen Bedeutung dieser Werke, ein zeitloser Mythos der Menschwerdung auf einer tiefenpsychologischen Bühne erzählt.[425]

Die Quintessenz des *Demian*-Romans erschließt sich in dem Grundvorgang, dass der Selbstverwirklichungsprozess des Menschen zu einer religiösen Spurensuche wird, die in der eigenen Seele beginnt. So schreibt Hesse: „*Und so will und kann auch die heutige Psychoanalyse […] im Grunde kaum ein anderes Ziel haben als die Schaffung des Raumes in uns, in dem wir Gottes Stimme hören können.*"[426] In diesem Sinne empfand sich Hesse als ein „*Berufener*" einer göttlichen, inneren Stimme auf dem Grunde seiner Seele.[427]

425 Vgl. Volker MICHELS, *„Demian" – Eine Stimme der Evolution, Nachwort*, in: HESSE, Demian, 242-256.

426 Hermann HESSE, *Brief an Emmy und Hugo Ball vom Mai* (1921), in: ders., Materialien zu ‚Demian', Band 1, 191.

427 Vgl. Erich Garhammer bezeichnet Hesse als einen Berufenen. Dieser spricht sich dafür aus, dass man Hesses viel empfohlenen „Weg nach Innen" durchaus als ein Hören auf die „Stimme Gottes in uns" deuten könne. Vgl. Erich GARHAMMER, *Gottes Stimme in uns hören? Ein neuer Blick auf Hermann Hesse*, in: Herder Korrespondenz 67 (2013), Heft 4, 204-208.

Hesse gestaltete mit diesen hier ausgewählten Romanen religiöse Erfahrungsberichte, Psychologisches und Religiöses fallen ineinander, Selbsterfahrung wird zur Gotteserfahrung. Hier können abschließend auch Rückbezüge hergestellt werden zu *„Hesses Theoanthropologie“*.[428] In seinem Aufsatz *Ein Stückchen Theologie* beschreibt Hesse Entwicklungsstufen des Menschen, es ist ein dreigliedriges Stufenmodell der Menschwerdung:[429] Vom Zustand der Unschuld hin zur Verzweiflung und von der Verzweiflung aus hin zur Erfahrung der Gnade, zu einem Glauben. Letztlich beschreibt Hesse auch in den vorgestellten Romanen immer wieder dieses Stufenmodell der Menschwerdung als seelisches Grunderlebnis seiner Protagonisten. In der Terminologie C. G. Jungs ist die Erfahrung der Gnade die Vereinigung der seelischen Gegensätze, das *mysterium coniunctionis*. So wird ganzheitliche Selbstverwirklichung durch den Glauben ermöglicht, durch das Vertrauen auf die Stimme Gottes im eigenen Innern. Diesen Prozess der Individuation, der auf der Verwirklichung der eigenen inneren Bestimmung abzielt, sah Hesse sowohl in der Jung'schen Lehre als auch letztlich in den Mythen, Religionen und Weisheitslehren ausgedrückt.

> *„Hesse hat diesen religiös-spirituellen Reichtum des Individuationsweges bei Jung erkannt und für sich und sein Werk fruchtbar gemacht. Die Rezeption des Geheimnisses der Selbstwerdung nach Jung bereitete Hesses Werk einen zeitlosen Charakter. Der Schatz des Jung'schen Individuationsweges wurde durch Hesses Literatur für Millionen von Lesern auf der ganzen Welt erschlossen. Das Motiv der Selbstsuche und Selbstfindung ist heute wie vor hundert Jahren aktuell und trifft immer noch den Kern dessen, was überhaupt menschliches Leben ausmacht. Die literarische Umsetzung des Mythos der Menschwerdung bescherte Hesse Weltruhm und seinen Romanen einen Aufstieg zur Weltliteratur. […] In diesem Sinne ist der Mensch nach Jung und Hesse ein Gerufener seiner eigenen inneren Stimme.*

---

428 Dieser Begriff ist eine Wortschöpfung von Christoph Gellner, vgl. GELLNER, Spiritualität des Ostens, 167.

429 Vgl. dazu in dieser Arbeit Teil IV, Kapitel 3.4.2 *Stufen der Menschwerdung und die Bedeutung des Glaubens*

Den Ruf aus den Tiefen der Seele zu hören und danach zu handeln, dies ist die entscheidende Maxime beider Autoren.“[430]

430 GLATTHAAR, *Die Selbstgegebenheit individueller Identität*, 219-220.

1 KENTENICH, Zur Psychologie der Jugend, 9.

2 HESSE, *Brief vom September* (1931), in: ders., Die Antwort bist du selbst, 23-24.

3 HESSE, *Brief* (1941), in: ders., Die Antwort bist du selbst, 23-24. Wie die Zitate auf der rechten Seite deutlich machen (und in Summe auch die beiden großen inhaltlichen Teile III und IV), ist der Kern der Persönlichkeit sowohl bei Kentenich als auch bei Hesse eine apriorische Größe, die im Absoluten, in Gott verankert ist. Die individuelle Persönlichkeit wird damit zu etwas „Aufgegebenem", zu einer teleologischen Anlage, die sich von innen heraus entfalten möchte. Treffend dazu passt der Satz „Die Antwort bist Du selbst" (so der Titel der in dieser Fußnote zitierten Briefsammlung, den Volker Michels formuliert hat). Der Satz drückt in genialer Weise das Grundanliegen beider Autoren aus: Die Antwort auf die Frage nach dem Sinn des Lebens und damit nach einer tieferen Bestimmung des Menschen ist demnach in dem enthalten, was der Mensch ist. Formationsarbeit an der Persönlichkeit wird bei beiden Autoren mit der Wirklichkeit Gottes kombiniert, die Zitate, die diesen Teil V einleiten, belegen dies. Beide Autoren betonen dabei, dass die Seele einen transzendenten Anrufcharakter besitzt. Diese Korrelation zwischen dem individuellen Menschen und dem Absoluten und die daraus resultierende Bestimmung für jeden Menschen ist in beiden Werken als ein zentraler Inhalt zu markieren und kann zugleich als die verbindende Brücke zwischen beiden Autoren benannt werden.

Teil V
Ertrag:
Die Bestimmung des Menschen – Ganzheitliche Selbstverwirklichung bei Joseph Kentenich und Hermann Hesse im Vergleich

„Gott hat die Natur geschaffen und hat der Seele durch die ihr gegebenen Anlagen seinen Willen gleichsam eingeschaffen. Er hat das, was er mit mir vorhat, grundgelegt in meiner Seele. Wenn ich also in den Grundanlagen meiner Seele und ihrer Richtung mein Ziel erkenne, ist dieses erkannte Ziel keine willkürliche, subjektive Konstruktion, sondern objektiv, weil Gottes Wille.“[1]

„Ziel eines sinnvollen Lebens ist es, den Ruf dieser inneren Stimme zu hören und ihm möglichst zu folgen, […] das Leben möglichst der Gestalt anzunähern, die als Ahnung in uns vorgezeichnet ist.“[2]

„Gott hat mit jedem von uns etwas gemeint, etwas versucht und wir sind seine Gegner, wenn wir das nicht annehmen und ihm helfen, es zu verwirklichen.“[3]

In diesem letzten Teil V soll nun ein vergleichender Diskurs eröffnet werden zwischen dem Theologen Joseph Kentenich und dem Schriftsteller Hermann Hesse. Sinn und Bedeutung menschlicher Existenz entscheiden sich wesentlich an der Frage, ob ein Mensch im Einklang mit seinem inneren Wesen ist oder nicht.[4] Hauptintention dieser Arbeit ist es zu zeigen, dass die beiden vorgestellten Autoren Joseph Kentenich und Hermann Hesse die individuelle Bestimmung eines jeden Menschen darin sehen, dass er um die Verwirklichung seines inneren Wesens ringt und es letztlich zur Darstellung bringt. Beide Autoren verlassen aber dabei einen profanen Begriff von Selbstverwirklichung,[5] wie er heute im Leben und Denken der Postmoderne verwendet wird und kombinieren die Formationsarbeit an der Persönlichkeit mit einer Transzendenz, mit Gott. Kentenich und Hesse verfolgen damit eine ganzheitliche Selbstverwirklichung im Sinne einer „*theozentrischen Selbsttranszendenz*"[6], das heißt, dass sich der Mensch nur in der Ausrichtung auf Gott hin verwirklichen kann. Im Hinblick auf die inhaltliche Sinnspitze beider Werke hin bedeutet dies: Der ganzheitliche Selbstverwirklichungsprozess des Menschen konkretisiert sich in der

4 Dies war die Grundfrage, die ganz am Anfang der Untersuchung aufgeworfen wurde. Vgl. Teil I, Fußnote 1.

5 Der Begriff der Selbstverwirklichung in der Postmoderne mit ausschließlich profaner Bedeutung wurde in der Einleitung dieser Untersuchung beleuchtet, vgl. Teil I, 1. Kapitel *Vom Wesen der Selbstverwirklichung*. Hierbei wurde vor allem Bezug genommen auf die Monographie: Magnus SCHLETTE, Die Idee der Selbstverwirklichung. Zur Grammatik des modernen Individualismus, Frankfurt am Main 2013.

6 Entsprechend formuliert Michael Gerber: *„Die Frage nach Gott ergibt sich aus der Frage nach dem Menschen. Die theozentrische Selbsttranszendenz bedingt in tiefer Weise die Selbstverwirklichung des Menschen. Demnach kann diese nicht direkt angestrebt werden. Der Mensch stünde in der Gefahr, damit etwas als sein letztes Ziel zu definieren, was seinem Streben nach Unendlichkeit nicht gerecht würde. Vielmehr ist die theozentrische Selbsttranszendenz letztlich die dem menschlichen Streben angemessene Form. Nur im theozentrischen Streben verwirklicht sich der Mensch."* GERBER, Zur Liebe berufen, 41. Gerber formuliert dies freilich nur im Kontext zu Kentenich, der originäre Beitrag dieser Untersuchung ist es aber, auch für Hesse einen Selbstverwirklichungsbegriff nachzuweisen, der ebenfalls ohne Transzendenz nicht auskommt. Und so können, meines Erachtens, die Ausführungen von Gerber zur Selbsttranszendenz gleichermaßen auch für Hesses Konzeption von Selbstverwirklichung Geltung haben.

Erfahrbarkeit der göttlichen Stimme im Innern. Die Seelenstimme wird zum genuinen Ort göttlicher Selbstmitteilung. Diese verbindende inhaltliche Klammer zwischen beiden Autoren soll dem nun folgenden Vergleich hier schon einführend vorangestellt sein.

In diesem letzten Teil V soll nun der inhaltliche Ertrag dieser Arbeit vorgelegt werden. Die folgende Zusammenschau beider Werke soll nun die Erkenntnis zu Tage fördern, dass in der Tat eine Kommensurabilität zwischen Kentenich und Hesse im Hinblick auf ihre wesentlichen Ideen und Gedanken besteht. Die dadurch aufgezeigten geistigen Verbindungslinien zwischen beiden Werken sollen gleichzeitig die Plausibilität dieses Vergleichs begründen. Ebenso soll bei diesem Vorhaben der Gefahr einer Vereinnahmung oder Vereinheitlichung beider Werke widerstanden werden.

In der Zusammenführung beider Werke soll nun aus einer theologischen Perspektive heraus der fruchtbare Dialog zwischen Kentenich und Hesse gesucht werden. Im Spektrum des exklusiven Glaubens Kentenichs und des transreligiösen Glaubens Hesses (Inklusivismus) soll der inhaltliche Reichtum beider Werke sowohl in der Zusammenschau als auch in ihrem jeweiligen Eigenprofil zum Vorschein kommen. Die folgende vergleichende Gegenüberstellung möchte in sieben Unterpunkten die Forschungsfragen dieser Untersuchung untermauern und belegen.[7] Es soll gezeigt werden, dass das Werk Kentenichs Resonanzen in Hesses Werk findet und umgekehrt. Der Grund dafür liegt darin, dass sie beide die spezifischen Nöte und Bedürfnisse einer bestimmten Zeitepoche[8] in sich aufnehmen und mit ihren jeweiligen Werken darauf antworten.

Des Weiteren soll hier bereits als Vorbemerkung der nun anstehenden vergleichenden Gegenüberstellung auf folgende Problematik aufmerksam gemacht werden, die gleichzeitig auch mit die größte inhaltliche Differenz zwischen beiden Autoren markiert: beide Autoren besitzen einen

---

7 Vgl. Teil I, Kapitel 3.3 *Vorgehensweise, Aufbau und Zielsetzung*. Hier habe ich auf Seite 75 formuliert: *„Dass also beide Autoren, Kentenich und Hesse mit ihrem jeweiligen Werk eine individuelle Bestimmung des Menschen als Zielmaxime fokussieren und diese sich über den lebenslangen Weg einer ganzheitlichen Selbstverwirklichung erfüllt, dies ist die Forschungsthese, die diese Dissertation zu beweisen sucht."*

8 Vgl. Teil II, *Zeitenanalyse (1910–1920) – Die Suche nach dem neuen Menschen*

divergierenden Gottesbegriff. Wenn also Kentenich Gott denkt und davon spricht, dann ist das nicht identisch mit dem, wenn Hesse Gott denkt und Aussagen über ihn macht. In diesem folgenden Vergleich werden öfters Sätze auftauchen, in denen für beide Autoren einfach der Begriff Gott oder göttlich verwendet wird. Dabei ist aber stets die inhaltliche Differenz zwischen Kentenich und Hesse im Hinblick auf die Gottesvorstellung zu berücksichtigen. Bei Kentenich steht eindeutig und greifbar der christliche, personal-liebende Vatergott im Mittelpunkt seines Denkens und seines Glaubens. Bei Hesse dagegen ist das nicht so eindeutig. Hier kommt die Schwierigkeit hinzu, dass sich sein Zugang zur Religion, sowie seine Gottesvorstellung sich im Laufe seines Lebens immer wieder verändert haben, auch wenn der späte Hesse dann immer wieder die christliche Färbung seines Glaubens betont. Hesse ist sowohl den verschiedenen Religionen und Weisheitslehren als auch den damit einhergehenden verschiedenen Gottesvorstellungen selektiv begegnet. [9]

---

9 Vgl. dazu in dieser Arbeit Teil IV, Kapitel 3.6. *Transreligiöser Eklektizismus mit diversen Gottesvorstellungen.* Als grobe Orientierung könnte man Hesses religiöses Leben in zwei Phasen einteilen: In der *Demian*-Phase (ab 1916 spätestens bis 1920) hängt Hesse einem stark psychologisierenden Gottesbild an. Das von Nietzsche und Jung beeinflusste Gottesbild postuliert auf dem Grund der Seele einen Gott der Immanenz. Beginnend mit dem Siddhartha-Roman, aber spätestens mit den „Schlüsseltexte Hessescher Theoanthropolgie" seit Anfang der 1930er Jahre kann man Hesses religiöse Suche als ein Zurückneigen zu seinen christlichen Wurzeln beschreiben. Vgl. GELLNER, Spiritualität des Ostens, 167. Im folgenden Vergleich wird ggf. an manchen Stellen dann explizit hervorgehoben, welche Phase in Hesses Religiosität gerade als Maßstab des Vergleichs dient.

1. Eine vergleichende Gegenüberstellung

1.1. Biographie: Die Erfahrung der Krise in der Jugendzeit als Vorprägung für die späteren Inhalte im jeweiligen Werk

> *„Lösung meines Geistes und meiner Seele vom Erdhaften, vom echt Menschlichen, vom Diesseitigen. […] Als Typ des modernen Menschen durfte ich dessen geistige Not reichlich auskosten. Es ist die Not einer mechanistischen Geistigkeit, die die Idee vom Leben (Idealismus), die die Person vom personalen Gegenüber (Individualismus) und das Übernatürliche von der natürlichen Ordnung trennt (Supranaturalismus).“*[10]

So kommentiert Kentenich viele Jahre später den eigentlichen Grund der Krise seiner Noviziats- und Studienjahre ab 1904. Er leidet an einer einseitigen Betonung des Geistigen und der Unterdrückung des Triebhaften, der Gefühle. Sein Leiden rührt für ihn auch von seiner Eigenart[11] her, gleichzeitig ist sein Zustand eine Folge der Erziehung und herrschenden Geistigkeit, die ihn im Priesterseminar umgibt. Die damalige Priesterausbildung und die dabei angewandte Glaubenspraxis,[12] die der Student Kentenich erfährt, war äußerst einseitig und fußte auf vernunftbetonten Inhalten. Es

10 KENTENICH, *Chronik-Notizen* (1955), in: ders., Kentenich-Reader, Band 1, 20-21.

11 Damit soll angezeigt werden, dass der Schüler und Student Kentenich gerade in dieser Zeit letztlich immer um die Frage kreiste „Gibt es eine letzte Wahrheit?“ Der junge Kentenich war in dieser Zeit stark geleitet von einem einseitigen, lebensfremden Ideenkult und einer ungesunden rationalistisch-skeptischen Geisteshaltung. Dabei spürt der junge Kentenich deutlich, dass wesentliche Seiten des Lebens ausgeklammert werden.

12 Christian Feldmann kommentiert entsprechend: *„Religiös etikettierte Erziehung zur Angst, zum schlechten Gewissen, zur Freudlosigkeit war damals freilich die Norm unter Christen. […] ein ausgeklügeltes Training, die Kanten und individuellen Facetten der Persönlichkeit abzuschleifen und alle möglicherweise verbotenen Lüste auszumerzen.“* FELDMANN, Gottes sanfter Rebell, 30-31. Ebenso betont Feldmann, dass es die persönliche Beziehung zur Gottesmutter Maria war, die Kentenich in diesen stürmischen Jahren der inneren Kämpfe durchgetragen habe. *„[…] in ihr habe er endlich die schmerzlich vermisste Balance zwischen Menschlichem und Göttlichem, zwischen Erdenwelt und Übernatur gefunden.“* Ebd., 37.

ist eine überaus menschenferne Spiritualität, die ganz im Übernatürlichen angesiedelt ist, sinnenhafte Empfindungen verurteilt sie. Eine Spiritualität, die beim Menschen und der inneren Erfahrung ansetzt, wie er sie später selbst initiiert, vermisst der junge Kentenich sehr. Er fühlt sich nicht nur religiös isoliert, sondern auch menschlich. In dieser Zeit gibt es keine andere Person, der er sich öffnen und anvertrauen kann. „*Ungezählt viele Male habe ich mich in den vergangenen Jahren deshalb als Einsiedler in einer großen Wüstenei aufgefasst, […].*“[13]

Auch Hesse kennt diese Erfahrungen der inneren Krise, der Isolation und der Verzweiflung aus seiner Jugend- und Reifezeit. Ebenso teilt er mit Kentenich die Erfahrung, dass gewisse Bereiche seiner menschlichen Natur tabuisiert und ausgeblendet werden. Hier ist zum einen die triebfremde Erziehung zu nennen, die Hesse im pietistischen Elternhaus in Calw genossen hat. Das erklärte Erziehungsziel des Pietismus war das Zerbrechen der Individualität.[14] Zum anderen ist es der vernichtende Erziehungsstil seiner Lehrer, der Hesses Drang nach Selbstbestimmung und persönlicher

---

13 KENTENICH, *Chronik-Notizen* (1955), in: ders., Kentenich-Reader, Band 1, 18. Aufgrund der Erfahrung der einseitigen Betonung der Idee, des Geistes und der Ratio einerseits und der menschlichen Isolation andererseits während seiner Zeit als Gymnasiast und Theologiestudent, werden für Kentenich die Themen seelische Beheimatung, Bindungsfähigkeit und Vergemeinschaftung zentral. Vgl. ebenso in diesem Kontext in dieser Arbeit Teil III, Kapitel 2.1. *Die Krisenjahre – Gärungszeit für ein neues Ideal*

14 In Erinnerung an seinen Bruder Hans, der 1935 als Opfer des damaligen Schul- und Erziehungssystems Suizid beging, schreibt Hesse: *„Es war das pietistisch-christliche Prinzip, daß des Menschen Wille von Natur und Grund aus böse sei und daß dieser Wille also erst gebrochen werden müsse, ehe der Mensch in Gottes Liebe und in der christlichen Gemeinschaft das Heil erlangen könne. So wurden wir – denn unsere Eltern liebten uns sehr und waren beide nichts weniger als hart – zwar nicht spartanisch erzogen und wurden körperlich weniger oft und weniger schwer gezüchtigt als viele unserer Schulkameraden, deren Väter weder Christen waren noch Ideale hatten, jedoch mit Prügeln und Einsperren schnell bei der Hand waren; aber wir lebten unter einem strengen Gesetz, das vom jugendlichen Menschen, seinen natürlichen Neigungen, Anlagen, Bedürfnissen und Entwicklungen sehr mißtrauisch dachte und unsere angeborenen Gaben, Talente und Besonderheiten keineswegs zu fördern oder gar ihnen zu schmeicheln bereit war.“* Hermann HESSE, *Erinnerung an Hans* (1936), in: ders., Sämtliche Werke, Band 12, 343.

Identität entgegenstand. Höhepunkt und Symbol der inneren Krise seiner Jugend ist die Flucht aus dem Kloster Maulbronn 1892.[15]

Die biographischen und historisch bedingten Krisenerfahrungen, die Hesse und Kentenich vor allem in ihrer Jugend- und Reifezeit gemacht haben, weisen eine hohe Konvergenz auf. Ihre Biographien stimmen darin überein, dass sie beide zu Opfern des damaligen Erziehungs- und Bildungssystems im Kaiserreich wurden. Ebenso wurden sie im Namen der Religion traumatisiert, da sie durch die damals geltende christliche Moral Teile ihrer menschlichen Natur negieren und verleugnen mussten. Die autoritären Erziehungsmethoden von Staat und Kirche haben sich in der damaligen Zeit in ihrer inhaltlichen Ausrichtung zwischen Fremdbestimmung, Strafe (auch körperliche Gewalt) und Drill die Hände reichen können. Es war ein lebensfeindlicher und menschenverachtender Umgang mit den heranwachsenden Jugendlichen im wilhelminischen Deutschland des ausgehenden 19. Jahrhunderts.

Diese Jahre der Unterdrückung und Entfremdung sind aber letztlich der Stoff, aus dem beide Männer später ihre spezifischen Kerninhalte beziehen und ableiten. In dieser Erfahrung der Krise liegt für beide Autoren die Motivation begründet, durch ihr Leben und Werk eine Antwort zu geben und so ein Zeichen der Emanzipation zu setzen. Kentenich und Hesse integrieren all jene Werte und Inhalte in ihr Programm, die im Erziehungs- und Bildungssystem der Wilhelmnischen Ära unterdrückt wurden. So können die Werke beider Autoren als ein Gegenentwurf zu den Erziehungsmethoden des Kaiserreichs und als ein neues Sinnangebot, was Menschsein bedeuten

15 Vgl. in diesem Kontext in dieser Arbeit Teil IV, Kapitel 2.2. *Krisenjahre – Rebellion gegen das System*. Siegfried Unseld schreibt hierzu trefflich: „*Vieles ist von seinem Leben in seine Darstellung geflossen. Seine Erziehung, die Rebellion gegen Herkunft und Tradition, der Ausbruch aus Schule und beruflicher Bindung (sein Schulroman ‚Unterm Rad' zeigt sein Unterm-Rad-Sein unter der schulischen Konvention), der Verzicht auf öffentliche Stellung und Sicherung, das Aufsichnehmen der Einsamkeit, schließlich die Hingabe und Bindung an sein Werk. Diesen Weg von Bindung zu Freiheit und wieder hinein in Bindung und Hingabe zu Größerem gehen alle seine Gestalten, Camenzind, Giebenrath, Knulp, Demian, Siddhartha, Harry Haller, Goldmund, Leo und schließlich Knecht. Sie gehen diesen Weg nicht mutwillig, sondern gerufen, nicht als Wissende und Gelehrte, sondern als Ahnende und Leidende, nicht als Führer, sondern als Diener.*" UNSELD, Begegnungen mit Hermann Hesse, 203.

kann, verstanden werden. Auf diesem historisch-biographischen Hintergrund müssen beide Werke immer gelesen werden, gleichzeitig liegt in diesem gemeinsamen Erfahrungsraum die hohe inhaltliche Konvergenz und Vergleichbarkeit beider Werke begründet.[16]

So lässt sich des Weiteren als große verbindende Klammer zwischen beiden Werken die Freiheitsthematik nennen. Die Erfahrung von Autorität und Fremdbestimmung, die das subjektive Denken und Fühlen dominierten, führen dann bei Kentenich und Hesse zu der Zielvorgabe eines uneingeschränkten Freiheitsstrebens. So formuliert Kentenich: *„Wie müssen wir unsere Generation erziehen? [...] Was tun wir, um die Selbsttätigkeit zu entfalten, um dadurch zur religiös-sittlichen Selbständigkeit zu kommen? [...] Merken Sie, das ist [...] ein Programm der Selbsterziehung hin zum Ideal des wahrhaft innerlich freien Menschen.“*[17] Auch Hesse hat die Freiheit des Menschen immer wieder betont.[18] Nicht mehr Druck und Strafe von außen sollten das Handeln des Menschen bestimmen, sondern ein freiwilliges

---

16 Es soll an dieser Stelle nochmals darauf verwiesen werden, dass sowohl bei Kentenich als auch bei Hesse sich Leben und Werk stark bedingen. Die Lebenserfahrungen beider Autoren stehen in einer starken Wechselwirkung zu ihrem jeweiligen Werk. Die Inhalte ihrer Werke generieren sich größtenteils autobiographisch, Leben und Werk reichen sich somit bei beiden Autoren die Hand. Vgl. ebenso dazu in dieser Arbeit Teil II, 1. Kapitel *Historisch-gesellschaftliche Perspektive: Zwischen Kaiserreich, Krieg und Moderne*

17 Joseph KENTENICH, *Brasilien-Terziat II* (1952), in: ders., Durchblick in Texten, Band 1, 141-142. Die Freiheit des Menschen sieht Kentenich als durch Gott gegeben an. Der Mensch kann sich aber in seiner Freiheit für absolut autonom erklären und sich der Wirklichkeit Gottes bewusst entziehen. Für den modernen Massenmenschen, den Kentenich immer als Gegenbild zu seinem „Neuen Menschen" zeichnet, ist die Leugnung der Wirklichkeit Gottes bereits vollzogen. Für Kentenich bedeutet Freiheit vor allem „Wesensfreiheit", durch welche sich der „Persönlichkeitskern" manifestiert. Entscheidungen sollen „selbsttätig und selbständig" getroffen werden. Vgl. Kommentar von Herbert KING, in: Ebd., 131-132.

18 Über freiheitliche Selbstbestimmung und Selbsterziehung bei Hesse schreibt sein Biograph Hugo Ball: *„Hermann Hesse ist Autodidakt. Er hat sich seine artistischen Mittel und seine Kenntnisse, seine Moral und religiöse Überzeugung selbst geschaffen, als ein freier Mann. ‚Mit fünfzehn Jahren' sagt er, ‚begann ich bewußt und energisch meine Selbsterziehung.'"* BALL, Hesse, 58.

Handeln, das seine Motivation von innen heraus gewinnt. Hesses Werke werden oft als eine große Befreiung von Fremdbestimmung und gesellschaftlicher Konvention verstanden.[19] So postulieren Kentenich und Hesse ein Ideal für einen neuen Menschen, der endlich ganz und frei ist. Haben die beiden Autoren Erziehung stets als Fremdbestimmung erfahren, bedeutet sie jetzt für Kentenich und Hesse vor allem das eine: Selbsterziehung. Diese Neuorientierung begründet sich schon darin, dass Selbstwahrnehmung, Selbsterfahrung und Selbsterkenntnis ja zutiefst intrinsische, intime Prozesse sind. Bei der Selbsterziehung geht es vor allem um die Arbeit an den eigenen Schwächen und Fehlern. Selbsterziehung impliziert, dass der einzelne Mensch Verantwortung für sich und sein Leben übernimmt. So sehen es beide Autoren als oberste Priorität an, selbständiges Denken und Handeln zu fördern, die Selbsterziehung bildet dabei eine große inhaltliche Brücke zwischen beiden Autoren.[20] *„Nicht zum Kinde, zum Primitiven*

---

19 Hesse erlebte in den 1960er eine Art Renaissance in den USA durch die Hippie-Bewegung, es herrschte eine Art Hesse-Kult und seine Romane erfreuten sich einer ungeahnt hohen Popularität. Dazu formuliert Theodore Ziolkowski: *„... so können wir drei große Begeisterungswellen für Hesses Werk unterscheiden, seit er ab etwa 1917 als einer der bedeutenden Schriftsteller Deutschlands hervortrat: in Deutschland nach dem Ersten und Zweiten Weltkrieg und in den Vereinigten Staaten während der sechziger Jahre. Alle drei Perioden haben etwas gemeinsam: sie wirkten auf die jeweils junge Generation als totaler Zusammenbruch der vorher gültigen Wertvorstellungen. Viele junge Deutsche wandten sich in den Jahren 1919 und 1945 gegen ein System, das die beiden Weltkriege hervorgebracht oder doch ermöglicht hatte, ebenso wie viele enttäuschte junge Amerikaner heute eine Gesellschaft in Frage stellen, die Armut, Rassendiskriminierung und den Krieg in Vietnam auslösen konnte. Dieses Unbehagen an der herrschenden Autorität ist zwangsläufig gepaart mit einer Abwendung von äußeren Werten und einer Konzentration auf innere, persönliche Werte."* ZIOLKOWSKI, Der Schriftsteller Hermann Hesse, 188-189.

20 *„Denn niemals lernen wir aus, zumal nicht in der Kunst der Selbsterziehung, die ja das Werk, die Tat, die Arbeit unseres ganzen Lebens darstellt. [...] Nein, wir müssen auch praktisch lernen, wir müssen Hand ans Werk legen jeden Tag, jede Stunde. [...] Nein, gehen lernt man durch Gehen, lieben durch Lieben; so müssen wir auch lernen, uns selbst zu erziehen, durch ständige Übung der Selbsterziehung. An Gelegenheit dazu fehlt es uns gewiß nicht."* KENTENICH, *Vorgründungsurkunde*, 12-13. Vgl. dazu auch Teil III, Kapitel 2.2.2. *Selbsterziehung – Arbeit am eigenen „Mikrokosmos"*. Hesse hätte wohl mit der Zuschreibung Erzieher zunächst einmal große

zurück sollen wir, sondern weiter, vorwärts, zu Persönlichkeit, Verantwortlichkeit und Freiheit.“[21] Letztlich kämpfen beide Autoren immer noch für die Vormachtstellung und Etablierung des Subjektes, es sind die Ideale und Werte der Aufklärung, die im Kaiserreich gegen Ende des 19. Jahrhunderts noch keineswegs etabliert waren. Kentenich und Hesse brechen mit ihren inhaltlichen Ausrichtungen eine Lanze für das Recht auf Subjektivität. Höchster Wert, der aus beiden Werken spricht, ist die individuelle Selbstverwirklichung als ein freiheitlicher und selbstbestimmter Vorgang.[22]

Ein weiterer wichtiger und letzter Inhaltspunkt, der noch im Hinblick auf die Jugendjahre beider Autoren angesprochen werden muss, ist die Tatsache, dass sowohl Kentenich als auch Hesse sehr früh in ihrem Leben wussten, was ihre Bestimmung im Leben ist. Kentenich weiß bereits als Elfjähriger, dass er Priester werden will und spricht 1897 das erste Mal davon. Hesse schreibt mit dreizehn Jahren, es ist das Jahr 1890, in einem Brief, dass er

---

Schwierigkeiten, gerade aufgrund der eigenen bitteren Erziehungserfahrung. Jede Einflussnahme von außen beäugte der Dichter kritisch. So schreibt Hesse: *„Überhaupt habe ich ja, wenn ich mich recht erinnere, vom Erziehen niemals sehr viel gehalten, das heißt stets starke Zweifel daran gehabt, ob der Mensch durch Erziehung überhaupt irgendwie geändert, gebessert werden könne. Stattdessen hatte ich ein gewisses Vertrauen zu der sanften Überzeugungskraft des Schönen, der Kunst, der Dichtung, ich selbst war in meiner Jugend durch sie mehr gebildet und auf die geistige Welt neugierig gemacht worden als durch alle offiziellen oder privaten ‚Erziehungen'."* Hermann HESSE, *An den Verfasser einer Broschüre über mich* (1950), in: ders, Ausgewählte Briefe, 329-330.

21 Hermann HESSE, *Von der Seele* (1917), in: ders., Mein Glaube, 14.

22 Kentenich förderte stets das persönliche Wertbewusstsein der jungen Studenten und motivierte sie eigenständige Entscheidungen zu treffen, gleichzeitig weckte er so ihren Idealismus, so erklärt Kentenich als Spiritual in einem Vortrag an seine Schüler: *„Denn nur das Freigewollte ist bodenständiges Gewächs im Menschenherzen; und nur das, was starke Wurzeln hat, kann wieder die Unbilden der Witterung standhalten. Alles andere schält sich los wie eine aufgeklebte Etikette."* Joseph KENTENICH, *Vortrag* (1913), in: ders., Unter dem Schutze Mariens, 169-170. Und Hesse formuliert die innere Freiheit wie folgt: *„Aber die Freiheit von Konventionen ist nicht gleichbedeutend mit der inneren Freiheit, und für edlere Menschen ist das Leben in einer Welt ohne fest formulierten Glauben nicht leichter, sondern sehr viel schwerer, weil sie sich alle Bindungen, unter die sie ihr Leben stellen sollen, eigentlich erst selbst schaffen und wählen müssen."* Hermann HESSE, *Brief 8. Mai* (1932), in: ders., Ausgewählte Briefe, 68.

Dichter werden wolle. Kentenich und Hesse teilen die Erfahrung, dass sie unzählige Konflikte und Widrigkeiten über Jahre hinweg durchleben müssen, bis sie tatsächlich in ihren selbst gewählten Berufen und Berufungen als junge Männer Fuß fassen können.[23] Aus diesem Grund sind sowohl für Kentenich als auch für Hesse die Reifejahre der Jugend von zentraler Bedeutung. Beide wissen aus eigener Erfahrung, dass in der Jugend die Seele sich am stärksten unverfälscht mitteilt. Daraus resultiert eine starke inhaltliche Komponente für das jeweilige spätere Werk, hier ist das Jahr 1917 entscheidend. In diesem Jahr gestaltet Hesse den Roman *Demian*, ein Buch, das die Kämpfe der Adoleszenz und das Werden der Persönlichkeit thematisiert, sowie die Frage nach einer göttlichen Bestimmung. Ebenso prägt Kentenich 1917 zum ersten Mal den Begriff „Persönliches Ideal“[24] um das Gerufensein von Gott her durch die eigene Seelenstimme zu erfassen. Genau diesen Berufungsweg vermittelt Kentenich seinen Schülern und zeigt ihnen damit einen ganz neuen Strebehorizont auf. So können beide Werke letztlich als ein Fingerzeig auf genau diese eigenen Berufungserlebnisse ihrer Jugendzeit gelesen werden.

---

23 Ab 1896 weiß der Knabe Kentenich um seine Berufung als Priester, einen langen Weg muss er gehen, bis dieser innere Wunsch Wirklichkeit wird. Am 8. Juli 1910, vierzehn Jahre später, darf er dann seine Priesterweihe feiern. Auch bei Hesse dauert es vierzehn Jahre bis er sich eine gesicherte Existenz als Schriftsteller erarbeitet hat. Maßgeblich dafür ist sein erster kommerzieller Erfolg, der Roman *Peter Camenzind* aus dem Jahre 1904. Beide Autoren hätten es beinahe nicht geschafft ihre jeweilige Berufung zu realisieren, weil das Erziehungssystem ihrer Jugend die Impulse der Innenwelt nicht unterstützte, sondern mit Füßen trat.

24 *„Ja, hier darf ich zunächst als Psychologe herausheben, daß der ganze Sinn der Jugendreife weiter nichts ist als die Entwicklung des persönlichen Ideals.“* KENTENICH, Ethos und Ideal, 186. In diesem Kontext benennt Kentenich vier Entwicklungsstufen der Jugendreife: *„Ichverwirrung, Ichentdeckung, Icheroberung und Ichbesitz“*. Für Kentenich steht im Kontext der Persönlichkeitsbildung die Frage nach einem ureigenen Ideal im Mittelpunkt: *„Erst dann, wenn der junge Mensch den Gegenstand gefunden, der seine ganze Seele ausfüllt, den Magnet, der sein ganzes Wesen anzieht, wenn er sein Ideal gefunden, nimmt sein Streben und Leben eine bestimmte, zielsichere Richtung an. Alle Fähigkeiten konzentrieren sich unwillkürlich, um mit erhöhter Schwungkraft dem einen großen Ziel zuzustreben.“* Joseph KENTENICH, *Vortrag „Kindlichkeit und Ritterlichkeit“ vom 17. Mai* (1914), in: ders., Unter dem Schutze Mariens, 243.

Fazit: Die je eigene individuelle Bestimmung zu realisieren, das ist das Ziel, das beide Autoren als inhaltliches Zentrum ihrer Werke beschreiben. Der konkrete Weg im Leben zu dieser Bestimmung muss aber immer wieder neu vollzogen werden durch eine ganzheitliche Selbstverwirklichung. Keine Seite oder Facette des Menschen darf abgeschnitten werden, alle Dimensionen des Menschseins müssen im Blick sein. Als Antwort auf die Krisenerfahrungen in ihren Jugendtagen sehen die beiden Autoren diese gebotene Notwendigkeit und werben in ihren jeweiligen Werken dafür, selbstbestimmt und in innerer Freiheit den eigenen Berufungsweg anzutreten. Als neue Erziehungsmethode tritt dabei die Selbsterziehung auf den Plan. Diese von ihnen selbst nun eingeforderte ganzheitliche Selbstverwirklichung als Garant einer gelingenden Menschwerdung wurde ihnen selbst in ihrer Jugend verwehrt.[25]

1.2. Der neue Mensch: Kämpfer für das Individuum und dessen Selbstverwirklichung – Für die Entfaltung der einmaligen Persönlichkeit, die in Gott gründet

> *„[...] An seiner Person läßt sich lernen, was als bloße Formel, als reines Gebot, als sittliches Vorbild nicht lehrbar noch lernbar sein kann: daß sich nichts mehr lohnt auf Erden, als gegen alles Verdrehen, Mißverstehen und Verleumden, gegen alles Verehren, Verklären und Vermarkten, den ‚Weg nach Innen' zu gehen und den ‚Bau der Persönlichkeit' niemals abzubrechen. [...], in den Auseinandersetzungen seines Lebens hat er etwas Exemplarisches durchlitten und erstritten,*

25 Dieses erste Unterkapitel markiert das „Dass" einer ganzheitlichen Selbstverwirklichung: Also dass es notwendig eine ganzheitliche Selbstverwirklichung braucht, damit der Mensch seiner individuellen Bestimmung Gestalt verleihen und dieser entsprechen kann. Diese Erkenntnis ist die Essenz beider Autoren, die sie aus der Krisenzeit ihrer Jugend ableiten und als entscheidenden Impuls für ihr jeweiliges Werk mitnehmen. In den sechs folgenden Unterkapiteln soll das „Wie" dieser ganzheitlichen Selbstverwirklichung durch weitere inhaltliche Akzentuierungen vorgestellt werden, diese sind für beide Autoren von höchster Bedeutsamkeit für den Berufungsweg eines Menschen und stellen zugleich die wesentlichen inhaltlichen Übereinstimmungen beider Werke dar.

das unwiderleglich und kostbar ist: das Recht und die Rechtfertigung, ein Individuum zu sein."[26]

Das einleitende Zitat von Eugen Drewermann macht eines sehr deutlich: Hesses Leben, aber auch seine Romane und Erzählungen sind alle von einem Grundthema durchzogen und können immer wieder auf denselben Grundvorgang zurückgeführt werden: Die Selbstverwirklichung des Menschen. Dem eigenen Schicksal auf die Schliche kommen, es zu finden und auszuleben, das ist der existentielle Auftrag, den Hesse unermüdlich seinen Lesern erteilt. Das „Zu-sich-selbst-Kommen" des Menschen ist das Thema, das sich wie ein roter Faden durch sein Werk zieht. Hesse verbindet stets die Verteidigung des Individuums, sowie dessen Selbstverwirklichung mit dem von ihm geprägten Begriff des „Eigensinns", so schreibt er in seinem gleichnamigen Aufsatz: *„Wer eigensinnig ist, gehorcht einem anderen Gesetz, einem einzigen, unbedingt heiligen, dem Gesetz in sich selbst, dem ‚Sinn des Eigenen'.*"[27] Für Hesse gibt es demnach nur einen natürlichen Standpunkt, einen natürlichen Maßstab, es ist der des Eigensinnigen und meint damit die Treue gegenüber sich selbst. Für den Menschen mit Eigensinn *„lebt nichts als das stille, unweigerliche Gesetz in der eigenen Brust, dem zu folgen dem Menschen des bequemen Herkommens so unendlich schwerfällt, das dem Eigensinnigen aber Schicksal und Gottheit bedeutet.*"[28]

Die Entfaltung der einmaligen und originellen Persönlichkeit ist auch von Anfang an das Grundanliegen Kentenichs. Persönlichkeitsformung ist in der Geschichte Schönstatts immer das zentrale Thema. Immer wieder hebt er in seinen Vorträgen den individuellen Wert des einzelnen Menschen hervor. In diesem Kontext benutzt er oft die beiden Begriffe „Eigenwert" und „Eigenart".[29] Es geht Kentenich immer wieder darum seinen jungen

26 DREWERMANN, Das Individuelle gegen das Normierte verteidigen. 10. Die beiden Formulierungen in Anführungszeichen im Zitat sind bekannte Aussprüche von Hesse selbst.

27 Hermann HESSE, *Eigensinn* (1917), in: ders., Sämtliche Werke, Band 12, 101. Im Hinblick auf die Bewahrung und Pflege des Individuellen bei Hesse empfiehlt sich die Lektüre des ganzen Textes, 101-106.

28 HESSE, *Eigensinn*, 106.

29 Entsprechend der Überzeugung Kentenichs führt Herbert King aus: *„Vor Gott darf der Mensch sich als ein Selbst erleben und darf dieses entfalten. Er darf sich*

Zuhörern ihre einmalige Persönlichkeit als den größten Schatz im Leben vorzustellen.

> *„Wir wollen unsere Natur nicht abstreifen, wir wollen unsere Individualität, das von Natur aus eigentümliche Gepräge unseres Seins und Handelns, nicht preisgeben. Wir dürfen uns darum nicht alle über einen Leisten schlagen, wir dürfen nicht lediglich der Abklatsch eines Vorbildes, wir dürfen nicht Kopie, sondern jeder von uns muß ein Original sein. [...] Jeder von uns muß seine Individualität ausbilden, dann wird jeder von uns ein ganzer Mensch.“*[30]

Diese Fokussierung auf den individuellen Menschen und die Ermöglichung seiner Selbstverwirklichung kulminiert für beide Protagonisten in der Vision vom „Neuen Menschen“. Der alte Mensch des Kaiserreichs[31] wird abgelöst von einem neuen Menschenbild, von einer neuen Art authentisch und frei zu leben. Der neue Mensch ist für Kentenich und Hesse der Mensch, der von seiner Innenwelt geleitet ist und daraus sein Leben gestaltet. Hesse formuliert diese innere Ausrichtung des neuen Menschen im Prolog des *Demian* folgendermaßen: *„Ich wollte ja nichts als das zu leben versuchen, was von selber aus mir heraus wollte.“*[32] Entsprechend formu-

---

persönlich geliebt glauben, nicht abstrakt, sondern in seiner Eigenart.“ Kommentar von Herbert KING, in: Durchblick in Texten, Band 5, 364.

30 KENTENICH, *Vorträge zur Seelenkunde und Charakterschule*, 92.

31 Aus einer historischen Perspektive lässt sich feststellen: Die Mentalität des Deutschen Kaiserreichs von 1871–1918 prägte fast fünfzig Jahre das Bewusstsein der Menschen, ein bestimmtes Menschenbild, ein gewisser Menschentypus wurde in dieser Zeitspanne „herangezüchtet“. Vgl. dazu in Teil II, Fußnote 7. So gesehen kann die Phase der Weimarer Epoche auch als ein Ringen um das richtige Menschenbild gedeutet werden. Der neue Mensch war ein „Schlüsselbegriff“ dieser Epoche, dies belegen unter anderem auch die zahlreichen Buchveröffentlichungen ab der Jahrhundertwende bis in die 1920er Jahre hinein, in denen bereits im Titel „Mensch“ oder sogar der „neue Mensch“ zu lesen ist. Vgl. ANZ, Literatur des Expressionismus, 45-50. Ab 1933 wurden dann alle Ideen vom neuen Menschen wieder weggewischt und eine Politik der Gleichschaltung machte unter Hitler ein demokratisches, sowie selbstbestimmtes Leben erneut unmöglich.

32 HESSE, Demian, 7. Hesse spricht in diesem Kontext auch oft von den „Erwachten“ oder den „erwachten Menschen“. Diesen „erwachten Menschen“ beschreibt Hesse immer wieder in seinen Romanfiguren. Vgl. Günter BAUMANN, *Menschsein*

liert Kentenich: „*Und das ist immer die Maxime: Was gewollt wird, muß solid von innen herausfließen.*“[33]

Auch dieses Kapitel möchte erneut vor Augen führen, dass sich die wesentlichen Inhalte beider Werke aus den Krisenerfahrungen ihrer Jugendzeit generieren: Die Vehemenz, mit der gegen die einmalige Persönlichkeit und individuelle Eigenart junger Menschen im Kaiserreich systematisch vorgegangen wurde, hinterlassen tiefe Narben bei den Heranwachsenden Kentenich und Hesse. Das Leben als Entfremdung von sich selbst, wie es beide Autoren am eigenen Leib erfahren hatten, soll nun überwunden werden. So schlägt das Pendel jetzt in die andere Richtung aus. Mit derselben Wucht, wie sie einst selbst die Unterdrückung des Individuellen erfahren haben, werden sie nun zu Kämpfern für das Individuum und dessen Selbstverwirklichung. Unermüdlich verfolgen sie dieses eine Ziel. In der Zusammenschau beider Werke ist es augenscheinlich, dass die Formationsarbeit an der Persönlichkeit als die mithin stärkste inhaltliche Säule im jeweiligen Gesamtwerk auszumachen ist. Kentenich und Hesse werden zu Anwälten des individuellen Menschen und ermutigen unermüdlich den lebenslangen Prozess der Selbstverwirklichung anzutreten. Letztlich geht es hier um den Wert, dass der Mensch entgegen aller Konformität und Vermassungstendenzen eine persönliche Identität ausprägt und ein Leben lang davon geleitet wird.

Ein weiterer Punkt im Kontext der Individualität, der bei beiden Autoren auch unmittelbar mit deren biographischem Erfahrungsraum ihrer Kindheit und Jugend zusammenhängt, ist, dass die Arbeit an der Persönlichkeit, also das Emporbilden der Individualität, nun mit einer religiösen Dimension verbunden wird. So haben Kentenich und Hesse die Ausübung von Religion in ihrer Kindheit und Jugend immer als etwas erfahren, das mit den eigenen menschlich-individuellen Bedürfnissen in keiner Weise zu vereinbaren war. Religion bedeutete sowohl in Kentenichs als auch in

---

als Aufgabe. Dimensionen von Hermann Hesses Menschenbild, in: Michael LIMBERG (hrsg.), „Die gefährliche Lust unerschrocken zu denken“ – Das Menschenbild bei Hermann Hesse. 13. Internationales Hermann-Hesse-Kolloquium, Calw 2008, 43-45.

33 Joseph KENTENICH, *Gespräch vom 20. November* (1964), in: ders., Durchblick in Texten, Band 1, 255.

Hesses Erziehungserfahrung immer Überwindung des Ichs und Abtötung des eigenen Willens nach der Devise: Man muss das eigene Ich auslöschen, um Gott finden zu können. Dagegen wehren sich nun die beiden Autoren und verneinen jedwede Art von Religion, die menschenverachtend und menschenzerstückelnd ist. Auch hier schlägt nun das Pendel in die andere Richtung aus, indem Kentenich und Hesse nun neue Wege suchen, wie der Mensch durch die Einbeziehung der Religion menschlicher und wesentlicher werden kann. Somit wird die Religion zu einem neuen Weg der Emporbildung der Persönlichkeit. Die Wirklichkeit Gottes wird in den Entfaltungsprozess der Persönlichkeit integriert. Persönlichkeitsentfaltung bedeutet somit nicht länger eine Abkehr von Gott, sondern durch die Verwirklichung seiner Einmaligkeit geht der Mensch Gott entgegen. Mehr noch, Gott ist es selbst, der sich durch die eigene Persönlichkeit mitteilt. Religion wird so zur Stärkung des Ichs, dafür setzen sich beide Autoren in ihrem Werk mit Nachdruck ein. Formationsarbeit an der Persönlichkeit wird bei beiden Autoren mit der Wirklichkeit Gottes kombiniert.[34]

Die Individualität des Menschen ist für Kentenich ein Anzeichen der Größe und Herrlichkeit Gottes, sie ist Ausdruck der Schöpfung Gottes. Die individuelle Eigenart ist somit „gottgewollt", findet ihren Ursprung in Gott selbst. *„Jeder Mensch ist ja die Inkarnierung eines originellen Gottesgedankens, ist von andern verschieden, besitzt eine individuelle Eigenart."*[35] Aus dieser Exemplarkausalität leitet sich die Individualität des Menschen

34 Christoph Gellner fasst die wesentlichen Dimensionen von Religion, wie sie von Hesse gedacht werden und in sein Werk Eingang gefunden haben, wie folgt zusammen: *„Religion als eine Quelle der seelischen Gesundheit, von Ichstärke, innerem Gleichgewicht und der Liebesfähigkeit. Die Entdeckung, dass Religion nicht Angst machen muss, sondern gerade die Kraft der Überwindung von Angst vermittelt, indem sie einen letzten und tiefsten Vertrauensgrund, ja, ein grundloses, unbedingtes Bejaht- und Angenommensein jenseits aller moralischen Leistungen und Anstrengungen verbürgt."* GELLNER, *Zwischen Ehrfurcht und Revolte*, 82. Das Zitat bezeichnet mitunter auch das, was für Kentenich wesentliche Bedeutungsnuancen von Religion sind. Gerade auch die Schaffung von Erfahrungsräumen, die das Urvertrauen des Menschen stärken, gehört auch für Kentenich wesentlich zur Aufgabe der Religion. Vgl. Erika FRÖMBGEN, Artikel *Vertrauenspädagogik*, in: Schönstatt-Lexikon,413-414.

35 KENTENICH, *Der erlöste Mensch* (1935), in: ders., Durchblick in Texten, Band 5, 389.

ab. Das heißt, jeder Mensch gründet in seinem individuellen Wesen präexistent[36] in Gott. Der Persönlichkeitskern eines Menschen wird somit zu einer apriorischen Gabe. Die Grundaufgabe des Menschen besteht nun darin, diesen ewigen Gedanken in Gott zu gestalten. Die Selbstverwirklichung wird somit zur Entfaltung der göttlichen Berufung, die einem jeden Menschen von Gott geschenkt ist.[37]

Auch in Hesses Leben und Werk ist ein ganz starker Zug spürbar, das Leben als den Versuch einer möglichst vollkommenen Annäherung an das Göttliche zu begreifen, dies geschieht vor allem durch den Vollzug der je eigenen Selbstverwirklichung. Auch bei Hesse ist dieser Connex zu einer göttlichen Vorgabe, die die Individualität des Menschen begründet, sichtbar. In der Zusammenschau seiner Romane wird deutlich, dass der innerste Wesenskern des Menschen göttlich und ewig ist. Damit sind bei Hesse im Grunde das Ich und Gott in der Tiefe der Seele miteinander verbunden.[38] Gott wird für Hesse dort Wirklichkeit, wenn der Mensch nach Selbstverwirklichung strebt und seinen vorgegebenen inneren Anlagen zur Entfaltung verhilft.[39] Hesse spricht in diesem Zusammenhang immer wieder von einem Ruf, von einem Erlebnis einer inneren Stimme. *„Die Stimme*

36 Entsprechend formuliert Kentenich die philosophische Definition des „Persönlichen Ideals“: *„Das P. I. ist die idea exemplaris in mente divina praeexistens. Die Idee, die Gott von mir besitzt und Wirklichkeit hat werden lassen.“* Ebd., 391.

37 Die Grenzen zwischen Ich und „Persönlichem Ideal“ sind fließend, es ist im Ich enthalten und weist gleichzeitig über das Ich hinaus. Das „Persönliche Ideal“ ist der ewige, göttliche Teil im Ich.

38 Die Grenzen zwischen Ich und „Selbst“ sind fließend. Das Selbst kann als der ewige und göttliche Teil im Ich beschrieben werden. Vgl. dazu auch in diesem Teil V, Kapitel 1.7 *Ein Vergleich zwischen der Lehre vom „Persönlichen Ideal“ mit der Lehre vom „Archetyp des Selbst“*

39 Entsprechend formuliert Volker Michels über Hesse und seinen Selbstverwirklichungsbegriff: *„Gelingt es uns, diesen unverwechselbaren und bei jedem Menschen anders gemischten genetischen Cocktail von Begabungen und Neigungen herauszufinden, ihn gegen die Anpassungszwänge von Zeitgeist und Vorgesetzten zu behaupten und auszubilden, dann wird das Ergebnis unserer Bemühungen eine Annäherung an das sein, was Gott ausmacht.“* MICHELS, Hesse und die Weltreligionen, 19.

dieses Sinnes höre ich in mir selbst."[40] Selbstverwirklichung ist somit auch ein Weg in die Wirklichkeit Gottes hinein. Gleichzeitig hat dieser Prozess der Individuation auch die Funktion, dem Menschen eine unbedingte Bejahung, ein ungebrochenes Angenommensein als Erfahrung zu vermitteln. So liegt für Hesse der wahre Kern aller Religion in der Ermutigung des Menschen, den Weg zu sich selbst anzutreten, so schreibt Hesse: „*Kurz, es kommt, wenn ein Mensch das Bedürfnis hat, sein Leben zu rechtfertigen, nicht auf eine objektive, allgemeine Höhe der Leistung an, sondern eben darauf, daß er sein Wesen, das ihm Mitgegebene, so völlig und rein wie möglich in seinem Leben und Tun zur Darstellung bringe.*"[41]

---

40 Hermann HESSE, *Brief* (1930), in: ders., Mein Glaube, 98.

41 Hermann HESSE, *An einen jungen Künstler* (1949), in: ders., Ausgewählte Briefe, 260. Das Zitat ist ein Auszug aus einem Brief Hesses an seinen Sohn Bruno, für gedruckte Veröffentlichungen betitelte er diesen Brief *An einen jungen Künstler* und meinte damit seinen Sohn Bruno Hesse, der Maler war. Weiter schreibt Hesse in diesem Brief folgende durchaus anmutend klingende Sätze an seinen Sohn: „*Diese Gedanken sind nicht von mir, sie sind uralt, und sie sind etwas vom Besten, was Menschen je über sich selber und ihre Aufgabe gedacht haben. Was Du im Leben leistet, und zwar nicht nur als Künstler, sondern ebenso als Mensch, als Mann und Vater, Freund und Nachbar etc., das wird vom ewigen ‚Sinn' der Welt, von der ewigen Gerechtigkeit nicht nach irgend einem festen Maß gemessen, sondern nach Deinem einmaligen und persönlichen. Gott wird Dich, wenn er Dich richtet, nicht fragen: ‚Bist Du ein Hodler geworden, oder ein Picasso, oder ein Pestalozzi oder Gotthelf?' Sondern er wird fragen: ‚Bist Du auch wirklich der J. K.* [steht für junger Künstler, gemeint ist Bruno Hesse] *gewesen und geworden, zu dem Du die Anlagen und Erbschaften mitbekommen hast?`[…] Es kommt einzig darauf an, daß jedem von uns ein Erbe und eine Aufgabe mitgegeben ist, […] gewisse Eigenschaften, gute und böse, angenehme und schwierige, […], Talente und Mängel, und all dies zusammen ist Er, und dies Einmalige, das in Deinem Fall J. K. heißt, hat er zu verwalten und zu Ende zu leben, reif werden zu lassen und schließlich mehr oder weniger vollkommen zurückzugeben.*" HESSE, *An einen jungen Künstler*, 259. Mit dem im Zitat aufgeführten „Er" ist wohl unverkennbar Gott angesprochen, der jeden Menschen geschaffen und ausgelöst hat. Dann aber wird es, meines Erachtens, sehr schwer, Hesse eine Gottesvorstellung nachzusagen, die völlig apersonal gedacht werden kann. Hesse thematisiert relativ häufig den Gedanken, dass Gott der Schöpfer eines jeden Menschen ist und so auch den Kern jeder individuellen Persönlichkeit begründet. Dieses von Gott „Mitgegebene" gilt es im Leben zu entfalten, so wird das von Gott Mitgegebene gleichsam zum Aufgegebenen. Wenn aber Gott die personale Identität eines Menschen vorgibt und

Fazit: Mit Nachdruck positionieren Kentenich und Hesse die Entfaltung der einmaligen Persönlichkeit in ihr jeweiliges Werk. Dies kommt zum Ausdruck in der Vision von einem „Neuen Menschen"[42] (Kentenich) oder „Erwachten Menschen" (Hesse).[43] Bedeutete in ihrer je eigenen Erziehungserfahrung die Konzentration auf die eigene Innenwelt noch eine Art Sünde und eine Abkehr von Gott, so wird nun die Individualität

---

gleichzeitig diese als Ziel und Aufgabe vor Augen hat, wie kann er dann nicht personal sein? Wenn Gott die Quelle der individuellen Persönlichkeit ist, und das ist evident, dass Hesse das so denkt, dann kann Gott eigentlich auch nur personal gedacht werden. So muss zumindest in Erwägung gezogen werden, ob Hesses Gottesbegriff letztlich doch nicht auch personal gedacht werden muss, da Gott bei Hesse (und dies belegen mehrere Zitate, die auch in dieser Arbeit angeführt wurden) so vorgestellt wird, dass Gott ein Interesse, ja einen Willen hat, dass der Mensch seine Anlagen und sein Wesen ausbildet. Gott hat den festen Willen, dass die Selbstverwirklichung des Menschen gelingt. Der Wille Gottes impliziert aber das Personsein Gottes.

42 Mit seiner Leitidee vom „Neuen Menschen" möchte Kentenich auf ein Grundproblem des 20. Jahrhunderts in der Auseinandersetzung mit den verschiedenen Zeitströmen antworten. Er versteht sein neues Menschenbild als Abwehr gegen den Massenmenschen, entsprechend führt er zu diesem Kontext aus: *„Der neue Mensch ist die eigenständige, die beseelte, die entscheidungsfreudige und -willige, die selbstverantwortliche und innerlich freie Persönlichkeit, die sich gleicherweise fernhält von starker Formversklavung und bindungsloser Willkür."* Joseph KENTENICH, *Philosophie der Erziehung* (1959), in: ders., Durchblick in Texten, Band 1, 44.

43 Auch für Hesse ist der „Erwachte Mensch" das Gegenkonzept zum konventionellen Massenmenschen, der nur das Produkt seiner gesellschaftlichen Umgebung ist. Günter Baumann bescheinigt Hesse ein wesenhaft religiöses Menschenbild, das auf der dritten Stufe der Menschwerdung aufbaut, dem Glauben und der damit verbundenen Gewissheit, dass der Mensch sich Gott überlassen darf. Daraus resultiert aber für Hesse die erste Aufgabe des Menschen: *„Individuation in Hesses (und übrigens auch Jungs Sicht) bedeutet die Herausbildung eines individuellen Ich, einer einmaligen und unverwechselbaren Persönlichkeit, wie sie der Dichter besonders exemplarisch in seinen Romanfiguren [...] gestaltet hat und die er auch als „Erwachte" bezeichnet. In Hesses Anthropologie enthält der Begriff des Erwachens einen Doppelaspekt: Er bedeutet ein existentielles, zutiefst aufwühlendes und faszinierendes, erlebnisgebundenes Erkennen der eigenen, einmaligen, autonomen Persönlichkeit und zugleich der wahrhaftigen, unverstellten Wirklichkeit."* BAUMANN, *Menschsein als Aufgabe*, 45.

und deren Entfaltung gerade durch die Wirklichkeit Gottes legitimiert. Individuelle Identität bezeichnet ein Apriori mit einem absoluten Charakter, das dem Menschen von innen heraus sein Wesen aufgibt. Hesse und Kentenich zeigen somit auf je originelle Weise in ihren Werken auf, dass die Aufgabe einer ganzheitlichen Selbstverwirklichung nur durch die Integration der Wirklichkeit Gottes vollkommen erfüllt werden kann. Die Formationsarbeit an der Persönlichkeit kann demnach im Sinne beider Autoren als eine „theozentrische Selbsttranszendenz“[44] gefasst werden.

1.3. Das tiefenpsychologische Anliegen: Streben nach seelischer Ganzheit durch Integration des Unbewussten

> *„Ich verlange von mir Zurückgehen hinter die Gegensatzpaare, Annehmen des Chaos. Dies ist dasselbe, was die Psychoanalyse verlangt, woher ich es ja zum Teil auch habe: Wir sollen, wenigstens für ein einziges Mal, alle Werturteile weglassen und uns selber ansehen, so wie wir sind, oder wie die Äußerungen des Unbewußten uns zeigen, ohne Moral, ohne Edelmut, ohne all den schönen Schein, in unseren nackten Trieben und Wünschen, unseren Ängsten und Beschwerden.“*[45]

Aufgrund einer persönlichen Lebenskrise begibt sich Hesse ab 1916 in psychotherapeutische Behandlung. Hesse erkennt den Wert einer gründlichen Innenschau für die eigene authentische Lebensführung. Dies ist für ihn der schmerzliche, aber auch heilvolle Weg nach innen, ein unverstellter „Blick ins Chaos“. Dies war für ihn ein Durchbruch zu einer neuen Selbsterkenntnis, eine Befreiung von seiner gespaltenen Seele. Hugo Ball, sein erster Biograph, spricht über Hesse vom *„Zustand der Spinnefeindschaft“*[46], wenn er Hesses Verhältnis von Geist und Natur (Sinne, Triebe, Körperliches) zu beschreiben versucht. Die Hesse-Forschung belegt die zentrale Stellung

44 Vgl. dazu Teil V, Fußnote 6.

45 Hermann HESSE, *Tagebuch* (1920/1921), in: ders., Sämtliche Werke, Band 11, 645.

46 Vgl. BALL, Hesse, 167.

des Natur-Geist-Dualismus in Hesses Werk. Die Polaritätsstrukturen der menschlichen Seele in aller Komplexität darzustellen, kann als eines der Grundmotive in seiner Literatur ausgemacht werden.[47]

„Der Mensch ist nicht gut, noch ist er böse, sondern er hat alle Möglichkeiten zu beidem in sich, und es ist schon viel, wenn sein Bewußtsein und Wille sich auf die Seiten des Guten neigen; auch dann noch leben unter der Oberfläche alle Urtriebe in ihm weiter und können ihn zu Ungeahntem führen.“[48] Deshalb ist es Hesse ein Anliegen sich mit der dunklen Seite der eigenen Persönlichkeit zu beschäftigen. Für Hesse liegt der Wert der Psychoanalyse darin, die eigenen inneren Abgründe zu erkennen und vor allem anzunehmen. Es geht Hesse vor allem darum, der Gefahr widerstehen zu können, die eigenen Schattenseiten zu ignorieren und auf andere zu projizieren. Dieser Verdrängungsprozess, die Schuld für die Unvollkommenheit der Welt bei den anderen Menschen zu suchen, liegt für Hesse in einer versäumten authentischen Selbsterkenntnis.[49] Hesse verfolgt das Ziel einer

---

47 Vgl. GOMMEN, Polaritätsstrukturen, 1-4. Vgl. ebenfalls zur Thematik in dieser Arbeit in Teil IV, 4. Kapitel *Die Tiefenpsychologie C. G. Jungs – Einflüsse auf Hesses Leben und Werk*

48 Hermann HESSE, *Brief an Isa Freifrau von Bernus am 18. August* (1949), in: ders., Sämtliche Werke, Band 15, 691. Gerade auch die Auseinandersetzung mit dem russischen Autor Fjodor M. Dostojewski zur Zeit des Ersten Weltkrieges hatte Hesse vor Augen geführt, dass der Mensch sich zu seiner Begrenztheit bekennen müsse, dass er sich nicht verschließen dürfe vor dem „Blick ins Chaos“, vor den finsteren Abgründen der eigenen Seele. Mit Dostojewski und Kafka fühlte sich Hesse dahingehend verbunden, dass Literatur auch immer ein Sichtbarmachen der verborgenen Abgründe der menschlichen Seele bedeuten müsse. Vgl. Helga ABRET, *„... die Tür ins Unendliche“. Die Bedeutung Mozarts für Hesses Bild vom „eigentlichen“ Menschen*, in: Michael LIMBERG (hrsg.), „Die gefährliche Lust unerschrocken zu denken“ – Das Menschenbild bei Hermann Hesse. 13. Internationales Hermann-Hesse-Kolloquium, Calw 2008, 197.

49 In der Projektion des „Schattens“ auf andere Menschen sieht Hesse eine große Quelle für Hass, Zwietracht, Disharmonie, Gewalt und Krieg, so schreibt er: *„Sagen Sie doch Ihrer Generation einmal die dreitausend Jahre alte Wahrheit, daß ein moralisches Verhalten zur Welt nur dann möglich und nur dann förderlich ist, wenn man die Schweinerei des Lebens, die Mitschuld an Tod und Sünde, kurz die ganze Erbsünde auf sich nimmt und darauf verzichtet, die Schuld immer bei den anderen zu sehen.“* Hermann HESSE, *Brief an Wilhelm Kunze* (1930), in: ders., Die

Selbsterkenntnis, die die unbewusste Schattenseite des Menschen nicht verdrängt, sondern berücksichtigt und integriert, dieser Prozess wird in vielen seiner Romane dargestellt.[50]

Auch der Theologe Kentenich hat von Anfang an die psychologische Wirklichkeit des Menschen in seinem pädagogischen Wirken stark gemacht. So war er sich stets bewusst, dass das Irrationale, die Affekte und unbewussten Reize, alles, was er mit dem Begriff des „unterbewußten Seelenlebens" verbindet, maßgeblich den Menschen in seinem Denken und Handeln beeinflusst. Grundsätzlich sah er den Menschen seiner Zeit zu einseitig auf den Geist und das Rationale ausgerichtet. Aus diesem Grund macht er die intensive Auseinandersetzung mit dem „unterbewußten Seelenleben" zu einer seiner wichtigsten Zielvorgaben seines Werkes. Er fordert eine ganzheitliche Sicht, sowie eine lebensbejahende Religion, die einen positiven Umgang mit den eigenen Grundaffekten und Grundleidenschaften pflegt.[51]

Briefe, Band 4 (1924-1932), Volker MICHELS (hrsg.), Berlin 2016, 433. Entsprechend formuliert Hesse auch in seinem Roman *Demian*: *„Wenn wir einen Menschen hassen, so hassen wir in seinem Bild etwas, was in uns selber sitzt. Was nicht in uns selber ist, das regt uns nicht auf."* HESSE, Demian, 156-157.

50 BAUMANN, *Menschsein als Aufgabe*, 50-53. So ist Hesses Schreiben letztlich *„der Versuch einer Zusammenschau und Versöhnung aller Phänomene der menschlichen Psyche. Diese Bedeutung seiner Werke darf nicht unterschätzt werden."* WOLFF, Demian – Die Botschaft vom Selbst, 64.

51 *„Die Leidenschaften sind von der höchsten Bedeutung wegen ihres unberechenbaren Einflusses auf Verstand und Wille. Diesen Einfluß haben wir alle schon mehr wie zur Genüge erfahren […]. Wer große, starke Leidenschaften in sich hat, der hat das Zeug zu einem tüchtigen Mann. Ohne Leidenschaften wäre einer kein Mensch, ohne große, ohne starke Leidenschaften wird einer nie ein starker Charakter, ein großer Mensch werden; er wird nie eine hervorragende Leistung vollbringen."* KENTENICH, *Vorträge zur Seelenkunde und Charakterschule*, 117. Kentenich war überzeugt, dass Gott durch die Leidenschaften eines Menschen spricht und damit dem Menschen wesentliche Aspekte seiner Berufung kundtut. Werte und Ideale, die für einen Menschen wichtig sind im Leben, haben ihren Ursprung in den Leidenschaften, so Kentenich. Vgl. dazu in dieser Arbeit Teil III, 4. Kapitel *Die tiefenpsychologischen Grundzüge im Denken Kentenichs.*

> *„Nun beginnt für uns die schwierigste, die wichtigste Arbeit. Wir müssen daran gehen, unsere Innenwelt zu erschließen – so allseitig und vollständig, als nur eben möglich; unsere Innenwelt, die nach einem bekannten Worte unerforschlicher ist wie das unerforschliche Meer. [...] Was ist in mir vorgegangen, was geht täglich in mir vor? [...] Ein jeder von uns muß ein Kolumbus oder ein Kopernikus seiner Innenwelt werden. Wir müssen forschen und forschen, bis wir wissen, genau und sicher: Diese Regung kommt daher oder daher. Wenn ich ihr nachgehe, sündige ich nicht.“*[52]

Es ist eine neue psychologische Denkweise, die ab der Jahrhundertwende mit der Psychoanalyse einsetzt und die Sicht auf den Menschen nachhaltig verändert. In diese neue Bewegung, die der Seele des Menschen mehr Berücksichtigung im Leben geben möchte, reihen sich auch Kentenich und Hesse ein. Das psychologische Anliegen verbindet die beiden Autoren auf tiefe Weise miteinander und macht sie zu Gleichgesinnten, weil sie die unbewusste Seite des Menschen als integralen Bestandteil der Gesamtpersönlichkeit bewerten. Kentenich und Hesse sind gebrandmarkte Kinder einer Zeit, in der die Realität des Seelischen weggelogen und tabuisiert wurde.[53] Aus dieser leidvollen Erfahrung ihrer Jugendtage heraus kommt es im jeweiligen Gesamtwerk zu einer Neubewertung und Emanzipation des Seelischen. Dabei spielt der Begriff der Ganzheit bzw. der Ganzheitlichkeit eine zentrale Rolle, denn sowohl Kentenich als auch Hesse begreifen den Menschen als einen lebendigen Organismus, der vor die Aufgabe gestellt ist, die verschiedenen Dimensionen seines Daseins zu verbinden und letztlich zu einer Harmonie zu führen. Das „organische Denken“ (Kentenich)

---

52 Joseph KENTENICH, *November-Vortrag „Ausführung des Programms“* (1912), in: ders., Unter dem Schutze Mariens, 43-44. Kentenich entfaltet sein pädagogisches Programm in dieser Zeit, es sind die Jahre 1912 und 1913 als Spiritual, in seinen Vorträgen schwerpunktmäßig in der Erkenntnis, Wertung und Steuerung der eigenen innerseelischen Vorgänge und Prozesse.

53 Das Ausblenden der seelischen Wirklichkeit des Menschen formuliert Hesse im *Demian* wie folgt: *„Was kommen wird, ist unausdenklich. Die Seele Europas ist ein Tier, das unendlich lang gefesselt lag. Wenn es frei wird, werden die ersten Regungen nicht die lieblichsten sein. Aber die Wege und Umwege sind belanglos, wenn nur die wahre Not der Seele zutage kommt, die man seit so langem immer und immer wieder weglügt und betäubt.“* HESSE, Demian, 203.

und die Psychologie der Ganzheitlichkeit (Jung/Hesse) verfolgen das Ziel einer ganzheitlichen Selbstverwirklichung, die den Menschen zu seiner wahren Bestimmung führt.[54]

Mit der Seele ist das wahre Wesen des Menschen angesprochen, aber auch alle Potentiale und Polaritäten, die der Mensch in sich trägt. Durch die Auseinandersetzung mit den Inhalten und Regungen der Seele, das Erforschen des eigenen „Mikrokosmos" (wie Kenteinch davon spricht) oder den „Blick ins Chaos" zu wagen (wie Hesse davon spricht) wollen sie zu einer Annäherung zwischen beiden Polen verhelfen, es ist ein Zur-Deckung-Bringen der unbewussten und bewussten Anteile der eigenen Persönlichkeit. Gleichzeitig werden so Zementierungen eines Dualismus aufgebrochen, wie er den beiden Autoren in ihrer Kindheit und Jugend begegnete. Als Antwortreflex auf ihre persönlichen Negativerfahrungen in ihrer Jugend, aber auch als Reaktion auf den Hilferuf einer ganzen Generation antworten Kentenich und Hesse als Kinder ihrer Zeit mit einem neuen „Weg nach Innen."[55] Ebenso teilen beide Autoren die Einsicht, dass das Innenleben aller Menschen nach gleichen Prinzipien funktioniert. Hesse und Kentenich teilen damit eine transpersonale Dimension, die sich mit der Theorie des „kollektiven Unbewussten" bei C. G. Jung deckt.[56]

---

54 Die Psychologie der Ganzheitlichkeit, die Hesse und Kentenich verfolgen, versteht sich vor allem als Abwehr gegen eine zu stark akzentuiert analytische Psychologie, die die Seele in viele Einzelbestandteile auseinanderdividiert. Insgesamt verstehen Kentenich und Hesse die Arbeit an der Persönlichkeit unter dem Vorzeichen der seelischen Ganzheit als einen entscheidenden Beitrag zur Lösung zentraler gesellschaftlicher Herausforderungen und Probleme. Dies beginnt schon bei der Vermeidung von Projektionen der eigenen Schwächen und Fehler auf andere. Insgesamt verfolgen beide Autoren in ihrem Streben nach Ganzheit eine Abkehr von einer mechanistischen Denkweise.

55 Diesen Terminus verwendet Hesse oft, wenn er über die Auseinandersetzung mit der Tiefenpsyche spricht.

56 Hans Czarkowski bestätigt dies bei Kentenich, für ihn hat das „unterbewußte Seelenleben" einen kollektiven Aspekt. Kentenich hält die Existenz von innerseelischen Urbildern im Sinne der Archetypen von C. G. Jung für gesichert. Vgl. CZARKOWSKI, Psychologie als Organismuslehre, 202. Hesse thematisiert ebenso das „kollektive Unbewusste" in seiner Literatur. Gerade die Figur des Pistorius im *Demian* wird zum Anwalt der archetypischen Dimension der menschlichen Wirklichkeit. In diesem Kontext formuliert Hesse: *„Und die heutige analytische*

Ferner teilen die beiden Autoren die Überzeugung mit Jung, dass das Unbewusste grenzenlos ist, ihm aber damit ein schöpferisches Potential innewohnt.[57] Der Erkenntnisprozess seelischer Inhalte und deren Integration kann somit immer als Erweiterung und Erneuerung der Persönlichkeit verstanden werden. Bei diesem konstruktiven Umgang mit den unbewussten Impulsen spricht man von einer final-prospektivischen Betrachtungsweise, die einer mechanistischen Bewertung des Unbewussten gegenübersteht, wie sie beispielsweise Freud artikulierte.[58] Die final-prospektivische Herangehensweise zielt auf eine Entwicklung der

Psychologie findet nicht im Geist, sondern gerade in der Seele (im unbewußten Seelenleben, in Träumen, Visionen, auch in Halluzinationen von Kranken) etwas durchaus Überindividuelles und Zeitloses. Es kommt z. B. vor, daß irgend ein ahnungsloser Mensch ohne Bildung Sachen träumt oder phantasiert, die genau mit irgend einem wenig bekannten uralten mythologischen System oder Religionskult übereinstimmen. Man nennt das heute ‚das kollektive Unbewußte' und denkt sich dabei einen allen Menschen gemeinsamen Schatz an Bildern und Symbolen, der in der Seele des Einzelnen unbewußt vorhanden ist, ebenso wie in jedem Menschen gewisse körperliche Nachklänge und Erinnerungen seiner tierischen Vorexistenz vorhanden sein sollen." Hermann HESSE, *Brief* (1930), in: Mein Glaube, 96.

57 Jung vertritt die heraklitische Betonung der Grenzenlosigkeit der menschlichen Seele, er sah in der Erschließung des Unbewussten eine unendliche Quelle der Selbsterkenntnis, also eine Erschließung immer neuer Aspekte der eignen Person. Aus der sukzessiven Integration unbewusster Inhalte leitete Jung eine höhere Lebensqualität ab und damit eine grundsätzlich positive Bewertung des Unbewussten. Vgl. WEHR, C. G. Jung, 167-179. Dass die Erschließung unbewusster Inhalte ein dynamischer und gestalterischer Prozess ist, zeigt sich z.B. im Roman *Demian* darin, dass Sinclair ein Bild von Beatrice malt. Die Deutung des Bildes wird zum Spiegel der inneren Seelenprozesse. Auch Kentenich hat immer wieder betont, der seelischen Erfahrungswirklichkeit („Persönliches Ideal") einen schöpferischen Ausdruck in einer Formulierung, in einem Gedicht, in einem Lied, in einem Bild, etc. zu verleihen. Auch in der Bezeichnung „Mikrokosmos" wird die Grenzenlosigkeit der Seele von Kentenich sprachlich ausgedrückt.

58 Aus der Perspektive von Jung bleibt Freud bei einer kausal-analytischen Betrachtungsweise stehen, da er immer nur Teilaspekte der Seele analysiert. Insgesamt vertrat Freud ein mechanistisches Menschenbild, da er den Menschen seinem Triebleben und seinen Impulsen aus dem Unbewussten, die ausschließlich eine sexuelle Konnotation besitzen, schutzlos ausgeliefert sah. Vgl. ROTH, C. G. verstehen, 37-49.

Psyche ab. Das heißt konkret, dass auf die Analyse der Psyche immer die Psychosynthese folgt und so das unbewusste Material wirklich integriert werden kann und einen verständlichen Ausdruck für das Bewusstsein gewinnt. Diesem Jung'schen Ansatz, der vor allem für eine positive Bewertung des Unbewussten[59] einsteht, fühlen sich sowohl Kentenich als auch Hesse verpflichtet.

Es wurde bereits im vorherigen Kapitel betont, dass beide Autoren den Persönlichkeitskern von Gott ableiten. Die Mitte der Persönlichkeit ist aber in der Tiefenseele verortet. Ganzheitlichkeit im Sinne Kentenichs und Hesse bezeichnet dann die Synthese, die seelischen Botschaften aus dem Unbewussten mit der Wirklichkeit des Göttlichen zu verbinden. Die Regungen der Seele besitzen damit einen transzendenten Anrufcharakter. Somit wird die Seele sowohl für Kentenich als auch für Hesse der genuine Ort göttlicher Selbstmitteilung. Gerade auch Jung hat die Seele des Menschen immer mit einer transzendenten Dimension verbunden. Dieses Geheimnis der Selbstwerdung, das durch ein Gerufensein aus dem tiefsten Innern beginnt, beschreibt Jung wie folgt:

> *„Wer Bestimmung hat, hört die Stimme des Innern, er ist bestimmt. [...] Insofern jedes Individuum sein ihm eingeborenes Lebensgesetz hat, hat jeder die theoretische Möglichkeit, diesem Gesetz vor allem*

---

59 So unterstreicht Angelika Schulz die positive Bewertung des Unbewussten im Werke Kentenichs. Er verstehe das Unbewusste gerade auch als *„den Ursprung schöpferisch sich auswirkender Emotionalität, die nicht auf sublimierte Triebenergien zurückzuführen ist."* SCHULZ, Identitätsbildung, 55. In Hesses Literatursprache lautet diese positive Bewertung des Unbewussten und dessen konstruktive Einbeziehung in das Leben wie folgt: *„Ich weiß, daß Sie Träume haben müssen, die Sie mir nicht sagen. Ich will sie nicht wissen. Aber ich sage Ihnen: leben Sie sie, diese Träume, spielen Sie sie, bauen Sie ihnen Altäre! [...] Ob wir einmal, Sie und ich und ein paar andere, die Welt erneuern werden, das wird sich zeigen. In uns drinnen aber müssen wir sie jeden Tag erneuern, sonst ist es nichts mit uns. Denken Sie dran! Sie sind achtzehn Jahre alt, Sinclair, Sie laufen nicht zu den Straßendirnen, Sie müssen Liebesträume, Liebeswünsche haben. Vielleicht sind sie so, daß Sie sich vor ihnen fürchten. Fürchten Sie sich nicht! Sie sind das Beste, was Sie haben! Sie können mir glauben. Ich habe damit viel verloren, daß ich in Ihren Jahren meine Liebesträume vergewaltigt habe. Man muß das nicht tun. [...] Man darf nichts fürchten und nichts für verboten halten, was die Seele in uns wünscht."* HESSE, Demian, 155-156.

zu folgen und damit zur Persönlichkeit zu werden, das heißt Ganzheit zu erlangen.“[60]

Die Seelenstimme als Bestimmung des Menschen ist bei Kentenich vor allem mit dem umrissen, was er mit dem seiner Lehre vom „Persönlichen Ideal“ beschreibt. Damit ist vor allem auch ausgesagt, dass die Berufung eines Menschen sich wesentlich aus der Tiefenseele ableitet und mit den beiden Begriffen „gottgewollter Grundzug“ und „gottgewollte Grundstimmung“[61] gefasst werden kann. Kentenichs Anliegen ist es, die unbewussten Seelenregungen, die Triebimpulse und Leidenschaften nicht von Gott zu isolieren. Kentenich markierte die „Seelenstimmen“ als eine entscheidende Erkenntnisquelle, den Willen Gottes für das eigene Leben zu erkennen, so beschreibt Kentenich die Anwesenheit des Göttlichen mit den Worten: *„die Vergöttlichung unserer Natur, die Vergöttlichung der ganzen Schöpfung und die Durchgöttlichung bis ins Unterbewußtsein der menschlichen Natur.*“[62]

Bei Hermann Hesse fällt ab spätestens 1917 mit der Gestaltung des Romans *Demian* die Identitätssuche mit dem religiösen Impuls zusammen, also die Suche nach Gott in der eigenen Seele. Der „Archetyp des Selbst“, der von Jung postulierte neue transzendente Mittelpunkt der Person wird von Hesse als der neue spezifische Ort der Gottesoffenbarung literarisch inszeniert.[63] In dieser interessanten Kombination aus Psychologie und Religion hatte Hesse für sich einen neuen Zugang zur Transzendenz gefunden. Durch Jung wurde Hesse bestärkt, seine seelische Innenwelt auf eine

60 C. G. JUNG, Vom Werden der Persönlichkeit, Gesammelte Werke, Band 17, Lilly MERKER-JUNG, Elisabeth RÜF (hrsg.), Olten 1972, 200.

61 Vgl. dazu in dieser Arbeit Teil III, Kapitel 5.2. *Die psychologische Dimension des „Persönlichen Ideals“*

62 Joseph KENTENICH, *Vortrag vom 20. Januar* (1967), in: ders., Durchblick in Texten, Band 1, 449. Vgl. ebenso dazu in dieser Arbeit Teil III, Kapitel 3.2.1.2. *„Seelenstimmen“*. Kentenich ermutigt immer wieder dazu, das eigene Leben, die eignen Empfindungen in der Seele, im Lichte der Gegenwart Gottes zu deuten. In diesem Kontext spricht er davon, dass die Seele so zur *„Stimme der inneren göttlichen Einsprechungen wird.“* KENTENICH, Von menschlicher oder prophetischer Klugheit, 177.

63 Zum Einfluss von Jung auf Hesses Literatur vgl. in dieser Arbeit Teil IV, 5. Kapitel *Die Selbstverwirklichung als Bestimmung des Menschen in vier ausgewählten Romanen*

neue religiöse Weise zu deuten um dadurch mit dem Göttlichen in Berührung zu kommen. So formuliert Hesse: *„Und so will und kann die heutige Psychoanalyse im Grunde kaum ein anderes Ziel haben als die Schaffung des Raumes in uns, in dem wir Gottes Stimme hören können.“*[64]

Bei aller Fokussierung auf die Seele des Menschen soll abschließend angemerkt werden, dass beide Autoren aber keineswegs eine Verabsolutierung des Unbewussten verfolgen. Sie betonen immer wieder im Sinne Jungs,[65] dass der Mensch nicht völlig im Unbewussten aufgehen darf und weisen auf die Gefahren hin, es bedarf eine gesunde Balance von Ich-Bewusstsein und unbewussten Impulsen. Die Integration des Unbewussten dient bei beiden Autoren der Möglichkeit einer authentischeren Lebensführung und gelingenden Menschwerdung.

Fazit: Die Akzentuierung, dass die Seele bei beiden Autoren zum Sprachrohr Gottes erklärt wird, ist nicht zufällig, sondern wiederum lebensgeschichtlich bedingt. Wurden die eigenen Seelenregungen von ihren Eltern und Erziehern noch als größtmöglicher Gegensatz zu Gott abgewertet, so machen sich beide Autoren nun in ihrer eigenen Programmatik dafür stark, dass die Stimme aus der Tiefe der Seele zu einer Art Kompass wird, durch den der Mensch fähig wird, die Spuren seines je eigenen Berufungsweges zu erkennen. Es geht also darum, das unendliche Potential, den Reichtum der Seele für die Persönlichkeitsentwicklung schöpferisch zu nutzen und zu erschließen. Ganzheitliche Selbstverwirklichung im Sinne Kentenichs und Hesses bezeichnet dann den lebenslangen Vorgang, als Persönlichkeit immer vollständiger zu werden durch die sukzessive Integration unbewusster Inhalte.[66] Die

---

64 HESSE, *Brief an Emmy und Hugo Ball*, 191. Vgl. ebenso dazu in dieser Arbeit Teil IV, Kapitel 4.2. *Hesse und Jung – Tiefenpsychologie und Transzendenz*

65 Jungs Werk kann durchaus als eine Anwaltschaft für das Unbewusste bewertet werden, der Wert und der Sinn menschlichen Lebens steht und fällt für ihn mit der Frage, ob ein Mensch in Kontakt und Auseinandersetzung ist mit seinen unbewussten Komplexen der Persönlichkeit oder nicht. Gleichzeitig darf es nie zu einer Überflutung des Ich-Bewusstseins kommen. Zu den Begriffen „Psychose“ und „Neurose“ bei Jung, Vgl. Teil IV, Kapitel 4.3.2.1. Fußnote 192.

66 *„Das Leben bedarf zu seiner Vollendung nicht der Vollkommenheit, sondern der Vollständigkeit. Dazu gehört der ‚Pfahl im Fleisch‘, das Erleiden der ‚Mangelhaftigkeit‘,*

Trias aus Persönlichkeit, Seele und Gott in ihrer wechselseitigen Bezogenheit aufeinander transportiert für beide Autoren den entscheidenden Zugang zur je individuellen Bestimmung eines Menschen.

1.4. Bindungs- und Liebesfähigkeit: Der Mensch und die Menschlichkeit als Vermittlungsinstanz zum Göttlichen hin

„*Der Mensch kann nur gerettet werden durch den Menschen, nicht durch die Umwelt. Nicht Einrichtungen, Erfindungen, abgeleitete Gesetze, sind das Wesentliche und Bestimmende, sondern der Mensch!*"[67] So beschreibt Kurt Pinthus 1919 in seinem Vorwort zur *Menschheitsdämmerung* die geistige Neuausrichtung seiner Zeit. Nach fünfzig Jahren Kaiserreich sollte nun nicht mehr das Vaterland und der militärische Drill ausschlaggebend sein, sondern der Mensch und die Menschlichkeit sollten nun neu entdeckt und in den Mittelpunkt gerückt werden. Diesem neuen Paradigma, dem auch die Bewegung der Expressionisten breiten Raum gab, folgen auch Kentenich und Hesse mit Nachdruck. Bei beiden Autoren hat die Religion die Funktion der Steigerung der Bindungs- und Liebesfähigkeit des Menschen.

So schreibt Kentenich: „*Meine Natur wird vollendet, auch meine Mannesnatur, nicht primär durch Hingabe an eine Idee, sondern durch Hingabe an eine Person. Ohne personale tiefe Gebundenheit wird meine Natur innerlich nie genügend sinnerfüllt und ausgefüllt.*"[68] Das Leben des Menschen ist für Kentenich wesentlich ein Beziehungsgeschehen. Die Frage nach der Bindungs- und Liebesfähigkeit des Menschen wird hier gestellt, dabei hat Kentenich eine dreifache Perspektive im Blick: die Beziehung zu sich selbst (Selbstliebe), die Beziehung zu seiner Umwelt, hier sind vor allem

---

ohne welche es kein Vorwärts und kein Aufwärts gibt." Carl Gustav JUNG, Mensch und Seele. Aus dem Gesamtwerk 1905-1961, Jolande JACOBI (hrsg.), Olten [4]1973, 337.

67 PINTHUS, Menschheitsdämmerung, 14-15. Zum Expressionismus vgl. in dieser Arbeit Teil II, Kapitel 2. *Künstlerische Perspektive: Die Bewegung des Expressionismus – Visionen vom neuen Menschen*

68 Joseph KENTENICH, *USA-Terziat I* (1952), in: ders., Durchblick in Texten, Band 2, 23.

die interpersonalen Beziehungen (Nächstenliebe) angesprochen, sowie die Beziehung zur Übernatur (Gottesliebe), die Sehnsucht des Menschen nach der Gottesbeziehung. Diese Trias kulminiert für Kentenich in dem Terminus „Bindungsorganismus.“[69] Durch das bewusste und unbewusste Erleben gesunder menschlicher Beziehungen wird ebenso die Möglichkeit zu einer gesunden Gottesbeziehung grundgelegt. *„Der Mensch ist so konstruiert, daß er seine Vollendung nur in der Hingabe an eine Person findet. Nur in der Hingabe an ein persönliches DU wird der Mensch vollendet.“*[70]

Es wird deutlich: Für Kentenich stellen personale Beziehungen und Bindungen den entscheidenden Schlüssel zu einer organischen Menschwerdung dar. Durch die interpersonalen Beziehungen erhält der Mensch wichtige Impulse zur Selbstentfaltung. Deshalb betont Kentenich stets den Wert von Gemeinschaft und Gruppenbildung und zwar deshalb, weil sich Ideale (wie z.B. das Streben nach Selbstverwirklichung) immer in Beziehungen zu anderen Personen konkretisieren. Kentenich sieht den Berufungsweg eines Menschen dann geglückt, wenn personale und ideenmäßige Gebundenheit eine Einheit bilden, deshalb ist für ihn die Einbindung in eine konkrete menschliche Gemeinschaft von großer Bedeutung.[71]

---

69 Vgl. dazu in dieser Arbeit Teil III, Kapitel 4.2. *„Bindungsorganismus“ – ein Schlüssel für gelingendes Leben.* Im Zusammenspiel zwischen dem „natürlichen Bindungsorganismus“ (Beziehungen zu Personen, Orte, Ideen, Dinge, die Arbeit) und dem „übernatürlichen Bindungsorganismus“ veranschaulicht Kentenich: nur in der Bejahung der Bindung an die Welt, vor allem in der Bindung an die Mitmenschen liegt für Kentenich der Schlüssel für eine gesunde Bindung des Menschen an Gott. Für Kentenich sind also gesunde interpersonale Beziehungen eine Grundvoraussetzung für die Beziehung mit Gott. So werden die Bindungen an die Geschöpfe zu Gott übertragen und weitergeleitet. Kentenich spricht in diesem Kontext von der „Psychologie der Zweitursachen.“

70 KENTENICH, Krönung Mariens, 167 (Schreibweise wie im Original). Mit dem ‚persönlichen Du‘ im Sinne Kentenichs sind sowohl tragende zwischenmenschliche Beziehungen benannt als auch die persönliche Gottesbeziehung. Zentral ist für Kentenich die personale Gebundenheit nach dem „Gesetz der Übertragung“.

71 Vgl. GERBER, Zur Liebe berufen, 163-164. Bei Kentenich wird die personale und ideenmäßige Gebundenheit ergänzt durch die lokale Gebundenheit. Hier verweist er auf die Bedeutung der benediktinischen Erfahrung mit der *stabilitas loci.* Konkretion findet diese Dimension in der Schönstatt-Spiritualität in den Heiligtümern (ein Heiligtum ist eine kleine Kapelle), die von der äußeren

Insgesamt will Kentenich dem Menschen die Erfahrung ermöglichen, dass er sich persönlich von Gott geliebt und angenommen weiß. Zentral ist auch die Betonung des „Liebesplanes“ und der Terminus des „Weltgrundgesetzes der Liebe“. Alles göttliche Wirken zielt bei Kentenich letztlich darauf ab, im Menschen die Liebe zu entfachen. Der Mensch solle sich als „Lieblingsbeschäftigung Gottes“ erfahren dürfen, so Kentenich. Die personale Bindung an den personalen Gott hat Kentenich stets in den Mittelpunkt gestellt.[72]

„Den Sinn enthält das Leben einzig durch die Liebe. Das heißt: Je mehr wir zu lieben und uns hinzugeben fähig sind, desto sinnvoller wird unser Leben.“[73] Die Bindungs- und Liebesfähigkeit spielen auch in Hesses Leben und Werk eine gewichtige Rolle. Der Sinn des Lebens entscheidet sich für Hesse durch die Überwindung einer egoistischen Sichtweise und somit in der Hingabe an andere Menschen. Dies ist für Hesse nicht nur ein literarisches Ideal, sondern ein Auftrag, den es im konkreten Leben zu erfüllen

---

Architektur, sowie in der Gestaltung des Innenraumes immer gleich gestaltet sind. Hier ist der Gedanke leitend, dass egal an welchem Ort der Welt man ein „Schönstatt-Heiligtum“ betritt, sich der Eintretende beheimatet fühlt. Letztlich ging es Kentenich um seelische Beheimatung in allen Bereichen des Lebens, die er vor allem durch personale Bindungen erreichen wollte.

72 *„Da stehen wir vor dem großen Weltgrundgesetz der Liebe: Alles aus Liebe, durch Liebe, für Liebe. [...] Mein Sein und mein Leben ist eine ausgezeichnete, konkrete Anwendung des großen Weltgrundgesetzes. Ein unermeßlicher Liebesstrom fließt durch die Schöpfung, trägt sie, ist ihr letztes Ziel. [...] Ich bin eine Liebesgabe Gottes, heißt dann im einzelnen: Ich bin ein Denkmal der Liebe des göttlichen Wohlwollens, ich bin der Gegenstand der Liebe des göttlichen Wohlgefallens, ich bin eine Teilnahme an der göttlichen Liebe, ich bin ein Weckruf der göttlichen Liebe. [...] Es hat nie eine Zeit gegeben, wo Gott nicht an mich gedacht hat, und es wird nie eine Zeit geben, wo er nicht an mich denken wird. Wir müssen diese einfachen, uns so geläufigen Gedanken so ausnützen, daß sie auch immer unser Gemüt erfassen. Der Urtrieb ist der Liebestrieb, und der wird am meisten geweckt, wenn ich mich geliebt weiß, glaube und nach Möglichkeit auch fühle.“* KENTENICH, *Der heroische Mensch* (1936), in: ders., Durchblick in Texten, Band 2, 236-238.

73 Hermann HESSE, *Brief* (1956), in: ders., Mein Glaube, 122. Vgl. dazu insgesamt auch die Liebesthematik im *Siddhartha*-Roman, sowie die Darstellung in dieser Arbeit: Teil IV, *5.3.1. Siddhartha (1922) – Selbstverwirklichung durch eigene Erfahrung*

gilt. Hesse sucht immer Wege in die Mitmenschlichkeit, dabei wird immer das Handeln als das entscheidende Kriterium herausgestellt und nicht das Denken. Damit einher geht Hesses Toleranzideal, das Intoleranz und Missachtung gegenüber Andersdenkenden ablehnt, sowie Respektlosigkeit und Menschenfeindlichkeit. Hesses Humanismus wird gespeist von seinem religiösen Welt- und Menschenbild: Jeder Mensch hat für Hesse den gleichen Wert fernab von seiner Nationalität. Für Hesse ist jeder Mensch eine Erscheinungsform Gottes, deshalb ist es geboten, jedem Menschen mit Würde und Liebe zu begegnen. Unter Frömmigkeit versteht Hesse immer Hingabe und Bezogenheit auf das Ganze der Welt, Liebe ist der Kern seiner Religiosität.[74]

Gerade aber auch das Romanwerk Hesses fördert eindrücklich die Erkenntnis zu Tage: Der Individuationsprozess des Menschen vollzieht sich in der Regel durch andere Menschen, in der Beziehung und Begegnung mit konkreten Personen. Die Bindung der Protagonisten an andere Menschen in seinen Romanen ist die Grundvoraussetzung für persönliche Entwicklung und ein sinnerfülltes Leben. Seine Romane erzählen allesamt vom menschlichen Beziehungsgeschehen. Die Sinnhaftigkeit des Menschen entscheidet sich wesentlich in der Begegnung mit anderen Menschen. Natürlich lautet der nachhaltige Grundimpuls in Hesses Dichtung *„Sei Du selbst, suche dich selbst zu verwirklichen.“*[75] Aber dieser Weg zur persönlichen Identität kann immer nur über zwischenmenschliche Beziehungen und Bindungen erfolgreich realisiert werden: in dem ausführlich in dieser Untersuchung behandelten Entwicklungsroman *Demian* sind es vor allem Max Demian und Pistorius, die Emil Sinclair helfen, seinen Berufungsweg zu gehen; in der indischen Legende *Siddhartha*[76] sind es

74 Vgl. BAUMANN, *Menschsein als Aufgabe*, 60-62. So fasst Jan Rohls Hesses religiösen Weg zusammen: *„Gleichzeitig empfindet Hesse es als wahrhaft protestantisch, dass er nicht die Erkenntnis und das Dogma, sondern die Liebe und das Erlebnis zum Mittelpunkt seiner Religion erhebt. […] Er bekennt sich zu einem mystischen Christentum, verbunden mit einer indisch-asiatischen Gläubigkeit.“* ROHLS, *Hermann Hesse – Der fromme Weg zu sich selbst*, 247.

75 Hermann HESSE, Narziß und Goldmund, 272.

76 Hesse hat immer wieder betont, dass die Botschaft seiner indischen Erzählung *Siddhartha* letztlich die Liebe ist oder vielmehr die Erkenntnis, dass der Sinn des Lebens sich in der Liebesfähigkeit zu allen Dingen entscheidet. Die Liebe zu

sein Freund Govinda und der Fährmann Vasudeva, die die Hauptfigur Siddhartha in das Geheimnis der Liebe und Einheit einführen; im Krisenroman *Der Steppenwolf* wird Harry Haller durch Hermine und Pablo in Läuterungssituationen geführt, die ihn letztlich zu neuen Erkenntnissen führen (bzw. der Humor der „Unsterblichen"); und zuletzt die mittelalterliche Erzählung *Narziß und Goldmund*, in der die beiden gleichnamigen Hauptfiguren nur durch die ungeteilte Annahme des Freundes die Wirklichkeit in ihrer Ganzheit erfassen können. So kann man zusammenfassend sagen, dass nur durch die jeweils neu entwickelte Bindungsfähigkeit des Protagonisten ein inneres Wachstum und eine seelische Erneuerung eintreten kann.

Ebenso kommt es durch die Beziehungen, die die Protagonisten in ihren Romanen eingehen, zu einer Steigerung der Liebesfähigkeit. Immer wieder beschreibt Hesse das Geheimnis der Liebe, Augenblicke der Entgrenzung, die zur Einheit mit sich selbst, mit der Welt und mit Gott führen. So werden die Begegnungen mit anderen Menschen, in denen das Menschliche und die Menschlichkeit erfahrbar werden, zu einem Erfahrungsraum des Göttlichen. Gerade auch die Situationen, in denen männliche Protagonisten auf weibliche Figuren treffen, werden oft als Erfahrungen beschrieben, die einem religiösen Erlebnis gleichkommen, so z.B. wenn Sinclair im *Demian* auf Beatrice oder Frau Eva trifft oder Harry Haller im *Steppenwolf* auf Hermine.[77]

Sowohl Kentenich als auch Hesse zeigen in ihrem jeweiligen Werk auf, dass das Leben des einzelnen Menschen ohne interpersonale Beziehungen und Bindungen nicht gelingen kann. In beiden Werken kommt summarisch das

---

den Menschen bekommt eine religiöse Dimension, menschliche Beziehungen vermitteln den Weg zur Einheit, zum Göttlichen. Stefanie Bergold geht sogar so weit, dass sie die These aufstellt, dass Hesse die Liebe und die Liebesfähigkeit des Menschen in all seinen Werken thematisiert und oben anstellt. Vgl. Stephanie BERGOLD, Das west-östliche Lebensprinzip in Hermann Hesses Werk. Eine Antwort auf existentielle Fragen, Bremen [5]2011, 63.

77 Zu den Themenbereichen Bindungen und Liebesfähigkeit in Hesses Werk insgesamt vgl. die Monographie: DANIEL MUCH, Die Rolle der Liebe im Kontext der Selbstwerdung in ausgewählten Erzählungen Hermann Hesses, Norderstedt 2010.

zur Sprache, was Martin Buber mit dem Wort „*Am Du zum Ich werden*"[78] ausgesagt hat. Auf vielfältige Weise haben beide Autoren diese Maxime in ihr jeweiliges Werk übersetzt und wollen so der Bindungslosigkeit des modernen Menschen entgegenwirken.

Fazit: In beiden Werken werden sowohl die Bindungsfähigkeit als auch die Liebesfähigkeit als die zentralen Eigenschaften des Menschen vorgestellt, die ihn überhaupt erst zum Menschen machen und ihm die Menschlichkeit als zentralen Wert eröffnen. Im Selbstverwirklichungsprozess ist der Mensch eben nicht nur auf sich selbst verwiesen, sondern auch auf seine soziale Umwelt. So vollzieht sich die ganzheitliche Selbstverwirklichung im Sinne Kentenichs und Hesses vor allem auch durch interpersonale Beziehungen und Bindungen. Die darin erfahrene zwischenmenschliche Liebe hat für beide Autoren den Zweck, die Bindungs- und Liebesfähigkeit des Menschen zu steigern. Dabei ist für beide Autoren entscheidend, dass gerade durch die Bindung an die Welt (vor allem eben durch die menschlichen Beziehungen) gleichzeitig die Bindung an Gott ermöglicht und gefestigt wird. Ziel dieser immer wieder thematisierten Bindungs- und Liebesfähigkeit ist es, die Möglichkeit einer Beheimatung im Mitmenschen sowie in Gott für den einzelnen Menschen aufzuzeigen.[79]

---

78 Das Werk des jüdischen Religionsphilosophen *Ich und Du* erschien 1923 und kann ebenfalls als ein Bekenntnis zur Bindungsfähigkeit gelesen werden. Auch Buber beschreibt durch das „personale Du" die Doppelstruktur von menschlicher und göttlicher Wirklichkeit in menschlichen Bindungen.

79 So schreibt Hesse über die Liebe bzw. über die Gabe der Liebesfähigkeit: *„Es ist ein merkwürdiges, doch einfaches Geheimnis der Lebensweisheit aller Zeiten, daß jede kleinste selbstlose Hingabe, jede Teilnahme, jede Liebe uns reicher macht, während jede Bemühung um Besitz und Macht uns Kräfte raubt und ärmer werden läßt. […] Ihr mögt es mit Jesus halten oder mit Plato, mit Schiller oder mit Spinoza, überall ist das die letzte Weisheit, daß weder Macht noch Besitz noch Erkenntnis selig macht, sondern allein die Liebe. Jedes Selbstlossein, jeder Verzicht aus Liebe, jedes tätige Mitleid, jede Selbstentäußerung scheint ein Weggeben, ein Sichberauben, und ist doch ein Reicherwerden und Größerwerden und ist doch der einzige Weg, der vorwärts und aufwärts führt."* Hermann HESSE, *Zu Weihnachten* (1907), in: ders., Sämtliche Werke, Band 13, Volker MICHELS (hrsg.), Frankfurt am Main [2]2021, 163.

1.5. Das Weibliche: Die Bedeutung des weiblichen Prinzips für den Zugang zur Transzendenz

Kentenichs Leben ist geprägt von einer Urerfahrung, es ist die Weihe an die Gottesmutter Maria vor dem Eintritt ins Waisenhaus in Oberhausen, weil seine leibliche Mutter nicht mehr für ihn sorgen kann.[80] Die ganze Fruchtbarkeit seiner Arbeit bringt Kentenich immer wieder mit dieser Urerfahrung in Verbindung. Dieser Akt der Ganzhingabe an Maria hat Kentenich im Laufe seines Lebens immer wieder erneuert und aktualisiert. Im „Liebesbündnis" geht es um eine Vertiefung der religiösen Hingabe. Daraus entsteht in der Spiritualität Schönstatts das „Liebesbündnis" mit Maria, das geschlossen wird mit dem Gebet der „Kleinen Weihe":

> *„O meine Königin, o meine Mutter!*
> *Dir bringe ich mich ganz dar;*
> *Und um dir meine Hingabe zu bezeigen,*
> *weihe ich dir heute meine Augen, meine Ohren,*
> *meinen Mund, mein Herz, mich selber ganz und gar.*
> *Weil ich also dir gehöre, o gute Mutter,*
> *so bewahre mich, beschütze mich als dein Gut*
> *und dein Eigentum. Amen.*[81]

Im „Liebesbündnis" machen die Menschen Maria sich zu ihrer Bündnispartnerin. Maria ist Vorbild, dennoch blickt der Mensch durch Maria mit einer weiblich-marianischen Perspektive auf Gott. Der „Gott des Lebens" hat auch mütterliche Züge, er zeigt sich auch in Maria. Maria verweist auf den „Gott des Lebens". Die Offenheit Mariens in der Stunde der Verkündigung ist für Kentenich Urbild und Ausdruck der Empfangsbereitschaft für die Offenbarung, für Gottes Nähe und seine Pläne. Durch die

---

80 Vgl. dazu das Kapitel *Ein Schlüsselerlebnis*, in: SCHLICKMANN, Die verborgenen Jahre, 104-111.

81 Kleine Weihe, Gebet 4, in: Das Blaue Liederbuch „Neue Gemeinschaft", Vallendar-Schönstatt ^{2}2008, 205. Vgl. ebenso: Lothar PENNERS, Paul VAUTIÉR, Artikel *Kleine Weihe*, in: Schönstatt-Lexikon, 202-203. Das Gebet stammt von dem Jesuiten und Physiker Nicolá Zucchi, der es etwa 1666 verfasste.

Bindung an Maria soll der Mensch ein marianischer Mensch werden, der offen ist für das, was Gott mit ihm vorhat.[82]

„Die Gottesmutter ist schlechthin der Schnittpunkt zwischen Diesseits und Jenseits, zwischen Natur und Übernatur.“[83] So schreibt Kentenich rückblickend über seine Jugendkämpfe, er bezeugt, dass die Bindung zu Maria ihn getragen habe, sie schenkt ihm Geborgenheit. Die Beziehung mit Maria verleiht ihm seelisches Gleichgewicht. Er erlebt Maria als integrative Kraft. Die organische Denkweise wurde Kentenich über die Beziehung zu Maria ermöglicht, durch sie kann er die großen Polaritäten des Lebens vereinen. Kentenich ist davon überzeugt, dass Maria starken Einfluss auf die unbewussten Schichten des Menschen hat: Sie öffnet das Unbewusste für das Göttliche. Aus ihrer objektiven Stellung als Mutter und Erzieherin Jesu Christi und damit aller Christen ergibt sich die Bedeutung einer originellen Marienverehrung.[84]

---

82 Vgl. dazu das Kapitel *Lebensvorgang Maria*, in: KING, Gott des Lebens, 61-84. Ebenso vgl. dazu in dieser Arbeit Teil III, Kapitel 2.4. *Das „Liebesbündnis“ – Eine Spiritualität der Bindungen*

83 Joseph KENTENICH, *Zur Studie Gründer und Gründung* (1955), in: ders., Kentenich-Reader, Band 1, 21.

84 Vgl. das Kapitel *Kernerlebnis Maria*, in: SCHLICKMANN, Die verborgenen Jahre, 248-251. Kentenich schreibt über den gottgewollten Sinn seiner Leiden in der Jugend wie folgt und erkennt darin seine Sendung: *„Es ist ein überaus großes Geschenk, was der liebe Gott mir gegeben hat: die organische Denkweise im Gegensatz zur mechanistischen Denkweise. Das ist der persönliche Kampf meiner Jugend gewesen. Meine Kämpfe sind eigentlich die Kämpfe gewesen, die das Abendland jetzt durchführt. Er ließ mich durchkämpfen, was das heutige Abendland bis in die tiefsten Wurzeln erschüttert. Der liebe Gott hat mir einen klaren Verstand gegeben, so dass ich jahrelang Glaubenskämpfe durchmachte. Was mir in all den Jahren den Glauben bewahrt hat, war eine tiefe, schlichte Marienliebe. Marienliebe schenkt an sich immer diese organische Denkweise. Die Kämpfe haben aufgehört, als ich Priester wurde und ich die Welt, die ich in mir trug, zu formen und zu gestalten wusste. […] Das ist auch der Grund, warum ich die moderne Seele so gut verstehe, das, was im Abendland so viel Unheil anrichtet. Wem ich das alles zu verdanken habe? Das ist von oben her, zweifellos von der Gottesmutter, das große Geschenk.“* Joseph KENTENICH, *Vortrag in Bellavista/Chile vom 31. Mai* (1949), in: ders., Kentenich-Reader, Band 1, 215.

Hesses Verhältnis zu seiner Mutter Marie Hesse war sehr belastet. Sie liebt ihre Kinder als Geschöpfe Gottes, verweigert sich aber, wenn es um Berührung und Sinnlichkeit ging. Marie Hesse gab ihrem heranwachsenden Sohn Hermann nicht die Aufmerksamkeit und Zärtlichkeit, die er brauchte. Die Interessen der Mutter und ihrem Sohn gehen oft weit auseinander, sie streiten sich oft, weil der Sohn den Willen der Eltern boykottiert. Auch wenn Marie Hesse in ihrer Jugend selbst von einer leidenschaftlichen Liebe zur Poesie erfüllt war, verachtet sie später den Wunsch des Sohnes, Dichter zu werden. Sie übt Kritik an Hesses ersten Buchveröffentlichungen, was ihn so tief trifft, dass er sogar der Beerdigung der Mutter im Jahre 1902 fernblieb. Hesses Verhältnis zu seiner Mutter war bestimmt von Entbehrungen, Verletzungen und mangelnder Anerkennung. Es war eine Mutterliebe, die im Keim erstickt wurde und nie richtig fließen konnte, dies prägt auch nachhaltig seine Schreibkunst, die diesen Mangel kompensiert.[85]

Durch seine psychoanalytischen Behandlungen ausgelöst, kommt es in dem Roman *Demian* mit der Figur der Frau Eva zur Auseinandersetzung mit dem mütterlichen Ursprung der Natur und des Lebens. Hesse begibt sich so ins Reich der Mütter, das Unbewusste wird zur Stimme des Ewig-Weiblichen. Hesse weiß durch die Lehre Jungs um die Notwendigkeit der Auseinandersetzung mit dem „Anima-Archetypus", die weibliche Seite in der männlichen Psyche. Durch sein Elternhaus, so auch vor allem durch die Erziehung seiner Mutter bedingt, war das Triebhafte als der Gegenpol zum Geist abgewertet. Durch sein eigenes Schreiben, das auch eine therapeutische Funktion hatte, kann die Polarität seiner Seele überwunden werden. Nun lernt er das Triebhafte, dem er zuvor oft nur mit Schuldgefühlen begegnet war, in sein Leben zu integrieren. Auch bei Hesse haben die Mütter und Frauen in seinen Romanen immer eine integrative Kraft. Die Protagonisten, die in der Regel von einer inneren Polarität zerrissen sind, können durch die Begegnung mit dem Weiblichen eine Annäherung an die Einheit und Ganzheit ihrer Seele vollziehen.[86]

---

85 Elke MINKUS, *„Mutterspuren" in Hermann Hesses Werk*, in: Michael LIMBERG (hrsg.), Hermann Hesse und die Psychoanalyse. „Kunst als Therapie", Bad Liebenzell/Calw 1997, 78-88.

86 MINKUS, *„Mutterspuren"*, 90-91. Diesen Entwicklungsprozess beschreibt der Ich-Erzähler im Demian wie folgt: *„Liebe war nicht mehr tierisch dunkler Trieb, wie*

Die Zusammenschau beider Biographien lässt erkennen, dass beide Autoren einen Mangel, ein Defizit an Beziehung und Liebe durch ihre jeweilige reale Mutterbeziehung erfahren haben. Diese Leerstelle des Mütterlichen und Weiblichen wird bei beiden Autoren auf unterschiedliche Weise gefüllt. Kentenich führt eine spirituelle Beziehung mit der Gottesmutter Maria, Hesse setzt sich in seiner Literatur immer wieder mit dem „Archetyp der Anima", sowie dem „Archetyp der Großen Mutter" auseinander. Auf einer unbewussten Ebene kommen dadurch sowohl Kentenich als auch Hesse mit ihrer weiblichen Seite der Seele in Kontakt. Durch diesen Vorgang kommt es bei beiden Autoren zu einer Art Heils- und Ganzheitserfahrung, eine seelische Balance zwischen Trieb und Geist, zwischen Natur und Übernatur wird nun möglich. Das Weibliche wird so zum großen Vermittlungsprinzip der Gegensätze (zwischen Unbewusstem und Bewusstsein) und dadurch gleichzeitig auch zu einem Zugang zur Transzendenz. So schreibt Hugo Ball über Hesses „Anima"-Auseinandersetzung, die er vor allem während der Entstehungszeit des *Demian* vollzog: „*‚Demian' […] ist ein Sang von der Gewalt des Muttertums, ein Sang von den Wurzeln des Menschenwesens. […] man kann nicht bestreiten, daß alles irdische, bild- und triebhafte Leben, daß alles kreatürliche und phantastische Wesen der Welt bei den Müttern seinen Ursprung hat und seinen Beschluß.*"[87]

Beide Autoren wachsen im Kaiserreich und damit in einer patriarchalischen Gesellschaft auf.[88] Der Mann war das uneingeschränkte Oberhaupt in

ich sie beängstigt im Anfang empfunden hatte, und sie war auch nicht mehr fromm vergeistigte Anbeterschaft, wie ich sie dem Bilde der Beatrice dargebracht. Sie war beides, beides und noch viel mehr, sie war Engelsbild und Satan, Mann und Weib in einem, Mensch und Tier, höchstes Gut und äußerstes Böses." HESSE, Demian, 132. Die Erfahrung von Archetypen wird von Jung oft auch mit den Begriffen „mysterium tremendum" (Schauder, Furcht) und „mysterium fascinosum" (Anziehung) beschrieben, dies kommt auch im vorangestellten Zitat zum Ausdruck.

87 BALL, Hesse, 125.

88 Es wurde bereits in Teil II, 2. Kapitel *Künstlerische Perspektive – Die Bewegung des Expressionismus* darauf verwiesen, dass die junge Generation im Kaiserreich gegen das Patriarchat revoltierte und der Dominanz der Väterwelt mit Verachtung begegnete. Gerade auch in der Kunst und in der Literatur des Expressionismus fand deswegen eine Hinwendung zur Mutterwelt, zum Prinzip des Weiblichen statt.

einer Familie, die Frau war dem Mann untergeordnet. Diese tiefenpsychologische Wirklichkeit,[89] dass eben beide Pole in jedem Menschen wirksam sind, dies wurde zu Zeiten des Kaiserreichs in keiner Weise berücksichtigt. Kentenich und Hesse wollen neue Wege aufzeigen, indem sie durch ihre jeweiligen Werke immer wieder Zugänge zur weiblichen Seite der Wirklichkeit schaffen. Dass beide Autoren dem weiblichen Prinzip einen hohen Stellenwert in ihrem Werk einräumen, zeigt sich auch unter anderem darin, dass beide unentwegt mahnen, dass das menschliche Leben nur dann gelingen kann, wenn es von Hingabe (gesteigert: Ganzhingabe), Dienen und letztlich von der Liebe getragen ist. Alle drei Begriffe bezeugen eine Akzentuierung des weiblichen Prinzips.

Fazit: Beide Autoren teilen die Erfahrung, dass die reale Mutterbeziehung eine innerseelische Leerstelle hinterlässt. Dies ist der Grund, warum die Themen Frau, Mutter und Weiblichkeit insgesamt einen so hohen Stellenwert in ihren jeweiligen Werken einnehmen können. Durch ihre jeweiligen Erfahrungsräume mit dem Weiblichen (Kentenich durch das „Liebesbündnis" mit Maria; Hesse durch seine Literatur, durch die er Erfahrungsräume mit dem Weiblichen gestaltet) kommt es bei beiden Autoren zur seelischen Balance zwischen Trieb und Geist, zwischen Natur und Übernatur. Durch die Negativerfahrungen in ihrer Jugend haben sowohl Kentenich als auch Hesse am eigenen Leib erfahren, was es

89 Im Rahmen der Lehre von C. G. Jung hat die Auseinandersetzung mit der „Syzygie", gemeint sind die beiden Archetypen der „Anima (Mutterarchetypus)" und des „Animus (Vaterarchetypus)", eine hohe Bedeutsamkeit. Beide Archetypen verkörpern das jeweilige gegengeschlechtliche Potential, das im Laufe des Individuationsprozesses immer wieder neu integriert werden muss. Die „Anima" bezeichnet die weiblichen Wirkkräfte in der Seele des Mannes, der „Animus" bezeichnet die männlichen Wirkkräfte in der Seele der Frau. Vgl. ROTH, C. G. Jung verstehen, 123-155. Die Schweizer Psychologin Verena Kast betont in diesem Kontext im Sinne Jungs, dass den beiden Archetypen eine transzendente Dimension innewohnt, eine Sehnsucht nach dem ganz Anderen, so schreibt sie, 210: *„Die Sehnsucht, das Begehren, wird belebt von einem Absoluten her, von etwas, das wir mit Ganzheit, mit Heimat, mit Unsagbarem in Verbindung bringen können. Es geht von dieser Idee des Ganzen aus, die uns zieht und dynamisiert."* Vgl. dazu die beiden Kapitel *Anima und Animus bei Mann und Frau* sowie *Anima und Animus: Archetypen der Bindung und der Beziehung*, in: Verena KAST, Paare. Wie Phantasien unsere Liebesbeziehung prägen, Freiburg 2015, 200-204.

bedeutet, wenn einseitig patriarchalische Strukturen das Leben bestimmen. Die tiefenpsychologische Wirklichkeit, dass eben beide Pole in jedem Menschen wirksam sind, dies wurde zu Zeiten des Kaiserreichs in keiner Weise berücksichtigt. Gegen diese verkürzte Sichtweise wehren sie sich und bauen dem Weiblichen literarische und religiös-spirituelle Altäre.[90] Ganzheitliche Selbstverwirklichung im Sinne Kentenichs und Hesses meint dann die Auseinandersetzung und Integration des gegengeschlechtlichen Seelenanteils. Durch die Annahme des ganz Anderen kann die Erfahrung von seelischer Ganzheit vollzogen werden.

1.6. Die göttliche Vorsehung und der Glaube an die Einheit: Wirkungen und Erkenntnisquellen des Göttlichen in der Welt

Es ist der verbindende Glaube[91] dieser beiden Autoren, dass jeder Mensch mit seinem Wesen in Gott gründet und deshalb eine individuelle Bestimmung besitzt, so schreibt Hesse: *„Dieser Gedanke ist ja auch die Grundlage unseres ganzen religiösen Fühlens und Denkens. Jede höhere und lebensfähige Religion, jede künstlerisch-schöpferische Weltanschauung hat als einen ihrer ersten Grundsätze die Überzeugung von der Würde und geistigen Bestimmung des Menschen, den Menschen schlechthin.“*[92]

90 So ist abschließend aber auch zu sagen, dass Kentenich und Hesse die beiden Prinzipien nicht gegeneinander ausspielen wollen oder die männliche Seite des Lebens abwerten wollen. Sie betonen die Synthese, die Balance aus männlichen und weiblichen Wirkkräften, die das menschliche Leben bestimmen. So kann bei aller Betonung des weiblichen Prinzips Kentenichs Werk ebenso summarisch als ein großer Lobgesang auf den liebenden Vatergott gelesen werden, auch der Weg mit Maria im „Liebesbündnis" hat immer die Einheit mit dem Vater(gott) zum Ziel. Ebenso verfolgt Hesse in seinem Spätwerk eher einen gewissen Logozentrismus, indem er dem Geist, der immer eine männliche Konnotation besitzt, im *Glasperlenspiel* und in dem darin enthaltenen Gedicht *Stufen* eine besondere Bedeutung beimisst, so heißt es dort in der 2. Strophe *„Der Weltgeist will nicht fesseln uns und engen / er will uns Stuf' um Stufe heben, weiten."* Hermann HESSSE, *Stufen* (1941), in: ders., Sämtliche Werke, Band 10, 366.

91 Als Maßstab des Vergleichs gilt hier Hesses Glaube an ein „mystisches Christentum", so wie er ihn ab den 1930er Jahre immer wieder artikuliert hat. Hesse lehnte die christlich institutionellen Kirchen ab.

92 Hermann HESSE, *Über Tolstoi und Rußland* (1915), in: ders, Sämtliche Werke, Band

Bei Hermann Hesse findet sich vor allem der Gedanke der Einheit, wenn er seine religiöse Glaubensüberzeugung zum Ausdruck bringen möchte: *„Ich glaube an nichts in der Welt so tief, keine andere Vorstellung ist mir so heilig wie die der Einheit, die Vorstellung, daß das Ganze der Welt eine göttliche Einheit ist […].“*[93] Bei Kentenich gipfelt seine religiöse Überzeugung in seiner Konzeption der göttlichen Vorsehung. Geschichte wird von Kentenich vorsehungsgläubig gefasst als Selbstmitteilung Gottes. Hier kommt vor allem auch sein starkes Vertrauen auf den liebenden Vatergott[94] zum Ausdruck. Letztlich verfolgen beide Autoren ein integrales Denken, dass sich um eine umfassende Sicht des Menschen und der Welt bemüht, darin eingeschlossen auch die geistig-religiöse Dimension.[95]

17, Volker MICHELS (hrsg.), Frankfurt am Main ²2022, 501. Zur Berufung bei Kentenich, vgl. das Kapitel *Göttliches Wirken: Berufung als Lebensmitteilung des dreieinen Gottes*, in: GERBER, Zur Liebe berufen, 193-202.

93 HESSE, *Über die Einheit* (1923), in: ders., mein Glaube, 20.

94 Auch in Hesses Werk finden sich immer wieder Passagen, die deutlich machen sollen, dass alles, was dem Menschen widerfährt, aus Gottes Hand kommt. Fast schon biblisch muten die folgenden Zeilen des *Knulp*-Romans an und erinnern an die Aussage von Mk 1,11 (*„Du bist mein viel geliebtes Kind“*): *„‚Sieh‘, sprach Gott, ‚ich habe dich nicht anders brauchen können, als wie du bist. In meinem Namen bist du gewandert und hast den seßhaften Leuten immer wieder ein wenig Heimweh und Freiheit mitbringen müssen. In meinem Namen hast du Dummheiten gemacht und dich verspotten lassen; ich selber bin in dir verspottet und bin in dir geliebt worden. Du bist ja mein Kind und mein Bruder und ein Stück von mir, und du hast nichts gekostet und nichts gelitten, was ich nicht mit dir erlebt habe.“* Hermann HESSE, Knulp (1915), Frankfurt am Main 1988, 123. Dieses Zitat bezeugt eindeutig, dass Hesse wohl auch zu einem personalen Gottesbild Zugang hatte, da er in diesen Romanzeilen Gott mit sehr anthropomorphen (menschlich-personalen) Zügen gestaltet und darstellt.

95 Für beide Autoren ist die Liebe zum eignen Schicksal die Grundvoraussetzung, um an eine göttliche Vorsehung bzw. an eine göttliche Einheit glauben zu können. So schreibt Hesse: *„Schicksal kommt von Gott, und wenn wir nicht lernen, es als göttlich, als heilig und weise anzuerkennen, wenn wir es nicht lieben und erfüllen lernen, dann sind wir unterlegen. […] Aufrichtigkeit ist eine gute Sache, aber sie ist wertlos ohne die Liebe. Liebe heißt jede Überlegenheit, jedes Verstehenkönnen, jedes Lächelnkönnen im Schmerz. Liebe zu uns selbst und unserem Schicksal, herzliches Einverstandensein mit dem, was das Unerforschliche mit uns will und plant, auch wo wir es noch nicht übersehen und verstehen können, – das ist unser Ziel.“*

Die Konzeption der Vorsehung bei Kentenich ist letztlich auch ein Einheitsdenken, das sich aus der „sapiential-ordinativen Vorsehungslehre" des Thomas von Aquin ableitet. Durch den *„Concursus-divinus"*-Gedanken kann das Wirken Gottes in der Welt als eine Kreisbewegung verstanden werden. Alles, was Gott gedacht und hervorgebracht hat, ordnet Gott gleichzeitig auch wieder auf ihn hin. Gott ist also das eingestiftete Ziel aller Schöpfung. Somit wird das Band zwischen Schöpfer und Geschöpf, bei aller bestehenden Seinsdifferenz, möglichst eng geknüpft durch die thomanische Zweitursachenlehre, die Kentenich in seinem Werk adaptiert.[96]

Hesse dagegen verfolgt oft auch ein Alleinheitsdenken,[97] bei dem die Grenzen zwischen dem göttlichen Ursprungsprinzip und der Schöpfung (Welt/

Hermann HESSE, *Der Weg der Liebe* (1918), Sämtliche Werke, Band 15, 214. Wenn man in dem Zitat *„das Unerforschliche"* mit *„der Unerforschliche"* ersetzen würde, könnten diese Sätze genauso gut aus der Feder Kentenichs stammen, sie sind inhaltlich auch mit seinem Denken konvergent. Auch Kentenich thematisiert diese an die Theodizee angrenzende Thematik: Auch wenn der Mensch leiden muss, großen Widrigkeiten ausgesetzt ist, hinter der Geschichte steht immer der Liebesplan Gottes, dieses *„Einverstandensein"* spiegelt Kentenichs Grundvertrauen in die göttliche Allmacht.

96 Vgl. dazu in dieser Arbeit Teil III, Kapitel 3.1 *Die Theologie des Vorsehungsglaubens*. Durch die Zweitursachenlehre betonen Thomas und Kentenich gleichermaßen, dass Gott vor allem vermittelt durch den Menschen in die Welt hineinwirkt, so verleihen sie ihm eine exklusive Stellung im Heilsplan. Entsprechend führt Kentenich in diesem Kontext dazu aus: *„Gewiss liegen diese Züge auch in dem ganzen Komplex Vorsehung Gottes. Er erhält und regiert die Welt. Aber er tut es durch Zweitursachen (causa secundae). Dafür gab er dem Menschen den Verstand und freien Willen, damit er im Dienste Gottes mitverantwortlich die Regierung der Welt ausübe. Es ist sogar die typische Stellung des Menschen im Ganzen des Kosmos nur von hier aus zu verstehen. Gott will auch nicht unmittelbar eingreifen, wenn der Mensch etwas falsch gemacht und verdorben hat. Wie ein guter Werkmeister seine Lehrjungen und Gesellen das, was sie schlecht gemacht haben, selbst in Ordnung bringen lässt, so will die Vorsehung Gottes uns nicht von dieser verantwortlichen Aufgabe entbinden, und die Kraft eines religiösen Denkens zeigt sich in dieser Bereitschaft zur Wahrnehmung der Eigenverantwortlichkeit. Auch Gott schaltet die Mitbestimmung und Mitverantwortlichkeit des einzelnen Menschen nicht aus."* Joseph KENTENICH, *Studie* (1964), in: ders., Durchblick in Texten, Band 7, 342.

97 Es soll hier noch mal in Erinnerung gerufen werden, dass der Begriff der Einheit als zentrale Gottesvorstellung bei Hesse vor allem auch eine therapeutische

Mensch) völlig verschwimmen, so zum Beispiel im indischen Einheitsdenken („Atman-Brahman“) oder im philosophischen Daoismus („Dao“), beiden Lehren hing Hesse phasenweise sehr stark an.[98] Gleichzeitig finden sich auch immer wieder Stellen und Passagen in Hesses Werk, in denen er eine christliche Metaphysik vertritt und eine absolute Seinsdifferenz zwischen Schöpfer und Geschöpf, zwischen Gott und Mensch formuliert. *„Das vollkommene Sein ist Gott. Alles andere, was ist, ist nur halb, nur teilweise, es ist werdend, ist gemischt, besteht aus Möglichkeiten. Gott aber ist nicht gemischt, er ist eins.“*[99]

Ferner teilen beide Autoren die Überzeugung, dass der Glaube, die religiöse Wirklichkeit, immer mit dem konkreten Leben verknüpft sein muss. Dies zeigt sich bei Kentenich auch darin, dass er nur selten von der Idee der Vorsehung spricht, sondern meist vom „praktischen Vorsehungsglauben,“ in diesem Begriff spiegelt sich genau die von Kentenich intendierte Verschränkung von Theorie und Praxis.[100] Ebenso betont Hesses Werk die Verschränkung von Idee und Leben, so schreibt er beispielsweise im

---

Funktion hatte, um die Gespaltenheit seiner Seele aufzuheben. Letztlich verhalf der Einheitsbegriff Hesse zu einem heilsamen und versöhnten Umgang mit der Polarität des Lebens. Dies wird zum Beispiel auch sehr anschaulich an der gnostischen Gottheit Abraxas, die Hesse in seinem Roman *Demian* einarbeitet: *„Es scheint aber, daß Abraxas viel mehr bedeutet. Wir können uns den Namen etwa denken als den einer Gottheit, welche die symbolische Aufgabe hatte, das Göttliche und das Teuflische zu vereinigen.“* HESSE, Demian, 129.

98 Dieses Alleinheitsdenken Hesses indischer oder chinesischer Prägung bildet einen Gegensatz zur christlichen Schöpfungstheologie, da hier die Transzendenz Gottes vollkommen erhalten bleibt. Beim Alleinheitsdenken, wie Hesse es verfolgte, geht die Transzendenz Gottes in der Immanenz auf, Gott und Welt werden als identisch gedacht.

99 HESSE, Narziß und Goldmund, 292.

100 Wesentlich ist für Kentenich, dass der Mensch die Wirklichkeit Gottes als etwas begreift, was konkret Einfluss nehmen kann auf das menschliche Leben, so schreibt Kentenich: *„Und der Vorsehungsglaube sagt uns ein Doppeltes: Das ist uns geläufig, er sagt uns, Gott lenkt die Welt. Der Vorsehungsglaube sagt uns zweitens aber auch, Gott greift ein in das Weltgeschehen. Das ist ein großer Unterschied, (nicht nur zu glauben, daß Gott die Welt lenkt, sondern auch, daß er eingreift).“* KENTENICH, Krönung Mariens, 234.

Demian: „*Nur das Denken, das wir leben, hat einen Sinn.*“[101] So wird deutlich, dass die denkerische Spekulation und Annäherung an Gott bzw. an das Göttliche bei beiden Autoren sehr wohl einen entsprechenden Raum im jeweiligen Werk einnimmt, aber letztlich nachgeordnet bleibt. Die Gottesfrage besitzt bei beiden Autoren zuallererst eine lebenspraktische Relevanz. So spiegelt sich in den beiden Begriffen (Vorsehung und Einheit) das gemeinsame Anliegen beider Autoren, dass sie die Widersprüchlichkeit, die Unvollkommenheit und das Leid der Welt, sowie die Widrigkeiten und Dualitäten des Lebens letztlich aufgehoben wissen wollen in einer göttlichen Einheit (Hesse) bzw. göttlichen Liebe (Kentenich). Beide Autoren wollen den Menschen von der Angst befreien und in ein größeres Vertrauen einführen. Hesse führt dazu aus:

> „*Der Grund des Glaubens und Lebensgefühl beim Frommen ist die Ehrfurcht. Sie äußert sich unter andrem [...] in dem Glauben an eine überrationale Weltordnung. Der Fromme schätzt in der Vernunft zwar eine hübsche Gabe, sieht in ihr aber nicht ein zulängliches Mittel zur Erkenntnis [...]. Der Fromme flüchtet, wenn das Grauen vor Tod und Vergänglichkeit ihn faßt, in den Glauben, daß der Schöpfer (oder die Natur) seine Zwecke auch mit diesen und erschreckenden Mitteln anstrebe und sieht nicht im Vergessen oder Bekämpfen des Todesgedankens eine Tugend, sondern in der schauernden, aber ehrfürchtigen Hingabe in einen höheren Willen. [...] Doch erlebt der Fromme in seltenen hohen Augenblicken auch den Blitz jenes geistigen Erlebnisses, das ihm den Glauben gibt, daß auch alle Fanatismen und Wildheiten der Vernünftigen, alle Kriege, alle Verfolgungen und Knechtungen im Namen hoher Ideale am Ende Gottes Zwecken dienen müssen.*“[102]

101 HESSE, Demian, 87.

102 HESSE, *Ein Stückchen Theologie*, 71. Dieses Zitat spiegelt auch das Denken Kentenichs wider, wenn es darum geht, das Leid mit der Vorsehung Gottes zu vereinbaren. Entsprechend schreibt Kentenich: „*Von ihm* [gemeint ist Gott] *sind zunächst alle Faktoren weise vorgesehen und bestimmt, geordnet und zugewiesen, die fähig sind, die Persönlichkeit mitzuformen. Sie heißen: Bedürfnisse des Leibes und der Seele, Sehnsüchte des Herzens, Verhältnisse in Natur und Umgebung, in Gesellschaft und Zeitgeschichte, ererbte und erworbene Anlagen und Erlebnisse sowie Spannungen zwischen Natur und Gnade, zwischen Mensch und Mensch,*

Kentenich war ein großer Deuter der „Zeit-, Sein-, und Seelenstimmen", für ihn war das Leben eine einzige Spurensuche nach Gott. Hesse war ebenso ein großer Gottsucher, auch er hatte diesen religiösen Impetus, sein Leben immer wieder auf die Zeichen der Gegenwart Gottes zu durchleuchten und zu deuten. Seine ganze Existenz hat Hesse letztlich als Gabe einer höheren Macht verstanden, als ein „Geführtwerden" von einer göttlichen Instanz:

> *„Alle Begnadungen, die ich erfuhr*
> *Stunden von Liebe, Stunden von Geist beseelt,*
> *Wurden Gestalten, stehen bewahrt und gezählt*
> *Zeichnen mir durch mein Leben die Gottesspur."*[103]

Kentenich formuliert im Rahmen seines „praktischen Vorsehungsglaubens" die spezifischen Erkenntnisquellen, durch die der „Gott des Lebens" sich mitteilt und dem Menschen seine Absichten offenbart, diese sind: die „Zeitenstimmen", die „Seinsstimmen", sowie die „Seelenstimmen". Menschliches Leben wird somit zur Spurensuche Gottes, es ist die entscheidende Herausforderung des Menschen, das Wirken Gottes in der Geschichte und im Heute ablesen zu können.[104]

> *„Es handelt sich letztlich um eine Unmittelbarkeit zu Gott hin, in der die Wirkung Gottes durch Zweitursachen an einzelnen Stellen in den Dienst seiner unmittelbaren Kommunikation genommen wird. Gott*

---

zwischen Ideal und Wirklichkeit, zwischen Natureroberung und persönlicher Begrenztheit. Man mag sie einzeln nehmen oder in ihrer Gesamtheit: sie sind in ihrer konkreten Form Ausfluß des bestimmenden, fügenden oder zulassenden göttlichen Willens. Sie sind alle im göttlichen Weltenplan vorgesehen und werden samt und sonders hingeordnet auf das festgelegte Ziel der göttlichen Weltregierung. Sie fügen sich Glied an Glied ineinander wie Muster eines vollendeten Teppichs, wenn auch die linke Seite ein verworrenes und verwirrendes Durcheinander, ein unentwirrbares Knäuel darstellt." KENTENICH, Oktoberbrief, 32.

103 Hermann HESSE, *Kranken-Nacht* (1941), in: ders., Sämtliche Werke, Band 10, 368.

104 Vgl. dazu in dieser Arbeit Teil III, Kapitel 3.2.1. *Eine Spurensuche nach Gott: die Erkenntnisquellen.* Auch Hesse spricht immer wieder vom lebendigen Gott, der sich auf vielfältige Weise mitteilt, so führt er dazu aus: *„Ich werde nach wie vor an den lebendigen Gott glauben, und werde von seiner Existenz gerade darum stets überzeugt sein, weil er sich nicht einmal und irgendwo offenbart hat, sondern hundertmal und in hundert Formen, Bildern und Sprachen."* Hermann Hesse, *Brief* (1950), in: ders., Mein Glaube, 114.

kann das religiöse-seelisch ‚Stimmige' auch durchbrechen und Dinge auferlegen und sagen, die mir schwer fallen und zuwider sind. Bei denen ich, manchmal in einem längeren Prozess, am Ende aber doch innerlich Ja sagen muss und es auch kann, es jedenfalls als Untreue auffassen würde, wenn ich es nicht täte. Ebenso kann Gott natürlich auch das seelisch Nicht-Stimmige durchbrechen. [...] Glaube wird zum Wagnis. Ich muss meinen Deutungen letztlich glauben, mich für sie entscheiden. Das Wagnis des Glaubens ist ein Wagnis der Deutung. Dieser Glaube ist Entscheidung, ‚Sprung', Ausdruck des Willens. Er ist aber nicht etwas einseitig Irrationales. Er ist überrational, pflanzt sich in die irrational-rationale Ganzheit des Menschen ein und kommt aus dieser. [...] Hinter den Deutungen des gläubigen Menschen steht, ihn entlastend, Gott, der selbst falsche Deutungen in seinen Plan mit dem Menschen aufnehmen kann und auf krummen Zeilen gerade schreibt. Leider ist dies nicht immer so leicht erkennbar."[105]

Des Weiteren bestimmt für Kentenich die objektive Seinsordnung als Ausdruck des göttlichen Plans das Wollen und Handeln des Menschen. Die Schöpfung, Sein und Sollen werden immer zusammengedacht, die Schöpfung wird zur Norm für das Handeln des Menschen nach dem scholastischen Axiom „*Ordo essendi est ordo agendi*". Damit bekommt der Vorsehungsplan zugleich eine ethische Komponente zugesprochen. Der „praktische Vorsehungsglaube" baut nach Kentenich mit an der Vision einer neuen Weltordnung und macht ernst mit der christlichen Zukunftsverantwortung.[106]

105 KING, *Überlegungen zu einer Theologie der Erfahrung des Wirken Gottes*, 42.

106 Auch bei Hesse hat sein Glaube Konsequenzen für das konkrete Handeln. Sein Glaube an die Einheit transportiert vor allem auch die ethische Maxime, nämlich den Gedanken der Einheit der gesamten Menschheit. Auch die Religionen verstand er in diesem Sinne als verschiedene Wege und Annäherungen an die Einheit und forderte im Miteinander der Religionen Toleranz und Respekt. Ein Beharren auf Orthodoxie oder das Verurteilen einer Religion durch eine andere lehnte er ab. So schreibt Hesse: „*Die Seele des Menschen in ihrer Heiligkeit, in ihrer Fähigkeit zu lieben, in ihrer Kraft zu leiden, in ihrer Sehnsucht nach Erlösung, die blickt uns aus jedem Gedanken, aus jeder Tat der Liebe an, bei Plato und bei Tolstoi, bei Buddha und bei Augustinus, bei Goethe und in Tausendundeiner Nacht. Daraus*

Sowohl Kentenich als auch Hesse bezeugen eine dialogische Struktur zwischen Gott und Menschen, die aber absolut notwendig ist, wenn der Mensch seine göttliche Bestimmung erkennen möchte. Gerade die Seele wird für diesen Dialog zwischen Gott und Menschen stark ins Feld geführt. Die gesamte Schöpfung wird bei beiden Autoren als Quelle und Zeichen der göttlichen Wirklichkeit gefasst. Es ist das genuine Interesse beider Autoren, die ganze Schöpfung auf Gott bzw. auf das Göttliche hin durchsichtig zu machen und dem Menschen konkrete Erkenntnisquellen dafür an die Hand zu geben.[107] Hesse beschreibt dies mit seiner interreligiösen Perspektive:

> *„Für andere Menschen führen andere Wege zu Gott, ins Centrum der Welt. Das Erlebnis selbst aber ist stets das gleiche. Der Mensch, der die Wahrheit zu ahnen beginnt […], der das Wesentliche des Lebens ahnt und ihm näher zu kommen sucht, der erlebt, sei es nun im christlichem oder anderem Gewand, unfehlbar die Wirklichkeit Gottes, oder wenn Sie wollen des Lebens, von dem wir Teile sind, dem wir widerstreben oder dem wir uns hingeben können, ohne das aber der Erwachte nicht mehr leben kann und will.“*[108]

---

soll niemand schließen, Christentum und Taoismus, platonische Philosophie und Buddhismus seien nun zu vereinigen, oder es würde aus einem Zusammengießen aller durch Zeiten, Rassen, Klima, Geschichte getrennten Gedankenwelten sich eine Idealphilosophie ergeben. Der Christ sei Christ, der Chinese sei Chinese, und jeder wehre sich für seine Art, zu sein und zu denken. Die Erkenntnis, daß wir alle nur getrennte Teile des ewig Einen sind, sie macht nicht einen Weg, nicht einen Umweg, nicht ein einziges Tun oder Leiden auf der Welt entbehrlich!“ HESSE, *Über Tolstoi und Rußland*, 501.

107 Hesse verstand sein ganzes Leben als ein andauerndes Transzendieren, wie er es auch in seinem Spätwerk *Das Glasperlenspiel* formuliert hat: *„Mein Leben, so etwa nahm ich mir vor, sollte ein Transzendieren sein, ein Fortschreiten von Stufe zu Stufe, es sollte ein Raum um den anderen durchschritten und zurückgelassen werden, so wie eine Musik Thema um Thema, Tempo um Tempo erledigt, abspielt, vollendet und hinter sich läßt, nie müde, nie schlafend, stets wach, stets vollkommen gegenwärtig.“* HESSE, Das Glasperlenspiel, 439. Hesses Religiosität spiegelt sich wesentlich wider in den Begriffen „Geführtwerden“ und „Gerufensein“. Im *Glasperlenspiel* und in seinem darin auch enthaltenden Gedicht *Stufen* wird die transzendente Kraft als der „Weltgeist“ vorgestellt, der Mensch muss offen sein und sich ohne Vorbehalt zur Verfügung stellen, dienen und lieben.

108 Hermann HESSE, *Brief* (1923), in: ders., Mein Glaube, 93.

Fazit: Beide Autoren haben in ihrem jeweiligen Werk das Verhältnis „Gott-Welt-Mensch" zentral im Blick, dabei bescheinigen sie dem Menschen trotz seiner Kontingenz eine entsprechende Empfangsbereitschaft und Fähigkeit, die Wirkungen des Göttlichen in der Welt wahrzunehmen und zu erkennen. Beide Autoren teilen das Verständnis einer bleibenden wirksamen Gegenwart Gottes in der Welt. Die göttlichen Wirkungen sind für den Menschen grundsätzlich intelligibel.[109] Eine lebendige Kommunikation zwischen Mensch und Gott kann sich vollziehen. Diese Tuchfühlung des Menschen mit der Wirklichkeit Gottes bzw. dessen Wirkungen vollzieht sich in beiden Werken als eine Art Spurensuche (Kentenich) und als ein Transzendieren (Hesse). Ganzheitliche Selbstverwirklichung meint dann ein Offen- und Wachsein für die Zeichen, Botschaften und Wirkungen, durch die sich Gott bzw. das Göttliche mitteilen und offenbaren möchte. Die Seele ist für beide Autoren das stärkste Empfangsorgan für die göttlichen Wirkungen. Die Seele bildet dabei einen besonderen Resonanzkörper, der die Botschaften und Wirkungen Gottes aufnimmt und verarbeitet.

1.7. Ein Vergleich zwischen der Lehre vom „Persönlichen Ideal" mit der Lehre vom „Archetyp des Selbst"

> *„Das Jahrhundert der Entdeckung der Seele ist angebrochen. Noch zuckt die Erde unter der gesteigertsten Verkörperung der*

109 Durch den Begriff der Intelligibilität soll hervorgehoben werden, dass es sich um einen geistigen Erkenntnisakt handelt, der die Sinneswahrnehmung übersteigt. Ebenso muss relativierend angemerkt werden, dass wenn hier von „Gotteserfahrung" die Rede ist, dies nie in einem absoluten Sinne verstanden werden darf im Sinne einer Erleuchtung oder dauerhaften Gotteserkenntnis. Kentenich und Hesse sind sich durchaus der Bedingtheit menschlichen Erkennens im Hinblick auf das Wirken Gottes in der Welt bewusst. Erkenntnisse über die Wirkungen Gottes bleiben bei einer menschlichen Deutung immer fragmentarisch, es ist also ein Erkennen mit relativer Sicherheit. Des Weiteren sprechen beide Autoren im Kontext ihrer Beschreibungen von „Transzendenzerfahrungen" immer von Gnade, d. h. der Erkenntnisakt an sich ist von Gott gewirkt und keine alleinige Leistung des Menschen. Letztlich geht es beiden Autoren darum, einen Gottesbegriff zu prägen, der als lebendige Wirkmacht im Leben des Menschen vorgestellt und erfahren werden kann.

Leidenschaften, aber auf immer mehr Menschen wirft sich die Erkenntnis, daß uns ein Schrei nottut: Mehr Seele! Wir müssen die Seele wieder entdecken. Und die Herrschgewalt der Seele. Es tut uns eine neue Religion der Seele not, ohne Dogma, ohne Gesetze, – nur Gefühl. […] Wir müssen ein Führertum der Seele aufrichten. […] Jeder kann eintreten in den Kreis der Seelen. Nur eines ist nötig: der Willen zur Seele. Die Seelen wollen heiligen, und der Ausdruck des Leibes soll überblüht sein von der Seele. Die Möglichkeit seelischer Zeugungsakte neuer Seelenkräfte im Weltall wird anerkannt. Geboren aus dem Strom Gottes, der die Seele durchfließt: Liebe. Alles Sinnliche ist Gleichnis. Die Gleichnisse müssen beseelt werden. Wir sind Schreitende auf uraltem Weg, den wir neu gefunden haben. Wir wollen ihn gehen, damit wir vollkommen werden.“[110]

Das Zitat spiegelt eindrücklich eine Grundatmosphäre, die auch sowohl in Kentenichs Werk als auch in Hesses Werk vorzufinden ist: Die Sehnsucht

110 Kurt HEYNICKE, *Der Willen zur Seele* (1917), in: BEST, Expressionismus, 105-106. In Anlehnung an Nietzsches berühmtes Diktum vom „Willen zur Macht“ spricht der Expressionist Heynicke hier vom „Willen zur Seele“. Damit meint er, dass nur die Integration und Verwirklichung des Seelischen der Mensch Zugang zu seinem Selbst findet. Der Einfluss Nietzsches auf Hesse wurde auch in dieser Untersuchung immer wieder betont. Die Kentenich-Forscherin Dorothea M. Schlickmann verweist auch auf Studien zu Nietzsche bei Kentenich, gerade im Hinblick auf Fragestellungen zur Persönlichkeit. Schlickmann verweist auf das Werk von Franz Sawicki *Das Problem der Persönlichkeit und des Übermenschen* (1909), das Kentenich im Rahmen seiner Auseinandersetzung mit Nietzsche studiert hat. Vgl. SCHLICKMANN, Die Idee von der wahren Freiheit, 91. Ferner gilt in diesem Unterkapitel Hesses psychologisierendes Gottesbild der *Demian*-Phase als Maßstab des Vergleichs. Jungs These von der Identität von Gotteserfahrung und Selbsterfahrung steht im Hintergrund. Hesse hängt in dieser Phase einer Gottesvorstellung an, die mit einem Gott der mystischen Immanenz umschrieben werden kann. Uwe Wolff zitiert in diesem Kontext Ernst Bloch und beschreibt das Existenzproblem des modernen Menschen als ein *„Transzendieren ohne Transzendenz.“* Hesses Transzendenzerfahrung dürfte ein immanentes Transzendieren darstellen und sich nur im Raum der eigenen Seele vollziehen. WOLFF, Demian – Die Botschaft vom Selbst, 65. Bei Kentenich ist die Erfahrung des „Persönlichen Ideals“ eine echte (und keine immanente wie bei Hesse) Transzendenzerfahrung, weil sich diese Erfahrung bei ihm stets auch auf den christlichen, personalen Gott bezieht.

und das drängende Bedürfnis nach mehr Beachtung des Seelischen. Für beide Autoren ist es evident, dass nur durch die Entsprechung der Seele eine ganzheitliche Selbstverwirklichung vollzogen werden kann. Dabei wollen sie den Menschen wieder in Kontakt bringen mit seinem göttlichen Ursprung. Seine ureigene Bestimmung leitet der Mensch demnach bei Kentenich aus seinem „Persönlichen Ideal“ und bei Hesse aus „dem Archetyp des Selbst“ ab, beide Autoren entwerfen somit einen Berufungsweg für den Menschen, bei dem die Tiefenpsyche, das Unbewusste, notwendig integriert werden muss.

Was Kentenich mit der individuellen Vorsehung (*providenita specialis*) und dem „Persönlichen Ideal“ bezeichnet, das drückt Hesse in dem Begriff des „Selbst“ aus, beide Autoren zielen damit auf die Verwirklichung der je eigenen inneren Bestimmung ab. Den Impulsen aus den Tiefen der Seele nachzuspüren und letztlich den inneren Bildern zu entsprechen, das ist die Lehre von „Selbst“, das ist Jungs Theorie, die Hesse in sein literarisches Werk übersetzt hat. Das „Selbst“ wird bei Hesse zur Stimme des Schicksals, zu Stimme der Vorsehung, die eine andauernde Ausweitung der Persönlichkeit anstrebt, so schreibt er über das „Selbst“ im Demian: *„Es ist so gut, das zu wissen, daß in uns drinnen einer ist, der alles weiß, alles besser macht als wir selber!“*[111] Das „Persönliche Ideal“ und das „Selbst“ stellen also gleichermaßen eine unbewusste Führung aus dem Innern des Menschen dar. Gleichzeitig weisen beide Konzepte eine transzendente Dimension auf, so dass die Stimme aus dem Unbewussten auch als eine göttliche Führung gelesen werden kann.[112] Dahinter steht Jungs These über die Identität von Gotteserfahrung und Selbsterfahrung. Hesse spricht hier *„vom Gott im Ich*

111 HESSE, Demian, 120. Bei Kentenich ist das „Persönliche Ideal“ die Konkretion der individuellen Vorsehung Gottes. Auch bei Hesse wird das „Selbst“ als das innere, göttliche Prinzip vorgestellt, dass den Menschen zu seiner wahren Bestimmung führt. So wird die Figur des Demians, der das Selbst personifiziert, immer wieder als die Stimme des Schicksals, als die Stimme der Vorsehung vorgestellt.

112 So schreibt Malte Dahrendorf über die Figur Max Demian, die das „Selbst“ personifiziert: *„In den erneuten Begegnungen mit Demian, seinem Dämon und seiner die Führung immer mehr an sich nehmenden inneren Stimme, bekommt er ein anschauliches, ihn schaudern machendes Bild seiner Bestimmung.“* DAHRENDORF, *Hermann Hesses „Demian“ und C. G. Jung*, 130.

und dem Ideal der Selbstverwirklichung".[113] Und auch Kentenich macht deutlich, dass mit dem „Persönlichen Ideal" eine transzendente Größe angesprochen ist, die über das Ich hinausweist. Entsprechend formuliert er die psychologische Definition des „Persönlichen Ideals" als *„der gottgewollte Grundzug oder die gottgewollte Grundstimmung der begnadeten Seele, die, getreulich festgehalten, in organisch-gnadenvoller Entwicklung sich ausreift zur vollen Freiheit der Kinder Gottes."*[114]

In den folgenden vier Unterpunkten soll die Konzeption des „Persönlichen Ideals"[115] mit der Konzeption vom „Archetyp des Selbst"[116] im Hinblick auf die Bestimmung des Menschen verglichen werden und dabei das Gemeinsam-Verbindende beider Ansätze ans Licht gehoben werden:

1. Selbstverwirklichung zwischen Ich und Selbst: Sowohl in der Kentenich-Rezeption als auch in der Hesse-Jung-Rezeption wurde sowohl das „Persönliche Ideal" als auch das „Selbst" als das entscheidende Individuationsprinzip (*principium individuationis*) des Menschen angesprochen. Beide Konzepte begründen also die Individualität des Menschen, das je originelle Wesen ist gleichsam darin grundgelegt. Dabei ist entscheidend, dass beide Begriffe eine Größe darstellen, die das Ich der Person überschreitet und eine transzendente Dimension besitzt.[117] So kreisen sowohl Kentenich

---

113 HESSE, *Rezension über Keyserlings ‚Reisetagebuch eines Philosophen'*, 186.

114 KENTENICH, Allgemeine Prinzipienlehre, 139.

115 Vgl. dazu in dieser Arbeit Teil III, 5. Kapitel *Das „Persönliche Ideal" als Bestimmung des Menschen*

116 Vgl. dazu in dieser Arbeit im Hesse-Teil IV, Kapitel 4.3.4. *Der „Archetyp des Selbst" – Göttliche Stimme des Unbewussten*, sowie das 5. Kapitel *Die Selbstverwirklichung als Bestimmung des Menschen in vier ausgewählten Romanen*. Hesse gestaltet hier Literatur, die ganz im Zeichen der Lehre vom „Selbst" steht.

117 Hesse formuliert diesen Sachverhalt folgendermaßen: *„Sie sprechen vom ‚Ich' als sei es eine bekannte, objektive Größe, die es eben nicht ist. In jedem von uns sind zwei Ich und wer immer wüßte, wo das eine beginnt und das andere aufhört, wäre restlos weise. Unser subjektives, empirisches, individuelles Ich, wenn wir es ein wenig beobachten, zeigt sich als sehr wechselnd launisch, sehr abhängig von außen, Einflüssen sehr ausgesetzt. Es kann also nicht eine Größe sein, mit der fest gerechnet werden kann, noch viel weniger kann es Maßstab und Stimme für uns sein. Diese Sicht belehrt uns über gar nichts, als daß wir, wie die Bibel oft genug sagt, ein recht schwaches, trotziges und verzagtes Geschlecht sind. Dann ist aber das andere Ich*

als auch Hesse mit ihren beiden Konzepten um folgenden zweistufigen Prozess: geht es in einem ersten Schritt um die Entfaltung der Persönlichkeit, um die Emanzipation des Individuellen, um eine Entsprechung des eigenen Wesens, gleichzeitig oder in einem zweiten Schritt (auch hier sind die Grenzen fließend) geht es bei der menschlichen Identitätssuche, wenn sie mit der Wirklichkeit Gottes kombiniert wird, immer um eine „Transego-Erfahrung,"[118] um eine Transzendenzerfahrung. Eine Erfahrung, die das eigene Ich überschreitet und einen Kontakt, eine Verbindung mit dem Selbst, dem zweiten, göttlichen Ich (Ideal-Ich) herstellt. Beide Autoren wollen so die Relation des Ichs zu seinem transzendenten Persönlichkeitskern („Persönliches Ideal" / „Selbst") herausstellen. Dabei sind aber die Grenzen zwischen beiden Größen fließend. Als Metapher und erklärende Ausdrucksweise sprechen beide Autoren in diesem Kontext von der „Seelenstimme" oder auch „inneren Stimme", durch diesen Ruf aus den Tiefen der Seele empfängt der Mensch seine Bestimmung. Beide Autoren treffen auf denselben inneren Punkt, den Persönlichkeitskern, er ist unbewusst und zugleich transzendent. Dieses „Fluiduum" zwischen Ich und Ideal-Ich

---

da, im ersten Ich verborgen, mit ihm vermischt, keineswegs aber mit ihm zu verwechseln. Dies zweite, hohe, heilige Ich […] ist unser Anteil an Gott, am Leben, am Ganzen." Hermann HESSE, *Brief* (1943), in: ders., Mein Glaube, 110. Die Grenzen zwischen dem Ich und dem „Selbst" sind fließend. Das „Selbst" kann als der ewige und göttliche Teil im Ich beschrieben werden, gleichzeitig stellt es eine Art „Ideal-Ich" im Unbewussten dar. Auch das „Persönliche Ideal" wird in der Fachliteratur oft als Selbst bezeichnet und nicht als Ich, damit ist eben gerade der transzendente Charakter des „Persönlichen Ideals" angesprochen. King führt dazu aus: *„Es geht um Identität, speziell um seelische Identität. ‚Ideal' ist das persönliche Ideal, insofern es in die Seele hineingeschrieben ist als ‚Bild', als ‚König-Ich'. Es ist somit das Persönliche unter dem Gesichtspunkt seiner bestmöglichen Verwirklichung, die der Mensch aus seinem Inneren heraus erstrebt. Insofern setzt J. Kentenich bei der Einsicht an, daß jeder Mensch seelisch und ethisch das Beste aus seinem Leben machen will und darauf auch hinwächst, wenn er die entsprechenden Lebensbedingungen hat, die ihn in seinem wahrsten Selbst wecken und fördern."* Kommentar von Herbert KING, in: Durchblick in Texten, Band 1, 207. Die Grenzen zwischen Ich und „Persönlichem Ideal" sind also fließend, es ist im Ich enthalten und weist gleichzeitig über das Ich hinaus. Das „Persönliche Ideal" ist der ewige, göttliche Teil im Ich, ein von Gott gegebenes „Ideal-Ich", das Kentenich ebenfalls im Unbewussten verortet.

118 SCHARFETTER, Allgemeine Psychopathologie, 72.

wird von Kentenich mit dem Begriff des „Persönlichen Ideals" und von Hesse mit dem Begriff des „Selbst" beschrieben. [119]

<u>2. Selbstverwirklichung zwischen apriorischer Gabe und dynamischer Entwicklung</u>: Kentenich definiert das „Persönliche Ideal" ausgehend von seiner Vorsehungslehre als *„idea exemplaris in mente divina praeexistens."* [120] Auch im „Archetyp des Selbst" ist die Individualität des Menschen bereits grundgelegt. Beide Autoren sprechen in diesem Kontext oft auch von den mitgegebenen Anlagen. Sowohl „Persönliches Ideal" als auch das „Selbst" können als apriorische Gabe, als etwas Vorgegebenes und Ewiges, als etwas Objektives im Subjekt angesprochen werden. [121] Beide Lehren werden auch in der Sekundärliteratur immer wieder mit der aristotelischen Entelechie [122] in Verbindung gebracht. Alles Seiende ist auf ein Ziel hingeordnet und trägt damit ein inneres Vollendungspotential in sich, alles drängt somit zur Entwicklung und Vollendung. Das „Persönliche Ideal" ist damit

119 *„Ich werde Ihnen [...] zeigen, wie tatsächlich all das Gären und Brodeln im jugendlichen Menschen letztlich nur das eine erstrebt: aus den zahllos möglichen Ichs, die in der Reifenot wach werden, das Königs-Ich entdecken und zu formen."* KENTENCH, Ethos und Ideal, 187. Es gibt im Laufe des Lebens eines Menschen immer wieder Phasen des Durchbruchs zu einer neuen Reife der Persönlichkeit, Jung spricht in diesem Kontext von *renovatio*.

120 KENTENICH, *Der erlöste Mensch*, 391. Kentenich kombiniert die philosophische und psychologische Definition: *„Das Persönliche Ideal ist das im göttlichen Geiste von Ewigkeit her bestehende Urbild jedes Menschen, das dieser aus der gottgewollten seelischen Grundhaltung erschließen und verwirklichen soll."* KENTENICH, *Die erzieherischen Grundsätze Schönstatts*, 144.

121 Vgl. dazu in diesem Teil V die drei Zitate auf S. 435, die gleichsam als Prolog vorangestellt sind.

122 *„Hesse hat ein ganz eigenes, gleichsam aristotelisches Verständnis von Individualität entwickelt. Für ihn ist der Mensch nicht frei geboren, sondern auf ein bestimmtes, sein ureigenes Wesen angelegt, dem er in seinem Wirken Gestalt zu verleihen, dem er zu dienen hat."* SCHWILK, Hermann Hesse, 12. Nach Kentenich verwirklicht der Mensch die Idee Gottes, die in ihm präexistent als Zielpunkt eingraviert ist. So kann das „Persönliche Ideal" im Sinne der aristotelischen Entelechie als Telos, als ein sinnstiftender Zielpunkt bezeichnet werden. Somit kann das „Persönliche Ideal" als personales Evolutionsprinzip mit einer teleologischen Dimension benannt werden. Vgl. SCHLOSSER, Selbstbezug, 111-112.

die innewohnende Dynamik im Menschen, die ihn zur Selbstverwirklichung antreibt, gleiches gilt für das „Selbst“.[123]

Beide Autoren betonen stets die psychologische Dimension ihrer Konzepte, durch die sie eine seelische Zielgerichtetheit für den Menschen postulieren. Somit ist einerseits eine gewisse Disposition für die menschliche Selbstverwirklichung angezeigt, da die gesamte personale Identität des Menschen eine apriorische Struktur aufweist und sich im Laufe des Lebens auswirkt. Andererseits kann sich menschliche Selbstverwirklichung immer nur durch das aktive Mittun des Menschen vollziehen, sie ist ununterbrochen, immer im Vollzug. Das „Persönliche Ideal“ stellt eine präexistente Größe in Gott dar, psychologisch definiert als der „gottgewollte Grundzug und die gottgewollte Grundstimmung“[124], und auch das „Selbst“ stellt eine apriorische Struktur der menschlichen Psyche dar, beide Termini bezeichnen also eine Vorgabe mit einer unendlichen Potentialität, die im Hier und Jetzt und im Verlauf des ganzen Lebens immer wieder neu entdeckt und gehoben, erkannt und gestaltet werden will.[125]

123 *„Das Selbst wird also gesehen als der Archetypus der Ordnung und der Zentrierung, von dem ein Impuls zur Entwicklung, zur Selbstverwirklichung ausgeht.“* KAST, Die Tiefenpsychologie nach C. G. Jung, 49. Sowohl das „Persönliche Ideal“ als auch das „Selbst“ besitzen also einen transzendenten Charakter mit einer finalen und teleologischen Orientierung, sie sind gleichsam der Motor und der Antrieb für eine andauernde Ausweitung der Persönlichkeit. Mit beiden Konzepten wird zum Ausdruck gebracht, dass der Seele ein Sehnen und Streben nach Entwicklung und Ganzheit eingestiftet ist.

124 Vgl. dazu in dieser Arbeit Teil III, Kapitel 5.2. *Die psychologische Dimension des „Persönlichen Ideals“*

125 In meinem Aufsatz mit dem Titel *Die Selbstgegebenheit individueller Identität nach C. G. Jung und ihre Bedeutung für das Motiv der Selbstsuche und Selbstfindung im literarischen Werk Hermann Hesses* habe ich bereits die Antwort auf die Frage formuliert, ob Selbstverwirklichung substanzontologisch oder relationsontologisch zu denken ist: *„Der Individuationsweg, der als ein Prozess von der Selbst-Gegebenheit zur Selbstwerdung beschrieben werden kann, kann also am besten mit einer begrifflichen Synthese als Substanz im Vollzug erfasst werden. Die verborgene und unbewusste Potentialität der Seele* [Ergänzung: hier sind auch „Persönliches Ideal“ und das „Selbst“ anzusiedeln] *wird so zur bewussten und verwirklichten Aktualität für die je eigene Identität. Wie alles Seiende ist auch alles Seelische im permanenten Vollzug, d.h., es vollzieht sich eine unendliche Transformation der*

3. Selbstverwirklichung zwischen Ergriffensein, Wertempfänglichkeit und „Ideal-Ich“: Im Kern geht es beiden Autoren mit ihren Konzepten um die Verwirklichung des sich in der eigenen Seele mitteilenden und sich entfaltenden Lebensideals. „Persönliches Ideal“ und das „Selbst“ können somit als Stimme der göttlichen Vorsehung, als Stimme des Schicksals aus der Tiefe der Seele verstanden werden. Dabei wird in beiden Lehren, das „In-Kontakt-Kommen“ mit dem inneren Seelenschatz als eine Ganzheitserfahrung, als eine Transzendenz- und Gotteserfahrung beschrieben, beide Autoren beschreiben dies mit einem inneren Ergriffensein.[126]

Beide Lehren stimmen darin überein, dass gewisse Werte eines Menschen in der Tiefenpsyche verankert sind. Die objektiven Werte und Ideen

---

archetypischen Inhalte, die im Individuationsprozess als Mosaiksteine der je individuellen Identität erkannt, integriert und verwirklicht werden. Die Selbstverwirklichung zur ganzheitlichen Persönlichkeit vollzieht sich so immer wieder neu ein Leben lang." GLATTHAAR, *Die Selbstgegebenheit individueller Identität*, 219. Kentenich betont beim „Persönlichen Ideal" stets die psychologische Dimension, sie besitzt eindeutig eine Vorrangstellung gegenüber der philosophischen und theologischen Definition. Ebenso erachtete Kentenich die von Jung postulierte archetypische Dimension als psychologische Wirklichkeit des Menschen. So ist es evident zu sagen, dass die Ausführungen des vorherigen Zitats ebenso den Vollzug des „Persönlichen Ideals" beschreiben.

126 Hesse beschreibt die Erfahrung mit dem Selbst, wie folgt: *„Es ist alles eins, es ist alles gleich gut. Ob du ein Weib umarmst oder ein Gedicht machst, ist dasselbe. Wenn nur die Hauptsache da ist, die Liebe, das Brennen, das Ergriffensein, dann ist es einerlei, ob du Mönch auf dem Berge Athos bist oder Lebemann in Paris."* Hermann HESSE, Klingsors letzter Sommer (1919), Frankfurt am Main 1985, 25-26. Für Jung war die Erfahrung des „Selbst" mit dem Gefühl des „Heiligen" und „Numinosen" verbunden, mit einem Zustand der Ergriffenheit, einer Ergebenheit. Rudolf Ottos Terminologie wird hier von Jung rezipiert. Auch Kentenich beschreibt das „In-Kontakt-Sein" mit dem „Persönlichen Ideal" als ein inneres Ergriffensein, als ein „Kernerlebnis", durch das sich die subjektive Wertempfänglichkeit entäußert: *„Das Persönliche Ideal ist eine durch originelle natürliche und übernatürliche Wertempfänglichkeit von Gott bestimmte originelle, persönliche innere Ergriffenheit von einer Wahrheit."* KENTENICH, *Der heroische Mensch*, 393-394. Eine objektive Wahrheit bzw. ein objektiver Inhalt werden erst zu einem Wert mit Bedeutung, wenn sie die subjektive Wertempfänglichkeit der Person treffen.

müssen immer rückgebunden sein an die subjektive Wertempfänglichkeit,[127] die durch das „Persönliche Ideal“ oder das „Selbst“ bestimmt ist. Die Wertorientierung des Individuums ist also bei beiden Autoren durch motivationale Grundanlagen des Unbewussten bestimmt. Diese subjektive Wertempfänglichkeit ist für die Gesamtorientierung im Leben eines Menschen wesentlich. Bei Kentenich hat Gott mit der Wertempfänglichkeit[128] eines Menschen das „Persönliche Ideal“ bestimmt, die Erfassung der Leidenschaften gehört wesentlich dazu. Auch das „Selbst“ bei Hesse ist als eine Kommunikation zwischen dem Ich-Bewusstsein und dem Unbewussten zu verstehen, es ist die göttliche Stimme in der Tiefe, die für einen ganz bestimmten Wert eintritt, dieser stellt die höchste Autorität in der Werthierarchie dar. Auch in seinen Romanen gestaltet Hesse seine Figuren stets so, dass sie die entscheidenden Impulse aus der Tiefe ihrer Seele, in der Auseinandersetzung mit ihrem Selbst, erhalten, in der Regel geht es dabei um einen ganz bestimmten Wert.[129]

So kann sowohl die Theorie des „Persönlichen Ideals“ als auch die Theorie des „Selbst“ als eine motivationale, psychologische Leitbildtheorie beschrieben werden, denn sie wirken beide von innen nach außen. Bei beiden Ansätzen geht es zentral um die Verwirklichung bestimmter Werte, sowie um die Verwirklichung des Ideal-Ichs. Damit geht einher, dass die Motivation und der Antrieb eines Menschen für sein Handeln, sowie sein Streben nach

127 Schon in der Einführung der Arbeit wurde mit Magnus Schlette und Hans Joas darauf verwiesen, dass die subjektiven Wertorientierungen ein wesentliches Element im Prozess der Selbstverwirklichung darstellen. Vgl. dazu in dieser Arbeit Teil I, 1. Kapitel *Vom Wesen der Selbstverwirklichung*, vor allem Fußnote 24.

128 Der „Grundzug“ und die „Grundstimmung“ kreisen also im Kern um ein Werteerlebnis. Kentenich spricht im Kontext der Wertempfänglichkeit eines Menschen auch vom „religiösen Kernerlebnis“ oder vom „Zentralwertkomplex einer Person“. Vgl. BOLL, „... vor allem mein Herz“, 243.

129 Das Selbst wird im Roman *Demian* durch die gleichnamige Figur personifiziert. So ist es Demian, der Sinclair immer wieder daran erinnert, was ihm eigentlich wichtig ist. Dass die Werte, die sein Denken und Handeln bestimmen, nicht von außen kommen dürfen, sondern rückgebunden sein müssen an seine Innenwelt: *„Wie im Traum unterlag ich seiner Stimme, seinem Einfluß. Ich nickte nur. Sprach da nicht eine Stimme, die nur aus mir selber kommen konnte? Die alles wußte? Die alles besser, klarer wußte als ich selber?“* HESSE, Demian, 54.

bestimmten Werten von der Tiefenpsyche bestimmt wird. Jung spricht in diesem Kontext auch von der Theorie des „urtümlichen Leitbildes" und verweist auf die archetypische Dimension, dass der Mensch bestimmten Urbildern in seiner Seele folgt und davon in seinem Fühlen, Denken und Handeln beeinflusst ist. Beide Autoren teilen diesen Ansatz mit Jung.[130]

4. Selbstverwirklichung zwischen menschlicher Aktivität und göttlicher Gnade: In der Selbstverwirklichung äußert sich der Wille des Menschen zur Vollendung[131] des Lebens. Bei Kenteinch und Hesse kann aber diese Vollendung nicht ausschließlich durch menschliches Wollen und Handeln bewirkt werden. Beide Autoren betonen ausdrücklich, dass die ganzheitliche Selbstverwirklichung sich ohne göttliches Mittun, ohne Gnade, nicht vollziehen kann. Dies impliziert, dass schon bereits die Ausstattung des Menschen mit einem „Persönlichen Ideal" bzw. mit dem „Selbst" als Gnadenhandlung Gottes verstanden werden muss. Bei Kentenich wird dies deutlich in der psychologischen Definition des „Persönlichen Ideals", indem er die „Grundstimmung" und den „Grundzug" immer mit „gottgewollt" bezeichnet: damit ist angezeigt, dass darin schon Spuren des gnadenhaften Handeln Gottes enthalten sind. So betont Kentenich immer wieder, dass das Wachstum im Reifeprozess des „Persönlichen Ideals" nur möglich ist durch die Wirkung der Gnade.[132] Hesse teilt im Grunde Kentenichs

130 CZARKOWSKI, Psychologie als Organismuslehre, 58. Der Autor verwendet den Begriff der psychologischen Leitbildtheorie freilich nur für Kentenichs Begriff des „Persönlichen Idels". Sein Rückgriff dabei auf Jung und seine Theorie des „urtümlichen Leitbildes" demonstriert aber einmal mehr die inhaltliche Nähe beider Konzeptionen. Im Anschluss daran könnte man Hesses Literatur summarisch als eine Dokumentation der seelischen Urbilder des Menschen beschreiben, sie prägen wesentlich den Persönlichkeitskern und geben die Richtung im Selbstverwirklichungsprozess vor.

131 Durch die Seele wird das Leben des Menschen mit einer absoluten Dimension verknüpft. Entsprechend formuliert Hesse: *„Wem Schicksal von außen kommt, den erlegt es, wie der Pfeil das Wild erlegt. Wem Schicksal von innen und aus seinem Eigensten kommt, den stärkt es und macht ihn zum Gott. Es machte Zarathustra zu Zarathustra – es soll dich zu dir machen!"* HESSE, Zarathustras Wiederkehr (1919), 15.

132 *„Man vergisst, daß zur Wesensanlage des Menschen nicht nur der Zug zum menschlichen, sondern auch zum göttlichen Du gehört und dass dieser naturhafte Drang zu Gott gleichzeitig eine Gehorsamsbereitschaft und Aufnahmefähigkeit für die*

Standpunkt, auch er spricht in diesem Kontext von der Gnade Gottes.[133] Auch Hesse beschreibt immer wieder die Erfahrung eines religiösen Urerlebnisses, das im Christentum mit dem Begriff der Gnade bezeichnet wird, das aber für ihn durch jeden Glauben, durch jede Religion vermittelt werden kann. *„Ich glaube, die Gnade, oder das Tao oder wie man es nennen will, umgibt uns immerzu, sie ist das Licht und ist Gott selbst, und wo wir einen Augenblick offenstehen, geht sie in uns ein, in jedes Kind wie in jeden Weisen.“*[134]

Gnade in sich schließt." Joseph KENTENICH, *Maria – Mutter und Erzieherin* (1954), in: ders., Durchblick in Texten, Band 3, 255. Gerber betont in diesem Kontext, dass unter dem Aspekt der Demut und einer gottesgläubigen Perspektive letztlich aber das Subjekt jedes Berufungsweges der dreieine Gott selbst ist. Vgl. GERBER, Zur Liebe berufen, 350.

133 In seinem dreistufigen Modell der Menschwerdung führt Hesse zuletzt die Erfahrung der Gnade an, die den Menschen auf die höchste Stufe des Glaubens führt und vor dem Untergang bewahrt, vgl. dazu Teil IV, Zitat 119. Christoph Gellner führt in diesem Kontext aus: *„Keine Frage also, daß Hermann Hesse – bei aller Distanz zum kirchlich-institutionellen Christentum – in einer letzten Tiefenschicht verstanden, persönlich bejaht und gegenüber den der Moderne inhärenten menschlichen Omnipotenzphantasien entschieden zum Ausdruck gebracht hat, worauf es auch im christlichen Glauben letztlich ankommt: Daß der Mensch nicht aus sich selbst lebt und nicht erst aufgrund bestimmter Eigenschaften, Anstrengungen und moralischen Leistungen ‚gerechtfertigt' wird. Daß der Mensch vielmehr aus Gott als dem gründenden Grund alles menschlichen Glückens und Gelingens existiert und angenommen ist trotz aller menschlichen Fehlleistungen."* Christoph GELLNER, Weisheit, Kunst und Lebenskunst. Fernöstliche Religion und Philosophie bei Hermann Hesse und Bertolt Brecht, Mainz 1997, 323. Im Hinblick auf den Selbstverwirklichungsprozess des Menschen heißt das: *„Die Gnade als die liebende Zuwendung Gottes zum Menschen ist der Möglichkeitsgrund für das Gelingen einer stets gefährdeten Selbstwerdung. Die Gnade als die personale Mitteilung des Heils des Menschen befreit diesen von dem Zwang, diese Selbstwerdung bedingungslos realisieren zu wollen oder zu müssen."* Jean-Pierre WILS, *Natur und Gnade*, in: ders., Dietmar MIETH (hrsg.), Grundbegriffe der christlichen Ethik, Paderborn 1992, 144.

134 Hermann HESSE, *Brief an Otto Basler* (1937), in: ders., Mein Glaube, 106. Bei Jung findet sich der Begriff der Gnade so nicht, sehr wohl aber das innere Geführtwerden hin zur Ganzheit durch das Selbst. Zu diesen Impulsen trägt aber der Mensch ja nicht aktiv bei, sondern erfährt sie als gegebene Impulse für seine eigene Menschwerdung. Uwe Wolff formuliert in diesem Kontext über das

Fazit: Die Relation des Ichs zu seinem transzendenten Persönlichkeitskern, der in den Tiefen der menschlichen Seele grundgelegt ist, ist für die beiden Lehren entscheidend: Das „Persönliche Ideal" und das „Selbst" stellen die bestmögliche Version der eigenen Person dar, ein Ideal-Ich,[135] das im Unbewussten verankert ist und im Ich-Bewusstsein nach Verwirklichung strebt. So können beide Werke in ihrer Grundaussage als eine regelrechte Inszenierung dieses Ideal-Ichs verstanden werden. Genau mit diesem Ideal-Ich, das als apriorische Gabe in der eigenen Seele schlummert, wollen Kentenich und Hesse den Menschen konfrontieren und vertraut machen, nur die stetige Annährung an die Verwirklichung dieses Ideal-Ichs birgt die Möglichkeit für ein wahrhaft erfülltes Leben. Dies ist die existentielle Aufgabe, die beide Autoren durch ihr jeweiliges Werk dem Menschen als Lebensmaxime an die Hand geben: *„Sei, was Du bist! Sei es in bestmöglicher Form!"*[136] Ganzheitliche

---

Selbst: *„Die Person hat somit eine neue Mitte bekommen, über die das Ich in keiner Weise verfügt, zu der es sich vielmehr passiv, dienend und empfangend verhält."* WOLFF, Demian – Die Botschaft vom Selbst, 24. Man könnte aus einer theologischen Perspektive zu dem Schluss kommen, dass die Wirkungen des „Selbst" durchaus mit einem Akt der Gnade bezeichnet werden können. Jung beschreibt ja die Erfahrung des „Selbst" mit dem Gefühl des „Numinosen".

135 Nach Jung liegt im „Selbst" dieses Ideal-Ich, innere Bilder der bestmöglichen Version der eigenen Person. Jung sprach in diesem Kontext auch von der *imago dei*, der Gottesebenbildlichkeit. Jung wollte damit die Wirklichkeit zum Ausdruck bringen, dass jedem Menschen ein göttlicher Funke, eine göttliche Kraft und Dynamik innewohnt, die ihn zur bestmöglichen Entwicklung der Gesamtpersönlichkeit vorantreibt. Vgl. STEIN, Jungs Landkarte der Seele, 189.

136 Dieser Imperativ stammt von Kentenich, wenngleich darin auch das genuine Grundanliegen von Hesses Werk gebündelt zum Ausdruck kommt. Es ist gesichert, dass das Zitat auf Kentenich zurückgeht, auch wenn es nicht datierbar ist und in keiner Primär- oder Sekundärquelle aufzufinden ist. Peter Wolf, jahrelanger Direktor des Joseph-Kentenichs-Institut in Schönstatt, bestätigt, dass das Zitat dem Sinne nach Kentenich entspricht. Er machte darauf aufmerksam, dass das Schönstatt-Zentrum Memhölz eine Zitaten-Sammlung herausgegeben hat, in dem das Zitat auch verwendet wurde. Vermutlich handelt es sich um ein zusammengesetztes Fragment. 2011 wurden die sog. „Pater-Sprüche" von Franziska Jehle veröffentlicht. Kentenich-Zitate, die in Plakatgröße an Wände gemacht werden können, auch hier wurde das obige Zitat verwendet. Da aber dieses Zitat in sehr komprimierter Form die Sinnspitze des „Persönlichen Ideals"

Selbstverwirklichung bezeichnet dann im Sinne der beiden Autoren den schmalen Pfad zwischen Möglichkeitsandeutung und Wirklichkeitserfahrung, auf dem der Mensch durch sein angestrebtes „Ideal-Ich" immer mehr fähig wird, sein Leben zu beseelen und so seiner göttlichen Bestimmung zu entsprechen. Bei dieser lebenslangen Formationsarbeit der eigenen Persönlichkeit ist der Mensch auf die Gnade Gottes verwiesen.

2. Der Versuch einer Verhältnisbestimmung zwischen Joseph Kentenich und Hermann Hesse im Hinblick auf die Bestimmung des Menschen

In diesem zweiten Schluss-Kapitel wird der Versuch einer Verhältnisbestimmung zwischen den beiden ausgewählten Autoren vorgenommen. Durch die vergleichende Gegenüberstellung im vorherigen Kapitel wurde mit den sieben Unterkapiteln nachgewiesen, dass sehr wohl eine Vergleichbarkeit, sowie eine geistige Verbindung zwischen beiden Autoren besteht. Der Vergleich zielte vor allem darauf ab, das Gemeinsam-Verbindende zwischen Kentenich und Hesse herauszustellen. Gleichzeitig wäre es natürlich falsch, zu dem Schluss zu kommen, dass beide Werke identisch seien. Bei aller aufgezeigter inhaltlicher Nähe einerseits kann die sehr wohl auch bestehende inhaltliche Differenz beider Werke, meines Erachtens, am treffflichsten mit dem Begriff der Komplementarität zum Ausdruck gebracht werden.

Durch die hier nun aufgeworfene Komplementaritätsthese gilt es nun nachzuweisen, dass sich die Inhalte der beiden Werke wechselseitig ergänzen. Welcher Inhalt ist in einem Werk stärker als im anderen? Was findet in einem Werk mehr Berücksichtigung als im anderen? Man könnte in diesem Kontext auch fragen: In den vier folgenden inhaltlichen Punkten,

ins Wort fasst, sowie die inhaltliche Grundbotschaft beider Autoren und damit auch dieser Untersuchung darstellt, war es mir ein Anliegen, dass am Ende dieser Untersuchung dieses Zitat auftaucht, auch wenn es bedauerlicherweise nicht regelkonform zitiert werden kann.

in denen sich die beiden Autoren wechselseitig ergänzen, was kann der Mensch dabei einerseits von Kentenich und was kann er dabei andererseits von Hesse lernen?

2.1. Zwischen rastloser Wanderschaft (Hesse) und unermüdlicher Beharrlichkeit (Kentenich)

Die inhaltliche Auseinandersetzung mit Hesses Leben und Werk führt schnell zu der Erkenntnis, dass der Dichter sich nicht viel aus letzten Wahrheiten machte, er misstraute allen Dogmen und Denksystemen mit Alleingeltungsanspruch. *„Seine geistige Stärke bestand ohne Zweifel in einem unentwegten Dazulernen, Umlernen und Verwerfenkönnen."*[137] Dieses Umherschweifen in allen Gebieten des menschlichen Geistes hat zur Folge, dass Hesse ein Leben lang ein rastloser Wanderer bleibt. Gerade auch seine Religiosität war ständigen Veränderungen ausgesetzt. So sind Hesses Leben und Werk einerseits von einer ständigen Weiterentwicklung gekennzeichnet, andererseits stehen sie aber auch in der Spannung zwischen Abbruch und Neuanfang, zwischen einer gewissen Sprunghaftigkeit und einer linearen Kontinuität.[138]

Diese festgestellte Diskontinuität und Wechselhaftigkeit in Hesses Leben und Werk resultiert vor allem daher, dass er die menschliche Existenz von einer großen Dichotomie durchzogen sieht.[139] So beschreibt Hesse

---

137 ABRET, *„... die Tür ins Unendliche"*, 195-196. Viele Autoren der Sekundärliteratur charakterisieren Hesses Leben und Werk mit einer ruhelosen Wanderschaft im Geiste, so z.B. Gunnar Decker mit seiner Biographie über den Dichter: Hermann Hesse. Der Wanderer und sein Schatten, München 2012.

138 So schreibt Hesse: *„Bei mir steht es anders, ich bin noch nicht so exakt auf bestimmte Aufgaben konzentriert und schweife nach Repetentenart mit Appetit und gutem Gewissen in den unendlichen Weidegründen der Geschichte des Menschengeistes umher."* HESSE, *Josef Knecht an Carlo Ferromonte*, 46. Und Thomas Lang formuliert in seinem Roman aus der Perspektive des Dichters das nie enden wollende Fernweh wie folgt: *„Als Fremder gehe ich [...]. Und ich bleibe ein Wanderer, der immer an den besseren Ort gelangen will und niemals dort ankommt."* LANG, Immer nach Hause, 36.

139 Die Ursache für Hesses dualistische Weltsicht liegt im schwäbischen Pietismus. Hier wurden gnostische Vorstellungen rezipiert. Durch seine religiöse

beispielsweise im *Steppenwolf* einerseits düster und verzweifelt die Krise einer ganzen Generation mit dem *„Gefühl des Lebensekels, der Vereinsamung, Entfremdung, Gespaltenheit und des seelischen Vakuums vieler Menschen bis hin zu ständig lauernden Selbstmordgelüsten (dem Rasiermesser!).*"[140] Und dann plötzlich keimt doch Hoffnung auf, kündigt sich Erlösung an, indem Hesse schreibt: *„Das Aufleuchten der so sehr verschütteten ‚goldenen göttlichen Spur', einer ‚Gottesspur' in diesem törichten Leben. Die heimliche Hoffnung ‚noch im letzten irren Chaos' auf ‚Offenbarung und Gottesnähe', das ‚Wunder' und die ‚Gnade.'*"[141] Auch bei Hesse gibt es einen Weg zum Heil, aber immer auf Umwegen. Größtes Leid, größte Verzweiflung stehen oft unvermittelt der Erfahrung der Liebe, des Glaubens und der Gnade gegenüber. Letztlich kann sich Hesse auch nicht der Wirklichkeit Gottes entziehen, und dennoch, bei allem unverbrüchlichem Glauben, den er in der Tat besitzt, können die Wogen der Zerrüttung doch auch recht hoch ausschlagen.[142]

Ein dauerhaftes Geborgensein in Gott kennt Hesse weniger und so legt Kentenichs Leben und Werk bei weitem keinen so wechselhaften Charakter an den Tag. Kentenichs herausstechendes Alleinstellungsmerkmal ist sein kindliches Vertrauen und seine unermüdliche Beharrlichkeit gegenüber dem „Gott des Lebens". Kentenich ruht gleichsam in der Größe und Herrlichkeit Gottes, sein Werk ist letztlich ein Lobgesang auf den christlichen,

Erziehung übernahm der Dichter die Vorstellung von einem die Welt durchziehenden Dualismus. Seine Begegnungen mit anderen Religionen können als Versuch gewertet werden, diese dualistische Weltsicht wieder zu überwinden und in eine Einheit zu überführen.

140 KÜNG, *Nahezu ein Christ?*, 198.

141 Ebd., 202. Die Zitate im Zitat sind entnommen: HESSE, Der Steppenwolf, 39-40.

142 Gerade auch das Hadern mit Gott, ist ein Thema in Hesses Werk, das immer wieder neu Ausdruck findet, so formuliert der Dichter in seinem Gedicht *Klage*: *„Wir wissen nicht, wie Gott es mit uns meint, / Er spielt mit uns, dem Ton in seiner Hand, / Der stumm und bildsam ist, nicht lacht noch weint, / Der wohl geknetet wird, doch nie gebrannt. / Einmal zu Stein erstarren! Einmal dauern! / Danach ist unsere Sehnsucht ewig rege, / Und bleibt doch ewig nur ein banges Schauern, / Und wird doch nie zur Rast auf unsrem Wege."* HESSE, *Klage* (1934), in: ders., Sämtliche Werke, Band 10, 329.

liebenden Vatergott.[143] Kentenichs Gottesbild ist also zentral bei der Bewertung seines Werkes. Bei Kentenich wird der Gottesbegriff inhaltlich angefüllt mit der Theologie des Vorsehungsglaubens. Seine genuine Verhältnisbestimmung zwischen Gott und Mensch kommt in dem Ausspruch „Kindsein vor Gott“ zur Sprache, die entsprechende Haltung fasst er mit dem Begriff der „Kindlichkeit“. Kentenichs Leben und Werk weist ein hohes Maß an Kontinuität und Linearität auf, weil er gerade auch die Rückschläge und Krisenzeiten seines Lebens als Liebesbeweis Gottes deutet. Ein Zustand der Gottverlassenheit, eine Anklage an Gott, wie es bei Hesse thematisiert wird, findet sich bei Kentenich nicht. Kentenich möchte mit seinem Werk den Menschen in die Freiheit der Kinder Gottes einführen.[144]

---

143 Kentenich kann trotz des Leids und der Unvollkommenheit der Welt an den liebenden Gott glauben, bei Hesse ist dagegen oft eine gewisse Verzweiflung wahrzunehmen, eine atmosphärische Gottverlassenheit. Obwohl Hesse sehr wohl in den Weltreligionen und Weisheitslehren „herumwanderte" um Lösungen zu finden, fühlt Hesse sich auch oft von Gott verlassen, so schreibt er in dem Gedicht *Der Einsame an Gott*: *„Trotzdem, o Gott, wenn auch Dein Finger tief / Und voll blinder Wollust in meiner Wunde wühlt, / Trotzdem sollst Du mich nicht verzagen, / Nicht im Staube knien und weinen sehen. / Denn Dein heimlichster Wunsch, Grausamer, / Tönt ja doch unbesiegbar im Herzen mir, / [...] Dich auch und Deine launischen Wege / Liebt mein Herz, indem es Dich trotzend höhnt. / Ja, ich liebe Dich, Gott, und ich liebe / Heiß die verworrene Welt, die Du schlecht regierst."* Hermann HESSE, Der *Einsame an Gott* (1914), in: ders., Sämtliche Werke, Band 10, 209.

144 Peter LOCHER, Artikel *Kindlichkeit*, in: Schönstatt-Lexikon, 196-199. In Anlehnung an Mk 10,14 ist für Kentenich die Kindlichkeit der einzige Weg aus der Katastrophe der Welt heraus. Im Blick auf die Geschöpflichkeit des Menschen bezeichnet Kentenich die Kindlichkeit als *„ewiges Urbedürfnis in der menschlichen Natur, also nicht etwa nur Durchgangsstadium. Der Mensch ist an sich das ewige Kind. Je reifer er wird, desto verwurzelter wird die Kindlichkeit."* KENTENICH, Rom-Vorträge, Band 1, 189-190. Ebenso zentral für Kentenich ist hier der Römerbrief 8,15-24. In der Freiheit und Herrlichkeit der Kinder Gottes liegt für Kentenich die Hoffnung auf wirkliche Erlösung begründet. Im Herbst 1937 hält Kentenich 25 Vorträge bei Exerzitien in Immensee (Schweiz), das zentrale Thema ist hierbei die „Kindlichkeit". Alle Vorträge enthält die Veröffentlichung: KENTENICH, Kindsein vor Gott, Vallendar-Schönstatt 1979. Vgl. dazu auch das Kapitel *Kindlichkeit als Spiegelung der Denkform J. Kentenichs*, in: PENNERS, Eine Pädagogik des Katholischen, 384-386.

Fazit: Einerseits könnte der Mensch in diesem Punkt von Kentenich lernen, was es heißt mit kindlichem Vertrauen und unermüdlicher Beharrlichkeit an den „Gott des Lebens“ zu glauben. Kentenichs tiefere Intention ist es, gerade das „Schwere“ im Leben mit der Wirklichkeit Gottes zusammenzubringen. Es geht darum, Gott mit seinem Liebesplan für die Welt zugestehen zu können, dass er auch auf „krummen Zeilen gerade schreiben kann“. Durch den praktischen Vorsehungsglauben soll der Mensch fähig werden, das Leben mit allen Facetten (vor allem das Leid) annehmen zu können und dahinter den „Gott des Lebens“ wirken sehen zu können, auch wenn dies schwer zu fassen ist.

Andererseits könnte der Mensch in diesem Punkt von Hesse lernen, kritisch seinen Glauben zu hinterfragen und dies auch zu artikulieren, da es durchaus Bereiche des Lebens und der Geschichte gibt, die nur schwer mit der Allmacht und der Liebe Gottes zu vereinbaren sind, wie z.B. die beiden Weltkriege des 20. Jahrhunderts und vieles mehr. Diese Ohnmacht Gottes kann sich für den Menschen wie ein Versagen Gottes anfühlen. Hesse kann gerade durch sein Schreibtalent diese Lebenswirklichkeit gut ins Wort bringen und Zustände der Gottesverlassenheit[145] thematisieren. Durch Hesses Beispiel könnte der Mensch lernen, dass authentisches Menschsein sich vor allem in der Bereitschaft äußert,

---

145 Die Haltung Hesses in diesem Kontext spiegelt, meines Erachtens, die Glaubenseinstellung der meisten Menschen, die religiös sind und mit einem Gottesbezug leben. Die Allmacht Gottes mit der Unvollkommenheit der Welt zusammenzudenken, letztlich die alte Theodizee-Problematik, ist und bleibt die stärkste Anfrage an die Existenz Gottes. Aus einer menschlichen Perspektive heraus ist es durchaus legitim, auch mal mit Gott unzufrieden zu sein, mit ihm zu hadern und ins Gericht zu gehen in bestimmten Situationen des Lebens. Dies ist absolut menschlich und spricht für die Lebensnähe Hesses, der trotzdem sein Leben immer mit Gott zu verbinden suchte. Die Haltung Kentenichs, in einer persönlichen Lebenssituation, die als große Ungerechtigkeit oder als großes Leid empfunden wird, sich immer noch der Liebe Gottes gewiss zu sein, ist nur wenigen Menschen vergönnt. Bei Kentenich ist das echt und authentisch und spiegelt etwas von seinem starken Gottvertrauen wider. Kentenichs Umgang mit dem Leid der Welt, also dahinter auch Gottes Liebesplan zu sehen, diese Einsicht kann für den „Kentenich-Nicht-Kenner“ aber erstmal befremdlich wirken.

ein Leben lang auf der Suche zu sein, immer wieder neu Antworten zu suchen auf die Fragen des Lebens.

2.2. Zwischen transreligiösem Glauben (Hesse) und entschiedenem Glauben (Kentenich)

In Kentenichs Werk findet sich sehr wenig zum interreligiösen Dialog, die Auseinandersetzung mit den anderen Weltreligionen spielt eine marginale Rolle. Kentenich hat immer wieder betont, dass Gott durch die Seele des Menschen spricht. Bei aller gebotenen Unterscheidung der Geister befürwortet Kentenich die Entscheidung des Zweiten Vatikanischen Konzils, den Dialog zwischen den Religionen zu fördern. So räumt Kentenich ein, dass Gott sich auch durch die anderen Religionen der Welt mitteilt. Kentenich hat sich aber nie ernsthaft mit anderen Religionen auseinandergesetzt und deren Inhalte in Bezug zu seinem Werk oder zum Christentum insgesamt vergleichend angeschaut, dennoch anerkennt er die anderen nicht-christlichen Religionen als Wege zu Gott. So praktiziert Kentenich einen entschiedenen (christlichen) Glauben, der aber nicht exklusiv zu bewerten ist. Freilich stand Kentenich zeitlebens auf dem geistigen Fundament der institutionellen Kirche, träumte aber stets von einer erneuerten Kirche, deren oberste Priorität es sein muss, die Erneuerung der Gesellschaft voranzubringen.[146]

Der institutionelle Glaube an eine Kirche wurde Hesse unmöglich gemacht, es sei ihm „*der christliche Weg zu Gott verbaut gewesen, durch eine strengfromme Erziehung, […]. Ich suchte also Gott auf anderen Wegen*

146 Vgl. GERBER, Zur Liebe berufen, 204. „*Nicht nur vergleichen, was jetzt in den oder den Seelen, die sich öffnen, vor sich geht, sondern auch vergleichen mit Jahrtausenden: Wie war das in anderen Religionen? Wie hat sich da das oder jenes geäußert? Merken Sie, das ist nicht wie heute. Heute – alles, was neu ist, ist deswegen zu umarmen, weil's eben revolutionär ist. Das ist immer ein ehrfürchtiges Tasten. Denn wenn der Herrgott, der Geist Gottes, wirksam ist – was man heute so klar im Konzil gesagt hat: der Heilige Geist wirkt auch bei den Heiden; er wirkt auch bei den anderen Religionen. Das sind immer Grundlinien gewesen, von denen wir ausgegangen sind.*" Joseph KENTENICH, *Vortrag vom 28. Dezember* (1965), in: ders., Durchblick in Texten, Band 1, 259-260.

[...]."[147] Hesse schaut bei seinem Umgang mit den Religionen auf die Bedürfnisse und Sehnsüchte des Menschen und sucht nach Antworten in den verschiedenen Weltreligionen und Weisheitslehren in Ost und West.[148] Hesse ist kein Anhänger einer institutionellen Kirche, er verfolgt ein „mystisches Christentum," das sich in der Erfahrung und der Grundhaltung der Liebe konkretisiert. Hesses Literatur thematisiert immer wieder auch die Unvollkommenheit der Welt und das Leiden des Menschen, dennoch ist Hesses literarisches Schaffen insgesamt nicht Ausdruck eines Verzweifelten und Areligiösen, sondern Zeugnis eines Gläubigen. Es ist Hesses transreligiöser Glaube, der das Verbindend-Universale aller Religionstraditionen betont. Mit dieser selektiven Methode der Aneignung der Religionen drang aber Hesse nie an den eigentlichen Kern der verschiedenen Religionen heran, er bildet sich seine eigene Privatreligion, mit der er am Ende allein dasteht.[149]

---

147 Hermann HESSE, *Brief an Berthli Kappeler vom 5. Februar* (1923), in: ders., Die Briefe, Band 3, 508.

148 Hans Küng formuliert in der Bewertung des *Siddhartha*-Romans eindrücklich Hesses Zurückneigen zum Christentum: *„Als Leser Hesses haben wir es mit der bemerkenswerten Tatsache zu tun, daß bei allem indisch-buddhistischen und chinesisch-taoistischen Einfluß, ja daß bei aller Wende von indischer Weltentsagung zur taoistisch-chinesischen Weltbejahung der Schluß, die Pointe dieses Buches weder buddhistisch noch taoistisch, sondern eher christlich orientiert ist. Erstaunlich, wenn man sich an das erinnert, was dem jungen Hermann Hesse im Namen des Christentums alles angetan wurde!"* KÜNG, *Nahezu ein Christ?*, 194. Und Hesse bekennt selbst, als seine *„alte Aversion gegen die speziell christliche Form der Wahrheit allmählich nachließ"*, so habe er, *„das Tiefste"* nicht nur in *„den Upanishaden, bei Buddha, bei Konfuzius und Lao Tse"*, sondern *„auch im Neuen Testament"* gefunden. HESSE, *Brief an Berthli Kappeler*, 508.

149 Vgl. WOLFF, Demian – Die Botschaft vom Selbst, 63-64. Der Kritik von Uwe Wolff an Hesses Zugang zur Religion kann aber auch widersprochen werden: Hesse hatte am eigenen Leib erfahren, wie sich Exklusivität in Sachen Glauben anfühlt durch die negativen Erfahrungen in seinem pietistischen Elternhaus. Durch die Missionstätigkeit seiner Eltern und seines Großvaters in Indien hat Hesse aber gleichzeitig auch von Kindesbeinen an erfahren, was religiöse Vielfalt und Weite bedeutet, beides hat ihn nachhaltig geprägt.

Gleichzeitig erfährt Hesses transreligiöser Glaube im Zweiten Vatikanischen Konzil eine Ermutigung, indem der Heilsexklusivismus der Kirche eine Absage erhält und eine generelle Weitung und Öffnung im Hinblick auf einen Inklusivismus eingeleitet wird. In der Erklärung *Nostra aetate* wird deutlich zum Ausdruck gebracht, dass die katholische Kirche die anderen nicht christlichen Religionen als vollwertige Zugänge zum „Wahren" und "Heiligen" anerkennt. Dieser neue Zugang des Konzils im Umgang mit den anderen Weltreligionen entspricht im Kern Hesses Offenheit für die Wahrheit in den verschiedenen Weltreligionen.[150]

Fazit: Einerseits könnte der gläubige Christ in diesem Punkt von Hesse lernen, was Weltoffenheit, sowie Aufgeschlossenheit für die außerchristlichen Religionen bedeutet. Der sowohl vielseitige Blick in die Religionsgeschichte und in die Mythologien als auch die vielseitige Auseinandersetzung mit den Weltreligionen und östlichen Weisheitslehren, wie es Hesse mit seinem transreligiösen Glauben praktiziert hat, könnte den religiös-spirituellen Horizont eines christgläubigen Menschen erweitern. Ferner könnte sich der Christgläubige, durch Hesses Werk angeregt, die Perspektive zu Eigen machen, den christlichen Glauben nur als einen Weg unter vielen zum Heil und zur Wahrheit zu betrachten. Es geht um die Bereitschaft, die Überzeugung von der gleichen Wahrheit aller Religionen annehmen zu können. Hesse kreist hier

---

150 In *Nostra aetate* wird der gewohnte apologetisch-missionarische Weg der Kirche verlassen. Das Motiv der Erklärung ist nicht mehr der Missionsbefehl, sondern die Aufgabe der Kirche, Einheit und Liebe unter den Menschen und damit auch unter den Völkern und Religionen zu fördern. So heißt es in der speziellen Einführung zur Erklärung, 350: *„Der 2. Artikel erkennt in klaren und eindeutigen Worten die religiöse Erfahrung der verschiedenen Völker, insofern sie Erfahrung einer verborgenen Macht, eines höchsten Gottes oder sogar eines Vaters ist, als authentisch an. Die ‚Religionen' werden als genauere Artikulationen dieser Erfahrung verstanden, wobei nun Hinduismus und Buddhismus besonders gewürdigt werden. Das Konzil sagt feierlich, daß es in den verschiedenen Religionen ‚Wahres' und ‚Heiliges' gebe und daß es selbst die konkreten Formen und Lehren dieser Religionen mit aufrichtigem Ernst betrachte."* Vgl. insgesamt: *Die Erklärung über das Verhältnis der Kirche zu den nicht christlichen Religionen „Nostra aetate"*, in: Karl RAHNER, Herbert VORGRIMLER (hrsg.), Kleines Konzilskompendium, Freiburg 1966, 349-359.

um einen religiösen Heilspluralismus, bei dem alle Religionen im gleichen Maße Erlösung schenken können.[151]

Andererseits könnte der religiös nicht festgelegte Mensch in diesem Punkt von Kentenich lernen, wie sich die Exklusivität und Entschiedenheit in Sachen Glaubensleben anfühlt. Der religiös Unentschiedene müsste sich der Herausforderung stellen, sich existentiell nur einer einzigen Religion anzunähern, gerade was das alternativlos Besondere des christlichen Glaubens angeht. Letztlich könnte hier ein Lernprozess angeregt werden, der zu der Erkenntnis führt, dass eine Religionszugehörigkeit mehr bedeutet, als nur aus den vielen Religionen die Inhalte herauszuschälen, die für das eigene Leben relevant und reizvoll sind. Kentenich regt durch sein Leben und Werk dazu an, sich existentiell für eine Religion zu entscheiden und sich an diese dauerhaft zu binden. So kann man abschließend festhalten, dass der Dialog zwischen Kentenich und Hesse im Hinblick auf die Religion letztlich den vom Konzil neu geforderten interreligiösen Dialog widerspiegelt.

2.3. Einsame Individualität (Hesse) und christliche Gemeinschaft (Kentenich)

> *„Seltsam, im Nebel zu wandern!*
> *Einsam ist jeder Busch und Stein,*
> *Kein Baum sieht den andern,*
> *Jeder ist allein.*
>
> *Voll von Freunden war mir die Welt,*
> *Als noch mein Leben licht war;*
> *Nun, da der Nebel fällt,*
> *Ist keiner mehr sichtbar.*

151 Der überzeugte Christ kann allerdings diese Auffassung nicht teilen, da er von der heilsinklusivistischen Überzeugung ausgehen muss, dass von der göttlichen Offenbarung in der Person und Lebensgeschichte Jesu Christi alles menschenmögliche Heil umfasst wird bzw. darin enthalten ist.

Wahrlich, keiner ist weise,
Der nicht das Dunkel kennt,
Das unentrinnbar und leise
Von allen ihn trennt.

Seltsam, im Nebel zu wandern!
Leben ist Einsamsein.
Kein Mensch kennt den andern.
Jeder ist allein. [152]

Dieses Gedicht ist wie eine Prophezeiung, die Hesse selbst bereits im Jahre 1905 über sein Leben geschrieben hat. Der noch nicht mal dreißigjährige Hesse verkündet mit diesem Gedicht eine zentrale Erkenntnis seines Lebens und auch seines Werkes: „*Leben ist Einsamsein.*" Die Literatur über den Dichter demonstriert einschlägig, dass sein ganzes Leben auch von Einsamkeit und Verzweiflung geprägt war.[153] Aufgrund dieser Tatsache versteht sich, dass der Gedanke von Vergemeinschaftung zwar eine Rolle spielt, aber immer nachgeordnet ist, das primäre Ziel ist die Entfaltung des Individuellen. Hesse hat immer die Ausprägung der Individualität betont, ihr Preis, den sie verlangt, ist stets die einsame Wanderschaft durch das Leben. Wenn Hesse Gemeinschaften in seinen Romanen beschreibt, dann bilden diese Menschen nicht eine Gemeinschaft, weil sie menschlich aneinander interessiert sind, sondern weil sie in der Regel gemeinsam an

152 Hermann HESSE, *Im Nebel* (1905), in: ders., Sämtliche Werke, Band 10, 136-137. Gunnar Decker sieht in dem Gedicht *Im Nebel* Hesses gesamten Lebensgang symbolisiert, eine Wanderschaft zwischen Nebel und Leben: *„Liest man das Wort ‚Nebel' rückwärts, steht ‚Leben' vor uns. Eine ungewisse Wanderung spricht sich in diesem Nebel-Leben aus, es verbleibt im Geheimnis, trotz aller Aufklärung, die nottut. Das Dunkel hört nicht auf, wenn wir es auszuleuchten beginnen – es zieht sich nur immer weiter zurück. Dieses Geheimnis eines schöpferischen Menschen, der sich in seinen Widersprüchen verbirgt, man soll es lieben lernen und nicht bekämpfen. […] Geist und Leben zu verbinden war Hermann Hesses große Vision."* DECKER, Der Wanderer, 667.

153 Entsprechend schreibt Uwe Wolff: *„Hesse hat zwar viel Resonanz bei seinen Lesern gefunden, war jedoch trotzdem sehr einsam und verzweifelt. Das Tagebuch ‚Krisis', welches Hesse anläßlich seines 50. Geburtstages an Freunde verschenkte, legt davon Zeugnis ab."* WOLFF, Demian – Die Botschaft vom Selbst, 64.

die gleichen Ideale und Ideen glauben.[154] Hesse ist immer auf den einzelnen Menschen fokussiert, das Kollektiv, den Mehrwert einer Gemeinschaft bezweifelt er und wittert sofort Fremdbestimmung und Verlust des „Eigensinns".[155] Gleichzeitig hat Hesse sehr wohl den Zusammenhang gesehen, dass nur aus starken Persönlichkeiten eine starke Gemeinschaft und Gesellschaft erwachsen kann. Genau dies hat er wohl vor Augen, wenn er schreibt: *„Wir müssen nicht hinten beginnen, bei den Regierungsformen und politischen Methoden, sondern wir müssen vorn anfangen, beim Bau der Persönlichkeit, wenn wir wieder Geister und Männer haben wollen, die uns Zukunft verbürgen."*[156]

Bei Kentenich dagegen ist der individuelle Mensch mit seiner einmaligen Persönlichkeit auf die Gemeinschaft hingeordnet. Die „Bindungs- und Bündnispädagogik" Kentenichs schließt wesentlich die Bindung an eine Gemeinschaft als entwicklungsförderndes Element ein. Beide Autoren teilen die Vision von einem „Neuen Menschen," bei Kentenich hört aber die

154 Immer wieder tauchen in Hesses Romanen Menschen auf, die sich durch eine gemeinsame Gedankenwelt verbunden fühlen und deswegen eine Gemeinschaft bilden. Im *Demian* ist dies die Gruppe der „Gezeichneten" um Frau Eva, die einen neuen Weg der Menschwerdung einschlagen, um nur ihrer inneren Bestimmung folgen zu können. Ähnliches gilt auch für die „Morgenlandfahrer" oder die „Glasperlenspieler". Vgl. dazu auch in dieser Arbeit im Hesse-Teil IV, Fußnote 329.

155 *„Kurz: die Menschheit verbessern zu wollen, bleibt immer hoffnungslos. Darum habe ich meinen Glauben stets auf den Einzelnen gebaut, denn der Einzelne ist erziehbar und verbesserungsfähig, und nach meinem Glauben war und ist es stets die kleine Elite von gutgewillten, opferfähigen und tapferen Menschen gewesen, die das Gute und Schöne in der Welt bewahrt hat."* Hermann HESSE, *Brief an Herrn P. H. vom 8. Juni* (1956), in: ders., Ausgewählte Briefe, 467.

156 HESSE, *Zarathustras Wiederkehr*, 7. Sicherlich hätte Hesse, wenn er heute leben würde, diesen Satz mit dem Zusatz „Frauen" formuliert. Gerade auch Christoph Gellner betont in diesem Kontext, dass Hesse in seinem Spätwerk (vor allem in beiden Werken *Die Morgenlandfahrt* und *Das Glasperlenspiel*) die Gemeinschaftsdimension neu betont. Das bedeutet im Sinne Hesses vor allem, dass geistige Ideen und Ideale eine Konkretion, eine Durchschlagskraft im Leben, in der Welt und in der Gesellschaft haben müssen. Hesses Vision war die fruchtbare Synthese aus der *vita contemplativa* und der *vita activa*. Vgl. das Kapitel *Ein Weg ins Soziale?*, in: GELLNER, Spiritualität des Ostens,203-207.

Vision beim einzelnen Menschen nicht auf, sondern er erweitert sie noch ins Kollektiv: „Der neue Mensch in der neuen Gemeinschaft". [157] Die einzelne Persönlichkeit und die Gemeinschaft sind aber in keiner Weise ein Selbstzweck, sondern sind immer auf die Verbesserung und Erlösung der Welt ausgerichtet. Getragen von einem starken missionarischen Sendungsbewusstsein ist der Mensch bei Kentenich als „Werkzeug Gottes" aufgefordert, durch ein starkes Apostolat [158] an der Heilsgeschichte von Kirche und Welt mitzuwirken.

---

157 Zu Kentenichs Vision vom „Neuen Menschen in neuer Gemeinschaft" formuliert Herta Schlosser, 285: *„Der hier gemeinte ‚neue Mensch' ist der geistbeseelte und idealgebundene Mensch, fern von aller Formversklavung und Formlosigkeit. Die ‚neue Gemeinschaft' löst sich – ohne formlos zu sein – von allem seelenlosen Formalismus, vom mechanischen, bloß äußerlichen Nebeneinander; sie ringt um tiefe, innerseelische Verbundenheit: um ein seelisches Ineinander, Miteinander und Füreinander, um ein in Gott verankertes, stets wirksames Verantwortungsbewußtsein füreinander."* SCHLOSSER, Artikel *Neuer Mensch in neuer Gemeinschaft*, in: Schönstatt-Lexikon, 284-285. Bei Hesse dagegen führt der Weg zum wahren Menschentum nicht in eine Gemeinschaft, sondern in die Einsamkeit. Für Hesse gehört es zum Menschsein dazu, ein Leben lang die Einsamkeit zu ertragen. Schon Schopenhauer hat empfohlen, dass der nach höheren, geistigen Zielen strebende Mensch sich früh an die Einsamkeit gewöhnen sollte, damit er lerne, diese für immer auszuhalten. Nietzsche ist diesen Weg des Einsamen gegangen, den Hesse dafür bewunderte. Hesse verneint ebenso das Streben nach Vorbildern und Idealen anderer. Ein wirklich „Erwachter" hat nach Hesse keinen Guru und keine vorformulierte Weltanschauung mehr, sondern der eigensinnige Mensch schöpft alle Kraft und geistig-seelische Orientierung aus seinem eigenen Innern. Vgl. BAUMANN, *Menschsein als Aufgabe*, 48-49.

158 Von Anfang an steht das Apostolat bei Kentenich im Mittelpunkt. Die Schönstattbewegung versteht sich in ihrer Sendung als eine apostolische Bewegung. So schreibt Hubertus Brantzen, 5: *„So hat jedes Mühen um Selbstheiligung eine innere Zielrichtung auf das Apostolat. […] Damit ist die persönliche Berufung jedes einzelnen und die Sendung von Gruppen, Kursen und Gemeinschaft grundsätzlich apostolisch ausgerichtet. Die Bereitschaft zum Apostolat ist geradezu Kriterium der Echtheit der Berufung und Sendung. Auf diese Weise wird vermieden, daß Schönstatt als ‚Erzieher- und Erziehungsbewegung' in Innerlichkeit sich selbst genügt, […]."* Hubertus BRANTZEN, Artikel *Apostolat*, in: Schönstatt-Lexikon, 3-8. Hesse steht dem diametral gegenüber, da es bei Hesse primär darum geht seinen „Eigensinn" auszuleben, er betont, dass es nicht die Aufgabe des Menschen sei, die Welt zu verbessern. Der Drang die Welt verbessern zu wollen, rühre nur aus

> „*Ohne Gemeinschaft verkümmert er* [gemeint ist der Mensch an sich]. *Die Gemeinschaft schafft Hindernisse und gibt Antriebe. Sie bringt Spannungen und drängt zu ihrer Überwindung. Sie steckt Ziele und gibt Motive, die nie zur Ruhe kommen lassen. Sie stellt Genossen und Gehilfen zur Verfügung oder läßt Gegner auf dem Plan erscheinen. Beides zum großen Vorteile für Werkgestaltung und Selbstentfaltung. So wird verständlich, was Goethe sagen will, wenn er erklärt, daß er sieben Achtel von all seinen Werken anderen zuschreiben müsse. Der Mensch braucht die Gemeinschaft, um von ihr zu empfangen. Er hat sie gleichfalls nötig, um zu geben, um reichlich, überreichlich schenken und verschenken zu können. Geteilte Freude ist doppelte Freude, geteilter Schmerz ist halber Schmerz.*“[159]

Fazit: Einerseits könnte der Mensch in diesem Punkt von Kentenich lernen, dass letztlich alle religiöse Wahrheitssuche, sowie alle Konzepte der Persönlichkeitsentfaltung unerfüllt und hohl bleiben müssen, wenn der Mensch sich nicht getragen und geliebt weiß durch persönliche Beziehungen. Mit der Begrifflichkeit „natürlicher und übernatürlicher Bindungsorganismus“ möchte Kentenich die Wirklichkeit fassen, dass Bindungen zu anderen Menschen, zu Gruppen und Gemeinschaften, aber auch Bindungen an Ideen und Orte, sowie letztlich die Bindung an die Gottesmutter und an den „Gott des Lebens“, der Schlüssel für ein gelingendes Leben sind.[160] Für Hesse dagegen zählt nur, eisern die Fahne seiner Individualität hochzuhalten, ganz egal ob der einzelne

---

der eigenen inneren Unzufriedenheit her. Der Mensch, der mit sich im Einklang stehe, wolle auch nicht die Welt verbessern, sondern sei zufrieden mit ihr, so Hesse.

159 KENTENICH, Oktoberbrief, 55.

160 Hier sei angemerkt, dass Hesse mit seiner dritten Ehefrau Ninon Hesse, geb. Ausländer, eine glückliche Ehe erlebte, von 1931 bis zu Hesses Tod 1962, also über dreißig Jahre lang. Damit soll angedeutet sein, dass auch Hesse die einsame Wanderschaft und sein Eremitentum nicht stringent durchgehalten hat und dem Bedürfnis sein Leben zu teilen, durchaus Raum gegeben hat. Zudem stand er mit seinen drei Söhnen aus erster Ehe auch immer wieder in Kontakt, sie besuchten ihn auch gelegentlich in seiner Wahlheimat im Schweizer Tessin.

Mensch an der daraus resultierenden Einsamkeit zugrunde geht oder nicht. [161]

Andererseits könnte der Mensch in diesem Punkt von Hesse lernen, dass die Vision Kentenichs von der „neuen Gemeinschaft", die ein *„seelisches Ineinander, Miteinander und Füreinander"* [162] kennt, dass dies eben oft auch nicht eingeholt werden kann und die Wirklichkeit oft hinter dem zurückbleibt, was Kentenich als Vision im Blick hat. Heißt denn Vergemeinschaftung nicht immer auch Opfer, Kompromiss, Verbiegen-Müssen und Entfremdung? Der Mensch könnte durch Hesse einen realistischeren Blick dafür gewinnen, dass eine Gemeinschaft auch immer Probleme in sich birgt und nicht automatisch eine Stärkung und Steigerung der Persönlichkeit bedeutet, geschweige denn eine Verbesserung in die Gesellschaft hinein. Des Weiteren müssen eine starke Persönlichkeit und eine starke Gemeinschaft nicht immer, so wie Kentenich das vorsieht, auf die Verbesserung der Welt angelegt sein und haben durchaus auch ihre Berechtigung, auch wenn sie nur einen ideellen Selbstzweck verfolgen, wie das Hesse an einigen Stellen in seinen Romanen beschreibt.

161 So charakterisiert Fritz Martini Hesses Leben und Werk folgendermaßen: *„Mag Hesse (die Antwort, die ihm überpersönliche Mächte versagen) auch in der Kunst, wie in der von ihm geliebten klassischen Musik, im meditativen Akt des Dichtens als Wahrheitssuche, in den Botschaften der religiösen Weisheit oder Offenbarung, in einer sublimierten, strengen Humanität, im Schönen, das nichts will, im Wahren, das nur und unbedingt sich selbst will, suchen – letztlich bleibt der von ihm gestaltete Mensch wieder und wieder mit sich allein und vor einem Rätsel, das ihm keine Abwendung erlaubt."* Fritz MARTINI, *Auf der Suche nach dem Unerreichbaren. Hermann Hesse im Brennpunkt aktueller Kontroversen*, in: Evangelische Kommentare 10 (1977), Heft 7, 402-404.

162 SCHLOSSER, Artikel *Neuer Mensch in neuer Gemeinschaft*, in: Schönstatt-Lexikon, 285.

2.4. Die göttliche Bestimmung als rein subjektive Seelenerfahrung (Hesse) und als Botschaft des personalen christlichen Gottes (Kentenich)

Diese Untersuchung möchte als ihr zentrales Anliegen aufzeigen, dass sowohl Kentenich als auch Hesse mit ihren jeweiligen Werken eine Bestimmung des Menschen, genauer eine göttliche Bestimmung des Menschen im Blick haben. Beide Entwürfe verhalten sich dabei komplementär zueinander. Kentenich verfolgt in seinem Werk letztlich mehr eine Theozentrik als eine Anthropozentrik, d. h. von der Art und Weise wie Gott ist und gedacht wird, leitet er eine göttliche Bestimmung des Menschen ab, hier liegt der Fokus auf dem Wesen Gottes und seinen Eigenschaften. Hesse dagegen verfolgt mehr eine Anthropozentrik als eine Theozentrik, d. h. von der Art und Weise, wie der Mensch ist und gedacht wird, leitet er eine göttliche Bestimmung des Menschen ab, hier liegt der Fokus mehr auf der *conditio humana*.

Gott ruft den Menschen und schenkt dem Menschen dadurch seine Bestimmung. Bei Kentenich ist die Quelle dieses absoluten Rufs bei jedem Menschen dieselbe Quelle, nämlich der christliche personale Gott. Es gibt also eine innere Brücke, eine große Klammer zwischen den einzelnen Berufungen der Menschen und diese ist der christliche Gott selbst. Bei Hesse ist das anders. Auch hier ruft Gott, aber wer oder was Gott ist, ist nicht eindeutig definiert. Sein spirituelles Konglomerat[163] aus verschiedenen Religionen und Gottesvorstellungen macht es schwierig, einen klaren Gottesbegriff

163 Karl-Josef Kuschel verleiht hier Hesses Religiosität mit den folgenden Worten Ausdruck: *„Dieses Verfahren der bewussten Verknüpfung der religiösen Tradition in Gestalt ihrer Schlüsselfiguren ist der Überzeugung geschuldet, dass die großen Religionen bei allen tiefgreifenden Unterschieden sich in Schlüsselaussagen und Kernerfahrungen bestätigen und ergänzen. Wir begegnen bei Hesse ab der ‚Siddhartha'-Zeit noch stärker als zuvor der Figur der nichthierarchischen Reihung der großen Gestalten der Religionen: Buddha, Laotse, Jesus. Dabei weiß auch Hesse um das inhaltliche Unterscheidende dieser Figuren. Interessiert ist er daran nicht. Religionsvergleich und Differenzierung der Profile überlässt er den Fachleuten. Streit um ‚die Wahrheit' erst recht. Er liest die Überlieferungen selektiv und existentiell. Das heißt, er erschließt sich bei aller bleibenden Fremdheit, was er für die Bewältigung von Konflikten von Seele und Situation gebrauchen kann. […] Das alles ist dann auch literarisch fruchtbar gemacht worden. Undogmatisch, aber konsequent;*

bzw. die Quelle des göttlichen Rufs eindeutig zu beziffern. Auch die Einsamkeit, die sich bei Hesses Leben und Werk durchzieht, hat auch wesentlich mit diesem uneindeutigen Gottesbegriff zu tun. Denn wenn Hesse Gott spürt, also eine Gottes- oder Einheitserfahrung[164] macht, dann kann das etwas völlig Differentes zu dem sein, was ein anderer Mensch als Gotteserfahrung erlebt. Gotteserfahrung vollzieht sich bei jedem Menschen immer nur persönlich, intim, im Innern. Die Quelle aber, also das, was die verschiedenen Berufungen im Innern „verursacht", wird im Christentum als Botschaft des einen personalen Gottes verstanden, der dreifaltige Gott bildet gleichsam dadurch auch die verbindende Brücke zwischen den Menschen untereinander. In der Gottesvorstellung Hesses fehlt dieses verbindende Band zwischen den Menschen. Hesse hatte Phasen in seinem Leben, in denen er einen völlig immanenten Gottesbegriff hatte. Gerade in der Phase um den *Demian* betreibt Hesse ein reines Transzendieren innerhalb der Grenzen der eigenen Seele.[165]

Bei Hesse sitzt jeder Mensch, um im Bilde zu sprechen, allein auf seiner eigenen „Seelen-Insel" und jeder hat dann aber auch nur Zugang zu seinem ganz eigenen persönlichen „Seelen-Gott". Es ist ein Zugang zu einer mystischen bzw. spirituell-erfahrungshaften Religion der seelischen Innerlichkeit. Hesse betonte aber ab den 1930er Jahren immer wieder seine

selektiv, aber tiefgreifend, existentiell, aber genau durchdacht." KUSCHEL, Im Fluss der Dinge, 651-652.

164 *„Die Einheit, die ich hinter der Vielheit verehre, ist keine langweilige, keine graue, gedankliche, theoretische Einheit. Sie ist ja das Leben selbst, voll Spiel, voll Schmerz, voll Gelächter. Sie ist dargestellt worden im Tanz des Gottes Shiwa, der die Welt in Scherben tanzt, und in vielen anderen Bildern, sie weigert sich keiner Darstellung, keinem Gleichnis. Du kannst jederzeit in sie eintreten, sie gehört dir in jedem Augenblick, wo du keine Zeit, keinen Raum, kein Nichtwissen kennst, wo du aus Konvention austrittst, wo du in Liebe und Hingabe allen Göttern, allen Menschen, allen Welten, allen Zeitaltern angehörst."* HESSE, *Über die Einheit*, 21.

165 Uwe Wolff schreibt in diesem Kontext: *„In der subjektiven Sinnsuche spiegelt sich nicht nur die Problematik des Künstlers, der modernen Kunst oder Literatur wider, sondern darüber hinaus das ganze Existenzproblem des modernen Menschen, der nur sich selbst die Antwort geben kann, die ihm transzendente Mächte versagen. Und auch das ‚Transzendieren ohne Transzendenz' (Bloch) ist lediglich eine Aporie, die nur die ‚Gottesfinsternis' einer ganzen Epoche überlagert."* WOLFF, Demian, 65.

Zugehörigkeit zu einem „mystischen Christentum" entgegen eines konfessionell verfassten Christentums und doch leistet letztlich Hesses Gottesbegriff aber keine verbindliche Brücke zwischen den Menschen. Religion wird bei Hesse zur Privatsache und damit auch Gott selbst. Karl-Josef Kuschel bringt diesen Sachverhalt sehr trefflich wie folgt auf den Punkt:

> *„Hesse hat sich früh keiner Religion und ihrem Absolutheitsanspruch unterwerfen können. Religionen stellte er vielmehr seinerseits unter ein inhaltliches Kriterium: Sind sie fähig, Menschen die Erkenntnis der göttlichen Einheit aller Wirklichkeit aufzuschließen? Dieser in großen inneren und äußeren Krisen erworbene, von Advaita-Vedanta früh beeinflusste Glaube an die Große Einheit ist Hesses Abschied von einem konfessionellen oder religiösen Lagerdenken und zugleich das Streben nach religiösen Ausdrucksformen, die einem Suchenden auf dem eigenen Weg zugewachsen sind. Über eine lange Erfahrungs- und Reflexionsgeschichte hat Hesse sich damit zu einem beredten Anwalt einer Subjektivierung und Individualisierung des Religiösen entwickelt, die in der ersten Hälfte des 20. Jahrhunderts noch von Einzelnen durchgekämpft werden musste, nach heutigen religionspsychologischen und religionssoziologischen Untersuchungen aber ein Massenphänomen geworden ist. Wie wenige andere seiner Zeit hat Hesse für die Überzeugung gekämpft, dass jeder Mensch seinen eigenen Weg ‚zu Gott' suchen und finden müsse."*[166]

Bei dieser vorgenommenen Subjektivierung des Religiösen in Hesses Werk und der darin enthaltenen Bestimmung des Menschen geht bei Hesse aber auch die Objektivität Gottes verloren. Ebenso werden keine Kriterien der Unterscheidung aufgestellt, welche der unbewussten Impulse der Seele als eine göttliche Botschaft zu verstehen sind und welche nicht. Hesse benennt also keine Kriterien, welche Seelenimpulse den Menschen näher zu seiner göttlichen Bestimmung führen und welche nicht, dazu wird in Hesses

166 KUSCHEL, Im Fluss der Dinge, 650. Gleichzeitig gibt es für Hesses Überzeugung *„dass jeder Mensch seinen eigenen Weg zu Gott suchen und finden müsse"* keine positivere theologische Legitimation als die berühmte Interviewaussage von Joseph Ratzinger: *„Wie viele Wege gibt es zu Gott? So viele es Menschen gibt."* in: Steffen KÖHLER, Joseph Ratzinger. Papst Benedikt XVI. Die neue Tradition, Dettelbach 2006, 46.

Werk eigentlich keine Angabe gemacht. Dagegen wird bei Kentenich eine Objektivität Gottes schon dadurch deutlich, weil es allgemein verbindliche Kriterien gibt, wie z.B. die christliche Offenbarung oder die abendländische Philosophie und Theologie, von der sein Gottesbegriff maßgeblich ausgeht. Darüber hinaus benennt Kentenich die Erkenntnisquellen „Sein-, Zeit- und Seelenstimmen", sowie einige Methoden und Praktiken, um sich Gott und seiner Wirklichkeit objektiv annähern zu können, wie z.B. die „Unterscheidung der Geister", [167] das „Partikularexamen" und die „Geistliche Tagesordnung". [168] Kentenich kann hier stärker Unterscheidungskriterien benennen, weil eben auch sein Gottesbegriff klarer, eindeutiger und damit auch objektivierbarer wird. Hesses Gottesbegriff bleibt ein stückweit immer nebulös, genauso wie die konkrete Annäherung des Menschen an die Verwirklichung seiner göttlichen Berufung. [169]

---

167 Auch Kentenich geht davon aus, dass Gott durch die Seele der Menschen spricht. Die „Seelenstimmen" gilt es jedoch kritisch zu prüfen, inwiefern diese lediglich eine momentane Stimmung wiedergeben oder sich doch tiefer auf den „gottgewollten" Persönlichkeitskern („Persönliches Ideals") zurückführen lassen. Eine „Unterscheidung der Geister" ist für Kentenich unerlässlich. Vgl. GERBER, Zur Liebe berufen, 204. King führt dazu aus: *„Umso wichtiger ist es, in der ganzheitlich und frei entfalteten Seele das Richtige und Wahre, letztlich Gottes Stimme zu finden und zu verwirklichen. [...] In diesem Sinne geht es immer – in der Terminologie des hl. Ignatius und J. Kentenichs – um die Unterscheidung der Geister in der menschlichen Seele. Psychologisch gesehen geht es um die Frage, was ist ‚meins', was gehört zu meiner ganz persönlichen Seele, ihrer inneren Entfaltung in Freiheit. [...] Hier ist der Ort für eine noch zu entwickelnde Theologie der Seele, richtiger einer Theologie der seelischen Vorgänge."* Kommentar von Herbert KING, in: Durchblick in Texten, Band 1, 261-262.

168 Vgl. zur Objektivität und Erkennbarkeit des „Persönlichen Ideals" in dieser Arbeit: Teil III, Kapitel 5.4.1.2. *Kriterien der Erkennbarkeit des „Grundzuges"*, sowie Kapitel 5.4. *Praktische Perspektive: Erkennbarkeit und Umsetzung*

169 Vgl. dazu in dieser Arbeit, Teil IV, das einleitende Zitat aus dem *Demian*, Fußnote 1. Insgesamt könnte man sagen, dass der Selbstverwirklichungsprozess des Menschen bei Hesse einen passiveren Charakter hat als bei Kentenich. Auch wie es eben in dem Zitat anklingt, das Teil IV vorangestellt ist, es ist ein *„Auswirken lassen"*, ein *„den Willen der Urtiefe zu fühlen"*, ein *„Zu sich selbst kommen"* ohne aber eine objektive Agenda an Methoden und Praktiken erfüllen zu müssen. Der Individuationsweg nach C. G. Jung ist vielleicht die einzige objektive Methode, die im Werke Hesses ausführlich thematisiert und benannt wird. Bei

Ausgehend von diesem nicht eindeutig verifizierbaren Gottesbegriff in Hesses Werk gestaltet sich die Frage der Begleitung von außen im Selbstverwirklichungsprozess: Kentenich hat sein ganzes Leben lang Menschen in der Frage nach ihrer Berufung begleitet, der christliche Glaube insgesamt kennt das seelsorgerliche Gespräch, das Bußsakrament, sowie für einen längerfristigen Zeitraum die Hilfe einer geistlichen Begleitung. Auch hier ist das Fundament der Begleitung das Vertrauen auf den christlichen Gott, dass dieser die Gespräche mit seiner Nähe und mit seinem Segen begleitet und letztlich zur Entwicklung desjenigen führt, der die Begleitung in Anspruch nimmt.[170]

Auch in Hesses Romanwerk finden sich an vielen Stellen immer wieder Figuren, die als eine Art Mentor auftreten. So begleitet z. B. Pistorius Emil Sinclair bei seinem Selbstfindungsprozess für einen gewissen Zeitraum; Vasudeva führt Siddhartha zu entscheidenden Erkenntnissen in seiner Selbstsuche und auch Narziß rät seinem Freund Goldmund, das Kloster zu verlassen und in die Welt hinauszuziehen, weil dies mehr seinem inneren Wesen entspricht. Viele weitere solcher Personenkonstellationen aus Hesses

---

Kentenich wird die Aktivität des Menschen im Selbstverwirklichungsprozess stärker betont und dazu gibt er auch mehrere konkrete Praktiken und Umsetzungshilfen an die Hand, wie eine Annäherung an den Willen Gottes gelingen kann. Nichtsdestotrotz unterstreicht Kentenich bei allem menschlichen Streben im Selbstverwirklichungsprozess immer auch das Gnadenhandeln Gottes als entscheidendes Kriterium. Schließlich betonen beide Autoren bei der Entschlüsselung der göttlichen Bestimmung den Geheimnischarakter dieses Vorgangs und berufen sich darauf, dass die Verwirklichung der je eigenen Bestimmung immer auch als ein Akt der Gnade, das heißt von Gott selbst bewirkt, betrachtet werden muss.

170 Zur Spiritualität Schönstatts gehört die „Geistliche Begleitung" wesentlich dazu: *„Geistliche Begleitung meint das freie Angebot, den persönlichen seelisch-geistlichen Weg eines anderen mitzugehen, um ihm zu helfen, das Leben selbständig aus dem Glauben zu deuten und darin seine menschlich-religiöse Identität und Sendung zu finden. Pater Kentenich nimmt den bis in die 70er Jahre üblichen Begriff ‚Seelenführung' auf und füllt ihn mit dem, was heute unter Geistlicher Begleitung verstanden wird. […] Notwendig erscheint Pater Kentenich die Einzelbegleitung an lebensgeschichtlichen Wendepunkten und in besonderen psychischen und spirituellen Entwicklungssituationen."* Peter LOCHER, Artikel *Geistliche Begleitung*, in: Schönstatt-Lexikon, 106-108.

Romanwerk könnten hier benannt werden. Andererseits finden sich immer wieder Passagen in seinem Werk, bei denen Hesse deutlich zu machen versucht, dass es keine allgemeinen Lehren und Programme gibt, wie man dem Leben begegnen muss, um es zu meistern.[171] Gerade auch im *Demian*-Roman verdeutlicht Hesse eindrücklich, dass jeder Mensch eigentlich auf sich alleine gestellt ist: So ist Sinclair ganz auf sich selbst konzentriert und hat kein Interesse an anderen Menschen. Auch eine Versammlung oder ein Zusammenschluss von Gleichgesinnten, etwa eine religiöse Gruppe, ist nicht das Ziel von Sinclair. Hesse verdeutlicht diese Haltung Sinclairs durch die Begegnung mit Knauer, ein Mitschüler, der Sinclairs Nähe sucht, weil er in ihm einen gleichgesinnten Suchenden erkennt. Knauer versucht verzweifelt, um den Erhalt der reinen Geistigkeit willen, seinen Geschlechtstrieb zu unterdrücken, was ihm aber nicht gelingen will. Knauer hofft, dass Sinclair ihm helfen könne und die rettende Antwort auf seine Fragen und Probleme habe. Sinclair kann Knauer aber keinen Rat geben. Jeder ist für sich allein.[172]

> *„Ich kann dir nichts sagen, Knauer. Man kann einander da nicht helfen. Mir hat auch niemand geholfen. Du mußt dich auf dich selber besinnen, und dann mußt du das tun, was wirklich aus deinem Wesen kommt. Es gibt nichts anderes. Wenn du dich selber nicht finden kannst, dann wirst du auch keine Geister finden, glaube ich.“*[173]

---

171 Auch der Siddhartha-Roman ist unter diesem Blickpunkt gesehen ein großes Bekenntnis zum Individualismus. Weisheit und Annährung an Gott kann nicht durch Wissen (objektive Kriterien) vermittelt werden, sondern kann nur durch persönliche Erfahrung sich entwickeln. Jeder Mensch muss seine eigenen speziellen Erfahrungen machen, da jeder Mensch ein anderes Verständnis von Erlösung und Heilsfindung in sich trägt. So ist es Siddhartha (Hesse) unmöglich, sich einer Lehre oder bestimmten religiösen Vorschriften zu unterwerfen, da sie nicht auf der eigenen Erfahrung beruhen.

172 Vgl. WOLFF, Demian – Die Botschaft vom Selbst, 50-51.

173 HESSE, Demian, 162-163. Dieser Gedanke findet sich bereits im Prolog des *Demian*-Romans: *„Wir können einander verstehen; aber deuten kann jeder nur sich selbst.“* Ebd., 9. Insgesamt klingt hier Hesses pessimistische Auffassung an, dass letztlich jeder Mensch mit sich allein bleibt und isoliert leben muss. Die Sehnsucht nach menschlicher Nähe und gegenseitigem Verstehen bleibt bei Hesse letztlich immer auch ein stückweit unerfüllt.

Fazit: Einerseits könnte der Mensch in diesem Punkt von Kentenich lernen, dass wenn Gott nicht objektiv gedacht werden kann, nicht unter objektiven Kriterien eine Vergewisserung angestrebt werden kann, sowie auch nicht unter objektiven Kriterien gemeinsam erfahren und geteilt werden kann (z.B. in der Gemeinschaft eines christlichen Gottesdienstes), der Mensch in seiner Sinnsuche und Gottessehnsucht letztlich alleine bliebe. So denkt Kentenich die göttliche Bestimmung des Menschen auf dem Fundament der christlichen Offenbarung.

Andererseits könnte der Mensch in diesem Punkt von Hesse lernen, dass trotz der benannten objektiven Attribute für den christlichen Gottesbegriff, trotz der Nennung von Kriterien und Methoden für die Realisierung der eigenen Bestimmung es letztlich doch immer im Ermessen des individuellen Menschen bleibt, vielleicht eine Gewissensfrage allenthalben, wie und ob er die Regungen seiner Seele[174] als Anwesenheit und Zeichen Gottes deutet oder nicht.[175] Hesse hat für sich erkannt, dass letztlich jeder Mensch in seinem Glauben und auf seinem Berufungsweg Gott allein gegenübersteht.

174 Abschließend sei hier nochmals betont, dass diese Dissertation das Ziel verfolgte nachzuweisen, dass sowohl Kentenich als auch Hesse mit ihren Ansätzen einen Berufungsweg für den Menschen aufzeigen wollen, der in positiver Weise die Tiefenpsyche des Menschen bewertet und integriert. Ganzheitliche Selbstverwirklichung im Sinne Kentenichs und Hesses meint dann einen lebenslangen Berufungsweg, der immer wieder rückgebunden ist an die Regungen und Impulse der Seele.

175 Auch der Kentenich-Forscher Herbert King betont in diesem Kontext, dass letztlich alles darauf ankommt, wie die „Seelenstimmen" gedeutet werden: *„Glaube wird zum Wagnis. Ich muss meinen Deutungen letztlich glauben, mich für sie entscheiden. Das Wagnis des Glaubens ist ein Wagnis der Deutung. […]"* KING, *Überlegungen zu einer Theologie der Erfahrung des Wirken Gottes*, 42.

3. Schlussbemerkung

Das Leben des Menschen kann mit dem Bild des Pilgerweges wiedergegeben werden. Diese Metapher zeigt an, dass das Leben des Menschen eine Reise mit Höhen und Tiefen ist, ein Weg, auf dem der Mensch ein Leben lang zu sich selbst unterwegs ist. Leben heißt immer wieder neu lernen. Das Leben ist ein nie endender Reife- und Entwicklungsprozess für den Menschen. So ist es nicht verwunderlich, dass die beide Autoren den ganzheitlichen Selbstverwirklichungsprozess des Menschen, wie er in der vergleichenden Gegenüberstellung in sieben Punkten dargestellt wurde, als lebenslangen Prozess darstellen. „Das Persönliche Ideal", sowie die Jung'sche Lehre vom „Selbst", die Hesse als sein Glaube, als seine Lebensphilosophie erkannte und entsprechend in zahlreichen Romanen literarisch gestaltete, wollen deutlich machen, dass im Menschen eine Sehnsucht nach Vervollkommnung, nach Vollständigkeit und nach Ausschöpfung der inneren Potentiale wohnt. Diese Sehnsucht nach der bestmöglichen Version des eigenen Ichs ist der göttliche Seelenfunke, das göttliche Urbild, das Ideal-Ich, das dem Menschen seine wahre Bestimmung schenkt und aufgibt. Gleichzeitig haben beide Autoren immer wieder auch die Grenze ihres Anliegens, die Grenzen des menschlichen Erkenntnisvermögens betont.[176] Das heißt, dass ein vollständiges Erfassen und Verwirklichen des inneren Seelenschatzes nie ganz möglich sein wird, es kann also nie ganz eingeholt werden und bleibt letztlich auch etwas Unerreichbares. Eine vollkommene Selbstverwirklichung kann also auf Erden nie ganz erreicht werden, treffend dazu schreibt der Kirchenvater Augustinus: *„Denn du hast uns auf dich hin geschaffen, und unruhig ist unser Herz, bis es Ruhe findet in dir."*[177] Es wird deutlich, dass die Vollendung menschlichen Strebens

176 *„Der Mensch hat einen freien Willen und die Erbsünde. Darum werden Sie ohne Gnade keinen Charakter erziehen können. Wir sind in allem begrenzt. Unser Leben, unsere Erkenntnis ist begrenzt. [...] Alle psychologische Orientierung ohne Gebet und Opfer wird nicht zum Ziele führen. Darum gibt es keine Methode, gibt es kein noch so glänzendes System, das absolut sicher wäre. Es muß eine große Gnade, eine originelle Gnade hinzukommen."* KENTENICH, *Der erlöste Mensch* (1935), in: ders., Durchblick in Texten, Band 5, 457-458.

177 AUGUSTINUS, Confessiones I,1, übersetzt von Dieter Hattrup, Paderborn 2014, 12.

letztlich nur die Vereinigung mit Gott in der Ewigkeit bedeuten kann.[178] Bei Hesse bedeutet Leben die Erkenntnis der unauflöslichen Polarität des Daseins und damit ein ewiges Unterwegssein des Menschen.[179] Ob Hesse im Hinblick auf die Ewigkeit die christliche Vereinigung mit Gott oder doch eher eine reinkarnatorische Spekulation vor Augen hat, muss offenbleiben. Das Motiv der Wanderschaft bleibt bestehen, auch wenn Hesse das

178 Gerade Kentenich hat in diesem Kontext immer wieder betont, dass die ganze Gestalt der Persönlichkeit erst im Himmel, in der Ewigkeit bei Gott, in der *visio beata* für den Menschen erkennbar wird: *„Mensch bleibt Mensch – auch unter dem Zepter der Gnade: zwiespältig, brüchig, zerbrechlich und belastet. Erst die Visio beata befreit ihn von seinen Armseligkeiten und Schwächen."* KENTENICH, Chronik-Notizen, 183.

179 Auch die Polarität zwischen Leben und Tod gilt es für Hesse anzunehmen und zu integrieren. In der Novelle *Klein und Wagner* (1919) formuliert er das mit dem Ausdruck *„sich fallen lassen."* Entsprechend formuliert Hesse am Ende seiner Prosa die Lebenserkenntnis seines Protagonisten: *„Er dachte dies nicht, wie man Gedanken denkt, er lebte, fühlte, tastete, roch und schmeckte es. Er schmeckte, roch, sah und verstand, was Leben war. Er sah die Erschaffung der Welt, er sah den Untergang der Welt, beide wie zwei Heerzüge beständig gegeneinander in Bewegung, nie vollendet, ewig unterwegs. Die Welt wurde immerfort geboren, sie starb immerfort. Jedes Leben war ein Atemzug, von Gott ausgestoßen. Jedes Sterben war ein Atemzug, von Gott eingesogen. Wer gelernt hatte, nicht zu widerstreben, sich fallen zu lassen, der starb leicht, der wurde leicht geboren. Wer widerstrebte, der litt Angst, der starb schwer, der wurde ungern geboren. [...] Es gab kein Ding in der Welt, das nicht ebenso schön, ebenso begehrenswert, ebenso beglückend war wie sein Gegenteil! Es war selig zu leben, es war selig zu sterben, sobald man allein im Weltraum hing. Ruhe von außen gab es nicht, keine Ruhe im Friedhof, keine Ruhe in Gott, kein Zauber unterbrach je die ewige Kette der Geburten, die unendliche Reihe der Atemzüge Gottes. Aber es gab eine andere Ruhe, im eigenen Innern zu finden. Sie hieß: Laß dich fallen! Wehre dich nicht! Stirb gern! Lebe gern!"* Hermann HESSE, Klein und Wagner (1919), Frankfurt am Main 1973, 91-92. Der Tod soll keine Flucht vor dem Leid, vor dem Leben sein, sondern ein Annehmen der ewigen Wandlung. Für Hesse geht es auch nicht darum Nirwana zu erreichen, sondern gegenwärtig zu leben und dieses Leben zu lieben. Somit ist für Hesse das Wissen um die Ewigkeit gleichbedeutend mit dem Wissen um einen tieferen Sinn „in und hinter" allem, so sieht Hesse auch in jedem Menschen einen absoluten Sinn. Vgl. dazu das Kapitel *Die Bedeutung des Todes in unserem Leben*, in: BERGOLD, Das west-östliche Lebensprinzip, 331-334.

Diesseits verlässt und neue Räume des Jenseits entdeckt, so formuliert er in der vierten Strophe seines Gedichtes *Stufen*:

> *„Es wird vielleicht auch noch die Todesstunde*
> *Uns neuen Räumen jung entgegen senden,*
> *Des Lebens Ruf an uns wird niemals enden …*
> *Wohlan denn, Herz, nimm Abschied und gesunde!*[180]

180 HESSE, *Stufen* (1941), in: ders., Sämtliche Werke, Band 10, 366. Den Schluss seines *Stufen*-Gedichts kommentiert Hesse wie folgt: *„Zu ‚Stufen' wäre zu sagen: das Gedicht gehört zum ‚Glasperlenspiel', einem Buch, in dem unter andrem die Religionen und Philosophien Indiens und Chinas eine Rolle spielen. Dort ist die Vorstellung der Wiedergeburt aller Wesen dominierend, nicht im Sinn eines christlichen Jenseits mit Paradies, Fegefeuer und Hölle. Diese Vorstellung ist mir durchaus geläufig und sie ist es auch dem fiktiven Verfasser jenes Gedichtes, Josef Knecht. Ich habe also tatsächlich an Fortleben oder Neubeginn nach dem Tode gedacht, wenn ich auch keineswegs kraß und materiell an Reincarnationen glaube. Die Religionen und Mythologien sind, ebenso wie die Dichtung, ein Versuch der Menschheit, eben jene Unsagbarkeiten in Bildern auszudrücken, die Ihr vergeblich ins flach Rationale zu übersetzen versucht."* Hermann HESSE, *Brief vom 30./31. Januar* (1957), in: ders., Ausgewählte Briefe, 473.

Teil VI
Anhang

Literaturverzeichnis

1. Literatur zu Joseph Kentenich

a) Primärliteratur

Verzeichnis der benutzten Vortragsnachschriften, Tagungstexte, Predigten, Einzelschriften, Aufsätze und Briefe von J. Kentenich in chronologischer Reihenfolge (Entstehungsjahr in Klammern) sowie der benutzen edierten Textsammlungen in chronologischer Reihenfolge (Erscheinungsjahr).

Einzelschriften:

KENTENICH, Joseph: Einführungstagung (1920), 1. Schönstatt-Tagung, maschinenschriftlich, nicht ediert, in: Zentralarchiv der Schönstatt-Patres, Bestand Joseph Kentenich.

KENTENICH, Joseph: Tagung für Lehrer an Ostern (1926), Heinz-Werner SCHNEIDER (hrsg.), Vallendar-Berg Sion 2023.

KENTENICH, Joseph: Zur Psychologie der Jugend. Seelenführerkurs, gehalten von 30. August bis 3. September (1926), veröffentlicht unter dem Titel: Psychologie der Jugend, Joachim SCHMIEDL (hrsg.), Münster 1982.

KENTENICH, Joseph: Allgemeine Prinzipienlehre der Apostolischen Bewegung von Schönstatt (1927-1929), bearbeitet von Herta SCHLOSSER, Vallendar-Schönstatt 1999.

KENTENICH, Joseph: Vorträge der Jugendpädagogischen Tagung (1931), veröffentlicht unter dem Titel: Ethos und Ideal in der Erziehung. Wege zur Persönlichkeitsbildung, Schönstätter Marienschwestern (hrsg.), Vallendar-Schönstatt ²1992.

KENTENICH, Joseph: Briefwechsel mit Alois Wurm vom 7. August (1933), hektographisch vervielfältigt für den internen Gebrauch, nicht ediert, in: Zentralarchiv der Schönstatt-Patres, Bestand Joseph Kentenich.

KENTENICH, Joseph: Vollkommene Lebensfreude. Priesterexerzitien (1934), bearbeitet von Michael Johannes MARMANN und Georg Maria RITTER, Vallendar-Schönstatt 1984.

KENTENICH, Joseph: Der erlöste Mensch. Priesterexerzitien (1935), Joachim SCHMIEDL (hrsg.), Vallendar-Schönstatt 2009.

KENTENICH, Joseph: Kindsein vor Gott. Priesterexerzitien in Immensee (1937), bearbeitet von Günther M. BOLL und Lothar PENNERS, Vallendar-Schönstatt 1979.

KENTENICH, Joseph: Werktagsheiligkeit (1937), veröffentlicht unter dem Titel: Werktagsheiligkeit. Ein Beitrag zur religiösen Formung des Alltags, Annette NAILIS (hrsg.), Vallendar-Schönstatt ²1978.

KENTENICH, Joseph: Marianische Werkzeugfrömmigkeit (1944), geschrieben im KZ Dachau im Frühjahr 1944, Schönstätter Marienschwestern (hrsg.), Vallendar-Schönstatt 1974.

KENTENICH, Joseph: Krönungswoche, 14.-18. Oktober (1946), veröffentlicht unter dem Titel: Krönung Mariens – Rettung der christlichen Gesellschaftsordnung, Schönstätter Marienschwestern (hrsg.), Vallendar-Schönstatt 1977.

KENTENICH, Joseph: Texte zum 31. Mai (1949), chilenische Regio der Schönstattpatres (hrsg.), bearbeitet von Rafael FERNANDEZ und Hans-Werner UNKEL, Vallendar-Schönstatt 1974.

KENTENICH, Joseph: ‚Epistola perlonga' (1949), I. Teil, Generalleitung des Schönstatt-Instituts Diözesanpriester (hrsg.), Simmern-Berg Moriah 1994.

KENTENICH, Joseph: ‚Epistola perlonga' (1949), II. Teil, Generalleitung des Schönstatt-Instituts Diözesanpriester (hrsg.), Simmern-Berg Moriah 1996.

KENTENICH, Joseph: Oktoberbrief (1949), veröffentlicht unter dem Titel: Oktoberbrief 1949 an die Schönstattfamilie, Ein Beitrag zum christlichen

Auftrag: Neuer Mensch in neuer Gemeinschaft, Schönstätter Marienschwestern (hrsg.), Vallendar-Schönstatt ²1970.

KENTENICH, Joseph: Vorträge der Pädagogischen Tagung (1950), veröffentlicht unter dem Titel: Grundriss einer neuzeitlichen Pädagogik für die Hand des katholischen Erziehers, Schönstätter Marienschwestern (hrsg.), Vallendar-Schönstatt ²1978.

KENTENICH, Joseph: Vorträge der Pädagogischen Tagung (1951), veröffentlicht unter dem Titel: Dass neue Menschen werden. Eine pädagogische Religionspsychologie, Schönstätter Marienschwestern (hrsg.), Vallendar-Schönstatt 1971.

KENTENICH, Joseph: Vortrag vom 29. Februar (1952), Brasilien-Terziat. Terziat der Pallottinerpatres in Santa Maria/Brasilien vom 16. Februar bis 15. März (1952), Vallendar-Berg Sion 1975.

KENTENICH, Joseph: „Josephsbrief" vom 3. Mai (1952), veröffentlicht unter dem Titel: Das Lebensgeheimnis Schönstatts, II. Teil: Bündnisfrömmigkeit, Joseph SCHMITZ (hrsg.), Vallendar-Schönstatt 1971.

KENTENICH, Joseph: *Merksätze zum Vorsehungsglauben* (1952), in: Regnum 13 (1978), 84-91.

KENTENICH, Joseph: Brief aus Milwaukee an Pater Alexander Menningen vom 25. Januar (1955), maschinenschriftliches Exemplar, nicht ediert, in: Zentralarchiv der Schönstatt-Patres, Bestand Joseph Kentenich.

KENTENICH, Joseph: Chronik-Notizen (1955/1956), veröffentlicht unter dem Titel: Angst und seelischer Zwang als Zeitkrankheit und ihre Überwindung, 2 Bände, Vallendar-Berg Sion 2000.

KENTENICH, Joseph: Möhlerbrief vom 10. Mai (1956), veröffentlicht unter dem Titel: Bipolarität, Band 1, bearbeitet von Heinrich HUG, Vallendar-Berg Sion 2005.

KENTENICH, Joseph: Brief an Victor Fontaine vom 6. Juli (1961), vervielfältigtes Exemplar, nicht ediert, in: Zentralarchiv der Schönstatt-Patres, Bestand Joseph Kentenich.

KENTENICH, Joseph: Interne Studie vom 12. Juni (1962), Schönstattpatres (hrsg.), Vallendar-Berg Sion 1997.

KENTENICH, Joseph: Desiderio Desideravi. Vorträge Milwaukee-Terziat (1962/1963), Band 5, Schönstattpatres (hrsg.), Vallendar-Berg Sion 1970.

KENTENICH, Joseph: Von menschlicher oder prophetischer Klugheit. Briefstudie an Pater Alexander Menningen vom 24. März (1964), Heinrich M. HUG (hrsg.), Vallendar-Schönstatt 2004.

KENTENICH, Joseph: Studie zur Marianischen Erziehung (1964), veröffentlicht unter dem Titel: Marianische Erziehung, Vallendar-Schönstatt 1971.

KENTENICH, Joseph: Rom-Vorträge vom 17. bis 21. Dezember (1965). Vorträge für die Leitungen der Schönstätter Verbände in Rom, 4 Bände, Schönstatt 1973.

KENTENICH, Joseph: Patres-Exerzitien vom 27. November-1. Dezember (1967), Manuskript hektographisch vervielfältigt, Vallendar-Berg Sion 1999.

Textsammlungen:

KENTENICH, Joseph: Unter dem Schutze Mariens. Untersuchungen und Dokumente aus der Frühzeit Schönstatts (1912-1914), Ferdinand KASTNER (hrsg.), Paderborn ²1939.

KENTENICH, Joseph: Aus dem Glauben leben. Predigten in Milwaukee, Band 1-10, Vallendar-Schönstatt 1969-1977.

KENTENICH, Joseph: Causa Secunda – Textbuch zur Zweitursachenlehre bei P. Joseph Kentenich, Joseph-Kentenich-Institut (hrsg.), Freiburg 1979.

KENTENICH, Joseph: Schönstatt. Die Gründungsurkunden, Vallendar-Schönstatt ⁵1987.

KENTENICH, Joseph: Texte zum Vorsehungsglauben, August ZIEGLER (hrsg.), Vallendar-Schönstatt ³1988.

KENTENICH, Joseph: Marianische Bundesspiritualität. Ein Kentenich-Lesebuch, Herbert KING (hrsg.), Vallendar-Schönstatt 1994.

KENTENICH, Joseph: Ein Durchblick in Texten, Band 1: In Freiheit ganz Mensch sein, Herbert KING (hrsg.), Vallendar-Schönstatt 1998.

KENTENICH, Joseph: Ein Durchblick in Texten, Band 2: Getragen von der Grundkraft der Liebe, Herbert KING (hrsg.), Vallendar-Schönstatt 2000.

KENTENICH, Joseph: Ein Durchblick in Texten, Band 3: In Gemeinschaft seelisch verbunden, Herbert KING (hrsg.), Vallendar-Schönstatt 2002.

KENTENICH, Joseph: Ein Durchblick in Texten, Band 4: Organisches Denken und Lieben, Herbert KING (hrsg.), Vallendar-Schönstatt 2003.

KENTENICH, Joseph: Ein Durchblick in Texten, Band 5: Pädagogische Texte, Herbert KING (hrsg.), Vallendar-Schönstatt 2005.

KENTENICH, Joseph: Ein Durchblick in Texten, Band 6: Heiligkeit im Alltag, Herbert KING (hrsg.), Vallendar-Schönstatt 2006.

KENTENICH, Joseph: Kentenich-Reader. Ein Lesebuch, Band 1: Dem Vater begegnen, Peter LOCHER, Jonathan NIEHAUS, Hans-Werner UNKEL, Paul VAUTIÉR (hrsg.), Vallendar-Schönstatt 2008.

KENTENICH, Joseph: Ein Durchblick in Texten, Band 7: Gott des Lebens, Herbert KING (hrsg.), Vallendar-Schönstatt 2010.

KENTENICH, Joseph: Kentenich-Reader. Ein Lesebuch, Band 2: Den Gründer studieren, Peter LOCHER, Jonathan NIEHAUS, Hans-Werner UNKEL, Paul VAUTIÉR (hrsg.), Vallendar-Schönstatt 2010.

KENTENICH, Joseph: Kentenich-Reader. Ein Lesebuch, Band 3: Dem Propheten folgen, Peter LOCHER, Jonathan NIEHAUS, Hans-Werner UNKEL, Paul VAUTIÉR (hrsg.), Vallendar-Schönstatt 2010.

KENTENICH, Joseph: „Mein lieber Präfekt!" Briefe an Josef Fischer aus der Gründungszeit Schönstatts, Peter WOLF (hrsg.), Vallendar-Schönstatt 2018.

b) Sekundärliteratur

AGUIRRE, Eduardo (hrsg.): Berichte der Bischöflichen und Apostolischen Visitationen 1949 bis 1953, Vallendar-Schönstatt 2021.

AGUIRRE, Eduardo (hrsg.): Korrespondenz und Ansprachen zur Bischöflichen Visitation 1949. Briefverkehr zwischen Pater Kentenich und Weihbischof Dr. Bernhard Stein, Vallendar-Schönstatt 2022.

AGUIRRE, Eduardo (hrsg.): Auseinandersetzung mit dem Heiligen Offizium. Der Briefverkehr zwischen Pater Kentenich und Generalrektor Turowski SAC, Bände 1-3, Vallendar-Schönstatt 2022.

AMMANN, Rudolf: Unterwegs zum Ich, Vallendar-Schönstatt ^{4}1992.

AVALOS, Beatrice: Der Bindungsorganismus in der Pädagogik Schönstatts, Santiago/Chile 1957.

AVALOS, Beatrice: New Men for new times. A Christian Philosophy of Education, New York 1962.

BOLL, Günther M.: „... vor allem mein Herz". Joseph Kentenich – Pädagoge und Gründer, Vallendar-Schönstatt 2012.

BRANTZEN, Hubertus: Spurensuche. Einführung in einen geistlichen Weg, Vallendar-Schönstatt 2011.

BRANTZEN, Hubertus / KING, Herbert / PENNERS, Lothar / POLLAK, Gertrud / SCHLOSSER, Herta / SCHMIEDL, Joachim / WOLF, Peter (hrsg.): Schönstatt-Lexikon. Fakten-Ideen-Leben, Vallendar-Schönstatt ²2002.

- BOLL, Günther M.: Artikel *Bindungsorganismus*, 34-38.
- BRANTZEN, Hubertus: Artikel *Apostolat*, 3-8.
- BRANTZEN, Hubertus: Artikel *Erkenntnisquellen*, 70-71.
- FRÖMBGEN, Erika: Artikel *Persönliches Ideal*, 306-310.
- FRÖMBGEN, Erika: Artikel *Psychologie*, 325-329.
- FRÖMBGEN, Erika: Artikel *Tiefenpsychologie*, 395-397.
- FRÖMBGEN, Erika: Artikel *Vertrauenspädagogik*, 413-414.
- KING, Herbert: Artikel *Unterscheidung der Geister*, 402.
- LOCHER, Peter: Artikel *Geistliche Begleitung*, 106-108.
- PENNERS, Lothar: Artikel *Liebesbündnis*, 229-233.
- PENNERS, Lothar / VAUTIÉR, Paul: Artikel *Kleine Weihe*, 202-203.
- SCHLOSSER, Herta: Artikel *Mechanistisches Denken*, 253-254.
- SCHLOSSER, Herta: Artikel *Neuer Mensch*, 281-284.
- SCHLOSSER, Herta: Artikel *Neuer Mensch in neuer Gemeinschaft*, 284-285.
- SCHLOSSER, Herta: Artikel *Organisches Denken*, 286-291.
- SCHMIEDL, Joachim: Artikel *Schönstatt-Geschichte*, 342-347.
- STRADA, Angel: Artikel *Zeitenstimmen*, 438-442.
- UNKEL, Hans-Werner: Artikel *Geistliche Tagesordnung*, 108-109.
- UNKEL, Hans-Werner: Artikel *Praktischer Vorsehungsglaube*, 313-318.
- UNKEL, Hans-Werner: Artikel *Partikularexamen*, 302-303.
- VAUTIÉR, Paul: Artikel *Natur und Gnade*, 269-272.
- VAUTIÉR, Paul: Artikel *Psychologie der Zweitursachen*, 329-332.
- VAUTIÉR, Paul: Artikel *Weltgesetze*, 426-427.
- VAUTIÉR, Paul: Artikel *Zweitursache*, 444-447.

BÜHLER, Charlotte: Die Rolle der Werte in der Entwicklung der Persönlichkeit und in der Psychotherapie, Stuttgart 1975.

CZARKOWSKI, Hans: Psychologie als Organismuslehre. Joseph Kentenich und die moderne Psychologie unter besonderer Berücksichtigung der Tiefenpsychologie, Schönstatt-Studien, Band 1, Vallendar-Schönstatt ²1978.

DÄUMLING, Alf: *Psychologische Leitbildtheorien*, in: Psychologische Rundschau 11 (1960), 92-108.

Das Blaue Liederbuch „Neue Gemeinschaft“, Vallendar-Schönstatt ²2008.

ESSEN, Georg: Artikel *Vorsehung*, Band 1, in: Walter KASPER (hrsg.), Lexikon für Theologie und Kirche (LThK), Freiburg 2009 (Sonderausgabe), 895-899.

FELDMANN, Christian: Gottes sanfter Rebell. Joseph Kentenich und seine Vision von einer neuen Welt, Vallendar-Schönstatt 2005.

FRÖMBGEN, Erika: Neuer Mensch in neuer Gemeinschaft. Zur Geschichte und Systematik der pädagogischen Konzeption Schönstatts, Vallendar-Schönstatt 1973.

GERBER, Michael: Zur Liebe berufen. Pastoraltheologische Kriterien für die Formung geistlicher Berufe in Auseinandersetzung mit Luigi M. Rulla und Josef Kentenich, Würzburg 2008.

GOLDBRUNNER, Josef: Realisation – Anthropologie in Seelsorge und Erziehung, Freiburg 1966.

HENKE, Thomas: Seelsorge und Lebenswelt. Auf dem Weg zu einer Seelsorgetheorie in Auseinandersetzung mit soziologischen und sozialphilosophischen Lebensweltkonzeptionen, Würzburg 1994.

HERZGSELL, Johannes: Gott über uns – Gott unter uns – Gott in uns. Philosophische, theologische und spirituelle Annäherungen an Gott, Freiburg/München 2018.

HIRSCHBERGER, Johannes: Geschichte der Philosophie, Band 1, Frankfurt am Main 1980.

JORISSEN, Hans: *Schöpfung und Heil. Theologiegeschichtliche Perspektiven zum Vorsehungsglauben nach Thomas von Aquin*, in: Theodor SCHNEIDER, Lothar ULLRICH (hrsg.), Vorsehung und Handeln Gottes, Freiburg 1988, 94-108.

KAMPMANN, Thomas: Erziehung und Glaube. Zum Aufbau einer christlichen Pädagogik, München 1960.

KING, Herbert: Die psychologische Dimension im Denken und Handeln Pater Kentenichs – Versuch eines Überblicks, Vallendar-Schönstatt 1991.

KING, Herbert: Liebesbündnis. Impulse zum Umgang mit der Spiritualität Schönstatts, Vallendar-Schönstatt ²1991.

KING, Herbert: *Wissenschaftliche Erarbeitung der geistigen Welt Pater Kentenichs*, in: Regnum 28 (1994), 72-80.

KING, Herbert: Das Schrifttum Pater Kentenichs – Versuch eines selektiven Überblicks, in: ders., Im Dienst eines Charismas, Vallendar-Schönstatt 1995.

KING, Herbert: Der Mensch Joseph Kentenich, Vallendar-Schönstatt 1996.

KING, Herbert: Gott des Lebens. Religiöse Spuren in seelischen Prozessen, Schönstatt-Studien, Band 11, Vallendar-Schönstatt 2001.

KING, Herbert: *Überlegungen zu einer Theologie der Erfahrung des Wirkens Gottes*, in: Lebendiges Zeugnis. Dem Gott des Lebens auf der Spur. Beiträge zu einer Gott-des-Lebens-Theologie, Günter RISSE (hrsg.), Heft 1, Paderborn 2006, 40-42.

KING, Herbert: *Das Anliegen der Psychologie in Joseph Kentenich/Schönstatt*, in: Regnum 45 (2011), 174-187.

KOCHER, Richard: Herausgeforderter Vorsehungsglaube. Die Lehre von der Vorsehung im Horizont der gegenwärtigen Theologie, St. Ottilien ²1999.

LÄGE, Damian: Joseph Kentenichs Konzept des „Persönlichen Ideals“ in religionspsychologischer Sicht, München 1985.

MENGEDODT, Karl-Heinz; POLLAK, Gertrud; SCHMIEDL, Joachim: In seinem Herzen ein Feuer. Joseph Kentenich 1885-1968, Vallendar-Schönstatt 1999.

MENNINGEN, Alexander: Maria ganz zu eigen, Vallendar ²1983.

MONNERJAHN, Engelbert: Pater Joseph Kentenich. Ein Leben für die Kirche, Vallendar-Schönstatt ²1979.

OSTERKORN, Martin: „Deinem Wink, Herr, gehorchen die Elemente“. Andeutungen zur Frage nach dem Verhältnis des christlichen Vorsehungsglaubens zum naturwissenschaftlich gebildeten Bewußtsein, Passau 2000.

PENNERS, Lothar: Eine Pädagogik des Katholischen. Studien zur Denkform P. Joseph Kentenichs, Schönstatt-Studien, Band 5, Vallendar-Schönstatt 1983.

PESCH, Otto H.: Die Theologie der Rechtfertigung bei Martin Luther und Thomas von Aquin, Mainz 1985.

RAHNER, Karl: Sendung und Gnade. Beiträge zur Pastoraltheologie. Innsbruck ⁵1988.

RATZINGER, Joseph: Die Vielfalt der Religionen und der Eine Bund, Hagen 1998.

REVERS, Wilhelm J.: Anthropologische Problematik der Schichtentheorie, in: Zeitschrift für Psychologie und ihre Anwendungen, 18 (1959), 34-41.

REVERS, Wilhelm J.: *Gefühl, Wille, Persönlichkeit,* in: David und Rosa KATZ (hrsg.), Handbuch der Psychologie, Basel/Stuttgart ²1960, 195-253.

RUHSTORFER, Karlheinz: Das Prinzip ignatianischen Denkens. Zum geschichtlichen Ort der Geistlichen Übungen des Ignatius von Loyola, Freiburg 1998.

SCHEFFCZYK, Leo: *Der christliche Vorsehungsglaube und die Selbstgesetzlichkeit der Welt (Determinismus-Zufall; Schicksal-Freiheit),* in: Norbert A. LUYTEN (hrsg.), Zufall, Freiheit, Vorsehung, Grenzfragen, Band 5, Freiburg/München 1975, 331-353.

SCHEFFCZYK, Leo: Einführung in die Schöpfungslehre, Darmstadt ³1987.

SCHLICKMANN, Dorothea M.: Die Idee von der wahren Freiheit. Eine Studie zur Pädagogik Pater Josef Kentenichs, Vallendar-Schönstatt ³2007.

SCHLICKMANN, Dorothea M.: Herbststürme 1912 – Eine Revolution im Innern beginnt, Vallendar-Schönstatt 2012.

SCHLICKMANN, Dorothea M.: Entscheidende Jahre – Pater Josef Kentenich von der Priesterweihe bis zur Gründung Schönstatts, Vallendar-Schönstatt 2014.

SCHLICKMANN, Dorothea M: *Pater Kentenich – einer der zur Liebe befähigt,* in: Impulse fürs Leben (2018), Ausgabe 2, 1-2.

SCHLICKMANN, Dorothea M.: Josef Kentenich. Ein Leben am Rande des Vulkans, Freiburg ³2019.

SCHLOSSER, Herta: Die veröffentlichten Werke Kentenichs. Bibliographie der Veröffentlichungen aus dem Nachlass Pater Kentenichs, Vallendar-Schönstatt 1995.

SCHLOSSER, Herta: Selbstbezug – Identitätsfindung – Persönliches Ideal. Beiträge zu einer christlichen Kultur, Band 4, Vallendar-Schönstatt 2003.

SCHMIEDL, Joachim: vorläufige Bibliographie der Schriften, Vorträge und Predigten von Pater Joseph Kentenich, Vallendar-Schönstatt 1991.

SCHMIEDL, Joachim: *Das „Kindesexamen". Zu den Vorwürfen gegen Pater Joseph Kentenich,* in: Herder Korrespondenz, 74 (2020), Heft 9, 13-15.

SCHMIDT, Hermann: Organische Aszese. Ein zeitgemäßer, psychologisch orientierter Weg zur religiösen Lebensgestaltung, Paderborn 1952.

SCHNEIDER, Benito: *Pater Joseph Kentenich als religiöser Erzieher*, in: Regnum 12 (1977), 22-32.

SCHULZ, Angelika: Identitätsbildung: der Pädagoge Pater J. Kentenich und die Identitätstheorie von Erik H. Erikson, Vallendar-Schönstatt 1995.

SEKRETARIAT, Pater Joseph Kentenich (hrsg.): Ich selbst – ein Abenteuer. Wegweiser zum Persönlichen Ideal, Vallendar-Schönstatt 2005.

SPRANGER, Eduard: Lebensformen. Geisteswissenschaftliche Psychologie und Ethik der Persönlichkeit (1914/1921), München 1965.

STEENBERGHEN, Fernand van: Vorsehung heute. Über die Krise des Vorsehungsgedankens im 20. Jahrhundert, München 1971.

STEFAN, Andreas: „Die Schatzkammer meiner Seele" – Eine Gegenüberstellung des „Persönlichen Ideals" bei Josef Kentenich und des Züricher Ressourcen Modells, Mainz 2016.

STOECKLE, Bernhard: ‚Gratia supponit naturam' – Geschichte und Analyse eines theologischen Axioms, Rom 1962.

TEUFFENBACH, Alexandra von: „Vater darf das!" Eine Archivdokumentation. Sr. M. Georgina Wagner und andere missbrauchte Schönstätter Marienschwestern, Nordhausen 2020.

UNKEL, Hans-Werner: Theorie und Praxis des Vorsehungsglaubens nach Pater Joseph Kentenich, Teil 1: Theologische Horizonte des praktischen Vorsehungsglaubens, Schönstatt-Studien, Band 2/1, Vallendar-Schönstatt 1980.

UNKEL, Hans-Werner: Theorie und Praxis des Vorsehungsglaubens nach Pater Joseph Kentenich, Teil 2: Leben aus dem praktischen Vorsehungsglauben, Schönstatt-Studien, Band 2/2, Vallendar-Schönstatt 1981.

VAUTIÉR, Paul: Kurze Einleitung in die Texte Pater Kentenichs, Vallendar-Schönstatt 1991.

WELLEK, Albert: Die Polarität im Aufbau des Charakters, Bern 1950.

WELTE, Bernhard: Auf der Spur des Ewigen. Philosophische Abhandlungen über verschiedene Gegenstände der Religion und der Theologie, Freiburg 1965.

WILS, Jean-Pierre: *Natur und Gnade*, in: ders., Dietmar MIETH (hrsg.), Grundbegriffe der christlichen Ethik, Paderborn 1992, 130-146.

WOLF, Peter: Maria – ihre Sendung nach Joseph Kentenich, Vallendar-Schönstatt 1999.

WOLF, Peter (hrsg.): In der Schule des Apostels Paulus. Ausgewählte Texte von P. Josef Kentenich, Vallendar-Schönstatt 2008.

WYSS, Dieter: Die tiefenpsychologischen Schulen von den Anfängen bis zur Gegenwart. Entwicklung, Probleme, Krisen, Göttingen ^{3}1961.

2. Literatur zu Hermann Hesse

a) Primärliteratur

Verzeichnis der benutzen Romane, Erzählungen, Gedichte, Schriften, Aufsätze und Briefe von H. Hesse in chronologischer Reihenfolge (Entstehungsjahr in Klammern) sowie der benutzten edierten Textsammlungen, Werk- und Briefausgaben in chronologischer Reihenfolge (Erscheinungsjahr).

Einzelausgaben:

HESSE, Hermann: Peter Camenzind (1904), Frankfurt am Main 2002.

HESSE, Hermann: Unterm Rad (1906), Frankfurt am Main 1972.

HESSE, Hermann: *Faust und Zarathustra* (1909), in: Bruno HILLEBRAND (hrsg.), Nietzsche und die deutsche Literatur, Band 1: Texte zur Nietzsche-Rezeption 1873-1963, Tübingen 1978, 154-155.

HESSE, Hermann: Knulp (1915), Frankfurt am Main 1988.

HESSE, Hermann: Demian – Die Geschichte von Emil Sinclairs Jugend (1919), Berlin ^{2}2012.

HESSE, Hermann: Klein und Wagner (1919), Frankfurt am Main 1973.

HESSE, Hermann: Klingsors letzter Sommer (1919), Frankfurt am Main 1985.

HESSE, Hermann: *Zarathustras Wiederkehr. Ein Wort an die deutsche Jugend von einem Deutschen* (1919), in: ders., Zarathustras Wiederkehr. Ein Wort an die deutsche Jugend und andere Denkschriften gegen den Radikalismus von rechts und links, Volker MICHELS (hrsg.), Frankfurt am Main 1993, 7-41.

HESSE, Hermann: *Die Brüder Karamasow oder Der Untergang Europas. Einfälle bei der Lektüre Dostojewskis* (1919), in: ders., Materialien zu Hermann Hesses ‚Demian', Band 1, Volker MICHELS (hrsg.), Frankfurt am Main 1993, 292-293.

HESSE, Hermann: Siddhartha. Eine indische Dichtung (1922), Frankfurt am Main 2002.

HESSE, Hermann: Der Steppenwolf (1927), Frankfurt am Main 1974.

HESSE, Hermann: Narziß und Goldmund (1930), Frankfurt am Main 1996.

HESSE, Hermann: Das Glasperlenspiel (1943), Frankfurt am Main 1972.

Textsammlungen:

HESSE, Hermann: Mein Glaube. Eine Dokumentation, Siegfried UNSELD (hrsg.), Frankfurt am Main 1971.

- ders., *Von der Seele* (1917), 11-19.
- ders., *Über die Einheit* (1926), 20-23.
- ders., *Mein Glaube* (1931), 59-62.
- ders., *Ein Stückchen Theologie* (1931), 63-75.
- ders., *Der Glaube, den ich meine. Ein Mosaik aus Briefen und Betrachtungen* (1910-1961), 85-126.

HESSE, Hermann: Bäume. Betrachtungen und Gedichte, Volker MICHELS (hrsg.), Frankfurt am Main 1984.

HESSE, Hermann: Kindheit und Jugend vor Neunzehnhundert. Hermann Hesse in Briefen und Lebenszeugnissen (1877-1895), Band 1, Ninon HESSE (hrsg.), Frankfurt am Main 1984.

HESSE, Hermann: Musik. Betrachtungen, Gedichte, Rezensionen und Briefe, Volker MICHELS (hrsg.), Frankfurt am Main 1986.

HESSE, Hermann: Materialien zu Hermann Hesses „Siddhartha", Band 1: Texte von Hermann Hesse, Entstehungsgeschichte in Selbstzeugnissen und Dokumenten, Volkers MICHELS (hrsg.), Frankfurt am Main 1986.

HESSE, Hermann: Materialien zu Hermann Hesses „Demian", Band 1: Entstehungsgeschichte in Selbstzeugnissen und Dokumenten, Volker MICHELS (hrsg.), Frankfurt am Main 1993.

HESSE, Hermann: Die Antwort bist Du selbst. Briefe an junge Menschen, Volker MICHELS (hrsg.), Frankfurt am Main 2000.

HESSE, Hermann: China. Weisheit des Ostens, Volker MICHELS (hrsg.), Frankfurt am Main 2009.

HESSE, Hermann: „Ich gehorche nicht und werde nicht gehorchen!", Die Briefe, Band 1 (1881-1904), Volker MICHELS (hrsg.), Berlin 2012.

HESSE, Hermann: Ausgewählte Briefe, Erweiterte Ausgabe, zusammengestellt von Hermann Hesse und Ninon Hesse, Frankfurt am Main [8]2013.

HESSE, Hermann: „Ich bin ein Mensch des Werdens und der Wandlungen“, Die Briefe, Band 4 (1924-1932), Volker MICHELS (hrsg.), Berlin 2016.

HESSE, Hermann: Sämtliche Werke, Band 8: Die Erzählungen 3 (1911-1954), Volker MICHELS (hrsg.), Frankfurt am Main [4]2019.

HESSE, Hermann: Sämtliche Werke, Band 10: Die Gedichte, Volker MICHELS (hrsg.), Frankfurt am Main [5]2021.

HESSE, Hermann: Sämtliche Werke, Band 11: Autobiographische Schriften 1, Volker MICHELS (hrsg.), Frankfurt am Main [3]2019.

HESSE, Hermann: Sämtliche Werke, Band 12: Autobiographische Schriften 2, Volker MICHELS (hrsg.), Frankfurt am Main [2]2018.

HESSE, Hermann: Sämtliche Werke, Band 13: Betrachtungen und Berichte 1899-1926, Volker MICHELS (hrsg.), Frankfurt am Main [2]2021.

HESSE, Hermann: Sämtliche Werke, Band 14: Betrachtungen und Berichte 1927-1961, Volker MICHELS (hrsg.), Frankfurt am Main [2]2022.

HESSE, Hermann: Sämtliche Werke, Band 15: Die politischen Schriften, Volker MICHELS (hrsg.), Frankfurt am Main [2]2016.

HESSE, Hermann: Sämtliche Werke, Band 17: Die Welt im Buch – Rezensionen und Aufsätze aus den Jahren 1911-1916, Volker MICHELS (hrsg.), Frankfurt am Main [2]2022.

HESSE, Hermann: Sämtliche Werke, Band 18: Die Welt im Buch – Rezensionen und Aufsätze aus den Jahren 1917-1925, Volker MICHELS (hrsg.), Frankfurt am Main [2]2016.

HESSE, Hermann: Sämtliche Werke, Band 19: Die Welt im Buch – Rezensionen und Aufsätze aus den Jahren 1926-1934, Volker MICHELS (hrsg.), Frankfurt am Main [2]2021.

HESSE, Hermann: „Eine Bresche ins Dunkel der Zeit!“, Die Briefe, Band 3 (1916-1923), Volker MICHELS (hrsg.), Berlin [2]2022.

b) Sekundärliteratur

AKIN, Hilal: Hermann Hesses „Demian“. Der Individuationsprozess Emil Sinclairs auf der Grundlage der Theorie von C. G. Jung, Norderstedt 2015.

ARZENI, Flavia: *Hesse und die Farben der Seele*, in: Hermann-Hesse-Jahrbuch 1 (2004), 95-109.

BALL, Hugo: Hermann Hesse, Sein Leben und sein Werk (1927), Frankfurt am Main 1977.

BAUMANN, Günter: Individuation – Wege zum Selbst. Hermann Hesses Erzählungen im Lichte der Psychologie C. G. Jungs, Stuttgart ³2020.

BELOW, Jürgen: Hermann Hesse-Handbuch. Quellentexte zu Leben, Werk und Wirkung, Frankfurt am Main 2012.

BERGOLD, Stephanie: Das west-östliche Lebensprinzip in Hermann Hesses Werk. Eine Antwort auf existentielle Fragen, Bremen ⁵2011.

BIELIKOVÁ, Mária: Bipolarität der Gestalten in Hermann Hesses Prosa. Die Romane „Demian" und „Der Steppenwolf" vor dem Hintergrund der daoistischen Philosophie, Hamburg 2007.

BRUMLIK, Micha: C. G. Jung zur Einführung, Hamburg 2004.

DANIEL, Renate: Das Selbst. Grundlagen und Implikationen eines zentralen Konzepts der Analytischen Psychologie, Stuttgart 2018.

DECKER, Gunnar: Hermann Hesse. Der Wanderer und sein Schatten, München 2012.

DREWERMANN, Eugen: Das Individuelle gegen das Normierte verteidigen. Zwei Aufsätze zu Hermann Hesse, Frankfurt am Main 1995.

ESSELBORN-KRUMBIEGEL, Helga: Demian. Interpretationen. Hermann Hesse. Romane, Stuttgart 1994.

ESSELBORN-KRUMBIEGEL, Helga: Erläuterungen und Dokumente. Hermann Hesse. Demian – Die Geschichte von Emil Sinclairs Jugend, Stuttgart 2005.

ESSELBORN-KRUMBIEGEL, Helga: Literaturwissen Hermann Hesse, Stuttgart 2005.

FEITKNECHT, Thomas: Hermann Hesse. Die dunkle und wilde Seite der Seele. Briefwechsel mit seinem Psychoanalytiker Josef Bernhard Lang (1916-1944), Frankfurt am Main 2006.

FELLENBERG, Monika: Lektürehilfen. Hermann Hesse, Der Steppenwolf, Stuttgart 2017.

FREEDMAN, Ralph: Hermann Hesse – Autor der Krisis, Frankfurt am Main 1991.

GARHAMMER, Erich: *Gottes Stimme in uns hören? Ein neuer Blick auf Hermann Hesse,* in: Herder Korrespondenz 67 (2013), Heft 4, 204-208.

GELLNER, Christoph: Weisheit, Kunst und Lebenskunst. Fernöstliche Religion und Philosophie bei Hermann Hesse und Bertolt Brecht, Mainz 1997.

GELLNER, Christoph: Hermann Hesse und die Spiritualität des Ostens, Düsseldorf 2005.

GELLNER, Christoph: *„Ein Stück weiterkommen auf dem Zifferblatt des Ich". Hermann Hesse und die Faszination fernöstlicher Spiritualität heute*, in: ders., „... nach oben offen". Literatur und Spiritualität – zeitgenössische Profile, Ostfildern 2013, 147-171.

GLATTHAAR, Ullrich: *Die Selbstgegebenheit individueller Identität nach C. G. Jung und ihre Bedeutung für das Motiv der Selbstsuche und Selbstfindung im literarischen Werk Hermann Hesses*, in: Markus ENDERS (hrsg.), Selbstgebung und Selbstgegebenheit. Zur Bedeutung eines universalen Phänomens, Seele, Existenz und Leben, Band 30, Freiburg/München 2018, 191-220.

GOMMEN, Dorothée: Polaritätsstrukturen im Werk Hermann Hesses. Lyrik, Epik, Drama, München 2006.

HERFORTH, Maria-Felicitas: Erläuterungen zu Hermann Hesse. Siddhartha, Hollfeld ²2009.

HERFORTH, Maria-Felicitas: Erläuterungen zu Hermann Hesse. Demian, Hollfeld 2011.

HERFORTH, Maria-Felicitas: Textanalyse und Interpretation zu Hermann Hesse. Der Steppenwolf, Hollfeld 2011.

HERFORTH, Maria-Felicitas: Textanalyse und Interpretation zu Hermann Hesse. Narziss und Goldmund, Hollfeld ²2016.

HSIA, Adrian: Hermann Hesse und China. Darstellung, Materialien und Interpretation, Frankfurt am Main 1974.

JACOBI, Jolande: Die Psychologie von C. G. Jung. Eine Einführung in das Gesamtwerk, Frankfurt am Main ²⁰2003.

JAFFÉ, Aniela: C. G. Jung in Bild und Wort, Olten 1983.

JAHNKE, Walter: Hermann Hesse. Demian – Ein erlesener Roman, Paderborn 1984.

JUNG, Mathias: LebensFluss – Hermann Hesses Siddhartha. Eine tiefenpsychologische Interpretation, Lahnstein ^{2}2009.

KAST, Verena: Paare. Wie Phantasien unsere Liebesbeziehung prägen, Freiburg 2015.

KAST, Verena: Die Tiefenpsychologie nach C. G. Jung. Eine praktische Orientierungshilfe, Ostfildern ^{2}2015.

KIM, Kwangsoo: Das Fremde. Die Sprache. Das Spiel. Eine komparatistische Studie zur Taoismusrezeption in Deutschland – Novalis, Hermann Hesse, Hugo Ball, Seoul 1999.

KORY, Beate Petra: Hermann Hesses Beziehung zur Tiefenpsychologie. Traumliterarische Projekte, Hamburg 2003.

KRAMER, Ilona: Der Weg zum Selbst: psychoanalytische und fernöstliche Elemente in Hermann Hesses Individuationsthematik, Norderstedt 2009.

KÜNG, HANS: *Nahezu ein Christ? Hermann Hesse und die Herausforderung der Weltreligionen*, in: Walter JENS, Hans KÜNG (hrsg.), Anwälte der Humanität. Thomas Mann – Hermann Hesse – Heinrich Böll, München 1989, 159-240.

KUSCHEL, Karl-Josef: *Das Böse und das Teuflische*, in: Heinrich SCHMIDINGER (hrsg.), Die Bibel in der deutschsprachigen Literatur des 20. Jahrhunderts, Band 1, Mainz 1999, 292-317.

KUSCHEL, Karl-Josef: *Hermann Hesse (1877-1962). Auf der Suche nach einer geistigen Einheit der Welt*, in: ders., Leben ist Brückenschlagen. Vordenker des interreligiösen Dialogs, Ostfildern 2011, 177-233.

KUSCHEL, Karl-Josef: Im Fluss der Dinge. Hermann Hesse und Bertolt Brecht im Dialog mit Buddha, Laotse und Zen, Ostfildern 2018.

LANG, Thomas: Immer nach Hause (Roman), München/Berlin 2016.

LIMBERG, Michael (hrsg.): Hermann Hesse und die Psychoanalyse. „Kunst als Therapie", 9. Internationales Hermann-Hesse-Kolloquium, Bad Liebenzell / Calw 1997.

- GELLNER, Christoph: *Zwischen Ehrfurcht und Revolte: Hesse und die Doppelgesichtigkeit aller Religion*, 300-315.
- MINKUS, Elke: *„Mutterspuren" in Hermann Hesses Werk*, 78-93.

LIMBERG, Michael (hrsg.): „Die gefährliche Lust unerschrocken zu denken" – Das Menschenbild bei Hermann Hesse. 13. Internationales Hermann-Hesse-Kolloquium, Calw 2008.

- BAUMANN, Günter: *Menschsein als Aufgabe. Dimensionen von Hermann Hesses Menschenbild*, 43-70.
- ABRET, Helga: *„... die Tür ins Unendliche" – Die Bedeutung Mozarts für Hesses Bild vom „eigentlichen Menschen"*, 181-208.

LINDENBERG, Udo: Mein Hermann Hesse. Ein Lesebuch, Frankfurt am Main 2008.

MARKSCHIES, Christoph: Die Gnosis, München ^{4}2018.

MARTINI, Fritz: *Auf der Suche nach dem Unerreichbaren. Hermann Hesse im Brennpunkt aktueller Kontroversen*, in: Evangelische Kommentare 10 (1977), Heft 7, 402-404.

MATUSSEK, Matthias: Leitartikel *Ich mach mein Ding*, in: Der Spiegel (2012), Ausgabe Nr. 32, 124-132.

MAYER, Gerhart: Die Begegnung des Christentums mit den asiatischen Religionen im Werke Hermann Hesses, Bonn 1956.

MECHADANI, Nadine: Hermann Hesse auf der Couch. Freuds und Jungs Psychoanalyse und ihr Einfluss auf die Romane „Demian", „Siddhartha" und „Der Steppenwolf", Marburg 2008.

MICHELS, Volker (hrsg.): Materialien zu Hermann Hesses „Siddhartha", Band 2: Texte über Siddhartha, Frankfurt am Main 1976.

- KARALASCHWILI, Reso: *Die Zahlensymbolik als Kompositionsgrundlage in H. Hesses „Siddhartha"*, 255-271.
- MICHELS, Volker: *Zur Einführung: Die Entstehung von Hermann Hesses Siddhartha*, 7-25.
- PATNAIK, Deba P.: *Govinda*, 184-194.
- ZIOLKOWSKI, Theodore: *Siddhartha – Die Landschaft der Seele*, 133-161.

MICHELS, Volker: *Einleitung*, in: Hermann Hesse. Aus Indien. Aufzeichnungen, Tagebücher, Gedichte, Betrachtungen und Erzählungen, Volker MICHELS (hrsg.), Frankfurt am Main 1980.

MICHELS, Volker: *Nachwort des Herausgebers, „Mir liegt alles Politische nicht, sonst wäre ich längst Revolutionär!" Hermann Hesses Denkschriften zur Zeitgeschichte*, in: ders. (hrsg.), Hermann Hesse. Zarathustras Wiederkehr. Ein

Wort an die deutsche Jugend und andere Denkschriften gegen den Radikalismus von rechts und links, Frankfurt am Main 1993, 97-132.

MICHELS, Volker (hrsg.): Materialien zu Hermann Hesse „Demian", Band 2: Wirkungsgeschichte, Frankfurt am Main 1997.

- DAHRENDORF, Malte: *Hermann Hesses „Demian" und C. G. Jung*, 129-149.
- MAIER, Emanuel: *Demian*, 83-112.

MICHELS, Volker: Hesse und die Weltreligionen. „Alle Götter und Teufel sind in uns selbst", Frankfurt am Main 2015.

MICHELS, Volker (hrsg.): Hermann Hesse. „Narziß und Goldmund", Eine Dokumentation zur Entstehungs- und Wirkungsgeschichte, Berlin 2015.

MILECK, Joseph: Hermann Hesse. Dichter, Sucher, Bekenner, Frankfurt am Main 1987.

MUCH, Daniel: Die Rolle der Liebe im Kontext der Selbstwerdung in ausgewählten Erzählungen Hermann Hesses, Norderstedt 2010.

NEUMANN, Erich: Die große Mutter. Eine Phänomenologie der weiblichen Gestaltungen des Unbewussten, Olten/Freiburg ²1987.

PFEIFER, Martin (hrsg.): Hermann Hesses weltweite Wirkung. Internationale Rezeptionsgeschichte, Band 1-3, Frankfurt am Main 1977/1979/1991.

PFEIFER, Martin: Hesse-Kommentar zu sämtlichen Werken, München 1990.

PRINZ, Alois: „Und jedem Anfang wohnt ein Zauber inne", Die Lebensgeschichte des Hermann Hesse, Weinheim/Basel 2000.

PROBST, Rudolf: *Von der Handschrift zum Typoskript: Transformationen von Hesses „Steppenwolf"*, in: Michael LIMBERG (hrsg.), „Dem Chaos die Stirn bieten". Hermann Hesses „Der Steppenwolf", 12. Internationales Hermann-Hesse-Kolloquium in Calw 2004, Stuttgart 2005, 32-43.

QUISPEL, Gilles: *Hermann Hesse and Gnosis*, in: Barbara ALAND (hrsg.), Gnosis. Festschrift für Hans Jonas, Göttingen 1978, 492-507.

ROHLS, Jan: *Hermann Hesse – Der fromme Weg zu sich selbst*, in: Konrad HILPERT, Christoph LEVIN (hrsg.), Authentizität und Wahrheit. Zur Rolle des Biografischen im religiösen Sprechen, Berlin 2012, 228-256.

ROTH, Wolfgang: C. G. Jung verstehen – Grundlagen der Analytischen Psychologie, Ostfildern ²2011.

RUDOLF, Kurt: Die Gnosis. Wesen und Geschichte einer spätantiken Religion, Göttingen [4]2005.

SCHARFETTER, Christian: Allgemeine Psychopathologie. Eine Einführung. Stuttgart / New York [6]2010.

SCHWARZ, Egon: *Narziß und Goldmund*, in: Interpretationen. Hermann Hesse. Romane, Stuttgart 1994,113–130.

SCHWILK, Heimo: Hermann Hesse. Das Leben des Glasperlenspielers, München/Zürich 2012.

STEIN, Murray: C. G. Jungs Landkarte der Seele. Eine Einführung, Ostfildern [4]2011.

STOLTE, Heinz: Hermann Hesse. Weltscheu und Lebensliebe, Hamburg 1971.

UNSELD, Siegfried: Begegnungen mit Hermann Hesse, Frankfurt am Main 1975.

UNSELD, Siegfried: Hermann Hesse. Werk- und Wirkungsgeschichte, Frankfurt am Main 1986.

VOGEL, Ralf T.: Das Dunkle im Menschen. Das Schattenkonzept der Analytischen Psychologie, Stuttgart 2015.

VOGEL, Ralf T.: Individuation und Wandlung, Der „Werdensprozess der Seele" in der Analytischen Psychologie C. G. Jungs, Stuttgart 2017.

WALLMANN, Johannes: Der Pietismus, Göttingen 2005.

WALTHER, Klaus: Hermann Hesse, München [3]2005.

WEDEL, Ezzelino von: Hermann Hesse. Warum der Dichter Glaube, Glück und Eigensinn empfahl, Berlin 2011.

WEHR, Gerhard: Selbsterfahrung durch C. G. Jung. Die Entdeckung des eigenen Ich, Augsburg 1993.

WEHR, Gerhard: C. G. Jung. Leben – Werk – Wirkung, Stuttgart 2014.

WOLFF, Uwe: Hermann Hesse. Demian – Die Botschaft vom Selbst, Bonn 1979.

ZELLER, Bernhard: Hermann Hesse, Hamburg 2005.

ZIOLKOWSKI, Theodore: Der Schriftsteller Hermann Hesse, Wertung und Neubewertung, Frankfurt am Main 1978.

3. Literatur allgemein

a) Primärliteratur

AUGUSTINUS: Confessiones I-XIII, Deutsch-Latein, übertragen von Dieter Hattrup, Paderborn 2014.

Die Bibel. Einheitsübersetzung mit dem Kommentar von Eleonore Beck, Stuttgart 2001.

DÖBLIN, Alfred: Die drei Sprünge des Wang-lun. Chinesischer Roman (1915/16), München 1989.

HEIDEGGER, Martin: Sein und Zeit (1927), Tübingen ^{12}1972.

FREUD, Sigmund: *Die ‚kulturelle' Sexualmoral und die moderne Nervosität* (1908), in: ders., Das Unbehagen der Kultur und andere Schriften, Frankfurt am Main 2010, 331-349.

FREUD, Sigmund: Die Traumdeutung (1899), Frankfurt am Main ^{12}2005.

FREUD, Sigmund: Psychologie des Unbewussten, Alexander MITSCHERLICH, Angela RICHARDS, James STRACHEY (hrsg.), Frankfurt am Main ^{2}1975.

JUNG, Carl Gustav: Wandlungen und Symbole der Libido (1911), Zürich ^{4}1952.

JUNG, Carl Gustav: *Der Begriff des kollektiven Unbewussten* (1936), in: Lorenz JUNG (hrsg.), C. G. Jung. Archetypen, München ^{3}2016, 55-69.

JUNG, Carl Gustav: *Die psychologischen Aspekte des Mutterarchetypus* (1938), in: Lorenz JUNG (hrsg.), C. G. Jung – Archetypen, München ^{3}2016, 95-134.

JUNG, Carl Gustav: Psychologie und Religion (1940), Lorenz JUNG (hrsg.), München 1991.

JUNG, Carl Gustav: Erinnerungen, Träume und Gedanken von C. G. Jung, Aniela JAFFÉ (hrsg.), Zürich 1962.

JUNG, Carl Gustav: Aion – Beiträge zur Symbolik des Selbst (1950), Lilly JUNG-MERKER, Elisabeth RÜF (hrsg.), Gesammelte Werke, Band 9, Ostfildern ^{3}2011.

JUNG, Carl Gustav: Der Mensch und seine Symbole, Olten/Freiburg 1968.

JUNG, Carl Gustav: Vom Werden der Persönlichkeit, Lilly MERKER-JUNG, Elisabeth RÜF (hrsg.), Gesammelte Werke, Band 17, Olten 1972.

JUNG, Carl Gustav: Symbole der Wandlung, Analyse des Vorspiels zu einer Schizophrenie, Lilly JUNG-MERKER (hrsg.), Gesammelte Werke, Band 5, Freiburg 1973.

JUNG, Carl Gustav: Mensch und Seele. Aus dem Gesamtwerk 1905-1961, Jolande JACOBI (hrsg.), Olten [4]1973.

JUNG, Carl Gustav: Vom Wesen der Träume, Marianne NIEHUS-JUNG (hrsg.), Gesammelte Werke, Band 8, Olten 1976.

JUNG, Carl Gustav: Schriften zu Spiritualität und Transzendenz, Brigitte DORST (hrsg.), Ostfildern 2013.

MANN, Heinrich: Der Untertan (1914), Berlin 2013.

NIETZSCHE, Friedrich: Menschliches, Allzumenschliches. Ein Buch für freie Geister (1886), Frankfurt am Main 2000.

NIETZSCHE, Friedrich: Gesammelte Werke, Wolfgang DENINGER (hrsg.), Bindlach 2005.

- ders.: *Die fröhliche Wissenschaft* (1882),453-588.
- ders.: *Also sprach Zarathustra* (1883-1885), 589-855.
- ders.: *Jenseits von Gut und Böse* (1886), 857-955.
- ders.: *Zur Genealogie der Moral* (1887), 957-1049.
- ders.: *Ecce homo. Wie man wird, was man ist* (1889), 1151-1238.

NIETZSCHE, Friedrich: Schopenhauer als Erzieher. Unzeitgemäße Betrachtungen III (1873), Nikolaus REHLINGER (hrsg.), Norderstedt 2021.

OTTO, Rudolf: Das Heilige. Über das Irrationale in der Idee des Göttlichen und sein Verhältnis zum Rationalen (1917), München 2014.

PESSOA, Fernando: Das Buch der Unruhe, Frankfurt am Main 1987.

RAHNER, Karl; VORGRIMLER, Herbert (hrsg.), Kleines Konzilskompendium, Alle Konstitutionen, Dekrete und Erklärungen des Zweiten Vaticanums in der bischöflich beauftragten Übersetzung, Freiburg 1966.

REMARQUE, Erich Maria: Im Westen nichts Neues (1929), Köln [12]2018.

RILKE, Rainer Maria: Von Kunst-Dingen, Norderstedt 2022.

SAINT-EXUPÉRY, Antoine de: Der kleine Prinz (1943), Köln 2015.

SPENGLER, Oswald: Der Untergang des Abendlandes (1918), Berlin 2014.

TAYLOR, Charles: Das Unbehagen an der Moderne, Frankfurt am Main 1995.

TAYLOR, Charles: Quellen des Selbst. Die Entstehung der neuzeitlichen Identität, Frankfurt am Main [8]2012.

THOMAS, von Aquin: Summa theologiae (cura et studio Petri CARAMELLO cum textu ex recensione Leonina [4 Bdd.]), Turin-Rom 1952/1956.

Übersetzung: Die deutsche Thomas-Ausgabe, deutsch-lateinische Ausgabe der Summa Theologica, übersetzt von Dominikanern und Benediktinern Deutschlands und Österreichs, katholischer Akademiker-Verband (hrsg.), Graz-Wien-Köln.

- Band I: Gottes Dasein und Wesen, übersetzt von H. M. Christmann, kommentiert von A. M. Siemer, Salzburg-Leipzig 1933.
- Band II: Gottes Leben; sein Erkennen und Wollen, übersetzt von H. M. Christmann, P. Bernward, M. Dietsche, kommentiert von A. Stolz, S. Anselmo, Salzburg-Leipzig 1934.
- Band VIII: Erhaltung und Regierung der Welt, übersetzt von P. Christmann, P. Bernward, M. Dietsche, kommentiert von A. Hoffmann, Heidelberg-Graz-Wien 1951.

THOMAS, von Aquin: Untersuchungen über die Wahrheit (Quaestiones disputatae de veritate), Band I, übersetzt von E. Stein, L. Gelber (hrsg.), Freiburg 1952.

TOLLER, Ernst: Eine Jugend in Deutschland (1933), Stuttgart 2013.

b) Sekundärliteratur

ANZ, Thomas, Literatur des Expressionismus, Stuttgart [2]2010.

BEST, Otto F. (hrsg.): Theorie des Expressionismus, Stuttgart 2007.

BRUMLIK, Micha: Sigmund Freud. Der Denker des 20. Jahrhunderts, Weinheim 2006.

CASPER, Bernhard: *Was gibt unserem Leben Sinn? Anspruch und Antwort*, in: Gisbert GRESHAKE (hrsg.), Ruf Gottes – Antwort des Menschen. Zur Berufung des Christen in Kirche und Welt, Würzburg 1991, 11-26.

FÄHNDERS, Walter: Avantgarde und Moderne 1890–1933, Stuttgart 2010.

FLECKENSTEIN, Gisela / SCHMIEDL, Joachim (hrsg.): Ultramontanismus. Tendenzen der Forschung, Paderborn 2005.

FIGAL, Günter: Nietzsche. Eine philosophische Einführung, Stuttgart 2014.

FRIEDLAENDER, Salomo: *Friedrich Nietzsche* (1911), in: Bruno HILLEBRAND (hrsg.), Nietzsche und die deutsche Literatur, Band 1: Texte zur Nietzsche-Rezeption 1873-1963, Tübingen 1978, 166-169.

GAEDE, Peter-Matthias (hrsg.): GEO Epoche Edition. Die Geschichte der Kunst, Nr. 4, Expressionismus. Rebellion mit der Farbe 1905-1925, Hamburg 2011.

GARHAMMER, Erich: Zweifel im Dienst der Hoffnung. Poesie und Theologie, Würzburg 2011.

GRAF, Friedrich Wilhelm: *Das Laboratorium der religiösen Moderne. Zur „Verlagsreligion" des Eugen Diederichs Verlags*, in: Gangolf HÜBINGER (hrsg.), Versammlungsort moderner Geister. Der Eugen Diederichs Verlag – Aufbruch ins Jahrhundert der Extreme, München 1996, 243-298.

GROSS, Peter: Die Multioptionsgesellschaft, Frankfurt am Main 1994.

HANUSCHECK, Sven: Erich Kästner, Hamburg ³2015.

ILLIES, Florian: 1913 – Sommer des Jahrhunderts, Frankfurt am Main ¹¹2013.

JOAS, Hans: Die Entstehung der Werte, Frankfurt am Main 1997.

KASPER, Walter (hrsg.): Lexikon für Theologie und Kirche (LThK), Freiburg 2009.

- BAUMGARTNER, Hans Michael: Artikel *Moderne*, Band 7, 362-363.
- TRIPPEN, Norbert: Artikel *Antimodernisteneid*, Band 1, 761.
- WEISS, Otto: Artikel *Modernismus*, Band 7, 367-370.

KIESEL, Helmut: Geschichte der literarischen Moderne. Sprache, Ästhetik, Dichtung im zwanzigsten Jahrhundert, München 2004.

KÖHLER, Steffen: Joseph Ratzinger. Papst Benedikt XVI. Die neue Tradition, Dettelbach 2006.

KUSCHEL, Karl-Josef: *„Der Gang zu den Dichtern." Über die gegenseitige Herausforderung von Religion und Literatur*, in: ders., „Weil wir uns auf dieser Erde nicht ganz zu Hause fühlen". 12 Schriftsteller über Religion und Literatur, München ²1985, 155-185.

KUSCHEL, Karl-Josef: „Vielleicht hält Gott sich einige Dichter …", Literarische Skizzen, Band 1, Main 2005.

LANGENHORST, Georg: Artikel *Literatur und Dichtung*, in: Gottfried BITTER, Rudolf ENGLERT, Gabriele MILLER, Karl Ernst NIPKWO (hrsg.), Neues Handbuch religionspädagogischer Grundbegriffe, München 2002, 68-71.

LOHMANN, Hans-Martin: Sigmund Freud zur Einführung, Hamburg [6]2006.

LOHMANN, Hans-Martin / PFEIFFER, Joachim (hrsg.): Freud-Handbuch. Leben – Werk – Wirkung, Stuttgart 2013.

- ANZ, Thomas: Artikel *Psychoanalyse in der deutschen Literatur*, 319-321.
- GÖDDE, Günther: Artikel *Die philosophische Tradition Schopenhauers und Nietzsches*, 19-20.
- ROHDE-DACHSER, Christa: Artikel *Das Ich und das Es (1923)*, 121-123.

LÜCK, Helmut E.: *Sigmund Freud – Der Weg zum Unbewussten, um das Ich zu erkennen*, in: ders., Die psychologische Hintertreppe. Die bedeutenden Psychologinnen und Psychologen in Leben und Werk, Freiburg 2016, 53-69.

MARTENS, Gunter: *Nietzsches Wirkung im Expressionismus*, in: Bruno HILLEBRAND (hrsg.), Nietzsche und die deutsche Literatur, Band 2: Forschungsergebnisse, Tübingen 1978, 35-82.

OTTMANN, Henning (hrsg.): Nietzsche-Handbuch. Leben – Werk – Wirkung, Stuttgart 2011.

- MÜLLER-BUCK, Renate: Artikel *Psychologie*, 509-514.
- SCHLIMGEN, Erwin: Artikel *Das Unbewusste*, 347-348.

PINTHUS, Kurt (hrsg.): Menschheitsdämmerung. Symphonie jüngster Dichtung (1919), Hamburg 2019.

PIEPER, Annemarie: „Ein Seil, geknüpft zwischen Thier und Übermensch". Philosophische Erläuterungen zu Nietzsches *Also sprach Zarathustra* von 1883, Basel 2010.

PIPER, Ernst: Nacht über Europa. Kulturgeschichte des Ersten Weltkrieges, Berlin 2013.

PRECHT, Richard David: Wer bin ich – und wenn ja, wie viele? Eine philosophische Reise, München [39]2007.

REUTER, Helmut: *Die Geschichte der Seele. Religion und Psychologie*, in: Patrick BECKER, Christiane HEINRICH (hrsg.), Theonome Anthropologie? Christliche Bilder von Menschen und Menschlichkeit, Freiburg 2016, 185-201.

RUDE, Adolf: *Alte und neue Schule*, in: Wilhelm FLITNER, Gerhard KUDRITZKI (hrsg.), Die deutsche Reformpädagogik, Band 2: Ausbau und Selbstkritik, Stuttgart [2]1982, 223-232.

RUHSTORFER, Karlheinz: Konversionen. Eine Archäologie der Bestimmung des Menschen bei Foucault, Nietzsche, Augustinus und Paulus, Paderborn 2004.

RÖMPP, Georg: Nietzsche leicht gemacht. Eine Einführung in sein Denken, Köln 2013.

SCHLETTE, Magnus: Die Idee der Selbstverwirklichung. Zur Grammatik des modernen Individualismus, Frankfurt am Main 2013.

SCHLEWITT, Jörg: Textanalyse und Interpretation zu Heinrich Mann – Der Untertan, Hollfeld ²2013.

SCHMIDT, Bernward: Kleine Geschichte des Ersten Vatikanischen Konzils, Freiburg 2019.

SCHÖNPFLUG, Daniel: Kometenjahre. 1918 – Die Welt im Aufbruch, Frankfurt am Main 2017.

SCHUHMANN, Maurice: Radikale Individualität. Zur Aktualität der Konzepte von Marquis de Sade, Max Stirner und Friedrich Nietzsche, Bielefeld 2011.

SCHULZE, Gerhard: Die Erlebnisgesellschaft. Kultursoziologie der Gegenwart, Frankfurt am Main ²2005.

SOMMER, Andreas Urs: Nietzsche und die Folgen, Stuttgart 2017.

STÖRIG, Hans Joachim: Kleine Weltgeschichte der Philosophie, Frankfurt am Main 2004.

TAPKEN, Andreas: Der notwendige Andere. Eine interdisziplinäre Studie im Dialog mit Heinz Kohut und Edith Stein, Mainz 2003.

TEISCHEL, Otto: Artikel *Angst als Ideologie – Überlegungen zum Wesen des Menschen*, in: agora 42, Das philosophische Wirtschaftsmagazin (2017), Ausgabe 4: Wa(h)re Angst, 9-13.

TÜCK, Jan-Heiner: Hintergrundgeräusche. Liebe, Tod und Trauer in der Gegenwartsliteratur, Ostfildern 2010.

WEHR, Gerhard: Friedrich Nietzsche. Der ‚Seelen-Errater' als Wegbereiter der Tiefenpsychologie, Freiburg 1982.

WEHR, Gerhard: Friedrich Nietzsche. „Du sollst der werden, der du bist!", Stuttgart 2012.

WIRTZ, Verena: Zukunftsvorstellung im Expressionismus – oder die Lyrik des ‚neuen Menschen', Norderstedt 2011.

WOLF, Hubert (hrsg.): Antimodernismus und Modernismus in der katholischen Kirche. Beiträge zum theologiegeschichtlichen Vorfeld des II. Vatikanums, Paderborn 1998.

- RUSTER, Thomas: *Theologische Wahrnehmung von Kultur im ausgehenden Kaiserreich*, 267-279.
- WEISS, Otto: *Der Katholische Modernismus. Begriff-Selbstverständnis-Ausprägungen-Weiterwirken*, 107-139.

WOLF, Hubert: *Der ‚Syllabus errorum' (1864) oder: Sind katholische Kirche und Moderne vereinbar?* in: Manfred WEITLAUFF (hrsg.), Kirche im 19. Jahrhundert, Regenburg 1998, 115-139.

Personenregister

Sachregister

Bildnachweise

Entsprechend der Thematik dieser vorliegenden Buchveröffentlichung sind auf dem Cover zwei Bilder zu sehen, ein Photo von Joseph Kentenich und ein Photo von Hermann Hesse:

Wir danken Schwester Mariéle Mierswa und dem Schönstatt-Verlag für die freundliche Bereitstellung und Genehmigung der Nutzung der Datei des Bildes von Joseph Kentenich als Neupriester aus dem Jahre 1910, das auf dem Cover zu sehen ist.

Bildrechte: Archiv der Schönstätter Marienschwestern, Vallendar

Ebenso danken wir der Bildagentur mauritius images GmbH für die freundliche Bereitstellung und Genehmigung der Nutzung der Datei des Bildes von Hermann Hesse aus dem Jahre 1913, das auf dem Cover zu sehen ist.

Bildrechte: mauritius images, Mittenwald

Des Weiteren danken wir Helmut Langner für die Bereitstellung des Bildes, das er für seinen Sohn Ullrich Glatthaar gemalt hat. Das Bild versteht sich als künstlerischer Ausdruck der Thematik dieser Buchpublikation, es ist sowohl auf dem Cover und als auch auf dem Buchrücken als Hintergrundmotiv zu sehen.

Bildrechte: Helmut Langner, Tauberbischofsheim

Patris Verlag, Vallendar-Schönstatt

Epilog

Dialog zwischen Jule und Jan …

Jan: „Rebellieren ist halt schwieriger geworden. Früher brauchtest du nur zu kiffen und lange Haare zu haben und das Establishment war automatisch gegen dich. Was früher subversiv war, kannst du heute im Laden kaufen … Che Guevara-T-Shirts oder Anarcho-Stickers."

Jule: „Ja, genau. Deswegen gibt es überhaupt gar keine Jugendbewegung mehr. Weil alle nur das Gefühl haben, das war doch schon mal da. Das haben vor uns andere versucht, das hat nicht funktioniert und warum soll's jetzt plötzlich bei uns klappen?"

Jan: „Ja, aber weißt du, bei den ganzen Revolutionen, die es gegeben hat, klar hat es im Einzelnen vielleicht nicht funktioniert, aber das Wichtige ist doch, dass die besten Ideen überlebt haben, genauso ist das bei den privaten Revolten auch. Das, was davon gut ist und das, was davon in dir überlebt, das macht dich stärker."

[…]

Jule: „Jan, weißt du, dass ich zu dem allem nicht dazugehöre, das ist überhaupt nicht das Problem. Das Problem ist einfach, dass ich nirgendwo etwas sehen kann, woran ich wirklich glaube. Hast du irgend ne Idee, was man dagegen tun kann?"

Der kurze Dialog ist dem Film
„Die fetten Jahren sind vorbei",
D/A 2004, 127 min,
Regie: Hans Weingartner,
entnommen.
Jan wird von Daniel Brühl gespielt,
Jule von Julia Jentsch.

Jeder Mensch ist ein Fenster,
das herrliche, gewaltige Fenster
einer Kathedrale.
Aber was ist solch ein Fenster
ohne das Licht?

Klaus Hemmerle

Der Ausspruch ist der Gebetssammlung entnommen:
„Zeig mir den Weg. Kommunikation mit Gott."
herausgegeben vom
Zentrum für Berufungspastoral Freiburg, Stuttgart 2020.
Der Ausspruch befindet sich auf dem Buchrücken.